Sociology

修訂六版

社會學

蔡文輝　著

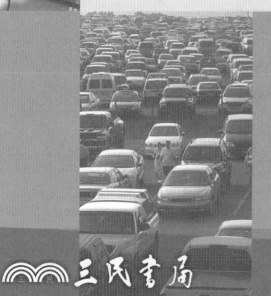

三民書局

Society

國家圖書館出版品預行編目資料

社會學／蔡文輝著.－－修訂六版四刷.－－臺北市：
三民，2015
　　　面；　公分
含索引
ISBN 978－957－14－5317－0　（平裝）

1.社會學

540　　　　　　　　　　　　　　　　　　99002006

© 社 會 學

著 作 人	蔡文輝
發 行 人	劉振強
著作財產權人	三民書局股份有限公司
發 行 所	三民書局股份有限公司
	地址　臺北市復興北路386號
	電話　(02)25006600
	郵撥帳號　0009998-5
門 市 部	(復北店) 臺北市復興北路386號
	(重南店) 臺北市重慶南路一段61號
出 版 日 期	初版一刷　1985年9月
	修訂六版一刷　2010年2月
	修訂六版四刷　2015年6月
編 號	S 540020

行政院新聞局登記證局版臺業字第○二○○號

有著作權·不准侵害

ISBN　978-957-14-5317-0　（平裝）

http://www.sanmin.com.tw　三民網路書店

增訂新版序

　　這本《社會學》從 1985 年初版以來，已經超過了二十五年。這期間經歷數次的修訂再版，其目的一方面是維持文字的可讀性，另一方面是理論的補充和統計資料的更新。當年剛動筆撰寫這本《社會學》時，我的社會學專業生涯尚為短暫而年輕，但這次的修訂則已是我完成在美國大學教書生涯的退休時候了。雖然在這期間內，我撰寫了為數不少的中英文著作，但最能貫串我一生社會學生涯的，仍然是這本三民書局出版的《社會學》。

　　二十五年的時間不算短。這本《社會學》記載和見證了臺灣的劇烈社會變遷：從一黨專制的國民黨時代到民進黨執政的政黨輪替；從多子多孫的舊傳統到今日兒孫不足的高齡家庭；從貧困的農業經濟到高科技主導的工業社會；從傳統男尊女卑的兩性角色安排到婦女解放運動的蓬勃；從漢賊不兩立的冷酷兩岸關係到經貿互動頻繁的今日兩岸；從文化大中國的價值倫理到臺灣本土化認同的重建。每一次的修訂過程裡，我們都盡量更新資料來反映變遷中的臺灣社會。這本《社會學》以臺灣社會為關注焦點，希望本書能讓讀者多瞭解臺灣社會。

　　資料更新一直是修訂工作的重點。我們依賴的是政府各部會出版的統計年報和大樣本的全國性調查報告、社會學專業者的研究報告和論述，以及報章雜誌所刊載的民意調查統計。雖然因為著者身居海外資料蒐集相當不易，但可幸近年來網路資訊發展神速提供了不少的方便。尤其政府推行的政府單位全面電子化（如「我的 e 政府」）蒐集了相當完整的統計資料。我們有信心這一新版的《社會學》討論的不是「過時」的臺灣社會。尤其在 2007 至 2009 年間，我三度應聘到臺南成功大學擔任客座教授，給了我在臺蒐集資料的方便和補充網路之不足。

　　筆者撰寫社會學教科書一直堅持要易讀易懂。修訂這一新版的《社會學》仍然遵照這個原則，因此文句的修潤也下了很大的工夫。我們希望藉著這本入門的《社會學》帶領讀者進入社會學的世界：宏觀全球、瞭解臺

灣。若願意跟我聯絡，可 e-mail 至 tsai@ipfw.edu。

　　我的社會學基礎是在 1960 年代的臺大社會學系奠定的。加州大學的研究所課程以及後來三十年的教學經驗都反映在這本《社會學》的入門讀本。修訂這一新版的《社會學》的過程裡，內人李紹嶸女士用心最多。她是學社會學的，也在美國大學教了將近二十年的社會學。我們夫婦倆最近一齊退休，有著較多的時間做這修訂的工作。沒有她的協助，這本書的品質不可能理想，是要謝謝她的。印第安那大學—普渡大學韋恩堡聯合校區 (Indiana University–Purdue University at Fort Wayne) 三十年來提供了我們一個安定的專業環境，中間除了短期在外地講學之外，其餘日子都在這校園渡過，令人難捨。成功大學醫學院林其和院長在我客座期間給了我不少的方便和幫忙，是要特別感謝的。林院長幫我圓了臺南人返臺南的夢。成功大學的許甘霖教授、中山大學的王宏仁教授、慈濟大學的許木柱教授、東華大學的黎德星教授及玄奘大學的林麗惠教授的會談，讓我對臺灣的社會學界有了較新的瞭解。我的助理黃筱薇小姐在資料蒐集上協助很多，也是要說聲謝謝的。

蔡文輝　序於 2010 年 2 月

初版序

　　寫這本《社會學》的動機並不是因為臺灣目前沒有社會學導論這一類的書，而是我總覺得這些現有的社會學導論教科書有些地方並不能令人滿意。目前市面上流傳的社會學導論教科書，有些是過於老舊，未能包含新進發展的理論與概念；有些則是用辭深奧難懂，令初學者退避三舍；另外一些最近二、三年來出版之社會學導論教科書，雖能包容較完整的概念，卻又缺乏經驗資料的旁證，難以說服讀者。一個共同的遺憾和缺陷是到目前為止，沒有一本社會學導論教科書能充分引用中國資料，把概念與中國社會結構聯結一起來談。

　　因此，在撰寫這本社會學的過程裡，針對上述缺陷，我盡量把握下列數項原則：

　　第一，在文字的運用上，以簡易明晰為原則。這是一本社會學入門的教科書，其責任不僅是在完整介紹社會學的概念，而且是藉此提高讀者對社會學這門學問的興趣。因此，我在每一章的敘述裡，都以簡易的文句來描述分析，希望這是一本易懂的社會學書籍。

　　第二，在理論的介紹上，以比較思考為原則。一本教科書的任務是把其領域內的每一類理論逐項介紹敘述，提供讀者一個比較與思考的機會。一本好的教科書是不應該侷限於某一特定理論的，因其可能造成讀者以偏概全的狹窄觀點，甚或造成讀者對其他理論的排拒。因此，雖然我自己的理論比較偏向於功能學派，但在每一章節裡，仍然以介紹各家理論為撰寫方針。

　　第三，在社會現象的討論上，以文字描述與統計圖表並用為原則。希望以此提高讀者對社會學驗證度的可靠性的信心，另一方面以減少文字描述單方面的枯燥無味感。目前，臺灣的社會學導論教科書很少這樣做，是很可惜的。

　　第四，在每一章節的討論裡，盡可能把中國社會結構的討論包括在內。

我選用了不少臺灣的統計資料，也引用了臺灣當代社會學家和其他社會科學工作者的研究成果，一方面是希望提供讀者一個串聯課本與現實社會的機會，另一方面是把中國社會帶進社會學書籍的領域內。近年來，「社會學中國化」的口號相當動人，卻還是很少有人把中國資料包含在社會學導論教科書裡。

我的社會學學習經驗是從 1960 年進臺大社會學系時開始的。那時候臺大社會學系剛剛奉准成立，系主任是龍冠海教授，教授陣容包括郝繼隆、楊懋春、陳紹馨、朱岑樓、范珍輝及寇龍華等幾位。另外，人類學系的芮逸夫教授也是系裡的常客。在臺大的四年裡，還有幾位美國來的客座教授，其中以陳郁立和沈愛麗夫婦跟我最熟。這期間，我撰寫了幾篇社會學論文在雜誌上發表，也認識了許倬雲和李亦園兩位教授。1964 年畢業後，當了一年兵，教了一年高商，也在臺中縣龍井鄉跟一位美國學者做了一年的研究助理。1967 年返系當助教。這年，加州大學柏克萊校區的艾伯華教授 (Wolfram Eberhard) 來系任教，我就成了他的助教。1968 年艾教授為我爭取到獎學金而進入加州大學柏克萊校區 (University of California at Berkeley) 社會學系攻讀碩士與博士學位。

從 1968 年至 1974 年是在柏克萊過的。幸運的是，那時柏克萊的社會學系大師雲集，正處巔峰時期。我選過課的有布魯默 (Herbert Blumer)、布勞尼 (Robert Blauner)、斯美舍 (Neil J. Smelser)、史汀基坎布 (Arthur Stinchcombe)、邊迪克 (R. Bendix)、史萬生 (Guy E. Swanson)、貝拉 (Robert Bellah) 等人。另外，政治系的中國專家施伯樂 (Robert Scalapino) 亦教過我課，並為論文指導人之一。

1974 年獲得博士學位後，赴印第安那大學—普渡大學韋恩堡聯合校區 (Indiana University–Purdue University at Fort Wayne) 任助理教授，主授社會學理論、比較社會學與政治社會學。1979 年升副教授，1984 年升正教授，兼系主任。這十年間，我的研究領域並擴及社會變遷、現代化，及老人社會學方面。發表的論文絕大多數是有關中國社會結構方面的分析。在著作方面，主要的有 *Patterns of Political Elite Mobility in Modern China* (1983)、

The Modernization of China (1982)、*Readings in Sociology* (1980)、《社會變遷》(1982)、《行動理論的奠基者：派深思》(1982)、《社會學與中國研究》(1979)、《社會學理論》(1978)。這期間也曾返臺大客座一年 (1980–1981)、中興大學半年 (1983)，認識了不少從事社會學研究的專業學者。他們的成績提供了我不少應用在本書上的資料。葉啟政、文崇一、蕭新煌、瞿海源、周碧娥、高承恕、陳寬政、張苙雲、賴澤涵、張曉春、許嘉猷、廖正宏、蔡宏進、陳秉璋、伊慶春等幾位社會學家對臺灣目前社會學之蓬勃發展貢獻相當大。

內人李紹嶸女士在臺大晚我兩屆，後來我們同時在系裡當助教，又一齊來美，她學的是人口與統計。這些年來，她在我的教書、研究，以及日常生活裡扮演了一個相當重要的角色。家裡的二個小男孩：書韋和書誼，雖然沒能幫我寫書做研究，卻是我思潮的泉源與挫折時的慰藉。

三民書局的劉振強董事長和編輯部的王韻芬小姐，數年來一直支持協助我出版社會學著作，是要感謝他們的。他們對著者的尊重一直是讓我心折的。如果這本書有錯誤欠妥之處，我完全自己負責。

這本書是從 1982 年底開始動筆撰稿的，整整花了我二年的時間，希望能藉這本書提高讀者對社會學的瞭解，刻進一個好印象。

蔡文輝 於 1984 年聖誕節

Sociology
社會學

第四章　文　化

第五章　社會化過程

第六章　社會團體與社會組織

第七章　偏差行為

第十六章　政治制度

第十七章　人口與區位學

第十八章　鄉村與都市社區

第十九章　集體行為與社會運動

第一章

導論：什麼是社會學？

本章可以學習到

1. 社會學的研究範圍
2. 社會學與其他社會科學的關係
3. 社會學的基本概念
4. 澄清對社會學的誤解
5. 社會學知識的實用性

Sociology

第一節　社會學的性質與範圍

　　社會學 (sociology) 是一門研究人與人之間互動的社會科學。常言道：「人是社會的動物」。這指出人不能夠離開社會而長久獨立生活。在一天的活動裡，人們大部分的活動都是跟別人有關係的。這些關係有時候是直接的，有時候卻是間接的。無論是直接或間接，都跟他人發生一種關係，這就是社會學上所稱的**社會互動** (social interaction)。想一想，早上我們出門排隊等公車捷運上班上學，我們就跟他人發生一種互動的關係，而且是按照社會的規矩來互動。這規矩告訴我們，等車要排隊、先下後上、上車按排隊次序，插隊硬擠是不可以的。從社會學的觀點來看，人們日常生活裡，必跟別人發生互動，而這些互動則應按**社會規範** (social norms) 而做的。社會規範是社會規定的行為標準，提示人們在社會互動過程中應該表現哪些適當的行為。

　　於是，社會學的研究主題就著重在人與人之間互動的形式與其所構成的團體結構。社會學家分析個人行為時，並不太注重這個人在互動時的內心想像、動機或心態，而把重點放在行為的社會層面。因為社會學家相信個人的行為受團體和社會結構的影響。舉例說明：在大學教書的人常發現在課堂裡，美國學生比中國學生敢發言，也比中國學生踴躍參加討論。社會學家在分析這種行為差異時的重點是放在課堂的社會結構上。美國大學課堂裡老師與學生之間權力地位比較平等，也比較開放自由；因此，學生在發言時所受的壓迫感比較少，可以積極參與討論，而不使自己受窘或得罪老師。中國大學課堂結構中，權勢分配嚴謹而清楚，老師在上，學生在下；因此，學生跟老師的互動中，總有某種程度的惶恐，發問怕表現自己程度差，辯論則更是對師長不敬。從社會學的觀點來看，中美學生課堂行為的差異實在是受社會結構不同之影響所致。當然，社會學家不否認其他因素也存在，只是社會學家比較著重社會層面的解釋。

人與人之間的互動是一個相當廣泛的題目範圍。因此，它不是社會學家專有的研究範疇。其他社會科學，如政治學、人類學、社會心理學、經濟學及歷史學等亦研究類似題目。社會學與其他社會科學最大的不同點乃在於其分析解釋觀點角度之不同。社會學對某一社會行為或社會制度的解釋只不過是所有可用來解釋的一種而已，並不能概括全貌；而社會學的理論觀點亦不止一種，所用來解釋分析亦只不過代表一種不同角度的看法而已。對同一個社會現象，不同的社會學理論會有不同的解釋，而不同的社會科學也會有不同的研究觀點。

我們中國人在農曆新年時有送年禮的習俗。社會學家對這習俗的研究重點可能放在「送年禮」習俗對人們的約束力量，分析其社會規範成分。經濟學家對「送年禮」習俗的分析重點可能就在於需求、供應、價格、分配等方面。政治學家則可能著重在「送年禮」的政治意義，如把「送年禮」視為一種加強長官與部屬之間關係的工具。不同社會科學的觀點不同，其解釋自亦不同。同樣地，在社會學裡不同理論的觀點亦帶來不同的解釋方式。有些社會學家（例如社會學理論裡的功能論者）把「送年禮」解釋成一種增加人際關係與社會和諧的方式，而另外一些社會學家（例如社會學理論裡的衝突論者）則可能把「送年禮」看成是一種競爭和衝突的手段，因為年禮分量的輕重會導致衝突。

當然，社會學家對社會現象的解釋並不能憑空捏造或想像出來。社會學家之所以能對社會現象加以系統性的解釋，乃是因為他們相信人的社會行為，以及人們之間的社會互動是有規律及定型的。同一個社會裡的人們，在行為表現上因受社會化的影響與文化的模塑而呈規律模式。社會學家稱這種行為為「**模塑行為**」(patterned behavior)。中國人見面開頭一句話常是「吃過飯沒有？」對方也常回答：「吃過了。」西方人見面伸手互握為禮，都是模塑行為的表現。就因為社會裡的絕大多數人在同一情況下會表現出類似的模塑行為，社會學家才能解釋人與人之間的互動方式和結構。

社會學家對社會互動的研究是希望藉此瞭解個人生活與社會環境兩者之間的關聯。一個考不上大學的學生可能會產生自卑的羞恥感，怪自己不

行。但是社會學家則可能把他的考試落第，看作是社會不平等的教育制度下的結果。個人考試的失敗可由個人的加倍努力來補救，但是教育制度不平等的改善則需由社會結構著手。社會學家密爾斯 (C. Wright Mills) 把這種連結個人行為與社會結構的努力稱之為**社會學的想像** (sociological imagination)。

　　社會學的想像要求人們注意個人的行為常常是受社會影響的。很多人們日常認為理所當然的行為，其實是社會加諸於其社會成員的模塑行為，而非真是人們自由意志下所決定的行為。女士們喜歡穿漂亮的衣服外出，人們總認為是她們喜歡這樣做，其實是社會「鼓勵」女士們注重穿著，社會對穿著華麗服飾的女士讚美，使得女士們注重服飾與儀容。中國人結婚對象總找「門當戶對」者，是自古已然的理所當然的事。其實這「門當戶對」的概念裡包含著不少社會的價值觀念；造成人們一種認為「門不當，戶不對」的婚姻必然失敗的價值觀念。於是，結婚對象必定要「門當戶對」。當然，每一個社會裡總有些人不按規矩做 (不管什麼「門當戶對」，只要我們兩人喜歡就好了)，但是大多數的人還是順從規矩而表現模塑行為的。社會學家的研究對象不在那些少數的特殊行為，而把重點放在社會大多數人所表現的模塑行為。這裡要提醒讀者的是，社會學家即使研究一些少數人的特殊行為，其重點還是放在社會因素如何影響到那些特殊行為的出現及其對社會所能造成的後果。社會學家研究偏差行為 (deviant behavior) 就是一個例子。

　　從社會學的觀點來看，一個**社會** (society) 是由一群有相同文化、共同地域並具互動關係的個人和團體所組成。社會一方面是由人們所創造出來的，而另一方面它又有約束個人的力量。社會超諸於個人之上，因為社會裡的習俗、規範、信仰、價值等都先個人而存在，也在個人死亡後仍然存在，不隨個人生而來，更不隨個人死而逝。社會約束個人行為使個人在表現某種行為時會顧慮到別人的想法和態度，同時更由社會所給與的獎賞與懲罰來約束個人的行為表現。

　　綜上所述，社會學對社會的研究包括下列幾項基本概念：

1. 人類社會是建立在一個自然環境上（即地域）。對這自然環境的適應程度能影響該社會的生存與延續。

2. 所有的社會裡都有其律法與常規，人們的行為是模塑行為，依此為互動的準則。

3. 模塑行為的起源與運用受其社會團體的影響。因此，不同的社會有不同的模塑行為。

4. 人創造社會，亦為社會所約束。

5. 社會規範有些是在無意中產生的，有些則是人們刻意設立的。

6. 社會學研究的對象主要是那些被大多數人所遵守的社會規範、信仰與價值。社會學的主題著重於個人與社會結構兩者之關聯。

7. 社會學對社會現象的解釋只不過是所有可解釋的觀點之一部分，無法亦無意概括全貌或以偏概全。

　　總而言之，社會學是一門研究社會裡人與人之間互動的結構、過程及影響的社會科學。社會學的知識可幫助個人增進自己對自己及周遭環境的分析與瞭解能力，進而增強個人對社會的適應能力 (Ritzer, et al., 1982)。

第二節　社會學與其他社會科學之關係

　　在前面，曾再三強調社會學只不過是社會科學裡的一種。在這裡，將略述社會學與其他社會科學之異同點。

　　經濟學 (economics) 是研究人類的經濟行為、生產、分配及銷售等過程。因此，經濟學分析的主要問題常包括商品、生產原料以及分配等。經濟學家常以均衡 (equilibrium) 與供求原則 (supply and demand principle) 為理論解釋之指導原則。經濟學家最常用的分析方法是統計法：價格或生產的長期趨勢、市場變化的預測等都是統計法的應用。在所有的社會科學裡，經濟學是最數量化的，而且其所有的詞彙亦最統一。因此，有人認為它是最科學化的社會科學。

政治學 (political science) 大致上包括兩部分。一部分研究主題在於各種政治組織的描述：中央政府、憲法、省政府及地方政府組織都是其著眼範疇。這一部分的政治學較偏重於理想政府型態的討論，偏重政治哲學的辯論。另外一部分研究主題則放在行為科學領域的政治行為研究上：其重點在分析個人或群眾的政治行為、政治領袖分析、政治社會化過程、投票和選舉行為、權力結構及群眾政治意見等。其分析工具較依賴統計調查法之應用。

人類學 (anthropology) 的研究主題與社會學最為類似，研究社會之結構。不過人類學比較重視人格與文化因素，大多數的人類學研究也就比較偏重於社會過程與人格成長的描述。人類學通常研究較單純的未開發初民社會，而社會學則較注重當代複雜的高度文明社會。人類學較喜歡描述某一社會或社區的獨特性，而社會學則注意普遍存在性的原則。人類學在研究方法上較常用實地參與觀察法，研究者把自己放在當地人的日常生活裡去親身體驗。因此，客觀的大數量統計方法並不被人類學家採用。邏輯因果關係的解釋理論在人類學文獻裡也不常見。

心理學 (psychology) 研究的主題是個人內在的人格行為。心理學把個人看成是一個具有需求、慾望、情感、技能、防禦等功能的體系。因此，在研究人格差異問題上，心理學家把重點放在個人心理體系上，而把社會因素當成次要的因素。個案法和實驗法是心理學研究的主要工具，而統計分析亦廣為心理學家所使用。

歷史學 (history) 雖然常被算在人文科學裡，但其實它也可以說是一種社會科學。歷史學比較著重時間或年代次序的描述，也比較偏向於某一社會或某一特殊歷史事件的個別描述。在研究方法上，歷史學通常先從時間與地點的次序著眼來敘述，較少用數量的計算，其理論架構比較脆弱，缺少因果關係的分析驗證。

原則上，社會工作 (social work) 通常不能算是社會科學的一門，主要原因是社會工作是知識的應用，而非知識的尋求；社會工作所運用的原理原則大多數來自心理學，有些則採自社會學的知識。社會工作的目的在於

「幫助」有問題的人，是技巧的應用。社會學和社會工作在我國大學中常併在同一學系內。

　　社會學與上述社會科學之間的關係是很密切的，其他社會科學彼此間的關係亦都相當密切。現代的社會科學研究早已超越門戶之見。社會學家常引用其他社會科學的理論與方法，而其他社會科學家亦常見採用社會學理論與方法。硬把它們劃清界限是不必要的。舉例來說，社會學裡就有政治社會學 (political sociology)，它介於政治學與社會學兩者之間研究政治與社會的關聯；經濟社會學 (economic sociology)，介於經濟學與社會學之間研究經濟與社會的互動和影響；社會心理學 (social psychology)，介於社會學與心理學之間研究人的社會化過程；歷史社會學 (sociology of history) 以社會學觀點研究歷史。下面的表 1-1 說明了社會學與其他社會科學之關係，供讀者參考。

※表 1-1　社會學與其他社會科學之關係

社會學	人類學	經濟學	政治學	心理學	歷史學
研究社會互動之結構、功能及變遷過程。分析單位包括個人、團體及社會	研究重點：文化。特別是初民文化與文化之間的比較	研究人類經濟活動，包括物品與服務之生產與分配過程	研究人類社會裡權力之結構與分配	分析個人思想、人格及行為之發展。社會心理學：研究社會化過程與人際關係之影響	研究人類過去的社會結構，歷史事件之分析
共同興趣					
	當代文化。社會學運用文化變數，以分析社會結構	資源的分配與生產為階層之成因。社會學運用經濟因素來分析階層與社會衝突	權力之取得與使用。社會學家以政治變數來分析階層與社會控制	個人與社會之間的互動。社會學從社會化過程瞭解社會規範之遵從與差異行為之形成	社會結構之分析，社會學從歷史個案的分析裡尋求理論之通則性
所有社會科學都運用科學方法蒐集並分析資料					

第三節 社會學主要基本概念：社會互動

　　社會學研究人與人之間的互動。所謂社會互動，係指個人與個人之間的交互反應。社會學家為什麼要把研究主題放在社會互動上呢？社會互動到底有什麼重要呢？第一，當人們發生社會互動時，他們對其外在的環境世界發生了共同的意識。也就是說，他們對外在的文化和環境有共同的瞭解。有了這瞭解，他們彼此間的社會互動才會有意義。第二，社會互動是將文化的規範和價值代代相傳的一種方式；父母與子女之間的互動將新生的一代給以社會化，由此將文化傳遞下去。第三，社會互動是社會秩序的基礎；因為互動的過程中，雙方必有某種程度的共享意識與瞭解，重視自己，也尊重對方。這些特質構成了社會的秩序，使行為可重複，亦可預測。

　　人與人之間的社會互動牽涉到互動對象所扮演的**社會角色** (social role)，也牽涉到互動發生當時的情境定義。一個角色是指一組社會所指定的行為期望，指示個人在扮演某一角色時如何行動。角色可以說是社會互動的劇本。不同的角色有不同的行為期望。例如，醫生的角色行為期望就跟病人的角色行為期望不一樣。醫生的角色是看病診斷，而病人的角色則是求治疾病。瞭解了這些不同行為期望後，人們的互動才能展開。每一個人不僅在一生中會扮演許多不同的角色（例如：為人兒女、學生、配偶、同事、朋友等），而且在每日生活裡亦扮演數種角色；社會學者把一群相互關聯的角色稱之為**角色組** (role set)。個人的行為規範也必須隨角色之改變而有所不同；例如一對在同一公司做事的夫妻，在家是夫妻的角色，有親熱的動作是正常的，但是在工作場所，他們彼此是同事，就不該有親熱的動作。角色不同、環境也不同，則互動的方式就該不同。

　　如果一個人無法好好地扮演角色，就可能會覺得不舒服或心理緊張，這就是所謂的**角色緊張** (role strain)。例如，一個作為一家之主的男人找不到適當工作賺錢養家，總覺得自己是失敗者；或者一個在校學生總是拿不

到好成績，因此怕到學校，還覺得做學生沒意思。另外一種情況是**角色衝突** (role conflict)，它發生在當個人無法妥善處理兩個或兩個以上不同角色的要求時。例如，一個有幼兒在家的職業婦女，無法兼顧為人母與做職員的雙重角色；或者一個半工半讀的年輕人，整天奔勞於工作和學業之間，總覺得時間精力不夠，兩方面都無法有理想的表現。角色緊張和角色衝突的不同可見於圖 1–1。

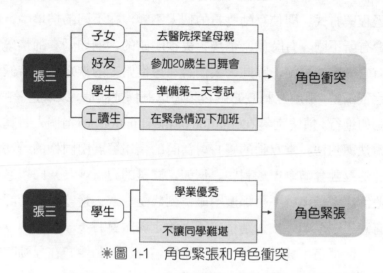

※圖 1-1　角色緊張和角色衝突

一個跟角色相關的概念是**社會地位**（social status，亦譯為社會職位），這是指一個人在社會體系裡所占據的位置。有些地位是與生俱來的（如性別、輩分等）；有些則是後天努力爭取來的（如學歷、收入等）。社會學家認為地位及角色是預測對方互動行為的兩個主要因素。當人們初次見面時，會馬上注意對方的性別、年齡、外表，會互相提到自己的身分、學歷、職業性質等。有了這些資料之後，我們大致可以猜測到彼此會有什麼樣的行為表現；同時可以用來決定如何跟這個人互動。這也就是，為什麼我們跟陌生人的互動會比跟熟人（至少知道其身分的人）的互動要來得緊張些。因為前者的情況裡，我們不知其地位與角色，無法用以做互動的指導原則；而知道了後者的地位與角色，大致上可預知其行為方向及原則。在個人所擁有的眾多職務地位裡，往往會有一個特別突出引人注意。這地位往往掩

蓋了其他的職務地位，社會學者稱其為**主地位** (master status)。例如，當人們跟一個成功的女企業家互動時，往往先注意到她的性別，以男女的互動規範來跟她互動；她的事業角色地位因而被掩蓋。在這情況下，女性乃成其主地位。

社會互動過程不僅受互動者角色的影響，而且也受互動者對當時情境定義所影響。在球賽中、愛侶的約會，或者參加朋友的婚宴，都會有不同的互動過程與方式。即使互動雙方的個人不變，在不同的情境中，雙方的互動就會有所不同。有時候，情境定義很明確的，例如婚宴的情境在我國文化裡有它一定的規範，因此，人們容易遵從婚宴的規矩。有時候情境定義不一定很清楚，那麼互動雙方就必須加以試探或測偵，以求定義的明晰，以利互動的進行。**情境定義** (definition of the situation) 即指個人對其所處之情境的看法與想法。當互動的雙方對當時的情境發展出同樣的看法或想法時，彼此的互動會轉變得順利些。例如，同班的男（或女）同學邀你課後一齊去吃飯。這情境就不是那麼明確，到底是一齊去邊吃邊談功課呢？還是對你有意思呢？如果你對這情境所下的定義跟對方不一樣，則互動會有困難。因此，情境定義是一種社會的集體過程，互動雙方在互動時給對方暗示或徵記，以便對方能瞭解，順利進行互動。

社會角色與情境定義提供互動者一種可以預測得到的行為期望，為互動鋪路。但是角色和情境並不完全能指揮互動過程。行動者 (actor) 對角色的扮演和對情境的解釋更具重要性。有些行動者很快就能扮演某一角色，也可能很快就摸清楚情境定義；但是有些行動者可能比較遲鈍。兩個行動者對所扮演的角色可能完全不一致，對情境的解釋也可能完全相反。有時，某一突發的事件都可能影響互動的進行。符號互動論者，特別是戲劇論裡的郭伏門 (Ervin Goffman) 對行動者的角色扮演和情境的解釋過程有很重要的貢獻。他認為人與人之間的互動就像戲臺上演戲一樣，行動者是戲臺上的角色，對所扮的角色與劇情都要能掌握。

美國社會學家派深思 (Talcott Parsons) 雖然和郭伏門的理論架構不同，但他也指出社會互動牽涉到四種條件：(1)社會互動必須產生在一個環境裡；

(2)在該環境內，某些因素可能有助於行動者獲取目的之手段或工具；(3)但同時也有某些阻礙其獲得目的之障礙；(4)不僅如此，手段或工具之選擇使用，困難之克服等皆不可超越社會所允許的範疇，必須在規範準則內操作。試舉一例來說明，張三是互動中的行動者，他進高中上學的最大目的是能考取大學獲得學位，按派深思理論，張三在這求學時期中的互動過程及是否能達到目標都會受其本身的聰明才智、經濟環境、讀書時間、求學態度、社會所提供的教育制度、考試規則等的影響。以圖示之其過程應如圖 1-2 所示：

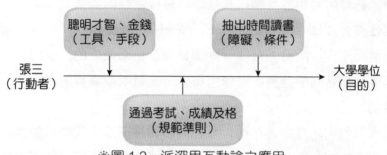

※圖 1-2　派深思互動論之應用

　　派深思認為行動者在互動當中一方面要尋求一個妥當的途徑，利用文化規範準則所允許的方式來增加獲取該目的之機會，另一方面也要注意到如何避免困擾，減少阻礙。他據此發展出一套他所稱的「模式變項」(pattern variables)。包括：

1. **普遍性與特殊性 (universalism; particularism)：** 人與人之間行動的關係如果建立在某種超出團體界限的抽象普遍原則上時，則其互動是普遍性的，但是如果是建立在某種特殊的團體分子關係上時，則其互動是特殊性的。例如：大學招生的方式是以公平考試為標準，則考生之競爭性互動是普遍性的；如果其錄取標準是看考生家世背景而定，則是特殊性的。

2. **擴散性與狹窄性 (diffuseness; specificity)：** 人與人之間的互動牽涉到行動者的人格與生活全部，是擴散性的；如果只牽涉到行動者人格或生活的一部分，就是狹窄的。例如：夫妻間的互動牽涉到行動者雙方生活與人

格之全部；但牙醫與病人之間的互動則只牽涉到行動者的牙痛與治牙病，這只是生活的一小部分而已。

3. 情感性與非情感性 (affectivity; affective neurality)：有些互動是充滿情感的，有些則是沒有感情的。例如：夫妻間互動是情感的，而牙醫與病人之間的互動是職業上的非情感的互動。

4. 品質性與成就性 (quality; performance)：有些互動是依靠當事人的背景身分而互動，有些則是建立在互動者本身的表現成就而定。一個人因承繼家產而促成某些互動，這是品質性的，一個有成就表現的科學家，因其科學家身分所導引的互動，其基礎就是成就性的。

5. 私利性與公益性 (self orientation; collective orientation)：某些互動是為私人利益而產生，而另外有些互動則是為公益而產生的。例如，學生找老師改成績是私利的互動，而學生與老師商量討論課程的擬定改進，則是公益的。

派深思指出，互動者在進入互動前，對這五組模式變項的選擇正確與否，不僅會影響互動的過程，而且也會影響互動者之目的能否達成。

在日常生活裡的社會互動可能並不完全如派深思所說的那麼複雜。社會互動大致上以下面四種方式進行：

1. 交換型互動 (exchange interaction)：當互動的雙方都得到等值的交換與彼此滿意的酬賞時，便是交換型互動。例如，你在捷運車上讓座給一位老人，他笑著對你說謝謝。雙方皆滿意這交換的結果。

2. 合作型互動 (cooperative interaction)：當一群人同心協力一齊爭取相同的目標時，便是合作型互動。例如一支球隊的球員同心協力爭取贏球。

3. 競爭型互動 (competitive interaction)：當人們在一套共同認可的規則下爭取有利於己的酬賞時，便是競爭型互動。例如兩支球隊在同一遊戲規則下競賽。

4. 衝突型互動 (conflict interaction)：當人們不按規則爭奪利己的酬賞時，便是衝突型互動。例如選舉期間一方候選人違法賄選買票。

綜上所述，我們可以明瞭社會互動不是隨便的，它有一定的程序、規

範與過程。社會學家稱這種長期性、穩定、有規律的互動模式為**社會結構**
(social structure)。不論小自兩個人的互動，或大至整個社區人們的互動，都
有社會結構的存在。

第四節　對社會學的誤解與實用性

一、對社會學的誤解

龍冠海曾指出一般人對社會學有四種重大的誤解：把社會學當做社會
工作，以為社會學只研究社會問題，把社會學與社會主義混為一談，以及
把社會學當成一種社交的學問。

㈠以社會學為社會工作

有不少人常把社會學與社會工作當做一樣東西看待，以為凡是研究社
會學的人都是社會工作專家，都懂得社會服務與社會行政。社會學其實是
一門知識，最大的目的是瞭解社會與尋求社會生活的一般原理法則，應用
與否並非社會學的目的。而社會工作包括協助有問題的個人和團體，或指
導並改善有問題的社會的各種知識和技術。雖然有些社會學家也參與社會
服務或社會福利原則之創作，但並不直接使用於有問題人的身上。實際應
用是社會工作者之目標。

㈡以社會學為研究社會問題之學科

有不少人認為社會學是專門討論社會問題的，而社會學家的任務就是
揭發社會黑暗的一面。其實社會問題只不過是社會學研究的一部分而已；
社會學家研究常態社會，也研究病態社會，兩者兼具。同時，社會學家不
可能對所有社會問題都深入研究，一方面是問題太多，另一方面則是有些
問題更適合於其他的社會科學來研討分析。

㈢以社會學為社會主義

一般人常把社會學與社會主義 (socialism) 混為一談。其實，社會主義只是一種社會思想，這種思想被應用在政治或經濟制度上。社會學所研究的範圍要比社會主義廣泛，而且也重科學的驗證資料。

㈣把社會學看作是社交的學問

有些人以為社會學所談的是如何交際，如何在社交圈運動出名。雖然社會學所研究的範疇，可以幫助人們瞭解自己，也瞭解社會生活，但這些並不完全是為社交。

除了上述四種龍冠海所提的誤解之外，其他還可包括下面幾種：

㈠把社會學知識視為普通常識

常常聽人說：「社會學，沒有什麼好學的，還不是大家所知道的普通常識而已。」或者說：「我走過的橋比你走過的路還要多，你的社會學沒有我的社會經驗有用。」其實，社會學的理論雖然有不少是建立在普通常識上，但是絕大多數的社會學發現是經過科學的驗證方式而求得的。這些發現可能與普通常識一致，也可能不一致的。

㈡把社會學家視為一個玩弄統計數字的人

這是晚近才有的誤解。主要是因為社會學家目前比較偏重統計調查方法蒐集的資料分析。於是，有些人就誤會了社會學家的工作，以為社會學家只會用數字騙人。

㈢把社會學視為哲學的一支

有些人覺得社會學理論高深難解，有些人更認為社會學只是空談，跟哲學差不多。這種誤解的產生，有一部分是社會學家的責任：他們把社會學講得太玄，學生不知所措，也不瞭解理論，把社會學看成了哲學。

㈣把社會學看作是只適合西方社會，不適合用來解釋中國社會

不錯，當代社會學大部分理論是建立在西方社會的經驗基礎上。但是社會學理論建立的目標是為發展出一套普遍性的理論。有很多基本概念是中西都可通用的。

二、社學的實用性

社會學既然不是社會工作，也不是社會問題探討者，又不學社交，那麼學社會學的學生畢業以後到底有什麼用？有什麼工作可做？美國社會學會出了一本小冊子《主修社會學》(*Majoring in Sociology*) 裡列出了下列幾項社會學畢業生可做的事情：

1. 訪問員 (interviewer)。
2. 研究助理 (research assistant)。
3. 康樂輔導員 (recreation worker)。
4. 團體工作者 (group worker)。
5. 教員 (teacher)。
6. 假釋觀護員 (probation and parole worker)。
7. 諮詢員 (career counselor)。
8. 社區規劃員 (community planner)。
9. 統計助理 (statistical assistant)。
10. 無照社會工作員 (non-certified social worker)。

上述這些職位大都是最初等的職位，但有機會升遷。雇用機構，公私立皆有，包括：政府機構、醫院、研究機構、顧問公司、零售商店、學校等。在大學時有過實習經驗，畢業後找事較易。如果不想攻讀研究所，則在大學選課時應盡量選應用社會學的課程，並依未來職業的可能性質選修課程。只有大學的社會學學士資歷，在找事情上是比較困難的。如果決定到研究所進修，情況則有所不同。以美國的情況來講，大約有 290 個左右的研究所可攻讀碩士學位，有些研究所在師資設備方面都相當不錯；而且

許多研究所皆有其特別的專長科目,可供專修。這些包括家庭社會學、都市或鄉村社會學、社會學理論、統計與方法論、老年學、犯罪學、人口學等等。目前美國有三分之一的研究所有**應用社會學** (applied sociology) 的課程,強調社會學知識在各種社會環境下的應用。應用社會學是具有碩士學位者畢業後找工作的最好途徑之一。如果計畫再攻讀博士學位,那麼得再多花三、四年時間修畢課程並寫完論文。有博士學位的社會學家在大學裡教書或做研究的機會最大,也有一些人在政府機構任職或為私人機關做事。通常,這些擁有博士學位的社會學家是職業社會學家裡的最大多數。其社會地位比僅有學士或碩士學位者要高。

當然,社會學的知識並不完全就是為了找工作。社會學是一種科學的知識,社會學的研究一方面可以幫助個人多瞭解其自身與周遭環境,而且亦能探索社會組織結構的真諦。這些才是學社會學的真正目的,找工作只能算是次要的。美國社會學家艾斯李門 (J. Ross Eshleman) 與凱信 (Barbara G. Cashion) 舉出社會學對一般學生的五種功能:

1. 社會學討論的範圍廣泛地涉及我們社會生活的每一部分,是值得一讀的,而且是非常有趣的一門學科。

2. 即使你並不想以社會學為終生事業,社會學的知識可幫助你為所選定的職業鋪路。因為社會學的範疇廣得足以提供對未來職業所該做的基本準備。

3. 社會學可以擴大我們的眼光。在分析或試圖瞭解他人行為時,能以較客觀且多角度的眼光為依據。

4. 社會學的研究方法是科學的,它訓練我們資料蒐集的科學技巧。

5. 社會學幫助我們瞭解自己。人是社會的動物,我們的行為不僅是由個人的意識所造成的,也是在社會約束下的產品。

另外一個社會學家加農 (Joel H. Charon, 1980) 更指出社會學的研究使她對社會的瞭解更有深度,她發現:

1. 與眾不同並不一定就是錯的。有些人被視為怪人、不道德、或者愚笨;但是社會學的研究使人們瞭解,對「與眾不同」的誤解只不過是因為彼

此對某一情境定義有所不同而已。因此，人們不一定要強迫自己跟別人一樣。

2. 人是社會組織裡的受困者。人們大部分的行為都是受社會文化約束下所表現出來的。瞭解了這一點，人們就可以盡可能的在社會允許的範圍下表達自己的意思。

3. 事實與理想是有距離的。人們的理想與觀點是社會文化薰陶下的產物，人們對某一事物的觀點並不一定跟社會現實狀況相吻合，而且人們的理想也不一定就是事實所能辦得到的。

　　總而言之，學社會學並非毫無用途，更非浪費時間和精力。它能幫助個人瞭解自己及其周圍社會環境，並為自己的未來做最好的打算，也幫助社會瞭解其長處與弱點，增進社會之安穩與延續。目前臺灣社會學界的蓬勃發展是一個非常好的現象。

關鍵名詞

- 社會學 (sociology)　一門研究人與人之間互動的社會科學，研究人在團體裡之社會行為。

- 社會互動 (social interaction)　指個人與個人之間在社會規範約束下的交互反應來往。

- 社會規範 (social norms)　社會裡公認的行為標準，提示人們在何種情況下哪些行為是適當的，哪些不適合，不能行。

- 模塑行為 (patterned behavior)　指一種受社會文化影響下，定型的規律性行為。

- 社會學的想像 (sociological imagination)　指人們試圖將個人行為與社會特質加以串聯的努力。

- 社會 (society)　由一群具有共同文化、共同地域的互動關係之個人、團體所組成。

- 經濟學 (economics)　一門研究人類的經濟行為、生產、分配、銷售等過程的社會科學。

- **政治學 (political science)** 一門研究政府組織與政治行為的社會科學。
- **人類學 (anthropology)** 一門以初民社會結構、人格與文化為研究對象的社會科學。
- **心理學 (psychology)** 一門研究個人內在的人格、動機、行為方式、態度等主題的社會科學。
- **歷史學 (history)** 一門分析描述歷史事件前因後果時間序列的學問。
- **社會工作 (social work)** 一種訓練以幫助有問題、有困難的人的專業技巧。
- **社會角色 (social role)** 指一組社會所指定的行為期望，指示個人在扮演某一角色時如何行動。
- **角色組 (role set)** 一群在同一職務下的相互關聯的角色。
- **角色緊張 (role strain)** 當個人無法完成某一角色的期望或要求時所可能產生的心理壓力。
- **角色衝突 (role conflict)** 當個人夾在二個或二個以上的不同角色的期望和要求所可能產生的心理壓力。
- **社會地位 (social status)** 亦稱社會職務，指個人在社會體系內所占有的位置。有些地位是與生俱來的；有些則是後天爭取來的。
- **主地位 (master status)** 個人所擁有的眾多地位職務裡，一個特別突出引人注意，並掩蓋其他職務。社會學者稱其為主地位，亦稱主職務。
- **情境定義 (definition of the situation)** 指個人對其所處情境的看法或想法。
- **交換型互動 (exchange interaction)** 當互動的雙方都得到等值的交換與彼此滿意的酬賞時，它是交換型互動。
- **合作型互動 (cooperative interaction)** 當一群人同心協力一齊爭取相同的目標時，它是合作型互動。
- **競爭型互動 (competitive interaction)** 當人們在一套共同認可的規則下爭取有利於己的酬賞時，它是競爭型互動。
- **衝突型互動 (conflict interaction)** 當人們不按規則爭奪利己的酬賞時，它是衝突型互動。
- **社會結構 (social structure)** 指長期持續有規律且穩定的互動模式之整體。

・**應用社會學 (applied sociology)**　以社會學研究所得的理論、結論來解決社會問題；或應政府、企業界的要求而做的社會學研究。

參考文獻

Berger, Peter

　　1963　*Invitation to Sociology: A Humanistic Perspective*. New York: Anchor Books.

Gelles, Richard J., and Ann Levine

　　1999　*Sociology*. Boston: McGraw-Hill.

Kendall, Diana

　　1999　*Sociology in Our Times*. Belmont, CA: Wadsworth.

Inkeles, Alex

　　1964　*What is Sociology?* Englewood Cliffs, N.J.: Prentice-Hall.

Mills, C. Wright

　　1969　*The Sociological Imagination*. New York: Grove Press.

Mulkey, Lynn M.

　　1995　*Seeing and Unseeing Social Structure: Sociology's Essential Insights*. Boston: Allyn and Bacon.

Ritzer, George, Kenneth C. W. Kammeyer, and Norman R. Yetman

　　1982　*Sociology: Experiencing a Changing Society*. Boston: Allyn and Bacon.

Thomas, William E., & Joseph V. Hickey

　　1999　*Society in Focus: Introduction to Sociology*. 3rd ed. New York: Longman.

孫本文

　　1982　《當代中國社會學》。臺北：里仁。

葉至誠

　　1995　《社會學概論》。臺北：永大。

蔡文輝

　1982　　《行動理論的奠基者：派深思》。臺北：允晨。

蔡文輝、李紹嶸

　1999　　《社會學概論》。臺北：三民。

　1999　　《簡明英漢社會學辭典》。臺北：五南。

龍冠海

　1966　　《社會學》。臺北：三民。

龍冠海編

　1966　　《社會學》（《雲五社會科學大辭典》，第一冊）。臺北：商務。

第二章

社會學理論

Sociology

第一節　什麼是社會學理論？

社會學研究的對象雖然是很實際切身的社會互動和社會現象，然而這並不就是說社會學裡的解釋是憑空想像出來，毫無根據。社會學理論必須具有相當程度的經驗確實性 (empirical validity)。也就是說，它應該是可以用經驗的實際資料來說明的。

社會學理論係指一套有意義且合乎邏輯的原理原則，用以解釋社會現象。描述 (description) 是起點，解釋 (explanation) 才是社會學理論的最主要目的。理論 (theory) 通常是比較廣泛而抽象的；社會學研究者可以從理論中抽出精縮了的研究假設 (working hypothesis) 用來分析某些特定的社會現象。有關假設的建立，將會在第三章社會研究法裡詳細逐步加以介紹。

熟悉社會學理論是每一個學社會學的人都必須有的訓練過程。社會學理論類型繁雜，同時並非每一個理論都能適於用來解釋所有的社會現象。因此，這裡先提及社會學理論的分類原則以供參考。

斯基墨爾 (William Skidmore) 認為社會學理論的分類通常牽涉到下列幾個主要原則：

最平常的分類方式是按照出現年代來分類。例如將社會學理論分成早期社會學、十八世紀社會學、十九世紀社會學、當代社會學理論等。此種分類的優點是可以觀察某種理論之興起與沒落，同時也可以反映出不同時期的社會環境特質；但其缺點則是缺乏系統性的具體整理。同一時期內常有許多不同觀點的理論存在，放在一起討論，難以瞭解理論之真義，徒增困惑。

另外一種方式則是按照國家別來分類。例如美國社會學、德國社會學等。這種分類法主要的理由是認定不同國家由於社會環境之不同，其所發展出的理論，自然亦很可能不同。德國和法國社會學理論較重視文化與歷史，而美國社會學則較重功利主義。在美國社會學裡，種族因素常是一個很重要的變數，然而在其他國家社會學裡，種族的重要性則不顯著。

第三種分類方式是依理論主題或其主要概念為中心來分類。例如功能學派、衝突學派、交換學派、符號互動學派等即是此種分類。其優點是綜合歸納百家之言而濃縮成幾大家，研究者比較容易得到一個完整有系統的理論架構概念。這種分類法最為普遍。

第四種分類法是以理論中對「社會」一詞所下的定義的差別來分類，相互比較。不過這種分類法並不常見。

除了上述四種分類法之外，還有一種是以主要代表學者為分類原則。例如，**韋伯學派** (Weberians) 或**派深思學派** (Parsonians)。另外一種分類法則是依理論涵蓋的範圍來分類。綜合性包羅萬象的**鉅型理論** (grand theory)、小型研究工作假設 (working hypothesis)、或介於兩者之間的所謂**中型理論** (middle range theory)。派深思理論屬於鉅型理論，墨頓 (Robert K. Merton) 主張中型理論，而大多數實用性理論則是工作假設。中型理論是建立在數組相互關聯的研究工作假設上，有具體的經驗資料支持，但又不準備解釋或應用到所有的社會體系上。

第二節　社會學發展史

孔德 (Auguste Comte) 是第一位對社會做客觀的科學研究的學者，並首創「社會學」一詞，所以一直被公認為社會學之父或創始者。孔德是法國人，他親身經歷了法國大革命所帶來的破壞以及社會團體的解組。他深深感覺到有必要建立一種科學和客觀研究來觀察社會現象。他的主要著作包括一套六冊的《實證哲學論集》(*Course of Positive Philosophy*) 及一套四冊的《實證政治體系》(*System of Positive Politics*)。

孔德認為整個社會秩序的建立跟自然界的法則一樣；社會秩序的基本原則是和諧一致的。於是，他深信生物學的方法和理論可用來分析社會秩序和演化過程。正如自然科學一樣，社會學也應有靜態和動態兩種分析方法。靜態的研究著重於社會存在的條件，而動態的研究則重視社會發展歷

史的每一個階段。

孔德把人類進化分成三個時期。神學時期：此時期，自然界一切的起源和目標都來自一種超自然的能力；哲學時期：人類的心靈推論是創造萬物的抽象力量；科學時期：實證應用是研究人類本身的法則。在這三個時期的發展過程裡，後一期的產生是建立在前一期的基礎。科學的發展也經歷類似的進化，由最早的天文學，而物理學、化學、生物學、而後才是社會學。社會學是所有科學裡最複雜的，也最依賴其他科學的知識。

斯本塞 (Herbert Spencer) 是英國在十九世紀晚期裡最具聲望的學者之一。他的著作包括《社會靜態學》(*Social Statics*)、《社會學研究》(*The Study of Sociology*)、《社會學原理》(*Principles of Sociology*)、《倫理學原理》(*Principles of Ethics*) 等。

斯本塞把社會體系也視為一種超有機體。任何演化都會改變一個社會內部的整體結構功能，同時其體積的增長也能導致社會的分化 (differentiation)：社會體積越大，社會結構亦越複雜。人類社會的演化是由一種模糊、不和諧、同質性的境界轉變到一種相當明確的、和諧的、異質性的境界的過程。因此，在初等社會裡，各個部門間的分界線很不明顯；但是在高等社會裡，各部門間則因分化而有明確的異質性，進而形成一個新的整合。斯本塞將初等社會看作是一種由武力結合的團體，稱之為軍事社會 (militant societies)，而高等社會則是由成員的自願合作而組成的所謂工業社會 (industrial societies)。

在十九世紀末期，歐洲有兩位社會學家對當代的社會學發展有重大的貢獻。一位是法國的涂爾幹 (Emile Durkheim)，另外一位是德國的韋伯 (Max Weber)。涂爾幹的主要貢獻在於將社會學發展成一門正統的學術性學科。他的社會學中心概念是建立在一個社會唯實論 (sociological realism) 上。他認為社會是一個整體，不能縮減到各個人的。社會事實 (social facts) 才是社會學研究的主題，因為它們才是控制個人行為的外來力量。社會事實可能產生在人們的社會互動裡，也可能記錄在社會風俗習慣及律法裡。社會事實是一種集體意識 (collective consciousness)。

　　涂爾幹也對社會學研究法提供了一個榜樣。他的《自殺論》(*Suicide*) 研究是早期的科學實證法的古典作品。該研究態度嚴謹、資料詳盡，具有健全客觀的邏輯；同時，該研究又提倡統計資料的方法論，為日後的數量化社會研究法提供了一個啟端。他用科學的統計來說明自殺並非完全是心理上有問題，很可能是社會結構的問題。有些人自殺是因為社會的壓力，他稱這種自殺是「利他性自殺」(altruistic suicide)；有些自殺是因為社會管束力太弱，無法約束個人行為，他稱此種自殺是「利己性自殺」(egoistic suicide)；另外一種自殺是因社會混亂所造成的，他稱之為「迷亂性自殺」(anomic suicide)。他的研究奠定了社會學的學術地位。

　　韋伯的社會學包羅萬象，所涉及的社會現象分析包括有宗教、經濟、政治、社會變遷、官僚組織等。他對基督教倫理與資本主義精神的分析更是經典之作。韋伯把社會學看作是一種對社會行動 (social action) 的理解性科學。社會行動可能含有四種不同的性質：人的行動可能是有意義的或有目的的理性行為；這些理性行為可能是價值取向的；人的行動可能由情感的動機發出的；或者是基於傳統的行動。

　　韋伯認為行動才是社會學的分析單位。因此社會學就是一種試圖瞭解社會行動的科學，用以解釋其成因、過程及影響。韋伯提出了一種理想類型 (ideal type) 的概念作為社會學研究的工具，並用之以探討個案裡的類似點和差異點。他認為這理想類型的應用是比較研究法的基礎。這理想類型並不一定要跟事實完全吻合，因為它的建立是依據普遍原則，而非特殊的個案特質。韋伯提出的三種權勢理想類型就是一個很好的例子。他認為一個政權或團體的領袖，可經由世襲而獲得傳統權勢，也可能是因他個人的聲望人格而得到神格性的權勢，或者經由理性規則的安排而得到理性的權勢。這三種權勢：傳統的 (traditional)、神格的 (charismatic) 及理性的 (rational) 都只不過是理想類型的運用，因為事實上，絕大多數的領袖權勢的取得並不單由這三種類型中之一而產生，而多多少少總牽涉到另外二個特質。有關這三類型的權勢將會在討論政治制度一章詳細介紹。

　　韋伯的社會學跟斯本塞、涂爾幹等人的社會學最大的不同點在於韋伯

強調社會行動的個人主觀意識，而斯本塞與涂爾幹則將重點放在社會結構上。韋伯的社會學對後來美國功能學派大師派深思影響很大，於是整個美國社會學界也就深受韋伯的影響了。

　　歐洲社會學在十九世紀末期傳到美國，使社會學發揚光大，成為社會科學裡受重視的一門學問，尤其是美國社會學強調科學的驗證法則。1893年，芝加哥大學成立美國第一所正式的大學部社會學系。全美的美國社會學會創立於 1905 年。從 1910 年代到 1930 年代是芝加哥大學社會學研究的全盛時期，其著名教授包括派克 (Robert E. Park)、顧里 (Charles Horton Cooley)、米德 (George Herbert Mead) 以及湯姆斯 (William I. Thomas) 等。這些人也就是芝加哥學派 (Chicago School of Sociology) 之中堅人物。在 1940 年代和 1950 年代，美國社會學中心東移至哈佛大學 (Harvard University) 和哥倫比亞大學 (Columbia University)。這是結構功能學派全盛的時期，其領袖人物包括派深思、墨頓、戴維斯 (Kingsley Davis)、默爾 (Wilbert E. Moore)。這些學者大多數是派深思的同事或學生，所以亦稱為派深思學派。除此之外，著名的社會學家如梭羅孔 (P. A. Sorokin)、齊爾曼 (Carle C. Zimmerman) 以及田馬舍夫 (Nicholas S. Timasheff) 等都前後執教於哈佛。

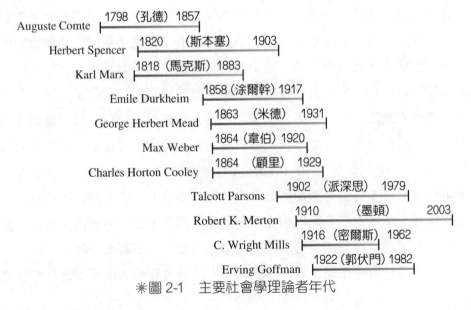

※圖 2-1　主要社會學理論者年代

　　1960 年代起，由於美國社會的分歧與衝突，傳統代表的哈佛大學、芝加哥大學 (University of Chicago)、哥倫比亞大學的影響力逐漸消失；而在西海岸的加州大學柏克萊校區 (University of California at Berkeley) 乘時崛起。而後，由於社會學統計數據應用的大量推廣，密西根大學 (University of Michigan at Ann Arbor)、威斯康辛大學 (University of Wisconsin-Madison) 的社會學系乃成為這方面的中心。自 1950 年代起，美國主要社會學系的排名列於表 2–1。

※表 2-1　歷年美國社會學系排名表

1957	1964	1969	1977	1992	1995	1998	2005	2008	學　校
6	1	1	2	3	3	2	2	1	Univ. of California-Berkeley
12	6	6	4	1	2	1	1	2	Univ. of Wisconsin-Madison
4	5	4	5	3	4	4	3	3	Univ. of Michigan-Ann Arbor
–	–	–	–	–	–	9	6	3	Princeton Univ.
1	2	1	3	6	7	7	8	5	Harvard Univ.
–	11	15	8	6	8	7	6	5	Stanford Univ.
3	4	3	1	2	1	2	4	5	Univ. of Chicago
8	9	7	7	5	6	4	4	5	Univ. of North Carolina-Chapel Hill
13	3	9	–	10	9	10	11	9	North Western Univ.
11	11	8	–	6	5	6	8	9	Univ. of California-Los Angeles
2	3	4	6	11	15	16	11	11	Columbia Univ.
–	18	19	–	9	12	13	11	11	Indiana Univ.-Bloomington
–	–	–	–	–	–	12	10	11	Univ. of Pennsylvania

資料來源：1995 年以前取自歷年 *The Chronicle of Higher Education*；1998 年以後取自歷年 *U. S. News & World Report*。

　　2008 的排名是加州大學柏克萊校區第一，威斯康辛大學次之，密西根大學和普林斯頓大學 (Princeton University) 同排第三，哈佛大學、芝加哥大

學、史丹福大學 (Stanford University) 及北卡大學 (University of North Carolina-Chapel Hill) 並列第五。

　　學校的聲譽不僅影響學生申請主修的意願，而且也影響其畢業生的就業機會。一項針對博士班畢業生出路的分析發現，研究型大型社會學系中有半數以上的教授來自前二十名的學系，在四年制普通大學社會學系則有高達四分之三的教授來自前二十名的學系。可見這些名校在美國社會學界具有相當重要的影響力 (Wang, 2004)。

　　至於社會學在中國的發展，按照龍冠海 (1966) 的分析，大約可以分為五個主要時期。我們依此敘述發展史：

一、胚胎時期

　　第一時期是胚胎時期 (約從光緒 17 年至宣統 3 年，1891–1911)。社會學這名詞最早在清末被譯成「群學」。康有為在光緒 17 年 (1891) 在廣州長興學舍講學時用的就是「群學」這名稱，並把「群學」與政治原理學併列為經世之學。嚴復於 1898 年譯斯本塞的《社會學研究》一書也是用「群學」之名。梁啟超於 1902 年寫的論著中也屢次用這個名稱。中文「社會學」一詞最早見於 1896 年譚嗣同著《仁學》一書內。第一本以社會學為書名的，是章太炎翻譯日本岸本龍武太的《社會學》，出版於 1902 年。

　　至於學校開始設置社會學課程的，比較早的是康有為的長興學舍和梁啟超的長沙時務學堂，當時採「群學」一名。較後的京師法政學堂、上海南洋公學、天津頭二等學堂及上海聖約翰大學，則均採用社會學之名。這時期出版的社會學書籍主要的有：章太炎譯岸本龍武太的《社會學》(1902)、嚴復譯斯本塞的《群學肄言》(1903)、馬君武譯斯本塞的《社會學原理二篇》(1903)、吳建常譯季亭史的《社會學提要》(1903) 及歐陽鈞編譯的《社會學》(1911)。另外，上海作新社於 1903 年曾印行一冊《社會學》，未署作者姓名。同年，《國民日報》亦載有《社會學原理》一書廣告，惜亦未署作者姓名與出版者。孫本文在其《當代中國社會學》一書中指出在此一時期之我國社會學：「方由外洋傳入……國人尚無自著之書。學校講習，雖已有規定……

當時研習者甚少，而普通學者更不知社會學為何物。」(1982: 18)

二、發育時期

第二時期是發育時期（約 1912–1931 年）。辛亥革命以後，民國成立，國人思想言論也有了更多的自由，社會學的傳播因而日見推廣。在這一時期內，大學中開設社會學課程和設立社會學系者日增。北京大學於 1912 年即開授社會學課程，其他大學先後跟進，如滬江大學於 1913 年，清華大學、燕京大學均於 1917 年；此外，南京高等師範、廈門大學、復旦及金陵等大學亦先後設有社會學課程。國人自授社會學始於北京大學的康心孚教授，第一個社會學系則是 1913 年成立的上海滬江大學社會學系。不過當時授課者都是美國教授。清華大學社會學系成立於 1925 年，由陳達主持。廈門大學於 1921 年設歷史社會學系，由徐聲金主持。燕京大學亦於 1921 年設社會學系，由美國教授主持。根據孫本文 (1982: 218) 估計，當 1930 年中國社會學社成立時，全國已有 11 個社會學系，與歷史學合設者有兩校，與政治學合設者也有兩校，與人類學合設者一校，共計 16 所學校。這一時期裡，國人自著的社會學書籍數量已有增加。較重要的有：陳長蘅的《中國人口論》(1918)、易家鉞的《社會學史要》(1921) 與《西洋家族制度研究》(1921)。根據龍冠海的估計，此時期出版書籍計有：翻譯者 32 種、自著者 84 種，合計 116 種。雖然我們無法知道刊登在報章雜誌的社會學論文數目，但其數量應該不少。尤其在該時期下半段裡，孫本文主編的《社會學大綱》、李景漢的《北平郊外鄉村家庭》、潘光旦的《中國之家庭問題》、陳達的《中國勞工問題》及陶孟和的《北平生活費之分析》等對中國後來社會學的發展有很重要的影響。

三、成長時期

第三時期是成長時期（約 1932–1948 年）。這時期的前半期，由於共產主義的影響，國人對社會學有了誤解，以為社會學是宣傳激烈主義；同時由於日本之侵華，華北、華東及華南等地區大學被迫西遷，少數社會學系

被迫停辦，有的社會學家也就改行了。1940 年，國民政府成立社會部。在這第三時期的後半段，社會學學者參與實際政策擬訂的機會擴大了。社會學系畢業生的就業機會也增加了。到 1947 年秋，全國設有社會學系者計 19 所大學，設有歷史社會學系者 2 校，設有社會事業行政學系者 1 校。此外，不少大學雖無社會學系，卻都開授社會學課程。

此時期的教員學生數目亦大有增加，據 1947 年 12 月的調查報告：社會學教授、副教授及講師全國共有 143 人，其中有留美的 71 位，13 位留法，10 位留日，9 位留英，4 位留德，留比利時 1 人。另有 12 位美國籍教授。至於學生人數，據龍冠海 (1966) 的估計，1947 年約有 1,500 名左右。

在此時期出版的書籍很多，其中翻譯有 35 種，自著 138 種，合計 173 種。例如斯本塞的《初民社會》(*Primitive Society*) 之翻譯、梭羅孔的《當代社會學說》(*Contemporary Sociological theories*)、鮑格達 (Emory Bogardus) 的《社會思想史》(*The Development of Social Thought*)、渥班 (William F. Ogburn) 的《社會變遷》(*Social Change*)、涂爾幹的《社會分工論》(*The Division of labor in Society*) 等之中譯；孫本文的《社會學原理》、陳達的《人口問題》、許仁廉的《人口綱要》及柯象峰的《中國貧窮問題》等。

第三時期的最大特色，應該算是調查研究的豐收。這時期裡出版的調查報告有李景漢的《定縣社會概況調查》(1933)、喬啟明的《江寧縣淳化鎮鄉村社會之研究》(1934)、言心哲的《農村家庭調查》(1935)、陳達的《南洋華僑與閩粵社會》(1937)，以及隨後出版的：費孝通的《祿村農田》(1943)、陳序經的《蜑民之研究》(1947)。

至於社會學刊物出版方面，最早的是 1922 年余天休在華北創辦的《社會學雜誌》雙月刊，前後出刊三卷三期，至 1931 年停刊。燕京大學則於 1927 年出版《社會學界》年刊。東南社會學會於 1929 年 7 月出版《社會學刊》，第二卷時改由中國社會學社主編，共出版五卷三期。除此之外，其他尚有《歷史社會文摘》(由廈門大學歷史社會學系主編)、《社會研究》(由國立中山大學社會學系刊行) 等。

四、社會學受難時期

第四時期是社會學受難時期（約自 1949 至 1977 年）。在中國大陸，這時期前半段的最大特色是社會學所遭受的壓迫；尤其在文化大革命期間，大學的社會學系都停辦。著名的社會學家，如吳景超、費孝通等都被下放勞改，社會學的研究蕩然無存。前期所做的農村調查淪為中共建國的藉口和清算地主的工具。

五、再生時期

第五時期是社會學的再生時期（1979 年迄今），此時期社會學在大陸才又重新起步。鄧小平的一篇演說再次允許社會學的研究。中國社會學社也在 1979 年 12 月重新組織成立，中國社會學會繼之成立於 1982 年，並由費孝通擔任主席。晚近幾年來，由於開放幅度的擴大，以及急速的社會變遷，中國大陸的社會學家做了不少實地調查，引起了政府的重視；再加上新近留學回國的社會學家日增，國外學者到重點大學的講習，使社會學在中國大陸有了再生的機會。不僅如此，晚近也有大批年輕留美社會學者任教美國大學，與中國國內學界互通聲息，提高中國大陸社會學的學術地位。

同一時期內，社會學在臺灣逐漸生根、萌芽，而至蓬勃。其進步是逐步的，是穩定的；尤其在 1970 年代後半段以後，由國外學成歸國服務的專業人才日增，社會日漸富裕，社會學的研究增加，更受重視。在教學方面，設有博士班的學校有臺灣大學、清華大學、政治大學以及東海大學；設有碩士班者──除了上述四所學校以外，尚有中山大學、臺北大學、佛光大學、輔仁大學、東吳大學等；師範大學設有社會教育學系，南華大學設有應用社會學系。在其他大專院校也都有專人教授社會學課程。此外，南華還設有教育社會研究所；元智大學設有資訊社會研究所。此外，尚有數目不少的類似科系分散於專科學院內。

臺灣大學社會學系每年出版《社會學刊》，中國社會學社出版《中國社會學年刊》都已有多年（後者已改名為臺灣社會學社，出版《臺灣社會學

刊》)。東海、東吳、政大、中興都各有專刊。在研究專業方面，中央研究院設有社會學研究所、民族學研究所、中山人文社會科學研究所、歐美研究所 (其前身為美國文化研究所)；臺灣省政府設有臺灣人口研究中心，臺灣大學的人口研究中心從事人口研究，都有定期的刊物；臺大的農業推廣學系在教學研究方面則偏重於鄉村社會學。這些在各方面都對社會學研究提供特殊的貢獻。

　　社會學從西洋傳入中國，自清末迄今，其間經歷不少挫折。可欣慰的是中國的社會學研究已重新被鼓勵推動，而在臺灣的社會學家更在臺灣的社會變遷過程中擔任詮釋分析的重要角色，相信今後會更有發展的。雖然當今中國大陸和臺灣的社會學深受美國的影響，但大致上來看，美國社會學對中國和臺灣的研究興趣不大。蔡文輝 (2009) 發現美國三大社會學刊物：*American Journal of Sociology, American Sociological Review, Social Force*，在 1950 至 2008 年發表有關中國社會的論文相當少，尤其是在 1950 至 1989 年期間。直到 1990 年以後才有顯著增長，不過卻幾乎把臺灣全部忘了。

第三節　四大主要理論

　　在社會學裡,四大主要理論是指結構功能學理論(常簡稱功能學理論)、衝突理論、符號互動理論及交換理論。

一、功能學理論 (functionalism)

　　功能學理論的中心概念是功能 (function)，這是指一種對維持社會均衡有價值的適當活動，也是指一種效果。例如，在新年元旦時，中國人會相互拜年贈禮，為的是什麼？為的是盼望大家能一團和氣，預祝來年風調雨順，恭禧發財，萬事如意，所以相互拜年贈禮的社會習俗有增進社會整合的效果及功能。功能學理論主要的目的在尋求解釋一個社會行動所造成的

效果或所賦有之功能。

　　功能學理論者總想找出：什麼具有功能？他們的答案是結構 (structure) 具有功能。於是功能與結構常連結併用，故又稱之為結構功能學理論 (structural functionalism)。功能學理論以結構為研究單位，而非個人。舉例來說，主佣關係的功能在於佣工服務主人，功能學理論研究的重點並不放在佣人或主人身上，而是在這兩人之間的關係結構上，其所談的是社會角色之間的互動，以及以服務為主的社會制度。在功能學理論裡，社會制度 (social institution) 是指一群相互關聯的社會角色；社會結構則指一個體系裡各部門間的關係，為功能之所在。上述的主佣關係裡，社會結構指出主佣關係的社會現象是什麼？功能則指出該現象的效果是什麼。功能學理論大致上包括下面四個基本命題：

1. 在功能上，每一個體系內的各部門是相互關聯的。每一部門的操作都需要其他部門的合作相配。當某一部門發生不正常的問題時，其他部門可以填修補正。
2. 一般來說，體系內的每一組成單位有助於該體系的持續操作運行。
3. 大多數的體系對其他體系都具影響力，那麼它們應可都被視為是整個大體系的副屬體系 (subsystems)。
4. 體系是穩定和諧的，不輕易有所變遷。

　　原則上來講，功能學理論認定社會是「整合」的，而且總是朝向「均衡」的狀態運行操作。**整合** (integration) 係指各部門之間相互影響的結果促成某種程度的和諧性，依此以維持體系之生存。**均衡** (equilibrium) 則是社會體系運行的最終目標。在均衡狀態裡，社會是整合無衝突的，其體系內即使有變動，也是緩慢而有秩序的。所以，社會文化的變遷只不過是社會體系裡一種調整性的和局部性的暫時情境；無損於整個社會體系之整合與均衡。

　　一直到 1960 年代末期，社會學理論有三十年的時間為功能學理論所獨霸，這其中最主要原因之一是其代表人物哈佛大學的派深思與其學生門徒分據全美各主要大學社會學系要職，傳授功能學派理論。所以一談到功能

學派就必涉及派深思學派，兩者幾為一體。

　　派深思的一位門生兼同事墨頓對功能學理論補充了三項主要的概念：**顯出功能** (manifest function)、**潛在功能** (latent function) 以及**反功能** (dysfunction)。墨頓認為社會裡的功能有些是有意設計安排的、明顯的，是顯出功能。例如，教育機構的顯出功能是教育下一代，以面對未來在職業上、生活上的基本挑戰。同時，教育機構也提供一些原先並未設定的，潛在隱藏的功能，這是所謂的潛在功能。學校除了教育年輕的一代外，也提供了課外活動的場所及機會，為社會訓練未來的領袖人物，為個人造就了交友擇偶的機會。這潛在功能雖非原意，卻實際存在。墨頓的反功能觀點肯定功能的破壞性，強調並非所有的功能都是正面的；也有反面的效果。例如犯罪，離婚等。這些反功能能直接影響到社會的穩定、社會的整合。

二、衝突理論 (conflict theory)

　　衝突理論的重點是對社會變遷的解釋，它是針對功能學理論的整合均衡觀點而發的。衝突理論者認為社會變遷不僅是必然的，也是急遽的。社會變遷的後果是破壞而非建設。衝突理論之主要代表人物有達倫多夫 (Ralf Dahrendorf) 與考舍 (Lewis A. Coser)。

　　衝突理論的淵源可追溯到早期的馬克斯 (Karl Marx) 的階級鬥爭論和齊穆爾 (George Simmel) 的形式社會學 (formal sociology)。馬克斯認為物質力量是決定歷史過程的最主要因素，思想只不過是物質的反映而已；社會變動事實上是擁有經濟資源的「**資產階級**」(bourgeoisie) 和沒有經濟資源的「**無產階級**」(proletariat) 間的鬥爭。馬克斯的基本假設包括三點：第一、認定經濟組織決定社會裡所有其他的組織；第二、相信每一個經濟組織裡都含有階級衝突的成分；第三、無產階級會逐漸因受壓迫而產生共同「**階級意識**」(class consciousness) 用以抗拒資產階級的剝削。

　　齊穆爾的形式社會學的主要目標在於尋求探討社會過程的基本形式。他認為社會學不應該企圖研究每一種社會制度或人的行為，而應把重點放在人與人之間的互動形式上。這些形式並非全是純淨的，每一個社會現象

都包含有合作與衝突、親近與隔離、強權與服從等相對關係。因此，社會與個人之間常常同時具有合作性與衝突性。個人雖一方面尋求社會的融洽，另一方面亦為私利而活動。個人一方面受制於社會，但另一方面卻又控制社會。齊穆爾的形式社會學強調現實社會裡的衝突是無法避免的。

達倫多夫承襲上述觀點提出他個人的衝突論，他認為每一個社會無時無地都在經歷變遷：社會變遷是不可避免的；每一個社會裡都有分歧衝突因素的存在，衝突無法避免；社會裡的每一個單位都直接間接地促成了社會的變遷；強制性的權力關係是社會的基礎：事實上社會分子間的關係就是支配與受支配間權力分配的關係。因此，達倫多夫聲稱以派深思為主的功能學派所描述的整合均衡是不存在的，是一種烏托邦式的臆測。

考舍的衝突論把達倫多夫的觀點跟功能學理論加以協調，他主張衝突並不一定全是破壞的，它對社會還是有益有功能的。因為衝突代表著社會內部的失調：衝突能激起社會的重組、縮減社會的不均等、增強社會的適應力、解決社會的問題。考舍相信，衝突如果沒有違反團體的基本原則，同時又有目標、有益處、有價值，那麼衝突會對社會有正面的功能。

當代的衝突理論不只以經濟資源、生產工具為原則，來區別社會中的相互衝突的團體。除了經濟因素外，權力是另一主要因素把社會分成**支配團體** (dominant group) 及**被支配團體** (subordinate group)。前者是擁有權力的團體，後者是無權力的被支配者，其權力即是衝突的焦點。兩者是相對的，例如，男／女；年輕人／老年人；環保擁護者／開發商；在政治圈的民主黨／共和黨；國民黨／民進黨等等。

雖然衝突理論因反對功能學理論而興起，許多學者都指出，兩者之間有不少類似觀點，彼此應是相輔而非相剋：這兩種理論只不過代表著兩個不同角度的社會研究觀點而已。霍頓 (John Horton) 把二者做了一個比較，見表 2-2。

※表 2-2 社會秩序與衝突理論之比較

秩序觀點（功能學派）	衝突觀點（衝突學派）
甲、對社會與價值的立場	
1.人與社會 　a.社會乃是一個自然維持均衡的體系 　b.社會的基本性質不僅大於，更有異於 　　其各部門組成之總和 　c.理論要點傾向於社會制度之維護 2.人類之本質 　a.人是半自利、半公利的，故需團體之 　　節制 　b.人是社會化的產品 　c.人有道德高低之分 3.價值：社會是好的、均衡的、安穩的、 　權威的、有秩序的、重數量的成長	1.人與社會 　a.社會是不同目的和觀點的團體與團 　　體間的鬥爭 　b.人是社會；社會乃是人的伸展。但人 　　與社會之間仍有隔閡 　c.理論要點傾向於社會制度之變遷 2.人類之本質：經由實際的，和自主的社 　會行動，人創造自己，也創造社會 3.價值：社會是自主、自動的、變遷的、 　有行動的、重質地的成長
乙、科學分析之類型	
1.自然科學的類型；尋求普遍與合乎宇宙 　的法則 2.結構功能分析法 3.多類的因果關係；理論具有高度的抽象 　性，但其實地經驗部分之抽象性則較低 　（理論及應用分開） 4.客觀性的條件：概念與事實一致；研究 　者與被研究者應分開 5.研究的起點常強調文化是秩序與結構 　的主要決定因素；而後推及人格與社會 　組織之研究 6.主要的概念；高度的抽象理論；不重歷 　史；強調體系需求之普遍性與相對性	1.歷史類型；經由歷史特殊事件變遷之分 　析以瞭解人類社會 2.歷史分析法 3.單類的因果關係；高低度之抽象性均 　有；其理論與應用則不可分 4.客觀性僅是主觀性的一部分；研究者與 　被研究者混在一起 5.研究的起點是社會組織，或人類成長並 　維持之需求，進而再推及文化的研究 6.歷史的、動態的；強調人類需求的普遍 　性、相對性；常提及或預測未來
丙、社會問題與差異行為	
1.將疾病看成是對現有價值的反動，一種 　病態問題。意識性的定義 2.差異行為是社會體系功能運行之病態 3.社會問題是社會失調不均衡的象徵 4.強調社會控制之擴大應用。應由個人適 　應社會	1.將健康比作一種受壓迫團體往上掙扎 　的現象。烏托邦式的定義 2.差異行為是一種趨向改變現有權力關 　係的象徵 3.社會問題乃因過分的社會控制與剝削 　而引起的 4.革命性的改變現有社會體系

丁、所用辭彙	
1. 支配團體，指現有的制度本身及其操縱者	1. 強調受壓抑團體之奪取更大權利
2. 代表人物：派深思學派、墨頓學派；保守性的研究	2. 代表人物：達爾多夫、密爾斯、左傾人物等

三、符號互動理論（symbolic interactionism，亦譯形象互動論）

　　符號互動理論之研究重點在於人與人之間的互動性質和過程。這理論認為社會只不過是由一群互動中的個人所組成，沒有這些互動，也就不可能組成所謂的社會團體。個人的互動行為不斷地在修改和調整，因此社會也自然而然不斷地在變遷。人與人之間的互動不是體能上直接的反應，而是要經過各個人在互動過程中的一番分析和瞭解。人們在行動之前總是先將對方的想法和做法加以推解判斷，然後再決定如何反應。這就是湯姆斯所提的情境定義 (definition of situation)。

　　符號互動論者認定觀點 (perspective) 和互動 (interaction) 是人類行為的二個重要變數。他們相信個人對外界刺激所持有的觀點不止一種。在某一情境裡，其觀點可能是某一種型態，在另一種情境裡，其觀點可能會有所改變。這些不同的觀點是用來當做個人互動反應時的指導原則，是動態的；因為個人在互動過程中不斷地修正觀點以適應當時情境的需要。在人與人之間的互動過程裡，個人不僅應注意其本人之觀點，而且也需要注意到他人的觀點；以不斷地修正、補充、詮釋其本人之觀點以符合應付當時之情境。符號互動論者指出個人的觀點是得自社會團體，特別是參考團體 (reference group)。所謂參考團體係指人們平常生活裡用來做比較的團體。例如，臺灣大學的學生會以臺大為榮，常用臺大來標榜自己並以之與他人做比較；那麼臺灣大學就成為這個臺大學生的參考團體。參考團體對人們的觀點影響很大。

　　互動是符號互動理論的另一個主要概念。互動是藉著形象或符號

(symbol) 來表達的。語言、文字、手勢、圖形指標都是一種符號。有了這些，人們才能彼此互動。人們的思想、觀察、測聽、行動等皆是經由形象符號來表達。符號互動論者指出教導傳遞形象的使用就是社會化過程中最大功能之一。社會依賴形象符號而生存，也依賴形象符號而延續發展。

符號互動理論源始於早期芝加哥學派健將米德、派克、湯姆斯。尤其米德的貢獻最大。1950 年代再由布魯默 (Herbert Blumer) 教授綜合發揚光大。目前符號互動理論之分支包括標籤理論 (labeling theory)、郭伏門 (Ervin Goffman) 的戲劇論 (dramaturgy) 以及俗民論 (ethnomethodology) 等。

四、交換理論 (exchange theory)

交換理論是一種以心理學和經濟學兩者為基礎的社會心理學方面之理論，其目的在解釋個人與個人之間的互動與小團體的結構。該理論基本上認定各個人之間的交換行為乃是維持社會秩序的基礎之一。社會互動事實上就是一種交換行為。交換的對象不一定是能看得見的物品，其他像聲望、喜愛、協助、贊同等也同樣可以作為交換的對象。同樣的道理：痛楚與難堪的避免、機會與利益等都可用來做交換。

交換理論相信個人的交換行為都很自私、利己，是極自我中心的。因此，在交換過程中必然會牽涉到利益的問題。如果交換的雙方不能彼此對互動的成果都得到滿意，則沒有交換的必要；那麼社會互動就不會發生。交換理論者認定社會互動是個人與個人間在交換過程中對利潤和成本及對取與給的計算與運用。

「酬賞」概念是交換理論之基石。酬賞的種類很多，而每個人尋求酬賞的方式亦有所不同。交換理論者相信社會贊同 (social approval) 可能是所有各類酬賞裡最重要和最有力的一種。在日常生活裡，人們總是希望被人喜愛，贊同自己所做的事；同時，也總是盡量避免那些討人厭的，整天批評自己的人。能得到別人喜歡就是一種很大的酬賞。每一類酬賞的價值通常不盡相同，常有輕重之分。越難獲得者，價值越高；越易獲得者，則其價值越低。

　　哈佛大學的何門史 (George C. Homans) 是交換理論之倡始者，他的基本理論包括六個主要命題：

1. **命題一：成功命題** (the success proposition)：「在一個人所做過的所有行為裡，若其中某一特定行為常能換得酬賞，則該行為會重複出現。」例如，如果幫人開門會獲得一筆小費，人們就願意幫人開門，所獲得的小費越高，其意願也越強。

2. **命題二：刺激命題** (the stimulus proposition)：「如果在過去某一特定刺激狀況的出現曾帶來酬賞，則當前所發生之刺激狀況越類似過去之狀況時，類似以往的同樣行動就越可能重複出現。」例如，某一學生以前曾在某一老師監考時作弊成功沒被發覺，下一次再碰到同一老師監考時，該生就可能再次作弊。

3. **命題三：價值命題** (the value proposition)：「如果在一個人的眼中某種行動所帶來的成果越有價值，那麼這個人越有可能去做同樣的行動。」例如，一個學生覺得能參加籃球校隊要比成績得第一名更有價值，那麼這個學生選擇參加校隊的可能性就更大。

4. **命題四：剝奪飽滿命題** (the deprivation; satiation proposition)：「某一特定的酬賞若在不久以前某人時常獲得，則該酬賞對此人之價值就越低。」例如，如果一個學生剛在昨天的考試中得高分而獲得兩支鉛筆，則明天或後天再以鉛筆為獎品的價值就不高了。

5. **命題五：攻擊贊同命題** (the aggression; approval proposition)：「如果某人常受不公平待遇，則其越可能表現憤怒的情緒。」例如，一個人做了該做的事，而未獲得預期的酬賞時，就會有憤怒攻擊性的表現。相反地，如果他獲得比預期更多的酬賞時，則有贊同的情緒。

6. **命題六：理性命題** (the rationality proposition)：「當一個人在挑選可能採取的途徑時，他會選擇一種能帶來較高價值的成果、以及選擇能獲得該較高價值結果的行動。」例如，人們都想要獲取最大的效果，但是如果這是根本無法辦到的，那麼無論該效果再大也沒有用，人們就會盡可能採取一種能獲得較高效果的方法。

總而言之，交換理論以個人為研究單位，著重點在於個人與個人之間以自我為中心的交換行為過程。在社會學上雖名列四大理論之一，但實際上其範疇與其他三種理論無法相比。

　　把上面所提到的當代社會學四大理論加以比較，在意識型態上：功能學理論與符號互動理論是屬於比較保守派的，而衝突理論與交換理論是比較激進的；從分析層次來看：功能學理論與衝突理論之單位在於社會結構，因此屬於宏觀社會學（macrosociology，亦譯鉅型社會學）；符號互動理論與交換理論則重個人，屬於微觀社會學（microsociology，亦譯小型社會學）。其比較如表 2–3。

※表 2-3　社會學四大理論之比較

分析層次　　意識型態	保守主義	激進主義
結　構	功能理論	衝突理論
個　人	符號互動論	交換理論

　　功能學理論和符號互動理論屬於保守型，因其重視社會互動的穩定性。衝突理論和交換理論因為強調人與人之間的競爭以及得失的衡量，屬於較激進。保守型理論較適合於社會規範和制度的條件，而激進型理論較適合社會變化的解釋。

第四節　社會演化論、現象論、俗民論

　　功能學理論、衝突理論、符號互動理論、交換理論代表著當今社會學四大支柱，另外還有一些理論仍有在此一提的必要。這些是社會演化論、現象論以及俗民論。

一、社會演化論 (social evolutionism)

思想家和哲學家把人類社會變遷看作是一種進步的過程並不是最近的事，而是自古已然。尤其在十七、十八、至十九世紀的歐洲最為盛行。這種進步的思想一方面是由於自然生物科學發展所帶來的影響，另一方面也是受當時歐洲工業革命的衝擊所致。此時期之代表理論應是斯本塞的**社會演化論**。今日的社會演化論所牽涉的範疇已遠較十八和十九世紀歐洲的演化論複雜。社會學家默爾指出下列幾種主要演化論的類別：

1. **單直線演化論** (simple rectilinear evolution)：主張人類歷史文明的發展是沿著一條直線向上進步的。這是最早期的演化論，盛行於十八和十九世紀歐洲，目前已無人堅持此論。

2. **階段式演化論** (evolution by stage)：主張人類歷史文明的發展並不一定只沿著一條直線不斷向上進步，而是經過幾個階段的突破 (breakthrough) 才邁向前的。此理論通常認定工藝技術是各階段突破的關鍵。派深思的新演化論及藍斯基 (G. Lenski) 的理論都屬於階段式的演化理論。

3. **不等速演化論** (evolution at unequal rates)：是一種由階段式的演化論修改發展出來的。持此不等速演化論觀點之學者認為人類歷史文明之進步並不一定要經過某種重大的突破才能從前一階段躍進至後一階段。進步是緩慢而不規律的不等速演化。

4. **枝節型演化論** (branching evolution)：認為所有的人類社會之變遷發展方向並非是單一方向的，其發展之速度亦非一致。於是，社會與社會之間自然有所差異。從整個人類歷史文明演化的立場來看，不同社會的不同發展就如同一棵大樹上的樹枝分散著生長一般，有些長得快些，有些則較慢。

5. **循環式演化論** (evolution by cycles)：是不等速演化論的另一變型。此理論相信人類歷史文明的演化雖然是向上的進步，但其進步過程可能遭遇暫時性的停滯，甚或有倒退的現象。經濟循環現象就是一個好的證明。

如果將上述五種不同的社會演化論以圖表示之，如圖 2-2。

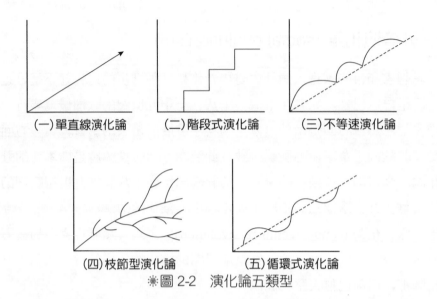

(一)單直線演化論　　(二)階段式演化論　　(三)不等速演化論

(四)枝節型演化論　　(五)循環式演化論

※圖 2-2　　演化論五類型

　　有一段時期社會演化論幾乎為社會學界所完全忽略。許多普通社會學理論教科書都不包括演化理論的觀念。近幾年間，社會演化論似乎有一種復甦的徵象。有關社會演化理論的著作亦可見諸於主要的社會學雜誌上。兩個主要原因值得在此一提：(1)結構功能學派為了彌補其忽略社會變遷的缺陷，特將社會演化論之觀點融合於其理論中，用以解釋長時期的社會和歷史變遷；(2)新興起的社會生物學應用達爾文的自然選擇和生存競爭概念來解釋人類行為和社會結構。

二、現象論 (phenomenology)

　　現象論綜合了十九世紀晚期的心理學論 (psychologism) 與歷史評論 (historicism)，以及當時的數種哲學論調。當代現象論哲學之創始者是二十世紀初期的胡捨 (Edmund Husserl)。使現象論真正應用到社會科學理論上的是舍茲 (Alfred Schutz)。他在 1967 年出版了《社會之現象論》(*The Phenomenology of Social World*) 一書。

　　基本上，現象論試圖描述人的意識形成的過程，並探求自然界一切事務的原始本質。現象論主張把一切受文化薰陶下所戴的假面目除掉，以還

我本來面目的態度來處理並瞭解自然界的一切現象。現象論者提出人們應該具有一種挑戰的精神，拒絕接受擺在面前的解說，應做更進一步的探研。現象論者認為只有西方文明才具有此種挑戰性的精神。科學研究是西方文明中最顯著的特徵，而科學的研究就是這種評判和挑戰性的精神的表現。因為所謂科學只不過是現階段的真理原則，此真理原則隨時都會因新的發現而被修正改變。

科學的研究方法常受文化的影響，而科學的原理原則所依據的資料常是由蒐集而得的。因此，科學的解釋常使自然現象籠罩上一層偏見的外衣。這種「失真性」在社會科學裡尤其顯著。胡捨大聲疾呼「還我本來面目」(back to the things) 的目的就在強調一種不受文化影響的研究和瞭解一切社會現象的原始面目和特質。文化是由社會化過程中得來的，而社會化的目的在於訓練社會成員發展出一種一致和規律的看法行為。我們知道「椅子」是給人坐的，但是我們之所以知道椅子是可以坐的乃是在社會化過程裡學習到的。至於椅子到底是一樣什麼東西？反倒變成是不重要的問題，不必深究。現象論者認為我們對外界事物的看法應求真，而不應有「想當然爾」或「本來就是這樣」的態度；必須要探討和深究為什麼會「本來就是這樣」，以及「想當然爾」態度形成的過程。

現象論者認為如果把一切受文化薰陶下的面目除掉，那麼剩下來的只是人們的知覺意識而已。現象論者所關注的是這種知覺意識的基因，而非其結構。現象論者試圖說明生命周圍的一切有關的現象，人們日常的社會生活，以及一切所謂「想當然爾」和「本來就是這樣」的現象的原始面目。因此現象論應該是各種社會科學知識的基礎，也是各種社會科學之總集成。

現象論到目前為止實際上仍只能算是一種哲學思想體系。雖然近些年來，美國社會學家已開始注意現象論的觀點和研究方法，但是其影響力並不廣，只能算是社會學理論主流範疇以外的一種激進派論調而已。

三、俗民論 (ethnomethodology)

在當代社會學理論裡，**俗民論**算是最激進和反動的一種。有些學者把

俗民論視為符號互動論之一支，也有將其歸類於現象論。但是大多數的社會學家似乎都同意俗民論對社會學理論的貢獻是負面多於正面。換言之，俗民論對傳統社會學理論的破壞性多於建設性。

加州大學洛杉磯分校 (University of California at Los Angeles) 的高分柯 (Harold Garfinkel) 被公認為俗民論的創始者。高分柯曾是派深思的學生，但他和派深思走的卻是二條完全不同的路。俗民論在 1950 年代很少受人注意，一直到 1960 年代晚期和 1970 年代初期才開始受到重視，成為當代社會學理論另一支。

高分柯的俗民論與傳統的社會學有著相當大的距離，他指責傳統社會學過分重視客觀科學的研究方法。因為這種科學方法把人們的日常生活描述得太理性化而與現實狀況完全脫節。他也不贊成把「社會秩序」看作是一種實際存在的東西，它並不能控制和約束人們的社會行為。因為人們所關心的只是怎麼把一些面對的事情和問題解決，並試著瞭解、整理。高分柯指出對人們社會生活之分析可以從二方面來看：

1. **科學的興趣 (scientific interest)：** 亦即理論上的興趣。研究者從科學或理論的立場，有系統地整理歸類客觀的自然現象和人類行為。

2. **實際的興趣 (practical interest)：** 指人們日常生活裡現實社會的一面。對行為的普通性的解說。

舉例來說：一個販賣油餅的小販在風雪裡沿街叫賣。從科學興趣的立場來看，這個小販是在履行社會所賦予他的角色職務，有助於社會之整合。但是從實際的興趣角度來看，這個小販之甘冒風雪沿街叫賣並不是為了什麼角色職務之履行或為社會整合之達成，僅僅只是為了維持一家大小的生計而已。因此，「科學的興趣」和「實際的興趣」兩者之間有一個很大的差距。以科學的興趣來解釋分析人類行為和日常生活會常失去原有的真正意義。高分柯指出人們日常行為並不一定要按照科學的興趣所採用的角度去分析，因此所謂社會秩序並非是真正存在的一種實體，它只不過是人與人在互動中的一種感覺而已。人們的行為並非是理性，而是非常實際的。

俗民論的重點在於找出人們如何把社會互動變得有意義。它試圖去瞭

解分析人們在現實社會裡的日常生活行為方式。俗民論者認為人們的日常生活充滿了無數的指標表達方式 (indexical expression)。人們的日常生活是很模糊，欠缺精確性，必須以某種類似的指標來表達才能瞭解行動的空間和時間兩因素。例如，某人問你這樣的一句話：「上一次我們什麼時候碰過面?」你回答說：「大概是半年前吧。」這「半年前」就是一種指標式的表達方式，給對方一個大概是什麼時候的觀感就夠了，沒有必要準確的指出是「半年前的 5 月 3 日上午 9 時 10 分我們碰過面。」俗民論者指出人們的日常生活充滿了這種模糊的指標式表達方式，講得太準確反而會破壞社會互動的意義，語言的運用在俗民論者來看也是模糊的，只要意思到了就可以，不必講明。

高分柯的俗民論基本上試圖去證明下列幾點原則：

1. 人們日常所使用的語言涵義比語言結構要廣泛得多。
2. 人們語言上的會話是基於彼此雙方的瞭解。
3. 此種雙方的瞭解是經由當事人不斷的自我解析過程而得的。
4. 因為受到互動規則的限制，人們的行動才顯示出類似理性的徵象。

高分柯指出俗民論的重點並不在於那些互動規則，而是在規則所籠罩下的人類行為。科學的理性原則和一致性原則，不僅不會增進瞭解，還使人類的行為更難瞭解。所以，從現實和實際的立場來看行為會更確切實際地描述人類互動的行為過程。

俗民論目前尚不能算是一種真正具有影響力的社會學理論：一方面因其發展時日不長，其理論尚未成形；另一方面則是缺少驗證性的可靠資料來支持其理論。有時甚至於連俗民論者之間都無法同意彼此的論點，常相互攻擊。

高分柯的俗民論既然認定行動者以指標表達方式，因此語言學的分析也就成為俗民論者研究的主要重點。薩克斯 (Harvey Sacks) 是這方面的代表人物。他指出社會學家常使用語言來整理歸納概念和理論。實際上，社會學家本身卻因而製造了可供社會學研究的題目。社會學裡的詞彙不是中立無偏見的，而都代表著社會學家的現實世界。只有真正瞭解語言的自然

本質，才能擁有一客觀的社會科學。薩克斯的目標是希望從語言會話的過程中找出一條互動的通則性。

第五節　回顧與前瞻

　　社會學理論最大的缺點是其零碎與雜亂無章。雖然功能學理論、衝突理論、符號互動理論、交換理論是當今社會學研究的四種主要指導原則；然而實際上，社會學裡最多的還是許多零零碎碎只能用來說明一小部分社會現象的小型理論。艾比 (Theodore Abel) 認為這些根本不能算做理論。他指出：任何一科學都要有相互一致的理論解釋後才能算是成熟的。社會學在這方面是無法和其他科學相比較的。他把社會學和物理學、生物學、心理學三種科學成熟性的比較以圖來加以表明，社會學的理論成分最少；其零碎的研究報告成分卻最多。

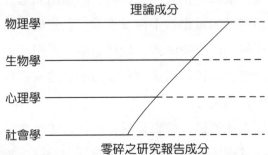

資料來源：Theodore Abel, *The Foundation of Sociological Theory*, New York: Random House, 1970, p.225。

※圖 2-3　四種知識理論成分之比較

　　既然很多社會學家都主張把社會學當做科學知識的一種，那麼社會學的理論不僅應該可以被驗證，同時還應是客觀的；於是科學的統計調查分析法就成為客觀的社會學的具體表現。然而晚近有一批學者則指出統計調查分析法本身亦是含有價值的偏見。現象論和民生論者認為，基本上，社

會學家本人所使用的語言文字就是個人價值偏見的表現；統計調查方法只提供了社會學家一件佯裝客觀的外衣，而底子裡仍然是非科學的。這批學者指出社會學絕不可能成為一種科學，也不應該用科學的方法來研究。

　　柏羅曼 (Margaret M. Poloma) 把今日的社會學家分成兩種類型：一種是極力維護社會學獨特性特質的修道者 (priest)，另一種是把社會學和其他一切有關人類的知識串聯一起以預測人類前程命運的預言家 (prophet)。若再以其科學研究立場，如人文主義，實證主義來分，則可細分成四組，其分組列於表 2–4。

※表 2-4　社會學理論者依研究觀點和方法分類

	修道者	預言家
實證主義	派深思 墨頓 布腦 何門史 考舍 藍斯基 達倫多夫	伊茲尼
人文主義	郭伏門 布魯默 高分柯	梭羅孔 密爾斯 顧德 貝爾

（英文原名請參考書後對照表）

　　本書的立場是將每一種社會學理論看成只是一種觀點和研究方向：沒有任何一種社會學理論是絕對正確的，也沒有任何一種理論可以用來解釋所有的社會現象；並認定每一種社會學理論只能代表一種局部性的觀點和研究方向，如同盲人摸象一般，每一個盲人所摸到的和所描述的都是正確的，卻都只能說是局部性的正確。社會學理論就是如此，同樣的社會現象在不同理論觀點描述下就常有差異。例如 A、B 兩人間的互動，可由不同的符號互動理論、交換理論、衝突理論、功能學理論，針對不同的角度來

解釋。用圖表明，A 對 B，以及 B 對 A 的行動能給對方提供利潤或產生傷害。這種二人間互動的可能後果，及不同的解釋觀點列於圖 2-4。

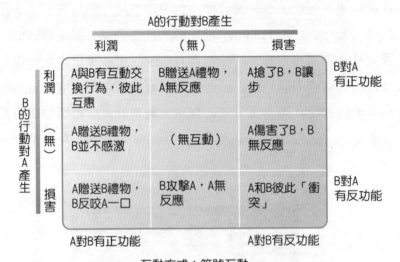

互動方式：符號互動

※圖 2-4　各種主要社會學理論對 A 和 B 互動的不同解釋觀點

　　在 A 與 B 的互動過程中，當 A 由 B 處得到利潤時，功能學派的解釋是 B 對 A 有正功能；交換論則指出 A 與 B 正在交換彼此互動成果的利潤。當 A 受到 B 的攻擊或傷害時，功能學派指出 B 對 A 的反功能，衝突論則重視 A 與 B 之間的衝突。在整個互動的過程中，依符號互動理論的解釋，則著重在 A 與 B 的互動溝通，如何表達彼此的思想動機等互動的方式。

　　社會學的中心論題一直是試圖解釋所謂霍布斯問題 (Hobbes' problem)：為什麼會有社會秩序 (social order)？從孔德的社會思想開始，一直到當今的各家社會學理論，一直都很難找出一種完全令人滿意的答案。功能學理論相信社會秩序之存在乃是因為一種超個人的社會力量、集體意識和價值觀念直接、間接地迫使個人放棄個人之獨特性而成為社會團體的一分子；交換理論則以為社會秩序是在個人與個人交換的過程中達到的；衝突理論認為社會秩序只是一種表面性的穩，底子裡仍然是衝突和競爭；而符號互動理論則指出以情境定義和詮釋是達成互動圓滿的要件，也是社會秩序形成的基本因素。

　　正因為每一種社會學理論只代表一種觀點，其各自的研究單位就有所不同。有些從個人立場來研究，有些則從社會結構的立場來解釋。研究單位的差異是值得重視的。結構功能學理論的研究單位是社會結構，認定個人行為本身是受社會結構所支配和控制，因此要瞭解個人行為就必須先瞭解社會結構。衝突理論之研究單位亦是社會結構，著重於大型社會結構之間的衝突和鬥爭。交換理論和符號互動論的研究單位則是個人，這兩種理論認定個人才是一切社會結構的基礎，只有從小型的社會單位著手才能瞭解錯綜複雜的社會結構。交換理論把人與人之間的社會互動看作一種交換的過程：交換的雙方不斷地在衡量所可能獲得的酬賞和所可能遭遇的懲罰。符號互動理論則把人與人之間的互動看作是一種不斷修正、不斷調整的定義和解釋過程：在此過程裡，互動的雙方總是希望能調整自己以期達到互動的目的，並避免使互動中斷或損傷。交換理論和符號互動論都相信複雜的社會結構只不過是人與人互動的擴大而已；所以，對社會成員的瞭解才是研究社會學的最基本單位。

　　由各理論的分析層次來看，結構功能學及衝突論的重點在於社會結構，社會制度，社會體系，或大型社會組織，即所謂的宏觀社會學。符號互動理論及交換理論的重點則是小單位的互動；其研究對象是行動者，小團體，或組織，文化，社會中的個人及其經驗，這是微觀社會學。

　　社會學理論發展的趨勢，在近年來有走向綜合性理論的趨向。社會學學者試著取各家之長，綜合歸納成一種有彈性的解釋觀點和原則。像戴維斯早年宣稱功能學理論是唯一正宗社會學理論的獨霸局面是不可能重現於今後的社會學界。今日社會學家比往昔較能容忍各種不同的理論。例如，現象論是一種哲學味道很濃的理論；社會生物學的基本概念亦可以說是反社會學傳統的一種理論，這兩種理論仍然能與其他理論並存，正是此種新的容忍態度的表現。

　　社會學的另外一種新的發展傾向是回歸到對實際的社會現象和對個人本身的研究。以往的社會學理論總是高高在上，把一切行為解釋成社會的產品，忽略了個人的存在。今日新的社會學理論如符號互動論、俗民論、

※表 2-5　四大理論之比較

	功能學理論	衝突理論	符號互動理論	交換理論
分析層次	宏觀社會學	宏觀社會學	微觀社會學	微觀社會學
社會本質	社會是由一群相互依賴關聯的單位所組成的體系	團體與階級間為爭取自我利益所造成的衝突是社會的本質，無法避免	連續不斷的社會互動是構成社會體系不可或缺的條件	社會互動是利潤、損失、與酬賞、懲罰的交換過程
社會互動之基礎	社會裡的成員經由共同的信仰與價值而達到共識	衝突與競爭	形象與意義之共識的建立	一來一往的社會交互性
分析重點	社會秩序與社會穩定	有限資源的爭奪與衝突	個人在社會裡的行動	社會行為的基本形式

現象論等都將重點集中在個人日常生活的社會行為上，試圖從這些行為來解釋社會結構。這和舊日功能學理論從社會結構來解釋個人日常行為是背道而馳的。這種新的發展方向在我們看來似乎是健康的。

　　社會學今後一個很明顯的發展方向是強調社會學研究的實用性。好高騖遠的空談理論已逐漸被能實際應用的理論所代替。犯罪學、差異行為、社會問題等應用社會學是今日社會學的熱門論題，這必將是今後社會學理論所不能忽略的。當代社會學應該努力的一個方向是社會學的世界性化。美國社會學家總把美國社會學看作最進步的，忽略了其他各地區的社會學。即使談到歐洲社會學也僅涉及涂爾幹和韋伯十九世紀的社會學。很少論及今日歐洲社會學理論發展的現況。至於東方的日本和中國的社會學更是從未談及。今日的世界已不是可以閉關自守的時代，健全的社會學理論應該是世界性的社會學。

關鍵名詞

· **理論 (theory)**　係指一套有系統且合乎邏輯原理原則，可用來解釋社會（或自然）現象的參考架構。

· **韋伯學派 (Weberians)**　指一群以韋伯社會學為理論架構的社會學家。

- **派深思學派 (Parsonians)**　指一群以派深思社會學為理論架構的社會學家。
  通常是派深思之同事與門生，或再傳子弟。
- **鉅型理論 (grand theory)**　指綜合型、包羅萬象的理論，試圖用來解釋各種社
  會現象。
- **中型理論 (middle range theory)**　建立在數組研究工作假設之一系列理論，
  有經驗資料的支持，卻無意用以解釋所有的社會現象。
- **功能學理論 (functionalism)**　一種以解釋社會體系功能為中心的理論，它強
  調體系內、單位間的相互依賴性及體系之整合與均衡。亦稱結構功能學理論
  (structural functionalism)。
- **整合 (integration)**　功能學理論的一個主要概念，指社會體系內各部門之間
  相互影響的結果所造成的和諧性。
- **均衡 (equilibrium)**　指社會運行的最終目標，一種調和與完整的狀態。
- **顯出功能 (manifest function)**　指有意設計的，明顯的社會功能。
- **潛在功能 (latent function)**　指無意的，未先設定的，潛在隱藏，不明顯，卻
  仍被提供的社會功能。
- **反功能 (dysfunction)**　任何對社會運作具有負效果，及破壞性的單位或模
  式。能直接影響到社會的穩定與整合。
- **衝突理論 (conflict theory)**　一種強調社會衝突之必然性與不可避免的社會
  學理論。它認定社會衝突必造成社會變遷。
- **資產階級 (bourgeoisie)**　擁有經濟資源、生產工具的有資金產業的一群人，
  如資本家，地主，財主等。
- **無產階級 (proletariat)**　沒有經濟資源，更無生產工具，只靠勞力換取生活費
  的一群勞動者。
- **階級意識 (class consciousness)**　指對個人所屬的階級之特質具有共同體
  認而發展出的一套意識型態。
- **支配團體 (dominant group)**　衝突理論把相互衝突的團體中具有權力和有支
  配權的一方稱之為支配團體。
- **被支配團體 (subordinate group)**　受支配團體所控制及支配的相對團體。

- 符號互動理論 (symbolic interactionism) 常被翻譯成「形象互動論」，是一種強調互動性質與過程的社會學理論。它重點在於互動過程裡個人對形象的選擇、解釋以及反應的動態特質。

- 交換理論 (exchange theory) 一種將社會互動視為交換性質之互動的社會學理論。它認定人與人之間的互動是利潤與成本（酬賞與懲罰）的算計與交換的過程。

- 社會演化論 (social evolutionism) 一種主張社會的變遷是往前進步的理論。

- 現象論 (phenomenology) 一種試圖描述人的意識形成過程以探求自然界一切事務之原始本質的理論。

- 俗民論 (ethnomethodology) 一種試圖瞭解分析人們在現實社會裡的日常生活行為方式之理論。

❋ 參考文獻

Abel, Theodore

    1970   *The Foundation of Sociological Theory*. New York: Random House.

Bottomore, T. B., and Robert Nisbet

    1978   *A History of Sociological Analysis*. New York: Basic Book.

Coser, Lewis A.

    1977   *Masters of Sociological Thought: Ideas in Historical and Social Context*. New York: Harcourt Brace Jaranovich.

Horton, John

    1974   "Order and Conflict Theories in Sociology." pp. 53–61 in R. Serge Denisoff, et al., eds., *Theories and Paradigms in Contemporary Sociology*. Ithaca, ILL: F. E. Peacock.

Parsons, Talcott

    1966   *Societies: Evolutionary and Comparative Perspectives*. Englewood Cliffs, N.J.: Prentice-Hall.

Rosside, Daniel W.

1978　　*The History and Nature of Sociological Theory.* Boston: Houghton Mifflin.

Skidmore, William

1975　　*Theoretical Thinking in Sociology.* New York: Cambridge University Press.

Tsai, Wen-hui

2009　　"China Studies and American Sociology: A Quantitative Account of the Growth of Research on China in American Sociology, 1950–2008." *American Journal of Chinese Studies*, vol. 16, Special Issue (August), pp. 69–82.

Turner, Jonathan G.

1978　　*The Structure of Sociological Theory.* Homewood, Illinois: The Dorsey.

Turner, Jonathan G., Leonard Beeghley, and Charles H. Powers

1998　　*The Emergence of Sociological Theory.* Belmont, CA: Wadsworth.

李英明

1990　　《馬克斯社會衝突論》。臺北：時報。

克萊博著，廖立文譯

1986　　《當代社會理論》。臺北：桂冠。

麥克雷著，周伯戡譯著

1986　　《社會思想的冠冕：韋伯》。臺北：時報。

唐納著，馬康莊譯

1985　　《社會學理論的結構》。臺北：桂冠。

梭羅孔著，黃文山譯

1965　　《當代社會學說》。臺北：商務。

孫本文

1982　　《當代中國社會學》。臺北：里仁。

陳秉璋

1991　《社會學理論》。臺北：三民。

郭為藩

1969　《社會學理論大綱》。臺南：開山。

葉啟政

2001　《社會學與本土化》。臺北：三民。

蔡文輝

1982　《行動理論的奠基者：派深思》。臺北：允晨。

2003　《社會學理論》。臺北：三民。

龍冠海

1966　《社會學》。臺北：三民。

第三章

社會研究法

Sociology

第一節　理論的科學性

社會學到底是不是一種科學？這問題爭論已久。如果認為它是一種科學，社會學的原理原則很難像自然科學一般由實驗裡複製出來；如果認為它不是一種科學，而社會學所描述解釋的現象卻又離事實不遠。社會學雖然不能像自然科學一樣被認為是一門純科學，但是社會學理論的建立並不是憑空捏造的，它必須有某種程度的可靠性。因此，社會學理論的建造與資料的蒐集分析還是具有一套程序的，而這程序是具有科學性的。

社會研究法主要包括二部門：理論與資料。只有理論而無可靠資料的支持是不會被接受的；如果只有資料而沒有理論的詮釋，其用途非常有限。這一章要把社會研究法做一通盤的介紹。首先將討論科學理論建造的過程，然後再討論在社會研究中所採用的各種蒐集資料方法。

社會學理論的建造過程通常是社會學理論方法論 (methodology of sociological theory) 的重點。它主要的目的是在探討如何建立一個既合邏輯、又可驗證的社會學理論。也就是說，怎麼合理的解釋所蒐集的資料。在前面一章曾提到社會學理論並非純科學，沒有永恆不變的原理原則；也同時提到社會學理論不能單憑想像或臆測。理論必須要有經驗資料 (empirical data) 來支持，因此，理論與方法是不能分開的。

金拉克 (Graham Kinloch) 將社會學理論的建造過程分成下列幾個主要步驟 (1977: 12-16)：

一、範例的選擇

任何理論建造的第一步驟是將受觀察研究的現象加以概念化，用以描述假想的因果關係，並加以濃縮成幾個有用的範例 (paradigm) 或模式 (model)，範例是理論的指導原則。

二、給基本概念下定義

每一個範例或模式裡總包含好幾個有關的基本概念用以描述受觀察的社會現象，因此必須根據範例或模式的特質，將每一個概念仔細地給予定義以確定研究範圍。例如想研究自殺現象，就必須確定哪些行為才算是自殺行為，哪些不算。只有這樣，研究的結果才有意義，才真正代表研究的對象。

三、確定各概念間的邏輯關係 (logical relationships)

各概念的層次 (level) 和型態 (form) 都可能不同，因此必須確定各概念間的邏輯關係用以決定因果關係或前後秩序，因為只有如此，才能設立真正實用的研究假設，哪些因素是必備條件？哪些則是充分條件？或者，哪些是自變項，哪些是中介變項等等。

四、變項與指標的確定

為了使理論可以驗證，必須以變項和指標來說明理論的架構及其間之因果關係。概念和範例是抽象的，但是變項與指標則是可以測量、計算和驗證的。例如，涂爾幹的自殺論，為了測量各種自殺程度的不同、為了能更深刻地解釋自殺原因，他將自殺分成三種不同的指標來測量。

五、資料蒐集方法的實際運用

當概念和範例加以確定，變項和指標也選好後，就必須選擇一種或數種較合適的研究方法以蒐集資料來證明支持原先假設裡所定的因果關係。資料蒐集方法包括訪問法、問卷法、實地觀察法、實驗法、內容分析法等。

六、資料的分析

資料蒐集完整，下一步驟就是將資料加以分析。統計法是社會學最常用的方法，以測驗資料的準確性和變項間的因果關係程度。

七、資料的解說

資料的可信度確定後，就必須將分析所得之變項間的因果關係加以解釋，說明其分別的特質，這些解釋必須以原有的理論為基礎根據。

八、理論的評判

最後將理論與研究所得結論重新加以對照，重新檢討理論的邏輯結構及其準確度。很可能，原有的理論必須稍加修改；有時甚至要全盤放棄，重新建立理論。

上述步驟簡單圖示如下：

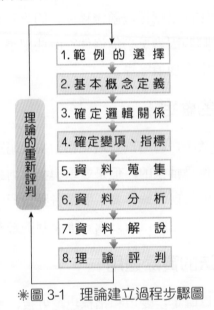

※圖 3-1　理論建立過程步驟圖

金拉克認為理論建造的過程就像金字塔的堆砌一樣，一步一步的順序而行。事實上，社會學家在研究或理論建造過程中並不完全按照這些步驟一步接一步。一個社會學家很可能先有了資料的蒐集後才引發範例的選擇。例如一個人口學家在政府的人口統計資料裡看到了某一特殊的或有趣的人口統計分配，啟發了他設立一範例或研究模式來設法說明其分配特徵的動

機。這過程就是由上圖的 5、6 而至 1，然後再推展到其他步驟。

金拉克的金字塔式的步驟似乎偏於呆板不合實際。目前大多數的社會學家都持一種比較富彈性的看法，認為社會學的研究或理論的建造過程都可始於上面所提的任何一個步驟，不必局限於一成不變的秩序。葛立爾教授夫婦 (Ann & Scott Greer) 針對實際情形提出了所謂「研究圈」(research cycle) 的概念。

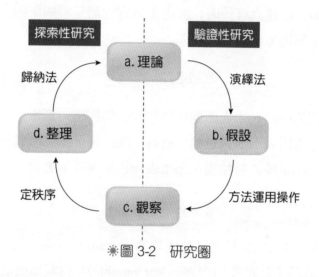

探索性研究　　　　　　驗證性研究

歸納法　　a. 理論　　演繹法

d. 整理　　　　　　b. 假設

定秩序　　c. 觀察　　方法運用操作

※圖 3-2　研究圈

這種「研究圈」的概念的最大優點是強調每一個研究步驟的相互關聯性和持續性，一個研究者在理論建立過程中可以從這「研究圈」的任何一點開始作業，不一定要局限於一定的起點與終點。如果一個研究者在理論建立過程裡，他的起點是理論 (a) 而至觀察蒐集資料 (c)，則其方法是演繹法；但若他的起點是先由觀察蒐集資料 (c)，而終至理論 (a)，則其方法是歸納法。科學界裡常把演繹法看成唯一的科學方法，但是事實上由歸納法所得的結論與所建立的理論不一定就不科學。斯美舍 (Neil J. Smelser) 曾說：「在我看來，從資料到理論的研究法（歸納法）和從理論到資料的研究法（演繹法）在知識尋求過程中並非互相競爭的。科學知識的歸類牽涉到這兩種研究方法不斷地交互運用……，這兩種方法都是科學解釋的必須步驟。」(1976: 159)

社會學理論最主要的目的是尋求**變項** (variable) 間的因果關係以解說社會現象，因此不論是演繹法或歸納法，最終的目的都是一樣的：建立一個可信的解說理論。所以，因果關係的分析 (causal analysis) 就成為理論建立成敗的主要關鍵。考爾 (Stephen Cole) 指出因果關係的分析包括三個條件 (1976: 46–50)：

第一個條件是二個變項必須是相關聯的。例如宗教信仰和自殺率是二個研究的變項。在建立理論時，就必須假定它們是相關聯的。用下圖來表示，則二者之間的連結線代表關聯。

宗教信仰—自殺率

在這個關係圖裡並未表明到底是宗教信仰影響自殺率，還是自殺率影響宗教信仰，它所表示的只是這二者有相關。因此第二步就要指出哪個變項影響哪個。在下圖，特加用箭頭來表示因果關係的方向。

宗教信仰→自殺率

換句話說：宗教信仰乃是二個變項的因 (cause) 或研究法上通稱的所謂「**自變項**」（亦稱「自變數」independent variable）；自殺率就成為果 (effect) 即所謂「**依變項**」（亦稱「受變數」dependent variable）。在這公式裡，理論假設就成了這樣的一個因果關係：如果宗教信仰改變了，那麼自殺率就會跟著改變。

但是因果關係的假設並不是隨意造成的。某些原則必須遵守。考爾的第二個條件就說：自變項的變化必須發生在依變項變化之前。換句話說，如果自變項不變，依變項就不會有所改變。以前面的例子來說明，如果宗教信仰不變，而自殺率倒是變了，那麼宗教信仰很可能就不是自殺率改變的直接原因。同樣的道理，如果宗教信仰變了，自殺率卻不變，那麼自殺率就很顯然地不受宗教信仰的影響。當然，如果宗教信仰這因素先變，跟著自殺率也有所改變，那麼就能證明這二個變項間是有因果關聯的。

考爾的第三個條件是自變項之前應沒有其他第三個變項。通常社會學

理論的結構是由好幾組變項所組成的，單純的因果關係不常見：一個社會
現象的改變通常是由許多因素直接、間接的影響所造成的，以相同的例子
來說明，這裡可以再引進一個變項：社會連帶責任 (socialsolidarity)，用圖
表示如下：

宗教信仰→社會連帶責任→自殺率

　　社會連帶責任在這裡是新的第三個變項。按照考爾的第三條件原則，
這個新的變項必須發生在自變項（宗教信仰）之後，這就是在研究法裡所
通稱的「**中介變項**」(intervening variable)。如果這中介變項固定不變，則宗
教信仰與自殺率二者之間的關係會消失，換句話說，在這種情況下，宗教
信仰並不直接影響自殺率的升降，必須經由社會連帶責任的變動，才影響
到自殺率。因此，如果社會連帶責任不變，則宗教信仰就影響不到自殺率。
在社會學理論裡，中介變項常有好幾個。

　　但是第三個新變項也可能不是中介變項，而是具有自變項的功能。在
這種情況下，就可能得到兩組自變項，以麥力 (James D. Miley) 和麥克林
(Michael Micklin) 兩人合著的《自殺率研究》(1972) 為例。

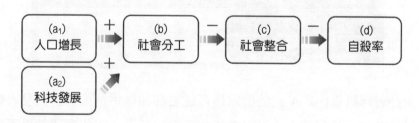

　　在這裡，人口增長 (a_1) 與科技發展 (a_2) 都是自變項，它們經由社會分
工 (b) 和社會整合 (c) 而分別影響到自殺率的改變。這是一個從涂爾幹自殺
論改良的新工作假設。由此可以看出 (a_1) 和 (a_2) 都是自變項，(b) 和 (c) 是
中介變項，而 (d) 自殺率才是最終的依變項。連接線旁的 +– 符號代表關係
的正負不同性質。以文字來說明：人口增長與科技發展越快，則社會分工
程度越高，這代表正相關。社會分工與社會整合是負相關：即社會分工程

度越高，社會整合程度就越低。同樣地，社會整合與自殺率是負相關：即社會整合程度越低，自殺率越高。

變項間之相關程度通常是經由統計法測量決定的，讀者可參考社會統計書籍。在這裡，所欲強調的是：社會學理論通常是經由數組相互關聯的工作假設或變項構成的，如果在研究過程中越能找出所有的可能因素或變項，那麼我們就越深刻地瞭解該社會現象。再舉一個例子來說，假設我們對群眾是否有意參加某一個競選政見發表會的現象有興趣，我們可以假設一個影響群眾參加政見發表會的因素是「群眾對候選人的支持」：擁護的群眾自然會去參加；反對的就不會去表示對競選者的支持。但是這樣單純的因果關係是不夠的，因此，可以增加一些因素或變項來分析，例如，群眾對政治有無興趣。這樣，該研究就能更進一步，更正確的發現哪些人會去參加政見發表會，而哪些人很可能不會去。把這分類以表示之會更清楚，如下表：

※表 3-1　兩變項之範例

(y) 群眾對政治的意見或態度	(x) 群眾對候選人的意見或態度	
	擁　護	反　對
有興趣	A	B
無興趣	C	D

由此表可以看出：A 組的群眾最可能去參加該候選人的政見發表會，因為他們既擁護該候選人，又對政治有興趣；反之，D 組群眾就最不可能去，因為他們既反對該候選人，對政治又無興趣。很明顯地，讀者可以看出來，用 (x) 和 (y) 兩因素一起考慮，比單獨個別用 (x) 或 (y) 對預測參加政見發表會群眾更為準確。社會學的理論設計就是依據這原則而得的。

理論一定要有相當程度的確實性。換句話說，理論裡有關變項間的假想因果關係不能太離譜。決定一個理論的好壞就取決於其**理論確實性**(theoretical validity) 之程度高下。理論的確實性在社會學方法論裡是指理論

概念定義與所使用的變項間的符合程度，這就是指理論與資料間的邏輯經驗結構。

高特門 (Louis Guttman) 認為理論的確實性牽涉到至少下面這二個基本問題 (1965: 114–156)：

1. **內在的確實性** (internal validity)：是指理論結構裡的邏輯關係是否正確。這就是上面考爾所提的三個條件的問題。

2. **外在的確實性** (external validity)：是指實際經驗資料與理論架構間的關係，也就是對工作假設的驗證。如果資料不可靠，則理論就不可能站得住腳。因此如何蒐集可靠的資料是一個很重要的問題。蒐集可靠資料的一個先決條件是要有一個很明確的定義，以便不同的變項可以衡量分析同一個現象。

總而言之，一個健全的社會學理論必須注意到下面幾個主要的規則：

1. 理論概念的定義必須清晰明確。
2. 理論的建立必須合乎邏輯原則。
3. 理論概念之間應該是互相關聯的。
4. 理論概念之間的相關性質必須明確指出。
5. 理論必須建立在可靠的資料上。
6. 理論必須是可以驗證的。

在社會學的各種理論裡，常會發現一些「不健全」的理論，這往往是因為某些理論家對理論建造程序的訓練不夠徹底。同時也可能由於資料的不齊全或資料蒐集方式之不當。因此，蒐集資料的過程就是整個社會研究中重要的一環。未經驗證的一組因果關係是研究法裡所稱的「工作假設」(working hypothesis)。在得到資料支持和驗證後才算是「理論」(theory)。

第二節　資料蒐集方法

健全的社會學理論必須要有健全的資料來支持。社會研究法在資料的

蒐集上有一定的程序和步驟。大致上來講，社會研究資料蒐集法包括社會調查法、觀察法、實驗法、內容分析法、歷史法及個案研究法。

一、社會調查法 (social survey research method)

這是目前社會學家做研究時最常運用的蒐集第一手資料的方法，通常是運用問卷以問答方式經由調查員或郵寄詢問被調查者之社會互動的方式或態度。它通常可包括兩種資料蒐集方法：訪問法，問卷調查法。

㈠訪問法 (interviewing)

是一種面對面，由訪問員親自詢問問題的蒐集資料方法，用以支持研究員的理論假設。傳統上，訪問法主要採用面對面會談的方式；目前，由於社會許多方面的改變，有時也可經由電話的方式來詢問問題，蒐集資料。訪問法問卷裡所使用的詞句，問題安排的順序、語氣，答案的選擇性等都會影響訪問調查的成敗。如欲以「婚前性行為」為研究的主題，如果訪問的問卷問題是這樣問：「請問你在結婚以前與異性有過性行為嗎?」問卷上的答案選擇是：「有，沒有」。在這種問答方式裡，被訪問者只有兩個簡單的答案可選擇，「有」或「沒有」，自然回答「沒有」的可能性最大；因為這種行為到底還不是社會所能接受的。即使有過這種行為，也不好意思明講，被訪問者不好說「有」，既然有個「沒有」的選擇，就乾脆說沒有。但是如果你把調查表或問卷的答案選擇改為：「0 次，1～3 次，4～6 次，7 次以上」。則被調查者回答「沒有」的可能性就會減少很多。除非他真的沒有過這種行為，否則他通常會從中間挑一個回答。也就是說，第二種問題的安排方式比第一種要來得可靠、有效些。

訪問法問卷上所用的問題安排方法通常可以分為兩種：一種是**有結構的訪問** (structured interview)，亦稱封閉式的訪問。在這種方法裡，每一個問卷上的語句、用字、問句的安排都是完全一致的，而且也有嚴謹的定義解釋。不僅如此，被訪問者也必須由幾個已經事先安排好的回答裡挑選出一個。上面有關婚前性行為的問題是屬於這一種有結構的訪問。這種方法

的好處是在訪問時，對問題的回答解釋統一，而且訪問後容易整理統計分析，樣本數量大更是方便。它的缺點是所能挑的回答的可能性代表研究者的觀點，而不能完全反映被訪問者之真正狀況、經驗或態度。另外一種問卷的問題安排方式是**無結構的訪問** (non-structured interview)，亦稱開放式的訪問。這種方法比較具有彈性。訪問者可能備有一系列的問題想問，但是這些問題倒不一定要按某一特定的順序出現。訪問者可以依照當時的情況或被訪問者的情緒而挑選適當的問題發問。訪問者有時可能沒有準備一固定系列問題，而具有一個中心論題；在訪問過程中探問跟這中心論題有關的一些問題。這種無結構訪問法的好處是可以讓被訪問者有充分表達自己經驗的機會，訪問者不提供可供挑選的回答，被訪問者可依自己想法回答問題。這種方法強調並尊重個人的獨特性與人跟人之間的差異性。但是採用這種方法，其蒐集資料及資料之整理都相當費時費力，更難運用大數量的統計整理分析。

　　那麼社會研究者怎麼決定到底應該用有結構訪問法或無結構訪問法。下列四項因素可以作為考慮的對象：

1. 研究的目標是什麼？結構式的訪問法可以用在調查人們對某一現象或事件同意、不同意或二者之間各程度的觀點上；無結構的訪問法最好是用在調查某一現象或事件的過程中。

2. 被訪問者對研究主題瞭解的程度。研究者如果希望或想要被訪問者對研究主題提供更有深度的詮釋，則無結構訪問比較適當；否則，有結構訪問較適當。

3. 被訪問者對問題的清楚程度。被訪問者如果對這些問題很清楚，而且也有自己的觀點時，則有結構訪問法較適合；如果被訪問者並不清楚所要問的問題，而且也尚未有自己的觀點時，則無結構訪問法較為適當。

4. 並不是所有的問題都容易以問、答的方式來溝通，如果所問的問題可以用問答方式來溝通，而且不是什麼有趣的主題，則有結構訪問方法較適用；反之，則用無結構訪問方式。

　　無論是在有結構或無結構的訪問方法裡，訪問者應該盡可能避免一些

能影響被訪問者的辭句或語氣，或暗示被訪問者某一種應該回答的方式。譬如：「你對『民眾阻路聚集請願的方式』有什麼意見，贊成或反對？」這個問題如果換個問法：「大家都不認為『民眾可以阻路聚集請願』，請問你的意見如何，贊成或反對？」則已明顯暗示給對方，應該回答反對，因為「大家都不認為」如此，你也該跟大家一樣。

　　總而言之，訪問法是目前在社會學上最有效的研究法，因為：(1)它最能有效地控制「樣本」的參與；(2)被訪問者經由訪問員的解說應對問卷問題有類似程度的瞭解，誤差較少；(3)容易利用統計方法及電腦做大數量的分析；(4)訪問者或研究者的偏見較難滲入研究中。但也有其缺點，(1)最重要的是研究本身費時費力；(2)訪問員的訓練更需時間及經費；(3)有些地區不是外來的訪問員所能進入搜取資料的；(4)在大都市裡，較難找到樣本上的被訪問者，有時，甚至被拒之門外。

(二)問卷調查法 (questionnaire survey)

　　有不少的社會研究因受各種限制就轉而以問卷調查來代替訪問法。此法其實跟訪問法很類似，只不過是將問卷用郵寄或其他分發方式給被訪問之樣本戶，不派訪問員去，也不打電話去用口頭訪問。它最大的優點是省時省力，可以節省很多人事上的經費，更不需專業訓練的訪問員。只要把問卷分發出去，讓當事人自己回答。它的缺點是問卷的回收率往往不高，影響原來樣本的特徵。同時研究者也無法知道到底是誰填的表。因此，質與量的控制是個問題。另外還有一個困難是：由於問卷上的問題必須簡單易懂，如此，雖然能避免對問題認識不清而誤選答案，卻限制了主題研究的深度。不過由於近年來研究經費的短缺，採用問卷調查的人也就越來越多，面對面的訪問較少。

二、觀察法 (observational method)

　　觀察法主要用在人類學的研究或社會學家（特別是社會心理學家）對小團體的研究。觀察法的主要優點是：在現象或事件發生之瞬間得以觀察、

記錄，而後再加以整理分析，比較真實。所觀察的現象或事件是在發生現場觀察的，比較準確。不像訪問法裡由被訪問者憑想像或記憶來回答。由於觀察者的特殊訓練，可觀察到一些不能用語言文字來表達或描述的社會現象。可用來跟訪問法或問卷法所得之資料對照比較。可用來做初民社會或當代社會、文化間之比較研究。觀察法也有其缺點，特別是：(1)無法用在大規模或大數量社會現象上；(2)觀察者無法觀察到事件的每一個角度，可能以偏概全；(3)觀察者本身的情緒可能淹沒了事件的真象；(4)如有數件現象同時發生，難以決定到底應該觀察其中的哪一件；瞬間實在不易看出哪一事件在事後會較具影響力、較重要。

　　觀察法主要有兩種：一種是由研究者親身參與的**參與觀察法** (participant observation)，另一種是由研究者以觀察員的客觀身分觀察的**非參與觀察法** (non-participant observation)。參與觀察法是希望研究者能以局內成員的身分來感受某一社會或團體的價值、心態、結構等，譬如想瞭解不良青少年幫會的組織，用問卷法或訪問法只能探出表面皮毛，參與觀察法則因研究者本人親身的參與而能更有深度，更詳盡的描繪及瞭解。當然，像不良青少年幫會這類組織，參與觀察者除非獲得允許被接受，否則一被發現會有生命的危險。非參與觀察法則由研究員以局外觀察員身分做客觀忠實的觀察及瞭解，盡量減少個人的偏見。例如隔著雙面玻璃鏡的觀察。

三、實驗法 (experimental method)

　　這方法在社會學研究上運用得不多。然而，在小團體或面對面互動研究上，社會心理學會常使用這方法。實驗法是研究者為了某一特定的社會現象或行動的測定而設立一個可控制的人為環境，觀察在該環境情況下，此特定現象或行動的改變或成長。為了測出是否真受某種研究下的因素之感染而有所改變，社會研究者通常把受測驗的團體分成兩組，一是控制組 (control group)，另一是實驗組 (experimental group)。實驗組接受那研究下引介的因素之感染，而控制組正好相反，未受到感染；如果實驗組的行為受了影響而有所改變，而控制組未曾改變，那麼就可以證實該因素是行為

改變的原因。譬如說，想瞭解玩電動玩具是否會影響中學生的學業成績；可以找出一群社會背景很類似的中學生，將之分成兩組。一組允許玩電動玩具（實驗組），另外一組不玩電動玩具（控制組）。經過一段時間後，再測量兩組之學業成績；如果實驗組學生的學業成績有明顯的下降，而控制組則無明顯改變。那麼就能認定電動玩具的確是影響中學生學業成績下降的原因。

　　社會學者很少用實驗法，一方面是實驗的對象太少無法代表社會的大多數人，另一方面則是實驗過程很難全程掌握，容易出狀況。美國加州大學洛杉磯分校一位社會心理學者，在 1970 年代初期曾將班上學生按實驗法分成兩組：一組學生被要求在車窗玻璃貼上支持「黑豹隊」(Black Panthers) 標語，但其他一組則無此標語。他讓兩組學生在加州路上跟平常一樣開車。一星期後他發現貼有標語的一組比另外無標語的一組收到較多的罰單，也較常遭警察攔下臨檢。他的解釋是在當時的「黑豹隊」是激進危險分子，也因此造成貼有標語的學生（即實驗組）成為警察注意的對象。這個實驗其實很危險，可能造成警察跟學生衝突。

四、內容分析法 (content analysis)

　　內容分析法事實上只能說是研究法裡比較次要的輔助法，它以報章雜誌書籍或電訊等現成資料的內容來做客觀和系統的分析研究法。內容分析法常見於對宣傳標語的研究。由不同的宣傳標語內容，可以比較不同的候選人、不同的政黨，或不同國家的政策；如果標語來自不同時代，也可探出時代的變遷。例如以美國早期小學課本跟目前小學課本裡對婦女角色的不同描述做比較，來探究美國近年來婦女角色的變遷；或以不同時期童子軍手冊的規條來研究社會價值體系之變遷；又如，以國民政府時期政治領袖的傳記資料，來研究近代中國官場的升遷和政治流動過程。蔡文輝 (2003) 曾以大陸人士的傳記和回憶錄研究中國共產黨對平常百姓和異議人士的扣帽子手段。從標籤論 (labeling theory) 的觀點來分析扣帽子的過程及其對家人和親朋的迫害。加州大學的社會學者艾伯華教授 (Wolfram Eberhard) 曾

以中國家譜的資料來分析中國的社會流動 (social mobility)。這些皆是內容分析法的應用。

五、歷史法 (historical method) 和個案研究法 (case study method)

兩者也都不算重要的方法。歷史法的資料是歷史史料的記載，著重描述，常是縱面時期的描述。個案法則集中於某一特定個案，做詳盡的分析解釋，較少代表性。

除了上述幾種資料蒐集方法以外，還有一種越來越常被採用的是**檔案資料** (archival data) 的運用。檔案資料包括政府及民間各機關所蒐集的業務統計資料。政府的人口普查、經濟統計、公報等等皆是可用的資料。這一方面，在臺灣是相當豐富的，《立法院公報》就曾被社會學家作為分析農業政策和老年問題的資料。《中華民國衛生統計》、《中華民國統計提要》、《省縣市統計要覽》，以及經合會出版的各類統計資料，警政署的《中華民國臺灣刑案統計》等等都是可供社會學家利用的資料。

這些資料的優點是搜羅齊全豐富，尤其對長時期的變遷研究，但是它也有下列缺點：資料蒐集紀錄如有錯誤，研究者無從查考；資料如係公務機密，研究者則無法取得；資料原非為社會研究所設計，社會研究者可能會產生無法深入分析的挫折感；資料分散各處，有時難以蒐集齊全，有時無法相互比較；有時因各個定義不清楚，反倒不知如何下手做比較分析，只得將就其一。

上述研究方法的選擇和使用必須以研究的目的和研究的主題為依據。再好的方法如果運用在不相稱的研究題目上，其效果不一定理想。因此，挑選蒐集資料的方法不必拘泥成規。

第三節 抽樣、資料處理與分析

一、抽 樣

　　一項重要的研究技術是社會調查裡的樣本問題。經由統計學的驗證，只要依據科學的抽樣法所抽取的**樣本** (sample)，其特質應跟**母體** (population) 相同；該樣本能代表母體。社會學家研究的對象是當代社會，而這個複雜且人口眾多的社會裡，成員不可能一一接受調查。即使是一個社區或甚至一個社會團體，調查其每一個成員常常是辦不到的；不僅是時間上不允許，經費上亦不可能；更何況人數眾多，總有不少人拒絕接受調查。因此，社會學家常抽出一個具有代表性的樣本，以該樣本的特質來推測母體的特質。

　　抽取樣本的科學方法有單純隨機抽樣法，系統抽樣法，分層抽樣法，及集體抽樣法等等。

㈠單純隨機抽樣法 (simple random sampling)

　　是根據或然率理論所提出最單純最基本的樣本抽取方法。隨機抽樣並不是任意想抽哪一個就抽哪一個。它讓每一個資料自然出現，都有相等被抽出的機會。因此第一個步驟是把母體上每一個單位加以統一編號，再利用機數表 (table of random numbers) 抽出一定個數的號碼，再依樣本數，或百分比來決定哪些單位應被抽出來作為樣本。

㈡系統抽樣法 (systematic sampling)

　　是在抽樣時根據一定的抽樣差距 (sampling interval)，自母體中抽取樣本。除了第一個號碼是隨機抽出之外，其他單位的樣本則依一定的間距順序抽出。譬如一個學校有六十班，欲抽出十班為代表樣本，則抽出樣本率

應為六分之一，亦即間距為六，如果假設第一個號碼抽的是 3，第一樣本是第三班，第二樣本是間隔六班的第九班，依次是第十五班、第二十一班、第二十一班、第二十七班等。

㊂分層抽樣法 (stratified sampling)

是先把母體分成數層，然後再由各層分別抽出所需要的樣本數。這方法最主要的好處是可以保證樣本結構與母體結構完全一致。例如同一學校，先把班級分為男生班和女生班，然後再以簡單系統抽樣法或系統抽樣法抽出代表樣本班級。當然分層的原則必須與研究目的吻合才合理。

㊃集體抽樣法 (cluster sampling)

原則上，集體抽樣法要先決定集體的大小和範圍，以行政單位或以其他人為的臨時結構均可作為集體抽樣的基本單位。在臺灣採用這方法抽樣時常以「鄰里」為集體的基本單位。至於調查該集體裡的全部戶數或抽取樣本來做研究對象則依研究樣本的大小而定。

各種抽樣方法的使用必須考慮到：研究主題、研究對象、資料的特質、研究時間和經費，以及抽樣方法的科學性和代表性。通常，社會研究者可以不拘限於一種抽樣方法，必要時可以把二種以上的方法混合使用。

作為一個客觀的社會研究者，如果能夠對研究的每一個對象都加以個別訪問或調查，那當然是最理想的了。然而，大多數的情況裡，這是無法辦到的。所以只能以具有代表性的樣本來顯示和推測母體的特質。無論抽樣方法多嚴謹，樣本的特徵跟母體還是有不完全吻合之處，會有些許誤差。因此，在撰寫報告或資料分析時，應該記住研究中所呈現的資料特徵是代表該群樣本，同時可能「由此推測母體也具有同樣或類似的特徵」。根據樣本率，在推測母體的特徵時，指出能容忍什麼程度的上下限誤差。

二、資料處理與分析

資料處理是整個社會研究過程中一個不可疏忽的步驟。無論資料蒐集

得多麼完整，多麼合乎科學程序，如果沒有依據科學方法好好地加以整理和處理，再好的資料也必失去其用途及準確性。

　　編碼 (coding) 是資料處理的首要程序。編碼是把調查表或問卷上的答案加以編號系統整理，以供統計分析或解釋之用。在觀察法、實驗法或內容分析法裡，編碼的作用是把零碎雜亂的資料整理成一個有系統且簡單的項目順序。假如，蒐集的資料裡，職業項目包括二、三十種，如果不加以整理的話，項目既多且亂，尤其當樣本數量較大時，更無法收拾。那麼就應該把這麼多的職業歸類成幾種具代表性的類別。譬如把它們分成：

1. 專業企管人員：醫生、律師、銀行經理等。
2. 買賣服務人員：廣告推銷員、經紀人。
3. 技術性工作員：電器修護工、護士、理髮師。
4. 無技術工人：臨時工人。

　　這種歸類安排整理，不僅可以增加對資料處理的速度，而且還可以使資料更合乎研究計畫上原定的目標。目前，社會研究者在設計問卷或調查表時，就已事先把項目歸類清楚的情況越來越普遍。像上述的例子，職業項目如已歸類，那麼受訪問或調查對象只能挑選跟自己職業相等的項目，研究者可省略很多時間。

　　等到把編碼表項目決定以後，第二個步驟就是把資料換成號碼以供統計計算之用。目前，由於電腦的普遍，都將資料輸入電腦，利用電腦軟體來分析資料；資料的編號也依電腦軟體結構來設計。首先，案件編號，每個項目則依次按行數來代表；各項目的答案選擇則以該行內的號碼（編號）來代表。下頁是個有四位數樣本的例子：

　　採用這種方式整理資料很便捷；在設計編號碼的過程中稍費些心，更有利於分析過程：

1. 編號要具「自然性」，合乎基本情理，以免編號過程中發生錯誤。
2. 號碼的編排，不要跳號；把零 (0) 留給無資料，資料不詳，或無意見。
3. 避免用會引起誤會的符號，如正 (+) 負 (−) 等代號。
4. 盡量用一行來代表一個項目。有時，某些問題可有二個以上的選擇，如

果組合不多，是可用一行，否則可用多行分開來代表。

　　上面四點雖以數量及電腦為對象，但其他傳統方法的編號程序上，在原則上是一致的。社會學家在做社會研究時大多數以調查法為主要資料蒐集方法，而在資料整理時也十分依賴電腦；在分析資料就自然以統計方法最為普遍。以統計方法來發現解釋、資料的特性，不僅省時，也易懂。譬如比較臺灣地區男女兩性職業所得的差異，用敘述的方式來描述男性在職業上如何獲得較高的所得，而女性的所得又是怎麼的低。當然這樣的文字敘述比較也可以，只是會顯得描述冗長，不如以統計方式把男女性所得的平均數，眾數等一一列出，讀者一目了然。

※表 3-2　編號實例

行　　數	項　　目	行內編號數目
1～4	個案編號	由 1～9999
5	性　別	1：男 2：女 0：不詳
6	教育程度	1：大專以上 2：中學 3：小學 4：未受正式教育 0：不詳
7	婚姻情況	1：未婚 2：已婚 3：離婚 4：喪偶 0：不詳

　　在資料的整理過程中可用集中趨勢來表明，集中趨勢的表達方式有三種：眾數、平均數及中數。

㈠眾數 (mode)

　　資料系列裡出現次數最多者，稱之為眾數。譬如，研究樣本中的所得包括：

$2,000、$5,000、$7,000、$11,000、$11,000、

$20,000、$30,000、$40,000、$60,000

那麼這裡的眾數是 $11,000，因為它出現的次數多於其他的資料，然而眾數並不是一個可用來代表一資料系列特質的好指標，尤其當資料繁多且複雜時，使用平均數和中數比較適當。

㈡平均數 (mean)

平均數是將全部資料的值加起來再除以資料的個案量。譬如，有一群數字：

5, 9, 14, 25, 28, 30

其平均數應為所有資料的總和除以資料的件（次）數。用數學公式來表示如下：

$$平均數 = \frac{\sum X_n}{n} \qquad （n 代表次數）$$

這種平均數的用法在社會研究中是很常見的，例如平均所得，平均年齡等。

㈢中數 (median)

中數是用以表示資料的另一特徵，尤其當資料的大小、高低極端差距相當大時，前二種集中趨勢方法不能充分表現其特質。中數是指一系列資料裡的中間值：一半的資料高於這中間值，另一半低於該值。譬如一群人的所得是：

$2,000、$5,000、$7,000、$8,000、$9,000、$10,000、$17,000

其中數應是 $8,000，這七個所得數目中三個高於此中數，三個低於。如果資料件數是雙數，則取正中兩值的平均數。中數常用在收入，用在人口資料中。

　　目前社會學所使用的統計已經相當複雜，而非僅僅百分比、平均數、眾數，或中數等可以表達清楚的。正如在前面所提過的，社會學的研究不僅想知道社會現象的特質如何，而且更想知道為什麼社會現象具有這些特質，其原因何在：社會研究裡利用統計方法尋找、測定及衡量兩個因素之間的相關 (correlation) 與因果關係 (causality) 就成為另一套重要的資料分析技術了。

三、報告的撰寫

　　社會研究過程最後一個步驟是報告的撰寫；看起來似乎簡單易做，其實不然。不少社會學家認為撰寫報告才是所有社會研究過程中最難的一步，而且也最能顯示出研究者的功夫和實力。社會學研究報告的撰寫實際上不能像寫武俠小說，可以有「心血來潮式的神來之筆」，當然也不像寫散文，過分描述風花雪月或兒女情長的風雅。社會學的研究報告是有一定程式必須遵守的，尤其是在分析式研究報告裡。通常一個研究報告至少應包括下列幾項：

1. 調查旨趣之說明。
2. 理論觀點之說明。
3. 調查研究設計概要。
4. 資料來源及其特質。
5. 資料蒐集方法。
6. 抽樣方法。
7. 調查日期。
8. 調查過程。
9. 分析方法及資料之可信度。
10. 分析後資料所顯示的結果及特徵。
11. 理論或假設的重估。
12. 研究結果之貢獻。

　　並非所有社會學的研究報告都是調查分析性的研究報告。有時候，會

是一篇純理論性的論文或利用現成已有文獻而做的報告，那麼應該特別注意到下面幾點：

1. 報告主題。
2. 現有理論或文獻之摘要及評論。
3. 本論文之特殊觀點。
4. 本論文之主要論點，以合乎邏輯的方式，逐步提出。
5. 本論文之新貢獻。

在目前美國社會學的研究報告或論文撰寫程式裡有兩項作者必須嚴格遵守：

1. 論文或報告裡文獻或資料索引的運用必須按照美國社會學會 (American Sociological Association) 所規定的方式來使用，讀者可以在美國社會學會所出版的刊物，例如《美國社會學評論》(*American Sociological Review*) 封面內頁找到該規定之程式。
2. 論文長度不宜超過 30 頁，最好是在 20 至 30 頁之間。這是指英文打字紙 (8.5"×11") 雙行空格 (double spaced) 者而言。這長度包括論文主要部分，註解參考書目，以及所有統計圖表。

對我國學生來講，上述的第一個規則是可以模仿的，因為這規定簡化了附註蒐集及編排的許多麻煩，而且也能使文章流暢得多。至於第二個規定，因為中文稿紙與英文打字紙有顯著的不同，而且中國人又習慣用文章字數來算其長度。筆者倒贊成一篇論文或研究報告在 1 萬 5,000 至 2 萬字之間。有一點也是希望中國社會學界（包括學社會學的同學們）都能遵守的：給合作者或資料提供者適當的地位或誌謝。如果是研究（或論文）的共同合作者，則應給予合著 (co-authorship) 名義；如果是提供資料，幫忙分析，或修改文稿，在不影響對方的場合裡應在文內表示謝意。我們必須切記社會學研究往往不是一個人（即使他是最有才幹的社會學家）可以獨自承擔的，必須有其他人的合作。如果忽略了上述的原則，那麼很可能以後就不容易再獲得他人之信任或協助。

第四節　社會學家的倫理

正如其他的社會科學一樣，社會學家研究的對象是人——人的社會互動。在研究的過程中許多社會學家常會遭遇左右為難的境遇。一方面要以科學客觀的方法把資料的特徵表現出來，另一方面又要考慮到可能帶給研究對象某些後果。如果在一項訪問裡，受訪問者這樣說：「因為你是做學術研究，我才告訴你，你可不許告訴別人。」這時候，作為一個社會研究者的你該怎麼辦？

大部分的社會研究對受訪問對象不會產生不良後果或危險性。人們接受訪問時通常都已明白研究的主題旨趣而志願參加研究或回答問卷上的問題。同時，社會研究者在做研究之前，通常必會先徵求對方的同意。實驗法是所有研究法中最可能發生不良後果或威脅到對方正常社會生活，尤其研究的主題牽涉到製造或運用受試者之緊張或恐懼感時為最。有一位社會心理學家曾用他的學生做實驗，用一組學生扮演警長獄吏的角色，而以另一組學生扮演犯人的角色，以期觀察獄吏及犯人間的行為模式。結果在實驗中途，扮演警長獄吏的學生假戲真做毆打扮演犯人的學生，他怕後果不堪收拾，只好中途停止該項實驗。另外還有一位社會學家以觀察法來研究同性戀者，他在公園公廁裡替同性戀者把風，以防警察，這是不應該的。

社會研究者對研究的結果應該負責。有些早期的社會學家堅持社會學者應客觀地把社會現象正確的描述出來並加以分析，因此是中立的，不能也不應對其研究結果負責任；不論其結果的影響是好是壞，社會研究者沒有負責任的必要。但是近年來，大多數的社會學家都同意社會研究者對其研究後果應負責任。首先，社會研究者必須對被研究者身分資料保密，不可直接或間接傷害到被研究者。第二，不應受研究資助機構的壓力而歪曲事實。第三，研究結果若可能傷及被研究者，則研究者必須考慮並減少其傷害之可能性。

社會學家在做社會研究時必須有職業性的道德和倫理。而最重要的是必須誠實坦白：對同事誠實，也對受研究對象誠實。如果我們都能牢記這一原則，那麼所可能造成的後果不至於太過分嚴重。

　　總而言之，社會學的研究方法與研究的過程雖然已盡量客觀科學化，但是社會學仍然不能像自然科學實驗室裡所做出來的研究結果那麼準確。因此，社會學家的發現應該是以事實為重，而不應該是其個人的意見。

　　我國早期社會學家的方法論訓練常深度不夠。所研究出來的成果常未能真實的表現研究對象。近年來增加了一批剛由國外受研究所嚴格訓練的社會學家，他們的方法論將給我國社會學理論與研究提供較具科學性的資料與詮釋，這是十分可喜的。

　　著名的人類學家李亦園教授在 1993 年初曾發表了一篇有關考古學者倫理的問題。表面上看來，這跟社會學毫無關聯，但是他所提到的問題正是每一個科學研究者必須面對的最基本倫理：良心（《世界日報》，1993/1/20，頁 36）。李亦園首先提到當年李濟的考古工作：李濟先生發掘安陽商代遺址，他經手出土的殷商青銅器與玉器上萬件，可是李濟先生終生不收藏古物；而且殷殷勸導學生這種職業倫理，規勸學生將來必定要維持研究者的尊嚴。李亦園自己也一向遵守這倫理，從不收藏一件真正的民族學標本。李亦園又指出：「可是很遺憾的是目前這種文物界的職業倫理已因世代的交替而逐漸淪喪了。不但研究者上山自己收買文物標本，而且介紹商賈收購以賺取佣金。更嚴重的是博物館的管理人員自己即是收藏家，與骨董商來往時一面為公家收購文物，另一方面也為自己買一點。這樣公私不分，無論如何是危險的事；有些人更不堪此，自己做起骨董商來了，其職業尊嚴就更淪喪了。」李亦園所提的雖是針對考古學與民族學的「倫理」，社會學和其他社會科學研究者何嘗不應有私利之心。我們借用李教授的話來提醒大家。

關鍵名詞

・變項 (variable)　　研究假設中可測量變化差異的概念。

- 自變項 (independent variable)　研究假設裡的「因」。自變項的改變導致依變項的改變，亦稱「自變數」。

- 依變項 (dependent variable)　是研究假設裡的「果」。隨自變項的改變而改變，亦稱「受變數」。

- 中介變項 (intervening variable)　介於自變項及依變項之間的第三變項。自變項（因）常不直接影響依變項（果），須經由中介變項而導引因果關係。亦稱「中間變數」。

- 理論確實性 (theoretical validity)　指理論與資料間的邏輯經驗結構，也指理論概念定義與所使用的變項間兩者符合程度。

- 社會調查法 (social survey research method)　簡稱調查法 (survey research)。運用問卷以問答方式經由調查員口頭或電話詢問問題或將問卷郵寄，受調查者自行填寫的方法。

- 訪問法 (interviewing)　是調查法的一種，由訪問員面對面或經由電話訪問蒐集資料。

- 有結構的訪問 (structured interview)　問卷問題有一定的結構、語句、用字，問題的安排必須完全一致，而且被訪問者只能從已定的幾種答案中挑選適當的回答，而無自由發表意見的機會。

- 無結構的訪問 (non-structured interview)　問卷上的問題和詞句都是具有彈性的開放式問題。受訪問者可依個人意見或經驗來回答描述。

- 問卷調查法 (questionnaire survey)　是將問卷以郵寄方式寄出，由受訪問者自行填寫回答。

- 觀察法 (observational method)　研究者以參與者或觀察員身分觀察描述一種社會現象。

- 參與觀察法 (participant observation)　研究者親身參與以求取第一手資料的觀察方法。

- 非參與觀察法 (non-participant observation)　研究者以局外觀察員身分來觀察社會現象。

- 實驗法 (experimental method)　研究者為了測定某一特定現象或行動而設

立的一個可加以控制的人為環境，並觀察在該環境內之特定現象或行動的改變與成長。

· 內容分析法 (content analysis)　一種以報章雜誌書籍或電訊等資料之內容來做客觀和有系統分析的方法。

· 歷史法 (historical method)　以歷史性記載來做長期性發展的分析的方法。

· 個案研究法 (case study method)　以一個個案為研究對象加以詳盡分析的方法。

· 檔案資料 (archival data)　係指政府及民間各機關所蒐集的業務報告文件或統計資料。

· 編碼 (coding)　把問卷上的答案加以系統編號整理，以利分析。

· 眾數 (mode)　資料系列裡出現次數最多者。

· 平均數 (mean)　資料系列之共同平均值。

· 中數 (median)　資料系列裡的中間值。

· 樣本 (sample)　根據科學統計方法，由母體中抽出一組可代表母體的數目對象。

· 母體 (population)　研究對象的全體總數。

· 單純隨機抽樣法 (simple random sampling)　根據或然率理論所提出的最單純抽樣方法。母體內每一單位都有相等被抽出機會。

· 系統抽樣法 (systematic sampling)　一種在抽樣時根據一定抽樣距離，自母體中抽取樣本的方法。

· 分層抽樣法 (stratified sampling)　一種先把母體分成數層，而後再由各層分別抽出所需樣本數的方法。

· 集體抽樣法 (cluster sampling)　一種以集體為單位而抽取樣本的方法。

參考文獻

Babbie, Earl

　　1995　*The Practice of Social Research*. 7th ed. Belmont, C.A.: Wadsworth.

Cole, Stephen

1976   *The Sociological Method*. Chicago: Rand McNally.

Greer, Ann, and Scott Greer

1974   *Understanding Sociology*. Dubuque, Iow a: William C. Brown.

Guttman, Louis

1965   *Theory Construction and Data Analysis in the Behavior Sciences*. San Francisco: Jessey-Bass.

Kinloch, Graham C.

1977   *Sociological Theory: Its Development and Major Paradigms*. New York: McGraw-Hill.

Smelser, Neil J.

1968   *Essays in Sociological Explanation*. Englewood Cliffs, N.J.: Prentice-Hall.

1976   *Sociology Theory*. Morristown, N.J.: General Learning Press.

Wright, R. L. D.

1976   *Understanding Statistics*. New York: Harcourt, Brace and Jovanovich.

朱岑樓編

1981   《我國社會的變遷與發展》。臺北：三民。

李沛良

1989   《社會研究的統計分析》。臺北：巨流。

林振春

2005   《社會調查》。臺北：五南。

林義男

1982   《社會統計》。臺北：巨流。

蕭新煌、陳寬政、張苙雲

1983   《我國老人福利之研究：服務網路之結構分析》。臺北：行政院研考會。

第四章

文 化

本章可以學習到

1. 什麼是文化
2. 文化的結構與成分
3. 文化的來源與進化
4. 中國文化的特質

Sociology

第一節　文化的定義

　　英國人類學家泰勒 (Edward B. Taylor) 在 1871 年就曾對**文化 (culture)**下過這樣的一個定義。他說:「從廣義來講,文化是一個包括人在社會中所習得的知識、信仰、美術、道德、法律、風俗,以及任何其他的能力與習慣的整體。」泰勒這個定義到今天仍被奉為經典,只不過今日的社會學家不願像他那樣地細列文化的各項要目,而只把文化當成一個概念: 文化被視為一個社會或團體為了求生存而發展出的一套生活方式,是該社會或團體的特徵。

　　有時會聽到這樣的批評:「你這個人怎麼這樣沒有文化。」這裡用的「文化」跟社會學裡講的稍有出入。在社會學的定義裡,每一個社會,每一個團體,甚至每一個人都是有文化的,只是在文化上有差異而已。批評人沒有「文化」,其實是指沒有所謂的「高等文化」。因為有些人持有偏見認為只有上流社會知識分子所共同擁有的才是文化,其他都不算文化;或只指上流社會所享受的禮儀、藝術、音樂,或文學等。

　　社會學上所稱的文化比一般普通人所指的要廣泛得多,凡是人類為求生存而創造、發展,或學習得到的一切知識、信仰、工藝技術、生活規範等都是文化的成分。龍冠海 (1966) 指出文化對人類社會有下列幾種主要的功能:

1. 文化是社會區別的標誌。一民族的特徵,文化所表明的比人類的膚色或任何其他生理特徵所表明的更為有意義,也比地域或政治疆界更能反映一個社會與眾不同的特質。
2. 文化使一個社會的價值系統化。經由文化,人們發現社會與個人生活的意義和目的。個人越徹底瞭解文化,便越能明白文化是生活計畫的一個總體。
3. 文化對社會團體的團結提供一個最重要的基礎。愛國家、愛民族,就是

　　欣賞自己文化特點的一種表現。

4. 文化對社會結構提供材料與藍圖。它使社會行為系統化，使個人參與社
　　會活動不必時常重新學習或創新處事方法。

5. 文化是建立與模塑社會人格的主要因素。文化影響了社會中個人的人格，
　　也經由社會化而一代代相傳下去。

　　　人類都有基本的生理、心理的需求。人們為滿足這些需求而發展出一
套應付的方法，這就是文化。當人都有類似或相同的生理心理需求，則各
個社會自然就會發展出一些類似的文化模式。但是，每個社會有其特殊的
自然環境及社會情境，其應付上述需求的方式就有所不同。這些類似的文
化特質被稱為「**文化的普遍性**」（cultural universals，亦譯為「文化通性」）。
人類學家莫達克 (George P. Murdock) 曾將這些能在每一個人類社會裡都
發現的文化的普遍性列出，舉例如下：

　　　年齡階層、運動、體態的欣賞、曆法、清潔的訓練、社會組織、煮食、
勞力合作、天文學、求婚、舞蹈、裝飾藝術、神明、分工、解夢、教育、
倫理、來世論、民族植物誌、禮儀、信仰療病、家庭、節慶、取火、民俗、
食物禁忌、喪葬禮節、賀禮、髮式、好客、住居、衛生、亂倫禁忌、繼承
法、開玩笑、親族團體、親屬排名、語言、法律、運氣迷信、魔術、婚姻、
餐食時間、醫藥、音樂、神話、數字、婦產術、生殖器禁忌、姓名、人口
政策、產後療養、產前規矩、財產權、超自然干預、勸解糾紛、青春期習
俗、宗教儀式、居住規則、性的限制、靈魂觀、社會地位之不同、手術法、
交易、探訪、餵奶、氣候之控制 (Murdock, 1943: 124)。

　　　上述這些文化特質幾乎每一個社會都具有，至於怎樣實施推展，社會
與社會之間常常是不同的。舉例來說，好客這種待人之態度每個社會都能
發現，好客的表達方式，則大有所異。愛斯基默人 (Eskimo) 有時以妻子來
陪侍客人為好客之道；中國人則常常奉茶敬菸，更以美食享客；美國人則
請客人進來坐坐就代表好客之道。

　　　文化的產生是每一個社會為適應其特殊環境以求團體生存而應運得來
的，由於各個社會的環境不同，各社會所產生的文化就會有所不同。人們

也常常以自我為中心，認為自己的文化才是好的，才是高人一等的。這種心理在人類學裡通常稱之為「**文化中心主義**」(ethnocentrism)。換言之，這就是以自己文化作為標準來衡量其他文化的心態。中國人總是覺得中國文化是高等的精神文化，而西方文化只不過是工藝性的雕蟲小技；中國是泱泱大國，西方則是番邦洋鬼子。這種民族的文化中心主義，並不只有中國人才有，美國人也有（美國國內職業棒球冠軍賽只包括美國隊及加拿大隊，卻稱之為世界杯），日本人也稱日本是大和民族，英國則更是日不落的一等民族。

　　雖然如此，學者們也指出「文化中心主義」對社會仍然具有功能，主要包括下面幾項：

1. 文化中心主義可幫助提高社會或團體的士氣、效忠與團結。文化中心主義推崇犧牲個人以求團體的生存，民族主義與愛國主義常是為維護文化中心主義而滋生的。「為求中國文化的延續而奮鬥」就是一個例子。
2. 文化中心主義可用以反抗社會變遷。既然自己的文化優於其他文化，那麼就沒有改變的必要。清末士大夫的反對革新運動就是從這立場出發的。
3. 文化中心主義可用以保護利益團體的現有權勢。有權有勢的利益團體為了保護既得地位，以文化中心主義為藉口阻擋其他團體之試圖奪權。

　　跟文化中心主義持相反論調的則是「**文化相對論**」(cultural relativism)。持這觀點者指責文化中心主義的短視與偏見：每一種文化都有其相對的價值，沒有什麼高低好壞之分，文化模式的不同，只是其所應付的環境有所不同；不應以外人的眼光及標準對其他文化加以評價。文化的價值因時、因地而有所不同，因此都該受到相對的重視；換言之，人們都該有雅量容忍、接受別種文化的存在。中國人認為美國人不懂吃的藝術，只會吃生菜、炸雞、炸魚、烤肉；而美國人認為東方人吃狗肉，野蠻得不可思議。文化相對論者認為這種偏見是不必要的，人們應互相尊重，彼此容忍。

　　文化既然是每一個社會為適應其自然環境而發展出來的一套生活方式，那麼文化間的差異自然存在。以審美的標準來看，西方人重視女人的外表體態，而傳統中國人則強調內在美；以人際關係來看，西方文化鼓勵

公開的競爭，而中國人則以謙讓為原則；以吃食習慣來看，西方人用的是刀叉，坐的是長方形餐桌，吃時一片寂靜享受食物；中國人則用的是筷子，坐的是圓桌，吃時一片吵雜呼喝之聲享受交誼。至於誰對誰錯，誰優誰劣，都不應該做相對的比較。西方文化自有其存在理由，而中國習俗當然也有其存在原因。

其實，文化的差異不僅在二個社會裡可見，在同一個社會裡也可發現分歧的現象。社會學稱那些跟社會裡主流文化相異的文化為「**次文化**」（subculture，亦譯副屬文化）。像中國這樣大的一個社會裡，並不是每一個地方的人都有完全一致的文化；地域性的文化差異相當大。一個最明顯的例子就是中國的地方性方言，就不知道有多少：臺灣人講閩南語，福州人說福州話，上海人、廣東人、湖南人又各自有方言。北方人喜麵食，南方人吃米飯；北方人強悍，南方人柔弱等等都代表著次文化的存在。在美國社會裡最明顯的還是不同種族所具有的不同次文化，黑人無論在語言詞句的運用、音樂嗜好、運動項目、家庭組織等都與白人有所不同，因此也就有所謂「黑人文化」(black culture) 的名稱出現。實際上，它也是社會學上所謂的一種次文化。除此，因職業、年齡、嗜好都能產生次文化。

有些社會對次文化較寬容，有些則極力壓抑次文化的存在。但是所有的社會都不允許「**反抗文化**」(counterculture) 的存在。所謂「反抗文化」係指一些以反抗並推翻現有文化規範或價值體系為目標的次文化。宗教上的異端就是一種反抗文化，叛亂或革命組織的行為規範也常屬反抗文化。

有一個概念必須在此一提的是「文化震撼」(cultural shock)，這是指一個人從他原有的文化環境轉到另一個生疏文化時所可能體驗的心理和社會失調的震撼。這些震撼，一方面是由於各個社會有不同的文化，另一方面則是文化中心主義的作祟。中國華僑或留學生初到美國有許多人不能適應，就是文化震撼的現象。通常經過一段時日的適應，這震撼是可能消失的，僅有少數人可能受干擾而至無以自拔。其實，不必遠走他鄉才會經歷「文化震撼」；一個鄉下人初到城裡，總會有一些文化震撼經驗的；城市長大的，到鄉下，如無心理準備，也然。

第二節 文化的結構與成分

一、文化的結構

任何文化都是有結構的，有其主要的和次要的成分。龍冠海 (1966) 提出了幾個人類學文獻上常見的概念來討論文化的基本結構：文化特質，文化結叢，文化模式等。

㈠文化特質 (culture trait)

文化特質是文化裡最小的基本單位。有其特殊的意義、歷史背景，以及在整個文化中的功能。它可能是物質的、具體的，例如長袍、筷子、汽車、瓦屋等等，也可能是非物質的、抽象的，例如孝道、握手、燒香、磕頭等。瞭解了文化特質就容易瞭解文化與團體生活之間的關聯。

㈡文化結叢 (culture complex)

按照一般的解釋，這是指許多文化特質的一種聚合；通常是以某一特質為中心，在其功能上與其他的特質發生連帶關係或構成一系列的活動。米食結叢指的就是一個文化裡一系列跟米食有關的文化特質：如耕田、播種、收穫、煮飯、碗筷等。文化結叢中，有些很簡單，像穿的長袍馬褂，寫的鋼筆墨水、紙張等；有些卻很複雜，如中國的祖先崇拜就牽涉到一系列相當複雜的行為規範與社會價值體系。

㈢文化模式 (culture pattern)

文化模式係指文化各部門的相互關係所構成的全形。不同的文化有不同的模式，正如不同的個人有不同的人格一樣。以中國文化模式和美國文化模式來比較，兩者就有很明顯的差別。例如，中國文化的主要特徵是農

村文化、家族主義、祖先崇拜、人倫；而美國則是資本主義、工商都市社區、個人主義、小家庭以及重科技。

某一地區所擁有的文化特質之總和常被稱為文化基礎 (culture base)，這是文化模式的來源。文化模式的來源大約可分成下列幾種：

1. 社會遺產 (social heritage)：亦稱文化遺產，指前人所累積傳下來的一切。
2. 創新 (innovention)：創新包括發現 (discovery) 及發明 (invention)。發現指社會實體首次出現的過程。發明則指由既存的社會實體組合而新有的社會文化特質的過程。
3. 採借 (borrowing)：亦稱傳遞或傳播 (diffusion)，指借用其他團體的文化，或由其他社會傳統而得之。

上述三項文化模式來源的修訂 (modification)，經由社會遺產、創新、採借所得的文化基礎加以修正，變更以適合當時的使用。**涵化** (acculturation)，指個人或團體接受新文化特質，並將之併入自我生活方式裡的一種過程。

二、物質文化與非物質文化

如依文化結構的本質，可將文化分類成物質文化及非物質文化。**物質文化** (material culture) 是指人們創造出來能供人使用的器物。它包括，小如碗筷，大至噴射機、摩天大樓。如果沒有這些物質文化，人們早就因無法跟自然環境鬥爭而絕跡了。物質文化代表著人類跟自然環境鬥爭後的工具成果。人們不僅用物質文化來抵抗自然環境的挑戰，更重要的是人們利用它來克服並改變自然環境，以為人們所使用。例如，水壩和灌溉水渠把本來應該流失的水積存起來以供農耕之用。有了交通工具如汽車、火車、飛機；有了通訊器材：電話、電報，世界的距離縮短了，人們不僅可交換必需的物品，而且也可交換資訊信息。事實上，沒有任何其他一種動物能像人類這樣創造出這麼多的物質文化。

非物質文化 (nonmaterial culture) 是指一個文化裡用來指導人們互動與解決困難的知識、信仰、價值和規則，以及如何使用物質文化的知識、觀

念、態度的全形。物質文化是看得見、摸得到的文化部分；而非物質文化則是指看不見、摸不著的思想、觀念與知識。例如，結婚用的戒指是一種物質文化，但是結婚戒指的意義遠超過其物質層面，它代表著一種信仰、承諾，以及兩個人婚姻的誓言，一種非物質文化的意義深深的包涵在內。

非物質文化包括兩種成分：**規範文化** (normative culture) 和**認知文化** (cognitive culture)。規範文化是指那些用以約束人們社會互動的規則與標準。規範 (norms) 係指社會裡人們所同意遵守的互動規則，它告訴人們哪些可以做，哪些不可以；應該怎麼做，以及不應該怎麼做。社會對每一種互動的情況都有一定的規範，人們在互動時照著規範才不會有差錯。舉例來說，我們中國人碰面時的第一句話常是：「吃飽了沒有?」這是碰面時的口頭問候語，並不一定跟真的吃飽了有關係；因此問這句話的人所等待對方的回答，也只不過是「吃飽了」。換句話說，規範在這種情況下是一個問「吃飽了沒有？」另一個答：「吃飽了」，如此而已。但是如果對方沒按規範回答，而說了一大套個人的私事，例如：「你不知道呀，我們家小貓昨天生病了，害得我吃不下，睡不好……」就是不依規範之互動。講話輕言細語、不可毛手毛腳、不可太囉唆等都是規範文化。

美國社會學家孫末納 (William G. Sumner) 把規範文化細分為兩類，一類是民俗 (folkways)，另一類是民德 (mores)。民俗係指一個社會或團體中所流行的風俗習慣或活動方式。違反民俗者雖可能受到社會的處罰，但處罰不會太重；因為民俗是歷代流傳下來的風俗習慣，它們不一定是全對的，也不一定是合理的，但卻是人們需要遵守的。例如，中國人的民俗：年輕人與老年人互動時，應尊重年老者；如果未能尊重年老者，則是違反民俗，社會的評議是無禮，但不會給予重罰。又如，參加友人婚禮、贈送禮物或禮金是風俗習慣，否則雖傷情誼，卻不至於受社會處罰。

民德則是社會規範或規範文化裡被認為足以影響到社會或團體生存的重要部分，是整個文化裡的重要核心。違反民德者必受社會嚴厲的懲罰，因為這些行為會影響到整個社會文化的存在。例如，亂倫在中國文化裡是絕對不允許的；中國文化是建立在家族倫理的基礎上，如果這個倫理被破

壞了，那麼中國文化的根基便會動搖。所以，亂倫者必須遭受嚴厲處罰。同性戀亦是民德裡所不允許的，凶殺行為、叛亂、男盜女娼都是民德裡所禁止的行為。

　　然而，應該提出的是：民俗和民德的標準不是永恆不變的。在歷史的過程中，有些民俗消失了，有些民德失去其嚴重性；民俗和民德反映著一個社會或文化對周圍環境的適應。這周圍的環境，不僅指自然環境，也包括社會環境。有些民俗和民德只能算是理想規範 (ideal norms)，而非實際規範 (real norms)。理想規範是完整狀態下的完美規範，儒家所稱的男女授受不親、父母在不遠遊等是理想規範，實際情況常不允許如此，絕大多數人是做不到這種理想規範的要求，心有餘而力不足。

　　有些文化是以非正式的方法對行為加以約束。這種規範通常稱為非正式規範 (informal norms)，一些文化則是以正式的法律和條例加以控制行為的規範，即所謂正式規範 (formal norms)。前者因是非正式，所以對違反者處罰較輕；後者則因是正式的有明文記錄的行為規範，故對違反者的處罰較重。特以幾個例子來說明文化結構及懲罰程度，如圖 4–1。

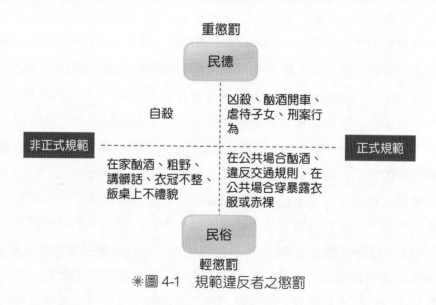

※圖 4-1　規範違反者之懲罰

認知文化是文化裡面的思想部分或思想成分，包括人們對世界的信仰、

想像與知識，真假與輕重之別，它也是人們對周圍環境的一種抽象的想像。認知文化是一個社會中價值 (value) 的全形，代表著人們對生命的導向。就像地圖指引人們的方向，用地圖的人可享有它的引導，它代表著一種心靈的影像。它指示該社會的分子，什麼是好，什麼是不好，什麼是可渴求的，什麼是不應該渴求的。這價值觀增長擴大了人們生活的意義。例如，我們強調的孝道、禮義廉恥、忠孝仁愛等等，都是中國文化裡的特有價值。

物質文化和非物質文化是息息相關的。人們所創造出來的物質文化之使用方法及其用途跟社會裡的非物質文化的知識、想像以及價值觀念都密切的相互關聯著。兩個不同文化的社會能擁有一項相同的物質文化特質，卻有完全不同的使用方法及意義；這就是二個文化裡的非物質文化不同所致。舉例來說，手錶是物質文化，在某些文化裡，手錶只是用來計時的一種器具，是非常實用的東西，不分貴賤，只要走得準就好；可是在不少其他社會裡，手錶卻常具有社會地位的意義，戴手錶並非只計時，更有顯耀社會地位的功效。正如社會學家墨頓講的，文化項目常有顯出功能，也有潛在功能之區別。所謂**顯出功能** (manifest functions) 是指文化項目明顯地和有意安排出來的功能，如手錶的計時功能；**潛在功能** (latent functions) 則是指那無意中產生的功能，它常不能一眼看出，如手錶所代表的社會地位。墨頓也同時指出雖然大多數文化的存在是對社會有用的，但是有些文化卻具有反功能 (dysfunctions)，也就是對社會有害處。以中國人傳統的屍骨埋葬方式來舉例，雖然它代表著子孫對父母前人不損膚髮之孝，可是卻占用了不少原可用來耕作的良田，那麼，在一個人口眾多，耕地稀少的社會裡，這種埋葬的方式，對整個社會來講是有反功能的。

物質文化和非物質文化在變遷方面不一定有同樣的速度，常常是物質文化先改變了，而非物質文化尚停滯不動。例如，當前許多社會裡汽車增加了很多，這是物質文化的變；可是駕車者與路上行人還是照老習慣亂闖，不守新式的交通規則，這是觀念未改。人們都願意接受新的物質文化，以改進其生活；卻不願接受，甚或抗拒新的非物質文化而可能改變其價值觀念。於是物質文化能改變得很快，而非物質文化就變得慢。社會學家通常

把二個文化特質不等速的變遷所造成的差距稱之為**文化差距** (cultural lag)。

三、語言與文化

在所有的文化特質裡，符號或形象 (symbols) 和語言 (language) 也許最具決定性。一些社會學家認為一個文化的存在與否常是取決於人們創造瞭解符號形象的能力。一個符號或形象是代表某一件東西或某一件事的抽象概念。如語言、文字、手勢、姿勢、旗幟、數目、擁抱等皆是。每一個社會都有它獨特的一套符號或形象，而該社會裡的分子應該對這些符號形象有相同的定義與瞭解。至於某一符號形象代表著什麼及為什麼，則無一定的標準；只要社會裡大家都一致認同就行了。中國人看到烏鴉就有一種惡兆來臨的感覺和恐懼，就是因為烏鴉在中國文化裡代表著一種惡兆的符號形象。可是在其他社會，烏鴉只不過是一種鳥而已。在印度，牛是神聖不可侵犯的，是因為印度的牛代表一種神聖的符號和形象。有些社會學家強調人與其他動物之主要區別就在於人類可以創造符號形象，而其他動物則不能。

在所有符號形象裡最重要的莫過於語言的創造與使用。有了語言，人與人之間的溝通和互動才能順暢；有了語言，人與人之間的思想與情感才能溝通，才能有所共享。雖然音樂、舞蹈、藝術、圖畫等也可用來交通，但它們的效果都不能跟語言比高下。語言不僅能溝通個人，也串聯了過去和未來；更能把幻夢、想像與現實融合一起。語言（口語及文字）更是文化傳遞的主要媒介物和方式。有學者曾提出：語言在思想之前，語言影響人的思考，先有語言，才有複雜、抽象的思想。沒有語言，就沒有文化。這種說法事實上並不過分。高等動物的人類社會都有語言。世界上可算出的語言種類不下數千種，但人類能運用語言的能力確是千真萬確的事實。有些社會的語言只用口語表達而不能書寫，但許多社會的語言都已包括文字符號了。

語言代表著一個社會的文化，是社會互動的主要媒介，它也同時影響了人們對世界或周遭環境的看法。舉例說，聽人說今天電影院人「不多」，

我們就不會急著先去買票，因為「不多」兩個字給予人們一種看法觀點，人的行為乃依其而發。如果是「擠」，那麼人們的反應必不一樣。又例如「愛」與「恨」兩個字，所代表的是一個很抽象的概念。如果是「愛」，就會附著某種行為動作及心理的感受；「愛」一個人就必須疼他、照顧他、關懷他、取悅他、體貼他。如果是「恨」，則行為表現與情緒則又有另一番特徵；「恨」是仇視、敵對、傷害、破壞等等。語言雖然是抽象的符號，卻能給人們描繪出一套雖看不見卻可感覺到的形象。

世界上所有的語言種類不下數千種。西方文化有英語，法語，德語，俄語，西班牙語，葡萄牙語等，這些都屬印歐語系 (Indo-European language) 的分支。中國文化裡的語言跟印歐語系有很大的差別。基本上，中國語言文字的使用，在秦始皇帝時代就已大致統一；數千年來的歷史演變，雖然在語言上也發生了某些改變，不過字形的構造還是相當一致，變得不多。中國語言字形以象形為主，輔以轉注與假借等原則。書寫以一字一格的原則，由上而下，由右而左（近年來有橫寫，由左而右的方式）。中國文字雖已統一，但語言發音卻有各地方言之別，如北京話、山東話、河南話、上海話、湖北話、四川話、閩南話、廣東話等等，各式各樣，難以溝通。中國字，每字一音，同音有不同的聲調，有四聲、五聲的，還有的有八聲，成為中國語言的一大特色。

第三節　文化的來源與進化

一、文化的來源

人類最初的文化是怎麼樣發展出來的，並沒有人知道。許多文化裡重要特質的起源如何，實際上也不明白。至於，為什麼有些文化特質只發現於某些社會，而另外一些特質則在其他社會，或者同樣文化特質卻在兩個距離很遠的社會出現，各家學說也不一致。下面舉幾個學說來說明：

㈠種族與文化

有些學者相信文化與種族有很深的關聯。種族的特質決定了文化的特徵：一個種族在體質上有相同的生物因子遺傳，因此能自然地創造出其特有之文化特質。文化程度高的社會是因為它有優異的種族品質。有學者認為白種人種族品質優秀才創造出今日優秀的白種人的文明和文化。

晚近新崛起的**社會生物學** (sociobiology) 就持有這觀點。它認為生物基因影響和決定社會文化及其成員之行為。社會生物學家相信如果一個人的文化使這一個人更能適應自然環境，生養教育下一代並持續香火，則文化必經由遺傳基因而傳遞到下一代。生理遺傳基因雖不完全影響文化，但其影響是不可否認的。

不過大多數的社會學家並不過分強調生理遺傳基因或種族決定文化的可能性：承認生理因素對文化特質確有影響，但並無決定性的影響力，生理因素提供了人類文化的基礎：人體；至於如何發展這個人體，與發展成怎麼樣的人，卻非生理因素，而是其他非生理因素。正如蓋房子所用的材料可能全是一樣的（如：木材、水泥、磚頭等），但是卻可蓋出各種樣式的房子。人的體質與文化的關係也正是如此。

㈡地理環境與文化

有些學者相信文化是由地理環境所決定的，各社會文化之差異乃是由於地理環境的不同所致。而一個文化之興衰也跟地理環境有極重要的關聯。主張這一派學說者指出熱帶和亞熱帶人性情暴躁跟氣候有關；其地多樹林，故人多善木工。他們又指出北半球國家因為自然環境較差，人的生存端賴與自然的搏鬥，因此北半球的工藝技術文化要比南半球發達；南半球氣候良好，天然資源豐富，人們不必勞苦即可度日。

大多數的社會學家和人類學家都不把地理因素看得太重要。他們承認地理因素對文化有某種程度的影響，特別是在工藝技術方面。例如，冷氣機的發明與普遍使用一定是在氣候較熱的地區；而暖氣爐的設備亦必在寒

冷地區才普遍使用。一個完全內陸的文化，不會對航海技術有太大發展的。近代英國之稱霸海上，與其島嶼地理環境是有關的。然而這些地理因素並不決定一個文化的特徵及其全形。

㈢社會與文化

社會學家們大都主張文化是學習而來的，是在社會互動的架構裡發展出來的，而非受生物或地理因素所決定。文化是由生物、地理以及社會三因素所模塑出來的。但這三者中，社會因素最為重要。每一個社會都必須要面對生產食物、家庭生活、政治和經濟活動以及宗教信仰等問題。文化代表著一群互動中的人對上述問題的應付和處理方法。文化的差異就代表著每個社會對上述問題的不同處理方式。以食物生產為例，有些社會著重現取現食，有些社會則喜儲藏；有些社會喜食肉類，有些社會則喜素食。同樣地，家庭生活的安排也有所不同，有些社會採一夫一妻制，有些社會則實行一夫多妻制，或一妻多夫制。文化的不同反映出社會結構的不同，也代表人類適應能力的不同。

二、文化的演變

文化的最初起源是無人知曉的，但是對文化的進化演變，學者們有兩種解釋：創新與傳播。文化可能是經由創新或傳播而來。創新可分為二：一是發現，這指已存在的文化實體首次被發現；例如，人類發現火的功能而加以使用；發現一新的彗星。最近人類對人體 DNA 的發現也是一例。二是發明，將社會中已有的文化特質合併，改良而產生一個從未存在過的實體的過程是為發明，如人類發明弓箭，紙張，以及工業革命後工藝發明，晚近的噴射機、電視錄影機，以及電腦、網路等，甚至「民主政體」都是一種發明。

傳播是指將一種文化特質由一個社會傳到另一個社會的過程。並非所有的文化特質都來自社會內部，許多特質都在兩個或兩個以上的社會發生接觸時，借用彼此的創新。經過傳播後的借用常常不是全盤性的完全借用，

被引進的文化特質常被社會修改調適；使其更適合於當地文化。就以最簡單的飲食來說，義大利人經馬可波羅 (Marco Polo) 的引進，而有了大餅，麵條；今日義國的披薩及麵食不同於中國；而美國借用的披薩、麵食也變得合乎美國人的口味而異於義國。發現常需要突破，發現了的實體多了，才能促使新的發明，累積了多量的發明就可推動更多的發現。當不同文化的社會彼此接觸時，借用彼此的發現及發明，就更能促進更多的創新，社會中的文化特質就會越來越多。

　　許多社會學家都採用派深思 (Talcott Parsons) 對文化的看法；視文化為維護社會整合的主要工具。根據派深思的看法，社會的進化主要是一種對自然環境適應能力的增強；其來源可能是新發明，也可能經由傳播而致。派深思把人類的行動體系看作是人類適應能力的總表徵。在這包括文化體系、社會體系、人格體系、有機行為體系、物理有機環境體系的整個體系中，文化體系的層次最高。這是因為文化的改變最為緩慢，但卻操縱並控制其他各個行動體系變遷中的主要決定因素。派深思說，文化是一種具有高資訊，卻只需少量能源的體系。因此，它可以用來節制那些需要多能源，卻少資訊的體系。從他的行動體系來看，這個資訊控制的階層可以下圖來表達：

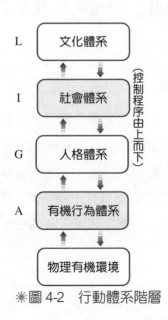

※圖 4-2　行動體系階層

這個行為體系，依派深思：有機行為體系是指人類的生理體系，是行為的最基本單位，是其他三體系所必需的基礎而已。人格體系是指動機、精力，以及需求滿足的慾望。這是指行動者本人。社會體系包括角色、模式規範、團體性等結構。它是社會互動的過程。文化體系是行動裡由學習而得來的部分。它是歷代流傳下來的演化結晶。其作用在維護社會的整合。

按照派深思的意思，一個社會若要生存下去，就必須有某種程度的整合；如果要代代延續下去，則必須要發展出一套文化體系用來維護既有的社會整合。宗教在派深思理論裡就是用來維護文化模式的。文化的發展演化是由下而上，由行為有機體的適應能力 A (adaptation) 而至人格體系的目的獲取 G (goal attainment)，再升至社會體系的整合 I (integration)，最終達到文化體系的維護功能 L (latency, pattern maintenance)。這是最高境界。上述四個體系都因人類針對物理有機環境的挑戰而發展成的。派深思將人類社會發展看作是 A → G → I → L 的演化過程。因人類有語言文字而由初等社會進入中等社會，再因律法的普及發展而由中等社會進入高等社會。

第四節　中國文化的特質

一、中國文化的特質

我國歷史源遠流長，文化之傳襲亦歷經數千年。文化既然是一個社會適應其周圍環境所發展出來的一套行為模範與求生存器皿，那麼中國歷代文化亦正代表著我國民族對自然與人文的抗禦與征服的結晶。

韋政通 (1972) 認為我國文化具有十種特徵：獨創性、悠久性、涵攝性、統一性、保守性、崇尚和平、鄉土情誼、有情的宇宙觀、家族本位以及重德精神等。

(一)獨創性

中國自春秋以來，即有道統之說，中國文化具有其獨創性。雖曾接受外來文化，其獨創的自本自根的部分大於因襲借用的部分。根據中國考古學的證據來看，在中國本土以內發明及發展的事物，有骨卜、蠶絲、裝飾藝術。骨卜代表古時候精神生活的一部分，蠶絲代表古時候物質生活的一部分，而裝飾藝術則代表他們的藝術生活。這些都是真正自本自根的。此外，最能代表中國文化的創造性與獨特性的是中國文字。

㈡悠久性

中國文化歷經數千年之悠久是不可否認的事實。其之能悠久乃是因為特殊的地理環境、靜態的定居農村生活，以及中國人世故深，凡事沉著、穩重，深厚的適應力，重統緒、求「久」的思想、積德的精神。

㈢涵攝性

此指中國文化與外來文化接觸時所發生的吸收和合併的過程，即社會學中所說的同化 (assimilation)。「道並行而不相悖」一直是中國知識分子的一個理想。這一理想，使傳統士人，雖然為了維護正統，攻擊異端，仍能不失其寬容性。東夷、西戎、南蠻、北狄之漢化是一證明，而儒、道、釋三家可以並祀於一堂，為眾民所崇拜，亦是涵攝性的表現。

㈣統一性

中國自周朝一直到近代都是統一的國家。其間雖有短暫性的分裂局面，但基本上還是統一的。造成這一統局面的主要原因包括：有統一的文字、統一的思想、缺少強大的鄰國。

㈤保守性

中國文化主保守。這保守性可見諸於學術方面、社會方面以及個人方面。其保守原因是中國人的「道之大原出於天，天不變，道亦不變」。這是中國歷史上一個牢不可破的信念。

㈥崇尚和平

在中國與異族的戰爭史中，我方極少主動發動攻擊。而且中國人一向不崇拜英雄的；歷代亦重文輕武。中國人崇尚和平之原因是農業民族深受儒道的影響，也受佛家戒殺生、慈悲為懷等觀念的影響。

㈦鄉土情誼

「土」，對古人是代表生命之根，沒有土，生命就無所依了。土和道德修養發生了關係，也和宗教信仰相關聯。中國人不但崇拜天，也崇拜地，與君，親，師，合成「天、地、君、親、師」。所謂「寧戀本鄉一捻土，莫愛他鄉萬兩金」、「鄉親遇鄉親，說話也好聽」。這種文化的特色是在同一村莊裡沒有陌生人、生活有地方性以及不需要用法律來約束人們的行為道德。

㈧有情的宇宙觀

儒家主張仁，而仁的性質正是感性，亦即有情。由於情，中國文化裡認定人與人之間、人與物之間、物與物之間，通通連繫在情的交光網中而成有情的宇宙觀。「人與天地萬物為一體」。

㈨家族本位

中國社會是以家族為社會活動中心。人的一生，從生到死，莫不以家族為中心。因此，家庭之外的人際關係亦常予以家庭化。君父臣子、父母官之稱謂等皆是家庭關係的擴大。

㈩重德精神

重德精神，主要以儒家為代表。儒家道德中，仁與孝是兩個最基本的觀念。中國人堅信一切文化都有一個共同的基礎，這基礎就是道德。因此，中國的政治理想是「德治」，文學理想是「文以載道」，經濟的理想是「不患寡而患不均」。他如教育，法律，也莫不以道德為基礎。

梁漱溟 (1983) 的看法與韋政通上述的看法大體上是一致的。他列舉下列七項特質來說明中國文化具有極強度之個性：

1. 中國文化獨自創發，慢慢形成，非從他受。
2. 中國文化自具特徵、自成體系，與其他文化差異較大。
3. 歷史上與中國文化若先若後之古代文化，如埃及、巴比倫、印度、波斯、希臘等，或已夭折，或已轉易，或失其獨立自主之民族生命，唯中國能以其自創之文化綿延其獨立之民族生命，至今巍然獨存。
4. 從中國已往歷史徵之，其文化上同化他人之力最為偉大。對於外來之不同文化，亦能包容吸收，而且不為其動搖變更。
5. 由其偉大的同心力，故能吸收若干鄰邦外族，而融成後來之廣大中國民族。此謂中國文化非唯時間綿延最久，抑空間上之拓大亦不可及。
6. 中國文化顯示其自身內部具有高度之妥當性及調和性，已臻於文化成熟之境界。
7. 中國文化放射於四周之影響，既遠且大。

梁漱溟亦同時指出，中國人受這種文化薰陶下的國民性格具有下列十項特徵：

1. 自私自利。
2. 勤儉。
3. 愛講虛情客套，重形式，愛面子。
4. 和平文弱。
5. 知足自得。
6. 守舊。
7. 馬虎。
8. 堅忍及殘忍。
9. 韌性及彈性。
10. 圓熟老到。

錢穆和梁漱溟都再三強調在研究中國文化時，必須要有跨文化比較的眼光與治學態度。錢穆曾說：「我們研究一切學問，都應該有一種比較觀。

今天西方人講比較文學，這是現代所需要的知識。文學我們應該比較，哲學、歷史，乃至於其他一切的學問，都應該有一種比較。我們講文化，亦應當有一比較。而這種比較，主要應從其結構處來講。」(1983: 100)

從這比較的觀點，錢穆認為西方文化比較重宗教與科學，而中國文化則較重道德與藝術。宗教與科學是對外的。宗教講天、講上帝，科學講自然、講萬物，都在人的外面，是外在的；而道德與藝術都屬人生方面，是在於人生本體的，內在的。道德是由人生內部發出。中國文化裡講藝術，亦由人生內部發出。所以西方文化精神偏向外，中國文化精神則偏向內。

二、漢語的獨特性

中國文化裡最大的特色之一是語言文字的獨特性。漢語的獨特性包括：

1. **單音節**：漢語和一些拼音語言的不同，是漢語的一個字就是一個音節。在發音上比較容易學習，但也正因它是單音節的緣故，而有同音字難以辨識的困擾。

2. **分聲調**：漢語是利用音調的高低來分別字義，所以辨識一個字的意思，需注意字音的長短、緩急、輕重、疾徐。

3. **少語法上型態的變化**：在漢語的詞句構造裡，一個詞在句中的功用，主要是取決於它們在句中的次序而定。同一字出現在句中不同位置，往往就代表不同的意義與功能，或是名詞，或是動詞。

4. **文法簡易**：漢語在文法上的要求相當簡易，不像西洋語文文法之繁雜：沒有陰性、陽性之分別；更沒有時態之變化。中文在文化上具有相當的彈性。

上述這些漢語文化的特點，也都反映在中國文學創作裡。韋政通認為在中國傳統文化裡，文學方面的成就，占相當大的地位。中國第一流的史學家、哲學家、思想家，往往就是第一流的文學家。韋政通特別指出中國文學具有下列幾項特徵：

1. **重性情**：中國文學的表達，往往就是作家性情的表達。重視性情與文學的關係。傳統中國文化認定只有具有性情的文學家，才能寫出好的詩、

好的文章。所以要先有不平凡的人格，才會有不平凡的文學作品。文學中所表現的情被視為文學家個人人格的流露。

2. **喜以自然為題材：** 中國文學重性情是受儒家的影響，文學家喜以自然為題材則是受道家的影響。山水與田園景色一直是中國文學的泉源。怡然自得的心境，和清靜幽閒返歸自然的追求一直是中國文學家追求的終極目標，這些都影響了一般中國人的價值觀。

3. **尚簡易：** 中國文學崇尚簡易是受文字構造的影響，以極少的字句來反映人生喜、怒、哀、樂的情懷，無論在詩詞上處處可見，在散文裡亦少有長篇大作。

4. **愛用典故成語：** 古人愛用典故成語，與中國文化的尚古之風有關。文學家喜以典故成語表示本人之博學，用典故也能使文章精簡，不多廢話。

　　語言文字及以其所組成之文學是中國文化的特色之一，但這些並不概括全部。其他如孝道、五倫、宗教信仰以及器物的發明使用等等都是中國文化重要的表現。

　　中國文化淵源深遠，且又廣博，是中國社會能歷千年而延續的主要原因，它代表著我國人對周圍環境的高度適應能力。這並不是說中國文化千年未變。雖然中國社會結構有相當程度的整合與持續性，文化亦有長遠歷史，然而千年來中國社會與文化仍不斷地在變遷，以適應新環境。中國文化在這長遠歷史裡也不斷在吸收外來文化，融合外來文化成為中國文化之一部分。同樣地，中國文化亦傳播到世界各地，成為其他文化的一部分。

關鍵名詞

- **文化 (culture)**　一個包括人在社會中所習得的知識、信仰、美術、道德、法律、風格，以及任何其他的能力與習慣的整體。

- **文化的普遍性 (cultural universals)**　係指人類不同社會裡常共享的一些類似或共同文化特質的現象。

- **文化中心主義 (ethnocentrism)**　係指一種以本身文化做標準來衡量其他文化之優劣的心態傾向。

· 文化相對論 (cultural relativism)　認定每一種文化都有其相對價值的觀點，尊重其他文化。

· 次文化 (subculture)　亦譯副屬文化。指那些與社會內主流文化相異的文化。

· 反抗文化 (counterculture)　為次文化的一型，以反對並試圖推翻既有文化為目標的文化模式。

· 文化特質 (culture trait)　文化裡最小的單位。

· 文化結叢 (culture complex)　由數個文化特質所組成的結合，並以其中之一的文化特質為中心。

· 文化模式 (culture pattern)　指文化內各部門的相互關係所構成之全形。

· 涵化 (acculturation)　指個人或團體接受新文化特質而將其併入本身原有文化之過程。

· 物質文化 (material culture)　指人們所創造的與所使用的工藝技術與器物。

· 非物質文化 (nonmaterial culture)　指文化裡用來指導人們互動與解決困難的知識、信仰、價值和規則的那一部分。

· 規範文化 (normative culture)　約束人們社會互動的規則及標準。

· 認知文化 (cognitive culture)　指人們對世界的信仰、想像與知識；對周圍環境的想像。

· 顯出功能 (manifest functions)　指文化項目明顯和有意安排出來的功能。

· 潛在功能 (latent functions)　指不明顯或無意中產生的功能。

· 文化差距 (cultural lag)　指文化裡各部門發展速度不等所產生的差距，或譯為「文化失調」。

· 社會生物學 (sociobiology)　一種探究生物基因影響並決定社會文化及其分子行為之科學。

參考文獻

Benedict, Ruth

　　1961　*Patterns of Culture*. Boston: Houghton Mifflin.

Brown, D.

　　1991　*Human Universals.* New York: McGraw-Hill.

Chew, Sing C.

　　2004　*Structure, Culture and History: Recent Issues in Social Theory.* Lanham, Md.: Rowman & Littlefield.

Fermandez, Raquel

　　2005　*Culture.* Cambridge, MA: National Bureau of Economic Research.

Hunter, James Davison

　　1991　*Culture Wars: The Struggle to Define America.* New York: Basic Books.

Kroeber, A. L., and Clyde Kluckhohn

　　1952　*Culture.* New York: Vintage.

Lenski, Gerhard E., and Jean Lenski

　　1977　*Human Societies: An Introduction to Macrosociology.* New York: McGraw-Hill.

Murdock, George P.

　　1943　*Social Structure.* New York: McMillan.

National Geographic

　　1999　*Global Culture.* 196: 2 (August). Washington, D.C.: National Geographic Society.

Parosns, Talcott

　　1966　*Societies: Evolutionary and Comparative Perspectives.* Englewood Cliffs, N. J.: Prentice-Hall.

　　1971　*The System of Modern Societies.* Englewood Cliffs, N.J.: Prentice-Hall.

Summer, William Gerham

　　1960　*Folkways.* New York: New American Library.

Wilson, E. O.

　　1975　*Sociobiology, the New Synthesis.* Cambridge, Mass.: Harvard

University Press.

文崇一

    1993   《中國人的價值觀》。臺北：東大。

行政院文建會編

    2004   《臺灣文化容顏》。臺北：行政院文建會。

金耀基

    1993   《中國社會與文化》。香港：牛津大學。

莊萬壽

    2003   《臺灣文化論》。臺北：玉山社。

施宣圓等

    1987   《中國文化辭典》。上海：上海社會科院學。

韋政通

    1972   《中國文化概論》。臺北：水牛。

梁漱溟

    1981   《中國文化要義》。臺北：正中。

錢　穆

    1969   《中國文化叢談》。臺北：三民。

    1983   《從中國歷史來看中國民族性及中國文化》。臺北：聯經。

龍冠海

    1966   《社會學》。臺北：三民。

第五章

社會化過程

本章可以學習到

1. 人格是如何形成的
2. 關於自我的各種理論
3. 社會化是透過哪些單位執行的
4. 成年人的社會化
5. 中國人的社會化

Sociology

第一節　個人與社會：人格的形成

人類行為是受個人因素和社會因素所組成及影響而塑型的。個人因素包括一個人的生理與人格特質，如動機、思想、自我認知等因素。而社會因素則包括社會對一個人在某種場合所期待的態度和規範，還包括社會的酬賞與懲罰。

一個人在社會裡的所做所為不能單靠自己喜惡，應該遵守社會的規範並符合社會的期待。這種個人學習社會規範與期待的過程就叫**社會化** (socialization)：人們透過社會化的過程學習到社會的行為規範及價值觀點而成為一個被社會所接受的人。從人出生的一刻直到死亡來臨為止，社會化的過程未曾間斷過。

一個初生嬰兒沒有獨立求生之能力，他不僅不能坐、不能立、不能自己餵食維生，更無說話和思考的能力，因此，他只能算是一個自然生物，而不能算是一個所謂的「社會人」。即使在完全隔離的環境裡，他能發展出維生的能力或溝通的方式，但仍需跟其他人們的接觸和互動，才能發展出人的特質。社會化過程就是把一個具有自然生物特質的嬰兒變成一個被社會所接受的社會人。

大約在 1920 年代以前，不少學者相信人類行為取決於**本能** (instincts)。本能是指動物（包括人類）決定行為特質的生物因素。本能是與生俱來，不需經過學習。本能使動物能夠在任何情況下都能做出同樣的行為或動作。例如，餓了就覓食是一種天生的本能。不論在何種情況裡，動物只要是餓了就有想吃的衝動，這就是本能。

近年來大多數的行為科學家雖然沒有完全否認本能的存在，卻強調本能只提供個人行為一個必須有的基礎而已。最重要的還是文化加諸在這基礎上所產生的人格，才是決定行為的主要原因。文化影響的不同正可用來解釋人格之差異，以及社會間國民性格之不同。例如，雖然人人都有餓了

就想吃的本能，但是人們的吃法、吃相、所吃的東西、用餐的禮儀卻有相當大的差異，這些差異就是文化加諸於本能上所帶來的結果。

行為科學家進而指出一個嬰兒出生後總有飢餓、冷熱、或病痛之苦，至於怎樣來處理這些問題的權力並不在嬰兒手中，而是嬰兒周圍的人：醫院裡的醫生護士或家裡的父母親友。這些人餵他、抱他、安撫他，以滿足他的需求、解除他的苦楚。這些人的行動，特別是父母的行動逐漸地在嬰兒身上建立了一套規律。就靠這一套規律，嬰兒才能跟外界正式發生社會性的關聯。這一套規律對嬰兒的生理和社會發展有很大的影響。在美國家庭裡，嬰兒餵食是按時間表來進行，在我國比較傳統的家庭裡，嬰兒哭了就餵奶，不太重視時間表。這影響了美國人遵守時間安排的觀念，而中國人對時間觀念則較鬆散。美國嬰兒通常是趴著睡，側著臉睡；中國小孩則平躺，臉向上睡。因此，美國小孩頭型面部呈長形，而中國小孩的後腦部分則是扁平的。這兩個例子說明了社會和生理所受的影響可能從很小就已開始了。（前些年，由於美國嬰兒猝死症 (sudden death syndrome) 案件有增加的現象，故較不鼓勵趴著睡。）

個人的人格就是在這種生理、文化、以及社會因素交互影響下形成了。社會學上所稱的**人格** (personality) 係指一個人時常表現出的一種行為傾向。譬如，「張三很好勝。」就是意指張三有一種好勝、好強的行為傾向，是張三人格的一部分。同樣地，「章姍，這女孩真柔順。」也是指章姍有一種柔順的行為傾向，或柔順的人格成分。

除了上面三種主要因素之外，地理環境和個人的特殊經驗也可能影響個人人格。地理環境，如氣候或自然生態的分配，都可能對個人人格有影響；譬如人們常認為海島地區的人在人格上比較強悍計較；資源充足的平原地區的人則較豁達開朗。雖然不一定完全正確，但是地理環境對人格的影響不是完全不可能的。一個人在生命過程中所遭遇的獨特經驗也可能影響這個人的人格。譬如一個曾在車禍中受過重傷的人，他可能就會在人格內產生畏懼的心理，特別懼怕駕車。同樣的，一個離過婚的人，對結婚、對所有異性的看法會跟沒離過婚的人不一樣。

正因為有上述生理，文化，社會，地理環境，以及個人的獨特經驗五種因素的交互影響，一個社會裡的個人人格雖然有不少相似的地方，同時也會有差異之處。社會和文化因素塑造了一種社會所期待的人格。個人因生理和獨特經驗而發展出一些與他人不同的人格特質。所有的中國人可能顯示某些所謂中國人的人格，但是每一個中國人還是有他獨特的人格特質。

第二節　自我的培養

社會學家既然認定社會文化因素對人格的形成影響最大，他們就把注意力放在「怎麼才能把一個自然人模塑成一個被社會所接受的社會人」。這個過程中最主要的特徵是**自我** (self) 的出現。這個自我也就是所謂社會的自我，一個經過社會規範訓練和文化薰陶出來的社會的人。社會化的過程牽涉到自我的塑造，訓練與改造。

新生嬰兒會啼哭，有飢餓感。剛開始，這些感受並無一定的規律，更無任何特別控制的方法；他可以說是完全自私的，一切活動都只是為了滿足自我的需求。慢慢地，他開始被他周圍的人，特別是他的父母，訓練成一個知道有規矩不能隨意哭鬧的小孩。新生嬰兒從醫院帶回家後，通常是按體重每四小時或六小時餵一次奶。如果時間未到，嬰兒再哭再鬧，也不認為是肚子餓了而馬上餵奶。有些做父母的，很早就開始訓練嬰兒白天少睡，晚上睡長覺的習慣，直到嬰兒可以睡整夜不醒，好讓做父母的也能好好休息。

從餵奶、睡眠、換穿尿布、穿衣服、洗澡，直到父母抱他、親他、跟他玩耍等，新生嬰兒慢慢地放棄某些與生俱來的自由和本能，而接受新的生活方式。更因為每一個新生嬰兒都不能獨立做這些事，必須依賴大人；因此，每一個嬰兒都自然而然的受到社會文化的影響。他開始體會到他不是孤立的，而是一個小團體（家庭）內的一分子。社會學家相信，在嬰兒時期所接受到的社會化訓練在人們長大以後仍然有很重要的影響力。

在行為科學裡，有不少的理論對個人自我的形成過程，有詳細的解說，茲將幾個最重要的理論介紹如下：

一、佛洛伊德的潛意識論

著名心理分析學者佛洛伊德 (Sigmund Freud) 的人格形成理論支配了西方學術界將近半世紀。根據佛洛伊德的看法，人們常常並不知道自己做一件事的真正原因，因為潛意識 (unconscious) 或看不出來的動機導引著人們的思想與行為。例如，一個非常有修養的紳士，無意中會做出粗魯的動作，就是因為潛意識在作祟。

潛意識代表著一個無拘無束的個人，然而許多潛意識是社會所不允許的：人們總是掙扎於潛意識與社會約束力量兩者之間。例如，每個人都有性的需求，也想去滿足這需求；但是人們卻不會一看到異性就馬上有性愛的動作。從佛洛伊德的看法，前者代表著潛意識，而後者則代表社會的約束力。同樣地，人在生氣時可能很想要揍人，但人們總能約束自己不這樣做，就是因為潛意識受到社會約束力壓抑的結果。佛洛伊德指出社會化的過程代表著潛意識與社會約束力量二者間的心理鬥爭。

佛洛伊德把人類那種求取身體和情緒需求上立即滿足的心理部分稱之為**本我 (id)**，初生嬰兒就是完全由本我所控制的；社會及文化尚未產生其影響力。孩童在慢慢地成長過程中，必然會發現外在的世界不可能完全滿足個人的需要，個人的行為也不能完全由生理需求的本我來決定；社會有其特定的規矩及滿足需求的方式，社會的成員必須順從社會的模式才能得到個人需求的滿足。這種社會的約束，佛洛伊德稱之為**超自我 (superego)** 或良知 (conscience)。人們把社會裡的價值觀念、對錯觀念內涵化成其人格的一部分、其行為的指導原則。對整個社會而言，為了維護社會的長期穩定及沿續存在，它必定要求其成員遵守道德規律，以使個人的行為能配合整個團體的利益。

佛洛伊德稱在生理上的本我及道德上的超自我協調下產生被社會所接受的個人行為為**自我 (ego)**。一方面，社會成員要滿足生理上的需求，同時

又必須顧慮、配合道德上的限制，自我就是在這兩極端之間，被社會接受而表現出的自我行為。佛洛伊德相信本我與超自我是針鋒相對的：慾望是本我的代表，而道德良知則是超自我的表徵；兩者永遠在爭鬥，不可能完全妥協的。因此，社會化的過程就不可能完全完成，人生的各個階段都需要不斷的經歷社會化過程。自我就是介於兩者之間理性的心靈，尋求兩者之間可能的妥協。

二、顧里的鏡中之我

社會學家顧里 (Charles Horton Cooley) 在二十世紀初期首先提出「鏡中之我」(looking-glass self) 的概念。他認為自我主要是一種社會的產物。顧里在對人們的觀察中發現：許多成功的商人把成功因素歸之於運氣，而非其個人商業技巧；許多聰慧的家庭主婦埋怨她們的日子單調無趣；而一些很差勁的人又自認高人一等，超過別人。顧里試圖去揭發為什麼人們對自己的看法常和實際情況有這麼大的差異。

顧里認為人們在小的時候可能就已開始感覺到父母在評估他：說他漂亮、可愛、乖巧，或說他醜、不乖、胡鬧等。在小孩的心目中開始從父母或其他親人的眼神中、談話裡尋求出自己的影像。如果父母或其他人一直形容他是個乖巧敏慧的孩子，那麼，這孩子自然就把這些形容詞句跟自己連結在一起：認為自己是乖順，聰明的；理所當然的就試圖把所有的行為都盡量符合這些指標。反之亦然。顧里稱這種想像為「鏡中之我」──由他人的評估裡發現自己，自我就順著鏡中的我而發展出一套人格體系。

顧里指出，人們之所以知道自己是怎麼樣的一個人乃是因為周圍的人一再地以同樣的詞句形容描述自己。人為什麼會知道自己是漂亮聰明的，因為大家都這麼說；人為什麼會知道自己差勁而無信心，因為大家都這麼說。一個其實漂亮聰慧有才能的女孩，卻自認為自己不出眾不會成功，只因為她周圍的人從沒說過她會。換句話說，人們對自己的印象是從別人的評估裡得來的，正像我們從鏡子裡才能看見自己的影像一樣。

三、米德的自我概念論

米德 (George Herbert Mead) 認為人的**自我發展** (emerging self) 過程大致上可分三個階段。在 2 歲與 3 歲之間，小孩通常只有模仿的能力：模仿父母或其他「重要他人」的行為，卻不知道為什麼，也沒有能力對此加以組織或系統化。米德稱這時期為「預備階段」(preparatory stage)。例如，這個年紀的小孩因為看到父親常看報，他也就跟著拿起報紙來看。實際上，他不知道報紙的內容是什麼，甚至於可能把報紙拿反了，他都不知道，更不在意。一看到媽媽化妝、爸爸刮鬍子，就會跟著做，卻不甚瞭解是怎麼回事，只是一味地模仿。在此預備階段，一切以模仿為主，故又稱「**模仿階段**」(imitative stage)。

4 歲以後一直到大約 8 歲時期，小孩開始去裝扮他人的角色，一下子扮著父親，一下子變成警察，過一陣子又已經是新郎。在這一階段裡，小孩是在嬉戲玩耍，在扮演他人的角色。在這過程中，所扮演的角色是在跟自我互動；在這嬉戲互動的過程中，孩童學得他人對自己的評估，依此而發展出一個在對方眼中的自我。至於這些角色有沒有相互矛盾或衝突，他並不知道。米德稱之為「**嬉戲階段**」(play stage)。這一階段的進展是，小孩可以在不同的時間扮演不同的一個單一社會角色，但仍然沒有系統整理的能力。

等到 8 歲以後，小孩子通常已能注意到別人角色的問題。他開始體會到如果要把自己的角色扮演好，就必須注意到他人角色的相互影響，不是自己高興怎麼做，就怎麼做，而是要考慮到別人的存在；自己是團體的一分子。米德稱這一階段為「**遊戲階段**」(game stage)。正如在打棒球時，要做個好的球員不僅要能清楚瞭解自己的守備位置，而且也要知曉其他隊員的守備位置。兒童在這段時期已能在心裡同時處理扮演數個相關的角色；經歷這一遊戲階段，一個較有系統的、較一致的自我就發展出來了。

米德相信經過上述三個階段，孩童由自我 (I) 變成社會的我 (me 或稱社我)。自我是未經薰陶的我，是一個本能潛在的我；社我是受社會文化薰

陶模塑過的我。在這轉變的過程中，人們學到從對方的角度來觀察事務及人際關係，也學到替對方著想，米德稱這現象為**角色取得** (role taking)。換言之，這是指人們以他人角色的觀察作為個人行為反應的標準。這轉變的能力是慢慢發展出來的；最初的自我隱藏不顯；漸漸地，人們學習到社我，就一步步地增加以社我來表現自己，以社我跟他人互動。

米德認為一旦兒童的社會的我發展完成，他的人格發展就顯示著一貫性，這個兒童就真正的成為社會的一分子。

在兒童的成長過程中，有一群人最具影響力，米德稱這群人為「**重要他人**」(significant others)，最初以家人為主，包括父母、祖父母、兄弟姐妹、伯叔姑姨、以及照顧的看護等。這些人對其人格的模塑扮演了非常重要的角色。當兒童年歲漸長，接觸的環境擴大，學校裡的老師、同學、同伴；教會裡的同儕、主日學老師；打球的伙伴及教練等都對這兒童的人格發展具有影響力。他們對該孩童的評估都能產生不可估計的影響力，因此被稱為重要他人。這些人可能就成為他的「**參考團體**」(reference group)：任何足以影響一個人評估自己形象或行為的團體。醫學院學生對外人的評估是不重視的，但是對醫生或醫學院教授們的意見則非常重視，因為這些醫生或教授是他的參考團體的成員。

米德用「**普通他人**」(generalized others) 來稱社會大眾對一個人的自我期待及評估。這套期待與評估來自整合社會，它影響到社會所有成員的行為模式及價值觀念。這種社會所訂立的規範對任何社會成員的影響力是不可否認的，但是，這普通他人對某個人的影響力遠不如那最親近的一小群重要他人。

四、艾瑞克森的發展八階段論

精神病醫生艾瑞克森 (Erik Erikson) 在 1963 年出版的一本很具影響力的《童年與社會》(*Childhood and Society*) 裡，把人類的自我發展過程分為八個主要階段：

㈠嬰兒期（信任與不信任）

在最初的嬰兒期，小孩依靠別人以求生存，是完全無助的；而周圍的一切又是那麼陌生。因此，他對外界的判斷只能依靠他對別人的評估。如果別人給他溫暖、愛護和飲食上的需要，他會覺得世界是可信、可靠、溫暖的；如果沒能滿足得到這些心理及身體上的需求就會發展出一種不信任的、反抗的心情感覺。艾瑞克森稱這時期為嬰兒期 (infancy)。

㈡幼兒期（自主與羞辱疑忌）

到大約 3 歲的時候，小孩開始學著處理自身的生理需求。學習的結果有成敗之分，如果成功了，就會有自主的信心；做不成就可能有羞辱疑忌的心理。例如 3、4 歲的孩子是否能不尿床、能自理如廁，這都會對自己的自信心或羞辱疑忌的心理有很大的影響。艾瑞克森稱這時期為幼兒期 (early childhood)。

㈢嬉戲期（主動與犯罪感）

大約 5 歲的時候，孩童開始嘗試新東西、玩新花樣，可以自己玩自己的。如果他的嘗試受到大家的尊重與稱讚，那麼他會有主動的心理、有自信。如果被人譏笑，則會有一種犯罪感或做錯了事的心理。艾瑞克森稱之為嬉戲期 (play stage)。

㈣學齡期（勤奮與卑賤）

上學以後，兒童開始體會到合群的重要性，並能接受陌生人的客觀評估。他人所給予的正面評估往往讓學齡期孩子更勤奮積極表現；反面批評則會使孩子覺得卑賤不如人、自暴自棄。艾瑞克森稱之為學齡期 (school age)。

㈤少年期（認同與混淆）

這一時期的最重要特徵是個人開始感到自己在成長，也開始對未來有某種憧憬。他必須把自己的感受與外界的評估加以適當處理；若處理得得當，會對自己的認知 (identity) 發展有所幫助；否則會有無所適從的混淆感。艾瑞克森稱之為少年期 (adolescence)。

㈥青年期（親密與孤獨）

這一時期的個人可能發展出與人為友的友情，更可能發展出與人相愛的愛情。一旦跟人發生感情往往就會受到對方的影響或控制。能成功地愛人或被人愛，會造成跟他人的親密感；如果辦不到則會變得孤獨。這一時期就是艾瑞克森所謂的青年期 (young adulthood)。

㈦成年中年期（創造與靜止）

經歷了兒童與青少年時期的發展後，到了成年中年時期就不會再有大變動了；事業婚姻都安定了，這時可專心為人父母或追求事業上更進一步的發展；然而也可能變成安於現狀而靜止不前。此即所謂成年中年期 (adulthood and middle age)。

㈧老年期（莊嚴與驚恐）

這一時期，老年人對以往的一生加以回憶和評價；認為很有價值，沒有白浪費一生，值得驕傲的莊嚴感；或者懊悔失去的機會，對來日無多而產生無限的惶恐。這是老年期 (old age)。

艾瑞克森認為人格在這八個不同的階段中發展完成，每個階段都會因個人的生理變化、社會期待及社會壓力而產生某些危機；為了適應、對付這些危機，人們常會採取不同的或相對方式來應付；在正常情況下，人們會採取折衷的方式來解決這些危機。例如在嬰兒期裡，很少嬰兒會完全信任周圍的人，更少會完全不信任周圍所有的人。大多數都能至少信任一些

互動較親密、較頻繁、關係較持久的重要他人，同時也會警覺提防以免受騙、受傷害。

艾瑞克森的人格發展八個階段列於下表，以做比較。

※表 5-1　艾瑞克森人格發展八時期

階　段	年　齡	心理成長（危機）
1. 嬰兒期	0～3 歲	信任／不信任
2. 幼兒期	3～5 歲	自主／羞辱疑忌
3. 嬉戲期	4～5 歲	主動／犯罪感
4. 學齡期	6～12 歲	勤奮／卑賤
5. 少年期	12～20 歲	認同／混淆
6. 青年期	20～30 歲	親密／孤獨
7. 成年中年期	30～64 歲	創造／靜止
8. 老年期	65 歲以上	莊嚴／驚恐

五、皮亞傑的道德成長論

心理學家皮亞傑 (Jean Piaget) 的道德成長論 (moral development) 對兒童人格成長及社會化的解釋亦有相當的貢獻。他指出兒童在早期比較服從既有的權威與制度，分不清楚到底自己做出來的行為是為自己還是為他人。然而慢慢地經過跟他人互動和合作，兒童學會尊重自己也尊重他人；對規則也由盲目的服從演變到瞭解意義後的遵守。社會化過程就是把個人由這早期的行為特質轉變到後期的行為特質。

皮亞傑曾對一群兒童做實地的觀察，並給不同年齡的兒童不同的疑難問題，要求他們設法解決。在這解決疑難問題的過程中，皮亞傑發現兒童們在其道德觀念的發展上跟年齡有關，他們大致有下列四個階段的經驗：

㈠憑感覺階段（由出生到約 2 歲）

在此階段，嬰兒憑觸覺，視覺，味覺，聽覺而產生反應。行為並不代表對事件的理解，在此時期，完全沒有對因果關係的瞭解能力。

㈡前操作階段（從2歲至7歲）

兒童開始能使用如語言和手勢等象徵與人交通。仍不太瞭解行動的意義，更無角色取得能力。

㈢具體操作階段（從7歲至12歲）

雖然在此階段裡的小孩理解能力增加，也可以取用他人角色。但是他們只能瞭解一些具體性的事物，對抽象性的概念的理解能力還不強。有些對善惡、對錯等抽象概念都還未發展出來。

㈣正式操作階段（12歲以上）

小孩已能運用抽象的概念。規律的使用、通則性的概念已被運用來解決問題。想像力增加。明白善惡、對錯等抽象的道德標準。因此較能遵循社會的規範行動。

社會對個人行為的約束大多數是抽象的，因此皮亞傑認為當兒童在達到第四階段後，才能真正成為社會的一分子，其行為也才能為社會大多數人所接受，跟其他人的社會互動才比較穩定。

六、郭伏門的印象操作

郭伏門 (Ervin Goffman) 認為在人生的早期，人們為了滿足某些特殊的觀眾，而學得把自己裝成演員，扮演一場戲：表現出一種跟自己原本的人格、行為體系有所不同的行為。郭伏門將這改頭換面的呈現自己的方式叫做印象操作 (impression management)。

幼兒從小就由親近的人處學得印象操作。不論是要出門採購，去探望祖父母，或去參加婚禮，都得梳洗整齊，換上乾淨甚或新衣服、新鞋子。一聽說有親友長輩來訪，就得幫母親清理客廳，整理房間。當著外人要有禮貌，要稱呼長輩，要問安，答話要輕言有禮。這些都讓孩童學習到在某些特殊的觀眾面前，為表現一個特別的自我，必須使原來的自己有所改變。

郭伏門將這改頭換面的表現跟戲臺上的演員扮演某一角色來做比較，發現許多相類似處。演員扮演一個戲劇裡的角色以滿足臺下的觀眾；而當此演員回到後臺，他不再顧慮觀眾的反應而還回自我，即本來的我；他所行所為代表著自己，而不再是戲裡的角色。這種「臺前行為」是演員在觀眾前演戲，是扮演另一個人；就如兒童習得在特殊場合，在特殊人前的行為。而「後臺行為」是演員還原成自我，不再演戲；就如兒童在平日生活中，無拘無束的嬉戲，無所顧慮，原本的自我。郭伏門的這社會形象派觀點被稱之為「戲劇論」(dramaturgical approach)。依此理論觀點，人們可被視為是一個在行動中的表演者。

戲劇論的看法把在互動中的個人看作一個有動態感的時常因情境的不同而不斷做調整角色的演員。個人為了爭取對方的好感，或為了達到本身的利益而扮演不同的角色，做出給人看的人前動作行為。正如在戲臺上，演員在舞臺前是在演戲，但在舞臺後不演戲時就不必裝著給人看，兩者行為不同。臺灣歌仔戲裡的陳世美是一個忘恩負義的角色，人人憎恨，但演這角色的演員卻非是這種人。不能將兩者混為一談。

第三節　社會化的執行單位

經由上述各學者的論點解說，我們學得：把一個自然人訓練成一個被社會接納的社會人，以及把一個嬰兒在成長過程中轉變成社會的一分子的最主要的因素是：經由跟他人的互動、接觸及學習，並將社會規範與文化習俗內涵化而成為個人人格的一部分。社會化過程中的「執行單位」主要包括家庭、同儕團體、學校、大眾傳播媒介以及職業團體等。

一、家　庭

對大多數的人，家庭是出生、長大的一個基本的社會團體。因此，家庭是社會化最主要的執行單位。它代表社會，將社會規範、文化、價值觀

念等灌輸到個人的心裡。特別在早期的兒童社會化過程中，家庭的影響力
最大。實際上，社會化始自嬰兒能體會到自己的行為動作能影響到父母及
家庭分子的反應時：發覺自己笑，父母也笑；自己哭，父母會抱他、會餵
食；抓緊某樣東西，會被取去等等。因此，嬰兒開始調整自己的行為，盡
可能順從父母的引導；開始知道什麼可行，什麼不被允許；嬰兒年紀雖小，
尚不清楚對與錯的觀念，卻知道如何修正自己的行為以順應父母。

　　早期的兒童社會化過程幾乎全依賴父母的處理方式。如果這小孩得到
父母的體貼與愛護，會有愛的感應；否則就無愛的感受，既然由父母那裡
得不到什麼好的反應，小孩就不會聽話，不會順應，父母需以命令強制方
法使之順服。以同樣的道理，如果父母過分溺愛，小孩學到不順應服從也
能得到一切，他就不會學得乖順聽話。

　　幾乎每一種人格成長理論都指出小孩成長的最初階段裡總有模仿他人
的一段時期。幼兒的活動範圍有限，因此他所能模仿的對象不多，只有父
母及其他親近家人。中國人所謂，「有其父，必有其子」，指的就是家庭裡
的模仿。有些家庭對小孩的管教嚴格，有些家庭則較鬆弛；家教不會全是
一樣的，社會化過程就有所差異。社會學家的研究裡發現一個家庭的階級
成分是影響決定家庭管教方式的重要因素之一。譬如，中等階級的家庭常
常以口頭稱讚與愛來鼓勵小孩表現優良的行為；並重視自動自發，自我約
束的美德；耐心的對孩子解釋行為的原因理由。如果孩子做錯了事，較少
以體罰的方式，而以感情的孤立為懲罰。工人階級則不然，他們要求孩子
絕對的服從，遵守規矩；當孩子犯錯時則常以毆打體罰來處理，總認為孩
子不打不成器。

　　小孩在家裡也從父母及兄弟姊妹的身上觀察到什麼是可以做的，什麼
是不允許的。他學著去獲取父母的歡心。在模仿的過程裡，男孩子會跟著
父親開始做一些所謂男人做的事，開始想像著一個成功的未來；而女孩子
則跟著母親學習料理家務烹飪、女紅及照顧弟妹。社會學家相信一個溫暖
的家庭會給小孩子良好的社會化環境，並培養出一種社會所期待的人格。
中文版的《讀者文摘》2005 年在亞洲八個國家調查 14 至 18 歲青年人對父

母表現的評價發現，泰國父母的評價最高：在 100 分量表上，父親 85 分、母親 93 分；臺灣排名最低：父親 46 分、母親 60 分。表 5-2 列舉臺灣父母表現最好與最差項目。

※表 5-2　臺灣父母表現最好與最差項目 (%)

項　目		爸　爸	媽　媽
表現最好的項目	是努力工作的人	82.6	86.2
	教我分辨是非	74.0	79.4
	給我一個快樂安全的家	73.2	75.4
	關心我的功課	62.9	76.9
	無條件愛我	66.3	70.8
表現最差的項目	能為我清楚解說性知識	19.4	30.7
	追上潮流	18.4	32.7
	提供意見而不訓戒或說教	29.5	31.0
	知道我最要好朋友的名字	25.6	54.5
	課業上有需要會協助	37.3	42.8

在上表裡有一個值得討論的現象是，開發程度比較高的幾個國家如臺灣、香港、新加坡及南韓的青年人對父母評價排名皆在開發較低國家如泰國、印尼、馬來西亞及菲律賓之後。也許是因為工業化減低了父母子女的互動，或是因為開發程度比較高的國家的青年對父母要求較高所致。無論如何，家庭在子女的社會化過程中扮演一個相當重要的角色。

二、學　校

在工業化的社會裡，學校所擔負的社會化功能越來越重。婦女就業人數的增加，更使得父母在很早就把小孩交由他人看顧，或送托兒所、幼稚園，或請人來家看顧。如此，父母跟兒女在社會化過程中的接觸時間減少，使外在環境的影響相對增強。托兒所或幼稚園常變成了小孩第一個學校式的經驗。估計小孩在 2 歲開始送托兒所，到 22 歲大學畢業，共計有二十年的時間由家庭之外的學校來負起社會化訓練的責任。

設立學校的原本目的並不在於給予兒童全部的社會化經驗，學校通常

是傳授知識與技藝的場所；近年來，由於父母都在外忙碌求生活，原先由家庭所負責的社會化執行單位的角色已大部分由學校取代。學校對兒童社會化的一個最大貢獻是灌輸以「成績評估」他人的標準。在家庭裡，跟家人的關係決定一個孩子在他人心目中的地位。在學校裡，感情或角色關係無法換取地位，成績和表現才是評價的標準。這項認識，對成年後的個人社會生活及事業發展表現都有很大的助益。

學校的社會化過程中提供了學童結交朋友的機會，學習到團隊的精神及合作的經驗。學校裡的師生關係，同儕朋友關係都是未來成人社會關係的縮影。在學校裡能獲得友情與尊重的學童，在未來成人社會環境裡成功的可能性較高。學業上的成就不僅增長知識、技藝，更能建立在社會生活裡成功的信心；語言、算術、自然學科等等都是一種挑戰，能完成這些課業代表擁有克服某種困難的能耐。學校社會化可以說是家庭社會化與成人社會化之間的一個重要橋樑，各級學校都對學子提供不同的重要社會化功能。

三、友　儕

孩子漸漸長大時，家庭在其社會發展過程中的角色就慢慢失去其重要性；同輩友儕隨之替代了米德所謂的「重要他人」。人們都常跟年齡相當、興趣相同、社會背景相類似的玩在一起。友儕團體中，如好友群、青年幫、特殊興趣的俱樂部等，都常協助青少年成長及獨立，逐漸脫離父母或其他權威人物而自立。他們模仿友儕，順從其行為模式，實因友儕團體持有一種有意義的獎勵及懲罰系統：這些團體會鼓勵年輕人追求被社會所尊重允許的行為或事件，例如課外活動、體育活動、學術競藝、研習棋藝、幫助同學課業、做善事、參加義工等；相對地，有些友儕團體也能鼓動年輕人違反社會的規範及價值，例如逃課、閒蕩、晚回家、飆車、順手牽羊、惡意破壞等。

友儕團體同時協助年輕人轉變成有責任感，能自立的成年人。在學校，老師是指導的權威人物；在家裡，父母具有權威；年輕人不僅在經濟上依

賴家庭，在心理上也沒有獨立性；然而在友儕團體裡，每個年輕人都是一個獨立的自我，他們對自己的評價經驗是在別處得不到的。友儕團體為年輕人提供一個由完全依賴到獨立自主的過渡時段。在今日單親家庭漸增的社會裡，友儕團體更具其特殊的社會化功能。

四、大眾傳播

近二、三十年來，大眾傳播、資訊的影響日益增強。例如電視、收音機、雜誌、報紙、影片，以及最近的電腦、網路。這些大眾傳播的工具把兒童的視界由家庭擴大到一個幾乎沒有止境的領域，這一代的孩童們所收取的經驗信息常連父母都未曾經驗過。

許多家庭更讓這些大眾傳播的工具變成孩子們最親近的玩伴。例如電視在社會化過程中所扮演的執行單位具有其特性：讓其觀眾「模仿」及「角色扮演」，卻不鼓勵較高層次的學習機會，觀眾只坐著等著看戲，卻不用思考。尤其是讓孩童們坐著看幾小時的無甚教育意義的、有暴力的、有偏見的、神奇鬼怪的節目；非但沒有適當的四肢體能活動，更模仿戲中不代表日常生活中所能（或所該）接觸的一般人物。

以臺灣的情形來看，電視播放歌仔戲、布袋戲、連續劇、綜藝節目、脫口秀、卡通片、電視新聞節目等等都對孩童有很大的影響。前些時，有不少兒童要做美國籃球明星喬登、做影劇歌星名模如林志玲，而不希罕成為聯考狀元。目前 DVD、電腦、網際網路的廣泛流行，對年輕人的社會化發展同時具有正面及負面的影響。正面的有如良好的娛樂、消遣、新知識、新消息的快速獲取；負面的影響則如浪費寶貴的時光、黃色圖片、影片、暴力資訊等，甚至更造成上網援交、結伴自殺等行為都是值得社會關注的新發展。

五、工作場所

人們的基本社會化包括在工作場所的適當行為之學習。這項社會化過程並不始於就業時期，早在兒童觀察、接觸到周遭人們的工作經驗時就已

開始：父母親人談及其工作情況，參觀其工作場地，甚或在跟負有職業角色的人互動時，例如醫生、護士、來家修電話的技工等等都讓兒童開始領會到職業角色的重要性及其應有的正當觀念及行為。

默爾 (Wilbert Moore) 將「職業社會化」(occupational socialization) 分成四個階段：

首先是「職業的選擇」(career choice)。這包括學術上或職業上的適當訓練。例如：要成為一名外科醫生，就必須選修大學醫學院所規定的必修課程。

第二階段是「預期社會化」(anticipatory socialization)：這階段可能只是幾個月，也可能需要許多年的時間。有些人接替上一代的事業，如接掌父母的農事、小雜貨店，或是家傳的大企業，從小就經歷這「預期社會化」過程。有些人，年幼就已下定決心要做個音樂家，10 歲出頭就開始做這方面的預備工作。

第三階段是「制約及承諾」(conditioning and commitment)：當人們接受一項工作的角色時，是接受該角色的整體；不論角色的正反面都得面對應付。對工作上的不愉快，不合意的一面要用心承受，節制約束自己，並做適當的調適以應付之；對工作上滿意、順心的一面，更應表示承諾，有責任感的接受之，以求令人滿意的表現。

如果所選擇的工作證明是合適的、滿意的，那麼就會進入職業社會化的第四階段：「繼續的承諾」(continuous commitment)。到此階段，當事人在該職業上所扮演的角色就跟其本人的「自我認同」(self-identity) 合而為一了。他會遵守一切工作上所要求的規則，再次的承諾，盡心盡力，更具責任感的接受這職業上的角色。

由學校畢業踏入社會，覓得全職工作時，人們跟「職業社會化」的關係最為深入；只要人們一直參與、扮演職業上的角色，其職業社會化過程將繼續不斷直到退休。在當今工業社會裡，工藝技術一日千里的時代，職業社會化就更具重要性。

六、政　府

社會科學家們日漸承認各個層次的政府在社會化過程中所扮演的角色。傳統的社會裡，家庭提供了最重要的保育健康功能；然而當今社會裡，家庭的保健功能漸為外在機構所代替，例如學校、托兒所、醫院、保險等機構；政府常負擔管制著這些機構。

以往家庭負責其成員的一生大事，如今大多會受到外界因素的影響：例如，政府規定了入學年齡，合法的開車、飲酒、投票年齡，甚或退休時刻。間接的，政府就模塑了人們在什麼年齡做什麼事才是適當的價值觀念。

社會持續不斷的影響及塑型其成員。社會化過程不止只在兒童時期。人們在一生中的各個階段都能發展出不同的適應能力。社會學家相信一個人在達到成年時已經：

1. 學到跟他人互動溝通所必須具備的語言表達能力。
2. 學到邏輯技巧的運用。
3. 接受文化裡的基本規範及價值。
4. 發展出一套適合社會要求的行為方式。
5. 發展出社會所期待的自我認同。

換言之，一個人的人格發展到這時期已經定型了，一生中即使再有改變，應不會太大。成年人仍有許多學習適應的必要，以再次發展其自我認同；因此社會化是沒有止境的，是一終身都不斷經歷的過程。這「成年社會化」(adult socialization) 過程中的一個重要步驟是「**再社會化**」(resocialization)：指在一種跟以往經驗學習的規範與價值不同的新環境裡，將以往所學得的放棄（至少一部分），而重新經歷社會化過程。例如，在家是依賴大人的孩子，進了大學，就得住宿舍，學著自理生活中的需求，學著接受室友，選修課程等等；其行為規範，生活重心，價值觀念都得經過再社會化。又如當兵、退伍也都得經過這再社會化過程。然而「成年社會化」跟「兒童社會化」是不同的，其最主要的區別是：在成年時期，人們較清楚明瞭所接受的社會化過程，並具選擇的能力及機會；而兒童時期的

社會化比較不明顯，接受社會化的兒童並無選擇的餘地，完全是被動的。

第四節　成年社會化

每一個社會對兒童與成年人的要求都不同。大多數的社會允許兒童嬉戲、自由、放肆、不守規矩、不受拘束，不守時（尚無時間觀念）。成年人有類似的行為則不可能被社會容忍。我們常聽人們說：「年紀都一大把了，還像個小孩子整天嘻嘻哈哈的。」或：「又不是小孩子，怎麼可以這麼不負責任。」這都代表著社會規範在兒童與成人之間的不同標準。有些社會甚至還有正式的成年禮，用以標明由兒童時期轉入成年時期；被社會正式接納為「成年人」。

人的一生必須經過許多次的再社會化經驗；社會學家指出成年社會化裡有四個重要的課題：婚姻、為人父母、事業以及老年。

一、婚　姻

許多社會（包括傳統中國），一個沒有結婚的人不能真正算是成年人。結婚是踏入成年時期的象徵，結婚代表著人生的新旅程。在此過程中得學習如何維護夫妻間的人際關係，如何擔當起婚姻所賦予的責任。「婚姻使人成熟」道理就在此。

人們為不同的理由成婚：為了孝順父母，為求經濟上的安全及保障，為了逃避寂寞孤獨，為了證明自己的成熟，甚或只是人人都結婚成家，我也不例外；當然，有許多是深深的戀愛著對方，願與對方攜手共渡一生。無論成婚的理由是什麼，結婚總要牽涉到夫妻雙方；兩個原本獨立的個人嘗試求取一種共同生活的方式，這其中自然包括男女雙方在社會、家庭裡的角色扮演上之調整。

絕大多數的人把婚姻視為永恆，至死不渝的。人們計畫結婚，期待永恆的婚姻，至死不變的情感。總是把婚姻想像成是幸福的、快樂的、甜美

的、沒有衝突的。實際上，婚姻並不全是美滿和羅曼蒂克。人在變，夫妻間的婚姻關係也在變；如何溝通夫妻雙方的感情，協調夫妻雙方的社會角色自然成為成年社會化時期婚姻關係的重點。

社會學家指出在這時期，夫妻雙方必須學習如何處理婚姻裡的衝突。沒有一個婚姻能完全避免衝突的。因此，夫妻雙方學習彼此坦白，學習相互協調處理相左的意見，避免用不必要的語句來攻擊對方，謹慎的選擇爭執的時地，以及如何妥協忍讓等課題。另外，夫妻雙方也學習如何處理安排婚姻裡的權力分配問題、和家庭與事業孰重孰輕的問題。

二、為人父母

有些社會認為沒有兒女的家庭不是個完整的家庭，而一對沒有兒女的夫妻也常不被視為是真正的家庭：決定「生不生小孩?」、「生幾個?」、「怎麼樣教養小孩?」等都不是容易解決的問題。

東方社會裡有一種多子多孫是福的價值觀。在傳統中國，一個沒有生育兒女的妻子是可以被離休的。即使在目前，社會總是把養育兒女輕描淡寫地描述成只具愉快而無痛苦經驗的事——所有的小孩都是可愛的。事實上，每個做父母的人都知道養育兒女是世界上最困難，也最得不到感激的工作之一。

為人父母是件重大的決定，它給人們帶來一生中最重要的社會角色。這項決定牽涉到許多人生的重大問題。例如，生育及事業的取捨問題：先有事業基礎再生育，還是生了孩子有了家庭再談事業；或夫妻雙方繼續追求事業同時建立家庭；這是個不簡單的選擇。如選擇了生育，有了孩子由誰來照顧? 誰負責教養孩子? 經濟能力是否充裕? 孩子的花費占多少等都不簡單。

為人父母的社會化過程中，為夫的學習怎麼樣扮演父親的角色，為妻的學習怎麼樣扮演母親的角色。社會科學家發現家庭主婦與母親兩個角色並不完全相同，也不一定能配合得完美；一個負責任的家庭主婦不一定就是個好母親。母親是子女的主要照顧者，會花較多的時間在子女身上。母

親與子女的關係決定於兩者之間互動頻率與深度而言。父親因為事業上的限制，跟子女的互動雖不如母親的勤與密，卻不能否認父親對子女的影響，特別是對兒子的影響更是重要。

　　大體上，為人父母角色的發展可分為三個階段：第一，初為人父母階段：在這階段大多數的父母都沒有經驗，會感到不知所措的惶恐；第二，有學齡子女的階段：這時期的父母已較成熟有經驗，對自己能為人父母而感到驕傲，但仍會虛心求教；第三，有青少年子女的時期：這是所謂的困擾期，父母與子女雙方都在改變，孩子正準備踏入成年世界，而做父母的則步入中年期，都經歷身體、心理的改變。為人父母的，在各個階段中也學著成長，學著做子女的好模範。經歷上述三個階段，子女成長、離家獨立，為人父母的就踏入了所謂的人生空巢期。

三、事　業

　　成年人的工作不僅是一種可賺錢養家的職業，而且也應該是一種事業。工作不但給人們一個社會角色，也給人們一種認同。在成年社會裡，工作事業跟一個人是分不開的，特別是男人世界。學有專長才能有工作事業，才能帶來成就感，才能對未來有所展望。工作與事業成為個人及家庭生活的重心，為了事業，個人或整個家庭都得調整生活方式、行為模式及價值觀念等等，這一切都為得到事業上的滿足及成功。在追求事業高升的過程中，人們必須經歷某些社會化的經驗。

　　在事業上的社會化包涵著個人生活圈子的擴大：結交新朋友，學習跟同事合作，跟意見相左的人協調，跟事業上的敵對妥協；更學習如何接受、推展長官上司的指示方針。工作事業使個人從家庭的小範圍裡走出，結識更多的人，經歷更多的事，面對更多的挑戰，從而能更進一步的瞭解社會規範的真正價值。

四、老　年

　　老年代表著兩種意義，或因社會裡所訂定的年齡，或因人們心理上、

生理上的感受。老年常代表著自工作崗位上退休；因而其生活環境步調，互動的對象，接觸的事物都跟退休前不同。在不少的社會裡，包括傳統的中國社會，年齡代表著智慧，老年人因而受尊敬，並被認為是社會或家庭的寶藏。然而，在目前的工業化社會裡，老年人成為社會的負擔：不事生產的經濟依賴人口；老人在年輕社會裡常被冷落，受到不公平的待遇。不論是被尊崇或被忽略，老年人跟年輕人或中年人一樣，都應具有再社會化的心理準備。

有些老年人一生經歷豐富，不畏懼生命的即將結束，仍興致勃勃地迎接每個日子；然而，有些老年人對一生充滿了懊悔，了無生氣，將自己孤立起來，擔心死亡之來臨。這些不同的心態，大大的影響了接受老年社會化的程度；前者的老年社會化不會有太大的困難；後者則不然，不僅困擾自己，影響老年階段生活的調適，還增加其他家庭分子（特別是兒女）在精神上的負擔。

成年社會化可以按年歲的增長來分析，提供一個發展式的年齡層社會化概念，見圖 5-1。

郭伏門提出了一個「**總體機構**」（total institution，亦稱完全機構）的概念，他認為個人在成年社會化過程中有些人可能要進出「總體機構」而受到再社會化的洗禮。所謂「總體機構」係指社會裡一些與社會大眾隔離的社會機構，例如：軍隊、醫院、修道院、監獄等。在這些總體機構裡，管理人員有權力控制其成員，並可自訂行為準則；其規範條例與外面的一般社會的規範有所不同。

通常當一個人進入總體機構時必須放棄其原有的個人認知，亦即放棄舊我，例如，軍隊入營時剃光頭，進醫院或監獄要換穿制服。有時甚至於放棄原有姓名而以代號相稱。在總體機構裡，個人不是獨特的個人，而是機構內的一分子；沒有自我表現的餘地，必須按照一套新規範行事。當離開總體機構時也必須重新再社會化，學習外面一般正常社會的規範，否則一樣無法適應。

在社會化過程中，有時教化他人的變成了接受社會化的。這種社會化

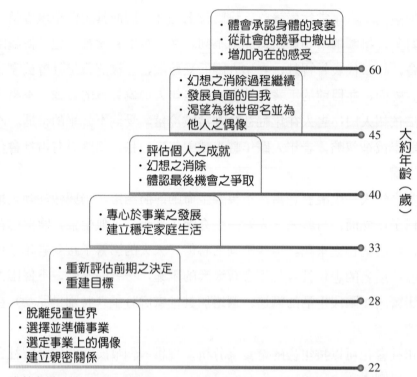

資料來源：Michael S. Bassis, et al., *Sosiology*, New York: Random House, 1980, p.120。

❋圖 5-1　成年社會化過程之特質

被稱為「反向社會化」(reverse socialization)。例如，父母、兄姐或師長因兒女、弟妹或學生而習得或接受某些社會化過程。又如，新移民透過子女在學校的教育而習得移入社會的生活習慣、傳統節日或價值觀念。

　　社會學家與心理學家雖然大多數同意一個人的人格在兒童時期就已定型，但也不忽略成年社會化的重要性，因此，社會化是一種由生至死的學習過程。對個人來講，社會化讓個人成為他人可接受的社會一分子；對社會來講，社會化把社會價值深植人心，讓每一個人的價值觀念，行為規範等有某種程度的規律性。

　　前面敘述了社會化的理論，解釋社會之我的形成過程。從社會學的理論來看：結構功能學理論指出，社會之我的形成有助於社會價值與社會規範之普及，只有讓社會裡的每一個分子都能遵守這些，社會才能有整合，

也才有穩定。功能論者認為文化的特質、價值觀念、道德理念、社會規範、行為模式等都經由社會化一代代相傳下去。例如，中國人遵守五倫，雖然很抽象，是看不見的，但經由代代相傳教習，幾千年來，五倫乃成為維持中國社會互動與人際關係的主要基石。

衝突論學者則認為社會化的過程，將社會價值、行為模式等深植人心實在是在上統治者的一種控制工具。因為社會文化裡的價值觀念是由在上的有權的領導者所擬定，社會化因此是強迫在下的一般社會成員接受在上領導者的文化的一種手段。社會化掩蓋了在下者本身的文化價值而成為在上者的工具。

符號互動論者特別強調社會化的重要性，他們認為人與人之間的互動必須運用共有的形象符號，社會如果沒能發展出一套普遍性的共識形象符號，那麼社會互動必然會有緊張和衝突。社會化過程不僅把重要他人的價值吸收進來，也把代表整個社會大環境的普遍他人的價值內涵引入個人人格裡，以約束個人。

第五節　中國人的社會化

中國人的社會化問題研究或討論因為受到西方心理學或其他行為科學理論架構的影響，呈現片斷紛歧的現象。下面特別列出幾種主要的看法。

曾炆煋 (1972) 從人格發展的觀點來看中國子女養育及人格發展的過程。由孩子出生一直到青年時期，他分成六個階段來敘述：

1. **嬰兒期：**中國人為父母者不僅認為嬰兒需要營養滋補，而且注意小孩的身心舒適。最重要的是中國家庭以小孩為中心，一哭就餵奶餵食。另外，小孩總是與父母同睡，因此養成日後好吃善「黏」人的性格。

2. **孩童早期：**中國人對小孩強調如何適當扮演為人子女的角色，及如何與人相處；對排泄訓練不嚴格，不注重規律；然而卻限制小孩的活動與主動性。

3. **孩童後期：** 強調自我控制與批評的訓練，不鼓勵好奇心；生活範圍擴大到家庭之外，重視外來的約束力量。教導中國小孩的重點在如何順從、符合、協調環境，而非征服改造。

4. **少年期：** 這階段是嚴格管教的開始，在家聽父母，在學校服從師長；要求小孩勤奮、努力、求上進，吸收並模仿成年人的經驗。這一階段裡，小孩與母親的關係仍然密切，但對父親則開始有敬而遠之的現象；開始學習到社會關係裡人與人之間的互助課題。

5. **青春期：** 學習性慾的壓抑，自我意見的抑制與自我身分的謙虛，造成了一種內向型的自我認同；青少年得決定自己在社會上所要扮演的角色。

6. **青年期：** 這時期的中國青年人雖有反抗父母意念的傾向，卻相信權威必勝，仍然尊重權威。年輕人獨立自主的慾望一直要到結婚成家立業以後才能充分獲得。

曾炆煋認為：「從整個人生過程來看，中國嬰兒在早期極為享受、舒適，到了少年期突然接受嚴格管教，進入負擔沉重的青壯年期；到了老人期後，復又開始其享有權力與地位之舒適階段。」(1972: 247)

徐靜 (1972) 也從發展人格的角度來看中國兒童的人格發展，他也強調親子關係裡所反映的中國社會化過程。他的研究資料採自中國民間兒童故事。徐靜把人格發展由嬰兒期、幼兒期、孩童期、青年期，一直到父母期，並指出各期跟提供社會化的父母間的關係，然後試圖從幾部流傳較廣的兒童故事（其實應該是民間故事）中找出有關的社會化特徵。其敘述的摘要見於圖 5-2。

徐靜還把二十四孝的故事加以分析，他發現其中有不少特質，例如：⑴孝順的孩子幾乎清一色是男孩；⑵孝順的對象以母親為多數；⑶孝順的行為表現以餵食父母，犧牲自己，及照顧父母為多數等。

楊懋春 (1972) 和朱岑樓 (1972) 兩位也同意，孝的訓練與要求在重視家族主義的中國社會裡是兒童社會化的中心。楊懋春指出孝道至少有三種涵義：第一，延續父母與祖先的生物性生命，即結婚、成家、生育子女；第二，延續父母與祖先的高級生命，即教育子女，使他們具有社會、文化、

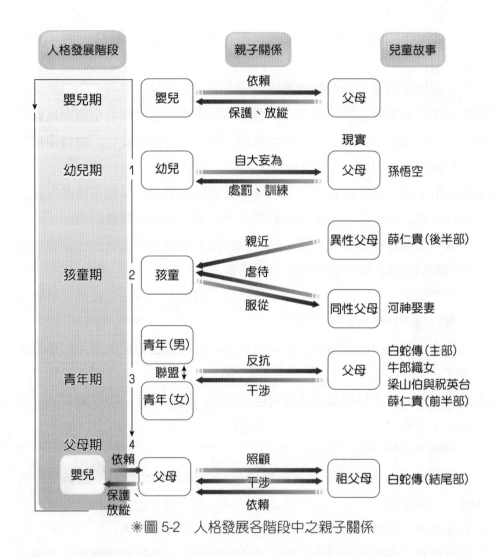

※圖 5-2　人格發展各階段中之親子關係

道德上的表現與貢獻；第三，彌補父母或祖先未達到的願望，即為祖先光大門第。楊懋春進而指出，傳統中國人有兩種認同：一種是以想像中的聖賢、豪傑、偉人為對象的認同；另一種則是以家傳祖先為對象而看齊 (1972: 158–160)。朱岑樓認為孝道的訓練在培養一種恥感文化性格。這種需求在儒家經典中到處可見，而且傳統中國的人文環境也適合這種文化性格的滋長。以子女教養方式為例，第一，父母以外的年長權威，包括祖父母、伯叔、姑嬸、外祖父母、姨舅，以及非親非戚的鄉鄰長者都有管教的權威；

第二，訓練與獎懲之執行，截然分明，且不欺暗室，無愧屋漏 (1972: 110-113)。

　　心理學家楊國樞曾對臺灣轉變中的中國人性格發表了一系列的論文，也從事了一系列的實驗研究工作。他認為在中國的農業經濟型態與社會結構下，教養方式所強調的是依賴、趨向、自抑、謙讓及安分。對這幾種特質，楊國樞指出 (1981: 229-233)：

1. 傳統的中國家庭在教養子女時，特別強調依賴訓練，以維護集體主義與家族主義。同時亦注重服從以維繫上下關係的階層式社會結構。
2. 中國農業社會在思想上著重正統，在行為上求齊一，也特別注重順從趨向他人的反應，以避免差異行為的出現。
3. 傳統中國家族一向注重子女的自抑訓練，對他人的冒犯、批評、爭吵及攻擊行為，皆受到嚴厲的懲罰。
4. 父母為子女培養積極的謙虛忍讓的性格，不論自己有理無理，都應謙讓對人。
5. 重視安分，也就是適當的社會角色的扮演。安分守己，不求變革。
6. 傳統中國教養手段重懲罰，而輕獎賞。
7. 父母為中心的單方向教養方式。

　　楊國樞根據上述教養方式的特質發現中國人的性格有下列各項特質 (1981: 235-247)：

1. **社會取向**：社會（特別是家族）的利益高於並重於個人。
2. **權威性格**：嚴守「自己人」與「外人」的分別。習於服從權威，重視並追求權威。
3. **外控態度**：將個人的成敗歸諸於外在因素，一種被動的無力感。
4. **順服自然**：強調人與自然的和諧關係，認為人與天是不可分的。
5. **過去取向**：傳統主義的保守取向，緬懷歷史。
6. **冥想內修**：強調內修的重要性，貶低外在行動，以減少與外人發生衝突。
7. **依賴心態**：一種希望別人加以照顧、保護、支持，及指導的心理需要。

　　楊國樞認為臺灣的社會變遷已經使上面傳統中國人的性格有了明顯的

改變，一方面是因為上述性格的人，不適合現代工業社會；而另一方面也是因為現代人改變了自己以適應新的社會環境。他把這變化的特徵以圖來加以對比，詳見圖 5–3。

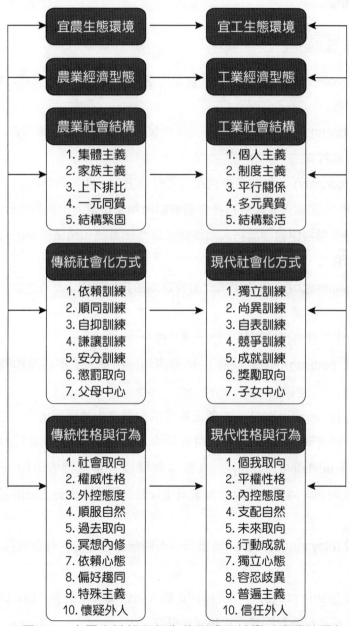

※圖 5-3　中國人性格與行為的形成及蛻變（臺灣地區）

綜合上述幾位學者的看法，中國人的社會化過程重視小孩的服從權威性、團隊精神、內向性，以及自我約束性。而在這過程當中，家庭社會化是懲罰重於獎賞。不過近些年來，這些特質在臺灣的社會變遷中已開始有了明顯的轉變。

關鍵名詞

- **社會化 (socialization)**　個人受社會薰陶訓練而接受社會之規範，成為社會一分子的過程。
- **本能 (instincts)**　指動物（包括人類）的某些與生俱來的生物因素，能決定或影響其行為特質。
- **人格 (personality)**　指時常表現在個人行為上的一些特徵傾向。
- **自我 (self)**　指個人人格經過社會規範訓練和文化薰陶出來的部分。
- **本我 (id)**　佛洛伊德理論把人類那種求取立即身體和情緒滿足的心理部分稱之為「本我」。
- **超自我 (superego)**　佛洛伊德理論裡行為的指導原則，人格裡對錯觀念之內涵部分。
- **自我 (ego)**　佛洛伊德理論人格的理性部分。
- **鏡中之我 (looking-glass self)**　顧里所指經由他人的評估而知曉的個人自我。
- **自我發展 (emerging self)**　米德所提出的自我產生的發展過程。他認為經歷了模仿、嬉戲及遊戲三階段後，有系統的、一致的自我才能發展出來。
- **模仿階段 (imitative stage)**　米德自我發展的初步預備階段 (preparatory stage)。此時期，幼兒的行為以模仿為主；對其行為的意義或目的並不清楚瞭解。
- **嬉戲階段 (play stage)**　經由嬉戲玩耍而瞭解某種程度的社會期待。亦稱「玩耍階段」。
- **遊戲階段 (game stage)**　在此階段，個人開始瞭解他人的角色，以及自己跟他人間的互動行為及關係，亦稱「戲藝階段」。

- 角色取得 (role taking)　經由扮演他人的角色而瞭解自己跟他人，以及整個社會的關係，並體會社會角色的真正涵意。
- 重要他人 (significant others)　指一群對個人行為、價值觀等有相當深度影響力的人，例如，父母、兄弟姐妹、配偶等。
- 普通他人 (generalized others)　指整個社會大眾對個人期待及評估。
- 印象操作 (impression management)　郭伏門提出的一種觀點：為了滿足某些特殊的觀眾而改頭換面的呈現一個完全不同的自我。就像在臺前演戲一般，以影響他人對自我的評估。
- 預期社會化 (anticipatory socialization)　預習將來可能扮演的角色。
- 再社會化 (resocialization)　指一個人在一種與他原有經驗環境不同的新規範與價值裡重新社會化的過程。
- 總體機構（total institution，亦稱完全機構）　指一種社會組織或機構對其成員有絕對控制的權力，且跟外界隔離，有其獨特的生活規律，如監獄、軍隊、精神病院等。
- 反向社會化 (reverse socialization)　提供與接受社會化的社會成員的地位倒反過來。一向提供社會化的反倒成為接受者。

參考文獻

Bassis, Michael S. et al.

　　1980　　*Sociology*. New York: Random House.

Cherry, Andrew L. Jr.

　　1994　　*The Socializing Instincts: Individual, Family, and Social Bonds.* Westport, CT: Praeger.

Corsaro, William A.

　　2005　　*The Sociology of Childhood*. Thousand Oaks, CA: Pine Forge Press.

Erikson, Erik H.

　　1968　　*Identity, Youth and Crisis*. New York: Norton.

Goffman, Ervin

1959　　*The Presentation of Self in Everyday Life*. New York: Doubleday.

Kaplan, Paul S.

1998　　*The Human Odyssey: Life-Span Development*. 3rd ed. Pacific Grove, CA: Brooks/Cole.

Mead, George H.

1964　　"The Genesis of the Self and Social Control," in Andrew J. Reck (ed.), *Selected Writings: George Herbert Mead*. Indianapolis: Bobbs Merrill, pp. 267–293.

Piaget, Jean

1970　　*Science of Education and the Psychology of the Child*. New York: Viking.

Watson, John

1924　　*Behaviorism*. Chicago: University of Chicago Press.

文崇一、蕭新煌編

1990　　《中國人：觀念與行為》。臺北：巨流。

朱岑樓

1972　　〈從社會個人與文化的關係論中國人性格的恥感取向〉。載於李亦園、楊國樞合編，《中國人的性格》，頁 85–126。

李亦園、楊國樞合編

1972　　《中國人的性格》。臺北：中央研究院民族學研究所。

李美枝

1985　　《社會心理學》。臺北：大洋。

徐　靜

1972　　〈從兒童故事看中國人的親子關係〉。載於李亦園、楊國樞合編，《中國人的性格》，頁 201–226。

侯玉波

2003　　《社會心理學》。臺北：五南。

曾炆煋

1972　〈從人格發展看中國人性格〉。載於李亦園、楊國樞合編，《中國人的性格》，頁 227–256。

楊懋春

1972　〈中國的家族主義與國民性格〉。載於李亦園、楊國樞合編，《中國人的性格》，頁 127–174。

楊國樞

1981　〈中國人性格與行為的形成及蛻變〉。載於朱岑樓主編，《我國社會的變遷與發展》，頁 217–254。臺北：三民。

楊國樞、葉啟政主編

1978　《當前臺灣社會問題》。臺北：巨流。

蔡文輝、李紹嶸合譯

1984　《婚姻與家庭》。臺北：巨流。

瞿海源

1989　《社會心理學新論》。臺北：巨流。

第六章

社會團體與社會組織

Sociology

第一節　社會團體的種類

我們常常講，人是社會的動物。也就是說，人的生活是離不開社會團體的。實際上，人從出生開始，一直到死亡為止，人總是團體的一分子，其活動總牽涉到團體的活動。人們所扮演的社會角色、所擁有的社會地位都只在團體內才具有其意義。社會團體的研究在社會學的領域裡有其必要的地位和重要性。

社會團體 (social group) 通常是指一群有互動的人們，彼此間擁有一種屬於這團體的認同感。社會團體有大有小，可小到只有兩個成員，如夫妻、網球雙打的同伴；也可大到有數千或上萬人的工廠、學校，或政府機構。臨時湊在一起而又沒有互動關係的人群不能算是社會學上所稱的社會團體，這種人群被稱之為**群集**（collectivity 或 aggregate）。譬如說，同時搭乘電梯的乘客，雖然在同一時刻同一地點群集一處，彼此間並無互動（通常不會在電梯內跟陌生人閒聊），也沒有一種團體的認同感（電梯門一開，各走各的，互不相干）。火車汽車上的乘客、戲院裡的觀眾，都屬於這種臨時湊成的群集。這種群集裡的人也可能會組成社會團體的，那就是當他們之間具備了上述兩種要素時，這些人可能變成一社會團體。例如：電梯突然壞了，停在半途，這些乘客突感恐慌，開始有共患難的團體感，於是集體想辦法脫險而有了彼此間的互動。在這種情況下，這電梯內的群集就變成了一個社會團體。

在社會學裡，為了研究上的方便，常將研究的對象依其特徵而分門別類。社會學上稱之為**同類** (category)。如因姓氏不同，因性別、宗教信仰、年齡、職業或社會地位等之不同而分成的一群人：姓李、男性、屬龍、藍領工人階級、雙胞胎等。社會學家指出同類者並不一定就是社會團體，因為他們之間並不一定會有互動。上流社會是指一群具有共同社會地位的人，但其分子可能包括數百或數千，彼此互不相識，彼此互不來往，不具社會

團體的特徵，因此不能算是一種社會團體。群集、同類、團體間的比較見
表 6-1。

※表 6-1 社會團體之不同特質

	群 集	同 類	團 體
自我認知	無	有	有
身體上接觸	無	很少	有
社會互動	無	很少	頻繁
社會組織	無	無	有

一、初級團體與次級團體

　　社會學家常常把社會團體分為兩種：初級團體 (primary group) 與次級
團體 (secondary group)。這種分類法最早是由美國社會學家顧里 (Charles H.
Cooley) 所提出來的，雖然顧里本人並未使用次級團體這名詞，但他對初級
團體與次級團體的分析是很清楚的。

　　初級團體是一個很親密的團體，成員之間的互動是親密和充滿情感的，
而且成員們有一種「自家人」(we-ness) 的感覺。也正因此，初級團體通常
是比較小的團體。成員間彼此關懷、彼此照顧，也彼此保護；初級團體裡
的成員是不可能由第三者或外人所取代的。家庭就是一個初級團體的最好
例子。父母子女或夫妻之間感情親密深切，彼此間的互動也是真誠而頻繁
的，因此如果其中一人離家出外或死亡，是沒有其他的人可以替代或補充
的。雖然如此，並不是所有的初級團體關係皆是快樂幸福的，兩個相互懷
恨的死敵也可能形成一個初級團體，因為真正要恨一個人就必須要特別注
意那個人，恨與愛常是交織的。總而言之，初級團體裡的互動是總體性的
互動，而非局部性的。

　　次級團體的互動是較欠缺情感，以「事」而非「人」為互動的中心，
是一種工具性的互動。例如，到百貨公司去買東西時，顧客跟店員的互動

就是一種以事（買賣交易）為中心的互動，欠缺情感，就事論事的商業性
來往。在這類互動裡，不必要知道店員的個人情感、家庭背景等等特質，
而店員也不會問顧客是何人？家住何處？兩者之間的互動只牽涉到店員的
賣與購物者的買，其他都不重要。在這種情況下，店員與顧客乃形成了社
會學上所稱之次級團體。學生與老師、工人與老闆、醫生與病人等之間的
互動原則上皆是次級團體式的互動。

　　初級團體和次級團體並沒有好壞優劣之分。在日常生活裡，總牽涉在
初級團體和次級團體的互動裡。以一天的生活規律舉例，我們早上起來是
在一個初級團體裡：父母兄弟姊妹都是家庭初級團體中的一分子；走出家
門到學校，見到老師和同學，他們是次級團體的成員；去店裡買東西，跟
店員的互動也是次級的。因此，在每天的日常活動裡，不僅跟初級團體成
員互動，同時也常跟次級團體成員互動。社會學家相信，由於工業化的影
響，在當今現代化的工業社會裡，人們生活在次級團體裡的時間會比在初
級團體裡越來越長。因此，次級團體的重要性亦會逐漸增加。這兩種團體
的特徵列在表 6-2 供參考。

※表 6-2　初級與次級團體之比較

	初級團體	次級團體
例　子	・家庭 ・宗親團體 ・密友群 ・幫會	・學校 ・工廠 ・少棒聯盟 ・軍隊
特　徵	・非正式 ・不拘形式 ・親密 ・具情緒 ・小團體 ・全部性互動 ・重合作 ・重友誼	・正式 ・重形式 ・商業式 ・重功利 ・大團體 ・局部性互動 ・缺乏親密感 ・無私人關係

二、內團體與外團體

社會學家也提到內團體 (in-group) 與外團體 (out-group) 之分。**內團體**係指那些使我們感覺自己是屬於其中一分子的團體，而**外團體**則指那些我們不屬於的任何社會團體。內團體可能包括我們自己的家庭、同校或同班同學、信仰相同者、同鄉、同宗親戚、同胞等；外團體則包括別人的家庭、外國人、信仰不同者、不同性別者等。社會學家指出人們總是對內團體裡的人比較親近，而對外團體者比較排斥。例如一個在美國旅行的中國人，在舉目無親的環境裡看到一個黃皮膚的中國人總感到親切、較有安全感就是這種道理。不過這種內外之分常因情況之改變而有所調整，因為人們總屬於好幾個不同的內團體。例如，在僑居地華僑把其他中國人算做內團體的分子，可是在中國人的圈子裡，廣東老華僑可能就不認其他省份的人為內團體分子。因此當中國人跟當地人發生衝突時，我們站在中國人一邊；但是當廣東老華僑跟新華僑發生衝突時，內外之分就要看自己是偏哪一邊了。在臺灣，也有「本省人」與「外省人」之分。「本省人」是「蕃薯仔」的內團體，而「外省人」是「外省芋仔」是外團體。總而言之，內團體是「我們」，外團體則是「他們」。

三、友儕團體與參考團體

友儕團體 (peer group) 在日常生活裡也擔當了一個重要的角色。很多友情就是在友儕團體裡培養出來的。在日常生活裡，我們互動的人群中總有幾個比較合得來、談得來的人，這些人自然而然就成為比較喜歡或願意來往的人，友儕團體因之產生。這群人的態度、觀點、行為就成為我們行為價值的準則。較親近的同事與同學就是一種友儕團體。一個工廠裡的工作人員和勞動者組成了前面所稱之次級團體；但在這些人當中有幾個是休息時聊天的，下班後一齊喝酒、打保齡球或玩撲克牌的，較合得來的，這些人就是友儕團體的成員。友儕團體在青少年發育時期擔負了一個重要的角色：輔助青少年由家庭成員轉變成社會中有擔當，有責任的成年人。年輕

人學習團體的規範模式；學習到遵守規則就能得到獎賞認同，否則會造成被懲罰的後果。

　　參考團體 (reference group) 是社會學家黑門 (Herbert Hyman) 在社會階級的研究中選用的名稱。參考團體是人們心理認同或用以做判斷比較的團體。人們以參考團體為其行為典範，以其為評價自我的團體。通常，參考團體是我們的友儕團體，但這兩者並不完全相等。例如，一位母親問老師，她的小孩跟班上其他同學比較，成績如何？在這裡，班上同學就是這小孩的友儕團體，也是參考團體。但是有時候，參考團體是人們想追求的目標。例如，在大學生群中，臺灣大學總是很多人用來激勵自己的目標，用以判斷自己的地位（有人說：如果我能轉入臺大就好了，就是以臺大為參考團體）。當事人並非這團體的一分子，而以該團體為追求的參考團體。另外，還有些時候，參考團體係指那些我們不想沾上的團體。例如，有位年輕人說：「我才不是淡水幫的人呢！」在這裡，淡水幫是這個年輕人不想沾上的參考團體。社會學家所做的許多研究裡都發現參考團體對我們的生活行為與態度有深遠的影響。

四、小團體

　　社會團體之成員數目可大可小；大到可指一個擁有上萬人的公司，工廠；小則可能只有二個成員而已。大的社會團體的組成都是為某一特定目標而設立的，在社會學裡稱之為「社會組織」，人數少的則稱之為**小團體** (small group)。研究小團體是社會學研究中的一個重要層面。「小團體」是指一個團體小到其各個成員能同時互動，或至少彼此知曉對方。有些初級團體，例如家庭，也是所謂的小團體。但是兩者不盡相同：小團體並不一定能像初級團體那般提供親密關係。例如：由於工作上的需要，一個國際性組織的公司主管，每個月聚集一處召開密集的會議，除此之外，這些主管們分居各地，不常往來，這個少數人的組織構成了一個小團體，卻不是個初級團體。小團體常被認為是非正式的，不具行為模式。符號互動論學者指出：在小團體的運作中有其獨特的過程及結構。在人數上，的確很難

認定小團體的範圍。如果說：十五個成員就會影響到彼此的互動關係；然而，人數在十五人以內的小團體也能因某些因素而影響到其人際關係的品質。小團體中，人數越少，成員間的關係就越被重視，因其互動的模式就因成員人數而有所改變。例如：三或四個人的音樂團體，彼此有意見自然遠比二十人或五十人的樂隊容易溝通得多。

最簡單的小團體關係是只包括兩個成員的**二人團體** (dyad)，傳統婚姻關係的夫妻即是二人團體，在這二人團體中，人們能得到別處不可能獲取的親密關係；然而，一個成員的消失，就能使此關係結束。因此，二人團體關係完結的後果較任何其他關係都嚴重。如在二人團體中，增加一分子，其結構及互動模式都將顯著的轉型。這兩人團體就變成了**三人團體** (triad)。三人團體中的第三者，可能扮演三種不同的角色：⑴使三人團體統一的角色：新婚夫妻添個小娃娃，他能使這小團體更親密，更團結；⑵調解的角色：辦公室裡，二個同事水火不容，第三位同事跟其他兩人都保持良好關係，以維持工作的進行，並從中調解，以尋求妥協折衷來解決問題；⑶採取隔離及統理的策略：一個小主管分離其兩個助手的關係，以爭取更多的權力與控制。三人團體的互動比二人團體要複雜些，也因此可能破壞團體的整合。

當一個團體變成三人或更多成員時，「聯盟」(coalition) 就可能產生。所謂「聯盟」是指一個對某項共同目標所組成的永久性或暫時性的聯合。聯盟在小團體中的運作能有很大的影響力。例如，兩人的聯盟能對抗第三者；尤其在三人競爭的場合，兩人的聯合能使原先是贏家的第三者居於弱勢；或者，第三者為確保其領先的局面而跟一弱勢者聯盟。在政治上、組織上或小團體裡，聯盟能有不同的聯合情況產生，其組合、形式是非常複雜的。團體的成員數字的大小，會影響到成員間的互動頻率及程度。此情景可見於圖 6–1，二個人之間只有一種關係，五個人之間就有十種不同的關係。

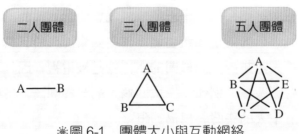

二人團體　三人團體　五人團體

A——B

※圖 6-1　團體大小與互動網絡

社會學家常用**社會測量圖** (sociogram) 來描述分析和解釋團體成員的互動。研究者的問題是：「在你所有的朋友中，你最喜歡哪一個？」在社會測量圖中常以實線雙箭頭表示雙方互選；以虛線單箭頭表示單方面的選擇。如圖 6-2，這是一個八個人的小團體，依其各自回答上述問題而作此社會測量圖。由圖中可發現：互選的有 A 和 F, B 和 C, B 和 E, D 和 G；而單方面選擇的有 A 選 B, C 選 A, E 選 F, F 選 C, D 選 C, 以及 G 選 C。在圖中，H 既未選任何人，也無任何人選他。在這個小團體裡，ABCEF 較親密，D 和 G 則是其中的二人團體，H 則是其中較孤立的分子。

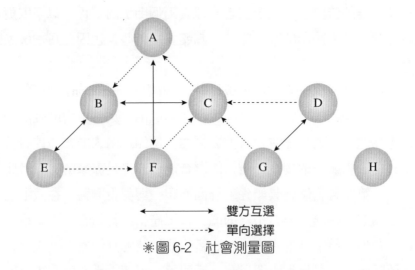

雙方互選

單向選擇

※圖 6-2　社會測量圖

社會工作者也常使用社會測量圖來分析小團體的組織，以掌握其中心或領導分子。工廠或機關的管理上也常用社會測量圖。依同一個社會測量圖，可發現：B 是 ABCEF 小團體的重要分子，如能掌握住 B，則該小團體

就不難控制。DG 是個兩人團體，如能掌握其中之一，相信另一也自然受控制。如以整個團體來看，H 自然是個孤立分子，需特加小心；而 C 則是 ABCEF 團體及 DG 兩人團體的溝通分子。同時，因 C 與 ABCEF 團體之領袖分子 B 彼此互選，因此 C 的地位不能忽視；在整個團體中他所占的分量及影響力可能較 B 更有效、更強大。

五、其他分類法

1. 「志願團體」(voluntary group) 與「非志願團體」(involuntary group)：前者是指會員自由志願參加的團體，例如商會、同學會、學術團體；後者則指會員係強迫加入的團體，例如軍隊、監獄。

2. 「開放團體」(open group) 與「封閉團體」(closed group)：前者指任何人都可參加的團體，例如慈善團體、民間團體、青年會；後者則指只有少數具有特殊特質的分子才能參與的團體，例如上流社會的俱樂部團體、祕密社會組織。

3. 「垂直團體」(vertical group) 與「平行團體」(horizontal group)：前者指該團體包括社會各個階級層次的分子，例如政黨、教會；後者則指該團體的分子都來自同一階級，例如工會、農會。

4. 「眾數團體」(majority group) 與「少數團體」(minority group)：前者指在社會、政治、經濟地位上占優勢的團體，例如，男性團體、執政黨；後者則指在社會、政治、經濟地位上較劣勢，較受壓榨的團體，例如，女性團體、在野黨、少數民族等。

5. 依團體對成員的控制方式來分：「強迫式團體」(coercive group) 以暴力控制成員，像監獄和軍隊；「實利式團體」(utilitarian group) 以實際利益如金錢物資來控制成員，如商業團體；「規範式團體」(normative group) 以讚許容納認可為控制成員之方法，如宗教團體或非營利性的民間團體。

第二節 團體的過程

人既然是社會的動物，那麼人們在團體裡與他人的互動就成為社會結構的基本要素。社會學家因此對團體的過程 (group process) 自然不能忽視。社會學理論裡的互動觀點實際上都是指團體裡個人間的互動或團體與團體間的互動，其中以交換理論的貢獻最大。

前曾簡略的介紹了交換理論的主要概念：交換理論認定社會互動實際上就是一種交換行為。如果行動的雙方不能彼此獲得滿意的結果及利潤，那麼就沒有交換或互動的必要。社會互動是個人與個人間在交換過程中對利潤與成本或對取與給的計算與運用。交換理論者因此認定團體的基本功能在於協助其分子達到他們的最終目的。

從交換理論的立場來看，一個團體之所以有領袖與群眾之分乃是因為前者具有較多可以用來交換的資源，後者則較少。因此，領袖者會比其他團體成員具影響力。懷特和利比特 (White and Lippitt) 把領袖分類成三種：專制領袖 (authoritarian leaders)：獨力支配控制一切團體的活動；民主領袖 (democratic leaders)：鼓勵討論並聽取一般成員的意見；無為領袖 (laissez-faire leaders)：無為而放任團體成員的一切活動。團體分子的活動還必須具有某種溝通管道 (communication channels) 才能導引領袖與群眾之間或團體分子與分子之間的互動。最有效的方法是團體裡每一個分子都能有跟其他分子溝通的機會和管道。一個團體達成其目的的效率往往決定於領袖與溝通管道這兩個因素上。

信任與合作是團體存在和運作的兩個要素。彼此間沒有信任就不會有彼此間的合作，沒有合作就不會有團體運作。競爭不一定會破壞團體，但合作使個人色彩減少而以團體目標為大前提，並以團體為榮。

龍冠海 (1966) 指出合作雖然在人類社會中到處存在，但並非完全出於人的本能。參與或履行合作的人必須具有三種最基本的條件：

1. **心理的條件**：合作的人必須有同情心，必須能夠推己及人，甘苦與共；也必須對於共同目標具有深切的認識，有互信與互賴的精神。

2. **物資的條件**：任何的活動需要靠工具才能表現出來，合作是具體且有目的之互動行為。

3. **空間與時間的條件**：合作者必須在時間和空間上有適當的配合，才能實行合作。

　　大多數的社會學家，特別是功能學派的社會學家，都相信社會必須要有規範，才能節制人們的互動；而這規範常常需要社會裡大多數人的遵守，這種遵守規範的表現實際上也是合作的表現。

　　競爭則是合作的另一方向。在某些方面，競爭代表著一群人的合作，以組成集體力量對抗共同的敵人。人們總是跟內團體的人合作，也比較喜歡跟外團體的人競爭。涂爾幹 (Emile Durkheim) 認為當一個社會面臨外來危機時會產生一種暫時的整合力量或連帶責任力量，他指的就是這種合作的力量：對內合作，對外競爭。競爭會給一個團體帶來新的成分、新的要素、新的活力、新的價值觀念或新的規範。競爭具有創造性和革新性，使一個團體有動態，不致老成凋謝，也使團體分子更有歸屬感。

　　如果我們把一個社會團體形成的過程分成幾個階段來看，至少有下面五個主要階段：

1. **會面**：小團體的形成通常是由面對面互動的人所組成，因此彼此會面認識對方是必要的。

2. **角色的界定**：開始有了職權高低之分，界定各人的角色。

3. **團體規範的制定**：為了維繫團體的存在與運作，以及分子間的和諧，規範的遵守乃是必要的。

4. **成果展現**：角色界定了，團體規範制定了，團體才能向共同的目標邁進。

5. **解散**：沒有一個團體能永遠存在而無所改變，有些團體成員退出團體，有些則另組其他新團體。團體即使沒有完全解散，由於改組等的改變跟原先的面貌，就不可能完全一樣。

　　團體的成敗往往決定在團體領袖人物的才能、遠見及領導方式；也常

取決於成員間彼此的關係，特別是成員對團體的忠誠及向心力。如果團體成員能從參與團體活動而獲取某些有形或無形的酬賞滿足時，他們就更能彼此努力合作以期達成團體的目標，並擴大團體的利益，維持團體的生命。

第三節　社會組織的種類

　　人跟人之間的社會互動頻率與方式常受互動人數的影響，也因互動目標之不同而有所差異。在一個只有兩個人的團體裡，互動方式會比較直接，互動頻率會比較繁多，團體的結構則較單純。但是當團體人數增加後，互動漸漸變成非面對面的，間接的，少頻率的；團體的結構也必趨向複雜。社會學裡稱此種大型，人數多，且具有某種特定目標的團體為**社會組織**(social organization)。它是一種次級團體，軍隊、政府機構、學校、私營公司行號都是型態不同的社會組織。它們不同於以親情關係為網絡的家庭組織，亦有別於以聯絡感情為主的友儕團體。

　　大體上來說，一個社會組織跟一般社會團體有三個不同的特質：

1. 社會組織有分工、權力及溝通的架構。組織成員明白本身之職責、權限，以及信息溝通的網絡。其目的是減少不必要的混淆和重疊。
2. 社會組織有權勢中心，統籌組織的運作，增強組織的行政效率。
3. 組織成員之加入和遞補替換完全以組織目標為指導原則，私人因素盡量避免。

　　上述三項特質在一般社會團體內並不一定完全具有。事實上，社會團體因人數少、規模小，並不需要這些配備。有些持「演化論」觀點的學者就相信，最早期的人類社會就沒有社會組織的存在。歷史學家則認為社會組織的出現是配合政府組織的擴大而出現的。歷史上的大帝國，如埃及、羅馬、中國等都有龐大的社會組織來統治其廣大的帝國領域與人民。近代的社會組織重視理性化的大原則和追求高效率，這些都跟近代工業社會的發展息息相關。工藝技術的發展無疑的加速了社會組織的擴散。社會組織

的種類因其大小、結構、權力運用、目標等之不同而有所不同。

一、以結構來分

通常可分為：**正式組織** (formal organization) 與**非正式組織** (informal organization)。所謂正式組織係指組織裡的正規結構，明列每一部門之職責與功能。非正式組織則是隱藏在正式組織背後的網絡管道。雖然在組織結構上找不出它們，但仍可能存在，而且也可能有很大的作用。譬如，在一個政府機構裡，正式組織裡明列有主管、祕書、科員、工友等及其各自職責。職責分明，有利於推展社會組織的工作效率。但是在這些正式結構後面常有一個或數個看不見，卻感覺得出來的非正式組織，因人而異。有時正式組織做不到的事，經非正式組織反而做成了。中國人講的情面及關係指的就是這個非正式組織。我國行政院內政部是一正式組織，其組織系統列於圖 6-3。

由這個內政部的正式組織來看，營建署直屬內政部，其工作方針預算直接向內政部長或次長負責。但是祕書室的主任祕書有時可能擁有相當大的權力，雖然不直接管轄指揮營建署，但後者辦事之前，常先請教主任祕書瞭解情況，以利行事。在這種情形下，祕書室與營建署之間就有了一種代表著非正式組織的結構。理論上來看，非正式組織有時幫助推動正式組織之運作，有時也可能阻礙正式組織的效率；雖然如此，在大多數的社會大型組織裡，兩者並存。這就是為什麼中國人做事要講人情，講關係，要找門路的原因了。

二、以組織對其成員的控制手段來分

包括：強迫權力 (coercive power)、實利權力 (utilitarian power)、規範權力 (normative power)。強迫權力型的組織是指以武力或暴力強迫逼使團體成員聽命就範，例如軍隊、監獄或精神病院等組織。實利權力型組織是以實際有形的酬賞來鼓勵約束組織裡的成員。例如私人營利公司以獎金、分紅、獎品、加薪、升等來鼓勵員工的工作效率。商業界的組織大都屬於此

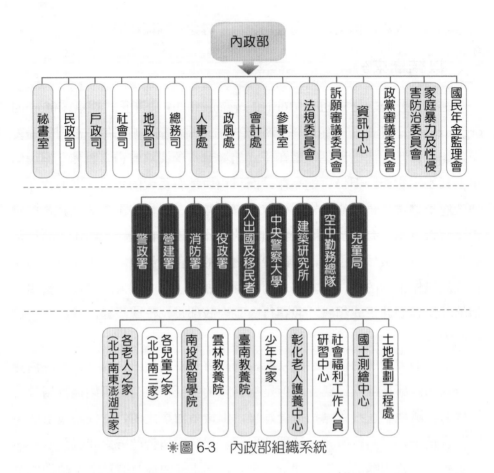

※圖 6-3　內政部組織系統

類。組織成員參加該組織的最大原因往往正是因為這種實利的追求。規範式組織是以行為規範來約束組織成員，鼓勵成員追求非物質性的目標。民間團體對優秀成員的公開表揚，宗教團體對品行正直、誠心侍奉的教友賦以執事的重要角色等都屬於此類組織。

三、依組織的目標性質區別

它們包括經濟組織 (economic organization)、維護組織 (maintenance organization)、整合組織 (integrative organization)、政治組織 (political organization)。經濟組織的目標是對物資和服務的生產及提供分配，如商業公司行號；維護組織重視社會成員的社會化教育，培養社會新成員，如學

校、教會；整合組織重視社會控制與對差異分子的制裁與管束，如監獄、法庭等；政治組織重視權力分配以推行社會目標，如中央及地方政府，政黨組織。

四、以受益者 (beneficiaries) 角度來分

中心問題是：「誰是組織的受益者?」主要有四類：互益組織 (mutual-benefit organization)、商業組織 (business organization)、公益組織 (commonwealth organization)、服務組織 (service organization)。互益組織是指以組織成員為受益對象者，如各種職業團體、行業工會、青年會等；商業組織是以謀利為主，如各種私人公司行號；公益組織則以社會大眾公益為前提，如政府機關、慈善事業等；服務組織則著重對其成員本身之服務，如醫院、學校等。

五、郭伏門所提出的總體組織 (total institution)

他把精神病院、軍隊、監獄等組織特別區分出來，因為它們的成員跟其他社會組織隔離分開，成員的一切活動都在此等組織內。這些組織有的是為那些無能力的人而設立的，有的是為隔離危害社會的人而設立，有的是為增進社會的共同目的而設立，另外有一些則是為了脫離社會現實環境而設立的。郭伏門指出人們在日常的社會生活裡總能參加許多不同的團體性的社會互動，但是在一個「**總體組織**」內，每天做的事都一樣，互動的對象亦不變，而且互動的方式亦受嚴格的管制和安排，毫無個人的隱私及自由。

六、最常見的一種社會組織的分類法

把社會組織分為**官僚組織** (bureaucracy) 和**志願結社** (voluntary association)。官僚組織係指一個有階層高低安排的大型組織。例如：政府、軍隊、企業組織、學校等。其組織正式，具有詳盡的規則和行為規範，其最主要的目標是提高組織的效率。人情在這種組織裡是不受重視的。在現

代社會裡，官僚組織扮演著一個相當重要的角色，正因它的功能，目標能影響到整個社會之運作。下一節將詳細介紹官僚組織。

　　志願結社是由一群共同支持該組織目標和價值而參與的志願性的人所組成。人們參加這類組織通常是志願性的，而且其活動參與總是在工作之餘的閒暇時間內參加。學術團體、男青年會、女青年會、扶輪社、獅子會、守望相助的鄉里組織、業餘交響樂團等。社會學的研究裡發現幾項重要特徵：中年人比年輕或年老者較常參加志願結社組織；高所得、高教育、高地位者亦較常參加；男性比女性參加者多；已婚者亦比未婚者較會參加。大多數的志願結社組織皆以服務其會員為宗旨，而且也熱心於服務社會，以期社會之整合。官僚組織跟志願結社比較，前者較嚴謹，較正式；後者則較非正式，組織較鬆散。

　　有些學者認為在當前現代民主社會的政治運作上，志願結社扮演一個相當重要的角色。美籍華裔人類學家許烺光就曾把美國比喻成一個以志願結社為基礎的社會，以其跟中國的家族及印度的宗教來相對做比較。事實上，美國的志願結社組織數目相當多，而且美國人很少有人一生中從未參加過這類結社活動。有些結社是宗教性質的，如教會、救世軍等；有些是政治性的，如政黨、政治遊說團體；有些是推動社會整合的互助結社組織，如童子軍、退伍軍人協會等。

　　功能派學者認為志願結社組織具有下列功能：

1. 結社組織能推展其目標宗旨。有推動工作效率的功能。
2. 結社組織提供成員身分的認知，使之有歸屬感與合群心。
3. 結社組織可協助維持社會安寧、協助政府推展政策政令。
4. 有些結社組織能拉近政府與人民間的距離，推展社會秩序。
5. 結社組織的參與及其無形的在職訓練能幫助成員在事業上的爬升。
6. 有些結社組織具有吸收鼓勵政治參與的功能。
7. 有些結社組織可能導致社會變遷，疏通社會的緊張。

　　總而言之，社會組織不論是何種型態，其對人們日常生活的影響是相當直接，相當重要的；特別是在現代社會裡，社會組織的參與已變成無可

避免的了。

第四節　官僚組織

一、官僚組織的特質

　　德國社會學家韋伯 (Max Weber) 對官僚組織所提的理想類型 (ideal type) 一直是描述官僚組織的代表。韋伯指出在一個純型 (pure type) 的官僚組織裡，可以發現下面七項主要特徵：

1. 官僚組織裡的功能必須以規則為依據，以增加行政效率。因為具有規則，處理事務才有統一的準則依據；不必為每一件事務而按件單獨處理，減少糾紛與處理不一致的干擾。

2. 官僚組織裡的各部門係按階層而設立，每一部門的人員不僅要管轄其各自部屬，而且也必須對上層領導負責；職責分明，各有所序。

3. 官僚組織裡的每一個成員都負有特定的任務，每一成員必須明確認真執行其任務，分工體系與權力規範之制定是不可或缺的。

4. 官僚組織裡管制各部門的規則都相當專門，因此負責人就必須是經過專門的訓練的專業人才，整個組織才能合理有效的操作。

5. 官僚組織裡的公私事務應分清明確，公司辦公地點應與執行人或負責人之住宅分開，以減少不必要的私務干擾。

6. 官僚組織裡的人事與資源必須按組織之需要而分發遣配。個人不可霸占，公為私用。

7. 官僚組織裡的所有行政方針、決策，以及規則皆應有文字記錄。因為有效的行政必須依賴統一的規則，有了文字記錄，對條文的解釋方能有根據，不致意見參雜紛歧。

　　韋伯指出像官僚組織那樣大的社會組織裡，其領袖人物所擁有的權勢來源大致上有三：**傳統權勢** (traditional authority)，係經由傳統的因素而取

得權勢；**理性權勢** (legal-rational authority)，係經由理性的安排而獲得權勢；
神格權勢 (charismatic authority)，係因領導人物之特殊人格之吸引力而獲得
權勢。

　　韋伯認為傳統的和理性的權勢比較有永久性，因為在傳統權勢裡，人
們尊重傳統，接受傳統所安排的領導人物。如日本天皇、英國女皇、傳統
中國皇朝皇帝、從祖先繼承產業而得的公司董事長等。理性的權勢是由非
情感的理性安排而獲得的權勢，權力是明文規定在職位上，而非在傳統或
個人身上。美國總統是理性權勢領袖，因為總統的權勢是在民選總統的職
位上，而非總統本人；無論誰當總統，其職權皆有明文規定。換言之，傳
統和理性權勢皆建立在社會制度上，前者因傳統而得勢，後者則據規章而
獲權。但是在神格型的權勢裡，人格是權勢的唯一來源。領袖人物被群眾
信徒崇拜效忠，相信他是神或超人的，相信他有與眾不同的特殊能力，能
領導組織或團體走出困境。人格權勢型領袖在社會危機時最常見，往往是
煽動性的，較為偏激。但是因為權勢是依附在個人身上，因此是短暫危險
的。在一個偏激的人格權勢領袖領導下的組織或團體常危機不斷、甚至解
組。韋伯因此認為人格權勢是最危險的，不適合於講求高度效率的官僚組
織。理性權勢才最適合現代社會的官僚組織。

二、官僚組織的發展

　　社會學家雖然常只把官僚組織跟現代工業社會兩者連在一起，但是事
實上埃及帝國、羅馬帝國，以及傳統中國的官僚組織早已經相當龐大完整。
尤其中國歷代的政府官僚組織更已發展成形，具有相當大的規模，也發揮
了相當大的功能。在此無法將中國歷代的官僚組織結構逐一介紹，僅以唐
朝為例，就可見一斑。

　　唐朝的中央政治體制基本上是一種三省六部制。所謂三省是中書、門
下、尚書三省。六部包括吏、戶、禮、兵、刑、工等六部。中書省長官為
中書令，門下省設有門下侍中，尚書省長官為尚書令，是共同輔佐君主處
理國務的決策者。在政務的分權上，中書省決策、門下省審議、尚書省執

行。六部屬於尚書省組織内是行政的實際總匯。每部四司，各置郎中及員外郎為其骨幹。除此之外，唐朝的京官尚有行政系統之外的翰林學士；外官則有節度、觀察使，是無官階、無確定職掌的。在地方政治體系上，唐朝在各大州設大都督府、在較小的中下州設都督府。都督既是軍事長官，也是行政長官；其部屬包括長史、別駕、司馬、參軍事（可分為司功、司倉、司戶、司田、司兵、司法、司士等參軍事），府有府尹，縣有縣令。唐朝政治官僚組織的人事取才上主要來自考試科舉。進士登科後在吏部再試宏詞拔萃入等，方授予九品官，其他不就宏詞拔萃試以及有入官資格的人都由吏部按期召集，試以身言書判，經門下省審覆確定，名為選人。凡是京官六品下以寺監官及外官縣令以下官都是通過這程序而補授。

　　傳統中國每一朝代，在其完成統一之後，必著手制定立國的規模體制，以期鞏固其統治政權的長久。其過程大約是這樣的：朝代開國之初必將前朝遺留下來的體制加以整頓，縮簡冗職冗員，以期發揮高效率的行政功能，而後由於社會經濟的繁榮穩定，太平盛世之來臨，政府不斷擴大，或因外患入侵而增設職官；到朝代中期就經歷職官數目的增加與所掌任務之分化。這種政府的擴大與職權的分化在朝代末期形成嚴重的負擔，一直拖延到朝代的滅亡為止。而下一個朝代再重整體制。中國官僚組織從秦一統天下到滿清宣布遜位為止的二千多年間大致都經過上述的整合、分化、再整合的過程。這個官僚組織對傳統中國社會與政治有著相當大的貢獻。

　　官僚組織在傳統中國、埃及、羅馬帝國即已存在，但是快速發展和普遍化的官僚組織卻是工業革命以後的事，特別是在二次大戰以後的幾十年間更是突飛猛進。最主要的原因是社會組織結構越來越大，也越來越複雜，必須以官僚組織的方式才能應付，而且現代的社會組織講求效率，官僚組織比其他社會組織有更高的效率。以美國的經驗來舉例，在美國南北戰爭之前，經濟生產通常不是在住宅内就是由家人經營的小型工廠；但是在南北戰爭後，由於自由經濟的盛行，工廠數目增加，住宅遷離工廠場所。在十九世紀末期，大約 1890 年代，小工廠開始合併，其組織漸複雜；大型具有前述特徵的工業官僚組織開始出現，而逐漸擴及經濟制度的各個層面，

私人經營的企業亦逐漸由具有專業訓練的經理人才來代替，因此企業或工廠的經理企管人員與其他專業員工就成為工業組織的主要骨幹，而非投資者或老闆。在二十世紀時，這種經濟官僚組織更擴散到其他各層面。在經濟方面，大公司企業壟斷生產銷售；在政治方面，美國聯邦政府也大量擴張。在 1870 年時，美國聯邦政府裡的公務人員約 4 萬 9 千人；1900 年 25 萬人；1941 年時更增至 130 餘萬人；二次大戰結束時已超過 350 萬人。州政府與地方各級政府公務人員也在不斷增加。雖然歷屆總統都宣稱裁減聯邦公務員，可是聯邦政府卻仍繼續的擴展。

臺灣地區官僚組織的擴大可以由公務人員以及「行政及主管人員」人數的增加而顯出。以臺灣地區過去二十年的統計數字來看，全國公務人員在 1957 年時共有 15 萬 5 千餘人，1991 年增到 57 萬 5 千人，至 1994 年時達到 61 萬 3 千人的最高峰，可見官僚組織之擴大。不過，此後政府機構精簡人事，2001 年的公務人員總數只剩 39 萬 5 千 5 百人左右。雖然如此，企業界的「行政及主管人員」卻擴大急速。

官僚組織之擴大是當今現代社會的普遍現象，大多數的官僚組織都含有韋伯理想類型裡所指出大部分的重要特徵；但是在概念上或實際運作上，社會與社會之間仍存有某些不同的差距。美國工商業界的官僚組織曾經被認為是最理想的型態，但是近年來日本工商界的官僚組織卻被奉為最有效率之組織，遠勝美國。美國社會學家懷德 (Martin K. Whyte) 曾把日本、美國、中國等三個社會裡的官僚組織做了一個比較。在該研究裡，懷德指出日本將家族和初級團體關係帶進官僚組織裡，減少了企管人員與員工之間的衝突，而中國的官僚組織也沒有西方的那麼拘泥，較富彈性。

三、官僚組織的缺陷

現代社會裡的官僚組織是一個有高度效率、可靠的、協調的、平穩的，以及具持續性的大型社會組織，因此韋伯相信工業化的社會必往官僚組織化的方向發展。但是事實上，官僚組織裡也有不少相當嚴重的缺陷。其中之一是形式主義 (ritualism) 的產生。這個問題主要是因為人們僅僅按照組

織規章做事，至於規章對不對或能不能達到規章所尋求的目的就不重要了。譬如，一個政府機構為了提高工作人員之效率，規定每天上午十時可休息十分鐘不辦公，讓工作人員輕鬆一下，提高上午下半段時間的效率。因此，到了上午十時，工作人員把一切工作停下，不管該工作是否緊要或等一下再做會更麻煩，一概停十分鐘，「反正是休息十分鐘的時候了」就是一種形式主義的表現。另外，在官僚組織裡，二個業務完全不相干的單位可能常常收到對方的備忘錄、傳閱文件等，只因為公司或機關裡規定每一個單位都需分送該等文件，也是形式主義在作祟。

官僚組織的第二個缺陷在於用人不當。官僚組織本來是強調用人唯才的，但是其內部的人事制度會出現一種彼得 (Laurence J. Peter) 所指出的**彼得原則 (Peter principle)** 誤差。所謂彼得原則是指：官僚組織裡的人事升遷常常是依個人在當時較低職務的優秀表現，而非其能力是否能勝任升調後的職位來決定。他的理由是：一個人可能勝任目前的職務，卻不一定能勝任升調後較高的職位。譬如一個負責生產的工廠廠長表現非常優異，於是被公司提拔為總公司的總裁，總裁這位置卻非他所能。彼得認為如果這現象持久，整個官僚制度就充滿了不稱職的工作人員，這樣的組織怎能不出錯；這種升遷制度是不合理的。

第三種缺陷原因在官僚組織的過度分化和特殊化。在組織內每一部門皆有其各自的工作職責，與其他部門互不侵犯，但是這種分化和特殊化常帶來麻煩和不便。以一個大學來舉例：人事室主管聘請教職員，主計室主管核發薪資，系主任評審薪資，出納室負責發放薪資。各部門職責專門且特殊。假設一個教員薪資領回時多扣了 100 元，那麼他到底應該是找哪一個單位呢？出納室要他去找主計室；主計室則要他去找系主任。各單位推來推去，事情還是沒解決。

第四種缺陷是官僚組織與外在環境不吻合。官僚組織有其特定之結構，但是它不能離開社會現實環境，因此其規章常與外界之規範、價值、目標相衝突。例如，官僚組織要求舉人唯才，不可引用親友，但是在我國社會裡，家族、同宗、同學、同鄉等關係是不能輕視的，八行書或名片引進的

求職者不能不特別照顧，造成官僚組織負責其事者無所適從的困擾。

官僚組織最讓人詬病者為其之欠缺人情味，造成員工之**疏離感**(alienation)。這種疏離感之產生最主要是因為官僚組織裡過分強調規章，過分追求效率和成果，以至於忽略了人在組織體系裡應有的分量，人只成為整個組織裡的一個機械部分而已，毫無個人的獨特性和自主性。這種疏離感在勞動階級最易感受，如工人對所做工作不滿足而欠缺成就感。

以臺灣地區資料來討論，根據內政部統計處編印的 2003 年《國民生活狀況調查報告》有關 4,022 樣本戶對目前工作各方面之滿意程度統計來看，其滿意程度並不算高，尤其在升遷機會、待遇、學以致用、工作保障等四項。見表 6–3。

☀表 6-3   2003 年對工作狀況滿意程度之分布：依教育程度別

教育程度	對工作狀況之反應 (%)				
	很滿意	滿　意	不滿意	很不滿意	無意見
不識字	5.0	44.9	10.0	15.1	25.0
小學（自修）	3.7	43.3	28.0	10.1	14.9
國中、初中、初職	3.0	44.3	32.1	3.7	17.0
高中、高職	4.0	58.2	23.2	2.8	11.7
大專以上	4.3	58.4	22.1	2.7	12.4

資料來源：《國民生活狀況調查報告》，內政部統計處編，2004 年。

官僚組織的成敗往往與其主管或領袖有很大的相關，員工的疏離感也往往跟領導方式有關。因此，對團體領袖的研究在組織學裡受到相當分量的注意。臺灣《自由時報》2008 年 11 月 5 日引用 "Yes 123" 求職網的調查報告，列舉最想追隨主管的特質按序分別是：⑴踏實；⑵專業；⑶激勵；⑷創意；⑸授權；⑹溫柔；⑺強悍；⑻敢衝；⑼理想主義；⑽人文色彩。至於最受不了的主管毛病，按序則為：⑴朝令夕改、決策反覆；⑵情緒與管理不佳；⑶言行不一；⑷壓榨員工；⑸愛發號施令卻不做事；⑹堅持己見、專斷獨行；⑺偏心不公平；⑻愛挑剔、亂罵人；⑼專業能力不足；⑽嘮叨不休、愛說教。

官僚組織有其優點，也有其缺點，但是無論如何，現代社會裡卻無法完全拋棄官僚組織。因此目前的研究方向總是在缺陷的彌補改善上。日裔美籍學者威廉・大内 (William Ouchi) 所提出的「Z 理論」(theory Z) 就是這種趨勢的代表。大内以日本的企業特徵介紹給美國，認為值得美國學習模仿。他認為美國企業強調時速（立即表現與立即獎賞）、強調個人（高生產力，即有高報酬）、強調數字（具體的數字是一切考核的標準，抽象內涵不被重視）、強調利潤（只關心股東分紅，漠視員工與社會需要）。日本企業強調團體意識、哲學與企業之融合、家族式共同意識、個人決策參與、信任與忠誠等。他稱美國式企業為 A 型組織，而日本式企業為 Z 型組織。A 型組織代表著西方官僚組織之優劣點，而 Z 型組織之特長正可以彌補 A 型組織之不足。

第五節　社會組織研究觀點

在組織社會學理論裡，大致上可以發現三種不同的理論觀點：古典觀點、人際關係觀點、結構觀點。

一、古典觀點 (classical approach)

通常又稱為正式 (formal) 或科學管理 (scientific management) 觀點。這個觀點主要在於試圖發展一套生產企業上的原理原則。它相信如果每一個工人都能專注於某一項專業，則其必能更專精，生產體系亦必能更有效率。工人的工作動機是金錢或物質上的報酬，社會組織則建立在一個正式結構上，工人在組織中就等於機器的一部分。

持這古典觀點的學者相信，只要給高的報酬，工人必會盡全力工作；工人越專精於其工作，則越有效率，其生產量也越高。他們指出分工或特殊化可以按照四個原則來處理：(1)依照工作目標而分工：在軍隊裡，陸軍負責地面上的作戰，海軍負責海上任務，空軍則負責空防，工作目標各異，

自可分工；(2)按照工作過程而分工，以相同或類似工作者分在一起為原則：
例如，軍隊中政工幹部是獨特的一組，分布在三軍種內；(3)依工作對象而
分工：例如小學老師與大學教授應分開，因其施教對象不同；(4)按地區位
置而分工：不論專業區別，只因地區位置鄰近而歸類一組。例如：南部科
學園區包括數種不同的高科技產業。古典觀點的著重點在正式結構上，因
此可供組織上層決策者使用。不過近幾年來，許多學者已指出此觀點太過
於呆板而無彈性。

二、人際關係觀點 (human relations approach)

　　人際關係觀點之出現乃是因為一些學者發現古典觀點有某些矛盾之處
或特質。例如，工人的體能並不決定其工作量、工作成績，而其與同事間
之關係才是決定因素；工人對工作之熱誠與滿足程度並非完全受經濟報酬
而定，其他非經濟報酬亦甚重要；特殊化並非是最有效的分工方式；工人
和企管人員之互動，並非基於個人，而是把他們視為團體的成員。基於這
些新發現，人際關係觀點論者特別強調組織裡的溝通、參與、領導角色等
問題。人際關係觀點是由梅葉 (Elton Mayo) 和一群哈佛大學研究者於 1927
及 1932 年在芝加哥的西部電力公司的研究裡提出。他們特別指出非正式組
織結構與人際關係的重要性，以及工人與工人之間、工人與企管人員之間
溝通的重要性。他們呼籲一種民主和非專橫的員工管制方式。

三、結構觀點 (structuralist approach)

　　結構論者綜合上述兩種觀點認定組織的需求和個人的需求之間、理性
與非理性之間、正式與非正式之間、管束和自治之間、企管與工人之間必
有某種不可避免的衝突或緊張。因此，企管人員在驅使工人工作之過程中
必然造成工人對他們的疏離感。結構觀點論者呼籲把這些衝突公開化，使
雙方瞭解問題之癥結所在，並共同設法解決。原則上，結構觀點認定下面
幾種原則：(1)研究組織必須兼顧正式與非正式結構的雙方面；(2)雖採用人
際關係觀點的基本理論，但不必過分強調；(3)強調物質與社會酬賞之重要

性；(4)兼顧工作和非工作組織之研究；(5)不談最理想的組織，認清組織間差異的必然性；(6)重視各種組織所面臨情境的重要性。

　　總而言之，古典觀點和人際關係觀點各有其長處與缺點，目前大多數研究組織的社會學者比較偏向於綜合性的結構觀點。

關鍵名詞

- **社會團體 (social group)**　一群彼此有互動行為，並具有團體認同感的人所組成。
- **群集 (collectivity)**　一群臨時湊集一處彼此間並無互動行為的人。
- **同類 (category)**　一群具有某種共同特徵的人，彼此間不一定有互動行為。
- **初級團體 (primary group)**　一個親密、情緒性、互動頻繁的團體。
- **次級團體 (secondary group)**　一個功利或工具性、類似商業型的、非情緒性的團體。
- **內團體 (in-group)**　一個我們感覺自己所屬的團體。
- **外團體 (out-group)**　一個非我們自己所屬的團體。
- **友儕團體 (peer group)**　一群跟自己享有同等興趣、地位或同年齡組的初級團體裡的人所組成。亦稱「同輩團體」。
- **參考團體 (reference group)**　一個人們用來判斷或比較自己的團體。
- **小團體 (small group)**　一個團體人數小到各個成員能同時面對面的互動。
- **二人團體 (dyad)**　由二個人組成之團體。
- **三人團體 (triad)**　由三個人組成之團體。
- **社會測量圖 (sociogram)**　一種描述分析小團體內互動頻率和方向的圖表。
- **志願團體 (voluntary group)**　依個人志願參加的團體。
- **非志願團體 (involuntary group)**　被強迫或非本人意願下參加的團體。
- **開放團體 (open group)**　人人皆可參加的團體。
- **封閉團體 (closed group)**　特殊分子參加的團體。
- **垂直團體 (vertical group)**　包括社會各層次分子的團體。
- **平行團體 (horizontal group)**　由社會某一階級分子所組成的團體。

- **眾數團體 (majority group)**　指在社會政治經濟地位占優勢的團體。

- **少數團體 (minority group)**　指在社會政治經濟地位占劣勢或受壓榨的團體。亦稱弱勢團體。

- **社會組織 (social organization)**　由一群共同尋求相同目標的人所組成的大型次級團體。

- **正式組織 (formal organization)**　指組織內的正式結構，明列各部門之人事、職責與功能。

- **非正式組織 (informal organization)**　指與正式組織同時並存的非正式、隱藏在正式組織背後的網絡管道。

- **總體組織 (total institution)**　一種將其組織成員與社會完全分開的隔離性的組織。或稱「完全機構」。

- **官僚組織 (bureaucracy)**　一個有階層職權高低安排，以追求高度效率的大型組織。

- **志願結社 (voluntary association)**　一群共同支持組織目標和價值而參與的志願性的人所組成。

- **傳統權勢 (traditional authority)**　一種建立在人們尊重傳統規範或習俗之安排而取得的權勢。

- **理性權勢 (legal-rational authority)**　一種建立在非情感的理性規範之安排而取得之權勢。

- **神格權勢 (charismatic authority)**　一種建立在個人之超然或似神能力的崇拜上的權勢。

- **彼得原則 (Peter principle)**　官僚組織不理性的升遷制度。因官僚組織之升遷依目前工作成績而定，而非按照該員能否勝任將調升之位置而定。

- **疏離感 (alienation)**　一種對工作厭倦，無味或漠不關心的感覺或態度。

- **Z 理論 (theory Z)**　一種強調以日本的企業管理策略為模式的企管理論，重視團體意識、哲學與企業之融合、家族式共同意識、決策參與、信任與忠誠等組織特質。

- **古典觀點 (classical approach)**　一種強調特殊化與分化的重要性的組織原

理。認定經濟報酬是提高工人工作動機和生產效率之決定因素。

- 人際關係觀點 (human relations approach)　一種強調組織內人際關係、交通、參與、領導角色的重要性的原理觀點，認定非經濟報酬的可能影響力。
- 結構觀點 (structuralist approach)　持此觀點之學者綜合古典和人際關係兩觀點，認定組織內有某些無法完全避免的矛盾和衝突。此觀點呼籲把衝突公開化，以瞭解問題之所在，共同設法解決。

參考文獻

Cooley, Charles H.

　　1966　*Social Process*. Carbondale, Illinois: Southern Illinois University Press.

Demange, Gabrielle

　　2005　*Group Formation in Economics: Networks, Clubs and Coalitions.* Cambridge, UK: Cambridge University Press.

Goffman, Ervin

　　1963　*Stigma*. Englewood Cliffs, N.J.: Prentice-Hall.

Hall, Richard H.

　　1991　*Organization: Structure, Processes, and Outcomes*. Englewood Cliffs, N.J.: Prentice-Hall.

Harrison, Michael I.

　　2005　*Diagnosing Oganizations: Methods, Models, and Pocesses.* Thousand Oaks, CA: SAGE.

Merton, Robert K.

　　1957　*Social Theory and Social Structure*. N.Y.: Free Press.

Peter, Laurence J., and Raymond Hull

　　1969　*The Peter Principle: Why Things Always Go Wrong*. New York: Morror.

Pinchot, Gifford, and Elizabeth Pinchot

　　1993　*The End of Bureaucracy and the Rise of the Intelligent Organization.*

San Francisco: Berrett-Koehler.

Weston, Louise

　　1977　　*The Study of Society.* 2nd edition. Guilford, Conn.: The Dushkin.

Whyte, Martin K.

　　1973　　"Bureaucracy and Modernization in China: The Maoist Critique", *American Sociological Review*, 38: 149–163.

朱景鵬

　　2004　　《國際組織管理》。臺北：聯經。

李天賞

　　2005　　《臺灣的社區與組織》。臺北：揚智。

林水波

　　1999　　《組織理論》。臺北：智勝。

周鴻玲

　　1988　　《組織社會學》。臺北：桂冠。

楊家駱主編

　　1976　　《黃編本歷代職官表》。臺北：鼎文。

馬隆著，邱如美譯

　　2004　　《企業大未來》。臺北：天下雜誌。

偏差行為

Sociology

第一節　偏差行為的類型

　　每一個社會總訂有一套用以約束與控制其成員的行為準則。這些行為準則也就是社會學上所稱的社會規範，它指出在何種情況裡，應該如何行事。譬如，吃飯時應該把碗端起來，而且不應該把飯粒撒得滿桌；搭乘交通工具時，應該讓老幼婦女等先上，並給予座位；在課堂上課時，學生應該肅靜專心聽講等等。一個社會之所以能穩定不亂，其成員之間彼此能做有意義的社會互動，都是因為社會規範的存在以及人們對這些規範的遵守。如果有某一個人或一群人不遵守或超越社會規範時，他們就成為社會所必須加以管束或糾正的對象，在社會學裡稱他們為偏差者 (deviants)，他們所表現的行為即所謂**偏差行為** (deviant behavior)。

　　社會規範所牽涉的範圍很廣，它包括從最平常的吃飯飲食習慣，到作奸犯科的殺人放火行為。偶爾會聽人們說：「這人真怪」，意思就是說這人的行為方式跟社會一般人所遵守的規範不一樣，因此才讓他人覺得「怪」。偏差行為不一定是破壞性的行為，它可能只是與眾人不同的行為。

　　到底什麼才是偏差行為，什麼行為不算，事實上這並無一定的標準。有些行為在一個社會裡是允許或可接受的，可是在另一個社會裡卻可能被列為嚴重的偏差行為。譬如，我國人隨地吐痰成性，國人見之習以為常，不以為怪，但是在歐美國家，這種隨地吐痰的行為就是一種偏差行為。我國人對時間也不太注重，約好三點鐘見面，總是遲到，國人見怪不怪；在歐美國家，準時赴約就是一種基本的社會規範，人人遵守。偏差行為不僅在不同的社會裡有不同的定義標準，在同一社會裡也可能因時代的不同而有所不同。譬如，在 1970 年代以前，同性戀在美國社會裡是不允許的，也是很嚴重的偏差行為，社會有很嚴格的管制方式；但是在 1970 年代以後，同性戀已逐漸為美國社會所允許，雖然可能仍然有人反對，但已不太激烈。同樣的改變也發生在婚外性行為上，在早期美國社會裡，婚外性行為被稱

為通姦，可處死刑的；但在今日的美國社會裡，通姦這名詞已鮮為人所用。因此，偏差行為的標準也可能因時代的變遷而改變。

社會學家認為偏差行為並非因心理因素或生理天生遺傳所致，而是由社會所判斷訂定的。換言之，社會裡所指認的偏差行為者，他的偏差行為並非得自父母的遺傳，而是他本人在其所處的社會環境中染習而得的。社會學家再三強調這一點：偏差行為是習得的行為，而非遺傳行為。偏差行為基本上可分為四大類型：偏差行動、偏差習性、偏差心理、偏差文化。這裡將其一一介紹。

一、偏差行動 (deviant act)

係指那些必須用具體動作或行動才能完成的偏差行為。自殺就是一個很好的例子。只有當一個人動手殺死自己，才能算自殺，不然就不算；必須有自殺這個行動，才有自殺而死的這個結果。強姦也屬這一類型，必須以暴力的強迫性交行動，才構成強姦，這是無庸置辯的。其他的包括：搶劫、謀殺、通姦、武力叛亂等。

二、偏差習性 (deviant habit)

係指一些為社會所不認可的習慣嗜好。當然，每一個人多多少少都會有一些社會所不認可的嗜好興趣，偶爾犯之，無傷大雅；但是如果長久下來，積習成性，則為社會所不容許。社會可能強迫有偏差習性者改正或予以隔離。吸毒、賭博、酗酒、懶惰成性等都屬此類型。賭博，逢場做戲，偶爾玩之，其實沒有什麼大不了的，也算是一種消遣的方式；但如果好賭成性，可能導致傾家蕩產，甚至於家破人亡的悲劇，因此，社會必須協助這種人戒賭。吸毒、酗酒、惰性等都是幾種長期性的偏差習性。臺灣社會賭博成風是舉世聞名的。早先的六合彩，後來的炒股票，以及國人群赴美國各地賭城觀光皆與賭相關。不僅如此，國人的吸菸、喝酒的偏差習性亦相當普遍。根據行政院在 1995 年 4 月間的調查，15 歲以上民間人口在那一個月裡的抽菸、喝酒及吃檳榔的情形；有上述三項經驗的包括經常及偶

爾的：抽菸的達 27%，喝酒的 22%，吃檳榔的約 10%。如只指男性，這百分比更高，抽菸的超過五成，喝酒的超過四成，吃檳榔的接近二成。這些偏差習性尤以見於教育程度較低的和勞動階級。按照政府的資料，這些習性近年並未見消退。

三、偏差心理 (deviant psychology)

係指一些心理或精神不正常者的行為。這些人之所以為社會大眾指認為偏差者，乃是因為他們無法與社會上一般人有正常的互動或來往。我們常說這種人語無倫次、古怪、或胡言亂語，就是指這種人所表達出來的互動方式並未按社會所允許的行為模式，違背了社會互動的規範。

四、偏差文化 (deviant culture)

係指那些與社會正規文化所不同的文化，它可能是外來文化，也可能是該社會裡的次文化 (subculture)，在第六章討論團體時，曾提到團體的成員總是把自己的文化看成是好的，而其他團體的文化就是差的；也就是說把外來的文化看成偏差文化。東方人一談到西方的離婚率及性開放就搖頭，就好像他們的家庭制度要垮了一般。在東方人的眼中這些都是偏差文化。反過來看，西方人總認為有些東方人吃狗肉、蛇膽、熊掌或燕窩都是不可思議的野蠻行為，是偏差文化。偏差文化也指同一社會裡存在的不同的次文化，所謂次文化是指那跟社會裡大多數人所遵行的文化有所差異的文化。這種次文化在一個成分複雜的大型社會裡必然存在。譬如，在美國有不同的種族的次文化，舊金山及其他大城市的唐人街中國人的次文化在一般美國人眼中就是偏差文化。同樣地，在中國的苗族文化、藏族文化等都是中國社會裡的次文化。因此在一般人心目中也就當它是偏差文化。

第二節　偏差行為的特質

　　前面提過，偏差行為的標準是由社會所訂定的，因時、地、人的不同而有不同的標準。也就是說，如果沒有社會所訂定的這些標準或規範，也就不會有越軌行為，更不會有所謂社會上的偏差者。再進一步來講，即使有了標準或規範，如果沒有人來負責監督執行這些標準或規範，也就不會發現偏差行為的存在。社會學家指出每一個人其實都曾做過某些偏差行為，但是絕大多數的人之所以沒被認為是偏差者是因為他們所做的偏差行為未被人發覺，即使被發現了卻未被處理而已。社會訂定了許多規範及法律條文，社會成員明瞭行為及懲罰的標準。同時，社會也設有專人來負責執行這些規範的遵守；通常是警察或治安機構。這些規範由誰來訂定，誰會被定名為偏差者，以及其懲罰及控制的程度都深受社會組織的影響。

　　社會學家指出，雖然許多社會規範是由習慣性的風俗文化長期流傳下來的，卻仍有不少是由社會上有權有勢的人所訂定，而警察或治安人員也常常受雇於這些有權有勢的人，為保護這些人的利益而執行任務。舉個例來說，政府過去曾再三嚴禁迎神拜拜，認為這種宗教行為是迷信，是不良風俗。實際上，可能因為上流社會裡的人不參與這些活動，或政策制訂人中有基督教徒，不信神佛，因此乃訂定規律嚴禁迎神拜拜的活動，而警察與治安人員則據此而取締。

　　社會學家用**標籤** (labeling) 的概念來描述偏差者之認定。所謂標籤是指在一個人或一群人頭上加一個罪名，把這人認定為偏差者。中國人常講的「扣帽子」實際上就是社會學者今日所稱的「標籤」。這種扣帽子或加標籤的標準是不一定的，完全依人而定，尤其是依在上有權有勢的人的標準而定。至於所加諸於人的標籤或帽子是否正確公平，則並非緊要。前面曾經提過，社會裡的大多數人不僅有偏差行為的傾向，而且也常曾經親身做過，只是由於未被人發覺或未曾接受處罰，因此就不算是偏差者。換句話說，

標籤尚未施諸於這些人身上而已。一個人可能偷、盜、搶，或作奸犯科，但因未被標籤，故在社會上仍然逍遙自在，跟平常人一樣；但是另外一個人可能毫無緣故地被社會標籤為小偷、盜賊，或偏差者，因此無論他是否真的犯了這些錯，因標籤已上身，就是跳進黃河也洗不清。為提供較清楚的介紹及說明，特將標籤的過程列於圖 7-1。

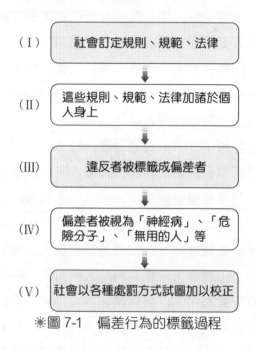

（Ⅰ）社會訂定規則、規範、法律

（Ⅱ）這些規則、規範、法律加諸於個人身上

（Ⅲ）違反者被標籤成偏差者

（Ⅳ）偏差者被視為「神經病」、「危險分子」、「無用的人」等

（Ⅴ）社會以各種處罰方式試圖加以校正

※圖 7-1　偏差行為的標籤過程

　　在研究偏差行為時，持標籤論的社會學家所注目的重點不在那個人或偶爾發生的偏差行為。這一類偶爾發生的偏差行為被稱為：**初級偏差** (primary deviance)。他們研究的重點在那常出現，並已成習慣的偏差行為，且已使個人成為偏差者。社會學家稱這一類為：**次級偏差** (secondary deviance)。當某些人重複違反社會規範，再三地做所謂的壞事，標籤論者欲發現為什麼這些人不能遵守社會的規範。

　　標籤論者認為社會裡的下層社會階級違法事件頻率較高的原因並不在這些人本身；而是因為他們的行為方式或社會次文化跟上流階級有所不同之故，因而被認定為偏差者。不僅如此，標籤論者又指出即使上流階級者

犯了錯，並不一定就會被列為偏差者或受處罰；因為一方面法律和規範是上流階級訂的，而另一方面他可能得到其他上流階級裡的友儕的袒護。社會學家稱這種上流階級所犯的偏差行為為「**菁英偏差**」(elite deviance)。例子包括：政治欺瞞、盜用公款、操縱股票市場、壟斷商業交易、貪汙、經濟犯罪等。

第三節　偏差行為的後果與控制

雖然偏差行為是一種違反社會規範的行為。但是事實上每一個社會都多多少少能容忍部分的偏差行為之存在而不至於使社會解組。偏差行為的後果實際上有正負兩面。在負的方面來講，偏差行為可能減低社會的效率。當一個社會有了太多的偏差者時，該社會就很難維持正常的活動和運作。犯罪就是一個很明顯的例子。當一個社會有太高的犯罪率，不論是對人的暴力犯罪，或是對物的財產犯罪，這個社會必定沒有秩序而混亂，甚至導向社會之解組。然而整體來說，偏差行為對社會仍有其正功能。

偏差行為的正功能有下列五項：

第一，偏差行為雖是不正當的，然而，在某些情況下，它能提高一個組織或團體的效率。當今社會團體逐漸繁大複雜，需依「官僚制度」來運作，以達最大效率；但是，官僚制度常變得太繁，規矩特多，依正常的規則辦事，總會拖拖拉拉；如果繞個彎來辦事，雖是違規，卻能推展效率，事情辦成。譬如，政府一個機構準備派人出國進修，按照正常的作業程序，分層請示批核，可能要拖上一年半載，趕不上時效。在這種情況下，這機構可能先把人送出去進修，然後再補辦手續。這樣做雖是違規，卻較有效。這類的偏差行為對組織或團體是有正功能的。

第二，偏差行為可能給社會提供一個緩衝的餘地。在社會裡總有些個人的需求是無法獲得滿足的。如果社會管束得太嚴屬，則可能導致個人的精神崩潰或社會性的暴動與革命；只要這些需求或行為表現不是太過分，

雖然是偏差行為，社會就可睜一隻眼閉一隻眼的裝作看不見或容忍下來。娼妓的存在就是一個例子：其存在滿足了一群未成婚無配偶者的基本性需要。不然，這些人為了滿足他們的性需求，找不到發洩地方，導致強姦善良婦女，反而造成更大的社會問題。另外一個例子是男人的眼淚：在一個強調男人勇猛陽剛之氣的社會裡，眼淚象徵軟弱；流眼淚，尤其是在他人面前，決不是男子漢的行為模式。可是在某些情況下，例如，父母親人過世時，流淚能使人發洩悼念父母親人之悲痛；如果積悶心中，反倒會導致更大的心理創痛。在這種情況下，男人的哭泣也就為社會所容許了。偏差行為發揮了一種緩衝的作用。

第三，社會規範的準則有時候並不明確清楚。即使有心要順從規範，卻不知其所以然，也可能不知道其範疇何在。等到有人超越了這界限而受到懲罰，我們才知道原來如此。例如，每一個機構都會要求其職員不可私用公家財物儀器，往往這規矩到底包括哪些財物儀器並未明白列清楚，到底是指公家的交通工具、電腦、電話、郵票，還是指文具等小東西呢？很多職員常常把一些公家東西帶回去用，習以為常，認為沒什麼大不了的事。一直到有一天，機構把一位帶文具回家用的職員加以申誡，其他職員可能才恍然大悟，原來拿文具回家用，也不可以。偏差行為的發生與受處罰因此指出了越軌的標準何在，把可以做的和不可以做的行為界限劃清楚，定下了明確的定義。

第四，一個團體或社會有時會因為偏差者的出現而更團結，人們會集中團體力量全力對付該偏差者，並設法改變那個人；同時，由於偏差者的出現，團體對遵守規範的成員更加愛惜和讚揚。譬如，在一個大都市的公寓大樓裡，十幾戶的人家平常不怎麼來往，彼此談不上什麼交情。但是最近公寓裡有幾戶連續遭竊，損失不少財物。因此，人心惶惶，全公寓大樓裡的住戶聯合起來組織一個守望相助的小組，分班巡察，防範小偷。在這種情況下，偏差者（小偷）的出現，使得本來互不來往的鄰居團結起來共同對付偏差者。

第五，偏差行為的出現是一個團體或社會的示警信號，它代表著某種

問題的產生。引起團體的注意，並設法糾正或另訂規範。譬如，一個學風很好成績優秀的學校，突然發生很多學生逃學不來上課的現象，引起學校當局的注意，尋求原因，設法解決這問題，恢復學校以往的學風。在這種情況下，逃學是一種偏差行為，也是有問題的示警信號，使學校能及時設法解決問題。

雖然偏差行為對一個團體或社會有正反兩面的功能，社會總是要設法加以控制，以維護社會規範之遵行與社會之整合；到底偏差者的存在總會影響或甚至破壞社會的秩序。社會控制 (social control) 就是用來對付偏差者的一些方式或手段。主要的社會控制方式包括下列幾種：

一、社會化

社會學家指出大多數的社會控制方式是自制 (self control)，也就是不需假手他人而能節制自己行為。社會化本來就是一種把個人訓練教育成一個社會所期望的標準性格型態的人的過程。在社會化過程裡，人們把社會規範內涵化 (internalized) 到個人人格裡，成為人格的重要指導原則：知道哪些行為是可以做的，哪些是不可以做的，在什麼時候該怎麼做；以及避免做出社會所不允許的行為。兒童時期的社會化是個人人格發展期中最重要的一段時期，如果在這時期裡，一個人所遭遇的人際關係不理想，就會影響到他成年後做出偏差行為。有研究指出：沒有父母或從小被父母虐待的兒童將來最容易成為行為不良的偏差者。不適當的社會化是造成偏差行為的最大原因。如何加強兒童社會化也就成為每一個社會主要課題之一。心理學家皮亞傑 (Jean Piaget) 的道德成長論在這一方面有很重要的貢獻。他指出兒童的道德成長包括兩個主要階段：節制道德與合作道德，而每一個階段皆受三種相互關聯的變數的影響：

1. 兒童人格成長的程度：自我中心的或自制的。
2. 規則的性質：強迫性的或理性的。
3. 兒童與他人的人際關係環境：節制的或合作的。

皮亞傑對三者間的相互關係的論點可由下圖 7–2 看出。

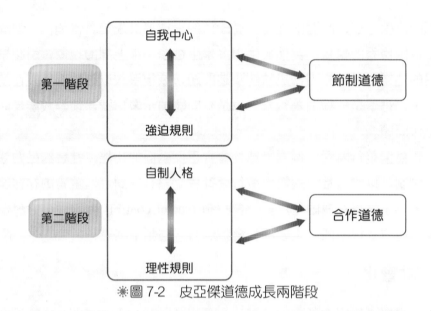

※圖 7-2　皮亞傑道德成長兩階段

　　道德成長論的第一階段包括有自我中心的人格，強迫性規則與節制道德。在這一階段裡，兒童尚無法跟其他人合作，遊戲項目亦多模仿，而且很聽從大人們的意願：兒童腦部的發展尚未完全，其推理，瞭解的能力尚弱，對自己的行為還不清楚，不知為何，或為誰而做。在這階段裡，服從既有的權勢規則是其特點。在第二階段的發展裡，自治獨立性人格逐漸出現：大人的權威減少，而友儕團體內的合作程度增加，他開始懂得尊重自己也尊重他人。兒童對規則的服從是由於瞭解其涵義，而非被強迫或懼怕。理性規則扮演一個很重要的角色。

二、非正式團體的壓力

　　這是指友儕團體的壓力，特別是在青少年時期。許多不良少年之所以做出某些偏差行為乃是因為希望獲得其他友儕團體成員的許可與容納：大多數的青少年偏差行為很少是一個人單獨做的，而常是由年齡相當的一群人一起做的。譬如，一個本來很用功成績又好的中學生，因為想獲得其他同學的友情或容納而放棄用功讀書的機會，以便使自己變得和其他的人一樣。這種偏差行為的產生就是因為他認為自己的行為跟團體其他成員行為

有差異，於是改變自己行為以獲取其他人的許可。社會學家指出這一青少年時期友儕團體的壓力遠比父母家人的意見更有影響力。成年人也是一樣。這友儕團體可能是我們的鄰居、同學、同事、遊伴等比較合得來的人。成年人的行為多少還是會受友儕團體的影響的。譬如說，公司裡的同事大家都喝茶，只有你一個人喝咖啡，那麼你自然而然地會改喝茶，跟大家一樣，不希望成為公司裡同事眼中的怪人，道理是一樣的。友儕團體的行為影響力既然不算弱，那麼就可利用友儕團體的壓力使偏差者改邪歸正。常常有人不聽父母教訓，而朋友的勸說反而有效，這就是友儕團體影響力的運用。因此，友儕團體和其他類似的非正式團體的壓力是很重要的社會控制方式之一。

三、獎賞與懲罰

獎賞是對遵守社會規範者給予物質金錢或聲響上的報酬。懲罰則是針對偏差者的管束，可能是有形的，也可能是無形的處罰。每一個社會裡總有些聖人或民族英雄，讓人崇拜，這些人做到了社會對他們的期望而受到特別的推崇。在傳統中國，關羽之所以受後世尊敬，奉為聖人神者，就是因為他表現了中國人的武德，忠於朋友和國家。柳下惠之受褒揚，亦正因為他堅持古訓坐懷不亂的君子美德。另外，公司企業給予表現優良職員獎金或升等，學校給予成績特優學生保送升學優待、表揚「好人好事」，「模範母親」，「模範工人」或僅僅只是誇獎一番，都是獎賞對規範的遵守及超越的表現。

懲罰的目的在於提示社會成員違反社會規範可能付出的代價，希望人們因害怕受懲而遵守社會規範。法律的存在就是明白告示人們哪些是不可以做的，哪些會受到懲罰，以及懲罰的方式及輕重。懲罰可能是無形的，例如將受處罰者孤立而不與互動。美國西點軍校對違反校規，而又不願自動退學的學生有一種所謂「沉默的懲罰」方式，就是不准（雖無明文規定）其他學生跟犯規者講話。通常懲罰是有形的，如關監坐牢、罰款，或只當眾申誡而已。一般來說，越被社會尊重的規範，違反者的懲罰就越嚴重。

上面所列舉的三種主要社會控制方式裡，社會學家再三強調最重要的
應該是社會化；這是治本的方法。然而，社會化對一個已經違規的偏差者
卻發生不了緊急的補救功能。於是，大多數的社會都是以獎賞與懲罰作為
社會控制的最直接而又最符合短期需要的補救方式。正式懲罰的根據是法
律規條，懲罰的執行人員則是警察、法院，或其他治安人員。

懲罰是一種事後的校正方式，因為它的執行者是警察、法院，或其他
治安人員。如果這些人員不知道犯罪案件或偏差行為的發生，他們也無從
著手處理。即使報了案或經警方破了案，礙於法律規條程序，警方或法院
常不能起訴或給予處罰。在美國，曾有個全國性的抽樣調查，其中發現在
2,077 名受害者的犯罪案件中，只有 49% 報警；換言之，超過一半的事件
未曾報警。在不到一半的報警的事件中，警察人員到現場查案的有 77%；
其餘雖登記有案，警方卻未到現場查看。在警方查案的情況下，有四分之
一的事件，警方認為「犯罪案件」不成立；四分之三被認為是犯罪事件中，
只有 20% 將犯人加以逮捕。在所有被逮捕者中，42% 送審，而最後僅其中
約一半，52%，得到應有的判決。換言之，在這兩千多名的受害者的案件
中，只有 26 件得到應得的判決，其百分比為 1.3。茲將此比率以圖表示之，
見圖 7–3。

	無		有	實際案件	占總數之%
向警方報案	51%		49%	1,024	49%
警方來查案	23%		77%	787	38%
認定是犯罪案	25%		75%	593	29%
逮捕	80%		20%	120	6%
開庭審判	58%		42%	50	2.4%
審判結果	太輕48%		52%	26	1.3%

※圖 7-3　美國 2,077 件犯罪案件處理情況

　　這種偏低的報案率也出現在臺北市竊盜的研究中。該研究中，發現只有 46.8% 報警處理；超過一半的受害者未報警。報警後能破案的大約只有 22%，換言之，就是報了案，也只有五分之一左右能破案。這種偏低的破案率自然而然減低了受害者報警的熱誠，因為大多數人相信報了警也沒有結果，何必多此一舉。這種大犯罪數字而小懲罰人數的現象，通常被稱之為**葷狀雲效果** (funnel effect)，因為它的分布現象很像龍捲風的葷狀烏雲，頭大體小。這景象如圖 7–4。

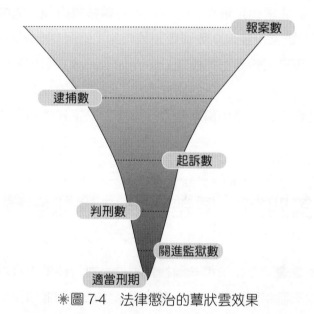

※圖 7-4　法律懲治的葷狀雲效果

　　社會對偏差者的處理方式總是將其隔離，希望藉隔離對偏差者給予再教育和再社會化的機會，而成為一個正常被社會接受的人。犯罪者是比較嚴重的偏差者，於是社會設立專門的隔離機構來收容和教育這些人。監獄就是由各級政府所設立之專門隔離、收容，以及再教育犯人的機構。因此，監獄的主要目的通常包括：將犯人從正常社會中隔離；處罰犯人，限制其活動範圍和自由，這是犯罪的代價；重新教育犯人使其在獄期滿後能恢復正常的社會活動。雖然大多數的犯罪學家都認為目前的監獄方式在世界各國並不是最有效的方法；然而事實上，它比其他方式還更人道些（總比把

每一個犯人都槍斃的好），還較經濟些（由政府集中統一管理犯人，總比任其逍遙法外更少威脅，社會整體所付的代價更少些）。不過最近許多國家都有監獄人滿為患的困難，尚未想出其他解決的辦法。

隔離通常以依據法律條文來訂定和執行，這是所謂的**正式控制** (formal control)。依賴正式控制的方式來約束社會成員的行為是非常費時的，也會耗費社會大量的資源。它對偏差行為的控制只在治標，而不能治本；是一種不得不採用的方法手段。有資料可證明：美國的監禁人口比例屬世界最高者之一，其犯罪率也是最高者之一，可見監禁隔離並未能發生嚇阻的效果。同時，犯罪學家也發現在美國數州恢復判「死刑」並未減少暴力犯罪。

大多數的學者相信**非正式控制** (informal control) 較能治本，例如：團體的壓力，父母的管教，社會化的影響等等。非正式的控制能鼓勵人們自動自發地遵守社會規範，避免偏差行為。這要比以正式控制來懲罰犯罪者來得有效。

第四節　偏差行為之理論解釋

偏差行為普遍地存在於每一個社會裡是不可否認的事實。它對社會的危害的程度雖不盡相同，每一個社會總設法加以控制並糾正。社會學家、心理學家，以及其他有關的科學家對偏差行為的研究與解釋都相當地重視。大致上來講，偏差行為的理論解釋可分成三類：生理學的、心理學的、以及社會學的解釋。

一、生理學之理論解釋

此理論的著重點在於尋求偏差行為者的生理或體質上的差異特徵，尤其是強調遺傳因素之重要性。持此理論者相信偏差行為是與生俱來的，偏差者是遺傳的。最早的生理學理論是義大利醫生龍布羅索 (Cesare Lombroso) 提出的。他花了很長的一段時間測量分析義大利監獄裡的犯人，

發現這些犯人有一種類似動物的非人體態，他指出這些犯人在頭、臉、髮等體形上都跟正常人不同，而這些特質是經由遺傳得來的。另外，美國的謝爾敦 (William H. Sheldon) 與其同事亦曾經發現體形與個人性格行為有關。他們把體形分為三類型：圓胖型 (endomorphic)、瘦長型 (ectomorphic)、健壯型 (mesomorphic)。圓胖型的人偏向安逸舒適性格；瘦長型的人比較嚴肅、守祕、拘束性格；健壯型則肯定、活潑、無視他人之感覺。在一項針對一群不良少年的研究中發現，健壯型的青少年較常成為不良少年，其解說是：這種體型的人容易發怒，常發洩怒氣而做出偏差行為。

二、心理學之理論解釋

心理學家依其理論常強調父母的角色和兒童在幼年時的經驗是造成偏差行為的主因。心理學家認為成年偏差者之行為在幼年時期就已深植，既非遺傳因子，也非後來的社會環境的影響。偏差者乃是心理上有疾病的人，在幼年時期曾遭受情緒上的挫折或損傷。心理學之理論解釋主要來自心理分析論 (psychoanalytic theory) 和行為論 (behavioral theory)。心理分析論認為偏差者沒能有效的控制自己的「潛意識」(unconsciousness)，而這部分正是人非理性思想感覺之所在。每一個人都有偏差行為的傾向，大多數的人都能不違規，就是因為超自我有效地壓抑了非理性的潛意識。行為論則認為人們常依報酬與懲罰的計算來調整自己的行為。偏差者通常認為偏差行為對其本人是有報酬的行為。一個不良少年可能僅僅為了獲得同伴的稱讚羨慕而偷竊、逃學，或吸毒，因為被友儕的稱讚羨慕對他來講是一種報酬，值得以任何代價來換取。

三、社會學之理論解釋

社會學家在研究偏差行為時，常把重點放在社會結構上。涂爾幹在他的社會學研究雖只專注於犯罪行為，但他的結論卻可應用在所有的偏差行為上。涂爾幹認為社會中發展出的一套懲罰體制，不論是正式的或非正式的社會控制，都能協助社會成員做社會所能接受、所允許的行為；間接的

就促進了社會的穩定。涂爾幹 (Emile Durkheim) 最早介紹了「迷亂」(anomie)
一詞，用以形容當社會對個人行為之控制無效時所產生的一種失去了方向
的感受。迷亂也指一種「無規範」(normlessness) 的狀況，尤其是指一個社
會在經歷急遽的社會變遷或動亂的時期。例如經濟瓦解時，人們會變得衝
動或消沉，再加上「無規範」的狀況，這就可能導致較高的暴力型的犯罪
率及自殺率。

墨頓 (Robert Merton) 將迷亂的概念應用在美國社會裡，他借用涂爾幹
的觀點來解釋人們為什麼會接受（或拒絕）社會所提供的能為社會所接受
及允許的方式來達到生活的目標。墨頓認為美國社會中的一項重要的文化
目標是「成功」；而美國社會是以金錢的數目來衡量一個人的成功。社會不
僅指出人生的目標是追求財富，同時還提供追求這目標的特殊方法及手段：
上學，得好成績；工作，努力勤奮；不半途而廢，把握機會等等。那麼，
社會成員對這強調以財富來衡量成功，以及對所提供的方法有什麼樣的反
應呢？墨頓認為社會成員的反應有數種，或是遵從或是反抗。他指出：由
於社會指引其社會成員追求財富的價值觀念跟社會所提供追求這目標的方
法手段之間有差距；因而導致一種迷亂，無所適從的現象：社會一方面鼓
勵其成員追求某一目標，一方面卻未能提供給每個成員獲取該目標的手段
及方法；那麼，部分的成員只有違反社會之規範才能達成其目標，做出被
社會所認為的偏差行為。

墨頓依此發展出五種基本的適應方式，此即所謂的「偏差迷亂理論」。
這五種方式是：遵從、創新、形式主義、退縮及反叛。採用第一種方式的
是遵從 (comformity)，他們不是偏差者，是社會的骨幹，他們按照社會所允
許的方法手段來獲取社會所鼓勵追求之目標。除了遵從者之外，採用其餘
的四種方式的人都算是偏差者。第二種方式是創新 (innovation)，為了追求
社會所允許的目標，他們不惜任何手段，甚至違犯法規。採用第三種方式
的是形式主義 (ritualism)，這種人呆板地，執著地遵守社會所提供的已制度
化的方式，至於是否能致富，達成目標變得不重要：工作變成生活的一部
分，而不是為追求成功。第四種方式是退縮 (retreatism)，他們對遵守社會

之規範無興趣，對追求成功的目標也無心，醉生夢死，無所事事。採取第五種方式是反叛 (rebellion)，他們不以現有的規範為手段，並追求社會所不允許的目標。反叛者可能是由第一類的遵從者轉變來的，也可能由第四種的退縮者改變來的。遵從者在依正規方式達到一切社會所期望的目標後，反去追求其他社會所不允許的新目標；而退縮者可能在腦子清醒以後決定厭棄現有的制度規範，試圖另創新的局面。這些都代表著一群社會成員欲追求一個完全不同的社會秩序，試圖建立一個新的社會體系。墨頓的五種類型的適應方式依其接受或抗拒社會所提供的方法及制度化了的目標列於表 7–1 以做比較。

※表 7-1　墨頓的偏差行為論

類　型	社會規範內之方法手段 （勤奮工作）	制度化了的文化目標 （獲取財富）
非偏差者： 　1.遵從	＋	＋
偏差者： 　2.創新	－	＋
3.形式主義	＋	－
4.退縮	－	－
5.反叛	±	±

註：「＋」表示接受，「－」表示抗拒，「±」表示採取新的手段或尋求新的目標。

　　墨頓強調上述的五種類型是為瞭解釋人們常採用的方式，而不試圖解釋五種類型的社會成員。黑道裡的領袖可被列為創新者，但他也可能上廟燒香拜佛，或上教堂做禮拜；更可能鼓勵其子女做個遵從者，求學上進，進一流的大學。即使那受人尊敬的模範公民，偶爾也會開快車，或少報點稅。墨頓指出，同樣一個社會成員，在不同的情境下，可能採取不同的調適方法，由一個類型移往另一類型。偏差行為，在墨頓的理論裡可以被解釋為一種社會所造成的行為，而非一種常態的心理衝動。

　　社會學偏差行為理論中另有一支叫「**文化傳襲論**」(cultural transmission theory)。該理論強調人們在各種不同的情況下學習著如何行動，包括適當

185

的或不被社會接受的行為模式。社會成員在跟其他成員互動的過程中學習了偏差行為；不僅是違反規條的行為本身，還包括了偏差行為的動機、方式及理由。文化傳襲論還試圖解說為什麼人們會有一些習慣性的，危害生命的，能上癮的行為習性如抽菸、酗酒、吸毒及賭博等；人在跟較親近的家人、友儕，或初級團體分子的互動中學得了某些行為的定義，是好還是壞；我國人俗稱「近朱者赤，近墨者黑」是同樣的道理。在一個偏差者聚集的地區或團體裡成長的人常會是社會中的偏差者。一個在貧民窟生長的孩子，往往感染偷竊的習慣；實因在貧民窟裡，偷竊是常見的求生存的行為，其他成員都如是，不足為怪。

社會學偏差行為理論尚有「標籤理論」(labeling theory)。在本章前半部中已討論過標籤理論。它主要在強調一個偏差者之所以被社會所不容，是因為他已被標籤成那樣的一類人。標籤理論把重點從「對偏差者偏差行為的解釋」轉移到「對那能給人標籤，扣人帽子的有權勢的在上者的研究」。該理論在近些年來聯合了衝突理論，已成為有深度的偏差行為理論。

當前對偏差行為的解釋，主要是由心理學及社會學兩方面的觀點來進行；生理上的解釋，由於科學的證據不足，較未被學者所重視。社會學的解釋主要還是認為人的偏差行為不是先天的，也不是人的心理缺陷，而是在社會環境的薰陶下產生的。社會互動是解釋偏差行為的主要重點概念。

功能論者所持的觀點是：這種經由互動而取得的偏差行為之所以發生乃是因為社會結構部門之間發生失調的現象，由於社會體系之間在協調上發生了問題，以致人們才有機會在互動過程中學習到偏差行為。雖然功能論者並不認為偏差行為是可以完全避免的，但是他們相信只要社會體系運作能正常，偏差行為就會相對減少。

第五節　犯罪的類別及現狀

偏差行為如果觸犯了法律，就會由執法機構來處置。社會裡犯罪數字

常是該社會治安穩定的一個指標。犯罪的資料常是透過政府的執法機構來發布。在美國，聯邦調查局（Federal Bureau of Investigation，簡稱 FBI）每年公布其《統一犯罪報告》(Uniform Crime Reports)。這是該局每年依據各地警察單位彙報所整理的統計報告。《統一犯罪報告》把主要的犯罪項目分成二類：**暴力型犯罪** (violent crime) 及**財產型犯罪** (property crime)。目前，美國社會及學術界已普遍接受這種分類，並以此作為對美國社會犯罪及治安現況瞭解的主要資料，也用以做社區間的比較及對未來趨勢的推測。暴力型犯罪包括強姦、殺人、搶劫及傷害四項；財產型犯罪則包括竊盜、偷盜、偷車等三項（若包括縱火則為四項）。

最近十多年，美國的犯罪率有逐年下降的現象，暴力型犯罪率由 1995年每十萬人的 684 件降低到 2005 年的 470 件；財產型犯罪率在同一時期間亦由 4,590 件降到 3,430 件。茲舉 1985、1990、1995、2000 及 2005 年的統一犯罪報告資料於表 7–2，以供參考。

※表 7-2　美國犯罪率（每十萬人口件數），1985–2005

	1985	1990	1995	2000	2005
暴力型犯罪	558	730	684	507	470
殺人	8	9	8	6	6
強姦	37	41	37	32	32
搶劫	209	256	221	145	141
傷害	304	423	418	324	291
財產型犯罪	4,666	5,073	4,590	3,618	3,430
竊盜	1,292	1,232	981	729	727
偷盜	2,911	3,185	3,043	2,477	2,286
偷車	463	656	560	412	417

資料來源：*Uniform Crime Reports*, FBI, 2006。

有些學者指出，聯邦調查局的《統一犯罪報告》並不能準確地代表美國犯罪的實際情況。其提出的原因很多，例如：第一，各地警方在犯罪的記錄和處理方式上的標準並不完全一致；某些地區，因社區的要求和反應，較注重某項特殊的犯罪項目，而忽略了其他項目；第二，警方及治安單位

往往會以多報少，以炫耀地方上治安的改善；或以少報多，以爭取地方上或聯邦政府的警政經費；第三，受政府政策的影響而專注某項犯罪類型，例如政府全力肅清菸毒，於是販毒和吸毒的案件增加，破案率也就高，而其他項目的犯罪就被忽視了。

為了補救上述的缺點，美國司法部統計處每年對受害者舉辦一年一度的調查訪問，稱之為「全國受害者調查」(National Crime Victimization Survey)，試圖訪查出一些未曾報警的案件及受害者的人數。由長期趨勢的角度來看，聯邦調查局的報告及司法部的調查資料相當接近；但是在數目上，則兩者相差甚大。例如，1992 年的兩項資料中發現只有 39% 的受害者曾經報警；換言之，有六成的犯罪事件未報警處理，於是就未記載在聯邦調查局的報告內。尤其是損失較輕微的財產型犯罪；暴力型的犯罪由警方處理的百分比較高。偏低的報警數字，不僅僅受犯罪類型輕重的影響，也因受害者的性別及族群背景而有所影響。

社會學家在分犯罪類型時，並不只依法律條文來分類，而是依其如何犯罪，以及社會對這些犯罪的看法及反應來分類。大體上，社會學將犯罪分成：職業性犯罪 (professional crime)、有組織的幫派犯罪 (organized crime)、白領階級犯罪 (white-collar crime)，以及所謂的「無受害者的犯罪」(victimless crime)。

一、職業性犯罪

某些人將犯罪行為表現在日常生活中，像把犯罪當成一種職業；並以此種行為取得其他犯罪者的尊敬，就像職業球員把運動打球視為專業一般，如果成績表現優異，手藝高超，還會被同行敬重。職業性的犯罪者常各有專長，或精於竊盜，或是偷車，或是開保險箱等等。由於專精其門道，他們常能免於被抓或被判刑，於是在這分他們自己選擇的「職業」中長期生存。還像其他專業一樣，他們彼此相互傳達信息，互換心得。

二、有組織的幫派犯罪

這是一種地下的非法組織，其犯罪行為可能包括賭博、販毒、賣淫，以及其他不合法的活動。這些組織團體控制了國際間的不合法活動，就像合法的跨國公司控制著傳統的商業活動般的運作。這些幫派常已取代了合法的商業活動，爭取到腐敗官吏之合作，向商人索取保護費，甚或已滲透到了警務界。所謂的「黑道」就是這種幫派組織的別名。

三、白領階級犯罪

這是指有地位的，受尊敬的白領階級人物在日常商業運作中所做的不合法行為。目前，此詞不僅只指個人，而且已擴展到公司組織所犯的不法行為。例如：逃稅、賄賂、盜用公款、不實的廣告、欺騙消費者、控制證券市場等，以及最近才開始的高科技所導引的侵犯他人的經濟商業資料等。白領階級的犯罪在近年來已有顯著的增加。然而，這類的犯罪者所受的懲罰遠不如「暴力犯」來得重，即使被判刑，也會較輕。

四、無受害者的犯罪

不像其他的犯罪行為，侵犯傷害到受害者的身體或財物，無受害者的犯罪是指人們在交換那不合法，卻受歡迎的物品或服務時，不傷害到第三者，例如：酗酒、吸毒、賭博、嫖妓等。然而，許多人認為除了當事人以外，這些不合法行為不會有其他的受害人；所以，這類行為應該是無罪的、不犯法的。警務人員應全力去辦理解決其他的犯罪行為，以及協助那些受害者。

中華民國臺灣地區的犯罪資料主要來自內政部警政署，其分類方式主要可分為刑事案件及民事案件。刑事案件包括：⑴暴力型犯罪：殺人、重傷害、強盜搶奪、擄人勒贖、恐嚇取財及強制性交等；⑵竊盜：一般竊盜、汽車竊盜、機車竊盜等；⑶賭博；及⑷毒品。

近年來，臺灣地區的治安一直讓人有日益惡化的感覺。許多民意測驗

中也發現治安是民眾最關心的項目。依政府的統計資料來看，1966年臺灣地區每十萬人口的刑案數是359件，1986年以來大幅增長至930件，2006年已高達2,247件。其中以竊盜案增加最為顯著。不過2008年似有下降趨勢。詳細趨勢見表7-3。

※表7-3 臺灣地區刑事犯罪趨勢（件／每十萬人），1966-2008

年　別	刑事案件	竊盜案件	暴力犯罪
1966	359	241	－
1971	243	132	－
1976	269	117	－
1981	285	160	20
1986	930	699	33
1991	1,487	1,105	42
1996	2,133	1,631	79
2001	2,197	1,513	64
2006	2,247	1,234	54
2008	1972	910	35

資料來源：《中華民國臺灣地區社會指標統計》。

　　誠如前述，政府的犯罪統計資料總有偏低的現象。因為：各地治安機構的統計資料蒐集並不一定確實；有相當大數目的犯罪受害者並未報警，特別是竊盜和強制性交受害者；另外有些案件是由檢察官直接起訴，並未經手警政機構；情治單位的黑箱作業亦隱藏了一些案子。

　　從歷史的角度來看，臺灣在1970年以前的治安可以說是相當不錯的；由1970年代中葉到1980年代中葉經濟犯罪曾給臺灣帶來了鉅大的震撼。主要的案件有 1979 年松山鋼鐵廠股份有限公司常務董事與宏伸開發公司董事長鄭文彬的詐財十億元；葉依仁 1979 年潛逃出國，詐財 3 億 4 千萬元；1980 年葉典雄 5 千餘萬元詐財；賴榮三和賴陳松香夫婦在 1983 年詐財 7、

8 億元以及楊雲敏同年的詐財 5 億元等案最為社會所關注。這一時期內，李師科搶劫臺北市古亭土地銀行分行則是臺灣第一件搶劫銀行的大案件。此後，搶劫金融機構，時有所聞。如果仔細觀察上表，可以發現 1980 年代的刑事案件有急增現象。雖然這增加的主要原因按照警政署的說法是在 1986 年開始將機車竊盜計算結果所致，但由 1981 至 1986 五年間刑事案件發生率增加三倍有餘，爾後十年至 1996 年刑事案件又增加了二倍。1980 年代中葉至 1990 年代臺灣地區的犯罪則以貪汙對社會人心影響最大。金錢與權力掛鉤，官商勾結，蔚成風氣。主要案件包括：1988 年間發生的榮星花園案，1989 年法務部長蕭天讚為第一高爾夫球場的關說案，1992 年捷運工程「十八標」案都曾經給臺灣社會帶來鉅大的震撼，而選舉期間的賄選金錢遊戲更是人所眾知。

　　依內政部警政署所發表的資料，臺灣地區的暴力犯罪事件增長得非常快，其中最明顯的增加是在 1995 年及 1996 年間的強盜搶奪案件。以往強盜搶奪所占暴力犯罪的百分比一向都低於 50% 以下，在 1995 年突然案件增高後，它占暴力犯罪的七成，雖然，1997 年後，其案件數有下降的趨勢，但仍占約六成。政府的資料在 2006 年強盜搶奪仍有 9 千餘件。其他的暴力犯罪，如恐嚇取財及強制性交在 2000 年以前亦有劇增的趨勢。至於 2000 年以後各項暴力犯罪皆呈消退，不過仍居高。

　　在 1980 年代以後，另一項偏差行為在臺灣地區造成一令人注意的社會問題：毒品犯罪。濫用藥物案件日增，嫌疑人數自然也增加。警政方面查獲的毒品也一躍千里。例如 1992 至 1994 年間，每年起訴人數高達 4、5 萬人，所查獲的毒品都在 3 千到 7 千公斤。例如 1993 年查獲第一級毒品（海洛英、嗎啡、鴉片及古柯鹼）曾高達 1,072 公斤；1994 年查獲第二級毒品（罌粟、MDMA、大麻、安非他命及安非他命半成品）更高達 6,852 公斤。這情況近年來雖已緩和，但 2003 年因毒品被起訴者仍有 1 萬 5 千人，所查獲第一級毒品 533 公斤，第二級毒品 7,326 公斤。可見第二級毒品是目前的重點。

※表 7-4 常見濫用藥物種類及毒害分類表

區　分	種　類	藥理學上分類	身體上症狀及行動	毒　害
麻醉藥品	鴉片 嗎啡 海洛因 美沙酮	中樞神經抑制劑	因中樞神經抑制，而產生幸福感及陶醉感，身體調節功能喪失，瞳孔縮小、流眼淚、流鼻涕、惡寒、發汗、食慾減退、瞌睡、愁眠、呆滯、體重減輕	精神性依賴（精神性渴望：習慣性），身體上依賴（身體上渴望：中毒性），內省、禁斷症狀、感染、膿瘍、破傷風、肝炎、呼吸麻痺、死亡（過量使用時）
	古柯鹼	中樞神經興奮劑	興奮、瞳孔擴散、不安、焦躁、抖動（發抖）	強烈地精神依賴、精神混沌、目眩、感情抑制、痙攣、死亡（過量使用時）
幻覺劑	大麻	中樞神經興奮或抑制劑	眼球出血、口腔乾燥、好辯（話多）、笑、陶醉感、幻覺、時間及空間之歪曲、錯亂之知覺	精神性依賴之可能性，因空間歪曲而造成意外
	L. S. D. Mescaline		不安、焦躁、陶醉感、感情抑制、瞳孔擴散、錯覺幻想、幻覺、知覺僵化、知覺歪曲、噁心、劇吐、無法預測之行動、恐慌或恐怖之精神病反應	精神性依賴之潛在性及耐藥力，精神異常及可能長久精神異常，無法預測之行為，難以預測之危險行動、自殺、殺人
覺醒劑	安非他命類	中樞神經興奮劑	瞳孔擴散、食慾喪失、興奮、好辯、口腔乾燥、呼吸困難、過勞、疲勞、不眠症，多量靜脈注射時，會有妄想、憤慨心、攻擊行為、幻覺、恐慌症、偏執症	高血壓、心臟麻痺、腦損傷之可能性、營養障礙、極度疲勞、肺炎、強烈地精神性依賴及身體上依賴、耐藥性、昏睡、死亡（過量使用時）
鎮靜安眠劑	巴比妥類（紅中、白板）	中樞神經抑制劑	瞳孔縮小、沉醉、口吃、思考散漫、發抖、呆滯、過量服用時，會因無意識、昏睡、呼吸麻痺而死亡	精神性依賴、身體上依賴，誤判及調節力喪失而產生危險，禁斷症狀、生長障礙、腦損傷、肝臟障礙，過量使用時會死亡

| 精神安定劑 | benzodiaze pine 類 | 中樞神經抑制劑 | 與中樞神經抑制劑類似，平穩、愉悅及安寧感、發汗、感情抑制、精神沉滯、緊張、憤怒不安、精神興奮、語言障礙 | 與抑制劑類似（程度比較弱）精神性、身體上之依賴、視覺障礙、目眩、發抖、禁斷症狀（興奮、噁心、感情抑制、痙攣等） |

資料來源：《中國時報》，1992/12/6，頁 10。

　　總而言之，臺灣地區的犯罪和其他偏差行為近幾年來已構成了社會和諧的一大威脅。急速的社會變遷是一原因，但臺灣的國際交往也是一個原因。大陸走私和偷渡入臺者數目增加，外勞人口的增加及新興的無國界網路科技，也是造成臺灣治安亮紅燈的一個大原因。臺灣地區的治安問題在經濟起飛以後，就有日趨嚴重的現象。1990 年代以後，犯罪率的增長更是驚人。尤其是侵害到生命危險的暴力型犯罪，人們已到了忍無可忍的地步，1997 年 5 月 4 日，臺灣群眾走上街頭示威抗議，以表示其對治安敗壞的不滿。

　　臺灣治安情形每況越下的原因大致上可歸納成下列幾項：

一、不平衡的經濟與社會發展

　　早期的臺灣發展計畫完全以經濟建設為主，忽略了社會建設。因此，經濟的確起飛了，而且發展得奇蹟的快速。人民的物質享受提高了，而非經濟層面的社會文化建設則落後得無法搭配得上經濟的神速成長。

二、傳統社會價值的消失

　　在經濟發展的過程中，臺灣人口流動遷移頻率很高：人們由鄉村往城市，由小城鎮往大都會流動，以尋求工作機會；結果都市人口大量增加，都市問題接踵而生。傳統社會以家庭為社會控制中心的模式，由於子女外遷他地工作就無法發生作用。而都市生活的壓迫感及疏離感更造成人們的緊張心態。違規的偏差行為成為人們發洩緊張情緒的一種行為模式。

三、外來文化的衝擊

以出口為重心的經濟型態下，跨國公司由國外引進了新的技藝資訊，也帶來了國外的犯罪文化，再加上資訊器材的發展，電視報章媒體的渲染，犯罪方式趨向高科技化。由於交通的發達，犯罪者就容易逃往國外避風頭。新興網路的超越國界及瞬間的訊息更是防不勝防，實道高一尺，魔高一丈。

四、警政制度的落後及治安人員素質的不齊

中華民國的《刑法》是在 1920 年代制訂的，許多條文早已不適用於當今現代化的臺灣社會。某些新的犯罪行為有找不到法律條文依據加以處罰的矛盾現象。再加以司法界一直未能跟政黨劃分，部分警察素質不良，並跟黑道掛勾；這都不能建立民眾的信心，更造成司法的不彰。

五、轉型期的政治

臺灣的政治在 1980 年代中期由強人政治轉為民主政治，《戒嚴令》被解除了，報禁及黨禁被開放了，大陸探親旅遊被允許，這些都給臺灣社會帶來相當大的衝擊。再加上，國會議壇上的暴力亂象，官員持續不斷的政治權力鬥爭等都直接間接的鼓勵了人們鋌而走險。國外媒體報導臺灣日益增加的暴力事件，並視之為「民主的代價」。不可否認在這轉型的政治期間，貪汙的官員，無效率的政府，權力鬥爭等多多少少造成今日臺灣社會的脫序亂象。

另外，我們也要提醒讀者在使用刑案統計資料時必須注意官方資料統計的不切實和項目的變更。如果單從統計數字來看，可能會有誤差。

中國大陸近年來在經濟開放以後，犯罪情形也相當嚴重。公安機關立案的刑事案件 2002 年是 4,337,036 件，其中竊盜案占 66%，其次為搶劫案占 8.2%。到 2003 年時刑事案件已增至 4,393,893 件，其中竊盜案占 67%，其次為搶劫案占 7.7%。至於官員貪汙或攜款外逃者，官方雖無公布數字，但問題之嚴重已引起中央的高度關注。

關鍵名詞

- **偏差行為 (deviant behavior)** 指一些違反或超越社會規範、為社會所不認可的行為。

- **偏差行動 (deviant act)** 指一些必須用具體行動才能達成的偏差行為。如自殺或殺人。

- **偏差習性 (deviant habit)** 指一些社會所不認可的持續性習慣嗜好。如賭博、酗酒、吸毒。

- **偏差心理 (deviant psychology)** 指一些心理或精神不正常者之行為。如心理有缺陷者或精神病者所表現之行為行動。

- **偏差文化 (deviant culture)** 指一些與社會上大多數人所具有的正規文化不同的文化。

- **標籤 (labeling)** 指社會（特別是有權勢者）在一個人或一群人頭上加一個罪名或加一個標籤，認定此人為偏差者。

- **初級偏差 (primary deviance)** 指一些人們偶爾觸犯不甚嚴重的偏差行為。

- **次級偏差 (secondary deviance)** 指一些經常犯的持續性的偏差行為。

- **菁英偏差 (elite deviance)** 指一些由上流社會或有權勢地位者所犯之偏差行為。

- **蕈狀雲效果 (funnel effect)** 指犯罪人數多，懲罰人數少的社會現象，繪成圖就像龍捲風的蕈狀烏雲或呈漏斗形，頭大體小。

- **正式控制 (formal control)** 依據法律條文來控制，懲罰偏差者的方式。

- **非正式控制 (informal control)** 不以正式控制方式，而以團體的壓力、父母的管教或社會化等非正式的方式來影響偏差者改邪歸正。

- **迷亂論 (anomie theory)** 一種強調社會在失去規範時，人們會有偏差行為的趨向。涂爾幹的自殺論與墨頓的目標和規範差距論皆屬此理論。

- **文化傳襲論 (cultural transmission theory)** 一種強調偏差行為係經由社會環境所學習而來的理論，特別是經由親密的初級團體或友儕團體處學得。

- **暴力型犯罪 (violent crime)** 包括故意殺人、搶劫、傷害、恐嚇勒贖、強姦等

罪行。

- **財產型犯罪 (property crime)** 包括竊盜、詐欺背信、贓物、侵占、縱火等跟財物金錢有關之罪行。

 參考文獻

Clinard, M. B., & R. F. Meier

    1992   *Sociology of Deviant Behavior*. New York: Wiley.

Hirschi, Travis, and Michael R. Gottfredson, eds.

    1994   *The Generality of Deviance*. New Brunswick, N.J.: Transaction.

Meier, R. F., & Gilbert Geis

    1997   *Victimless Crimes?* L.A.: Roxbury Publishing.

Shelly, Louise J.

    1981   *Crime and Modernization*. Carbondale, Illinois: Southern Illinois University Press.

Silberman, Charles E.

    1978   *Criminal Violence, Criminal Justice*. New York: Random House.

Simon, David R.

    1996   *Elite Deviance*. 5th ed. Boston: Allyn & Bacon.

Tsai, Wen-hui

    2001   *Class Struggle and Deviant Labeling in Mao's China: Becoming Enemies of the People*. New York: Edwin Mellen Press.

Wickman, Peter, Phillip Whitten, and Robert Levey

    1980   *Criminology: Perspectives on Crime and Criminality*. Lexington, Mass.: Heath.

內政部

    歷年   《內政統計提要》。臺北：內政部。

行政院主計處

    歷年   《中華民國臺灣地區社會指標統計》。臺北：行政院主計處。

文崇一、李亦園、楊國樞主編

　　1978　　《社會變遷中的青少年問題》。臺北：中央研究院民族學研究所。

　　1982　　《社會變遷中的犯罪問題及其對策》。臺北：中國社會學社。

法務部

　　歷年　　《犯罪狀況及其分析》。臺北：法務部犯罪問題研究中心。

黃維憲

　　1981　　〈白領犯罪與社會結構〉，《思與言》。17 (3): 70–78。

張維平、章光明

　　2005　　〈莫讓網路成為犯罪天堂路〉。載於中央通訊社編，《2005 世界年鑑》，
　　　　　　頁 520–523。臺北：中央通訊社。

楊子敬

　　2004　　《楊捕頭 VS. 黑道兄弟》。臺北：聯經。

顧玉珍

　　2003　　《傷害我的是最親密的人》。臺北：商周。

警政署

　　歷年　　《臺灣刑案統計》。臺北：內政部警政署。

第八章

社會階層

本章可以學習到

1. 社會階級與社會地位的內涵
2. 古典理論、當代理論對社會階層的解釋
3. 社會流動的類型與原因
4. 社會階層的研究方法
5. 臺灣與中國大陸的社會階層

Sociology

第一節　社會階級與社會地位

　　在所有的人類社會裡，沒有一個社會能夠說是沒有社會階層存在的。社會階層的存在是很普遍的。**社會階層** (social stratification) 是指社會裡成員因權勢、財富或聲望的高低不同而被安排在不同層次的地位或團體。換句話說，社會階層是社會不平等的表現。社會裡的成員總有人在上，也總有人在下，是不平等的。個人在社會裡所擁有的權勢、財富或聲望，通常在社會學裡稱之為**社會地位**（social status，亦稱社會職務），而一群擁有相同或類似社會地位的人則形成一個**社會階級** (social class)。社會階層涵蓋社會地位與社會階級兩個概念。

　　對於社會階級的分析最具影響力的該是馬克斯 (Karl Marx) 所提出來的一套理論。按照馬克斯的說法，社會裡的成員之所以有高低之分，乃是因為生產工具分配不均之故。統治階級者擁有生產工具，而平民階級則為未擁有生產工具；根據馬克斯的看法，社會實際上是由二個對立的階級所組成的：

1. **資產階級** (bourgeoisie)：指那些擁有生產工具者，在當時，特別指工廠或資金。他們是資本家和統治主宰者。
2. **無產階級** (proletariat)：則是一般沒有生產工具，必須以勞力來換取生活的工人。

　　不過大多數的學者卻不完全同意馬克斯的看法——把人與人之間的區別看作是生產工具之擁有與否而已。很多學者相信尤其在當今的工業社會裡，收入、生活方式、教育、職業、居住地區等，都可能用來表明個人社會地位之高低或屬於哪一個社會階級。事實上，個人社會地位或社會階級成分是上述各個因素的總和，而非只由生產工具來決定。譬如某甲擁有一幢房屋出租，每月抽取租金，那麼依馬克斯理論，某甲自然是資產階級分子；某乙是一個外科醫生，每天必須親自動手替病患手術治病，使用的工

具皆是非個人所擁有的，有些是租來的，有些可能是大醫院的財產，那麼以馬克斯理論來解釋，某乙應該是無產階級分子；因為他並未擁有生產工具，而必須依靠自己勞力來討生活。把某甲視為剝削的資產階級（只因為他有房產、收房租），而把某乙認定為被剝削的無產階級（只因為他手術工具全非其本人所擁有）是錯誤的。何況，某乙的收入可能比某甲高，而某乙的社會聲望也常比某甲高，其社會地位自然在階級的區別裡高於某甲，這是明顯的事實。

社會階級衡量的標準，可見並不止一項；收入、財富、聲望、職業、教育、生活方式等都可用來作為衡量的標準。而每一個社會在分配上述各項資源時，不可能達到均等，階級因而產生。

一、社會地位

社會地位是社會階級構成的主要因素。社會地位主要是包括兩種：(1)與生俱來的或傳襲而得的地位，社會學家稱之為「**先賦地位**」(ascribed status)；和(2)必須依賴個人成就才能獲得的地位，社會學家稱之為「**自致地位**」(achieved status)。先賦地位是指一個人的社會地位由其與生俱來的特質所決定。例如膚色、性別、家世血統、年齡、家庭排行等，這些是改不了的。美國黑人之所以地位較低，他們的膚色是決定因素之一。一個黑人小孩出生以後，在他一生當中，他的膚色常常影響了他在社會上的地位。又如，老年人在美國社會受到歧視，也是因為他們年齡的關係。相反地，自致地位則是經由個人的努力或成就所獲取的，是可以爭取改變的。個人在職業上的地位就是成就的表現，教育上的地位也是一種自我努力上進的自致地位。

所有的人類社會在給其成員安排社會地位時都會摻雜「先賦地位」和「自致地位」兩種成分，很少只單用其中一種的。有些社會可能比較重視先賦地位成分，而另外一些社會則可能強調自致地位成分。但不管是在哪一類社會，這兩種成分都可存在。我國傳統社會裡，帝王之家、皇親國戚之高地位是先賦地位的表徵，但是人們還是可以經由科舉而入仕途，步步

高升，這是自致地位的表現。一般來說，在工業化以前的封建社會裡，先賦地位重於自致地位；但在工業化的現代社會裡，自致地位卻重於先賦地位。社會學者相信，當一個社會逐漸邁向工業化時，其社會地位衡量標準會由先賦地位原則轉向自致地位原則。

社會學者又指出個人在社會裡的地位可能因使用不同的衡量標準而造成地位不一致。也就是說，從一個標準來衡量，某甲可能屬於中上層階級；可是從另一個標準來衡量，某甲可能只能算做是中下層階級分子。社會學家稱這種情況為**地位不一致性** (status inconsistency)。這種情況是常發生的。譬如某甲出國留學數載獲得哲學博士學位，但回國後找不到適當工作，淪為擺地攤的小生意人。某甲因此有地位不一致性的情況，即從教育的標準來看，某甲算是上等；但從職業標準來看，則某甲可能是卑賤下等的，兩者不一致。臺灣目前有很多教育程度不高，但卻是相當成功的企業家，也同樣的有社會地位不一致的困擾。社會學家指出有「地位不一致性」的個人可能會在心理上有緊張的狀態，而在人與人之間的社會互動裡也可能會有衝突。那位擺地攤的博士不喜歡人們問起他的背景，常常緊張兮兮的，怕人知道他的學歷；但是在與人互動時可能無意中希望別人以哲學博士來對待他，於是咬文嚼字的一付學者相。買東西的顧客不明底細總粗聲粗氣地把他當成一個不學無術的小攤販。在這種情況下，他不僅心理有壓力，而且還可能因此導致與顧客的衝突。至於那些經商致富而未受多少正規教育的企業界鉅頭常掛在口頭上的一句話：「博士有什麼了不起，還不是在我這個沒讀多少書的人下面拿薪水做事」。多多少少表現了他們因社會地位的不一致所存在的心理緊張與衝突。

二、社會階層的特質

社會階層大致上來說具有下列幾項基本特質：

第一，階層制度是社會所製造出來的。不同的性別、膚色、年齡、或家世血統等生理因素之所以在他人眼中有高低之分，乃是社會所導引的。因此，同一個特質在不同的社會，就可能有高低不同的等級。譬如在傳統

中國社會裡，年齡越大，社會地位越高；而在今日西方工業社會中，卻正好相反。可見年齡本身並非是社會地位的決定因素，而是社會對年齡的評價或解釋才決定社會地位的高下。

第二，階層制度存在於每一個人類社會裡。從未開發的初民社會一直到已開發的工業社會；從社會主義社會一直到資本主義社會，階層制度都存在。男與女之間地位的差別、老年與青年之間年齡差異所顯示的不同聲望、統治者與非統治者在權勢上之差別等等都證明階層制度的存在。

第三，每一個社會裡的階層制度不會與其他社會完全一樣，總有型態和程度上的差別。印度的傳統階層制度可能是最嚴謹的了，而以色列的公社制度則比較接近平等的觀念。西方民主國家雖然強調平等，但其階層制度仍然存在，而國與國之間所實行的階層制度亦不完全相同。

第四，階層制度的存在對社會裡的每一個人都有重大的影響。不同社會地位會帶來不同的生活方式，食衣住行等都可能因社會地位之不同而不同。個人的生命機會 (life chance) 也常因社會地位之不同而異。譬如高地位者總是比較容易取得好的職業、娶得較漂亮的妻子、進較貴族級的好學校。婚姻糾紛、嬰兒死亡率、生理或心理疾病等方面亦常因社會地位之不同而有差異。

三、社會階層制度的類別

社會階層存在於人類社會中是相當廣泛的；由於社會結構的不同，各個社會的階層制度有所差異。大致上，較普遍的社會階層制度可分成下列幾類：

㈠奴隸制度 (slavery system)

這是所有階層制度中最不平等的一種。像古埃及法老王時代、古羅馬帝國時代都曾經有過這種制度；早期美國歷史也有黑奴制度的存在。在這種制度裡，奴隸是社會的下層分子，他（她）是主人的財產，完全受主人的控制，而且子孫承襲這種奴隸的身分，永不得翻身。主人可以將奴隸當

貨品一樣的買賣，施用暴力體罰或謀殺，並不得與主人階級者通婚。有些社會在主人死後還強迫奴隸陪葬。在這種制度下，奴隸不算是社會的一分子，只是社會上層階級者的財產。

㈡卡斯特制度 (caste system)

這是一種封閉的世襲階級制度，個人的階級地位是由宗教來決定。印度教將社會階級分成四大類或卡斯特：司掌祭祀教士婆羅門（祭司，brahmin），王族或武士身分的剎帝利（武士，kshatriya），農工商身分的吠舍（平民，vaishya），被征服的首陀羅（奴隸，shudra）等四種主要階級。除此四種階層外還有一種地位低到不值得在卡斯特中列名的不可接觸者（賤民，untouchable）。卡斯特制度因受印度教之影響而分布於印度、錫蘭、巴基斯坦等地。各成員的階級一生下來就隨父母而定，終生無法改變。任何卡斯特的定義及彼此間的關係都十分清楚；只能跟同卡斯特的成員結婚；職業、教育、居住地點、入廟朝拜、飲食等等都因卡斯特而有所限制，不得超越。社會文化裡的價值觀念強調不接觸，不互動：因為高階層者會因跟下階層者互動而被「弄髒」、變得不純潔而失其神聖的身分。這種制度是一種完全封閉的制度 (closed system)，由宗教信仰強迫社會裡的分子安分守本位。

㈢地權制度 (estate system)

這制度是中古歐洲最常見的一種階層制度，社會地位是由個人的土地擁有傳襲權來決定的。以英國為例，當時的社會大致上分為三種階級：最上層的是貴族 (nobility)，占大約 5% 的人口，世襲土地權，無正當職業，是有閒階級，以藝術、文學或音樂陶冶為主要的生活活動，家裡擁有大量的僕役服務。土地只傳給長子以避免分散失勢。因此，其他貴族的兒子就轉而成為教士或紳士，經由教會而擁有大量的土地控制權，經由軍隊或執行律師等專業而間接的控制土地。這第二級階層通稱為教士級 (clergy)。最下一層的是普通百姓 (commoners)，他們是一群毫無教育的佃農 (peasant)，

為地主耕種作物，受地主保護，或成為上層階級者之家僕奴婢。中古歐洲的地權制度並不像前面所提到的奴隸制度和卡斯特制度那麼封閉，因為普通人若有功於貴族階級有可能被封爵而賜予土地躋身貴族階級，雖然這種例子並不多。

㈣開放性階級制度 (open-class system)

此種制度簡稱「階級制度」(class system)，普遍見於當代工業化的國家裡，其最大的特色是個人的努力決定個人的社會地位。階級成分是由個人成就來決定，而非與生俱來傳襲家世而得。個人的成就包括教育、職業聲望、經濟收入和財富，以及社會聲望等。因此，階級間的流動很開放，階級間的交流或婚姻亦受允許。今日的臺灣社會已呈顯這種開放性階級制度的跡象。人們出頭機會多，行行出狀元，正代表著社會的開放與朝氣。

㈤共產制度 (communist system)

按照馬克斯的想法，共產社會應該是一個「無階級社會」(classless society)，因為生產工具不為資本家所控制而是為全民所擁有。事實上，不然。學者在研究崩潰前的蘇聯時發現蘇聯用「意識型態」(ideology) 來控制人們，並將社會劃分成四種不同的階級：最上一層是共產黨的高級領導 (apparatchiks)，享有完全絕對的權威；其次為知識分子 (intelligentsia)，包括低級官員、教授、科學家、工程師等；第三層是勞工 (manual worker)；最下一層才是農民 (rural peasantry)。根據學者的估計，蘇聯在解體前大約有 1,800 萬共產黨員，占總人口的 6%。這些人高高在上，享受豪華的生活：住有華廈、出有汽車、子女享有高等教育的特權。這種社會的不平等更勝於資本主義社會。中國大陸社會亦是如此。

綜觀本節所述，可見社會不平等的存在是社會的產物；在蘇聯共產社會是由意識型態來決定，在印度是依據宗教教義來分割，在中古歐洲是由家世血統承襲的土地制度而定，在今日資本主義社會則是由個人的成就來決定。一個社會的好壞不在於該社會有沒有社會階層或階級（因為所有人

類社會幾乎都有這種制度），而在於社會是否能提供人們改善其社會地位的管道或途徑。在資本主義社會裡，雖然有嚴重的貧富差距，但它允許人們經由個人的努力成就來改善個人的社會地位。因此，資本主義社會要比由蘇聯和中共為代表的共產主義社會受人歡迎，生活水準也以前者為高。

四、社會不平等

社會階層的存在乃代表著社會不平等 (social inequality) 的存在。這裡所稱的不平等不是一種絕對的概念，它因時地的不同而有不同的標準。很明顯地，美國也有貧富不均的不平等，但是美國的窮人要是跟巴基斯坦的窮人比較的話可能要比後者好上幾十倍。人與人之間的不平等在「收入」一項看得特別清楚。一個簡單的比較方法是把人口依收入的高低排成五等分序列組，看看每五等分的人口的所得在全國的所得中所占的百分比。依行政院主計處所出版的社會指標統計中指出，2002 年，臺灣最高等分人口的所得是最低等分人口所得的 6.16 倍。倍數越大，表示社會間貧富不均的情況越顯著。近年來這個倍數有逐漸擴大的跡象，高於荷蘭的 5.54 倍，日本的 4.84 倍；但亦較許多國家為低，如中國大陸的 7.96 倍，新加坡的 20.90 倍，香港的 7.66 倍，英國的 7.10 倍，和美國的 11.3 倍。表 8–1 僅列臺灣和美國的資料供參考。一項值得注意的現象是兩地皆呈富者更富，窮者更窮的趨勢。

社會之不平等存在於每一個人類社會。在今日的世界上，各個國家的資源，財富也表現著一種世界性的不均等。依上述五等分位的方式，將世界上各國依財富的多少排列，分成五等分。最富有的五分之一國家所擁有的國民生產毛額，國內儲蓄，國際貿易，國內投資等都占世界總數的 80% 以上。而最窮的五分之一國家所占的只有 1%，或低於 1%，這顯示出國際間的不平等。

二次世界大戰以後，學者通常把富裕的工業化社會稱之為「第一世界」(the first world)，把社會主義工業較落後的社會稱為「第二世界」(the second world)，尚未工業化的貧窮社會則是「第三世界」(the third world)。在東歐，

※表 8-1　臺灣與美國五等分位組所得分配之比較（百分比）

	臺　灣				美　國			
	1974	1990	2002	2007	1980	1990	2002	2004
第一分位組*	8.84	7.45	6.67	6.76	5.3	4.6	4.2	3.4
第二分位組	13.49	13.22	12.30	12.36	11.6	10.8	9.7	8.7
第三分位組	16.99	17.51	16.99	17.31	17.6	16.6	15.5	14.9
第四分位組	22.05	23.22	22.95	23.16	24.4	23.8	23.0	23.4
第五分位組**	38.63	38.60	41.09	40.41	41.1	44.3	47.6	49.9
第五分位組為第一分位組之倍數	4.37	5.18	6.16	5.98	7.8	9.6	11.3	14.7

* 最低所得組。

** 最高所得組。

資料來源：*Taiwan Statistical Data Book*, 2004, 2008; *Statistical Abstract of the U.S.*, 2004–2005。

從蘇聯共產帝國崩潰後，這種分類已不適合。更何況，在所謂的第三世界裡包括了發展程度差別相當大的一百多個社會；其中有如南美洲的祕魯、智利，以及非洲的盧安達、馬拉威，其國民生產力及財富相去甚大。

　　世界銀行後來將各國依其財富收入分為三等較為學術界接受。其分類是 40 個高收入國家，90 個中收入國家，以及 60 個低收入國家。這類分法所用的標準是較實際的經濟生產力，不含資本主義及社會主義對抗的冷戰型態牽涉在內。

　　世界銀行以往只以平均國內生產毛額 (GDP) 為評定全球貧富排名標準。1995 年首次採用新的評定方法；在原訂標準以外，加三項評定標準：人力資源（生產力）、人工資本（基礎建設）、自然資本（土質，水質及地下資源）。世界銀行以美元為單位，分為九級財富等級，依序為：第一級 30 到 40 萬；第二級 25 到 30 萬；第三級 20 到 25 萬；第四級 15 到 20 萬；第五級 10 到 15 萬；第六級 7.5 到 10 萬；第七級 5 到 7.5 萬；第八級 2.5 到 5 萬；第九級低於 2.5 萬。世界銀行在 1997 年評估：屬於第一級的有美國、

瑞士、加拿大、日本及挪威 5 國；第二級有 11 國，第三級 3 國。亞洲國家中，前五名是日本、韓國（第四級）、馬來西亞、泰國（第五級）、印尼（第七級）。中國大陸平均國民財富約 3.5 萬美元，屬第八級，在排名的 93 個國家中排名倒數第 37；中華民國則因不是世界銀行的會員，未列入這項統計調查。

除了上述的貧富的分類外，還有兩種分法：一是把世界分成「富有的北方」(the rich north) 及「貧窮的南方」(the poor south)。只因絕大多數的富裕國家都在北半球，貧窮國家集中在南半球。另一是把富裕國家通稱為「擁有國家」(have nations)，把貧窮國家稱為「無有國家」(have-not nations)。這是兩個較膚淺的分類法，然而，不論是哪一種分類法，實因一個不可爭的事實：世界上社會間財富不平等分配的存在。一個億萬財主的財富可以養活幾個貧窮國家的人民；富人及低度開發地區的窮人雖然生活在同一時代，卻過著完全不同的生活，有著完全不同的命運。這種不平等往往是世界性紛爭的癥結所在。

高收入國家之所以富裕一個主要原因是其工業化起步得早，因工業革命而改善了生產的方式，提高了生產的品質，於是累積了人民的財富。依世界銀行的四十個高收入國家大多集中在北半球，特別是在西歐，合計約占世界上 25% 的地域；人口密度，除了日本及幾個城市國家外，都不高；大部分居住在都市及其郊區，個人收入平均每年在美金 10,000 元以上，以高科技職業為主，控制世界資訊來源及金融市場。

中收入國家的個人平均收入每年大約在美金 2,500 元到 10,000 元間。這些國家已有初步的工業化，其包括的範圍不大，仍有半數以上的人民居住在貧窮落後的鄉下農村。中收入國家中包括蘇俄，及前共產主義下的東歐國家，它們正處於由社會主義經濟轉向市場經濟的過渡時期；也包括石油資源豐富的中東國家，它們的財富集中在少數人手中，大部分居民受益無多；也包括南美洲正在開發中的國家；合計來算它們分居於全球 40% 左右的地域，占全球人口的三分之一左右。

低收入國家主要分布在非洲的中部、東部及南亞各國，分居於全球

35% 的地域中，占全球人口的一半左右。有些國家人口眾多，如印度；有些人口密度不高，如非洲的查德等國。其生活水準低，工業化程度不高，雖有大都市的出現（其都市發展趕不及人口之增長，都市問題重重），但主要的人口仍聚集在落後的鄉間或未開發之地區。表 8-2 列舉全球富有國家與貧窮國家平均國民所得之比較。

※表 8-2 富有與貧窮國家平均國民所得之比較（美元）

國　名	平均國民所得		國　名	平均國民所得	
	1990	2002		1990	2002
瑞　士	33,510	36,170	衣索比亞	170	100
美　國	23,440	35,400	馬拉威	200	160
日　本	27,110	34,010	尼　日	310	180
瑞　典	26,390	25,970	莫三比	170	200
英　國	16,190	25,510	尼泊爾	220	230
香　港	12,520	24,690	馬達加斯加	240	230
荷　蘭	18,710	23,390	馬　利	270	240
比利時	18,520	22,940	布吉納法索	330	250

註：根據世界銀行的資料，2008 年最富有的十個國家是（單位：美元）：列支敦斯登 (118,000)、卡達 (101,000)、盧森堡 (85,100)、科威特 (60,800)、挪威 (57,500)、汶萊 (54,100)、新加坡 (52,900)、美國 (48,000)、愛爾蘭 (47,800)、聖瑪利諾 (46,100)；最貧窮的十個國家都在非洲，其國民平均所得都低於 700 美元，最低的辛巴威僅 200 美元。

資料來源：*Statistical Abstract of the U.S.*, 2004–2005。

第二節　社會階層之理論解釋

社會階層的理論不少，其中有馬克斯、韋伯 (Max Weber) 的傳統理論，以及戴維斯 (Kingsley Davis) 和默爾 (Wibert Moore) 代表的結構功能理論，借用馬克斯理論的現代衝突理論等等。

一、古典理論

　　古典理論主要代表人物是馬克斯與韋伯。馬克斯認為人類歷史演化過程的一個最主要的原動力是對「生產工具」(means of production) 的擁有及控制。人們對生產工具的控制就是人類社會鬥爭的基本原因；也就造成了社會成員的兩個對立的階級：資產階級和無產階級。前者指當今資本工業社會裡的資本家，或傳統農業社會裡的地主；後者指沒有生產工具而需出賣勞力來維生的勞動階級分子。

　　馬克斯指出，人類社會演化的過程實際上就是這兩個階級的鬥爭。在封建農業社會裡，貴族及地主是統治階級，一般農民則是被剝削的階級；在資本主義工業社會裡，資本家是統治階級，工人則為無產階級，兩者總是對立的；在社會主義社會裡，資本階級被消除，由人民組成政府統治，無階級存在，一切生產工具由人民共同擁有；在共產主義社會裡，則已無政府，由無產階級專政。馬克斯的社會演化論，論及社會階層可詳見圖 8-1。

　　韋伯對社會階層的解釋遠比馬克斯富有彈性。韋伯同意：在決定個人社會地位時，經濟因素確有其影響力。但是他以為除了經濟因素外，應該還有其他的因素。他指出經濟因素只決定個人的階級 (class)，地位 (status) 及權勢 (power) 兩個概念可用來說明所謂的「非經濟」因素。階級指個人或家庭的收入。地位則是由個人的生活方式，或個人的聲望來決定；權勢是指對他人或資源的控制；這跟個人的階級不一定完全一致。有經濟財富、上等階級的並不一定就具有社會地位或權勢；同樣地，有權勢的並不一定有財富。社會階層的決定因素是很複雜的，尤其是當前大而繁雜的社會中，決不是馬克斯所提經濟決定論，由一個經濟因素就能正確的描述，決定的。

　　當代的社會階層學者大多同意韋伯的多元論，他們指出如果真如馬克斯所論，那麼以往的蘇聯，中國大陸等社會主義國家應是社會均等的；然而，在這些國家中，社會不平等現象卻比歐美資本主義社會還來得嚴重，這就是它們的不平等並非決定在財富的擁有，而是社會地位及權勢所造成。社會階層的衡量標準並不能只是單一因素，常由數個因素一同來衡量，例

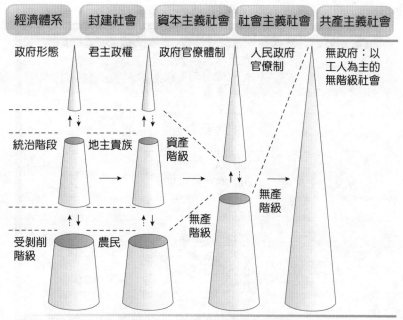

※圖 8-1　馬克斯社會演化論

註：馬克斯社會演化論：↑記號代表「造成」，↓記號代表「剝削」，↓記號
　　代表「保護……利益」，↑記號代表「提供勞工」，→記號代表時間上的
　　改變。當社會由資本主義轉到社會主義時，資產階級不再是統治階級；
　　當社會由社會主義演化到共產主義時，政府被完全取消。

資料來源：Louise Weston, ed., *The Study of Society*. 2nd ed. Guilford, Conn.:
Dushkin, 1977, Figure 6, p. 221。

如，財富、收入、聲望、教育程度、職業類別、生活方式、權勢或居住區
域等等都可用來衡量一個人的社會地位。每一個社會在分配其資源時不可
能完全達到均等，於是有社會不平等的產生，形成了社會階層的存在。

　　韋伯的理論對當代社會學在階層上的研究有很大的助益。目前社會學
家常用的「社會經濟地位量表」(socioeconomic score, SES) 其計算就是由韋
伯理論發展出來的。所謂 SES 是計算一個人的經濟收入、財富、教育以及
職業等項綜合的社會經濟地位。表 8–3 可以給讀者作參考，計算你自己或
你家人的社會經濟地位。這個表只是參考用，實際的計算方式要比這表內
所用的要嚴謹得多。

※表 8-3　社會經濟地位量表 (SES)

你或你家人所擁有的	項　目	評　分
教　育	大學以上畢業	5
	大學肄業或專校畢業	4
	高中畢業	3
	國中畢業	2
	小學或小學以下	1
家庭一年所得	NT $1,000,000 以上	5
	500,000～999,999	4
	200,000～499,999	3
	80,000～199,999	2
	79,999 及以下	1
主要職業	大公司之企管人員或專門人員	5
	小公司企管人員或半專門性人員	4
	普通職員或店員	3
	技工	2
	農業人口或臨時工	1

總分 15：上等
總分 12～14：中上等
總分 9～11：中等
總分 6～8：中下等
總分 3～5：下等
註：本量表數字僅供參考用。

二、當代理論

當代社會學理論對社會階層的解釋主要有兩派：結構功能論與衝突論。

㈠結構功能論 (structural-functional theory)

結構功能論對社會階層的解釋主要來自戴維斯及默爾一起發表的論文。他們認為社會為了維持均衡，繼續生存，就必將社會中的各個職務分配給成員，以分工合作的方式來滿足成員的需要。社會不僅要使每個職務有人員負責，而且還要安排有資格，有才能的成員來擔當。社會裡有各種不同的工作，有些工作較難，有些工作不是每個人都喜歡做的，因此社會就必須以較多獎賞或報酬來鼓勵人們去做那些工作。社會地位之高低於是

決定在兩個重要的因素上：第一、該工作對社會之生存是否重要，越重要的工作就給予越高的報酬，等於是越高的社會地位；第二、該工作是否難做，是否需要特別的技巧及許多年的訓練，越難做或越需要技巧的工作，報酬就越高，社會地位也就越高。結構功能論者強調這兩個條件缺一不可。換句話說，某一個工作可能對社會生存很重要，但是不難做，也不需要特別技巧，則該工作之社會地位不會太高。傳宗接代是社會延續下去的必要條件，相當重要，但是生兒育女是每一個婦女在正常情況下都可做到的，因此婦女在社會的地位並不因能生兒育女而提高。結構功能論者指出社會裡醫師、神職人員之所以享有高地位，乃是他們賦有上述兩個條件。

㈡衝突論 (conflict theory)

衝突論對社會階層的看法跟結構功能的必然存在的觀點不同，衝突論者認為階層不平等之存在是因為在上位有權勢的個人或團體為了維護自身利益而設立的障礙，以減少或防止別人的入侵權益地盤。因此，武力或強制性的安排是社會階層存在的要素。衝突論者認為科學家、醫師、律師、教育家在社會上享有高的社會地位，不是真因為他們所做的工作那麼難和那麼重要，而是因為這些人的技能是某特殊權勢團體所需要。社會階層的結構並不代表社會真正的需求或生存條件，而是反映有權勢的團體的觀點。美國律師在美國政治界或社區裡，常有極崇高的地位，乃是因為律師們服務的對象常常是有權勢的人，而且律師們也把自己的行業裝得很高深專門的樣子，提高自己身價。對衝突論者來說，社會階層既然是有權勢者在操縱，那麼就應該加以糾正，而且也應該是可以糾正的；既然武力是維持社會階層的手段，那麼也只有用武力才可以改變現有狀況。

結構功能論及衝突論對社會階層持有不同的看法，其主要論點的比較，可詳見表 8-4。

※表 8-4　功能論與衝突論之社會階層觀比較

功能論	衝突論
1.階層是普遍的存在，是必需且無可避免的	1.階層雖普遍的存在，但非必需，亦非無可避免的
2.社會體系影響了社會階層型態	2.社會階層影響社會體系
3.社會因有整合、協調、團結的需要而產生階層	3.社會階層因競爭、衝突、征服而產生
4.階層提高了社會與個人的功能	4.階層阻礙了社會與個人之功能
5.階層反映社會內共享的社會價值	5.階層反映社會上權力團體之價值
6.權力在社會裡分配得合法	6.權力在社會被一小群人所控制
7.工作與酬賞合理的分配	7.工作與酬賞分配欠缺合理
8.經濟結構次於其他社會結構	8.經濟結構為社會之骨幹
9.經由進化過程來改變階層	9.階層須由革命來改變

資料來源：Robert Perrucci and Dean D. Knudsen, *Sociology*, 1983, p. 228.

　　美國學者藍斯基夫婦 (Gerhard and Jean Lenski) 認為完全平等的社會曾經存在過；也認同社會之不平等已成為人類演化史上不可磨滅的一個特徵。他們從歷史的角度來解釋社會階層。最早期的人類社會以狩獵與蒐集 (hunting and gathering) 為其主要的活動，當自然供應的食物取盡後就得遷移他處，所以社會人數不多，只有二十多至四十人左右，並無分工；社會盈餘 (social surplus) 不大，因此社會階層的不平等並不存在；即使有，也微不足道。約在七千年前，人類開始畜養動物，耕種農作物而開始了所謂的「園藝社會」(horticultural society) 和「農業社會」(agrarian society)。從此社會盈餘增加，分工變成事實，財富就有了多少之分。社會階層跟著變成社會結構的一個重要成分。到了「工業社會」(industrial society)，分工更精細，社會階層，社會的不平等就更加明顯。工藝技術的擁有造成聚集財富的必需工具，它的發展就成為社會不平等現象演變的主要原因。

第三節　社會流動

社會流動 (social mobility) 是指人們從一個社會地位轉移到另外一個社會地位的現象，其改變方向可高可低或無改變。如果轉移流動的方向是由低而高，稱之為**上升流動** (upward mobility)；若是由高而低，則是**下降流動** (downward mobility)。這種牽涉到上升或下降的流動是為**垂直流動** (vertical mobility)；而那些轉換職業或遷居搬家的流動，未帶來社會地位的改變，則稱之為**平行流動** (horizontal mobility)。社會與社會之間對其成員的流動性有不同程度的約束與開放。因此，某些社會的垂直流動十分頻繁，有些社會則不允許此類流動。一般來說，工業社會裡的社會流動性較高，因為在工業社會裡，地位之取得常按成就來決定；同時，社會工業化程度越高就越有更多的中上層職業產生，下層階級的人們就有上升的機會。由於工業社會重視成就，一個人能在社會階層裡往上升遷常決定在其所受的教育。雖然家世、婚姻、收入資產等都可影響升遷，但是教育仍是最重要的，其次應該是職業。

垂直流動主要包括一個人在職業上的升降過程，也包括父子兩代的社會地位比較。前者稱之為**事業流動** (career mobility)，後者稱之為**異代流動** (intergenerational mobility)。通常一般人的事業流動經歷是上升流動現象較為常見。也就是由較低的職位做起，求取經驗而慢慢往上爬；自然也有事業不順利而經歷下降流動。異代流動是比較上下兩代或兩代以上家庭分子的社會地位。這項比較通常以兩代的男性成員為主。目前婦女參與勞動力日增，也有以母女，或父女間的社會地位來做比較。如果年輕一代高於上一代，稱為上升的異代流動；如果不如上一代，稱為下降的異代流動。

異代流動的上升或下降依職業的等級來觀之，可用圖解，見圖 8-2。在該圖中，職業分成六級，I 代表最低層職業，VI則代表最高層的職業，當父（母）與子（女）兩代的職業等級相同時，表示沒有異代流動，在圖

中以 A 表示之；下一代的職業等級不如父母時，則是下降的異代流動，即圖中 A 區域下方，以 B 表示之；如果下一代的職業等級高於父母，則為上升異代流動，亦即圖中以 C 表示之區域。

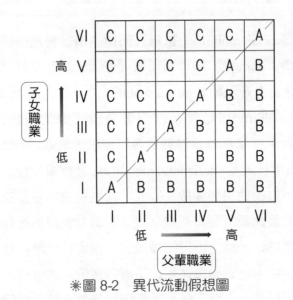

※圖 8-2　異代流動假想圖

　　社會中異代流動之多寡原因很多，列舉四個主要的影響因素如下：

一、社會職業結構的改變

　　經濟的擴展，工業的改進及轉型都能促使社會職業結構的改變。尤其在農業消退及無技術性職業減少時，社會移向工業化，就增加一些需要具有專門訓練技藝及知識的中上層職業。就以臺灣為例，在 1960 年代以前，臺灣大多數的農村子弟都留在鄉下，跟父母務農；但這 1960 年代臺灣的工業化和高度經濟發展則開拓了許多新的職業，如工廠工人、技工、貨品推銷員、商店店員、外貿事業等；1980 年代以後更增加了許多高科技事業及服務業，這些都給年輕的一代有更多的職業選擇機會，更多的往上爬升的流動機會。

二、受教育的機會

一個社會的職業結構越複雜，其依賴受高深教育者的程度越深。如果社會能普及其義務教育，那麼下一代往上升遷的機會就多。有了良好的教育，年輕一代選擇較高職業的機會就越大，其將來社會地位自然會跟上一代不同了。

三、生育率在階級間的差異

如果一個社會的上層階級成員的生育率低到不能彌補其原有名額，則中下層階級成員就有往上升的機會。反之，如果上層階級成員的生育率過高，以至於無法安排每一個新生分子時，必有部分得往下安插，造成下降流動的現象。相對的中下階級上升機會就減少。然而，大多數的社會裡都是上層階級的生育率低於下層階級者，故上升流動仍然較下降流動常見。

四、社會的移民政策

通常新移入的居民是比較窮的，更沒有根基，因此在無法挑選職業的情況下，做的都是最下等的勞苦工作。中國人在十九和二十世紀剛到美國時就都是做一些白人不願意做的事，所謂「三刀」即指「菜刀」（餐館）、「剪刀」（裁縫洗衣店）、「剃刀」（理髮店）。既然有外來移民來做這些卑賤的事，那麼當地人就可以找尋較佳的工作。因此，社會對移民政策的寬嚴，影響到這個社會的異代流動。

社會學家通常相信在上述四個因素當中，影響力最大的還是教育。尤其在工業社會裡，教育文憑代表著一種技藝的訓練。個人的教育決定個人的職業地位，而父（母）親的教育也常常影響子（女）的教育及職業地位。試以圖 8-3 來表明兩代間教育、職業、地位的關係。

傳統中國社會裡的社會流動率跟幾個古帝國來比較，甚至跟今日一些封閉性的社會來比較，是相當開放的。中國的科舉制度雖然其原有目的是為國擇才，可是也因此給一般老百姓一條可以往上升遷的機會途徑。不論

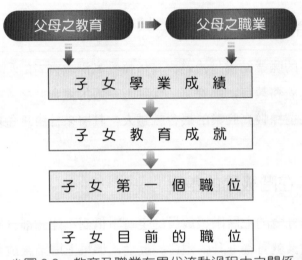

※圖 8-3　教育及職業在異代流動過程中之關係

個人的身世背景，貧或富，只要能寒窗夜讀，一旦金榜題名，不僅個人社會地位大為提高，連「雞犬」都能升天，榮華富貴指日可待。傳統日本封建社會對社會流動的管制就比中國要嚴得多了。印度的傳統世襲卡斯特制度可能是目前已知社會歷史中最嚴格的了。在這個制度裡，人的社會階級成分是世襲的、與生俱來的，終生不變。因此，社會流動是不允許的。這是一種完全封閉的階級制度。階級與階級間的分子不相往來、不通婚姻、各有其宗教儀節，而且職業的安排是終生的，不能改變。相反地，美國今日的社會是相當開放的階級制度，雖然個人的性別、種族背景或宗教信仰仍然可能干擾一個人成功的機會，但是仍有相當充分的自由流動權利，社會價值和意識裡亦十分鼓勵人們自由選擇教育機會、居住地區、職業、擇偶以及宗教信仰等。美國社會有一個鼓勵人們向上的格言是「人人都可以是林肯」。也就是說，只要努力，不論出身，總有成功的一天。所謂成功就是往上層階級流動。當然，在美國的流動機會也不是完全平等的，只不過它最接近理想，其他國家則是在傳統印度社會及美國兩種極端之間。

　　一個不允許社會流動的社會，人民的生命選擇機會就少，一切都是固定的，職業如此，教育也如此，甚至於家庭和婚姻的安排也是固定的。因此人民比較不會有向上進取之心，反正一切都早已注定，也沒有什麼好爭

的，多做多努力也不會有所收穫。在一個充分允許社會流動的社會裡，人民會比較積極和樂觀，因為個人有為自己創造前程的機會，對未來存有希望；只要努力，總能出人頭地。然而，在一個封閉式階級社會裡一切都是注定，社會可能會穩定些，因為社會的成員明知爭也無用，只好接受既有的安排。而在一個開放式階級社會裡，可能因彼此的競爭或競爭後的失敗而造成個人的不滿或社會的不安寧。對個人來講，社會流動給個人帶來心理上的壓力，可能造成心理不平衡或精神上的不安穩。對社會來說，由於流動人口太多，社會因而失去其對個人的影響力和約束性。由政治觀點來看，在美國的研究中發現有上升流動經驗者會變得比較保守，而有下降流動經驗者則會變得比較激進和不滿現實。不過在歐洲，情況似乎正好和美國相反。

第四節　社會階層研究方法

在前面幾節裡，已經提了不少次上層階級、下層階級、中上層階級等名詞，也提到了韋伯社會階層的三個層面。那麼，到底社會階級有哪幾個？其實，社會學家對這問題也不可能提出一個完全科學的答案，更何況每一個社會的標準不一樣，社會結構也不盡相同。社會學家為了方便研究與學理上的討論，最通常的分類法是把社會階級分成三級：上層階級 (upper class)、中層階級 (middle class)、下層階級 (lower class)。至於什麼才算上層階級，什麼算中層或下層階級，並無一定的標準，這必須看研究的對象（社會或社區）而定，不可一概而論。另外有些社會學家覺得三級的分法太簡單，無法用來描述一個複雜的工業社會。因此，他們分成六級：上上階級 (upper upper class)、上下階級 (lower upper class)、中上階級 (upper middle class)、中下階級 (lower middle class)、下上階級 (upper lower class) 及下下階級 (lower lower class)。有一小部分人偶爾會把三級分法的每一級再分三副級，而成九級分法。不過這一類九級分法太囉嗦，較少被採用。

雖然用來劃分階級等級的標準並不完全一致，但是社會學家也不可能毫無根據或憑空想像。社會學家在決定一個人的社會階級時，通常有三種方法可使用：

一、主觀方法 (subject method)

這種方法主要是被調查的對象，對自己的社會地位或階級成分做主觀的評估。在訪問表上或調查問卷上問這樣的問題：「請問你本人自認為是屬於哪一社會階級？」社會學家發現在使用這種主觀自評方法時，絕大多數的人會把自己放在中層階級。主要原因有二：第一、人們對階級劃分標準不很清楚，不敢太肯定自己本人是屬於哪一級，認為選中層階級較穩當。第二、人們大多數不敢相信自己是屬於上層社會階級，但同時也不願意把自己放在下層階級。因此選中層階級比較安全。

二、聲望方法 (reputational method)

這種方法跟主觀方法正好相反。社會研究者要被調查者對另外一個人或一群人做階級地位的評估。問的方式通常用這一類的句子：「請問你鎮上哪些人應該屬於上層（或中層、下層）社會階級？」或者「如果你把階級分為上、中、下，那麼你想某某人應該屬於哪一級？」這種方式的分類法是依據一個人對其他人的地位做主觀的評估。在一個比較小的社區裡，人們彼此相識相知，此種聲望法的可行性較高；在大都會區就不容易。另外一種常見的用法是在評估職業聲望上，也就是對某一種職業依其聲望加以評分安排等級。依據此種方法，美國的職業聲望最高者是醫師，其次按序是大學教授、法官、律師、物理學家、太空人、牙醫、銀行主管、心理學家，最差的是擦鞋匠和清潔工人。

三、客觀方法 (objective method)

前面所提到的兩種方法，無論是主觀或聲望研究法，皆有不少個人成見在內。主觀方法，個人不願意把自己排在上或下層階級，而聲望方法則

可能由於個人對人或對某種職業的偏見，而不能給予客觀的評估；因此，許多社會學家目前比較偏好於客觀方法。也就是以一些客觀的指標 (indicators) 來衡量個人的社會地位。最常用的指標有教育、職業、收入所得、居住地區等，有時也可用家庭設備、家庭費用支出等項目為指標。最常用的還是教育、職業、收入所得等三項指標。社會經濟地位量表（SES，見頁 212 表 8-3）是使用此類指標方式。此法的優點是客觀，較少個人偏見。就以收入及教育程度為例，一個人的收入所得平均越高，其社會地位自然越高；又教育越高，其社會地位通常越高。這也是事實，雖然有時會出現我們前面所提過的「地位不一致性」問題，但是社會地位的計算通常是綜合數種指標來計算的，因此偏差可以減小，較具真實性。

　　社會學家對社會階層的研究除了把個人或團體加以分等級以外，也注意到階級間流動頻率 (mobility rates)，此即社會裡人們向上或下流動的速度和數量，或對流動機會 (mobility opportunity) 的研究，分析一個社會對上下流動的各種障礙。不僅如此，社會階層的研究越來越計量化。

　　總而言之，社會學家對社會階層的研究大致上可以分為三類：

1. 社會地位不平等問題的研究：也就是階層制度發生的原因與存在的事實之理論性探討。馬克斯、韋伯、戴維斯與默爾等人皆偏於此類探討。

2. 職業聲望的比較研究：主要在比較各國職業聲望的安排順序。測量的方法有 ISP (the hollingshead index of social position)、SEI (The Duncan Socio-Economic Index)、以及 NORC (National Opinion Research Center) 所使用的方法。其中以 SEI 最普遍。

3. 社會流動的研究：特別是地位和職業的流動。較早期的有邊迪克和李普塞 (Reinhard Bendix and Seymour Lipset) 兩人做的工業化國家的社會流動，後來則有布勞和鄧肯 (Peter Blau and Otis Duncan) 的美國職業結構，近幾年的豪舍 (Robert M. Hauser) 和他的同事學生所做的有關教育與職業方面的流動。這三群研究者中，以豪舍組最計量化。

第五節　臺灣地區的社會階層

　　中國歷代社會階層流動的研究並不多，主要的代表著作有許倬雲的上古中國社會流動研究 (1965)、何炳棣的科舉制度下的社會流動過程 (1962)、馬許 (Robert Marsh) 對清朝菁英分子流動的分析 (1961)、艾伯華 (Wolfram Eberhard) 用家譜來分析中國東南部幾個大家族的研究 (1962)，以及著者對民國元年至大陸撤退前北洋軍閥時期與國民政府時期政治菁英分子社會流動的研究分析 (1983)。

　　最近幾年來，在臺灣的社會學家對臺灣地區在經濟發展中的社會流動已開始著手研究分析。在這方面主要的有陳寬政、張茂桂、蕭新煌、王湘雲、許嘉猷等人的著作。讓我們先把有關臺灣地區的幾項統計資料先介紹給讀者參考。由臺灣地區就業人口，勞動參與率及按行業分的百分比，如表 8-5，可以看出幾項主要現象：

1. **就業人口的增加**：由於人口的增長，就業人口也增加，由 1966 年的約 385 萬，1981 年的 667 萬，到 2003 年的 957 萬餘，三十多年間增加接近二倍半。

2. **勞動參與率穩定**：雖然就業人口增加，勞動參與率在這三十年間相當穩定，保持在 55%～60% 之間；其間，在 1987 年曾高達 59.7%。

3. **行業的轉變**：很明顯地，臺灣的工業化使其行業的分配以重農林漁牧轉變成以工業為重，再轉變成以服務業為重。在 1970 年前是以農業為主；1980 年代工業界勞動人口超過 40%，1990 年代開始下降，到 2008 年已降至 36.8%；服務業慢慢地，不斷的增加，自 1995 年起超過半數，2008 年已達 58.0%。這現象跟其他工業化社會的歷史趨勢符合。

　　類似的發展趨勢也可在人口職業分配上看出，在 1966 年時就業人口中有 45.0% 為農、林、漁、牧、狩獵工作人員，22.6% 為生產有關工人、運輸設備操作工人及體力工人。若將農工合計則有 67.6%。但是經過這三十

多年的工業化，臺灣的職業分配有幾項改變特徵：

1. 較高層職業人口比率增加。
2. 農村漁牧類職業人口大量減少。
3. 工業勞工人口增長。
4. 高級專門性、技術性職業人口增長。

※表 8-5　臺灣地區就業人口，按行業分，1966–2008

年　別	就業人口（千人）	勞動參與率 (%)*	按行業分配 (%)		
			農　業	工　業	服務業
1966	3,856	55.5	45.0	22.6	32.4
1971	4,738	56.1	35.1	29.9	35.0
1976	5,669	56.5	29.0	36.4	34.6
1981	6,672	57.0	18.8	42.4	38.8
1986	7,733	58.8	17.0	41.6	41.4
1991	8,439	58.2	13.0	39.9	47.1
1996	9,068	56.9	10.1	37.5	52.4
2000	9,491	56.0	7.8	37.2	55.0
2003	9,573	54.5	7.3	34.8	57.9
2008	10,853	58.3	5.1	36.8	58.0

* 占 15 歲以上人口比率。
資料來源：《中華民國臺灣地區社會指標統計》，2003、2008。

　　按表 8–6 行政院主計處新分類之統計數字，則在 1981 年時，農林漁牧工作人員已降至 18.5%，生產及有關工人項，則已增至 44.0%，兩者合併亦有 62.5%，比 1964 年比率要低。可見職業升級現象明顯由農轉工，再轉至其他高等職業。以 2008 年最新資料來看，兩項低等職業僅占有 36.9%，而專業人口已大幅增高，如果再加上其他職業人口中的企管人員和事務工作人員，則白領階級人員增多之現象相當明顯。

　　如果按上述職業別所得薪資來討論，則企管及經理人員最高，生產及體力勞工最低，根據主計處的薪資調查報告，1996 年主管及監督經理人員的薪資是 57,000 元，專業技術人員為 43,000 元，而非技術工及體力工則僅

※表 8-6 就業人口按職業分，1981–2008（百分比）

年　　別	企管及經理人員	專業及技術員	事務工作人員	服務及售貨員	農林漁牧	生產工人機械工人體力工
1981	3.9	11.8	6.4	15.3	18.5	44.0
1986	3.9	13.0	7.0	16.3	16.9	43.0
1991	4.8	17.4	8.3	16.6	12.8	40.2
1996	4.7	20.2	10.2	16.9	10.0	37.1
2001	4.3	23.8	10.9	18.6	7.4	35.0
2006	4.5	27.3	11.3	19.0	5.4	32.6
2008	4.4	29.3	10.8	18.6	5.0	31.9

資料來源：《中華民國臺灣地區統計年鑑》，2002、2008。

有 24,000 元，其中最高職類薪資約為最低薪資職類的 2.36 倍。學歷教育程度往往是受雇員工不同薪資標準的一項決定因素，以初任人員每月薪資來看，1996 年工業界及服務業合併，國中以下教育程度者只有 18,400 元，高中職者 19,500 元，專科學校者 23,400 元，大學以上者 26,600 元，也就是說，國中以下教育程度低者初任之薪資約為大學以上者之 70% 而已。

　　個人社會地位雖然深受職業和教育的影響，但是個人在政治權勢之影響力更是不可忽視。如果把教育程度、職業類別、收入以及在政府政治上的權勢一同來探究目前臺灣地區的社會階層，則可利用社會學裡社會階層的六分法來說明，其分類可見於圖 8–4。

　　基本上，這六個社會階層及其大體上的特徵略述於下：

1. 上層菁英階級 (elite upper class)：中央政府的各部首長，執政黨及軍方的領袖都屬此上層菁英，例如總統、副總統、五院院長、執政黨領袖、各軍種司令等。他們至少是大專以上或特殊（如軍事學校）教育出身。事實上，他們是國家政策的決策者，直接參與、規劃及執行國家的政策、法令。其收入所得並不特別顯著，單以薪資來算，並不能真正的代表其所得及資產。

2. 財政菁英階級 (business elite class)：緊跟在上層菁英之下，財政菁英應屬

上層階級

中層階級

下層階級

上層菁英階級

（黨、政、軍上層菁英者）

教育：大專以上或特殊教育
職業：黨、政、軍高階層
收入：（無顯著特徵）
政治權勢：決策者

財、政菁英階級

（工商金融領袖）

教育：（無顯著標準特徵）
職業：大關係企業財主、金融機關主管
收入：年收入五百萬元以上
政治權勢：間接影響政策力

中上層階級

（教育界領袖、工商企管人員、專技人員、黨、政、軍中上級幹部）

教育：至少大專以上畢業
職業：教、企管、專技
收入：年收入八十萬元以上
政治權勢：間接影響力微小

中下層階級

（黨、政、軍、教基層人員監理、買賣、服務人員）

教育：（高中肄業以上）
職業：各行業基層人員
收入：年收入在四十萬到八十萬之間
政治權勢：意見提供者，無影響力

下上層階級

（農、林、漁、牧工作人員、工人、攤販）

教育：小學以上畢業
職業：以勞力為主
收入：年收入在十萬到四十萬之間
政治權勢：無

下下層階級

（無業遊民、貧民）

教育：無
職業：無固定
收入：年收入在十萬以下
政治權勢：無

※圖 8-4　臺灣地區的社會階層

於上層階級的底層分子。其教育程度參差不齊，有受過高等特殊教育的，也有無師自通的，更有不學無術之流。大多數是大關係企業的老闆，掌

握了全臺灣地區的金融財經之操作，年收入至少在 500 萬元以上。因其在經濟上的影響力，跟上層菁英分子有密切的關係，而擁有某種程度的政治影響力。

3. **中上層階級 (upper middle class)：** 學術教育界、新聞界的領袖人物、工商界主要企管人員、特殊專門技術性人員，以及黨政軍之中上級幹部都屬此中上層階級。其學歷至少大學以上，年收入在 80 萬元以上。其政治影響力間接且微小。

4. **中下層階級 (lower middle class)：** 學術界、黨政軍界的基礎人員、服務工作人員、佐理及監理人員、買賣商人、高等技術工人都屬中層階級的底層。學歷通常是高中以上程度，他們是社會中各行各業的基礎人員。收入大約在 40 萬到 80 萬之間。在政治上可發表意見，被採納的機會不大，影響力則無。

5. **下上層階級 (upper lower class)：** 農林漁牧業之勞動者、一般工人、攤販、小買賣生意人等都屬下層階級的上半部分子。有中小學以上的教育程度，年收入在 10 萬到 40 萬之間。在政治上，有投票權，但毫無影響力。

6. **下下層階級 (lower lower class)：** 此下層階級的下半部分子包括貧民及無業遊民，他們既無固定職業，也無固定收入。他們或有小學教育程度或沒有受過正規的教育。收入在 10 萬元以下。從事勞力工作的外籍勞工亦屬於此階級。

　　近年來，臺灣經濟發展得快，人們有向上遷升的機會。這種上升流動的機會增加並不表示在臺灣地區的社會裡沒有下降流動的現象，只是較少。圖 8-4 中的實線箭頭代表社會中的上升流動方向，指一種較自由，較少限制的上升流動機會。虛線箭頭同樣也表示上升流動的方向，卻是機會不多，限制較嚴格；這是指上升到上層階級。一個人的努力或成就並不決定是否能進入此一所謂上上層階級，其決定權在於該上層菁英階級裡的現有菁英成員。

　　一項對臺灣地方領袖的研究中，陳陽德 (1978) 發現民選縣市長及省議員中，自我感受有上升流動者有 44%，在縣議員和鄉鎮長群中，有同樣感

受者高達 72%。這些研究對象代表著臺灣部分的中上層階級；該研究明顯地指出：由較低階級爬升到中上階級是可能的。另一對臺灣社會流動分析研究中，王湘雲 (1980) 發現臺灣地區的社會流動過程跟美國社會類似：父親對兒子的職業成就影響並不大，兒子本身的教育程度才是其職業成就之決定因素。其他的研究也都支持上述的看法：一致同意目前臺灣地區社會流動是相當開放。在這方面，臺灣是一個相當平等的社會。

　　自古以來，中國社會除了最上層的一個階級比較封閉外，其他各階級間的流動都相當開放。傳統中國的兩個上升流動的途徑是：經正統科舉制度而被指派官位及經商致富而捐官。今日臺灣地區也承襲了這傳統的體制，對其社會成員向上層階級的流動有所限制；而其他階級的流動則較開放，也較頻繁；上升流動的機會途徑主要經由獲取學歷以及經商致富，類似傳統的中國社會。

第六節　中國大陸的社會階層

　　要瞭解中國大陸這近五十多年來的階層制度，必須從衝突理論和標籤理論的觀點來討論。衝突理論認為人在社會上的地位並非由經濟因素來決定，而是由權力之擁有與否來決定。擁有權力者為高高在上的支配團體，否則就是低聲下氣的受支配團體。支配團體是權勢團體，它控制和剝削弱勢的受支配團體。在這種人際關係裡，金錢財富、聲望和享受皆源自於權力之擁有。在中國大陸社會裡，共產黨幹部無論在中央或地方享有較高的地位及生活程度就是因為他們擁有權力。一般老百姓因為沒有權力，自然聽命於共產黨幹部。雖然在經濟層面上，黨幹部跟一般人民財富均等，卻可利用特權享受到一般老百姓所不能獲得的東西和機會。所以，中國大陸人與人之間的等級差別是建立在權力的分配上。

　　標籤理論是社會學裡符號互動論的一種。標籤理論認為，人在社會的地位往往受他人所加諸的標籤左右。因此，人的行為也就常受標籤所影響。

例如一個人是不是有權力並不重要，重要的是別人是否認為他有權力。同樣地，一個人是否真做錯事並不重要，如果別人相信他做錯事，給他一頂「犯人」的帽子加以標籤，那麼這個人就是犯人。中國大陸這四十多年來不斷地以各種各樣的「運動」所製造的扣帽子行為，就是社會學上標籤理論的運用。

　　其實，當我們把衝突理論和標籤理論合併一齊運用，形成一種衝突標籤論觀點 (conflict-labeling perspective)，更能說明中國大陸的階層制度。這種衝突標籤論觀點認為在朝的、有權力的中共幹部利用權勢把反對者或無權勢的受支配者任意標籤（扣帽子）成為階級敵人，成為受攻擊的對象。中共往往利用各種各樣的群眾運動來達到整肅敵人的功能和目的。所以說，中共階層制度與其群眾運動有相當密切的關係。

　　按照中共的說法，1949 年以前，中國的封建社會裡存有下列幾種社會階級：工人、小農民、資產階級、民族資產階級、地主及富農等階級。1949 年以後，中共在初期實施社會主義的「三大改造」計畫、倡導反官僚大資產階級、推行土地改革運動以及鎮壓反革命運動；於是清除了資產、地主及富農等階級，使「新中國」的工人和農民擺脫了剝削苦難的日子。中共在 1956 年召開的中共「八大」會議裡就宣稱：「由於新民主主義革命和社會主義改造的勝利，我國官僚買辦資產階級和封建地主已經消滅了；富農階級和民族資產階級正處在由剝削者到勞動者的轉變過程中，農民和其他個體勞動者已變為社會主義集體勞動者，工人階級已成為國家的領導階級⋯⋯。社會主義制度在我國已經建立，無產階級和資產階級的矛盾已經解決。」

　　1950 年代中共的改革目標大致上是針對所謂「黑五類」，他們是地主、富農、壞分子、反革命分子、右派分子。前兩類是以資產來劃分，而後三類則是以意識型態來分類。壞分子是在 1952 年左右的「三反、五反」運動中被整肅的對象。右派分子則是 1957 年整風運動和反右派鬥爭中的敵人，當時被劃為右派分子的知識分子有 55 萬人之多。毛澤東在 1957 年時公開指出：中國大陸無產階級與資產階級之間的矛盾已經基本解決，已不再是

國內的主要矛盾。

　　事實上，中共並未認為社會階級已除，已無矛盾；1964 年的「四清運動」與 1968 年的「清理階級隊伍運動」，都是階級鬥爭的延續。階級鬥爭不僅對共產黨的基層幹部，更對知識分子有著嚴重的傷害。爾後的「文化大革命」更是階級鬥爭的擴大；以「黑七類」為打擊對象。所謂黑七類是指：以往的黑五類地主、富農、壞分子、反革命分子、右派分子；再加上走資派以及工商業資本家等七類政治上的賤民。後來，黑七類更擴充到黑九類，包括：地主、富農、壞分子、反革命分子、右派分子、叛徒、特務、走資派，以及知識分子。這第九類也就是知識分子被視為「臭老九」的源由。這九種階級是社會所唾棄的、成分不好的。至於成分好的則是那些「紅五類」：工人、貧下中農、烈士子弟、革命幹部子弟及城市貧民子弟。明居正在一篇討論中共社會的論文裡指出：「紅與黑，雖然只是一字之差，可是對當時予人所產生的影響卻有天壤之別。這種差別是全面的。舉凡受教育、就業、升遷、評定工資、配房、發獎金、結婚成家，甚至作為一個人的最基本的生存的權利，都無法逃脫這一個字的影響。尤有甚者，一個人是紅是黑，其所衝擊的範圍並不止於本人而已，它往往會株連全家，嚴重時還會波及親戚、朋友、同學，甚至鄉居。所以在中國大陸，階級不止是反映一個人在社會上地位的高下，它實際決定了包含生死在內的個人的一切待遇。」

　　明居正教授對紅黑敵對的描述，相當正確。但是他還是沒有把中共統治下的階層結構做一個整體的分析。正如我們在前面提過的：如果把階級只看作是財產分配不均下的產物，那麼中共的階級差別其實並不嚴重；然而由權力和聲勢所決定的階層差別不僅存在，而且相當嚴重（中共學者一方面不承認階級的存在，中共當局卻另一方面不斷地在打擊階級敵人。可見是否有階級，誰是階級敵人，並非由經濟因素來決定）。中國大陸一直到 1975 年開放之前的社會階層應該是這樣的：

中共幹部

紅五類

黑九類

　　這三種階層的劃分是依據權力來做決定。誰是紅五類，誰是黑九類的標準是由在上的中共幹部隨意認定。由於中共幹部依據本身的利益和思想意識來認定階級的標準，在下受支配者毫無反抗的餘地。帽子一扣，不黑也變黑。這種手段正是我們前面所提衝突標籤論中所強調的。中共在過去五十多年間，特別是在 1975 年以前，對階級敵人的扣帽子和整肅手段，往往以鼓吹群眾運動來推行。從 1950 年的參幹運動，1951 年的文革整風運動開始，一直到鄧小平的四化運動，1983 年的清除精神汙染運動，無一不是權力鬥爭、清除異己的利用群眾為工具的大規模運動。受害者少則數百人，多則萬人、數十萬人。文化大革命的十年苦難期間，受迫害的黑九類人數之多，實難以數計。

　　1978 年中共中央宣布全部摘掉右派分子的帽子的指示。到 1980 年，全國被劃分為右派分子的 55 萬人中，只有五千左右維持原案，其餘大約 95% 以上都摘掉了右派的帽子。中央級「不予改正者」只剩章伯鈞、羅隆基、彭文應、儲安平、陳仁炳等五人而已。1978 年 11 月，陳雲在中央工作會議上又一次把平反「冤、假、錯案」作為重大議題提了出來。中共十一屆三中會議以後，審查和平反了「共約 290 多萬人的冤假錯案」。到 1982 年底，文革中的冤假錯案平反工作大致已完成。扣帽子和摘帽子全由中共幹部利用群眾運動任意使用。表 8-7 所列舉的是中共 1980 年前的重要群眾運動。

　　中共在每一次社會運動之發動就把群眾歸類。因此被歸類成整肅對象者必受批判或甚至於遭受殺身之罪。這種階層的劃分往往是非不分，是衝突標籤論的充分應用。這種社會其實比以金錢決定社會地位要來得可怕得多。即使在開放以後私人資本家抬頭的今日，權勢仍然控制社會階層。中

※表 8-7　中國大陸開放前主要社會運動

1950	參幹運動
1951	文革整風運動、民主改革運動
1952	三反五反運動、知識分子思想改造運動
1955	肅清暗藏反革命分子運動
1957	整風運動、反右派鬥爭運動
1958	大躍進運動、人民公社化運動、除四害運動
1959	反右傾運動
1963	學習雷鋒運動
1964	四清運動、工業學大慶、農業學大寨運動、中央文化革命小組成立
1968	清理階級隊伍運動、知識青年上山下鄉運動
1970	批陳整風運動
1971	清查林彪反黨集團鬥爭運動
1974	批林批孔運動
1975	全國「學習無產階級專政理論」運動
1978	四化運動
1979	創造五好家庭運動

國社會科學院在 2001 年發表了一份《當代中國社會階層研究》報告列舉十大階層：

1. **國家與社會管理者階層：** 包括中央政府各部會和直轄市中具有實際行政管理職權的處級及以上行政級別的幹部。約占 2.1% 人口。

2. **經理人員階層：** 包括三種人：(1)原來的國有和集體企業幹部；(2)較大規模的私營企業或高科技私營企業人員；(3)三資企業的中高層管理人員。約占 1.5% 的人口。

3. **私營企業主階層：** 包括所有雇工在 8 人以上私營企業業主。占 0.6% 的人口。

4. **專業技術人員階層**：包括專門從事各種專業性工作和科技工作人員。約占 5.1% 的人口。

5. **辦事人員階層**：包括處理日常事務之工作人員、低層公務人員。占 5.1% 的人口。

6. **個體工商戶階層**：包括小業主、個體工商戶、自我雇用者、個體勞動者。占 4.2% 的人口。

7. **商業服務業員工階層**：包括在商業和服務業中從事非專業和非體力人員。占 12% 的人口。

8. **產業工人階層**：包括工業製造業中的生產工人和建築業工人。占 22.6% 的人口。

9. **農業勞動者階層**：包括農林漁牧人員。占 44% 的人口。

10. **城鄉無業、失業、半失業者階層**：包括無固定職業的貧苦勞動者。占 3.1% 的人口。(http://www.china.org.cn/material/105530)

　　這份階層的分類是根據三項標準：(1)組織資源；(2)經濟資源；(3)文化技術資源。其中以組織資源最重要，因為它牽涉到黨和政府資源的控制。

　　在毛澤東領導下全國均窮，因此表面上貧富差距不大。1978 年經濟對外開放以來貧富差距的惡化已成為中國大陸的嚴重社會問題，特別是城鄉差距。根據中共的統計資料，城市居民的人平均收入大約是鄉鎮地區的 3.6 倍。2005 年 5 月中共商務部長薄熙熙說目前中國約有 7,580 多萬農村人口和 2,000 多萬都市人口平均年收入低於 924 元人民幣。其中有 2,600 萬農村人口年收入低於 668 元的貧困標準（《世界日報》，2005/5/28，頁 C2）。根據中國國家統計局 2005 年 5 月的另一項報告，中國大陸城鎮平均可支配收入為人民幣 2,020 元，但收入最高的 10% 城鎮居民擁有 45% 的財富，平均可支配收入為人民幣 8,880 元；但收入最低的 10% 城鎮居民，其平均可支配收入僅人民幣 755 元。高低兩組之比為 11.8 倍，比 2004 年更惡化。若以城市跟鄉村地區比，中國大陸的貧富差距相當明顯。

關鍵名詞

- **社會階層 (social stratification)**　社會成員依權勢、財富，或聲望之不同而被安排成高低不同層次的地位或階級。社會階層亦代表社會的不平等。
- **社會地位 (social status)**　個人在社會裡所擁有的權勢、財富或聲望。社會地位亦指個人可用來影響或支配他人的資源。亦稱社會職務。
- **社會階級 (social class)**　擁有相同或類似社會地位的人們所組成的群體或團體。
- **資產階級 (bourgeoisie)**　指擁有生產工具者，如地主或資本家。
- **無產階級 (proletariat)**　指無生產工具而必須出賣勞力換取生活的勞動者，如工人。
- **先賦地位 (ascribed status)**　與生俱來或傳襲而得之地位。如性別、膚色、家世血統。
- **自致地位 (achieved status)**　經由個人努力或成就而獲得之地位。如教育與職業地位。
- **地位不一致性 (status inconsistency)**　指個人社會地位在不同標準衡量下所發生的高低不一致性。
- **卡斯特制度 (caste system)**　印度社會裡所實施的嚴格封閉性階級制度。
- **社會流動 (social mobility)**　指人們從一個社會地位轉移到另一個社會地位的現象。
- **上升流動 (upward mobility)**　指個人之社會地位由低向高移動的現象。
- **下降流動 (downward mobility)**　指個人之社會地位由高移向低的現象。
- **垂直流動 (vertical mobility)**　指個人社會地位上升或下降的現象。
- **平行流動 (horizontal mobility)**　指個人在職業或居住地之變動並未改變其社會地位之流動。
- **事業流動 (career mobility)**　指個人在職業地位上的升降的過程。
- **異代流動 (intergenerational mobility)**　指父子兩代社會地位之比較。

Bendix, Reinhard, and Seymour M. Lipset, eds.

    1966   *Class, Status, and Power: A Reader in Social Stratification*. New York: Free Press.

Bills, David B.

    2005   *The Shape of Social Inequality: Stratification and Ethnicity in Comparative Perspectives*. Amsterdam, Oxford: Elsvier JAI.

Blau, Peter, and Otis Duncan

    1967   *The American Occupational Structure*. New York: Wiley.

Davis, Kingsley, and Wilbert E. Moore

    1945   "Some Principles of Stratification," *American Sociological Review,* 10: 242–249.

Devine, Fiona

    2005   *Social Inequalities in Comparative Perspective*. Cambridge, MA: Blackwell Publisher.

Eberhard, Wolfram

    1962   *Social Mobility in Traditional China*. Leiden: E.J. Brill.

    1966   "Social Mobility and Stratification in China", in Bendix and Lipset, eds., *Class, Status, and Power*, pp. 171–182.

Gilbert, D.

    1998   *The American Class Structure: A New Synthesis*. 5th ed. Belmont, CA: Wadsworth.

Hacker, Andrew

    1997   *Money: Who Has How Much and Why*. New York: Scribner.

Ho, Ping-ti

    1960   *The Ladder of Success in Imperial China*. New York: Columbia University Press.

Hsu, Cho-yun

1965　*Ancient China in Transition*. Stanford: Stanford University Press.

Lenski, Gerhard

1966　*Power and Privilege: A Theory of Stratification*. New York: McGraw-Hill.

Marsh, Robert M.

1961　*The Mandarins: Circulation of Elites in China*. Glencoe: The Free Press.

Tsai, Wen-hui

1983　*Patterns of Political Elite Mobility in Modern China*. Hong Kong and San Francisco: Chinese Materials Center.

Vanfossen, Beth E.

1979　*The Structure of Social Inequality*. Boston: Little, Brown.

文崇一、張曉春

1979　〈職業聲望與職業對社會之實用性〉。中央研究院經濟研究所人力資源研討會論文。

何友暉、廖正宏

1969　〈今日中國社會職業等級評價之研究〉。《臺大社會學刊》，第五期，頁 151–156。

杜繼平

2002　《階級、民族與獨統爭議》。臺北：人間。

曹俊英

1981　〈從菁英分子整合的層次談當前政治團結之道〉。《憲政思潮》(48)。

陳陽德

1978　〈臺灣地方民選領導人物的變動〉。《四季》，頁 41–49。

陳麗秋

1990　《新階層消費的時代》。臺北：遠流。

陳寬政

1980　〈能力與成就之社會學考察〉。《三民主義研究所專題選刊》(50)。臺北：中央研究院三民主義研究所。

1982　〈結構性社會流動影響機會分配的過程〉。《臺大人口學刊》，四期。

許嘉猷

1982　〈出身與成就：美國人民地位取得及其在臺灣地區之適用性〉。載於中央研究院美國文化研究所主編，《比較社會學：中美社會之比較研究討論會論文集》，頁 29–56。臺北：中央研究院美國文化研究所。

1986　《社會階層化與社會流動》。臺北：三民。

楊繼繩

2000　《中國社會各階層分析》。香港：三聯。

彭懷恩

1983　《中華民國政治體系的分析》。臺北：時報。

蕭新煌

1989　《變遷中臺灣社會的中產階級》。臺北：巨流。

第九章

老年社會規範

本章可以學習到

1. 老年學的興起
2. 社會學對老年社會的詮釋
3. 老年人的世界
4. 美國和日本的老年社會福利
5. 臺灣和中國的老年問題

Sociology

第一節　老年學

在人類社會演進的歷史過程裡，人口的增加與人類對自然環境的適應能力息息相關。當人類的適應能力增加時，不僅糧食的產量會增加，而且社會結構也會有所改善。因此，為了避免、應付天然災害或戰爭所帶來的人口減少，人們發展工藝技術，改善社會結構，使人們的生存能力更加提高。從人口學的觀點來看，在工業革命以前，世界上的人口數目大致上相當穩定，雖然當時的生育率高，但死亡率也高，抵消了人口增加的可能性。世界人口的大量增加是在工業革命以後的事，因為工業革命帶來了糧食生產的增多、經濟環境的發展、醫療衛生等方面的進步。這些改善大大地提高了人類的生存能力，也急速地降低了人類的死亡率。人口學家估計世界上的人口在過去三百年間大約增加了六倍左右。

二十世紀人口增長固然是事實，其中老年人口的增加更是一項重要的最新發展。老年人口的增加一方面是因為社會環境的改善，使得人們更能活得久一些，另一方面則是因為節制生育使得出生率降低，出生嬰兒數的減少，導致老人在總人口的比例上增加，這現象在已開發國家中更為顯著。

一種用來討論老年人口增長的可能性的指標是計算「生命餘年」（life expectancy，或稱「平均餘命」）。它是指依各年齡組的死亡率來預測當年出生嬰兒可活的總年數。譬如 2008 年，臺灣地區的平均生命餘年是 78.57，這個數字表示：如果根據 2008 年的死亡率，當年出生的嬰兒平均可有 78.57 年的生命。生命餘年通常可以反映一個社會的生活水準。因此，生活水準高的已開發國家的生命餘年要比生活水準低的未開發國家的生命餘年來得長。反過來講，如果一個國家的生命餘年長於另外一個國家，大致上可以說它比較進步或比較發達。

世界上，各國之間生活品質的高低不同，生命餘年這個有效的生活品質的指標在世界銀行所提供的資料表現無疑：像日本、英國、美國、德國

等高收入的已開發國家，2009 年日本婦女的生命餘年已達 86 年，男性亦有 79 年。據 2009 年資料，其中，不少國家的婦女生命餘年都已超過 80 年；中收入國家平均約為 70 年；低收入國家的平均餘年不到 60 年。非洲的安哥拉平均生命餘年只有 37 年；莫三比也只有 37.1 年，辛巴威是 37.8 年。這些國家人民的生命餘年還不到日本人的一半，這是相當驚人的。同樣生活在當代社會裡，還有社會的成員平均活不到所謂的「老年」。2008 年世界各國雖多有進步，但高收入國家的生命餘年仍比低收入國家多 21 年。世界上部分國家的生命餘年資料列於表 9-1，以為各個國家間做比較。

※表 9-1　列舉世界各國生命餘年，1980–2009

國　家	1980	1997	2002	2009		
				平均	男	女
高收入國家	74	77	78	77	74	81
中收入國家	65	69	70	67	65	68
低收入國家	52	59	59	56	55	57
日　　本	76	80	82	83	79	86
香　　港	74	79	80	82	79	86
澳　　洲	74	78	79	81	79	84
瑞　　典	76	79	80	81	79	83
以色列	73	77	79	81	79	83
希　　臘	74	78	78	80	77	82
德　　國	73	77	78	80	77	82
英　　國	74	77	78	79	77	82
美　　國	74	76	77	78	75	80
新加坡	71	76	78	81	78	83
韓　　國	67	72	75	80	76	83
馬來西亞	67	72	75	74	72	77
中　　國	67	70	71	73	71	75

印　尼	55	65	67	71	69	73
菲律賓	61	68	70	69	66	72
泰　國	64	69	69	69	66	72
印　度	54	63	64	64	63	65

資料來源：World Bank: *World Development Report*, 1998–1999, 2004; Population Reference
　　　　　Bereau, 2009。

　　生命餘年的歲數不僅在國家之間有差別，在男女之間亦有差別。在已
開發國家裡，通常男性的生命餘年要短於女性：女性比男性命長。例如據
1996 年美國的資料，女性生命餘年是 80，男性大約是 74，相差達 6 年。
臺灣地區在 2008 年，女性生命餘年為 81.94，男性為 75.59，相差約 6 年。
至於女性的生命餘年較男性長的原因眾說紛紜，不過，學者們大致上相信
跟男性在外工作的環境有關。因為工作環境衛生設備差，容易染病，而且
工作緊張、心理壓力較大、心理精神疾病較多。女性則因在家比較不必面
對工作的壓力和挑戰，因此，壽命預期可長些。不過也有學者指出，由於
近年來女性在已開發和開發中國家皆已大量參與勞動市場，有就業的女性
增加。因此，兩性之間的生命餘年應該會縮短，拉近距離。另外一些學者
則相信女性的體質比男性強，較有抵抗力，也較能忍受病痛。因此，女性
的生命餘年長於男性。

　　人的生命餘年增加，人活得久，其所占人口的總數自然增加。如果同
時生育率下降，老年人的百分比會相對的增加。據統計，2002 年全世界 65
歲以上人口占 7.1%；高收入國家則高達 14.6%；中收入國家 7.0%；低收入
國家只有 4.3%。而 2009 年估計全世界 65 歲以上人口已達 8%；高收入國
家則高達 16%；中收入國家 6%；低收入國家只有 5%。部分國家老年人所
占的百分比資料列於表 9–2，以做比較。

　　表 9–2 中明顯的看出兩種現象：第一，老年人口的增加是全世界性的
趨勢，已難以避免。第二，收入越高國家老年人的人口比例越大。尤其是
日本、義大利、希臘、瑞士、瑞典、德國等，到 2009 年，每 4 或 5 個國民

※表 9-2　列舉世界各國老人占人口的百分比，1997、2002 及 2009

國　　家	1997	2002	2009
高收入國家	13.6	14.6	16
中收入國家	6.4	7.0	6
低收入國家	3.9	4.3	5
世　　界	–	7.1	8
義大利	–	18.7	20
日　　本	15.5	18.2	23
希　　臘	16.6	18.2	19
瑞　　典	17.3	17.4	18
比利時	–	17.3	17
德　　國	15.5	17.1	20
西班牙	–	17.0	17
瑞　　士	–	16.4	17
法　　國	–	16.2	17
香　　港	9.8	11.0	13
韓　　國	6.0	7.8	10
中　　國	6.6	7.1	8
印　　尼	4.4	5.1	6
印　　度	4.7	5.1	5
菲律賓	3.5	3.7	4
盧安達	–	2.5	3
坦尚尼亞	–	2.3	3
尼　　日	–	2.0	3

資料來源：United Nation，以及 2009 Population Reference Bereau 估計。

中就有 1 個老年人；對整個社會而言，這個負擔是十分沉重的。聯合國已

將老年人口達 7% 以上的國家稱之為「高齡」國家 (aging nations)。在高收入國家，老年人口的生活品質與規劃都受到相當程度的關注，因此，有關老人的研究乃受到學界和政府計畫部門的重視，於是一門專門研究老年人的學科就興起了。

老年學 (gerontology) 是一門專門研究老年人的生理、心理以及社會生活的超科技行為科學。老年學的興起在最近一、二十年，它牽涉到生理學、醫學、心理學、社會學以及社會福利等學科的知識與訓練。生理學者與醫學者注意人類老化的過程中的生理反應及各種相關的疾病。行為科學家則注重老年人口的行為規範與社會模式。社會福利學者比較注意政府福利機構和民間私人慈善機構的老人福利措施。

有研究指出，十萬年以前，人類的生命餘年大約是二十個年頭之內；考古學家估計，四萬年前的人類，大約 80% 的人在 30 歲以前就過世了，15% 的人能活到 40 歲左右，能活到 50 歲是少而又少。到十七世紀的歐洲，大約也只有 1% 的人口超過 65 歲。到十九世紀也不過是 4%。我國傳統社會的生命餘年有多少，無資料可查，但古人常言，「人生七十古來稀」，可見能活到 70 歲是非常難得的。以往，疾病、飢荒、戰爭、天然災害等使得人們無法活到老。能活到 65 歲以上還是最近一個世紀的事。因此，學者對老年人的研究也是最近才被重視。葛南德 (Richard C. Crandall) 指出工業化對老年人有四種重要的影響：

1. 工業化擾亂了原有的社會結構。在傳統社會裡，老年人的安養一直是由擴大家庭的成員負責；但是工業化以後，擴大家庭逐漸為核心家庭所取代，年輕人又離家進都市謀職，造成無人照顧老人的局面。

2. 工業化日新月異的工藝技術發展，老年人畢生累積的經驗知識變得毫無用途，使得老年人無法在勞動市場上謀生。

3. 工業化的結果間接促成了資本主義制度的盛行，資本主義是一種求高利潤的經濟制度。老年人體弱無法勝任勞力要求高的機械操作工作，於是無法與年輕人競爭。

4. 工業化雖然有上述三種負面的影響，但是卻也把工人組織起來，以爭取

個人福利，工會因此而起。老年退休金、保險制度、資深制度等都多多少少減輕了老年人受害的程度。

　　老年學引起學者的重視，不只是因為老年人口的增加對社會能有巨大的影響；同時由於老年老化過程所牽涉到的層面非常廣泛。這些層面包括：

1. **年歲老化 (chronological aging)**：這是指一個人從出生以後所累積的年歲。年紀越大，年歲老化程度越深。大致上來講，年歲越大，一個人對環境的適應能力就越減低，對外在干擾因素的抵抗力越弱。

2. **生理老化 (biological aging)**：係指人體結構和生理上的長期衰老。疾病的抵抗力減少會使得生理老化加快；老年人手腳不靈活、反應遲鈍、重聽以及消化系統能力退化等等都是生理老化的徵象。

3. **心理老化 (psychological aging)**：係指個人行為上的老化現象，它反映個人的成熟程度以及個人對緊張壓力的適應和應對能力。對新經驗的態度、對變遷的適應能力、對生命的看法等都能影響一個人的心理老化。人們常說老年人頑固、保守、持舊等等皆是心理老化的徵象。

4. **功能老化 (functional aging)**：係指年齡增長所導致工作能力效率的減低。例如視力減退、耐力不足等。

5. **社會老化 (social aging)**：係指個人因年齡老化而導致在社會上所扮演的角色的改變。由於社會對老年人的要求和期待往往跟對年輕人不一樣。因此，老年人的社會角色和行為規範就跟其他社會成員不一樣。

　　年歲老化只能說年齡是增長了，但是一個人老不老往往還要看生理、心理、功能以及社會老化等因素的綜合影響而定。

第二節　社會學對老年社會的詮釋

　　對老年的主要研究學科有很多，社會學是其中之一。**老年社會學**（sociology of aging，亦稱 social gerontology）是一門以社會學的理論和觀點來討論和分析老年人社會生活的學問。正如前面所提，老年社會學牽涉

的層面很廣；老年社會學與心理學、生理學、經濟學、物理治療、音樂治療、醫學等學科的關係都十分密切。

對社會學家來講，老化過程和老年生活不僅是個人心理和生理特質的結合，而且也是社會結構影響下的產物。社會學家相信，由於社會結構的差異，每個社會裡的老化過程和老年生活會有其獨特之性質：社會與社會之間的老年社會生活往往就不相同。

功能學者對老年社會的解釋主要是從社會功能的立場來看，他們認為社會明白年齡上的差別而把社會的成員區分成不同的團體。這種劃分通常稱之為「年齡規劃」(age grading)，我們通常所劃分的童年、幼年、少年、青年、成年、中年、晚年等皆是「年齡規劃」的結果。正因為社會把成員劃分成不同的年齡群，社會就發展出不同的「**年齡規範**」(age norms)。年齡規範是指社會對不同年齡群的人有不同的行為規範與期待。例如社會對成年人總是鼓勵努力工作，求事業上的成就；對老年人的行為規範則是休養、安逸、求靜。因此，年齡規範提示不同年齡的人，哪些行為是可以做的，哪些是不適當的；哪些行為是可接受的，哪些是違反社會期望的。對老年人，我們常聽人說：「年紀都那麼一大把了，還有這麼大的脾氣」、「不必爭了，讓給年輕人了」、「還想再婚，老不休」。這些都算是老年規範下的語句。

一、功能論的觀點——隔離論

功能學者對社會階層的看法是把它視為有利於社會的生存。因為社會為了鼓勵人們擔當困難和必要的任務，而給與較高的酬賞與社會地位。老年人對社會的貢獻較少，因此社會給予老年人較低的社會地位。功能學者的老年理論是以「**隔離論**」(disengagement theory) 為代表。隔離論是 1961 年崑銘 (Elaine Cumming) 和亨利 (William Henry) 兩人在研究一批堪薩斯城 (Kansas City) 的老年人後所提出的。他們發現這群老年人都有一種自動從社會裡退出來的傾向，而且社會一般大眾也認為老年人應該退出。換句話說，隔離之形成並不是老年人被逼出來的單方面行動，而是老年人本身和

社會大眾雙方面的撤退。隔離論認為老年人的退出對社會是有功能的，不然會破壞到社會上正常的互動。老年人的隔離或退出包括子女之成年離家，職業上的退休、寡居等；人年歲大了，自然就由一些以往所扮演的社會角色中隱退，讓年輕人來接手。例如職業上的角色，如果老年人不退休，社會裡空缺的職務工作少，那年輕人剛從學校畢業，就業的機會不高；未就業的人口多，對整個社會的穩定有負面的效果。崑銘及亨利相信老年人的隔離能促進社會之均衡。所謂隔離，在這裡就是退隱。

但是隔離論受到了其他老年學者的批評。他們指出，並不是所有的老年人都願意自動退出，有這種隱退傾向的人也不僅老年人而已，其他年齡組的人也可能發現有這種傾向。他們批評隔離論把老年人的社會生活圈描繪得太灰色了。

二、衝突論的觀點——年齡階層論

衝突論認為社會要完全無衝突是不可能的。社會由於權力和資源分配不均勻而把人們劃分成支配者與受支配者兩種。支配者因為擁有權力和資源而壓迫受支配者，社會的不平等現象就是這樣造成的。老年人的社會地位低就是因為他們在權力與資源的鬥爭裡是受支配的一群，他們是社會不平等的受害者。衝突論的代表理論是羅斯 (Arnold Rose) 的「**年齡階層論**」(age stratification theory)。根據年齡階層論的看法，每一個社會不僅按照階級的高或低把其成員分等，而且也按年齡把人分等。不同年齡的人在社會上有不同的社會角色、權勢以及義務。年齡階層是社會階層的一種；老化過程跟社會流動很類似。基本上，年齡階層論試圖用社會階層的概念來分析老年人在社會裡的地位。

三、符號互動論的觀點——社會環境論和活躍論

符號互動論的理論重點放在人與人之間的互動型態和互動過程。它強調互動不僅是互動者的主觀概念，同時也是社會環境的產物。「**社會環境論**」(socio-environment theory) 和「**活躍論**」(activity theory) 是符號互動論在老

年學中的代表理論。社會環境論強調社會及環境因素對老年人活動型態的直接影響。它著重團體成員的年齡是否相近，其社會環境是否和諧等問題。持此種理論的學者發現老年人如住在專為老人而設立的養老院、安養中心或老人國宅等處會比較容易交朋友，比較不會寂寞，生活較有情趣，一切都較和諧安祥，這實在是因其生活環境是專為老人而設立的，其安排的活動也都以老人為主。活躍論基本上是與隔離論相對立的。它認為一個人對生活的滿意程度與他的活動有關：一個人越活躍，對生活越感滿意。這理論認為老年人雖會面臨生理、健康狀況的改變；但是他身心上的社會需求，基本上並無太大的改變。當一個人從中年轉變到老年，並不完全要從社會中撤退出來或被隔離。在他的生活轉變中，只不過是把以往的舊角色拋棄而換以新的角色。老年人乍看之下，雖然是退隱，但事實上仍是活躍的，只是活躍的方式不同而已。

當前，老年人的健康情況大有進步，更加強了活躍論的立場。由於醫學的進步，不僅可以治療疾病，更能防範疾病，許多老年人不再受病痛之苦，再加上近些年來，強調做運動等更能減少感染性的疾病、中風與心臟病等。這些健康的老年人繼續保持其活動及其社會關係，是最能適應其老年退休的生活的一群。最近有學者提出一種**持續論** (continuity theory)，認為當個人進入老年期時不會變得特別隔離或活躍，而是延續以往的生活方式。也就是說，個人到老不會有太大的改變：以前是什麼樣的人、什麼樣的個性，到老還是同樣的人、同樣的個性。

四、老年次文化論

另外一種也可以說是屬於互動論的老年社會學理論：「**老年次文化論**」(aged subcultural theory)。所謂次文化係指社會裡由一部分人所遵行的一種跟主流文化不盡相同的文化。在一個複雜多元的社會裡，總有一些人的行為模式及價值觀念跟大多數人有些不同，這些人就構成了次文化。次文化可能與宗教信仰、族群、地域、性別、社會地位，以及年齡有關。老年次文化論者指出老年人在人口特質上，在團體組織上，地理分布上有共同的

特徵及相似的特質，因此較易形成老人族群的意識：其特有的行為模式或規範跟社會中的其他族群不同，而形成一種老年次文化。正如年輕人、中年人、上班族都有其特有的次文化一樣。這種次文化有其正功能：使其產生一種團體意識，例如美國的老人組織 AARP (The American Association of Retired Persons) 就是為老年人爭取福利的組織。但是它的負面功能是對老年人產生一種異樣的感覺，把老年人歸類成沒有貢獻的，是社會的一大負擔；隨之減少跟老年人的互動，使老年人的互動僅限於其老年次文化團體裡的其他成員，而少跟其團體以外的人發生互動。

五、交換理論的觀點

交換理論是社會學裡四大理論學派之一。交換論者認為人與人的互動就像商業上的交易一樣，有支出才有酬賞。在社會上，一個人如果要得到別人的尊敬就必須要有資源用以交換。年輕者有財力有聲望，也有精力，因此可以交換到較高的社會評價。老年人因為身體的衰退，財力的減少，職業上的退休等等因素，再加上當前工業社會或後工業社會，現代科技、專業、知識，都發展神速，在在都使老年人缺乏足夠的社會資源，減少了交換的能力，於是就受到社會的歧視，交換關係的不平衡自然就產生了。老年人的社會地位相對的就經歷所謂的下降的社會流動。

上面介紹的各個理論，事實上都未能把老年人的社會做一個完整的描述。每一種理論只能代表一個角度的一個觀點而已。因此，對老年人的瞭解不應太狹窄或太主觀。

第三節　老年人的世界

一般人對老年人的看法和印象有很多是受偏見的影響。一談到老年，人們往往有一種消極和無奈的感受。好像每一個老年人都是把自己關在一個昏暗的房間，不理世事，也不與其他人來往；同時，人們總把老年人看

成是一個愛管閒事、囉嗦不休、固執頑強、我行我素,人人唯恐避之不及。不錯,有些老年人的確是如此。然而,實際上這樣的老年人只占少數;大多數的老年人並沒有心理失調的問題。老年人即使有心理問題,也不一定完全來自老年人本身,很可能是社會結構上的問題。

海佛何斯特 (Robert Havighurst) 列舉出六個老年人必須面對和設法適應的問題:(1)健康和身體衰退的問題;(2)退休和收入減少的問題;(3)配偶去世後的問題;(4)跟同年齡的老人建立友誼的問題;(5)新社會角色規範問題;(6)合適的居住環境問題等等。

當然,並不是每一個老年人都有同樣的問題。即使相同,問題的嚴重程度亦不一定相等。而且初期老年(65 至 79 歲)的老年人跟晚期(80 歲以上)的老年人所面臨的上述六大問題的程度亦不一樣。另外,這六個問題有個中心焦點,就是老年人的依賴性 (dependency)。這是指老年人對其他年齡組成員的依賴程度。在以往傳統社會裡,幼兒依賴成年人;老年人依賴其子孫養老。因為這種依賴性在傳統社會是認可的。然而,在今日的工業社會裡,我們能承擔幼兒的依賴,卻逐漸棄老年人於不顧。於是,老年問題乃成為社會問題。

老年人的依賴性最主要有兩方面:第一種是身心上的依賴:由於身體健康的衰退或由於配偶親人的相繼去世,老年人依賴於他人的程度會跟著增加;這並非指所有的老年人都真的需要依靠他人,可能只是一種恐懼被人拋棄的心理依賴。第二種依賴是經濟上的依賴:由於老年人退休以後,收入來源減少,因此常常有怕經濟能力不足的恐懼心理,一種看人眼色的卑賤感。

死亡的可能來臨是老年人所面臨的另一個沉重心理負擔。老年人怕死亡,因為不知道死亡何日來臨、痛不痛苦,死後的世界是快樂還是恐怖的,死後配偶及子女的照顧問題,死亡使得自己許多想做的事無法繼續或完成。因此,人們總是不願意談死亡的問題,總是佯裝自己不會死。

精神病醫生韋士曼 (Avery D. Weisman) 提出了一種死亡三階段論。第一階段是否認 (denial):在最初期,病人總是往好處想,希望奇蹟出現能即

時恢復；或者認為醫生診斷有誤，病情不嚴重。第二階段是半知半覺 (middle knowledge)：在這一階段裡，病人很矛盾。一方面想知道得什麼病，會不會死；另一方面卻又不想知道；矛盾和消沉是兩個主要特徵。第三階段是接受 (acceptance)：在這一階段裡，病人只好承認了，知道死亡不可避免，等死是這一階段的主要徵象。

另外一位醫生古伯樂羅絲 (Elizabeth Kubler-Ross) 則提出一個更詳細的五階段論：否認和隔離 (denial and isolation)、憤怒 (anger)、討價還價 bargaining)、消沉 (depression)、接受 (acceptance)。第一階段是當老年病人獲知可能死亡消息時的第一個反應是否認：「這不會是真的」、「我平生沒做壞事，怎麼會是我」、「一定是醫生診斷有誤」等等；隨之而來的是一種對死亡的恐懼，於是會把自己隔離起來。第二階段是憤怒，病人易表現暴躁行為，難以應付。例如：「老天沒眼」、「不應該是我」等。第三階段則是知道死亡不可避免以後，討價還價，「多給我幾個月，把事辦完」或者「等我看到孫子以後再死」。一方面希望多給他點日子，另一方面也祈求少點痛苦。病人往往更信奉神靈或宗教信仰。第四階段是消沉，一種無可奈何的恐懼。第五階段是接受。這時期心情會平靜下來，接受死亡的不可避免性，整理個人事物，安排後事。人老了總是會過世，自然，死亡對當事人及其親朋家屬都會產生一種無名的恐懼。我國人最忌諱在老人家前提到死亡，就是這種心態的文化價值。

一個跟老年人的死亡相關的現象值得在此一提：西方社會的研究發現老年夫婦中：若妻子先過世，則獨居老先生通常只有多活三年的時間；但若丈夫先過世，老太太活著的時間比較長。前面談過婦女的生命餘年比男性長，較強的適應能力是這種差別的主要原因。但是社會學家也認為婦女本來就比較偏向家務事，而且丈夫長年在外做事，婦女在家獨自慣了。因此，男人在不在不是一個大問題；而男性一直不太參與家事，妻子的死亡改變了其整個生活方式。婦女平常就較重視親朋的來往，如果丈夫過世，她有親朋的支持與慰藉，較易適應。男性一向就不管這些聯絡事宜，一旦妻子過世，親近的人不多，又不會主動聯繫親朋，自然慰藉少，更難適應。

這種現象不僅西方國家有，臺灣的醫學界也有類似的觀察。

　　並不是所有的老年人都有心理上的問題。絕大多數的老年人和平常人並沒多大差別。老年人在步入老年期時需要做些適應，正如所有的人在各段年齡層都需要做適應一樣。退休、寡居、對死亡的恐懼等等皆是很自然的現象；就像結婚，成家就業等一樣。所以，老年人的適應能力是一種人格適應能力的提升，跟年齡的增長應該沒太多的關係。

　　心理學家紐卡廷 (B. L. Neugarten) 把老年人的人格分成四種：

1. 整合型 (integrated)：指那些內心生命豐滿而又有幹勁，有能力處理日常生活的人。

2. 被動依賴型 (passive dependent)：指那些經常依賴或指望別人來滿足自我的人。

3. 衝勁型 (armored)：指那些過分追求成就的人，不僅總想控制自己的命運，而且也想控制周遭環境的人。

4. 散亂型 (unintegrated)：指那些無法控制自己的情緒，而又不能做事的人。

　　心理學家和社會工作者皆同意：把老年人放進療養病院治療應是下策。最理想、最合適的辦法還是由家人照顧。老年人的行為在生理、心理、社會三因素交互影響下可能跟社會大多數人有異，但是這並不一定就代表有問題或心理不正常。對一個老年人來講，家庭是他晚年生活的依賴。無論是老夫妻兩人單獨居住或是跟子女親戚同居，家庭生活占了老年人日常生活的絕大部分時間。他們的精神、體力已不如前，外出活動減少以家居為其主要的活動範圍。

　　老年家庭一個常見的問題是夫婦一方可能患了嚴重的疾病，造成行動不便、不能自理生活上的基本要求，需要另一半的長期照顧。由於婦女的生命餘年比男性長，一般來說老年疾病的照顧常落在婦女身上。長期照顧生病的老伴可能造成婚姻的惡化。但也可能更增加夫婦老伴的相互珍惜和愛憐。無論如何，對照顧的一方來說，仍然是一個挑戰。

　　老年家庭生活的另一個問題是祖父母角色扮演的問題。社會上對祖父母角色的描述總會有親切感的色彩和成分。然而老年人要扮演這角色也並

不如想像中那麼簡單：一方面是因為這祖父母的角色代表一個人老化的來臨；另一方面則是因為沒做過祖父母的經驗，因此不知如何扮演這角色。有些人對祖父母角色感到驕傲和榮耀；但也有些人看成步出社會圈的前兆而不願接受。在我國因為尊老敬老的傳統倫理仍然存在，因此，身為祖父母者，多多少少會有喜悅的感覺，而且孫子輩通常也還尊敬祖父母。當然，並非每一個老年人對祖父母角色的扮演都一致，總有些差異存在。大致上來講，扮演祖父母角色可以劃分成四大類型：

1. **嚴肅的祖父母**：高高在上，跟兒孫們保持一定的距離，不易親近，而且嚴肅。
2. **疏遠的祖父母**：這一型的祖父母雖然沒有上一類嚴肅型的那樣令人敬畏，但是跟兒孫保持一定的距離，生疏得像外人。
3. **家庭的祖父母**：這一類的祖父母支持並幫助父母教養子女，提供必要的協助或忠告，是家庭不可或缺的一分子，疼愛孫兒們，但不過分。
4. **溺愛的祖父母**：他們溺愛放縱孫兒輩，往往與子女爭吵教養的方法。他們是孫兒們的保護者，以孫輩的一切為其活動中心。

　　在美國某些研究裡發現大多數的老年人希望能至少跟子女或孫輩中的一人住得鄰近些但並不希望同居一住宅，事實上的確如是；臺灣的一項研究也有類似的發現。有些研究發現老年人雖然歡迎子孫們來看望，可是也希望他們盡快離開。歡迎子孫來是因寂寞，希望有人談話；但兒孫們把原本乾乾淨淨的房間弄亂了，把原本平靜的生活打擾了，更或因體力不濟，無法招待兒孫的來訪。通常祖母會比祖父較能獲得孫輩的喜歡，祖母比較容易扮演慈愛和祥的角色，而祖父終生嚴肅慣了，較難表達慈愛與關懷的一面。

　　退休後的經濟情況是老年社會生活裡一個非常直接而且嚴重的問題。雖然相當多的老年人身體仍然很健康，但是社會對老年人仍有很多偏見，影響了老年人的就業問題。這些偏見包括：老年人行動緩慢，無法按期完成所負責之工作；老年人知識、技術落伍，無法勝任當今工業社會的職務；老年人請假多，不可信賴；老年人頑固，不願意接受新知識；老年人比年

輕人較少教育；老年人不易遷調；老年人的繼續雇用，會增加公司財務上的負擔。

就因為上述這些偏見，許多公司一方面不願意繼續雇用老年人，另一方面又逼著他們盡早退休，把位子讓出來。退休對老年人來講是一個具有相當重大意義的事件。社會學家艾契禮 (Robert Atchley) 指出退休後會經過下列五個時期：

1. **第一階段——蜜月期**：這是指剛退休的那一段日子。退休者常有如釋重負的輕鬆感。總算放下了擔子，可以輕鬆輕鬆了。通常同事們會為他舉辦一個退休會慶賀一番。退休者把以後的日子想像得美好：不必趕早上班、不必看上司的嘴臉、不必加班、可以有時間旅行、看書報或聽音樂。自願退休者最易有這種蜜月期；但被迫退休者則不會有此想法。
2. **第二階段——憂悒期**：退休蜜月期過了以後，退休者可能會感覺到不習慣，以往每天規律的上下班，現在待在家裡，閒得發慌，突然間會覺得無所適從，像個廢人；幾十年的生活規律變了，收入少了，退休前的美夢破碎了，憂悒開始籠罩心頭。在家，整天得面對著老夫或老妻；在外，他必須重新結交新朋友；一切都不對勁，好像被社會遺忘、拋棄了。
3. **第三階段——重組期**：大多數的退休者在經過第二階段的憂悒期以後會重新振作，以更切實的眼光態度來處理安排往後的日子。設法把自己從孤獨憂悒中解脫出來，重新肯定自己。朋友和家人的影響在此一時期相當重要。
4. **第四階段——穩定期**：如果退休者能夠成功地重組自己的生活，會穩定下來，好好安排此後有意義的日子：培養新的嗜好，參與新的活動等等。
5. **第五階段——終結期**：這一時期因為年齡歲數更長，疾病纏身，行動可能不方便，死亡的陰影更為接近。如果能排除對死亡的恐懼，老年人可以好好地安排後事。

艾契禮指出並不是每一個退休者都必定經過上述各個階段，有些人根本沒有蜜月期，有些人則長期停留在憂悒期；這完全看人而定，因人而異。艾契禮認為退休前的準備工作對退休後的生活安排有重大的影響。他指出

退休前可以分為兩個階段：遠期與近期。前者是指一個人在職業生涯進行中尚未想到退休的問題，通常一個人剛開始做事，尚年輕時不會考慮到退休；後者則指一個人工作一段時間後開始為日後的退休考慮，因此會參加工作機構提供的退休金儲蓄和投資，開始準備退休後的日子。艾契禮強調這近期的準備功夫會影響到退休後的生活。

退休的方式大致上有兩種。一種是自願性退休 (voluntary retirement)，另外一種是強迫性退休 (mandatory retirement)。自願性退休是因個人自動要求退休，通常在心理上與經濟上都已有充分的準備。因此，退休後問題較少。退休者可以盡情享受退休的優閒日子。但是強迫性退休問題較多。因為退休者規定退休年齡一到，不論身體狀況，不論願意與否，即被迫退休，毫無選擇餘地。一般機關公司是以 65 歲或 70 歲為強迫退休年齡。

近年來，有很多專家學者反對這種強迫退休的辦法。反對者認為每一個人的生理心理情況不同，不能以一個固定的年齡一概而論。有些人雖屆退休年齡，但精力旺盛，工作能力仍強。如此強迫退休不僅是個人的損失，同時也是社會的損失。而且一大批的同年齡退休者也給社會福利機構帶來沉重的負擔。如果能夠允許願意繼續工作者不退休，這些人就不會依賴社會安全制度的救助。

有些學者把退休後老年人的經濟生活狀況分為三個等級；第一組是掙扎中的老人，他們經濟貧困，無法維持退休後的生活；第二組是經歷下降流動的老人，他們在退休前是中等階級，退休後因為收入的減少，生活水準大幅下降；第三組是整合型的老人，在退休後仍然繼續享有退休前的生活水準及社會地位。

總而言之，老年退休是一個相當值得重視的問題。因為在工業社會裡，一個人（特別是男性）的社會地位往往是決定於其職業和收入。退休後職業沒有了，收入減少了，對個人的自尊和自信都可能有影響。因此，如何幫助老年人安排退休後的日子就變得很重要。

退休日子既然沒工作，休閒活動的安排對老年社會生活占有相當重要的分量。所謂休閒活動，是指那些不為經濟酬賞而做的活動，它沒有太多

社會角色義務的負擔，心理感覺自由，隨心所欲活動，沒有得失之心的負擔。休閒活動包羅萬象。老年人通常牽涉到的有觀賞球賽、旅遊、看戲聽歌、打牌、聊天、閱讀書報等等。由於體能上的衰退，老年人的休閒活動比較是慢拍或靜態的。球類中，羽毛球、網球、高爾夫球似乎較受老年人歡迎，紙牌、麻將、晨間活動、太極拳、外丹功等也是很流行的。另外，整理家園花圃、跟兒孫聊天也很常見。有些更安排有意義的義務工作。近年來，老年人上網路與人聊天或通「伊媚兒」(e-mail) 也占老年人的一大段時間。

美國對老年人休閒活動的研究發現幾項特點：(1)老年人比年輕人較不常外出；(2)老年人比較不願意到人多的地方；(3)老年人較常上教堂；(4)老年人即使外出，也是為有事才外出，如買東西、看醫生、做運動等；(5)老年人對花錢的休閒活動較少有興趣。

造成老年人上述休閒活動特點的主要原因是老年人行動不方便，無法出遠門；老年人的收入有限，不願花錢在休閒活動上；老年人怕搶，怕成為犯罪受害者。因此，老年人的休閒活動範圍自然變得小，大都以住處四周為活動範圍。閱讀、看電視、整理庭院、種花除草、跟鄰居聊天等就成為主要的休閒方式。尤其近年來，有線電視的開放，不僅增加了電視臺數，而且也有二十四小時的電視臺，老年人看電視的現象有升高的跡象。

以臺灣目前的情形來講，雖然尚無系統性的資料，但是大致上仍可做下列的觀察：

首先，我國老年人與親友鄰居交談閒聊機會多。由於人口密集，都市裡的住宅往往把樓下當店面的開放式型態，鄰居來往多，串門子聊天機會比美國老年人要多得很。當然，像臺北住宅區的高樓公寓，門戶森嚴就不適合老年人了。

第二，晨間活動是臺灣休閒活動的一項主要特色，也是老年人之最愛。它的社會功能包括：增進老年人身體的健康；增加老年人戶外活動的範圍；擴大老年人的朋友圈；保持與外界的聯絡；減少在家裡與兒孫發生摩擦的機會，幫助家庭的和諧。

第三，電視雖然是老年人娛樂的主要項目之一，其重要性遠不如美國老年人之依賴性。主要原因是我國電視節目收視對象皆以青年和中年人為主，未考慮老年聽眾觀眾，選擇性較少。大多數老年人仍跟兒孫同居，無法自選合乎口味的節目。不過後來錄影帶的流行，提高了電視機的功能。

第四，團體旅行一直是臺灣老年人的喜好休閒活動之一。老年人不必操心交通問題，可以跟其他同遊的老人交往，而且費用經濟。團體旅行往往包括拜訪名山大剎，可提供老年人精神上之慰藉。近年來出國旅遊或到中國大陸旅遊，已成為部分在體力上、財力上能擔當的老年人休閒活動的主要項目。

第五，我國傳統的養老之道，首重求靜。所謂七十不留宿，八十不外屨。老年人的休閒活動以靜為中心概念，下棋、閒聊、聽音樂等等較適合，不喜歡到閒雜人多之處。

第四節　老年社會福利：美、日為例

一、美國老年社會福利

由於老年人口的增加，世界各國對老年人的社會福利也就日漸重視。以美國為例，它的《社會安全法案》(Social Security Act) 在 1935 年經由國會通過。此法案是針對 1930 年代的經濟大恐慌而訂的。以往，老年福利工作大多數是由民間私人機構推動，政府很少直接參與。當時社會倫理基本上反對以公眾的資源協助貧者。1930 年代的經濟大恐慌，全國大約有 1 千 500 萬人失業，私人慈善團體無法應付這個數字的貧窮者。聯邦政府開始推行社會福利工作，協助州政府救濟貧苦者。《社會安全法案》就是在這種情況下通過的。此法案包括三個主要項目：

1. 社會保險 (social insurance)：主要包括失業、退休和死亡保險。失業保險提供失業者在一短時期內的津貼補助金。老年退休、遺族、殘障等有保

險金的補助。這些保險通稱為社會安全 (social security)。

2. **公共扶助 (public assistance)：** 受益者需符合某些規定限制，如當事人的收入財產或其他條件，才能領取此項公共扶助，其包括有盲者扶助金、殘障扶助金、老年扶助金以及未成年兒童扶助金等。

3. **公共健康和福利服務 (public health and welfare services)：** 聯邦政府提供基本的兒童公共衛生服務、殘障兒童服務、兒童收養等服務項目。近年來已推廣到長期慢性疾病患者的福利。

　　這三項當中，以第一項的社會保險對老年人關係最大。其主要目的是用以彌補個人因退休而減少的收入所得，以現金給付退休者或其遺族。參加社會保險者在 65 歲退休後可開始領取，遺族家屬在 62 歲以上或 18 歲以下未成年子女亦可領取。保險金金額是依退休前之所得、工作年數的長短，以及所繳付的社會安全金額等而定；付給金額有最高極限。社會保險給付的金額原則上來自參加保險者逐年的繳納。目前由於退休老人日增，領取退休保險金者日眾，而參與繳納稅金的比率漸少；再加上領取保險金的時期增長，以及經濟上的通貨膨脹；於是社會保險給付給政府帶來經濟上的嚴重負擔，更有破產的危機，美國國會正討論如何補救。

　　對美國老年人來講，社會安全當然是最直接和關切的老年福利措施。另外，老人醫療保險 (medicare) 和醫療救助 (medicaid) 兩項也關係重大。老年人由於健康衰退，花在醫療上的費用自然較高，再加上收入的減少，許多老年人對一般基本的醫療費用都負擔不起。老人醫療保險主要包括兩項：

　　住院保險 (hospital insurance) 這是一項強制的保險，保險費由薪水中扣繳的社會安全稅目中提撥。對象包括老人、遺族與殘障保險項下 65 歲以上的老年人。包括住院費、醫藥費、護士費等相關的醫療費用。

　　醫療保險 (medical insurance) 是一項輔助性的保險，自由入保，以補助上述住院保險的不足。包括醫生的診療費用、急診費、院外物理和語言治療，以及其他醫生所指定的額外醫療費用。保險金通常只給付 80% 的費用。

　　醫療救助主要是對低收入的個人或家庭提供醫療方面的協助，費用由聯邦政府及州政府共同分擔。聯邦政府提供州政府實施醫療補助法案的醫

療費用，而州政府自行負擔執行該法案的行政人事的費用。各州間醫療救助的實施有很大的差異。低收入的救助對象是指在《公共救助法案》下的貧民，包括老年人。

各州醫療救助之實施狀況不同，但是聯邦政府規定對貧窮老人的醫療項目應包括五項：(1)住院診療費；(2)門診診療費；(3)療養機構的護理費用；(4)住家護理費；(5)間歇性的看護費用。

1935 年的《社會安全法案》給美國福利制度建立了一個可觀的基礎，也給老年人帶來了某種基本生活的保護。這些措施透過在 1965 年所通過的《美國老人法案》(Older American Act) 更可獲得法律上的保障。這法案更導引了聯邦政府衛生、教育與福利部裡的老年司 (Administration on Aging) 的成立。這法案包括了下列十項目標：

1. 老年人應享有夠用的收入。
2. 適當的身心健康。
3. 適當的住處。
4. 給住院者適當的照顧。
5. 提供工作機會。
6. 健康和有尊嚴的退休。
7. 追求有意義的活動。
8. 有效率的社區服務。
9. 提供科學有關老年問題的新知識。
10. 讓老年人能自由自在地安排自己的日子。

總而言之，美國近年來對老人福利已做了相當的努力。但由於老年人口的不斷增加，今後仍然會問題重重。

二、日本的老年社會福利

日本的老人福利立法及措施可源始於西元 701 年的《大寶律令》的公共扶助制度，此律令實沿自當時我國唐朝的法令。這包括對孤、老、貧、病者的扶助。由於當前急速高齡化，使得老人問題成為日本社會最嚴重的

社會問題。日本的生命餘年是世界上各國最長的，據 1997 年男性已高達 80，女性已超過 83。數年前日本婦女的生命餘年超過 80 歲，是世界上的首次紀錄。1997 年 65 歲以上的老年人占總人口的 15.5%，預估在 2015 年將高達 25.4%（每四個日本人中一位是 65 歲以上的老年人）。

　　早期的日本老人福利著重於私人的扶養，除非當事人或其家屬沒有這分能力才由政府或公共團體組織來協助。直到二次大戰日本戰敗以後，因受到美國的壓力，老人福利政策才開始轉變，對老人的基本人權及生活環境開始加以保護，但老人政策仍然以私人扶養為主的公私共同扶養政策。1964 年日本頒訂《老人福利法》，作為老人福利推展的依據。其中以經濟所得保障及醫療保障為主，並包括其他教育、生活、住宅稅制優待等福利措施。

1. **社會保險：** 屬於老人福利的老年年金分厚生年金、國民年金及福祉年金三項。厚生年金以經常雇用有員工五人以上的事業單位為對象，被保險人投保二十年（礦工十五年）或 40 歲（女性及礦工 35 歲）以後投保十五年以上者，退休後，自 60 歲起可領取厚生年金。國民年金是以自營業、農業及其他公共年金制度未包括者為對象，其保險費繳納及免繳納期間合計為二十五年以上者，自 65 歲起可以領取國民年金。福祉年金則是以已達高齡而無法繳費者及不符合要件者（殘障者、寡婦等）為對象，其保險費由政府負擔。滿 70 歲時可開始領取福祉年金。

2. **醫療保健服務：** 大致分為一般老人及住院老人的醫療保健。一般老人院外醫療保健包括老人健康檢查（70 歲以上老人每年可免費健康檢查）、老人醫療（包括精神病院、傳染病院、老人醫療巡迴車、老人慢性病、急病救治措施、醫療費用支給等）、老人保健等。住院老人醫療保健包括健康檢查（住院老人及員工都得定期健康檢查、注射預防針等）、飲食營養衛生、生活指導、老人健康、娛樂、教育等方面。

3. **其他老人福利：** 其中包括設立老人職業訓練所、老人人力銀行、老人俱樂部、老人工廠、老人大學、老人福利中心、老人養護之家（仁愛之家）、老人旅社等，提供老人就業輔導服務、老人家庭生活協助、老人生活情

趣服務，以及在老人稅收上有優待的措施等。

　　日本老人福利政策及措施著重於運用社會中的各種資源，依照各個老人的需要而提供服務，促進老人自立自強、自力更生的最大限度，以期預防老人問題的產生。

第五節　臺灣和中國的老年問題

一、傳統中國的老人

　　我國傳統文化裡，敬老尊賢一直是儒家思想的主流之一。而這種敬老的價值觀念是由孝道來支撐。儒家的看法是，一個盡孝道的人，就不會不忠；每個家庭若都平和，那麼國家和世界就會穩定。在《論語》裡我們可以找到不少有關孝道與敬老的思想。例如：

1. 有子曰：其為人也孝弟，而好犯上者鮮矣。（〈學而〉第一）
2. 子曰：弟子入則孝，出則弟，謹而信，汎愛眾而親仁，行有餘力，則以學文。（〈學而〉第一）
3. 子夏曰：賢賢易色，事父母能竭其力，事君能致其身，與朋友交，言而有信，雖曰未學，吾必謂之學矣。（〈學而〉第一）
4. 曾子曰：慎終追遠，民德歸厚矣。（〈學而〉第一）
5. 子曰：父在觀其志，父歿觀其行，三年無改於父之道，可謂孝矣。（〈學而〉第一）
6. 孟懿子問孝。子曰：無違。（〈為政〉第二）
7. 子曰：生，事之以禮，死，葬之以禮，祭之以禮。（〈為政〉第二）
8. 孟武伯問孝。子曰：父母唯其疾之憂。（〈為政〉第二）
9. 子游問孝。子曰：今之孝者是謂能養。至於犬馬，皆能有養，不敬何以別乎。（〈為政〉第二）
10. 子夏問孝。子曰：色難。有事，弟子服其勞，有酒食，先生饌，曾是以

為孝乎。（〈為政篇〉）

11. 季康子問：使民敬忠以勸如之何。子曰：臨之以莊則敬。孝慈則忠，舉善而教，不能則勸。（〈為政篇〉）

12. 子曰：書云孝乎。惟孝友于兄弟施於有政，是亦為政，奚其為政。（〈為政篇〉）

13. 子曰：事父母幾諫，見志不從，又敬不違，勞而不怨。（〈里仁篇〉）

14. 子曰：父母在不遠遊，遊必有方。（〈里仁篇〉）

15. 子曰：三年無改於父之道，可謂孝矣。（〈里仁篇〉）

儒家思想裡，這種事父母以孝的事例，到處可見。傳統文化的上下層成分皆以孝為準則。二十四孝的故事對中國民間深遠的影響是不能算計的。幾千年來，中國人對父母、對祖先，皆以孝道為行為準則。順從父母，奉養父母，是天經地義的，是做人的基本原則。在傳統社會裡，中國家庭人數的大小雖然是學者們爭論的題目，五代同堂的理想卻是人所眾知的。中國傳統社會，世代務農，世居一處，對老年人的奉養不僅是子女的責任，也是氏族宗親的責任。近年來，由於急劇的社會變遷，老年人口的增加，壽命的延長等因素，老年人的奉養問題在海峽兩岸的中國社會裡都遭遇到困難。

二、臺灣的老年問題

臺灣地區老年人口的增加，在近些年經濟的急速發展下是一個不能被忽視的事實，65 歲以上的老年人口在 1950 到 1960 年代中期占總人口數 2.5% 左右，1960 年代下半期開始增加，1971 年 3.0%，1981 年 4.4%，1991 年 6.5%，2000 年增加到 8.6%，2008 年已高達 10.4%。預計此百分比還會再往上增長。

老年人口比率的增加，除了老年人口數目增加外，也由於出生率的降低，使老年人相對的在總人口數中的百分比增加。另一方面是各年齡組的死亡率下降，生命餘年的增長。粗出生率由 1966 年的 32‰，到 1980 年代降到 20‰ 以下，1997 年則降至 15‰，2008 年為 8.4‰。總生育率 (total fertility rate)，即婦女在育齡期間平均所生子女數，在 1950 年期間曾超過 7，但 1966 年是 4.8 到 1980 年代中期降至少於 2，1997 年是 1.8，2008 年更低至 1.07。在此同時，生命餘年則不斷地增長，1951 年男性為 53.1，女性為 57.3；1991 年男性為 71.1，女性為 76.5，幾乎增長了二十年。1997 年的資料男性 74.4，女性 77.8；2008 年男性則達 75.5、女性 82.0。臺灣地區人口年齡的中位數在過去五十年間由 17 歲半（1961 年為 17.56）增加到超過 30 歲（2008 年為 36.3）。這些資料都一再證明臺灣地區正進入高齡人口的階段，已是不可爭議的事實。茲將臺灣地區有關老年人的部分人口資料列於表 9–3 以供參考。

※表 9-3　臺灣地區老年人口資料

年　別	年齡中位數	老年人口占總人口百分比	生命餘年	
			男	女
1951	–	–	53.10	57.32
1961	17.56	2.49	62.30	66.76
1971	19.52	3.03	67.19	72.08
1981	23.28	4.41	67.74	74.64
1991	27.1	6.53	71.10	76.48
2001	32.6	8.8	74.10	79.90
2008	36.3	10.4	75.50	82.00

資料來源：《中華民國臺灣地區社會指標統計》，1987、1997、2003、2009 年。

　　老年人口的增加在社會上自然引起了迴響。急遽的工業化、核心家庭的增加、地域都市化、人口擁擠於都市地區、住宅狹小且昂貴、雙職家庭的出現等等都造成臺灣老年人口的社會問題。傳統的孝道價值美德雖然在表面上仍然存在，但是奉養老人的責任逐漸地由家庭轉移到社會，特別是政府的福利機構及民間的慈善事業。遠在 1947 年所公布的《中華民國憲法》中就曾提及：「國家為謀社會福利，應實施社會保險制度。人民之老弱殘廢，

無力生活，及受非常災害者，國家應予以適當之扶助與救濟。」在 1980 年初首次公布施行《老人福利法》；其立法之目的在於「宏揚敬老美德，安定老人生活，維護老人健康，增進老人福利」。全文共 21 條，略述其主要重點如下：

1. 法定年滿 70 歲以上者為老人。

2. 鼓勵私人或各級政府有關部門設立扶養機構、療養機構、休養機構、老人安居住宅以及服務機構等為老人服務。

3. 老人死亡時，如無扶養義務之親屬或有卻無扶養能力者，當地政府應為其辦理喪葬事宜，所需費用由遺產負擔支付；若無遺產，則由主管機構負擔之。

4. 優待老人醫療服務，提供定期的老人保健服務。

5. 半價優待老人搭乘交通工具及康樂場所等。

6. 協助、鼓勵老人參與志願性的服務以及參與老人的教育、宗教、學術等社會活動以充實精神生活。

　　這法案有二點值得提出：第一，把老年人的定義規定在 70 歲以上。這比學術界所通用的 65 歲為準的定義大了 5 歲，比其他先進國家的標準也年長了些。臺灣地區，社會上大致仍然以 65 歲為退休年齡，因此以 70 歲為老人福利受惠的標準乃造成了在 65 歲至 70 歲之間五年的空檔期，也就是說 65 歲退休的老人要等五年後才能享受《老人福利法》的優待和照顧。第二，《老人福利法》並未明定各項福利經費的來源。因此，各縣市政府一方面可能因各自財政狀況而提供不同的支持經費，另一方面也可能因地方首長對老人福利的看法不同而給予不等的支持。由於法案沒有明文規定經費來源，因此經常性的長期服務項目就無法事先擬定。

　　此《老人福利法》制訂以後，許多有關人士認為此法仍需加強及充實；在數次的修法研討會、座談會、公聽會後，提出《老人福利法》的修訂：朝向保障老人經濟生活、醫療保健、精神休閒生活、老人保護及增訂罰則等原則來提升老人的福利。其修正案於 1993 年送審。1997 年 6 月修正頒布《老人福利法》，共計六章，34 條。政府針對老人的需求，並配合修正

的《老人福利法》在醫療保健、經濟保障、休閒育樂及機構安養等方面同時進行以確保老人生活的保障。修正法第 2 條特訂定「老人」係指年滿 65 歲以上之人。2007 年，《老人福利法》再次大幅修正，修正後的《老人福利法》納入許多先進觀念及預防措施，如雇主不得歧視老年員工、政府得代老人聲請禁治產宣告以確保財產安全、政府應至少每五年舉辦老人生活狀況調查及增設居家式、社區式及機構式服務設施等，讓老人照顧符合「全人照顧、在地老化、多元連續服務」原則。

歷年來重要的老人福利措施包括：

1. **醫療方面**：全民健康保險實施（1995 年 3 月 1 日）以後，為減輕老人的經濟負擔，凡滿 70 歲以上中低收入戶老人負擔保險予以全額補助；普設老人養護機構，提供老人各項養護服務；另對中低收入戶老人給予重病住院看護補助。

2. **經濟方面**：自 1993 年 7 月起發給中低收入戶老人生活津貼，依家庭平均收入而定生活津貼的多少，或每月六千或三千。

3. **休閒育樂方面**：政府規劃、獎助民間設立長青學苑（老人大學）、老人文康活動中心、長壽俱樂部等以提供老人進修及休閒娛樂，充實精神生活。

4. **加強安養方面**：推動老人日間照顧服務、營養餐飲、居家服務、並採公設民營方式經營老人公寓，建立老人保護網絡及鼓勵獎助民間興建老人自費安養中心。「加強老人安養服務方案」於 1998 年通過，此方案包括居家服務與家庭支持、機構安養、醫護服務、社區照顧、社會參與、教育宣導與人才培訓、老人住宅、老人年金、保險及補助等措施，以落實老人保護網絡體系。

另外一項規模更大的老年福利措施是國民年金制度的規劃。老年人口的增加、都市化的擴張，以及家庭結構的改變等因素都造成老年人生活上的困境。尤其近年來，人民爭相要求政府提高各項社會福利，造成政府財政日益沉重與分配不公平的問題。因此，政府規劃國民年金制度；以按月給付方式，發給老年、遺屬及障礙年金；採社會保險方式辦理，以提供民眾基本的生活保障。原則上，國民年金制度具有下列幾項精神：

1. 除低收入戶及身心重障殘人以外，全體被保險人須先盡繳費義務，方能享有給付權利。

2. 25 至 64 歲之國民一律強制參加保險。

3. 盡可能維持長期財務平衡。

4. 整合現有社會保險體系及老人生活津貼。

給付年金的標準按個人前二年每月消費支出 60% 計算為原則。政府的原估計是在 2000 年開辦時，每人每月應可獲得 8,700 元左右，包括：老年年金、障礙年金、遺屬年金及喪葬津貼。由於 1999 年 9 月 21 日發生的大地震，使得上述各項服務都往後延展。政府規劃的國民年金制度一方面為整合目前各種各樣的福利措施，另一方面則是引導由政府及國民共同來負擔老人的扶養。國民年金制度的主要受益者是老年人，但它更擴展到非老年的低收入者及傷殘者。2008 年 10 月 1 日，國民年金正式上路，納保對象為未參加勞保、農保、公教保、軍保之 25 歲以上未滿 65 歲國民，給付項目包括老年年金、身心障礙年金、遺屬年金及喪葬給付。

1996 年 11 月一項老人狀況調查提供了不少臺灣地區的老人身心、健康、醫藥等狀況及對福利措施的期望。根據該調查，臺灣地區老年人口比率仍持續攀升：65 歲以上人口計有 169 萬人，占 7.86%，比 1993 年增加了 19 萬 9 千人。依此數字，1996 年 11 月的老年人口中超過 11% 是在過去三年（1993 到 1996 年）中加入老人陣營的。平均每 8.5 位 15 到 64 歲的民間人口要扶養一位老年依賴人口。

同樣的調查中發現 15% 的老人自認患有身心障礙，56% 的老人患有慢性疾病，其中每十位就有一位需人照顧；其中三分之一患有心臟血管疾病。這些患有慢性病的老人只有一成一希望遷入安養、療養機構；大多數希望住在一般家庭住宅，由家人照顧。老年人跟子女同住或隔鄰而居，或輪流跟子女住的占 64%，只跟配偶住的占 21%，獨居的占 12%，住安養、療養機構的不到一成 (0.9%)。老年人口大多留守家中，照料庭院；男性較多維持家計，女性較多幫忙買菜購物，清潔工作及照顧孫子女。

臺灣地區老人的生活費主要來自子女，其次為靠積蓄或變賣財物，再

其次才是靠終身俸或退休金。來自社會救助（包括老人生活津貼）的約為 6.4%，較往年大約 1.5% 增加近五個百分點。

　　該調查也收集 50 歲到 64 歲人口的一些意願。這組年齡被調查的，目前從事工作者占 53%，願意在 65 歲以後工作的（包括目前的工作或其他有酬或義務性服務工作，及目前無工作而想工作的）有 41%。這個意願在目前工作者當中更強，近 63% 的人願意繼續工作；37% 的不想再工作。50 歲以上的人口認為最理想的養老居住方式是跟子女同住或隔鄰而居，占 74%；18% 認為僅跟配偶同住；認為居住在安養療養機構或老人公寓較理想的分別只占 2.1% 及 1.1%。

　　老年人對於許多政府提供的服務並不完全知曉明瞭。老年人知道且已利用的老人福利措施以「醫療保健」為首，占 71.87%，其次為「乘車敬老優待」；也都相當滿意。但是有些服務如居家護理，日間照顧服務，護理之家服務，日間托老服務，有 70% 以上的老人完全不知道。據調查，有 16.13% 的老年人不知道「醫療保險」。還有許多雖然知道卻從未利用過許多服務；有些無法利用，有些不想利用，還有些是不知道如何利用，如何申請。老人福利中的許多有意義的服務都還在起步，宣傳方面有待加強，以期達到公平，為所有的老年人提供服務。

三、中國大陸的老年人口

　　中國大陸的老年人口近年來也有大幅增加的趨勢。這是由於中共強迫實施人口節育政策下，幼年人口在比例上的減少相對地提高了老年人口在總人口上的比例；同時，開放以來經濟的發展延長了人民的生命餘年所造成的。依中共的人口資料來看，1960 年老年人口（60 歲以上）大約 37,678,000 人左右，占其總人口之 5.6%；1990 年則已達總人口之 8.6%；2000 年時，老年人口增至總人口的 10%；到 2025 年時則可能高達總人口的 18.5%，即屆時每 6 個人中就有 1 個老人。聯合國估計，2050 年時中共 60 歲以上老人會達到 4.31 億，約 30%。以中共人口之龐大，老年人口數之鉅相當驚人。

如果以老年人口跟工作年齡人口來做比較：1960 年 100 個工作年齡人口大約是對 10 個老年人；到 2025 年時這數字會增加到 29 人。這種經濟的沉重負擔使中共近年來不得不注意到老人退休的問題。大致上，中共的老年保障措施是依據 1951 年頒布的《中華人民共和國勞動保險條例》而來。這條例在 1953 年和 1955 年曾加以修訂。1958 年國務院把老年社會保險從上述條例中獨立出來，另訂《離休條例》，並在 1978、1980 及 1982 年先後作了三次修改。

　　目前中共國家機關、國有企、事業單位老年保障制度的主要內容包括下列規定：

1. **退休年齡：** 男工人和男幹部 60 歲，女工人滿 50 歲，女幹部 55 歲。從事有害作業者，男年滿 55 歲，女則為 45 歲。高級國家與地方幹部退離年齡為 65 歲，教授和研究人員則延至 70 歲。

2. **退休待遇：** 工人與幹部按其連續工齡長短，可領終年退休金約值其本人工資之 60～75%。至於高級幹部及有重要貢獻或專長者，則再提高 5～15% 的退休金。城鎮企業組織在 1983 年的養老退休制度包括退休金、醫療補助、死亡喪葬補助以及遺族補助。農村的老年人口基本上則無具體保障。中共在農村實施的「五保」制度（即保衣、保食、保住、保醫及保葬等五項）僅包括大約 0.75% 的農村勞動人口，故成效不大。因此，中國大陸學者曾呼籲擴大農村的養老保障覆蓋面，並且把養老保障工作納入政府的職責，全面策劃。同時，中國大陸亦有些學者建議家庭養老制度，立法懲罰對老年父母照顧不周的成年子女（鄔滄萍、杜鵬，1996）。

　　2000 年中國大陸 60 歲以上老人約有 1.34 億，其中 65 歲以上者有 1.1 億，全國 70% 老年人分布在農村。這龐大的老年人口，對中國和全球都是一種負擔。老年福利的提供將是一種挑戰。

關鍵名詞

- **生命餘年 (life expectancy)**　指依當年各年齡組的死亡率來預測新生嬰兒可活的總年數，或稱「平均餘命」。

- **老年學 (gerontology)**　一門專門研究老年人的生理、心理以及社會生活的超科技行為科學。

- **年歲老化 (chronological aging)**　指一個人從出生後所累積的歲數。

- **生理老化 (biological aging)**　指人體結構和生理上的長期衰老現象。

- **心理老化 (psychological aging)**　指人行為上的老化現象。

- **功能老化 (functional aging)**　指因年齡之增長而導致工作能力效率減低的現象。

- **社會老化 (social aging)**　指個人因年齡增長而導致在社會角色的改變。

- **老年社會學 (sociology of aging)**　一門從社會學的理論和觀點來研究老人問題的學科。亦稱 social gerontology。

- **年齡規範 (age norms)**　指社會對不同年齡群的人有不同的行為期待和約束。

- **隔離論 (disengagement theory)**　一種強調老年人自動從社會活動中退隱的理論。

- **年齡階層論 (age stratification theory)**　一種把老人行為角色視為老齡階層的特定角色期望的理論。它認為社會對每一不同年齡層的人都有不同的角色期望，老年人的角色因此與年輕人不同。

- **社會環境論 (socio-environment theory)**　一種強調社會和環境因素對老人活動的影響的理論。

- **活躍論 (activity theory)**　一種強調老年人有其積極活動的生活的理論。它認為老年人的退休後日子並非畏縮等死，而是自有其活躍的一面。越活躍的老年人，對其老年生活滿意程度越高。

- **持續論 (continuity theory)**　一種認為當個人進入老年期時不會變得特別隔離或活躍，而是延續以往的生活方式的觀點。

- **老年次文化論 (aged subcultural theory)**　一種把老年人的行為角色視為社會文化裡的次文化之一的理論。並不把老人文化視為社會文化的主流。

參考文獻

Albert, Steven M., & Maria G. Cattell

　　1994　　*Old Age in Global Perspective: Cross-Cultural and Cross-National Views*. New York: G. K. Hall.

Atcheley, Robert C.

　　1997　　*Social Forces and Aging: An Introduction to Social Gerontology*. 7th ed. Belmont, CA: Wadsworth.

Harris, Louis, and Associates

　　1975　　*The Myth and Reality of Aging in America*. New York: National Council on Aging.

Hillier, Susan, & Georgia M. Barrow

　　1999　　*Aging, the Individual, and Society*. 7th ed. Belmont, CA: Wadsworth.

Hooyman, Nancy, & H. Asuman Kiyak

　　2003　　*Social Gerontology*. 7th ed. Boston: Allyn & Bacon.

Kubler-Rose, Elizabeth

　　1970　　*On Death and Dying*. New York: MacMillon.

United Nation

　　2006　　*Population Ageing in China: Facts and Figures*. New York: UNFPA China Office.

白秀雄

　　1996　　《老人福利》。臺北：三民。

行政院主計處

　　歷年　　《中華民國臺灣地區社會指標統計》。臺北：行政院主計處。

內政部統計處

　　2005　　《九十一年老人狀況調查報告》。臺北：內政部。

胡幼慧

　　1995　　《三代同堂迷思與陷阱》。臺北：巨流。

徐震編

　　1990　《老人問題與對策》。臺北：桂冠。

陳肇男

　　2001　《快意銀髮族——臺灣老人的生活調查報告》。臺北：五南。

鄔滄萍、杜鵬

　　1996　《人口老齡化過程中的中國老年人》。上海：華東師範大學。

詹火生

　　1997　《迎接高齡社會的挑戰》。臺北：厚生基金會。

蔡文輝、徐麗君

　　1985　《老年社會學》。臺北：巨流。

蔡文輝

　　2008　《老年社會學》。臺北：五南。

蕭麗卿

　　1994　《高齡社會的老年年金制度》。臺北：自印。

蕭新煌、陳寬政、張苙雲

　　1983　《我國老人福利之研究：服務網路之結構分析》。臺北：行政院研考
　　　　會。

第十章

兩性角色與婦女

Sociology

第一節　男女有別

　　無論是中國社會或任何人類社會裡，自古以來「男女有別」是天經地義的事實。這種「男女有別」不僅是指生理上的差別，通常還包括社會對男女行為期待的差別。如果一個人被別人說成「不男不女」，是明顯的一種社會指責：社會對男人的角色期待 (role expectation) 有別於對女性的期待。因此，男性行為規範的要求也有別於女人。一個「不男不女」的人是社會上的行為偏差者。

　　一個人出生時是男是女，這種生理上的男女之別叫**性別** (sex)。通常出生時一眼就能分辨性別，即使不能用肉眼察別的特殊情況下，也可做染色體的檢查，XX 是女性，XY 是男性。不過有數目極少的嬰兒出生時就同時具有男女生理體質和生殖器官，這種人可稱之為**雙性人** (hermaphrodites)。通常父母會選擇一項性別來教養此小孩，或動手術切除一性器官。

　　人們在心理上的一種主觀的自我感覺是男或是女，是所謂的**性別認知** (gender identity)。有人在生理上雖是男性，卻有女性的感覺，把自己想像成女性，打扮成女人；在形象上、在行為上處處以女人自居（有時比女人還女性化）。這也會發生在女子身上。生理上的性別是一，而心理上的性別認知卻是另一。兩者應可分清，有時卻不一定一致。這種人稱之為**跨性者** (transsexuals)。

　　社會對男女有不同的期待，有不同的行為模式。男女扮演著不同的**兩性角色**（gender roles，或稱 sex roles）。社會成員在社會化，在互動的過程中學習社會對某一性別的期待；依此而學習如何遵守男女有別的行為規範。大體上來講，兒童在 2 歲左右就開始體會到有男女之別；衣著上男穿長褲，女穿裙；男為短髮，女的長髮；男穿素色，女穿花色；某些語言還有性別之差。但在這個年齡，幼童的腦力瞭解能力還不強，可能認為頭髮留長了就變成女性，穿素色的褲裝就變成男人了。但再長大些、成熟些，就感受

到男女性別是固定的，不能隨意改變。於是在社會化過程中，經由重要他人的導引學著扮演社會裡所能接受的「男性」或「女性」。

大部分的學者都同意生理及社會因素同時影響到其成員的行為模式以及偏差行為。由生理學的觀點來看，除了體態外表明顯的差別（如性器官、骨架、肌肉、鬍鬚等）外，還有一些生理內部的差別（如荷爾蒙激素、腦部的結構及使用的程度等）。男人右腦較發達，較具分析能力，較能判斷空間距離；女人左腦發達，富感情，語言表達能力強。

雖然如此，大多數的學者相信生理特徵上的男女之別只是一種潛能。社會上的角色期待和兩性規範把這些特徵加以發揚光大，或者加以壓抑掩藏。人類學家的研究裡發現很多社會裡都把求生需要體力的活動交給男性去做，而把烹調與家務類精細工作交給女性去做。人類學家莫達克 (George Murdock) 曾對工業化前的社會裡的男女分工情況做過研究，的確許多社會將較繁重靠勞力的狩獵、捕魚、整地耕種等工作交給男人去做，而把收拾穀倉、取水、煮食、取柴、養家畜、儲藏食物等工作交給女性來做。詳細數字見表 10–1。

其實這種男與女在工作上有差別的普遍存在現象與兩性的體質或生理特徵並沒有絕對的關聯。男人做的工作，女人照樣能做；而女人做的家事，男人也一樣能應付。體質和生理特殊徵象並不能說明男女在工作上的差別，更不能說明男女社會地位高低不平等之制度的存在。要解釋這些差別，最主要的還是要看各個社會如何對兩性角色下定義。人類學家蜜德 (Margaret Mead) 曾在新幾內亞 (New Guinea) 對三個原始民族的研究中清楚的表明了文化及社會化對兩性角色的影響力。在 Arapesh 族裡，蜜德發現該族男女都能合作，不激進，關心他人的福祉。不論男女的行為模式，都跟西方女性角色的標準相同。在 Mundugumor 族裡，男女都被訓練成所謂的「雄性」：他們都較積極、激動，對他人的需求沒什麼反應。而在 Tchambuli 族裡，兩性角色跟在西方社會裡發現的正好相反：女人主權，激進、客觀，跟人不親近，而男人則具依賴性、服從性。根據這些發現，蜜德認為生理上的因素可以被排除，兩性角色是可由社會所模塑出來的。

※表 10-1　未工業化社會裡之男女分工

活動工作	社會數目		
	男性擔當	兩性平分	女性擔當
狩　獵	179	0	0
捕　魚	132	19	7
整地耕種	95	17	18
蓋　房	16	5	28
照顧和收穫農作物	25	35	83
取　火	24	25	84
搬運東西	18	33	77
收集果子等	15	15	76
魚肉儲藏	10	10	88
煮　食	6	9	186
取　水	7	5	126

資料來源：取自 George P. Murdock, "Comparative Data on the Division of Labor by Sex," *Social Forces*, 15 (May 1937): 551–553.

　　由蜜德的研究很明顯的證明兩性角色不是在出生時就定型的。她研究中的三族是特殊的例子。在一般文明前社會裡，男性是主宰者，女性是撫育者。雖然男女都參加對家庭福利的經濟活動，但是女性的工作多半是家庭的雜事（如看顧整理房舍、生產整理食物），養育子女，維持家庭心理上的安祥。相反地，男人則對外代表家庭，對家人提供所需。這可能因起初在狩獵社會裡，男人的體格身架占了優勢，而女人因懷孕，餵養幼兒而占劣勢。這種體能上的特點讓男人在社會、經濟及政治上占了優勢。一旦取得了這優厚的地位，就保持下來了，這現象在幾乎所有的社會中都能發現。

　　每個社會都會對其男女成員有一定的社會所期待的特殊塑型 (stereotype)。這塑型標明了社會對其男女的理想形象。就以美國社會而言，其對男性的塑型是：激進的、獨立的、具進取心、不重感情、不易受他人意見左右、知道自己的方向與目標、能做抉擇、有自信心、有野心、有理解力、有競爭性、重事業、勇敢、獨立等等。女性在美國社會則被認為該

是：富感情、溫柔、善解人意、有心助人，同時也不易隱藏感情、不易分
清理智與情緒、猶疑不決、缺乏安全感、缺乏科學數理能力、不善經商；
女性是順從者而非領導者，也無競爭的個性。總而言之，美國社會對男女
兩性的塑型很明顯的表現一種男性優越，及男性主宰的強勢形象。典型的
兩性角色特質詳列於表 10–2。

✻表 10-2　典型性別角色特質

女　性	男　性
不進取	進取
不獨立	獨立
富感情，不隱藏感情	無感情，幾乎永遠隱藏感情
非常主觀	非常客觀
服從，容易被影響	支配，不易被影響
對小事激動	對小事不激動
被動	主動
無競爭性	有競爭性
不合邏輯	合邏輯
無商業才能	有商業才能
拐彎抹角	直接了當
無冒險性	有冒險性
難下決心	有決心
無自信心	有自信心
無野心	有野心
多話的	沉默的
靈巧，溫和	直爽，粗魯
能瞭解他人的感情	不瞭解他人的感情
安靜	吵雜
極需安全感	稍需安全感
對藝術，文學有興趣	對藝術，文學無興趣
能表示溫柔的性情	不易表達其溫和性情

資料來源：Inge K. Broverman, et al., "Sex Role Stereotypes: A Current Appraisal", *Journal of Social Issues,* 28 (1972): 63.

　　中國社會裡對男女兩性的塑型也差不了太遠。我們一樣主張男尊女卑，
男主外、女主內的角色分工；也曾聲稱女子無才便是德。多愁善感、情緒
無定難以捉摸，以及所謂的女子三寶「一哭、二鬧、三上吊」等等的傳統

中國女性的塑型。孔子不也曾經說過「唯女子與小人難養也」的話嗎？這些塑型很多都是具有偏見歧視色彩的想像與描述。

傳統的男性角色是攫取。無論在殖民地時代的美國或十九世紀末葉前的中國社會，衡量男性的標準一直是以事業成功與否來決定。財富的累積和名望的高升都跟事業成功有直接的相關。要成功，男人就必須強壯、自信、聰明、獨立、競爭心強。真正的男人在必要時能不怕死、不怕挫折、不怕奚落。在家庭、學校、工作場所，男人的塑型充分表現。然而，並非每個男人都能做到社會的這些要求，它可能導致不幸的後果。例如：自卑、憂鬱，甚或鋌而走險、作奸犯科的反功能行為。

傳統女性角色認定女人需要男人的保護，得到身體上、經濟上的安全感，而提供男人感情上的扶持。理想的女人是美麗的、是個好聽眾、有適應能力、能撫慰男人，不跟男人爭強，沒有強烈的事業野心。一個幸運的女人應該是在她生命中找一個可以依靠仰賴的男人。她是他的幕後幫手、鼓勵並讚賞他的成就，以他為榮。除了扮演為人妻的角色外，女人也被期待做個好母親，親自養育子女。這種賢妻良母是傳統社會對女子的理想角色期待，女人是附屬於男人的。

社會學裡的功能學派和衝突學派對兩性角色的看法各有不同，略述各學派的觀點如下。

一、功能學派與衝突學派對兩性角色的看法

㈠功能學派

根據功能學派，依性別的分工制度對人類的生存的確有其功效。它以社會分工的觀點來解說男女性別角色的差別：男人的角色是「**工具性角色**」(instrumental role)，而女性則是「**情感性角色**」(expressive role)。男性以其身材體格在家庭外就業、賺錢，擔當養家的工具性角色；而女子則以其溫和體貼的性格來主持家務、教養子女，是一較重情感扶持的角色。彼此的角色使對方能完全投入自己角色的功能，而不擔心家庭的另一功能被忽略。

這種男人需要女性的感性和溫情的扶持，以及女性需要男子堅強進取的導引，在功能學派的立場來看這兩性角色的分工是合理的，有助於社會的穩定和整合。夫妻間的配合很符合功能學派的互助互賴 (mutual dependency) 觀念。

(二)衝突學派

傳統的兩性角色在衝突學派學者的眼中已經過時，他們指出這種角色的分工安排可能適合於早期的狩獵、畜牧或農業社會，但對工業或後工業社會卻已不合適。男子的身材在當今社會已不再占優勢。許多人口特質使女性在家庭外工作的可能性增加：晚婚、少生育、孩子都成長離家後仍年輕，以及保持單身的女子漸增。不論這現象在功能學派的眼中是否具有「功能」，衝突學派者提出，那些不想留在家裡，而有心投入工作場所的女子，都應該有權做自己的選擇。傳統的兩性角色將女子束縛在家庭中，是因男子在外把持了社會的經濟資源。這使男子擁有較高的社會地位。他們為保持其既有利益，盡力防止較低社會地位的女子取得各方面的資源，這不僅指經濟資源，還指政治上、社會上，甚或家庭裡的資源。

二、兩性角色的影響因素

大多數的人，生來不是男的就是女的。社會裡的兩性角色讓男女知道是否可塗指甲油、擦口紅，或在宴會裡醉酒或喧嚷。人們每日經歷許多的行為，由說話的口氣、髮型到坐相都可以暗示給周遭的人們他（她）是屬於哪一個性別。生理上的不同自然是一個很重要的標記，但是角色扮演則更為重要。中國傳統古典小說裡，祝英台女扮男裝去上學，而花木蘭則扮男裝代父從軍等例子就是角色行為掩蓋了生理性別。這些角色行為大多是經由社會化過程學習來的，跟生理上的性別特徵關係不大。大多數社會學家都同意前提的人類學家蜜德的研究結論：性別角色的性格特質受文化的影響遠超過生理遺傳因素。我們不否認，遺傳因子的影響力，只不過它不是那麼重要。

社會的態度價值影響人們的語言與思考。在日常生活中，我們常常在有意無意間稱讚男的事業成就、女的體姿優美。當一個小孩開始學著說話、思考及感覺時，他會將文化的價值與規範內涵化 (internalization)，也就是將這些價值與態度變成他自己的了。文化的結構特質，變成人們的一部分，影響到感覺、思想及行為。這就是在第五章中所討論的社會化過程。兩性角色的期待是受到語言、社會制度、社會結構等等的影響。

(一)語言的力量

一個新生嬰兒在出生不久後就獲得一個父母或其他家人為他（她）取的名字。事實上，父母在尋求適當名字以代表他們家庭新成員時，也不會輕率，總有一套程式規矩。在中國社會裡，男嬰的名字多少含有男性塑型的特質。他們的名字裡常常有「武」、「雄」、「壯」、「國」、「強」、「偉」等有男性氣概的字眼。而女嬰則採用女性溫柔的字眼如「秀」、「美」、「雲」、「梅」、「珍」、「珠」等。名字代表父母對子女的期望，也代表著文化和社會對新成員的一種角色期望。不僅如此，我們日常語言中的代名詞、形容詞、句型等也常有男女之別。對新生嬰兒的讚美常是：「這女娃真秀麗可愛」，「這個小壯丁真像他父親（或祖父），方臉大手，聲音宏亮」。等到孩子稍長，評語就變成：「這女孩真乖巧，長得又漂亮，將來一定嫁個好丈夫」，「這孩子真壯，將來一定會有大事業。」在人們成長的過程中，語言對人們的評價影響了人們的思想行為。

(二)家庭、學校及其他社會制度的影響

社會化在嬰兒一出生就已開始，不僅男女名字有別，而且父母對男女嬰的撫養方式也有所不同：一個男嬰哭得厲害點，不算一回事，有時還會表示，這是訓練肺活量的機會。如果女嬰哭了，有些會深怕女兒哭壞了，更加呵護，又抱、又哄；可是女娃哭長了會遭人厭，會聽到：「這個死丫頭，就會哭。」男女嬰所穿的衣服不一樣，連玩的玩具也不一樣：男孩是槍砲汽車之類，女的則是音樂盒、洋娃娃或廚房用具之類。這種不同的待遇，始

於家庭更繼之於學校、友儕團體。無論是遊戲、閱讀、音樂、電視或工作場所等等皆有性別的差別。在學校裡，男生被鼓勵努力學習，女生則專心家事方面的活動。在工作場所裡，男性負責粗重的工作，當領導策劃；女性則當文書，輔助之類的工作。

(三)認同及學習性別角色

社會化能產生在許多不同的方式裡，例如：經由懲罰、模仿、獎賞等等。當一個小女孩學習模仿照顧她的母親或祖母的女性行為模式，會受到鼓勵及獎賞；由此，女孩學習到什麼可以做，以及怎麼做。當一個男孩同樣以模仿的方式跟著母親一樣行事，他所得到的是責備或懲罰；男孩學習到什麼不可以做。他只得經由模仿去試探，如不再受到責備則是可行的。由於父親或其他男性不常在身邊，男孩常在自我試探、摸索中發現社會對男孩的期待。以往，一家之主的父親整天在外工作，賺錢養家，能在家跟兒子相處的時間遠不如母親多。女兒有母親做榜樣，男孩則缺少男性的模仿對象（又如單親家庭）。如今，父母都在外工作的「雙職家庭」漸增，孩子們的學習對象，就由家庭轉向托兒所、幼稚園、學校或大眾傳播（尤其是電視和網路）等來負責代替了。

三、兩性角色成長的理論

兩性角色成長的理論大致有下列幾種：

(一)社會生物學觀點

社會生物學觀點認為男女行為上的差異是與生俱來，社會文化的影響不大。不過大多數社會學者並不贊同這看法。

(二)心理學理論

心理學理論主要代表是佛洛伊德 (Sigmund Freud) 的精神分析論 (psychoanaltic approach)，認為小孩會因潛意識認同同性的父母而認清自己

的性別角色。心理學者喬德羅 (Nancy Chodorow) 提出一個延伸出來的看法，認為小孩在 2 歲以前皆認同母親，故皆呈女性角色特徵。但此後女孩仍繼續認同母親，男孩則試圖擺脫母親而仿效父親的男性角色。因此男孩在角色成長過程中會較有掙扎和困難。

㈢行為學論

行為學論者則提出**社會學習論** (social learning theory) 強調獎懲的重要性。他們認為當一個男孩做男人的事和行為（如幫父親洗車）後會受到父母的稱讚獎賞，但若他做女性行為或角色（如玩洋娃娃）就會被嘲笑。以後他會繼續做可能受獎賞的行為，並避免那些受懲罰的行為。

㈣認知發展論

認知發展論 (cognitive development theory) 認為小孩經由社會互動以及他們在社會裡的所見所聞，而主動地啟發性別角色的認定。也因此，社會文化裡的性別既定塑型 (gender stereotyping) 對小孩影響很大。

第二節　美國兩性角色現況

在近半世紀以來，西方社會裡兩性角色已經發生了劇烈的變遷。在歐洲、美國，及其他已開發國家都有新的兩性角色期望。在這裡，主要以美國為例子來討論。

在以往的美國社會裡，女性受到相當的尊重（跟其他社會比較），但是仍傾向於男主外、女主內的分工。社會對女性的角色期待是嫁個好丈夫，做個賢妻良母，跟傳統中國差別不多。但是近年來，很多家庭婦女走出廚房，在外就業，理由多多，主要包括：

1. 家務事太呆板、單調，而且永遠忙不完。男人的事業從上午八點到下午五點，下班回家後就可以休息。女性的家務事從日出至夜晚，總是有那

麼多事要做，而且天天如此，煩得很，也相當累人。

2. 家務事往往不被人尊重。在外面就業有薪水工資可領，做得好還可以加薪升等。在家整理家務事，沒什麼報酬可言。女性在填寫身分證的職業欄裡，往往填「無」就是這個道理。丈夫、公婆，甚至於孩子們常常認為女性處理家務服侍家人是理所當然、天經地義、沒什麼好埋怨的。

3. 由於科學的發達，很多家務事可以由機器代理或幫忙，減少處理的時間。例如：洗碗機、洗衣機、微波爐等等都節省了不少時間，女性不必永遠待在家裡，可以騰出時間參與家庭外的活動，或參與有薪資的工作。

4. 家庭人數的減少，讓婦女有較多的時間在外工作。以往舊式家庭，家有公婆，而且子女數多；現在的核心小家庭制，往往只有一、二個小孩，照顧方便。目前，越來越多的已婚婦女不願有小孩，情願騰出時間到外面工作。

5. 婦女教育程度提高，工作能力增強，對自己的期望自然提高。再加上就業市場的改變，服務業日益增長，更增加女性就業的機會。有些受過高等教育、經濟獨立的女子，不輕易放棄事業及獨立自由的生活而較晚結婚成家，有些更終生獨身，完全投入事業。

6. 男女角色期望的改變也提高了女性在外工作的可能性。丈夫不再像以前那麼堅持是一家之主，太太在外做事是丟面子的事。丈夫比較能尊重妻子的意願。近年來，由於物價上漲，尤其在大都市的房價提升，同時人們對生活的基本要求提高了標準。一份收入已不足過日子，必須有夫妻兩份收入才能維持一個中等水準的家庭生活。再加上單親家庭日漸增加，單親女性必需出外謀生。這些經濟因素促成了許多女性不得不就業的情況。

7. 在二十世紀裡，美國婦女勞動力的參與率不斷的增長。事實上，婦女的就業觀念在一代之間就改變過來。在二十世紀初期婦女勞動參與率在20% 左右，在世紀末期已達 60%。相反地，男性的參與率則有下降的現象，2008 年的資料為男 73%、女 59%、詳細數字見表 10–3。

※表 10-3　美國兩性勞動參與率，1890–2008

年　別	男 (%)	女 (%)
1890	84	18
1990	85	20
1920	84	24
1940	82	28
1960	84	37
1970	80	42
1980	78	51
1990	77	56
2000	75	60
2008	73	59

資料來源：U.S. Bureau of Labor Statistics, 1992, 1997, 2009。

　　以往婦女勞動力的主要成員是單身婦女，即未婚的婦女，占約三分之二。今日，未婚婦女只占婦女勞動力的四分之一，而已婚有家的婦女已超過半數。由於女性參與勞動力的人數及比率不斷的增加，其所占全體勞動力的成分也不斷增長。在 1890 年已婚婦女只占婦女勞動人口的 13.9%，2003 年增加到 52.8%；若以勞動參與率來觀察則 2008 年單身女性中有 59.8% 參與勞動，在已婚女性中亦有 59.2%。其各年代之資料比較可見表 10–4。

　　婦女的大量就業對美國男女關係有很大的改變。以往，女性是弱者，必須依賴丈夫過日子；現在則有了自己的工作和收入。這種自我獨立及經濟自主使美國婦女不願再完全受丈夫的控制及支配，男女間的兩性權力分配大受影響，夫妻間的爭吵增加。美國丈夫常埋怨，不知要怎麼做才是妻子眼中的好丈夫。以往，男士在外工作，賺錢養家，就算盡了本分。現在妻子們還要先生溝通、分享權力、分做家事、分擔教養孩子的責任。丈夫的角色期望變了。

　　婦女的勞動力參與改善了家庭的經濟情況，全家的生活水準提高了，做妻子的擔子卻未因此而減輕。研究發現，不論已婚婦女是否在外工作對

※表 10-4　美國婦女勞動力婚姻狀況分配，1890-2008

年　別	單　身	已　婚	其　他	合計／平均
1890	68.2	13.9	17.9	100
1940	45.8	36.4	17.8	100
1970	23.0	58.6	18.4	100
1990	25.7	54.4	19.9	100
2000	26.9	53.0	20.1	100
2008	29.6	50.3	20.1	100
1970	56.8	40.5	40.3	43.3
1980	64.4	49.8	43.6	51.5
1990	66.7	58.4	47.2	57.5
2003	68.9	61.1	49.0	59.9
2008	59.8	59.2	46.3	56.2

（左欄：勞動力人口分布 (%)；勞動參與率 (%)）

資料來源：*Statistical Abstract of the U.S.*, 1995 & 2004-2005，及 U.S. Bureau of Labor Statistics, 2009。

其家務雜事的負擔並未真正減輕，而其總和的工作時間卻有增加。反倒是丈夫的全部工作時間有減少的現象，其家務的參與並不因妻子在外工作而增加；那麼，這也就表示，因為妻子在外工作，丈夫在外的工作時間反而減少了：丈夫的責任被妻子分擔了。以往丈夫可能要加班或需第二份工作才能養家，現在有了妻子的收入，他就可輕鬆些。

由圖 10-1 可見：家務事，包括膳食、育兒、處理瑣事等等都還是放在家庭主婦的肩上。事實上這不只是妻子，丈夫間的性別差異，在人生的各個階段裡都能看出。如將人的生活狀況分成六個情況：未婚跟父母住、未婚獨自居住、跟異性同居、已婚、離婚、鰥寡。不論怎麼樣的居住情況，整體上女性比男性花較多的時間在家務事上。

由於社會上的觀念仍認為家務事是屬於家庭主婦的工作領域，男士們把家務事當成消遣，是協助，不像婦女們把它當成一份工作，是職責，於是先生們採取一種輕鬆的態度，可做可不做，不急著做。太太是否在外工作，對此態度沒什麼影響。做妻子的則較仔細、認真，尤其在教育子女方面，即使人在外工作也顧念著孩子，如果工作上要求太多，而不能或忙忘了顧及幼兒還會有罪惡感，或覺得自己不是個好媽媽。

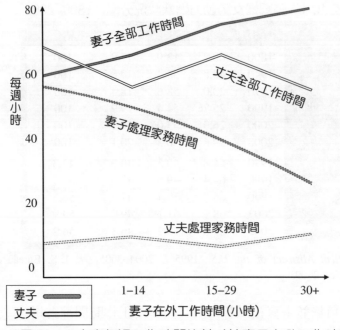

※圖 10-1　夫妻每週工作時間比較（按妻子在外工作時間分）

　　婦女在外就業人數的增加不僅影響了兩性的家庭角色的重新分配問題，而且更嚴重的是社會兩性角色的重新界定問題。在美國社會婦女仍然是一群受歧視和受不平等待遇的「少數團體」（minority group，亦稱弱勢團體）。在整個勞動人口中，女性已占有 44.3%（2008 年），在就業市場上，無論職業類別，在職位上仍明顯的表現出性別差異。在薪水工資上，也都發現婦女受到歧視和不平等的待遇。婦女參與勞動力常被限於一些女性的工作。例如，1994 年，女性占 98% 的祕書，94% 的護士。這種性別性的職業跟婦女在家庭裡服務丈夫，照顧孩童很類似。而婦女跟一些標明為男性工作無緣，而這些男性的工作常具較高的地位、聲望，較多的收入。例如，1995 年，女性占所有勞動力的 46%，而只占 8% 的工程師，13% 的牙醫，24% 的醫生，26% 的律師法官。

　　在過去三十五年裡，女性參與許多原為男性為主的專業已增加許多。例如，由 1960 到 1994 年間，女性得牙醫學位的由 1% 增加到 38%，得法

律學位的由 2% 增加到 43%，醫學學位由 6% 增加到 38%。表 10–5 列舉女性在 2000 年幾項主要行業所占之百分比及其薪資與男性之比率。

※表 10-5　美國女性在幾項主要行業所占之百分比及其薪資與男性之比率

職　業		女性比率（占總數之百分比）	薪資比率（占男性之百分比）
較女性化之職業	執照護士	91	88
	社會工作員	71	92
	服務業	77	80
	教員（大專除外）	74	81
薪資較高之職業（美金 34,000 以上）	會計	60	72
	銷售金融股票業者	33	57
	醫生	31	79
	教員（專科以上）	38	73
中等薪資職業（美金 20,000～34,000）	客車駕駛員	45	79
	零售業者	56	64
	機械修理工	5	97
低收入職業（低於美金 20,000）	服務生	69	87
	收銀員	76	88
	餐飲業服務員	50	90
	家庭傭工	80	85

資料來源：U.S. National Committee on Pay Equity 登錄於 www.infoplease.com。

　　美國婦女的職業仍偏向於服務業及其他較低的職務，雖然部分婦女有向上升遷的機會，但比率仍不高，主管級的職位往往輪不到她們。即使有特殊的情況，婦女也常因家庭因素，如先生有穩定的工作而不願遷地就任，而推辭。

　　美國法律有同工同酬的規定，不分性別，同樣的工作應取得相同的報酬。然而事實上卻不然。美國聯邦政府勞工局的調查資料顯示男女在收入所得上有明顯的差異。在 1960 年，婦女的收入是男性收入的 60% 左右。其後稍有改善，但其差距仍大。就 2008 年來說，全職婦女的收入是男性的 77.1%。用另一方式來說明，婦女現在工作七天才賺得到男性做五天的薪水。其他西方工業國家，女性的收入跟男性比大約皆在 70% 至 75% 左右。

大致上來講，男女收入的差距是有改善，但不平等仍存在是不爭的事實，尤其在高薪資的職業上。

女性在工作和待遇上受到不平等的歧視可以從統計數字上看出來，有些學者提出解釋的理由包括：女性教育程度較低；女性進入勞動市場較晚，升遷到高職位的女性還少；女性有家務負擔，不能全心全力參與事業；社會上的偏見，認為女性非主要養家者，不必付高薪等等。

女性在工作場所遭遇到另外一個困擾是「**性騷擾**」(sexual harassment)問題。女性職員在公司機關裡常受到男同事或上司性方面的騷擾。這個問題雖然由來已久，但美國社會對這方面近年來才有較多的注意。根據美國聯邦政府平等就業機會委員會 (Equal Employment Opportunity Commission, EEOC) 所下的定義是：令人討厭的色情性追求、需索或實際行為。性騷擾包括兩種主要類型：交換類型 (quid pro quo)：它是指雇主以性的要求作為其雇用、升遷或解雇的根據。環境類型 (environmental)：它是指雇主對雇員有性的要求，而造成工作環境上的敵意。交換類型的例子很多，像女雇員跟雇主發生性關係後，才給予升遷，或因為女雇員拒絕跟主管上司發生性關係而遭解雇。環境類型則包括因為男同事、上司主管不斷的追求、暗示或動作，而造成工作環境的不安或困擾等。這兩種類型都是違反美國 1964 年所通過的《公民權利法案》(the Civil Rights Act)。

美國全國婦女法律中心據此而舉出下列幾項行為，為構成性騷擾的案例：

1. 不受歡迎的追求或需索。
2. 對雇員體態、衣著、或生理特徵的惡意評論。
3. 呈現黃色刊物或性器具用品。
4. 黃色笑話和姿態。
5. 探討性生活方面的隱私。
6. 刻意描述自己的性經驗。
7. 使用刻意侮辱或貶低女性的辭句。
8. 不必要的或不受歡迎的肢體上的接觸。如觸摸、擁抱、親吻、拍打等。

9.吹口哨、學貓狗叫等。

10.含有淫意的色眼。

11.露出身體的私處。

12.性攻擊。

13.強姦。

　　如果按照上述定義和例子來看,那麼絕大多數的美國男性皆曾犯過「性騷擾」。根據美國《時代雜誌》(*Time*) 與有線電視網 (CNN) 所做的一項民意調查發現,有 41% 的人認為當一個男性主管向女性部屬調情,就算是性騷擾; 80% 的人認為用雙關語或歧視女性的字眼也算; 64% 認為把手放在女職員肩上或背後; 74% 認為對女性講黃色笑話; 91% 認為跟女職員討論黃色書刊或動作; 77% 認為強邀女職員外出進餐; 87% 認為要求跟女職員發生性關係,都屬於性騷擾的範圍內。一項有關性騷擾的民意調查發現,有 17% 相信在他們的工作場所裡性騷擾的問題很嚴重,67% 說有性騷擾這問題的存在,只有 12% 說沒有這問題。不過,婦女界的調查則聲稱高達 90% 以上的職業婦女都曾經被騷擾過; 只是有不少的婦女為了自尊、工作, 或其他原因而不願聲張。

　　性騷擾在美國社會中的歷史已久, 但是由於傳統兩性角色的限制, 一直未被重視。在 1991 年 10 月間,由於俄克拉荷馬大學法學教授奚爾 (Anita Hill) 控訴布希總統所提名的美國最高法院大法官候選人湯瑪士 (Clarence Thomas) 性騷擾, 而成為全國新聞焦點。自此, 性騷擾漸被一般美國人認為是一件不可忽視的問題, 在公司機構裡也開始警覺防範, 這使整個社會對男女兩性角色重新做了界定。1999 年美國柯林頓總統的性醜聞更是性騷擾事件中的重要案件。

第三節　我國社會的兩性角色

　　中國傳統社會是一個重男輕女的社會, 這是眾所周知的事實。但是這

並不是說幾千年來從未改變過。事實上，考古學的許多證據都暗示遠古的中國社會是一個母系社會。甚至於到了春秋時代，女性仍然受到相當的尊重。牟遜 (1979) 指出春秋時期，婦人主持祭祀儀典，對婚姻有相當的自主權，而且母家親戚權力亦受到相當的尊重。然而也有學者相信，從東周以後，女性的社會地位逐漸衰落，而且禮教的束縛也越來越嚴重。《禮記》說：「婦人，從人者也。」《儀禮》註明：「婦人有三從之義，無專用之道。故未嫁從父，既嫁從夫，夫死從子。」《詩經》已有這樣的記載：「乃生男子，載寢之床，載衣之裳，載弄之璋，其泣喤喤，朱芾斯皇，室家君王。乃生女子，載寢之地，載衣之裼、載弄之瓦。無非無儀，唯酒食是議，無父母詒罹。」徐秉愉根據《詩經》、《禮記》等書中有關婦女生活日常工作的記載，指出古中國婦女主中饋，事奉舅姑、丈夫、養育子女、勤女紅、審守委積蓋藏等工作。

　　秦漢期間，男尊女卑已蔚然成氣候。東漢班昭著《女誡》擬出一套女性的行為規範準則，以敬慎、曲從來事奉舅姑和丈夫。漢代的「七出」更是以男性為主的離婚法規。根據《大戴禮》的說法：「婦有七出，不順父母，為其逆德也；無子，為其絕世也；淫，為其亂族也；妒，為其亂家也；有惡疾，為其不可與共粢盛也；口多言，為其離親也；盜竊，為其反義也。」不僅如此，男女兩性的來往互動也逐漸為禮教所限制。東漢安帝的獎勵貞婦，不改嫁；王莽時代的男女異路的法令；男子多妻妾亦為風行。隋唐期間由於受胡人風氣的影響，男女兩性互動較為開放，婦女改嫁時有所聞。武則天主政時期，婦女地位大為提高。宋代由於理學的影響，對女性管束頗嚴，講究婦道，鼓勵貞節。所謂「餓死事小、失節事大」漸成女性行為規範的表率。明清更普遍成立貞節堂以協助婦女守節。至於溺女嬰、纏足的風氣，也反映了女性地位的卑微。

　　民國建立以來，女學運動成為新派人士的號召。辛亥革命時期，婦女參與革命事業相當多；民初的學運，中日戰爭期間，婦女都有相當大的貢獻。抗戰勝利後頒布實施的中華民國憲法也訂定保障婦女參政的條文。中共在 1949 年以後的中國大陸對婦女也提出了兩性平等的觀念。在工作上、

薪資上、婚姻上皆給予某種程度的保障。臺灣地區的婦女，過去五十餘年間，在工業化的衝擊下，也有了新的局面。在此，略談臺灣地區及中國大陸婦女地位的情況。

一、臺灣婦女近況

在 1960 年代以前，臺灣婦女的社會地位和傳統中國社會是一脈相承的。基本上是男尊女卑，男主外、女主內的兩性關係。在這之前，臺灣主要的經濟活動是以農業為主，婦女的就業機會不多，同時絕大多數的男性仍然持「婦女持家」的傳統觀念；不希望妻子出外「拋頭露面」。再加上，當時每個家庭的子女數目都不少，做母親的很難離家出外就業。1960 年代，在急速的工業化過程中，臺灣婦女的就業機會增加了，更由於年輕女性教育程度的提高及經濟收入的增加，她們的社會地位也就跟著提升了。如果說臺灣婦女地位是因工業化的衝擊而提升的，是無可爭論的事實。由於確實統計資料之缺乏，無法描述 1960 年代時期以及更早期的臺灣婦女狀況；只能依 1970 年代以後的資料來說明。事實上，政府的主計單位能從 1970 年代開始蒐集婦女統計資料，間接地表明婦女地位之受重視。也可以這麼說：以往未受重視，故婦女資料缺乏，如今受重視了，乃有統計資料的蒐集。

㈠婦女人口資料

據 2003 年臺灣地區人口統計，22,535,000 總人口中 48.9% 是婦女，性別比例 (sex ratio) 是 105.53（男性人數對一百名婦女），男多於女。婦女的生育率一直在減少。總生育率 (total fertility rate) 每位育齡婦女在育齡期間（15～45 歲所生的嬰兒數），由 1961 年的 5.5，1971 年的 3.7，1981 年的 2.5，降至 1986 及 1989 年的 1.68，1990 年代微升了一點維持在 1.72 及 1.76 之間。2003 年已減至 1.23，即每育齡婦女生育不到 2 個小孩。這幾十年來，婦女在理想兒女數目的觀點上也有所改變，根據行政院主計處的《中華民國臺灣地區婦女婚育與就業調查報告》資料表示：15 歲以上婦女的理想兒女數目逐漸減少。1979 年 32% 希望 2 個或 2 個以內，30% 想要 3 個孩子。

到 1988 年這數字變成 51.6% 及 26.4%；一半以上的婦女認為最多 2 個孩子最理想，四分之一希望有 3 個孩子。最近的理想子女數想必更少，政府已推出「二個恰恰好，三個不算多」的口號來鼓勵生育。

女性的初婚率，即每一千名 15 歲以上未婚婦女在該年首次成婚的比率，在 1976 年是 93.0，1990 年代降至 60 左右，如 1996 年的 63.8，2003 年更降至 55.5。初婚率的降低，相對的，單身未婚人數就有增加的現象。初婚年齡也增長：顯示晚婚的趨勢，女性初婚年齡由 1976 年 23.0 歲遲到 2003 年的 26.7 歲。男性的初婚年齡也由 26.9 增至 29.8。婦女單身人數的增加及初婚年齡的延後都跟臺灣工業化有密切的關係。婦女往往為了教育和工作（有時是事業）上的需要而保持單身，或延遲結婚成家。

㈡勞動力參與

臺灣工業化的一個重要成績是創造了新的就業機會。當全國的失業率不斷地減低時，婦女參與市場勞動力的機會明顯增加；同時在工業化之後，服務業逐漸興盛，因此更能吸引婦女就業並久留在職位上。1961 年時婦女勞動力參與率是 35.8%，這數字穩定的增長到 1997 年的 45.6%，2008 年的 49.7%。15 歲以上的婦女，有將近一半在外工作。相對的，男性的參與率則有下降漸少的趨勢，2008 年只有 67.1%。男女勞動力參與率的增減情形見表 10–6。

※表 10-6　臺灣地區勞動參與率，1961–2008

年　別	男 (%)	女 (%)
1961	86.4	35.8
1971	78.4	35.4
1981	76.8	38.8
1991	73.8	44.4
2000	69.4	46.0
2003	67.7	47.1
2008	67.1	49.7

資料來源：《中華民國臺灣地區社會指標統計》，2003、2009。

在以往中國傳統社會裡，婦女的主要角色期待是做個賢妻良母。單身婦女就業尚情有可原，婦女婚後總被期待辭職在家侍奉公婆，如有學齡子女，更應該留在家裡照顧養育子女。這情形在最近二、三十年來已有了改變；不僅婦女勞動參與率大為提高，而且婦女有 6 歲以下子女的，其參與勞動力之比率亦明顯提高，由 1981 年 28.26% 增加到 1991 年的 44.4%，1997 年的 48.16%；沒有子女的結婚婦女的參與率更是明顯。總觀之，婦女勞動力的參與已不只是單身婦女，婦女有 6 歲以下子女的參與率已近半數；有 6 到 17 歲兒女的婦女，參與率達六成之高。

㈢職業分布

臺灣地區婦女就業，在職業上的分布，民意代表及主管級的婦女，在過去二十年中，其百分比之分布增加並不顯著；倒是技術，專業人員以及事務工作人員的分布增加了一倍以上。在 2003 年，以行業分布來觀察，則 68% 的職業婦女在服務業（男性只有 50.7%），27% 在工業（男性 40%）。就業婦女中技術專業人員占 27%（男性 24%），生產操作的勞工 21%（男性 42%），民意代表及主管級的婦女僅占 1.7%（男性 5.4%）。

㈣同工不同酬

婦女勞動參與率的增加雖然改變了婦女的社會地位，但這並不代表臺灣已經達到男女平等的情況。除了職業的分布上仍有差異，在薪資上的差距更是明顯。據行政院的資料，在 1981 年，男性的薪資比女性的高出一半以上。就百分比來講，女性的薪資大約是男性的 64%。到 1997 年，這項差異雖有所改進，但仍只有 71.6%（這還不包括無酬的家屬工作者，在 1981 年，這部分就占了就業已婚婦女的 26.7%）。由於超過半數以上的婦女參與收入較偏低的服務業、生產業及農林漁牧業，其收入跟同行業的男性比起來更低，只有不到 65% 或更低。雖然在企業界或政府機構，一切講制度，男女的薪資是根據職務、等級及表現而定，但絕大多數的民營、私營事業，男女同工卻不同酬。再加上女性往往因結婚成家而退出勞動市場，不論是

永久性的退出或暫時性的退出，都影響到其薪資的累積及其職位的升遷。

(五)婦女離職

　　根據行政院主計處 1988 年的調查，有 43% 的已婚婦女從未參與家庭之外的有酬工作；婚前曾經工作，但目前卻沒有工作的有 57%；其中 95% 是因結婚或生育而離職，3% 是因工作場所的規定而去職。行政院 1994 年婦女婚育與就業調查資料中指出：15 至 64 歲已婚婦女曾經離職過的占已婚女性的 47.9%；其中因結婚離職的有 53.5%，因生育離職的有 31.7%，共計為 85.2%。因生育離職的已婚婦女中，很明顯地，教育程度越高，其百分比也越高。同年齡組的已婚職業婦女及家庭主婦的家務勞動時間（1993 年）高達 6.22 小時；即使就業婦女也達 5.09 小時，非勞動力的婦女 7.32 小時。若按年齡分，15～24 歲的最長，7.28 小時，其活動中以照顧小孩之活動達 5.53 小時。年齡越長，時間則稍短。不過近年來婦女處理家務時間已有減少的趨勢。表 10-7 將 2002 年 9 月婦女每日平均處理家務事時間依婚姻及工作狀況做比較。

※表 10-7　臺灣婦女每日平均處理家務事時間狀況比較 (%)

		總計	1小時以下	1～2小時	2～3小時	3～4小時	4(含)小時以上	無	不知／拒答
按婚姻狀況	未　婚	100	50.5	27.7	8.0	1.4	1.1	6.9	4.2
	有偶／同居	100	10.7	28.7	27.5	13.0	11.3	1.3	7.4
	離婚／分居	100	16.3	31.4	20.9	11.6	8.1	1.2	10.5
	喪　偶	100	9.6	36.5	20.9	12.2	8.7	3.5	8.7
按有無工作	有工作者	100	24.9	34.8	21.0	6.8	3.2	3.7	5.6
	無工作者	100	21.2	22.5	21.5	11.7	12.4	3.0	7.7
總　　計		100	23.1	28.8	21.2	9.2	7.7	3.4	6.6

資料來源：《中華民國統計年鑑》，2004。

按照政府的調查資料分析，就業婦女平均每日花 4.01 小時處理家務事；不在勞動力市場者則多花 2 小時 (6.01 小時)。其中以處理家事時間最長 (2.84 小時)，其次為照顧小孩 (1.92 小時)。雖然如此，其時數已比 1993 年少了不少。

㈥政府女性公務員

近年來，經由高考、普考或其他甄試進入政府機關學校服務的女性公務員逐年增加。2000 年，占全部公務員的 33.3%，至 2008 年則稍增至 37.7%。2008 年的職位等級分配是民選機關首長 10.6%，簡任官 20.8%，薦任官 36.6%，委任官 41.6%，雇員 34.5%。跟男性公務員比較，中、高階職位的女性比率明顯偏低；而低階職位的女性公務員比率高於男性將近 25%。這情況在 2008 年時仍然存在（見表 10-8）。

※表 10-8　女性占公務人員之比率，2000～2008

職務類別	2000	2003	2006	2008
政務人員	10.5	9.7	12.3	14.9
民選機關首長	5.6	6.1	8.7	10.6
簡　任	13.1	15.8	18.5	20.8
薦　任	34.6	34.8	35.4	36.6
委　任	34.6	38.4	41.4	41.6
雇　員	26.3	36.0	35.4	34.5
公務人員	33.3	35.7	37.0	37.7

資料來源：《中華民國臺灣地區社會指標統計》，2009。

公務員具有考試及格之任用資格者，除高階外，女性都比男性比率高。男性中階公務員 54.6% 有任用資格，女性則有 69.8%。低階公務員中有任用資格的女性達 74.4%，而男性僅有 35.6%，這明顯地表示女性公務員的任職條件比男性符合法定要求。一般來說，女性公務員大專以上教育程度者

較多，有 61.6%；男性則為 39.6%，36.7% 為軍警教育背景。但這些大專以上教育程度的女性公務員，擔任委任級以下低階職位的比率遠較相同教育程度的男性比率偏高，而擔任薦任的中階職位及簡任級高階職位的女性比率遠較同等教育程度，擔任同職級的男性比率偏低。這些都顯示在行政機關中，在學歷條件及職等的配合方面，女性跟男性相比，似有高資低用的情形。

婦女在政府的高階層所占的比率少而又少。部會級首長、司法院大法官、考試院考試委員、監察院監察委員中女性寥寥無幾。在民選的民意代表中，女性所占的席位也較男性差得遠：立法委員 1998 年 3 月選出 225 位，其中男性 182 位，女性 43 位；國民大會代表 332 位中，男 272，女 60；臺北及高雄市議員選舉共選 96 位，其中 22 位女性。十三屆縣市長選舉 21 位中僅 3 位係女性。2008 年當選的立委中，女性只有 34 位占 30.1%。女性比率偏低的歷史可源始自民主選舉之初，茲將當前自 1991 年以來臺灣地區民選公職人員女性人數及百分比列於表 10-9，以為參考比較。從這表裡可以看出女性比率較高者為臺北市議員在 1998、2002 及 2006 年皆有 30% 以上。高雄市在 2006 年亦達 36.4%。

經濟能力的提高和教育水準的升等是臺灣婦女在近年來改善其家庭和社會地位的兩大因素。婦女地位雖是提高了，但在報紙廣告上仍可以看到「警告逃妻」的啟事、婦女被強姦的報導、虐待妻子等等不尊重婦女的社會行為。尤其幾件校園性騷擾事件的發生，更把這問題明朗化。根據臺北現代婦女基金會 1993 年的一份調查報告，在近千名受訪者中，有四分之一的人在工作場所曾遭到性騷擾，而最常見的是以黃色笑話等不當言辭及肢體碰觸為主，脅迫性的騷擾較少。曾經有過性騷擾經驗的 25.6% 人中七成是女性，男性也有三成。上班族的騷擾者以主管上司最多，占 21.3%。至於受訪者認為曾遇到最嚴重的騷擾行為，46% 表示來自「不受歡迎的言辭」，35% 則為「不受歡迎的肢體碰觸」。1997 年臺灣地區婦女生活狀況調查中問及「在最近一年曾遭遇不幸經驗」，20% 的婦女回答至少遭遇一項不幸經驗。其中遭性騷擾者占 7.9%，遭家庭暴力者占 3.6%，遭強暴者占 0.1%。

※表 10-9 臺灣各級民選公職女性人數

類 別	年 別	總 數	女 性	
			人 數	百分比
國大代表	1991	325	42	12.9
	1996	334	61	18.3
立法委員	1992	178	17	9.6
	1995	187	23	12.3
	1998	210	32	20.0
	2004	215	39	18.1
	2008	113	34	30.1
縣市長	1994	23	1	4.3
	1997	23	3	13.0
	2001	23	2	8.7
	2005	23	2	8.7
	2009	15	3	20.0
縣市議員	1994	842	128	15.2
	1998	891	151	16.9
	2002	895	197	22.0
	2005	901	234	26.0
	2009	564	154	27.3
臺北市市議員	1994	52	12	23.1
	1998	52	17	32.7
	2002	52	17	32.7
	2006	52	19	36.5
高雄市市議員	1994	44	6	13.6
	1998	44	5	11.4
	2002	44	10	22.7
	2006	44	16	36.4

資料來源: 中央選舉委員會。

《讀者文摘》中文版在 2004 年 12 月號一篇題為〈性騷擾為何臺灣特多?〉的調查報告指出,臺北有 38% 的受訪婦女曾遭性騷擾,比上海或香港都高。其中有 60% 是被陌生人性騷擾, 24.1% 被上司或同事性騷擾。

臺灣色情業之昌盛也是婦女受迫害的一個例子。相當大的數目是未成年少女，即「雛妓」。根據一項1992年的調查，臺灣大約有72,279個從事色情交易特種行業的未成年少女。這項統計尚未包括私娼寮、冰果室、歌舞廳等行業在內。妓女戶、賓館、旅館或KTV都是這些雛妓交易的場所。臺灣地區以臺北市最多，大約占總數的三分之一，未成年雛妓大約占所有從事色情行業婦女總人數的三分之一。這項調查也指出未成年雛妓中大約有5%是被迫為娼賣笑的。參與這項行業人數之多以及雛妓之比率在在都反映出社會問題之存在。

法律上雖然對離婚婦女的子女歸屬問題有新的詮釋，對婦女的財產繼承權亦有保障，但是民間傳統的風俗仍然是重男輕女。尤其在遺產的繼承上，很多婦女都因風俗習慣而被排除在繼承權利之外。

臺灣地區婦女福利的經費由最初（1985年）的200萬元增加到1億8千400萬元（1997年），政府試圖加強各項婦女福利措施；同時每隔三、五年舉辦抽樣調查，以期蒐集婦女福利的需求資料，以便適時提供政策釐訂之參考。

二、中國大陸婦女地位

在中國大陸公布的新舊《婚姻法》裡，對婦女的地位有明確的規定。例如，夫妻在家庭中地位平等、夫妻雙方都有參加生產、工作、學習和社會活動的自由、夫妻共有財產、子女可隨父姓或母姓、夫妻有相互繼承遺產的權利、男女雙方都有要求離婚的自由、女方在懷孕期間或分娩後一年內，男方不得提出離婚的要求等等規定。大陸婦女在工作上大致也是要求同工同酬的待遇。

根據中國大陸的資料，城鎮女職工人數已由1949年的60萬增加到5千600萬（1992年），占全國職工總數的比例也由7.5%提高到38%。1992年女性從業人口已占社會總從業人員的44%左右。女性從業人口占女性15歲以上人口的72.3%；農村婦女勞動力約占農村勞動力總數的一半。在1980年代經濟開放的政策下，婦女就業的項目遍及各行各業，在國民經濟

十二個行業中，女職工達 100 萬以上的就占九個，包括工業、農業、建築業、交通運輸業、商業、衛生、教育以及黨政機構及社會團體等。同時，女性就業的層次也提高，在科學研究和綜合技術服務業、黨政機構和社會團體業，及金融保險業中，女職工已分別占在業人數的 34.4%、21.6% 及 37.3%。不少婦女擔任企業界的管理及領導的職務。

自 1949 年中國大陸婦女的參與勞動人口，提供了她們的勞力、智慧、時間及精力，對今日中國大陸經濟繁榮的貢獻是不可否認的。許多婦女得到政府的表揚，例如 1978 至 1992 年有 572 名傑出女性獲得全國勞動模範光榮稱號；有 2 萬餘名優秀女性獲全國「三八」紅旗手光榮稱號；1988 至 1993 年，有 900 餘名獲全國「五一」勞動獎章。絕大多數的婦女在幕後貢獻。中國大陸婦女在各方面雖然都有了長足的進步，但是各層面仍顯示出男女不均等的現象。

㈠教　育

據中國大陸第三次人口普查資料，1982 年各地區文盲及半文盲占女性 12 歲以上人口 45.23%（男性 19.15%）。依 1987 年全國 1% 抽樣，文盲及半文盲的比率稍有改進，占女性 12 歲以上人口的 38.05%（男性 15.72%）。據世界銀行的資料，在 1995 年，中國女性 15 歲以上人口，27% 為文盲（男性 10%）。女性受教育的機會仍比不上男性。

㈡職業的分布

女性的一般就業率低於男性，在農林漁牧等傳統行業以及商業、金融保險業、服務業女性的參與較高；就業於公務機關的比率很少。在工業、建築業、交通運輸業等的女性所占的百分比低，是這些行業需要大量的體力；但是在公務機構所占的比例低於四分之一，則反映整個社會的重男輕女，歧視女性。可見中國大陸雖然跟臺灣的經濟制度不同，但職業婦女的參與型態則兩地頗為類同。不過由於中共近年來的經濟改革，農村男性人員紛紛出外地勞動，農村傳統行業的婦女參與率似乎有略為增高的跡象，

這是跟臺灣有所不同的地方。

㈢同工不同酬

大陸婦女的薪資，不論依其職務，或依教育程度，都比同類別的男性薪資來得低。男性的收入若為 100 元，女性只有 79 元 (1978) 及 85 元 (1988)。服務業男女間薪資差異最小，其他如工程技術、管理級、領導級的差距則大些。就教育程度而言，1988 年的資料顯示，程度高的大專及程度低於初中的，在工資上的差距大些。據另一項 2006 年的資料顯示，男性年平均實際工資是人民幣 23,650 元，而女性則是 17,609 元，女性大約是男性的 74%。這些資料都表明中國大陸男女同工不同酬的現象，跟其所標榜的社會主義理念有所差異。

㈣工作的時間

中國大陸的男女職工在其時間的應用上，有明顯的不同。女性用於家務的時間，不論是工作日或休息日，不論是已婚或未婚，都比男性為多；尤其是休息日，未婚女性比未婚男性多花 3 小時，已婚的也多花 2 小時有餘在家事上；在工作日也分別超過 1 個多小時。而男女在工作上（包括實際工作、上下班路途以及加班）及個人生活必需（包括睡眠、用餐、個人衛生）的時間大致相等，婦女多花在家務勞動（包括購物、做飯、縫洗、看顧孩子等）的時間就剝奪了她們自由支配的時間。1987 年陝西省及天津、株州、陽泉等三市都分別有類似的調查，其結論大致相同。

中國大陸一直自誇其是男女平等的共產社會，但是事實上很明顯地仍然是一個重男輕女的社會。無論從男女教育程度，工資的分配，在業人口的職業分布，或者是家庭裡夫妻時間的分配上等，都發現女性不如男性的不平等現象。如果強調這比傳統中國好得多雖是事實，卻仍然不是一個男女真正平等的社會。中國大陸婦女地位的高低往往受到政治因素的影響。一胎化政策把生男不生女的傳統陋習表露無遺；婦女在家的地位往往取決於是否生個兒子；在財產的繼承上也是兒子分得比女兒多。而且近年來在

許多大陸農村發現買賣婦女的案例有日漸增多的趨勢。中共人大常委會一份內部文件曾指出，1990 年中共司法部門處理了 18,692 件買賣婦女的案件，未查獲的數量應該更多。不少妻子受丈夫或夫家的虐待而求去，離婚案件日增。婦女的弱勢團體的社會地位及其所受的歧視是一項急待解決的社會問題。

第四節　女權運動

一、美國的女權運動

　　婦女長期受到歧視起而爭取平等地位，因此產生了女權運動。尤其在美國社會裡，女權運動影響了二十世紀美國的兩性關係和美國當代社會結構。美國女權運動 (feminist movement) 正式啟端應該算 1848 年 7 月 19 日在紐約州北邊一個叫做西尼卡瀑布 (Seneca Falls) 地方召開的第一屆女權大會。這第一批女權大會的參與者積極爭取婦女在法律和政治上的平等，她們面對以男性為主的美國社會之譏諷和攻擊。1872 年女權運動代表人之一的蘇珊安東尼 (Susan B. Anthony) 曾因要求參加該年美國總統的投票而遭逮捕入獄。美國國會一直到 1920 年才通過婦女投票的權利。此後四十年間，美國婦女爭取平等待遇的努力並無多大斬獲。雖然在這期間，由於二次大戰缺少工人，美國婦女為增產而就業的很多。但是戰後男人由各戰區回來後，她們又回到廚房做賢妻良母。這段時期的工作機會給美國婦女不少自信，認定她們的工作能力絕不遜於男性，不應受排拒和歧視。

　　1960 年代晚期由於受到參戰越南和民權運動問題的風起雲湧，很多反越戰者和民權運動領袖將其所受的壓抑比擬成婦女之受歧視。因此，女權運動、反戰分子和民權運動者聯合起來爭取平等。婦女解放運動 (women's liberation movement) 也就成為 1960 到 1970 年代婦女訴求的主要手段。一種同病相憐的「姐妹情」(sisterhood) 開始在婦女界傳開，喚醒婦女參與解

放運動。集體的階級意識 (class consciousness) 開始出現以爭取平等待遇。更多的婦女開始覺察個人的不幸不必歸罪於自己，因為其他婦女也有同樣的遭遇。於是個人的不幸被視為社會不平等結構所造成的觀點隨之興起。在女權運動的衝擊下，美國婦女爭取到在法律上男女平等的原則、政府對照顧子女的輔助、就業機會的平等、不受性騷擾的職業保障、色情事業廣告的禁止，以及墮胎的權利等等。美國婦女在女權運動之爭取下，其社會地位提高不少。跟許多其他國家比較，美國婦女的確較自由。但是女權運動並未能全盤改變男女性別角色及男女間的關係：婦女受丈夫虐待的事件，同工不同酬的歧視都時有所聞，今日美國婦女仍繼續不斷地努力求取真正的平等。

二、臺灣的婦女運動

臺灣的婦女運動根據顧燕翎的估計大約是從 1970 年代初期開始，她把臺灣的婦運劃分成三個階段。第一階段是在 1970 年代。這時期臺灣經濟正起飛，工商業活動充滿活力，社會財富迅速累積，中產階級崛起，對一黨專制也開始挑戰。知識分子積極謀求社會、文化、政治層面的革新，以致先後有了民主化運動和鄉土文學的論戰，婦女運動也隨之起步。

呂秀蓮是臺灣婦運的先鋒之一。她於 1971 年由美留學返臺，在該年 10 月間針對當時報章談論的大專聯考女生過多的問題做了嚴厲的批判。她在聯副上發表文章，抨擊男尊女卑傳統觀念之不當，主張男女平等。她在 1974 年出版了一本《新女性主義》，並於 1975 年考察美、日、韓等國的婦女運動。於當年 10 月返臺後辭去公職，全力投入婦運。1976 年由呂秀蓮主導的拓荒者出版社出版了十五本書和二本小冊子宣揚婦運。在亞洲協會的贊助下，做了大規模的「臺北市家庭主婦現況調查」，並在高雄、臺北兩地開設「保護妳」電話專線，為遭受不幸的婦女擔任諮詢輔導。新女性主義在呂秀蓮的領導下雖曾有過輝煌的成績，但由於當時政治環境的壓抑，呂秀蓮於 1977 年離臺而使新女性主義黯然下臺。她雖於 1978 年再度返臺，但已投入反對黨運動，無暇顧及婦運。後又因高雄美麗島事件入獄，更使婦

運成為禁忌。

臺灣婦運的第二階段是 1980 年代。這期的代表人物是在淡江大學中文系任教的李元貞。這期間，在民主化潮流及國民黨威權政治消退的衝擊下，臺灣開始較能容忍異議分子；臺灣社會也朝多元化的方向發展。同時，民間財富的累積、婦女經濟能力的普遍提升、人權意識的增強，以及國際間女性主義意識的澎湃，都給予婦女運動新的、有利的環境。李元貞集合受過高等教育的中產階級婦女創辦「婦女新知雜誌社」，重新整合臺灣的婦運。在李元貞的策劃下，「婦女新知雜誌社」出版雜誌、書籍、舉辦演講會；主動聯絡其他民間團體，來促進《優生保健法》的通過，並發動防止販賣人口和保護雛妓的聯合行動，積極爭取婦女工作權等等。

臺灣婦運的第三階段開始於 1987 年解嚴前後。臺灣地區的社會運動隨著解嚴而日益增多，婦女運動也因此而更積極；參與的分子也更多元化，工作更明朗化。社會對婦女的重視也隨著「女強人」角色的渲染而更加注目。不過目前婦女運動在臺灣仍處於萌芽時期，婦女的訴求趨於零碎，婦運尚缺乏嚴謹的組織、領袖人物及專業性的團體。今後應積極培養領導人物，組織專業性的團體，擴大人力及財力的資源，以對整個社會做有系統的影響。不可否認的，由於臺灣社會的變遷及雙職家庭的出現，臺灣婦女要求社會平等地位的努力已逐漸受到社會之肯定。

關鍵名詞

- **性別 (sex)** 在生理上的男性或女性。除了以生殖器官來區別外，染色體是生理上的基本區別；男性染色體是 XY，女性是 XX。

- **雙性人 (hermaphrodites)** 指出生時就同時具有男女生理體質和生殖器官者。

- **性別認知 (gender identity)** 人們在心理上的一種客觀的自我感覺是男性或女性。

- **跨性者 (transsexuals)** 指一些生理上的性別有異於心理上的性別認知的人。

- **兩性角色**（gender roles，或稱 sex roles）　社會對某一性別的期待，對其所設立的行為模式，價值觀念等。
- **工具性角色** (instrumental role)　係指有目的有意義的社會角色。傳統上屬於男性扮演，是依功能學派的觀點。
- **情感性角色** (expressive role)　係指感情上的社會角色。傳統上屬於女性扮演，與之相對的是工具性角色，是依功能學派的觀點。
- **精神分析論** (psychoanaltic approach)　認為小孩會因潛意識認同同性父母而認清自己的性別角色的理論。
- **社會學習論** (social learning theory)　強調獎懲的重要性。他們認為獎懲是兒童發展出適當性別角色的主要誘因。
- **認知發展論** (cognitive development theory)　認為小孩經由社會互動以及他們在社會裡的所見所聞，而主動地啟發性別角色的認定。
- **性騷擾** (sexual harassment)　指以性別上的特徵、塑型來描述或騷擾異性。

參考文獻

Farrell, W.

　　1993　*The Myth of Male Power*. New York: Berkley Books.

Hochschild, Arlie R.

　　1989　*The Second Shift: Working Parents and the Revolution at Home*. New York: Viking Penguin.

Kimmel, M.

　　1996　*Manhood in America: A Cultural History*. New York: Macmillan.

Lee, Janice W.

　　2005　*Gender Roles*. Hauppauge, NY: Nova Biomedica Books.

Neft, Naomi, & Ann D. Levine

　　1997　*Where Women Stand: An International Report on the Status of Women in 140 Countries, 1997–1998*. New York: Random House.

Richardons, Laural, and Verta Taylor

1989　　*Feminist Frontiers II: Rethinking Sex, Gender, and Society.* New York: Random House.

王麗容

1995　　《婦女與社會政策》。臺北：巨流。

內政部統計處

2005　　《九十一年度婦女生活狀況調查報告》。臺北：內政部。

中國論壇

1987　　〈女性知識分子與臺灣發展〉。《中國論壇》，275 期。

1988　　〈婦女運動蓄勢待發〉。《中國論壇》，299 期。

中國國民黨中央婦女工作會

1995　　《婦女政策白皮書》。

中華全國婦女聯合會編

1979　　《中國婦女運動重要文獻》。北京：人民。

1989　　《中國婦女運動史》（新民主主義時期）。北京：春秋。

王雅各

2001　　《臺灣婦女解放運動史》。臺北：巨流。

行政院主計處

2004　　《中華民國臺灣地區婦女婚育與就業調查報告》。臺北：行政院主計處。

朱華澤

1986　　《婚姻法基本知識》。北京：教育科學。

成　蒂

2004　　《終結婚姻暴力》。臺北：心理學社。

李小紅

1997　　《婦女研究運動》。香港：牛津大學。

馬以工編

1990　　《當今婦女角色定位研討會論文集》。臺北：崇她社。

鍾慧玲編

1997　《女性主義與中國文學》。臺北：里仁。

顧燕翎

1989　〈臺灣婦運的開展〉。《女性人專號：暫緩革命》創刊 2 月號，頁
　　　264–270。

第十一章

族群關係

Sociology

第一節　種族、族群、少數團體

　　族群之間的關係常基於生理上、文化上及權勢上的不同而異。種族、族群及少數團體是族群關係討論中的主要論題。

　　種族 (race) 是指生理上，體質特徵上有所不同的團體。例如白種人、黑種人或黃種人的區別分類就是按膚色的不同來分類的。不同種族所顯現體質特徵的不同是幾千年人類演化的產品。由於歷史上的戰爭、征服、溝通以及遷移等促進種族間的互動，目前很難找出一個純正的種族。白種人之間的差異特徵遠比其跟黑種人的差異還大。同樣地，在黑種人或黃種人之中，亦摻混許多不同體質特徵的人群團體；於是有學者主張拋棄種族這概念。

　　族群 (ethnicity) 是指一群具有共同地域來源或文化特質的團體。在美國社會裡，有所謂德裔美國人 (German Americans)、愛爾蘭裔美國人 (Irish Americans)、華裔美國人 (Chinese Americans) 等皆指其來自不同的國家地域，各具其文化習俗上的特徵。目前在臺灣的本省籍與外省籍團體的區分也可以說是族群的區分。

　　少數團體 (minority group) 指的是一個在社會裡受到政治和經濟上的壓抑與不平等待遇的團體。少數團體所指的不在於人口數目的多少，而在於權勢，指社會地位低微、被控制的團體。因此，少數團體也被稱為「弱勢團體」。例如南非，其黑種人口超過白種人，雖然其政權已有改變，但在政治上、經濟上及社會上，黑人仍是被壓制、被歧視的一群，是為地位低下的弱勢團體；統治者的白人代表著**強勢團體** (majority group)。在工業先進的國家裡，許多社會的婦女人口雖比男性為多，婦女地位低於男性，往往成為少數團體或弱勢團體。

　　種族主義 (racism) 和性別主義 (sexism) 都不能說是建立在體質特徵的差異。種族主義認為本族優於異族；性別主義認為男性優於女性，這種種

族上、性別上的優越感實在沒有科學上的根據，只是一種社會文化的概念。種族主義裡的白人優於非白人，日本人優於中國人和朝鮮人，都是建立在狹窄的偏見上，毫無科學的根據。

　　馬克斯 (Karl Marx) 在討論人類未來社會發展時曾認定階級鬥爭將是社會衝突的最大原因。其實我們今天所看到和經歷到的社會衝突其最大原因卻都是由於種族主義的偏見與歧視所導引出來的。經濟利益分配的不均勻引起勞資間的衝突雖是不可否認的，卻非人類歷史上社會衝突的主要因素，種族及族群間的差異才是主因。在這方面，社會學家所關注的是強勢團體跟少數團體間的關係。某一種族、族群、女性或老人等團體，只要受到社會不公平的待遇都算作是少數團體。社會學家梅耶爾 (Barton Meyers) 認為一個少數團體通常有五個要素：

1. 少數團體在文化或生理上有別於強勢團體。強勢團體故意強調少數團體某些特有特徵，用以區別其成員。
2. 少數團體成員的參與並非自願的。其成員的身分往往是與生俱來的，並非經由選擇而擁有的。
3. 少數團體的成員通常不跟強勢團體成員通婚。也就是說，實行內婚制；社會通常不鼓勵這兩者之間的通婚來往。
4. 少數團體成員通常知曉其本身的劣勢地位，也經歷過強勢團體的欺壓。因此，少數團體成員之間的向心力強，且較團結。
5. 少數團體成員常經歷、遭受社會的偏見、歧視或隔離排拒。強勢團體由於控制了政治權力、社會資源、經濟財富，藉此欺凌少數團體之成員。

　　少數團體的主要特徵是社會地位的低下，及受強勢團體的支配控制。少數團體在社會上往往受到歧視和不平等的待遇。

第二節　族群關係的主要模式

一、族群關係的八種模式

從歷史的角度來看，不同文化、信仰和習俗的人群與團體彼此間的來往與互動並非是獨立的事件，而是經常發生的；這種接觸往往是文化播散的主要方式。不同族群的接觸有時候是和平的，例如通婚與交易買賣；有時候卻是暴力野蠻的，例如戰爭與侵略。族群團體間的來往與互動關係有不同的模式。茲就其關係的程度，由最極端的到最和平的依序列出幾個最主要的模式如下：

㈠滅種 (genocide) 或撲殺 (extermination)

這是族群關係中最極端和激烈的一種模式。這是有系統的，有計畫的用暴力將另外一種族群或少數團體加以撲殺毀滅，或者以強制性的節育方式來中斷其分子的延續。二次世界大戰，納粹德國殺害 600 萬歐洲猶太人是最常提及的滅種例子，此乃由於納粹德國認為猶太人「可能」干擾了純種德國人的優越品質，因此必須加以滅除。人類歷史上的滅種例子還有很多，如二十世紀初期，始於 1915 年，有 100 萬的阿美尼亞人 (Armenian) 被土耳其人殺滅。

㈡驅逐 (expulsion)

雖然沒有滅種或撲殺那樣的暴力和殘酷，但是被驅逐出自己的土地，其效果相去不遠。這是以強迫的方式將一個族群或少數團體驅趕出其原本的地域，印第安人的被送往保護區是一例。在十九世紀初，北美大約有 60 萬印第安人，由於戰爭、疾病，及被送往環境不合宜的保護區等等因素，到十九世紀中葉，人口降至 25 萬。又如 1979 年越南逐出 100 萬的華僑，

如今分居於世界各大洲。通常，滅種或驅逐手段的使用之所以會發生，是因為強勢團體為了奪取少數團體所擁有的資源或財富。印第安人之所以被驅趕是因為他們的土地是白種移民所需要的；華裔越人的經濟資源財富則為越南新統治者所欲控制的。另外一種原因是強勢團體認為少數族群團體「可能」帶來的威脅所引起。因此，先下手為強以防其發生。二次大戰時期，美國政府對日本宣戰後，認為在美國的日本僑民「可能」構成威脅，因此將他們驅趕到集中營。

㈢排拒 (exclusion)

係指一個政府立法排拒某種特定對象為其社會分子。由於就業機會下降，美國國會曾在 1882 年設立《排華法案》(Chinese Exclusion Act) 以防止中國人的移入，連在美的華裔也不能接其家人來美。在二十世紀初期，美國對南歐、東歐以及其他亞洲地區的移民也採用同樣的排拒方式。

㈣隔離 (segregation)

係指社會的強勢團體將少數團體加以地域上或社會上的間隔。所謂地域上的隔離是指在居住地的分隔，使少數團體與強勢團體分地而居。社會上的隔離是禁止少數團體分子對特定社會活動的參與。在美國，黑人和西班牙語系後裔的住宅區常跟白人的住宅區是分開的；由於學區依住宅區而分，因此，學生也被隔離了；一些較高級的白人社會團體活動常拒絕非白人的參與，這些都是隔離模式的具體表示。有些隔離是有法律根據的，像以往南非或美國南方的種族隔離政策；但大多數的隔離是法律所不允許的。由於社會的變遷，有新法令界定排除隔離政策，但是由於長期的傳統習俗，部分人仍持此觀點而為之。

然而，有部分隔離是自願的，例如第一代的移民，由於語言，習俗的不同而情願跟同族群的一同居住、來往。這就形成了美國大都市地區裡的中國城、韓國城、波蘭人社區、小義大利等等。臺灣往年的軍眷村，也算是一種形式的隔離。

㈤壓抑 (oppression)

指壓制少數族群或團體在社會上應享有的平等機會與待遇。這種壓抑模式雖對少數團體有不平等的待遇，至少仍容許它的存在。強制團體控制社會中的所有資源及權勢，並對少數團體加以剝削或壓迫。美國早年的奴隸制度就是一種很明顯的壓抑模式：白人以暴力和法律來壓榨黑人奴隸的廉價勞力。今日黑白人的關係已有所改進，但黑人仍被壓抑是事實。印度境內的回教徒，馬來西亞境內的華人都是當地社會中受壓抑的少數團體。臺灣在兩蔣執政時代對本省人的各種不合理限制，也是壓抑的手段。

㈥同化 (assimilation)

係指社會裡的少數族群或團體放棄其本身的文化而接受強勢族群的文化，並成為主流社會的一部分的過程。移民到達目的地後逐漸棄除原有的文化習俗，而接納當地的語言文化，就是同化的過程。在 1960 年代以前，美國社會對少數團體的政策是同化：要求他們學習一種美國薩克遜白人文化為主的主流文化，才能成為美國人。我國歷史上的所謂外族「漢化」，事實上也是同化的過程，外夷受漢人文化的薰陶，而接受漢人文化。如用方程式來表示則如下：

$$A+B+C=A$$

A 代表強勢團體或族群，B 和 C 代表二個少數團體。在同化的過程裡，B 和 C 原有的次文化消失而採納 A 的文化，變成 A 的一部分。

㈦多元型 (pluralism)

係指社會裡各種不同的族群和團體彼此之間和平共存，相互容忍敬重。有人稱這種模式像西方餐桌上的沙拉盤，盤內各種式樣的生菜混列一盤裡，但各不失其各自原有的特質。美國自由思想分子，尤其是 1960 年代以後，所追求的目標就是多元型社會，希望能達到各族群之間的和平共存，締造

一個具有多元文化的美國社會。在歐洲瑞士可能是一個比較標準的多元型
社會。瑞士的族群包括德、義、法語系及猶太人，以德法義三種語文為其
法定語言，也無一統一的宗教，各族群間彼此尊重相處而無衝突。新加坡
也是一個多元型的社會，華人、馬來人、印度裔等族群在法律的保障下都
有相等的地位。如以方程式來表達，則是：

$$A+B+C=A+B+C$$

A，B，C 各族群，各保有其文化、宗教、習俗及其特有的社會結構，彼此
共同生存，互助互輔。

(八)混併 (amalgamation)

係指將社會內各種不同的族群混合組併成一個新團體的模式。混併的
過程並不單純，通常要經過數代的族群間的通婚，才會把原有的特質慢慢
地消退。在混併的過程中，強勢團體與少數團體的界限不再存在。新併成
的團體跟原有的任何一個團體都不完全相同。「大熔爐」此一詞常用來形容
美國的移民政策。實際上美國在開國時期就有一重大使命，將來自世界各
地的移民混併成一個新的「美利堅合眾國」。如以方程式來表示則如下：

$$A+B+C=D$$

在這程式裡，A、B、C 團體各自的特質在混併的過程中消失，而共同組合
成一個新的 D 團體。

少數團體既然受到不平等待遇與歧視，那麼他們是生活在強勢團體的
陰影之下；少數團體對這種不平等的安排會有下列幾種反應：

第一種反應方式是接受現有的安排，承認本身的低等地位。在強勢團
體的控制下忍氣吞聲的討生活、求生存、過日子。有些少數團體為了生存
只有放棄其原有文化，而為強勢團體所同化。

第二種反應方式是迴避。少數團體既不願接受強勢團體的文化，又不
敢反抗強勢團體。因此，盡量避免彼此間的來往；這自願隔離就是一種迴

避方式。華人聚集在美國各大城的唐人街是一個很好的例子，因為在唐人街裡，華人講華語、吃中國飯、看中國電影、讀中文報紙，可以不必與白人或其他非華人來往。近年來，臺灣移到美國的僑民以中國人多的地區為目的地，就是迴避方式的表現及反應。

第三種反應方式是抗拒或反抗。反抗的方式包括罷工、罷市、參政奪權、示威或採取法律行動。有些方式可能會牽涉到武力或暴力的使用，對強勢團體所擁有的資源加以破壞等。中國西藏在 1950 年代對中共統治的反抗就是武力和流血的。滿清末年的回亂和捻匪之亂皆可以視為少數族群的反抗的歷史案件。

二、偏見與歧視

強勢團體與少數團體之間的關係與互動，除了真正能夠達到互助互敬的**多元型** (pluralism)，以及重新組成的新混併型以外，其他所有的關係模式多少都具高低不平模式。事實上，每一個團體或社會都含有某種程度的「**種族中心主義**」(ethnocentrism)：肯定本身文化優於其他文化，輕視任何他人的文化。在討論文化時，我們曾給「種族中心主義」下了一個定義，指其為一種以本身的文化為標準來評判他人文化的傾向。這種傾向往往就造成了對他人文化的偏見或歧視。

(一)偏見 (prejudice)

偏見是一種建立在想像或沒有根據的觀點對某一個人或某一個團體預設的看法和態度。偏見通常是對某一個少數團體成員的反面態度，偏見的產生主要來自人們對其他團體的預先訂定的特殊塑型 (stereotype)。所謂塑型是指社會對某一團體或個人所加以描繪的特徵。這些特徵可能有事實的依據，往往卻是不正確的偏見。例如，你有一位來自南部的室友比較木訥，也比較鄉土化。因此你就認定所有南部的學生都土，都不合潮流。這就是以偏概全的塑型，常是不正確的，因為來自南部的學生並非都具此種特徵。在美國白人眼中，印第安人酗酒；黑人有運動神經、來自單親家庭；猶太

人個個會念書、會理財；這些都是對少數團體所加的塑型。臺灣的北部人常常認為南部人的教育水準低也是一種偏見的例子。

有些塑型是反面的、具有危害性。例如，美國白人把黑人看成有違法犯罪的傾向，把在美國的義大利後裔都歸類到地下社會的成員，把來自哥倫比亞的移民看作是販毒者。在臺灣，往往有人把退伍軍人看作是精神不正常的老兵，把客家婦女個個看作是強悍難馴的。這些都是反面有害的塑型形象。

有些塑型則是正面的。例如，把美國的亞裔移民個個視為力求上進、自力更生、學業超等的族群。把猶太人個個視為有錢財的大銀行家。中國大陸同胞在臺灣開放探親以後，把來自臺灣的親友個個都想像成腰纏萬貫的大財主。這些是正面的塑型，也是不正確的；而且對少數團體亦可能有損傷。例如，把亞裔美人皆看成肯上進與互助的團體，聯邦政府就不會重視對貧苦亞裔的福利問題。大陸親友把臺灣來的每個人都看成散財童子，害得經濟不充裕者不敢赴大陸探親，或只有打腫臉充胖子。

㈡歧視 (discrimination)

歧視是在行為上的具體表現，是對某一個人或某一團體的不公平待遇。偏見是一種態度，歧視是偏見態度在行動上的表現。人們可能有某種程度的偏見，但是卻不一定會有歧視行為的表現。同樣地，並非所有的歧視行為都來自偏見。把這兩者之間的關係描繪歸類成四種不同類型於圖 11-1。按此分類：

第一種是偏見的歧視者 (prejudiced discriminator)，這種人不僅在態度上有偏見，而且還表諸於歧視的行為上。美國的三 K 黨持有白種人至上的偏見，並表現在示威及暴力的行動上，他們的對象包括黑人、猶太人及所有的非白人 (non-white)。他們是具偏見的歧視者。

第二種是偏見的無歧視者 (prejudiced nondiscriminator)，指的是那些持有偏見態度，但並未表現在歧視行為上的人。個人雖然有偏見，由於社會大眾意見的壓力或者是法律的可能制裁，而未把偏見付諸於行為。例如，

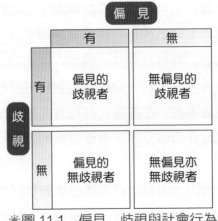

※圖 11-1　偏見、歧視與社會行為

一些白人老闆雖然討厭少數團體成員，但是又不願被他人批評或受法律制裁，因此還是僱用了象徵性的少數團體分子。

　　第三種是無偏見的歧視者 (unprejudiced discriminator)，有些人可能對少數團體沒有任何偏見，卻受到其他人的影響或壓力而做出歧視的行為，這種人就是無偏見的歧視者。例如，以往航空公司不聘用已婚的女性為空中服務員，銀行辭退成婚的女職員，一個主管不同意這種對女性的偏見歧視，但為了免於被同業的指點、譏笑，甚或懲罰，只好跟著做。這是無偏見的歧視者。

　　第四種是無偏見亦無歧視者 (unprejudiced nondiscriminator)，這種人對任何人都沒有偏見，相信人人平等，不應受歧視，自然也不會有對他人的歧視行動。

　　社會學與心理學對偏見與歧視的研究中發現下列幾種很明顯的特徵：

　　第一，偏見的觀點與態度往往是因為個人的挫折、孤獨感、欠安全感及失敗經驗所引起的。有這些特徵的人用偏見來掩飾他個人的缺點或恐懼，社會心理學家把這種現象稱之為「挫折與攻擊假設」(frustration-aggression hypothesis)。它指出攻擊行為往往是挫折的表現。當一個人受到挫折時，他以攻擊性的態度或行為來宣洩自己的憤怒。一個對少數團體擁有偏見的人，往往是一個在社會中受挫折或失敗的人。把個人的挫折由自我的發洩轉移

到對他人的偏見觀點及歧視行為。

第二，有偏見或歧視的人往往把少數團體當做「代罪羔羊」(scapegoat)，用來宣洩個人的挫折。1980 年代初期美國汽車工業蕭條時，很多工人失業。因此，日本人和日本汽車就成為這些失業工人的「代罪羔羊」。電視上常有工人砸毀日本汽車的鏡頭，路上也有「失業：日本製造」(unemployment: made in Japan) 的標語。在十九世紀晚期，加州工作機會減少時，早期的亞洲移民也曾經是當地白人的宣洩對象。

第三，偏見往往是存在於潛意識裡，人們把偏見視為實際的情況，辯稱對少數團體的歪曲描述或印象不是偏見而是事實。有時候，具有偏見的人並不知道自己有偏見。西方基督徒有不少人對猶太人有偏見，可是卻認為這種看法有《聖經》上的依據，是正確的。

第四，偏見往往不針對某一個個人，而是對整個團體。一個對某一少數團體有偏見的人往往會有一、二個屬於該少數團體的朋友。

第五，偏見能夠滿足個人的私心。有偏見的人藉醜化或攻擊他人而滿足個人的私心，提高個人的自我形象。

第六，偏見不是天生的，而是一種「有樣學樣」式的感染。人們經由觀察而模仿。人云亦云的把某一少數團體加以塑型和醜化。

第七，偏見可經由團體間的接觸和互動而逐漸消失或減輕。塑型印象往往來自孤立與欠缺瞭解。不論是個人間或團體間的接觸及互動都可補救這些缺陷，減少偏見。

社會學家對偏見的研究通常是從相對的角度來觀察。因為團體間的偏見是相對的，而非絕對的。我們無法證明白人對黑人的偏見四倍於白人對黃種人的偏見；只能說白人對黑人的偏見大於對黃種人的偏見。社會學家運用一種「社會距離量表」(social distance scale) 來測量偏見的存在與否。社會距離量表最早是由派克 (Robert Park) 和蒲濟時 (Ernest Burgess) 兩個人設計出來。後來鮑格達 (Emory Bogardus) 加以改良而廣受應用。因此，社會距離量表也被稱做是「鮑格達量表」(the Bogardus scale)。其研究的方法是假設在幾種不同的情況下，人們跟其他種族或族群互動的願意程度。

例如，願意不願意跟某一族群的人結婚；願意不願意跟某一族群的人做鄰居；願不願意跟某一族群的人同工等等。

應用社會距離量表來測量美國的種族和族群偏見的結果發現在過去五十年間，偏見有逐漸緩和的趨勢。有些學者認為大眾傳播在這方面有相當正面的貢獻。早期的大眾傳播工具，特別是電影和電視往往把少數團體的成員加以塑型和醜化。例如，美國電影以往常常把印第安人描繪成野蠻的殺人者，把中國人都醜化成留辮子的滿大人，誤導觀眾。近年來，電影和電視上這種具偏見的醜化塑型已有逐漸減少的跡象，因而減輕了人們對少數團體的負面偏見。

偏見是態度和觀點，歧視卻是行為。雖然這兩者不一定完全相關，但是偏見的存在往往鼓勵歧視行為，歧視的差別待遇往往備有社會的支持。這種支持有的是經由立法或公共政策來對少數團體加以限制。過去南非的種族隔離政策就是一種有立法根據的歧視。以往英國政府對香港華人的移入英國限制也是一種類似的歧視。有些時候，社會上對某種少數團體的歧視卻不必靠立法；常常在法律廢除後，歧視仍能繼續存在。這種非正式的和不表面化的歧視雖無法律認可，但卻是社會學上所稱的「制度化歧視」(institutional discrimination)。例如，美國政府雖禁止在教育和就業機會上歧視少數團體成員；但是事實上，這種歧視仍然存在，而且被視為常規。男女同工不同酬的現象也是一種「制度化歧視」的例子。

第三節　少數團體理論

從二十世紀的早期開始，一直到今日，美國社會學對種族、族群以及少數團體的研究從未忽略過。這種研究及其所發展出來的理論解釋也構成美國社會學與歐洲社會學的重要差異之一。早期的芝加哥學派一直到今天的衝突論與互動論都對少數團體的存在提出其各自的看法，都各有其貢獻。

一、功能論

「功能論」對族群、種族以及少數團體的不平等社會地位的解釋偏重於這種劃分的功能性。基本上，功能論者認為社會為了求生存，必須把成員加以劃分責任和職務，有些人獲得較高的酬賞和社會地位，因為他們具有特別的專業知識與技能，對社會有貢獻。另外一些人社會地位低和酬賞少是因為他們的貢獻少。幾乎在每一個社會裡都有社會階層制度的存在。種族、族群或少數團體的劃分事實上是社會階層的延伸。功能論者雖然不主張種族中心主義，也不贊同把社會成員按族群來劃分高低；但是他們認為種族仇恨、種族中心主義或偏見，至少具有下列功能：

1. 種族主義或對少數團體的偏見與歧視是可以被用來支持社會既存的不平等。強勢團體可以理直氣壯的聲稱因為少數團體有其缺點，因此應被安插在較低等的社會地位。

2. 種族主義論把族群高低不平等地位之安排視為社會的基本結構，它能減少或避免少數團體對強勢團體的挑戰。強勢團體聲稱任何對現有制度的挑戰都會影響到社會的穩定性。

3. 種族偏見的意識可以增強種族裡的團結力與向心力，用以抗拒預見的威脅或挑戰。

4. 有關種族的神話把強勢團體描繪成優秀分子，把少數團體醜化成劣質分子，因此任何欲改變現狀的要求都可能降低強勢團體的控制力及生活水準，也能把原本貧窮的少數團體搞得更窮。

由強勢團體的立場來看，種族主義或族群仇恨可增長其分子的向心力與團結心。既然強勢團體代表著社會的主流，那麼種族主義與族群仇恨就可增強社會的穩定性；一旦社會的基本價值體系遭受挑戰，種族主義與族群仇恨會升高。某些學者指出種族主義與族群仇恨對社會含有一些反功能，具破壞性；因為：

1. 種族主義與族群仇恨的結果使社會無法充分利用每一個人的才能。在這種制度下，人員的選用不在於其真正的才能，於是少數團體成員的許多

優秀分子常被排拒在外，不被雇用。這種人才的浪費是社會上嚴重的經濟損失。

2. 歧視能造成社會問題，並使這些問題更形嚴重。少數團體所常有的貧窮與犯罪問題在被歧視的情況下更趨嚴重，同時也增加整個社會為解決這些問題的經濟負擔。

3. 為了維護既得的地位，強勢團體必須以大量的資源與時間來保護自己並壓抑對方。這種必要使原本可以應用在其他方面的經費及人力，浪費在壓抑少數團體的企圖上，對整個社會是一種負擔。

4. 偏見和歧視阻撓了不同種族，不同文化背景的分子間可能發展的友誼關係，造成社會的緊張與衝突。

5. 仇恨與排拒減少了彼此間的溝通和互動。強勢團體往往掩飾真象，以達到醜化少數團體的目的。

6. 強勢團體與少數團體間的偏見和仇恨可能延伸到其他非相關的社會發展上；許多有意義的社會改革運動因而被排拒而不能推展。

7. 少數團體的低等地位容易導致其對社會法律制度的不信任；一旦有衝突也不願以和平方式來協調或解決。

二、衝突論

　　功能學者很明顯的是從強勢團體的立場來談種族主義與族群仇恨的功能，「衝突論」的學者則較贊同反功能的論點。衝突論者把社會看作是建立在不同團體的鬥爭上，強勢團體代表高高在上擁有政治與經濟資源的支配團體，少數團體則是那群處於卑賤地位受壓迫的受支配團體。套用馬克斯的階級鬥爭論，強勢團體即代表資產階級，而少數團體則代表無產階級，兩者之間的鬥爭幾乎是不可避免的。

　　衝突論者指出每一個社會的資源總是有限，強勢團體擁有資源的控制權，因此極力壓榨少數團體。而少數團體為了改變既定狀態，必然會反抗。這兩者之間競爭必然多於合作。他們也指出，社會總是把社會問題歸罪於少數團體，這是不公平的，因為造成這些問題的真正禍首應該是強勢團體。

三、符號互動論

　　符號互動論者對少數團體的解釋主要來自兩方面：「接觸假設」(contact hypothesis) 和「標籤理論」(labeling theory)。接觸假設認為族群與族群之間偏見與仇恨的發生是因為彼此間缺少互動、缺少接觸、缺少瞭解；如果團體之間能有接觸互動，增進瞭解，那麼偏見、仇恨就能減少。

　　標籤理論認為：個人行為的對錯，適當不適當，並不在於行為的本身；社會對該行為所加貼的標籤才真正具有決定對錯的影響力。對少數團體的解釋，標籤理論認為塑型的形象是一種標籤的運作。因為少數團體的體型、語言等次文化，不同於主流文化，讓社會給予塑型的機會；加以標籤，視為劣等或不適合。例如，白人在雇用華人之前，常常會下意識的認定華人的英語溝通能力不夠，不願意雇用。這種「語言困擾」的標籤傷害了不知多少華人的形象及受雇的機會。白人在路上單獨行走，若碰見黑人迎面而來，多少都有些恐懼感，只因為社會給黑人戴上了一頂有「攻擊性」的帽子，造成這種不一定正確的形象。

　　標籤理論者指出，強勢團體經由政治經濟的權勢能控制社會，還能決定社會之價值與規範；少數團體在擁有標籤權的強勢團體之標籤下而定型。更不幸的是，這種標籤往往影響到少數團體的自我認知，而表達出跟標籤一致的行為，這種現象即為「自證預言」(self-fulfilling prophecy)，此種過程的詳細經過可見於圖 11-2。

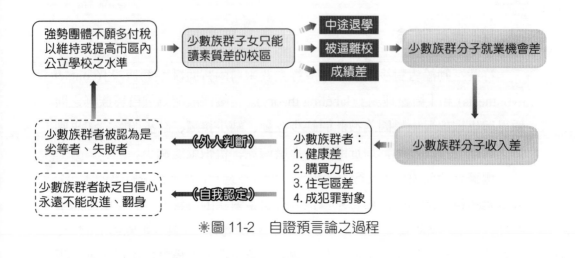

※圖 11-2　自證預言論之過程

第四節　族群問題的個案：美國

　　美國毫無疑問地是一個由外來移民所組成的國家，除了當地的印第安人土著之外，其他的美國人皆有外來的血統。因此，美國社會學家對種族、族群及少數團體的研究一直相當重視。在這一節專就美國的族群問題加以介紹與討論。

　　從哥倫布發現新大陸以後，歐洲人才真正知道美洲大陸的存在。由於歐洲的紛亂與宗教的迫害，許多歐洲人開始往新大陸遷移，希望能找到一片樂土。最早期的美國移民主要來自英國、法國、德國等西歐及北歐等地區。黑人則是以奴隸被販賣到美國做勞役。十九世紀中葉到二十世紀初，東歐及南歐的移民開始大量增加，蘇聯猶太人、義大利人、希臘人等的移民達到高潮。二十世紀中期後，遷入的移民來自中南美洲及亞洲，首先墨西哥及拉丁美洲的移民突增，隨後是亞洲人，其中包括中國人、韓國人、菲律賓人、香港人以及越戰後美國所接受的 25 萬中南半島的難民。美國移民遷入的最高潮是在二十世紀初期，1900 年代的十年間，超過 880 萬名新移民湧入。這些移民絕大多數來自歐洲。1930 年代不景氣時期，移民數減

少；那十年只有 50 餘萬的移民。二次大戰後移民數才有再增的現象。1990 年代又達超過 900 萬的新高峰。美國的移民數列於表 11–1。

※表 11-1　美國合法移民數，1820–2008

年　　別	移民數（千人）
1820–1850	2,335
1861–1900	16,659
1901–1950	20,202
1951–1960	2,515
1961–1970	3,322
1971–1980	4,493
1981–1990	7,338
1991–2000	9,095
2001–2008	8,115

資料來源：U.S. Census Bureau。

　　美國是建立在一個人口稀少的處女土地上，因此，十八、十九世紀時期，對外來移民沒有什麼限制，移往美國不難。但對新移民的偏見及歧視時有所聞，如愛爾蘭裔、義大利裔、猶太裔以及亞洲人。其中有美國國會於 1882 年通過的《排華法案》，規定十年間不准華人移入美國。此法案在 1892 年又再延十年。二十世紀初期，《排華法案》更延伸及其他不受歡迎的外國人。

　　美國國會在 1929 年正式通過《外來國籍法案》(the National Origins Act)，根據 1920 年美國人口普查的居民母國籍人口資料來分配移民配額數目；每一個國家都分到其人口的 3% 之配額。由於北歐及西歐籍的美國人數眾多，其 3% 的配額數目自然比其他人數少的國籍來得多；這法案的偏向西歐及北歐白人是很明顯的。此項重歐輕他地的《外來國籍法案》，在 1965 年國會通過的《新移民及歸化法案》(the Immigration and Naturalization Act) 後廢除。新法案主要為達到保護美國的就業市場，以及使那些被分散在國內外的美國家庭能早日重聚，於是廢除了依國籍人口的配額，而僅以

東西兩半球的二分法：西半球每年 12 萬名額，東半球每年 17 萬。

　　歷年來，許多移民法案都有利於歐洲白人的移民。最早的移民絕大多數來自西歐及北歐，在 1860 年以前，他們占了 95%。隨後，東歐及南歐的移民增加，在 1920 年前，歐洲的移民所占比例在 80% 以上。來自南方的墨西哥人及拉丁美洲人在本世紀中期開始大量移入，1960 及 70 年代，拉丁美洲的合法移民占所有移入人口的 40%；亞洲的移民在 60 年代開始增加，當時只占 13%，70 年代達 35%，到 80 年代初期已高達 48%，幾是半數的移民來自亞洲。以往美國的移民以紐約港為入口，見到港口的自由女神是踏入美國的第一步。但自二十世紀中期以後，大量移民在南部或西岸入境，自由女神的象徵性已大為減少。目前拉丁美洲來的移民最多，亞洲次之。依移民來自何地的分配列於表 11-2 以供比較。

☀表 11-2　美國移民的原居地，1820–2007（百分比）

來　自	1820–1860	1861–1900	1901–1920	1921–1960	1961–1970	1971–1980	1981–1990	1991–2000	2001–2007
歐　洲	–	–	–	–	33.8	17.8	10.4	14.9	8.9
西歐北歐	95	68	41	38	–	–	–	–	–
南歐東歐	–	22	44	20	–	–	–	–	–
美　洲	–	–	–	–	51.7	44.1	49.3	49.3	–
北美（加拿大）	3	7	6	19	12.4	3.8	2.1	2.1	1.1
拉丁美洲	–	–	4	18	–	–	–	–	58.7
墨西哥	–	–	–	–	13.7	14.2	22.6	24.7	34.9
加勒比海	–	–	–	–	14.2	16.5	11.9	10.8	7.6
中美洲	–	–	–	–	3.1	3.0	6.4	5.8	8.3
南美洲	–	–	–	–	7.8	6.6	6.3	5.9	7.8
亞　洲	–	2	4	4	12.9	35.3	37.3	30.7	25.9*
非　洲	–	–	–	–	0.9	1.8	2.4	3.9	3.96
大洋洲	–	–	–	–	0.8	0.9	0.6	0.6	–
其　他	2	1	1	1	–	–	–	0.5	1.6**

* 含東亞與東南亞 16.4、南亞 7.1、中東 2.4。

** 包括大洋洲。

資料來源：2000 年前：U.S. Census Bureau，2001–2007：Center for Immigration Studies，2007 年 3月之調查。

　　目前美國移民辦法主要是根據 1965 年的法案，原則上美國一年只接受 29 萬移民，1980 年這數目再降為 27 萬。除此之外，美國公民的配偶、未成年子女和父母，以及政治難民的移民數並不包括在此限額內。原則上，任何一個國家的移民配額不得超過 2 萬人。申請美國移民的規條、手續很繁雜，申請的資格大致上分成兩大類：家庭條件因素及職業條件因素。各有其優先條件，簡述如下。

1. 由家庭條件因素申請移民者，包括：

第一優先：美國公民之未婚子女。

第二優先：美國永久居民的配偶與未婚子女。

第三優先：美國公民的已婚子女。

第四優先：美國公民的成年兄弟姊妹。

2. 由職業條件因素申請移民者，包括：

第一優先：美國急需之勞工或職業工作者。

第二優先：專業，高學歷，或具特殊專長者。

第三優先：技術工人，專業，所需之工人，及《中國學生保護法案》下的移民。

第四優先：特殊的移民。

第五優先：就業機會的提供者（投資者）。

　　根據上述條件而取得合法居留的移民，在 1996 年度大約有 76 萬 800 餘名。合法移民 (legal alien)，亦就是具有永久居留權的外國公民 (permanent resident alien)。美國移民局發予卡片以茲證明其合法居住身分，此即所謂的綠卡 (green card)。持有永久居留權者在美國境內連續居住五年可申請成為美國公民。擁有永久居留權者並不一定要成為公民，兩者之間的權利義務雖有差別，大體上不影響在美謀生求職的機會。經由申請而獲公民權的過程稱為 naturalization，除了不能競選美國總統外，他們跟土生土長的公民享有相同的權利及義務。不過在「911 事件」以後美國對移民申請日趨嚴謹。

　　由於非法移民的數目無法減少，再加上美國失業人數的不斷增加，美國國會終於在 1986 年通過《移民改革與控制法案》(Immigration Reform and

Control Act)。這個法案在國會經過了十年以上的爭論，由於其規定對雇用非法移民的雇主加以懲罰的條例受到西部和西南部民意代表的反對，幾乎難產。這法案有兩個特點：第一，懲罰雇用非法移民的雇主；第二，對在1982 年元月元日前即已進入美國的非法移民給予合法的居留權。這法案希望能一方面藉此嚇阻非法移民，另一方面給予已入美國的非法移民合法地位而享有社會福利的補助。雖然如此，一些新的研究指出：來自墨西哥及中南美洲的非法移民數字並未減少。

根據 2000 年人口普查資料，美國人口按單一種族分，其組成是白人75.1%，非裔黑人 12.3%，印第安人 0.9%，亞洲人 3.6%，太平洋島嶼系(Pacific islanders) 0.1%。聲稱屬於兩種以上種族者有 2.4%，其他種族為5.5%。如依族群來看，德裔最多，占 23.3%，其次是愛爾蘭血統的 15.6%，英國血統 13.1%，西班牙語系 12.5%（西語系者可能屬於任何一種族）。由於亞裔及西班牙語系移民日漸增加，未來美國境內的族群人口組合將有顯著的改變。2000 年西班牙語系人口已超越黑人而成為最大的弱勢族群。這項改變，不僅只是移民的族群，同時由於各族群間不等的生育率及死亡率。這趨勢很明顯的，非西語系的白人百分比將不斷減少；西語系人口將相對的增加；亞裔及太平洋群島的移民也將增加，非裔黑人增長則不多。表 11–3詳列 2000 年人口普查資料及 2006 年最新統計。2000 年的普查允許挑選個人屬於二種族以上，以反映跨種族婚姻者之後代。

有些學者預測到 2050 年，非西班牙語系的白人只有 53%，而西班牙語系人口則達 21%，此即每五個美國人中就有一位是西語系的；黑人的百分比增加不多，到 15%；而亞裔的百分比則增加到 10%。部分學者認為這並不表示白種人的優等社會地位會受影響，他們仍然會是優勢團體，非白人仍然會是少數團體。目前這種權力分配的社會地位仍將繼續存在是可以預見的。

目前的非白人少數團體中，黑人占最多數。由於黑人祖先是從非洲販售來美的奴隸，黑人的社會地位並不高。雖然經過南北戰爭的解放黑奴、1960 年代的民權運動，以及近年來的反種族歧視運動，黑人的地位仍然低

※表 11-3　美國人口依種族族群的分布，2000 及 2006

	2000 年	2006 年
總人口	281,421,906	298,362,973
單一種族 (%)	97.6	–
白人 (%)	75.1	74.0
黑人 (%)	12.3	13.4
印第安人 (%)	0.9	0.7
亞洲人 (%)	3.6	4.4
太平洋島嶼人 (%)	0.1	0.1
其他種族 (%)	5.5	7.9
兩個以上種族 (%)	2.4	2.0
西班牙語系人 *(%)	12.5	14.8

* 西班牙語系可能屬於任何種族。

於白人。根據人口普查局在 1990 年的報告，每 3 個黑人當中就有 1 個是窮人，白人窮人的比例是 10 比 1；依其他的資料，如家庭收入的中數，完成大學教育的百分比，就業率等都較白人為差，而失業率則較高。茲將 1986 年、1995 年、2003 年及 2008 年的資料及其比率列於表 11–4 以供參考。就此表的數字及比率可看出黑人的情況跟白人比，這些年來有所改進；黑人在反種族歧視的抗爭中亦較積極，他們在大都會社區的地方政治權力的鬥爭上頗有收穫。

　　印第安人在 2000 年約 247 萬人，2003 年已至 278 萬多人。在所有的非白人的少數團體中，印第安人收入最少、最窮；教育程度最低，就業率最低，失業率最高；其自殺率也最高。他們實在是北美洲最不幸的一群。

　　據 2000 年人口普查美國境內的亞裔及太平洋島嶼系者約 1 千萬 64 萬餘人，其中華裔 22.9%，菲裔 17.4%，印度裔 15.8%，越南裔 10.5%，韓、日裔各 10.1%，東南亞的柬埔寨、寮國、苗人 (Hmong) 共有 5%，其他（包括印尼，巴基斯坦，斯里蘭卡，泰國等）約 7%。大致上來講，亞裔人是白人眼中的「模範少數團體」(model minority)，因為他們教育水準、經濟狀況及職業成就都相當可觀，而且又很少跟其他族群有直接衝突。就 2008 年

※表 11-4　黑白人資料之比較

	年　別	白　人	黑　人	比率 (%)
家庭收入中數 （美元）	1986	30,809	17,604	57
	1995	34,028	21,027	62
	2003	47,777	29,689	62
	2008	50,673	31,969	63
完成大學教育 (%)	1986	20.1	10.9	54
	1995	24.0	13.3	55
	2003	29.4	17.2	59
	2008	32.6	19.6	60
失業率 (%)	1986	6.0	14.5	242
	1995	3.3	6.6	200
	2003	5.2	10.8	207
	2008	5.8	11.2	193
就業率 (%)	1995	63.8	57.1	89
	2003	63.1	57.2	91
	2008	62.4	56.0	90

資料來源：U.S. Census Bureau。

的資料，25 歲以上的亞裔 52.6% 有大專以上的學位，這是所有族群中教育程度最高的。而且 SAT 測驗分數亦僅次於白人（數學部分分數則高於白人）。茲各族群教育資料列於表 11–5，以作比較。

※表 11-5　各族群教育程度之比較，2008

教育程度	25 歲以上人口（百分比）				
	非西裔白人	西　裔	黑　人	亞　裔	全　國
高中以上	91.5	62.3	83.0	88.7	86.6
大學以上	32.6	13.3	19.6	52.6	29.4

資料來源：U.S. Census Bureau。

在亞裔人口中，來自東南亞柬、寮等地的教育程度最低。據 1990 年普查資料，他們中間有三分之二未完成中學教育，華裔、越裔數字也高；而日裔 13%，印度裔 15% 未得中學文憑。由另一角度來看，擁有大學或更高

的學位華裔有 40%，印度裔則高達 58%，而東南亞裔則只有 5%。由於受過較長的教育，其職業的參與也屬專業及管理階級，就 1990 年資料，白種人有 28% 的勞動人口屬於經理、專業人員，亞裔有 31%，黑種人及印地安人都只有 18%，西語系裔 14%。雖然亞裔在各方面的表現都不差於白人，但是美國社會對亞裔的歧視和不公平待遇仍然處處可見；亞裔人中經濟環境不好的，卻得不到應有的照顧和政府的福利。

美籍猶太人有 592 萬餘人，大約占美國人口的 2.6%，他們在美國的政治和經濟影響力不小，但是反猶太人的口號與情緒仍然時有所聞。

美國是一個種族複雜的國家，由於白人是優勢團體，西語系人及其他非白人就成為少數團體，在就學、就業及其他活動上受到歧視與不平等待遇；這些歧視在法律上是不合法、是被禁止的。雖然如此，外來移民仍然把美國視為一個移民的天堂。美國人也往往自認為美國是種族的大熔爐 (melting pot)。

第五節　我國少數族群問題

中國人口的組成並不是一個單純的族群，歷史上各朝代內部的紛亂有不少是因為族群不和的動亂，而外來民族的入侵更是未曾間斷過。兩晉南北朝和五代十國的局面都是由於不同族群的併立；中國歷史族群間的激烈接觸的結果是戰爭和大遷，而較溫和性的接觸則是通婚和漢化。在中國廣大的幅員上，漢族人口占絕大多數外，其他族群數目和人口都只占少數。

在各種族群中，漢族勢力最大、人口最多。漢族古稱「華夏」或「諸夏」，漢族的祖先原是黃河流域的一些游牧民族部落組成。傳說中指出黃帝是漢族部落之首領，他們集中在陝西境內。大約在西元前 2100 年至西元前 770 年左右，這群漢族和黃河中下游的夏人、商人、周人組合而擴大發展。西元前 770 年至西元前 221 年春秋戰國時期，齊國、秦國、晉國、燕國、楚國人加入漢族，使漢族成為中華民族的主體。因此在歷史上漢族早已遍

布全國，即使在少數族群分布的地域，亦有為數不少的漢族雜居其間。

根據大陸 1990 年人口調查，超過 100 萬人口的少數民族有 18 族，他們是：壯族（撞族）、回族、滿族、苗族、維吾爾族、彝族（儸儸族）、藏族、蒙古族、土家族、布依族（仲家族）、朝鮮族、侗族、傜族、白族、哈尼族、哈薩克族、傣族及黎族。超過 20 萬的有 8 族：傈傈族、畬族、拉祜族、佤族、水族、東鄉族、納西族及仡佬族。有 8 族人口在 10 到 20 萬之間，有些少數民族人口不足 10 萬人，部分甚至只有幾百人而已。這些少數族群雖然只占中國總人口的 6%，其分布在地廣人稀的地域；因此，其分布地域的面積大約在全國總面積的 50% 到 60% 之間。

根據中國大陸人口調查資料，少數民族能列出族名的就有 50 餘族，而列於「其他少數民族」的就有 70 餘萬人。據 1990 年資料大陸少數民族超過 100 萬人口的有 18 族，茲將其 1982、1990 及 2000 年的人口數及其分布主要地區列於表 11-6，以供參考。

※表 11-6　中國大陸族群人口（超過百萬）及分布地區

族　群	人口（千人）			分布地區
	1982	1990	2000	
漢　族	936,675	1,042,482	1,159,400	全國各省
壯　族	13,383	15,490	16,179	廣西、雲南、廣東
滿　族	4,305	9,821	10,682	遼寧、河北、黑龍江、吉林、內蒙古、北京
回　族	7,228	8,603	9,817	寧夏、甘肅、河南、新疆、青海、雲南、河北、山東、安徽、遼寧、北京、內蒙古、天津、黑龍江、陝西、貴州、吉林、江蘇、四川
苗　族	5,021	7,398	8,940	貴州、湖南、雲南、廣西、重慶、湖北、四川
維吾爾族	5,963	7,214	8,399	新疆
土家族	2,837	5,704	8,028	湖南、湖北、重慶、貴州
彝　族	5,454	6,572	7,762	雲南、四川、貴州

蒙古族	3,411	4,807	5,814	內蒙古、遼寧、吉林、河北、黑龍江、新疆
藏　族	3,848	4,593	5,416	西藏、四川、青海、甘肅、雲南
布依族	2,119	2,545	2,971	貴州
侗　族	1,426	2,514	2,960	貴州、湖南、廣西
傜　族	1,412	2,134	2,637	廣西、湖南、雲南、廣東
朝鮮族	1,765	1,921	1,924	吉林、黑龍江、遼寧
白　族	1,132	1,595	1,858	雲南、貴州、湖南
哈尼族	1,059	1,253	1,440	雲南
哈薩克族	908	1,112	1,250	新疆
黎　族	887	1,111	1,248	海南
傣　族	839	1,025	1,159	雲南

資料來源：《中國 1982 年人口普查資料》，中國國務院及國家統計局；《中國統計年鑑》，2007。

　　中國少數民族族群分布廣大，以往並未給予特別待遇。在 1949 年以後中共則將少數族群集中之幾個省份改為自治區，計有西藏自治區、新疆維吾爾自治區、內蒙古自治區、廣西壯族自治區、寧夏回族自治區等五個自治區。此外，少數族群還分散在雲南、貴州、青海、甘肅以及東北三省等地區。

　　歷史上，中國以漢族為中心的政體和文化常與少數族群發生摩擦。漢學家艾伯華 (Wolfram Eberhard) 認為：基本上，我國各民族間都能相安無事；不論是漢族或其他少數族群皆能安分守己，遵守一種「族群階層」(ethnic stratification) 的默契。事實上，歷代少數族群暴動或起義的例子相當多。漢朝無時不為匈奴騷擾而整軍備武；其後的五胡亂華及唐朝的吐蕃之亂都延續相當長的一段時期；南北朝、五代十國之分治亦與少數族群息息相關；元朝蒙古入主中原、清朝滿人主政都是實例。至於其他小型的族群衝突更是從未間斷，民國時期的西南和西北少數族群的暴動時有所聞；在中共高

壓統治下，西藏的抗暴運動更是震驚中外，大陸學者朱寧遠所稱「我國是
一個統一的多民族國家」(1980: 1)，此種論點並不合史實。

中共在建立政權以後的少數族群政策，基本上是依馬列主義的民族理
論，將「民族」視為一個歷史範疇，認為人類歷史發展到一定時期時，民
族就會消失。因此，中共的民族工作之總目標在於加速此一歷史範疇的來
臨。在文化上，對生產、生活有利的，予以保留；對生活有妨礙的則加以
改革；宗教迷信及有害風俗的則加以禁止。在教育上，全面推行馬列主義
思想教育，徹底改變其民族原有的社會化過程。在政治上，設立「民族自
治區」，培養民族幹部使其忠於黨的路線、方針、政策及堅持社會主義之道
路。對民俗、歌謠、儀式仍可照舊，但內容則改為「民族的形式，馬列的
內容」。對民族語言，除了在「民族學院」作為學術研究之用外，在地方上
仍以漢語為主。

臺灣地區的少數族群，又稱原住民族，有阿美族、泰雅族、排灣族、
布農族、卑南族、魯凱族、鄒族、雅美族、賽夏族等九大族，尚有其他人
數低於 4,000 人以下的族群計 30,000 餘人。據 1994 年統計資料，原住民族
人數為 365,000 人，分布於三十個山地鄉鎮。按 1993 年底，有 16 萬 6 千
人 (約 3,800 百戶) 已登記為平地原住民 (分布於二十五個平地鄉鎮)。2004
年的原住民人口達 425,579 人，而 2009 年是 494,107 人。茲將臺灣地區原
住民族人口數及其地域分布列於表 11-7 以供參考。

※表 11-7　臺灣地區原住民族人口數及地域分布，2004、2009

族　別	2004	2009	居住地區
阿美族	165,579	177,989	臺灣東部，包括花蓮及臺東縣山區（多數已登記為平地山胞）
泰雅族	88,288	81,845	臺灣北部及中央山脈北部，包括臺北、桃園、新竹、苗栗、臺中、南投、宜蘭、花蓮等縣山區
排灣族	77,882	85,617	臺灣南部，包括屏東及臺東縣山區
布農族	45,796	50,132	臺灣中部山區，包括南投、高雄、花蓮、屏東及臺東縣山區

太魯閣族	5,781	24,514	花蓮縣
卑南族	9,817	11,670	臺東縱谷山區
魯凱族	11,668	11,348	臺灣南部，包括高雄、屏東及臺東縣山區
鄒　族	5,797	6,580	臺灣中南部，包括南投、嘉義及高雄縣山區
賽夏族	5,458	5,696	臺灣北部，包括新竹及苗栗縣山區
雅美族	3,255	3,510	蘭嶼
其　他	33,750	35,586	
合　計	425,579	494,107	

註：2009 年其他項包括噶瑪蘭族 (1,169)、邵族 (647)、撒奇萊雅族 (340) 及未登記者 (33,340)。

資料來源：《世界年鑑》，2005；行政院原住民族委員會 2009 年 11 月資料。

　　考古學家和人類學家相信，泰雅族與賽夏族大約在西元前 2000 年最早踏入臺灣。而蘭嶼的雅美族則在七世紀至十世紀之間最晚抵達。根據原住民瓦歷斯尤幹：泰雅族分布在臺灣北部山地，因其面部刺黥，故亦稱「黥面蕃」；其主要經濟活動是燒墾游耕和狩獵，故經常遷移。賽夏族則集中在中央山脈兩側的淺山地區，跟漢人接觸較早。布農族分布在中央山區，海拔一千至二千三百公尺高山上。後期遷移到花蓮、臺東、高雄縣。魯凱族分布於南部，分散在中央山脈的兩側，以及臺東縣大南溪上游。在魯凱族裡的階級制度很分明，貴族擁有土地，平民則為佃農。排灣族以知本主山以南中央山脈東西兩側為主要分布地，有嚴密的封建階級制度。卑南族在臺東、恆春一帶，因其尚武，曾支配附近各族。阿美族分布於花蓮、臺東一帶縱谷平原，以母系社會與年齡階級制度為特徵。雅美族主要在蘭嶼島上，為唯一之漁獵的族群，無統一領袖制度。

　　根據許木柱的看法，臺灣只有原住民可被稱之為弱勢族群；其他族群如為數大約 400 萬的客家人，其社會經濟地位並未明顯的低落，因此只能說是少數族群而非弱勢族群。為數 200 萬的外省人，由於有相當多人位居政府各級部門，不僅不是弱勢族群，也因此，問題重重的外省籍老兵，也

只能算是弱勢團體，而非族群。再則，客家人與外省人雖然和原籍閩南的臺灣人有次文化的差異，但其基本文化則屬於漢文化，加以晚近各族群間婚姻交換和語言學習的普遍，這幾個漢人族群間的族群界限漸趨模糊，因此，真正可以稱之為弱勢族群的只有原住民族。

其實，許木柱對弱勢族群的定義仍然下得太狹窄些。如果照社會學的一般定義，少數族群就是弱勢族群。前面曾提過，少數是依族群的弱勢社會地位而定，而非人口之多寡。因此，一直到解嚴之前，閩南籍的臺灣本省籍者在外省籍控制壟斷的政治體系下都可算是少數族群。不過，近年來由於解嚴後臺灣民主憲政的重新起步，已有外省籍在政治上淪為少數族群的趨勢。

少數族群不僅可因種族之不同而產生，也可因宗教信仰、地域或政治經濟地位之不同而滋生。事實上，今日世界各地大多數的衝突並非馬克斯當年預測的階級鬥爭，而是族群衝突。東歐共產世界的崩潰也同樣帶來更嚴重的族群衝突。阿爾幹半島，南斯拉夫境內種族衝突在 1999 年引起了北大西洋公國的干預逼使南國就範，就是族群衝突的新例子。至於中東的以色列和回教國家的歷代衝突不僅是宗教族群的衝突，也是種族的衝突。族群衝突的最好解決辦法，是由和善的互動來增加彼此間的瞭解，而終至和平共存。

 關鍵名詞

- **種族 (race)**　是由一群生理體質特徵相似的人所組成。
- **族群 (ethnicity)**　是由一群具有共同地域來源或文化特質的團體所組成。
- **少數團體 (minority group)**　是由一群在社會上所歧視和壓抑的團體所組成，也稱弱勢團體。
- **強勢團體 (majority group)**　指在社會、經濟或政治上享有控制權的優勢團體。
- **種族主義 (racism)**　一種自認本族優於他族的信念，並據此而歧視或欺負他族。

- 滅種 (genocide)　係以暴力將另一族群加以撲殺消滅。
- 驅逐 (expulsion)　係以武力將另一族群驅趕遷出。
- 排拒 (exclusion)　係以政治方式排拒某種特定族群。
- 隔離 (segregation)　係指社會的強勢團體將少數團體加以地域上或社會上的間隔。
- 壓抑 (oppression)　係以不公平的方式壓制少數族群在社會上應享有的利益和地位。
- 同化 (assimilation)　指少數族群放棄其原有文化而採納強勢族群文化和生活方式的過程。
- 混併 (amalgamation)　係指社會裡所有不同族群混合共組一個新族群的過程。
- 多元型 (pluralism)　指社會上不同族群和平共存，並各自保留其原有之特色和文化。
- 種族中心主義 (ethnocentrism)　一種肯定本身文化優於其他文化並歧視他族群的信念。
- 偏見 (prejudice)　一種依想像或錯覺對他人曲解或預設的看法和態度。
- 歧視 (discrimination)　一種以實際行動排拒或欺負他族群的行為或行動。
- 制度化之歧視 (institutional discrimination)　一套社會制度或政策，用以排拒或壓抑少數團體，這種歧視行為已是社會日常運作的一部分。

✳ 參考文獻

Alba, Richard D.

    1990　*Ethnic Identity*. New Haven, Conn.: Yale University Press.

Brown, Michael

    2003　*Whitewashing Race: The Myth of a Color Blind Society*. Berkeley: University of California Press.

Farley, John E.

    1995　*Majority-Minority Relations*. 3rd ed. Englewood Cliffs, NJ:

Prentice-Hall.

Feagin, Joe R., and Clairece Booher Feagin

    1993   *Racial and Ethnic Relations*. 4th ed. Englewood Cliffs, NJ: Prentice-Hall.

Glazer, Nathan

    1997   *We Are All Multiculturalists Now*. Cambridge, MA: Harvard University Press.

Marger, Martin N.

    1997   *Race and Ethnic Relations: American and Global Perspectives*. Belmont, CA: Wadsworth.

Mulzi, Karin

    2004   *Racialization Studies in Theory and Practice*. Oxford, NY: Oxford University Press.

Schaefer, Richard T.

    1990   *Racial and Ethnic Groups*. Glenview, Illinois: Scott, Foresman.

Takaki, Ronald

    1989   *Strangers from a Different Shore: A History of Asian Americans*. Boston: Little, Brown.

王甫昌

    1993   〈族群通婚的後果〉。《人文及社會科學集刊》，6: 231–267。

    2003   《當代臺灣社會的族群想像》。臺北：群學。

朱寧遠

    1980   《我國民族問題基本知識》。

全國意向顧問公司

    2004   《全國客家人口基礎資料調查研究》。臺北：行政院客家委員會。

許木柱

    1991   〈弱勢族群問題〉。載於楊國樞、葉啟政主編，《臺灣的社會問題》，頁 399–428。臺北：巨流。

高格孚

2004 《風和日暖：臺灣外省人與國家認同的轉變》。臺北：允晨。

張天路

1989 《民族人口學》。北京：中國人口。

張茂桂等編

1993 《族群關係與國家認同》。臺北：業強

曾嬿芬

1997 〈族群資源作為社會資源〉。《臺灣社會學研究》，第一期，頁 169–205。

陳文俊

1997 《臺灣的族群政治》。香港：社會科學。

第十二章

家庭制度

Sociology

第一節　家庭的基本功能與類型

一、家庭的功能

人類學家和社會學家發現在人類社會裡，家庭組織是一個最基本的社會制度，雖然在功能的性質上有所不同，古今中外的家庭組織皆有其存在的必要性。大多數的學者皆同意，家庭具有下列幾項重要的功能。

(一)生育的功能

社會學家認為生育是家庭的最主要功能之一。他們指出一個社會如果想要繼續生存下去，它必須要有新的一代來接替延續香火。家庭就是這個社會所認可的、特別擔負這生育功能的制度。事實上，據我們所知，並沒有一個社會鼓勵或贊成在家庭之外的生育，在中國社會也好，在西方社會裡亦然，家庭之外的生育總是受社會不同程度的責難。即使在西方現代社會裡，婚外和婚前性行為開放的情況下，私生子一直是社會歧視的一種社會成員。為人父母者不但應照顧其子女，也應對子女的道德心智發育負起責任。換言之，生育的功能並不僅僅只是生了就算盡職，而且也要負起養育的責任。

(二)社會化的功能

第五章社會化過程曾提出：個人人格的成長受幼時家庭其他成員的影響最鉅。家庭裡的父母、兄弟姐妹，以及其他親戚常常成為孩童人格模塑的典型。個人的語言、行為模式、價值觀念等等之初步訓練都始於家庭。因此，家庭負有將孩童訓練成一個可為社會所接受的成員的責任。社會化的過程並不止於家庭，其他社會制度如學校、友儕團體、工作團體、大眾傳播工具等亦擔負社會化的職務，然而家庭仍然是最重要的。

㈢經濟的功能

　　家庭在古今中外一直是一個經濟單位。家庭提供其成員食衣住行等的基本需要。為了達到這些需求，家庭分子彼此合作、分工，以各種行為活動來換取所需。在歷史上，家庭一直是個自給自足的經濟單位。早期農業家庭裡，家庭分子一起工作如同一個相互依賴的生產單位：父親從事耕作獵食、母親準備伙食織布、子女則依其個人體力提供必須的勞力。這種相互依賴的行為影響到伴侶的選擇，婚姻伴侶就如同事業上的伙伴；健康、耐勞、能幹、勤奮都成為選擇的要件。中國人講能幹粗活的特質在挑選嫁娶對象時，都是被重視的。由於近年來的工業化和社會變遷，生產功能逐漸為工廠制度所代替；但是家庭仍然是一個很重要的經濟單位，特別是在消費方面。今日的家庭絕大多數只消費而不生產。如果沒有這個消費單位，其他工廠等經濟單位是維持不了的。

㈣感情的功能

　　家庭賦予人們一種安全感、一種歸屬感。現代的家庭常被期待產生一個對其分子有保護有關懷的環境，無論人們在外受了多少委曲，家庭常常是一個溫暖安全的避風港。父母、子女、親戚、以及配偶都是重要感情的支持者。在現代社會裡，由於人際關係的改變，人們常有一種疏離感，家庭提供了一種安全親密的環境。尤其當今日社會裡社區內鄰里關係淡薄之下，這種家庭關係更是必要。當然，並不是每一個家庭或者每一個婚姻都是完滿無瑕的，家庭及婚姻也不可能滿足人們所有感情上的需要；但是無論如何，它仍能對其分子提供某種程度的感情保證與支持。

㈤社會地位的功能

　　在一個人一生的生命過程裡，無論是婚姻伴侶的挑選或職業的成就，甚至於教育機會，家庭背景都有相當程度的影響力。當一個嬰兒剛出生時，就已由家庭而獲得了第一個社會地位。人們常說：「這是張家的小寶寶」，

這「張家」就代表著這新生嬰兒的第一個社會地位。「張家」的富貧關係到這嬰兒未來的命運，尤其在傳統社會裡更是如此。在傳統社會裡，人與人的關係常受特殊主義 (particularism) 的左右。這種特殊主義係指個人家庭背景和身分常被用來決定人與人之間的互動。因此，家庭給予個人的社會地位具有左右人生的決定性。在今日工業社會裡，人與人之間互動的準則是比較偏向普遍性主義 (universalism)，以個人的成就努力作為社會地位衡量的標準。因此，家庭所代表的社會地位相對地大為減輕其分量。雖然如此，家庭地位背景仍具有賦予機會的功能。個人的成敗雖以努力成就為準則，但機會之有無常影響到個人之成敗。家庭仍不可忽視或置於不顧。

二、家庭的類型

總而言之，家庭組織無論在古今中外都擔負有幾個重要的功能，不僅對個人而言，它是重要的，對整個社會而言，家庭與其他社會組織息息相關，有相當程度的互賴性的。家庭擔負著這些重要的功能，而每一個社會的情況又不盡相同，為了應付不同的需求，家庭的類型自然不會只有一種。大致上我們可以按照家庭的權力分配、居住型態、香火承襲、家庭大小、婚姻方式等特質來分類，加以介紹討論。

㈠權力分配

家庭裡分子間的權力分配大致上可分為父權制 (patriarchy)、母權制 (matriarchy)，以及均權制 (companionship)。

父權制家庭的基本要素是男性在家掌握權勢。在這類家庭裡，男性家長，特別是最年長的，主宰家庭的一切，女性只不過是男人的附屬品而已。中國古語說：女人嫁前從父、嫁後從夫、夫逝從子，很明顯地，就是一種父權制的說法。父權制的發展有長久的歷史。最初，它隨著農業革命而產生，人們的生活依賴其所擁有的土地，只有男性的子孫在地主過世後才可替家庭保留土地。人與土地關係聯結的結果提高了男人地位，也造成了父權家庭。在父權制度裡，男人的角色期望是家庭的主要供給者。在法律上

或習俗上，做丈夫的責任是維持其妻與子女的生活。在一個父權制度的社會裡，如果做丈夫的男人不能養家的話，則為社會所不齒。

　　母權制家庭的基本要素是由女性掌握權勢。母親或妻子擁有控制權及支配權。人類學的文獻指出最初期的初民社會似乎是母權制的家庭組織。歷史上的俄國斯拉夫民族家庭裡就是一種母權母系的家庭，中國大陸西南地區也有實行母權制的少數民族。另外一個常引用的例子是美國黑人家庭：因為越來越多的黑人家庭是由女人當家。一個針對底特律黑人家庭所做的研究發現，當地男人的權力相當的低，這些黑人家庭中有 44% 由女人掌權。有學者認為雖然黑人家庭裡女人權勢比白人家庭要強得多，但實際上大部分的黑人家庭仍然是男人掌權或均權家庭。另外也有學者指出，黑人女性掌權主要是因為相當多的黑人家庭根本沒有父親或丈夫在的單親家庭，造成母親不得不掌權的局面。

　　均權制家庭也可以說是一種民主式的家庭。父母或夫妻雙方在權勢上是比較民主、比較平等、也比較尊重個人的權利。家庭中極端不平等的權力分配，不論是父權或母權，都會引導家庭分子間的衝突及緊張。在今日工業社會中的均權家庭裡較其他型式家庭更能應付親密、感情，以及自我需求。在均權家庭裡，夫妻分擔實際的責任及做適當的選擇。雙方有同等的權利做抉擇。然而，這不是指在每一件事上夫妻雙方都一定均權：在不同的事件上，雙方採分工的方式；賺錢養家由丈夫來負責，對兒女的照應及家務則由妻子來處理。但是，在做種種決定時要能把對方的境遇考慮在內，尊重對方。

(二)居住型態

　　居住型態和香火承襲系統是息息相關的。大致上可分「父宅」家庭(patrilocal family)；「母宅」家庭 (matrilocal family)；及「自宅」家庭 (neolocal family)。在父系家庭裡，通常就隨父親或丈夫的住宅合居，即婚後妻子搬入夫家居住。這種家庭稱之為「**父宅**」家庭；在母系家庭則自然就以母親或妻子之居住地為合居處，此即「**母宅**」家庭；當今現代社會裡，年輕夫

妻在婚後自組家庭貸屋而居之趨勢越來越受歡迎，此為「自宅」家庭。

(三)香火的承襲

在承襲家庭脈絡上，家庭可分為父系 (patrilineal)、母系 (matrilineal)、以及雙系 (bilateral) 等三種類型。

父系家庭的香火承襲系統是以男性為主，婦女在未出嫁時從父姓，而出嫁後則從夫姓，子女從父姓。中國文字裡有嫁娶之別，所謂「嫁出去的女兒，娶進來的媳婦」。這正代表著婦女在父系家庭香火傳統上的附屬地位。**母系**家庭則是從母親的姓，以女方的香火為繼承脈絡。以色列的猶太人在決定國籍時即以母親籍為準則。若父母雙方為以色列籍則順理成章，但若母親非猶太人，則即使父親是猶太人也不算猶太人，這種規定就有母系社會的風俗。**雙系**家庭則是子女承襲父母兩方血統。在美國境內墨西哥人有這種習俗，他們依襲西班牙語系，保留父親及母親的姓；女性成婚後雖從夫姓，但仍保留父姓。新近興起的婦女解放者主張婚後不改姓，仍用原姓名。

(四)家庭大小

家庭大小是指家庭組成分子代數或輩分之多寡而言，可分「擴大家庭」(extended families) 和「核心家庭」(nuclear families)。這概念與家庭人口之多寡並不一定有關。「**擴大家庭**」或簡稱「大家庭」係指一個家庭組織裡包括有三代或三代以上之成員。它通常是由祖父母、父母及子女三代所組成，這通常始於子女成婚後隨一方的父母居於一處，或包括夫妻中一人的親屬同居一處而組成的。「**核心家庭**」係指由二代或夫婦組成之家庭，通常是包括父母及未婚子女。家庭人口之多寡並不代表一個家庭是擴大的或者是核心的：一家四口屬三代，是擴大家庭；一家八口，只是夫妻，親子關係，是核心家庭。臺灣以往大多數是擴大家庭，目前則傾向於核心家庭。

(五)婚姻方式

家庭型態在婚姻方式上亦有所不同。大多數的現代社會裡實行「一夫

一妻制」(monogamy) 者最多。但有些社會，實行「**多夫多妻制**」(polygamy)；例如早期美國的摩門教徒 (Mormons) 就曾實行過「**一夫多妻制**」(polygyny)，其他如中東的阿拉伯社會，以及中國傳統社會裡的上流社會亦是一夫多妻制。「**一妻多夫制**」(polyandry) 實行的則不多。另外，有些學者則指出今日美國的婚姻已不是單純的一夫一妻制，而是一系列的「**聯串一夫一妻制**」(serial monogamy)，兩者的差別是純一夫一妻制裡，婚後一直到配偶之一死亡為止，終生只有一伴侶。今日美國雖然法律規定不能同時有數個配偶，但因離婚率的高增，人們在一生中可能有一系列的配偶：離了再結婚，結了又再離的現象。

㈥選擇配偶的角度

從選擇配偶的角度來分，又可分為「內婚制」(endogamy) 與「外婚制」(exogamy)。**內婚制**係指配偶選擇只能在同一團體或同一社會裡挑選，例如猶太人與猶太人結婚。**外婚制**則必須在其團體或社會以外挑選，例如中國傳統社會的同姓不婚。

在社會學中，因婚姻所產生的親屬關係稱之為「**姻親關係**」(conjugal relationships)，例如夫妻之間的關係、跟配偶之家族親戚之間的關係等都屬姻親關係。父母子女之間的生育血統關係則被稱之為「**血親關係**」(consanguineal relationships)。

家庭制度是一群相關的社會規範所組成，這些規範牽涉到夫妻之間的婚姻、興趣、同居、感情，以及養育子女的等等活動。正如龍冠海說的：「家庭是兩個或兩個以上的人，由於婚姻、血統或收養的關係所構成的一個團體。從這些人員的結合來看，家庭是一個社會團體；從他們結合的法則或體系來看，它又是一個社會制度。」(1966: 258)

近年來由於社會變遷的影響，美國及其他西方已開發國家的家庭出現了一些新的變型家庭。這些變型當中，有些也出現於今日臺灣社會裡。

1. **單親家庭** (single parent family)：係指家庭內只有一個父親或母親。這種單親家庭形成的最主要原因是離婚或喪偶。單親家庭中以母親為主的單

親家庭最多。由於離婚後的子女往往歸母親扶養，故母親的單親家庭最為常見。目前單親家庭越來越多是因為未婚而生育子女所形成。

2. **雙職家庭 (dual career family)**：以往的家庭是男主外，女主內的角色分配。近年來婦女在外就業者日多，再加上經濟上的需要，夫婦都在外就業的雙職家庭有日漸增加的趨勢。

3. **養親家庭 (step family)**：係指雙親之一與子女並無血緣上的關係的家庭。例如，再婚後的家庭，由養父或養母與子女共同組織的家庭。

4. **通勤家庭 (commuter family)**：指夫婦雙方因工作或其他原因分居兩地，以通勤的方式在週末或每個月相聚的家庭。

5. **同性戀家庭 (homosexual family)**：指由兩位同性戀者共同組成的家庭。

6. **頂克 (DINK) 家庭**：指夫妻擁有雙職收入但無子女的家庭。DINK 代表 Double Income No Kid。

第二節　擇偶過程

一、擇偶的限制

原則上，社會裡所有的未婚異性，都是我們可以結婚的對象，但是事實上並非這麼簡單。社會有各種各樣的社會規範及擇偶原則限制減少了挑選結婚對象的可能性。這些原則限制包括：

㈠年齡的限制

通常男女雙方結婚年齡是比較相近的。這個因素把年齡相差太大者(太老或太年輕者) 從可挑選的範圍內刪除。同時，在年齡的選擇上男女有別，通常男士總挑比自己年輕幾歲的女性為結婚對象；而女子總挑比自己年長幾歲的男子為結婚對象，這樣又把可挑選的對象數目減少很多了。當然也有例外情形，如諾貝爾中國得獎物理學者以 82 高齡娶一 28 歲年輕女子。

但是年齡的限制在挑選配偶時是有其限制力和影響力。在中國社會或大多數西方社會都是如此。目前美國和臺灣的情形類似，丈夫大致比妻子年長3歲左右。

㈡血親的限制

很多社會都有近血親不可結婚的禁忌。中國人也都盡量避免同姓結婚。目前政府禁止表兄妹間的婚姻也是基此同一原則。在臺灣張姓與簡姓不婚的原因亦正因為張、簡原是一家。地方上大姓人家的子女可挑的對象自然就少。近親不婚的一個原因是怕有畸型嬰兒的出生，另外一個原因是避免同族裡的人爭風吃醋，造成家庭的分裂。

㈢宗教的限制

在西方社會裡，異教婚姻常受到社會與家庭的反對。即使在今日美國社會裡，天主教徒還是相當不贊成跟其他基督教派信徒結婚。這個問題在中國社會裡並不嚴重，然而，基督教徒還是盡量鼓勵子女從教友裡找對象。

㈣教育的限制

人們在選擇對象時，對方的教育程度往往跟自己不會相差太遠，而且常是男方教育程度較高或至少雙方程度相當。雙方教育程度若不相配，成婚的可能性就大大減少。

㈤地理的限制

結婚的對象常常是附近的人家。所謂附近是指附近地區，不一定是鄰居或同鄉。以中國來講，住在東北地區的人跟南方人成婚的比例不會多。而在臺灣，住在基隆的人跟住在屏東的人成親的機會也不會多；除非有其他的因素拉近了彼此在地理上的距離。近年來社會流動性大，地理限制的因素減弱，但成婚結合的雙方仍需有地理上親近的機會。

㈥種族的限制

以美國社會來講，在二十世紀上半期，南方有不少州法律規定黑白人的結合不合法。今日，黑白人的婚姻仍不多，中國人也很少娶洋人或嫁給洋人。種族上的限制是存在，異族通婚的結果往往不理想，不僅因文化習俗的不同，也因社會給予的壓力。以往臺灣本省人跟外省人結婚，家人會反對也是這個道理。

㈦家庭背景的限制

上流社會的人互動對象總是上流社會的人，因此子女的擇偶對象亦必是同等社會地位家庭背景者，而下層社會者與上流社會者來往機會相當少，自然也就較少高攀的機會。這是中國人所謂的「門當戶對」的觀念。

在擇偶時，把上述的幾項限制統統考慮在內，那麼可挑選的擇偶對象實際上所剩無幾。中國人講的門當戶對其實不僅指家庭背景的類似，也包含了其他各個條件。所以說，在擇偶時所能挑選的範圍並沒有一般人想像的那麼大。上述的幾項限制也並非是絕對的，例外的情形還是有，但為數甚少是事實。

有人在擇偶過程中，沒有選擇的餘地（父母做的決定或指腹為婚），有時則是在不知不覺中就決定了（誤打誤撞的就這樣結婚了）。但是大多數的人總多多少少地有選擇配偶的機會。今日的社會提供人們許多機會，使人們能做明智的抉擇。在擇偶過程中，人們必須首先決定要不要結婚、保持單身、以及要找怎麼樣的對象、到哪裡去找、結婚後組成怎麼樣的家庭等等問題。明智抉擇的首要因素是認清所有可以被挑選或所有可能的變通辦法；第二應認清社會的壓力能影響個人的選擇；第三個因素是考慮每種選擇的可能結果，加以比較；第四個因素是明確的認清楚自己本身的價值，依自己價值來做抉擇；第五個因素則是不斷的複查和檢討。這樣才能找到最理想的婚姻伴侶。

婚姻應該包括愛情與個人的滿足，這是一個現代的想法。早期基督教

把跟個人物質與肉體有關的一切都認為是軟弱的，婚姻裡的性行為只不過是為了綿延子孫而已。羅曼蒂克式的愛情在近代歐洲的貴族社會裡才開始出現，但流傳並不廣，而且也僅限於求偶時期。不過今天的許多年輕人卻不僅追求婚前的戀情，而且也希冀在成婚以後，這份羅曼蒂克式的戀情永不褪色。

二、擇偶的過程

社會學家常把婚姻看作是一種市場上的交易。在傳統社會裡，做父母的安排子女的婚姻，估量其未來的女婿或媳婦的家庭背景、年齡、健康、涵養、或體態的健美等條件，做合理的算計及選擇。在當代社會裡，雖然婚姻主權已不操之於父母手中，男女雙方的擇偶過程仍然像市場交易一樣。其交換的包括社會所重視的特質，如：家庭背景、經濟地位、教育程度、年齡與容貌，以及愛情成分。每一個人都希望找個具有社會所認可的高價值的對象。這種現象在男女雙方第一次見面時就已存在，欲知道對方是否是單身？在哪裡做事？上過大學否？住哪裡？收入多少？這些問題的目的實際上是在尋找對方可以交換的條件。

擇偶的第一個步驟是雙方要先碰面或認識。有時，會是一見鍾情，但是大多數都是經過安排的。所謂安排是指經過前面提過的擇偶限制過濾以後才碰面或認識的。例如兩人因同事而相識，相愛而結婚；他們之所以能成為同事，正是因為彼此教育程度相當。在傳統社會裡，人際互動機會較小，偶然碰面的機會少，在今日社會裡，偶然碰面機會增加，但實際上大多數還是經過社會限制因素過濾以後才有機會碰面認識的。

當然，男女碰面或認識並不就等於會相戀而結婚。雙方一定要有某些吸引的特質。為什麼一個人對某一個人就有吸引力，而對另外一個人則毫無影響？社會科學家們發現一個重要因素是體態的吸引。不論是男女，姣好的體態都被認為具有較多受歡迎的人格特質。

外在的特質會引起人們相識的興趣，因而導致了最初的接觸。是否能再進一步發展就要靠更深一層的內涵；兩人開始彼此表明內心的感受，如

能產生瞭解和信任才能更上一層樓。

　　由於近年來做父母的已不再安排婚姻，婚姻對象的尋求就成了年輕人自己的責任。追求的模式有二個明顯的目的：彼此坦誠相對，試著瞭解對方及試圖爭取對方結為夫妻的誓約。這二個目的有些矛盾：一方面是應在追求過程中表明自我，另一方面卻為了爭取對方的誓約而盡量掩飾弱點，表現特點。約會 (dating) 是提供人們達到上述這二個目的的一種社會模式。許多社會都有一套未婚男女約會的程序。在美國小學五、六年級時，孩子們便受鼓勵參與一些男女共同活動的場合，初中時的約會常有監護人陪伴，而且約會的地點、時間都有限制；到高中時，雙方約會的管束就少了些。早期（大約 1960 年代以前）的約會，總是由男方約女方，花費亦由男方負責，並尊重女方，而且約會時不准有性行為。近年來則情況已有改變：女性可主動約男士，費用可平分，男女雙方服飾較隨便，而且約會時有性行為也不值得大驚小怪了。有些人甚至可以同居一處。

　　約會到某一階段，當雙方都覺得對方是可以結為伴侶對象時，進一步的程序就是訂婚。訂婚不是一件簡單的事，它代表著至少四個意義：

1. 訂婚的宣布代表兩人有意成婚結合。兩人之間的關係從朋友轉成未來婚姻伴侶關係。

2. 訂婚的宣布代表著雙方感情和關係的專有權。在訂婚後只能跟未婚夫或未婚妻約會，不能再跟其他的人約會；不然，這種違反規範的行為是會受到外人指責，更會損害到彼此的親密關係。

3. 訂婚代表一種對外公開的宣言。父母朋友會給予意見，幫助訂婚當事人謹慎評估對方。

4. 訂婚後開始婚前的準備時期。一方面開始準備婚禮用品及儀式細節，另一方面則是重新檢討雙方的優劣點，若有危險信號，還可以撤退。

　　如果一切都順利，那麼下一個步驟就是舉行婚禮正式結婚。從個人來看，結婚代表著男女雙方有意維持一種永久性的專有關係。人們結婚的原因各有不同：有些人只是為了自我表現（「你看我能找到一個丈夫」或「我找到了一個妻子」），有些人是為了求獨立（結婚之後，父母就不能管我了），

有些人則是想有個家（不再是單身漢了），有些為了經濟安全（嫁個有錢的丈夫），有些則是為了給胎兒一個名分（即所謂「奉子女之命結婚」）。無論結婚的原因是什麼，婚禮的舉行是為能維持一種永久性的專有關係。

從社會的角度來看，結婚也牽涉到男女雙方的家庭。姻親關係成為日後人際關係很重要的一部分。結婚也代表著一種法律上的承諾，享有法律上規定的權利與義務。例如，有資格給他們生育及領養的小孩合法地位，或者夫妻間財產的分配等。婚姻是一個社會所贊同的結合，使兩個原本不相關的人發展出親密的關係。雖然人們能夠在婚姻之外享有性慾的發洩、伴侶、愛情的保證與子女的擁有，但是透過社會的贊同婚姻提供了跟同一個人長期共享這些的制度。

第三節　婚姻滿足

一、年　齡

一對夫妻婚姻的幸福常要看他們的結婚年齡與結婚的理由。從統計資料來看，當雙方年齡較一般結婚年齡中數（臺灣地區，2003 年初婚年齡的中數是男 29.8 歲，女 26.7 歲；美國目前男性的結婚年齡中數是 28 歲，女性為 25 歲）較長者，其婚姻比那些小於結婚年齡中數者要來得穩定，同時資料也顯示太早或太晚的婚姻都不穩定。

為什麼晚婚的人比較有不穩定婚姻呢？一種解釋方式認為這些人等了許多年才結婚，比較沒有彈性，較固執其婚前生活方式，影響到婚姻的穩定關係；而另一方面，晚婚者年齡較大，經濟有保障、事業有發展，於是一發現婚姻不滿意時，有足夠的資源和能力解除這婚姻關係。

早婚者，特別是未滿 20 歲者，婚姻最不穩定。社會科學家一般認為年輕人在情緒上、心理上，都尚未準備好；無論是在尋找伴侶或者是扮演一個結婚的角色都缺乏充分的能力，而且在經濟上缺乏自足的情況常是婚姻

不穩的導火線。年齡本身可能不是決定婚姻成功的主要原因，但年齡的大小跟人格成熟有關。納克 (Knox, 1975) 提出四個相當重要的成熟因素：情緒的、經濟的、關係的以及價值的成熟：

1. 情緒的成熟：情緒成熟的人有自尊心，使二人的關係裡更親密及相互扶持依賴。情緒的成熟使人對各種情境能有適當的反應，當衝突產生時，能針對問題，以求解決辦法，而非抗拒或威脅決裂彼此關係。

2. 經濟的成熟：經濟上的成熟才能維持自己與伴侶的生活。如果沒有一份能維持生活的固定收入，人們在肉體上、情緒上就會為求生活而受苦。在這種情況下要發展或維持相愛的關係是極端困難的，沒有麵包的愛情易受刺激，損傷雙方感情。

3. 關係的成熟：關係的成熟包括伴侶間的溝通的技巧。人們有了關係上的成熟，才能依對方的立場來瞭解對方的觀點，下決心改變自己的壞習慣以取悅對方，對伴侶解釋自己的觀點，要求伴侶改變其不良習慣。

4. 價值的成熟：價值的成熟能使人們認清及肯定自己個人的價值觀，邁步朝目標追求，以鞏固夫妻雙方共同生活的日子。

二、婚姻關係

婚姻關係並不是每一對都是一樣的。古柏和哈瑞弗 (Cuber and Harroff, 1965) 把婚姻關係大致上分為五種類型：衝突成性的、無生命的、消極同趣味的、有生命的以及全盤性的婚姻關係。這五類型代表五種不同種類的婚姻調適，而非婚姻的幸福程度。他們指出，上述任何一種關係下的夫妻都可能滿足或不滿足其婚姻關係。

1. 衝突成性的婚姻 (conflict-habituated marriage)：夫妻在這種婚姻關係下習慣於爭吵、苛責，老是舊事重提，老是認為彼此不相配，不過他們也認為這生活中的緊張氣氛是不值得大驚小怪的；這種關係並不一定會走上離婚的路，因為它正好滿足了彼此雙方心理上的需要。俗語上說的：「吵吵鬧鬧一輩子」的夫妻就是這一類。

2. 無生命的婚姻 (devitalized marriage)：在這種關係裡，夫妻之間已沒有新

鮮感、沒有趣味、更談不上親密的意義。雖然以往可能有過一段好日子，現在則很少在一起，更少有親密關係，也不再共享許多活動。他們在一起只是職責，而非感情，婚姻只是某種功利目的而已。

3. 消極同趣味的婚姻 (passive-congenial marriage)：在這種關係裡，夫妻彼此沒有什麼大衝突，少有親密關係，也不期待婚姻應有親密感情。他們的結合是功利性的。例如，為了經濟上的保證或事業上的升遷發達而結婚的。這種婚姻往往是從一開始就沒快樂過。

4. 有生命的婚姻 (vital marriage)：在有生命的婚姻裡，夫妻非常重視並同享彼此的相聚及分擔一切喜怒哀樂。夫妻們在一起做事時會有一種共享的興奮和喜悅。雖然偶爾會有衝突，但他們總會想出辦法來解決，彼此溝通，就事論事，使緊張的局面在有生命的婚姻裡不會長久。

5. 全盤性的婚姻 (total marriage)：全盤性婚姻關係就像有生命的婚姻一樣，卻包括更多的層面。在某些情況裡，他們的生命中所有的重要事件都彼此分享：同享共有的朋友、休閒活動、家庭生活、甚或事業，非常重視感情，一切都以兩人為一體的角度出發。不過有婚姻專家指出這種形影不離的婚姻並不一定是好婚姻。

三、權力的分配

婚姻關係裡一個很需要處理的問題是配偶之間權力的分配。也就是夫妻之間誰比較有權做決定，在哪些事情上的權力分配又是如何? **資源假設** (resource hypothesis) 認為夫妻之間的相對權力是來自彼此的相對「資源」。配偶中擁有較豐富資源的一方會取得較多的權力。在婚姻裡，夫妻之間最有價值的資源是對家庭提供財物的能力，其他像職業、教育，以及評鑑的眼光。研究資料中發現，做丈夫的教育程度與職業地位越高，就會有越強的配偶權力：白領階級的丈夫比藍領階級的丈夫有更多的權力抉擇。另外，年齡較長及教育程度較高者（通常是做丈夫的）做較多的決定；但是當妻子在外有職業收入時，她的權力就會相對增加。資源假設認定配偶個人的權力是得自其個人的資源與對家庭的貢獻，並非全依據其社會角色與社會

期待 (Blood and Wolfe, 1960)。

　　最近的社會科學家雖然發現妻子是否在外工作是配偶權力分配的重要因素；同時他們也注意到，在外工作並不一定就能給予妻子完全平等的地位。雖然有職業的妻子較不覺得有義務要順從其丈夫，在家庭事件中亦有較多的權力提供意見；但在做抉擇時，她與丈夫仍然不能同享平等的決定權。妻子能有決定權的項目總是比較次要的，或者跟家庭有關的，例如，吃什麼菜、室內怎麼裝飾、孩子的教養問題等。重要的事件包括購買大項目，如汽車、冰箱等，或換房子、換工作等還需一家之主做決定。

　　有些社會科學家則更強調夫妻權力的分配與家庭生命圈的成長有關。在剛結婚、渡蜜月、孩子出生前，做丈夫的權力稍高於妻子。在第一個孩子出生至進學校之間，做丈夫的權力增長到最高峰。此後，丈夫的權力開始下降；孩子青春發育期，做丈夫的相對權力降到最低點。而兒女成人離家自立後，做丈夫的權力再次提高；但是退休後則又呈下降現象。

　　另一種權力分配解釋理論是相對的情愛與需求理論 (relative love and need theory)。這個理論是在追求期間交換理論的延伸。每個配偶將其資源帶入婚姻，而自伴侶處換得報償。這種交換常不會均衡，伴侶中的一方常比另一方給得少，取得多。這換取較多的一方就會順從對方的喜好，成為權力較少者。夫妻之間的情愛與需求程度因此決定雙方權力的分配。因此，在婚姻裡付出較少感情的一方就會擁有影響的決定權。有學者 (Waller, 1951) 亦稱此理論為「低興致原則」(principle of least interest)：即在婚姻關係裡，夫妻間興致較低的一方常剝削對方，亦較不在乎婚姻關係的解除，並以此維持其婚姻裡的權力。社會中女子對婚姻興致較高，較在乎婚姻關係，於是就擁有較少的權力。

　　目前，大多數的社會科學家幾乎都主張唯有在平等的夫妻地位中才能培養出真正的親密關係。不平等的婚姻權力關係會造成夫妻之間的隔閡，彼此信心的破損，特別是當做丈夫的認為自我暴露會有損其權威時。不平等的地位會鼓勵夫妻雙方玩弄權勢：彼此爭鬥，以求取保持原有的權力。離家出走往往變成爭回權力的最有效的手段之一，終至離婚一途。

　　社會科學家通常同意婚姻的滿足程度有一種 U 狀曲線。也就是在剛結婚初期到第一個小孩出生前是最美好的時期，滿足程度最高，而後就逐漸下降，一直到晚年；大約在丈夫退休後，再往上升，稍轉滿足。如圖 12-1：

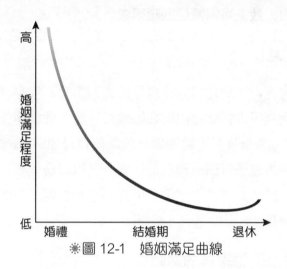

※圖 12-1　婚姻滿足曲線

第四節　離婚原因與經驗

一、離婚的原因

　　離婚在今日許多國家裡已變成一個普遍現象。以美國來做例子，離婚的數字在二十世紀裡急速的增加，**離婚率**（divorce rate，每千名 15 歲以上已婚婦女中離婚人數）由 1960 年的 9.2‰，1970 年的 14.9‰，到 1980 年的 22.6‰；1990 年代仍維持 20‰ 以上，1990 年 21.0‰，1995 年仍有 20.5‰。臺灣的每千人有偶人口離婚率也由 1994 年的男 6.86‰，女 6.89‰，到 2004 年的男 12.27‰，女 12.74‰。至 2008 年，平均每日有 177 對夫妻離婚。這離婚率的增加，使單親家庭大增。雖然單親家庭增加的原因包括私生子數目的增加與未婚母親的自立門戶，但是主要的原因還是離婚。今

天在美國只有 76% 在 18 歲以下的子女是跟他們親生父母居住在一起。人類學家預測目前 30 歲左右的女性當中，其第一次婚姻有 38% 會遭遇離婚的結果，其中 44% 的第二次婚姻也會再次由離婚而結束。

離婚的原因大致上可歸類成四種因素：

(一)經濟互賴的減低

在傳統社會裡，家庭是個自給自足的經濟單位，生存在家庭之外是相當艱難的。然而今日人們能自由的成婚離婚；婦女的就業使其在經濟上獨立而不依賴丈夫。統計資料也證明婦女就業機會增加時，離婚率也有增長。就業能使不愉快的妻子得到經濟自足、獨立性以及自信心，這些都增加她們離婚的決心。同時，妻子經濟能力的提高也相對減低了丈夫的權力，導致可能的離婚後果。

(二)社會、法律及道德束縛的減輕

第二個影響離婚率的是文化價值及態度的改變。今日社會迫使人們維持不幸福婚姻的束縛力量已大為減輕，而離婚也被社會所接受。美國近年來所實行的無責任離婚 (no-fault divorce) 是法律對離婚解除束縛的最好證明。依無責任離婚，當事人不必以對方之過錯為理由提出離婚。今天個人主義的提升把個人的自由及幸福置於家庭婚姻誓約之前，為爭取個人自由幸福，不惜放棄婚姻家庭。

(三)期望過高

人們在結婚前一直把婚姻視為幸福美滿的社會制度。期望過高，在婚後發現婚姻實在不如想像的幸福美滿，因而失望而求去，有研究指出，人們對其婚姻若有較實際的期盼，則較安分守己，也較容易滿足。

(四)再婚的可能

如果離婚後沒有再婚的可能性，人們就會願意試圖解決夫妻間的問題，

不會一吵就鬧離婚。一旦有了再婚的可能，人們就會產生一種既然這婚姻不幸福，分手再重新找伴侶的想法；憧憬第二次婚姻會比現在幸福，而把希望放在未來的再婚機會上。

二、離婚經驗

離婚過程使人們有痛苦經驗幾乎是一定的，無論誰是主動誰是被動，雙方都多少會有痛苦的經驗。包漢南 (Bohannan, 1970) 曾以六個層面來分析當代美國的離婚經驗。他提到的是包括感情上的、法律上的、經濟上的、哺育上的、社區上的，以及精神上的等六個離婚層面。雖然每個人在各層面的經歷中所感到被遺棄的程度各有不同，它們都代表今日一般典型的離婚經驗。

㈠感情上的離婚 (emotional divorce)

感情上的離婚包括在婚姻關係裡抑制凝聚的感情及溝通，最普通的以疏遠的感情及行為來代替之。經由大大小小的欺瞞，伴侶間不再相互協助，而破壞彼此的自尊。當感情上的離婚更緊迫時，欺瞞背叛的行為就變得更嚴重。配偶常意圖爭取同情者；毀壞對方個人的所有物，將銀行存款提出，或將對方由家中趕出，更換房門鑰匙。在一個失敗的婚姻裡，夫婦雙方深深感到失望、被誤解、被拒之千里之外。對方的存在就是失敗及被拒的徵象；然而基於對孤獨的恐懼，對子女的義務，或僅僅只為對其婚姻誓約的忠誠，不少夫婦仍繼續維持著這樣有名無實的婚姻；卻不斷以其表情、姿態、聲調或動作來表明其不滿並有意的傷害對方。

㈡法律上的離婚 (legal divorce)

法律上的離婚是經由法庭下令而解除其婚姻關係，法律上的離婚的主要目的是為雙方解除婚姻的法律束縛而使感情上已離婚的夫婦能再次合法的結婚。當然並非所有在名義上保留夫妻身分卻經歷感情上的離婚者都會去法院辦離婚；許多仍住在一起，由外表看來仍具有婚姻關係，雖然彼此

早已各走各的路。一些分居的夫妻，雖不住在一起，卻仍有合法的婚姻；他們可能恢復婚姻關係，也可能離婚，或長期的分居。跟離婚來比，分居的情況已漸漸減少；由於法律上的協助及公眾的輔助漸增，再加上離婚的創傷已不像以往那般嚴重，那麼就了結彼此在法律上的關係，為再次的婚姻鋪路。

法律上的離婚本身就能增加婚姻破裂的痛苦，其說明之一為：法律上的程序並不能疏解因感情上的離婚所造成的困擾。而律師們都被訓練得以理性來處理案件，而一些未經正規訓練的家庭心理學家既不瞭解，也不聆聽當事人的慾望、憤怒以及猶豫不決的心情。說明之二為：離婚訟案的本質原本就是對立的，自然會增加痛苦。在這對立制度之下，律師只為其雇主爭取利益，常忽略了那些能對離婚夫婦雙方都有利的情境。如果這對離婚的雙方能一同合作以取得協調，就能將一切事件的控制權放在自己手中。離婚輔導們常認為律師插手於離婚的過程越晚越好，因為一旦律師接手，夫妻雙方的敵意就會被提升。

(三)經濟上的離婚 (economic divorce)

離婚的第三個層面是經濟上的離婚，這個過程把雙方分成個別的經濟單位，各有其自己的產物、收入、花費的運用，以及對稅務、債務等的責任。在公平財產處置的背後有二項相互矛盾的法律上的意見：第一，根據基本的交換理論，家庭係一互賴的經濟單位。如果沒有妻子在道義上的支持及對家務的管理，做先生的不可能賺到他所得到的。第二，妻子在家庭裡的工作是「非生產性的」，如果妻子不受雇於家庭之外，她對家庭的財務就無任何貢獻。在離婚時，家產的合法分配時，這二種意見都被引用。分產的結果是妻子得到一些產物，卻總不是所有資產的半數。

在財產的分配時，一些不合情理的動機，像報復或自我否認等常代替了實際的需要。財產分配後如何保證配偶雙方及孩子們在離婚後能維持原有的生活條件比財產分配的本身問題來得更難。這項難題在離婚後的第一年最為顯著，尤其是那撫養子女的單身母親。有研究證明，在離婚後男方

的經濟情況常有所改進，而女方，尤其是單身母親則往往每況越下。年歲較大的家庭主婦在離婚後突然發現自己不能自食其力，沒有賺錢的技能。在當年結婚時，她們期待其基本交換的假想能維持終身。離婚對這些婦女而言，是個大災難。很明顯地，經濟上的離婚對夫妻雙方都不容易調適。如果他們有孩子，那麼離婚的第四個層面哺育上的離婚就更為痛苦了。

㈣哺育上的離婚 (coparental divorce)

大約有三分之二的離婚夫婦有子女，這些夫婦就要經歷哺育上的離婚。這個基本的論題是決定哪一方取得監護權，取得對子女教養及福祉方面做抉擇的主要責任。哺育上的離婚是婚姻內基本交換的延伸：離婚的父親要負財務上的支持及法律上的責任。而離婚的母親則仍負責子女身體上及日常的照應。大多數的父母們都同意這種安排。由於態度及性別角色的改變，有極少部分的母親自願放棄其監護權，讓予父親。

由理論上來看，在今天的法律下，離婚父母在監護權上有相等的機會，法官也漸考慮孩子跟父母的特殊關係。然而照慣例，母親仍是孩子身體上的照顧者；根據傳統上對性別適當行為之觀念，92% 的爭論案件裡，法官都將監護權授予做母親的。離婚的父親就變成了訪視的父親。

㈤社區上的離婚 (community divorce)

社區在此係指所有交往的人群。一個人生活方式的重大改變幾乎也表示著他朋友圈子的改變。當人們結婚後，單身朋友就常由結婚夫婦的朋友來代替了。當人們離婚時，交往的朋友也會跟著有所改變；跟以往朋友及公婆、岳家的隔離原本就是離婚痛苦的一部分。

離婚的人們常提到跟仍結婚的老朋友在一起很不自在，尤其當聚會都是一對對的時候。因為單身的人和結婚者的行為方式和社會互動規範並不一樣，這些離婚者在跟其成對的老朋友互動時會覺得不暢快。大約 75% 的分居者在獨居的第一年內就開始交異性朋友、約會。最初，他們會在情緒上感到這項舉動所冒的險太大，漸漸會認為這是一種對自我價值的再次保

證及對付孤獨的良劑。離婚者如能有約會或有同居的經驗，他們會比那些孤獨的分居者在調適上有較少的困難。

㈥精神上的離婚 (psychic divorce)

精神上的離婚是指把自己從前任配偶之人格及影響中隔離出來，重新取得精神上的自主。在這過程裡，人們學著體會自己完整的人格，並增加對應付周遭環境的信心。在精神上的離婚裡，人們一定要跟前任配偶的可愛可恨等各方面都隔離，遠遠地離開這個人，以免使自己更消沉及失去了自尊。並非所有的離婚者都能在精神上的離婚裡做得成功。婚姻輔導常強調：這個層面的成功是再次婚姻幸福的必要先決條件。

為了要成功，精神上的離婚需要一段哀傷的時期。就像對配偶死亡的哀悼一樣，離婚等於是婚姻關係的死亡，這種失落的經驗跟鰥寡者所承受的一樣真實。感情疏遠的漸進過程在正式合法離婚之前早已開始；雙方情緒的創傷在離婚後仍繼續的延續著，這種哀悼的過程至少包括三個階段：

第一是發生在合法離婚之前的震撼及否認。許多時候，當人們無法接受離婚時，會導引到心理的病症、生理疾病、意外事件或甚至企圖自殺。然而精神上的離婚會使伴侶面對事實，承認彼此不能再生活在一起。

隨著這項認識而來的是第二階段的憤怒及消沉。這種感覺常會改變，時有時無，使當事人混淆不清。就像那悲痛的一方氣憤，消極卻又會懷念那可惡、令人不能忍受的前任配偶。

第三階段，離婚的人們負擔起自己在了結這段婚姻上的責任，原諒自己，也原諒對方，繼續生活下去。到此地步，精神上的離異就算完成了。如果仍對離婚的配偶懷有恨意或仍以其為憤怒的對象，則精神上的離婚就還沒完成。

近年來的社會變遷已經不再把離婚視為一種罪惡或不可補救的過錯，離婚不一定帶來痛苦經驗，它必須有某些調適；離婚已被視為是可接受的一種解決不美滿婚姻的方式和策略。雖然如此，離婚仍然是一件痛苦的事。根據芝加哥大學的維蒂 (Linda Waite) 和杜克大學的休斯 (Mary Elizabeth

Hughes) 在 2005 年的研究發現，離婚後寡居或鰥居越久的人，發生心臟病、肺病、癌症、高血壓、糖尿病、中風、行動困難等疾病的機會越大。臺灣 2005 年 6 月的一項調查指出，有 32% 的已婚者如果能夠重來，會考慮不結婚，其中女性高達 40% 不願結婚（《世界日報》，2005/6/20，頁 D3）。

第五節　中國家庭今昔

一、中國傳統的家庭

　　中國社會學家與其他研究中國文化的學者一致同意，傳統中國社會裡最重要的社會組織是家庭。整個傳統中國文化體系與社會制度無一不受家庭制度的影響，一切政治、經濟、教育、宗教以及娛樂等的社會制度都以家庭制度為基本。而所有的主要人際關係也以家庭關係為基礎。楊慶堃 (1959: 5) 就曾指出：「在中國社會裡，尤其是鄉村社會裡，僅僅有極少數的社會組織或結合在家庭之外能滿足個人的社會需要。」

　　在傳統中國的思想體系內，社會和國家都只不過是家庭組織的一種延伸而已，統治者與被統治者的關係正像家庭裡父子的關係。君臣、父子常常被聯想在一起，而天下一家的政治理想亦帶有家庭色彩。儒家的思想更是以家庭為思想體系的出發點，孝道則是維持美滿家庭的最重要因素。

　　傳統的中國社會對家庭的理想模式是一種五代同堂、多子多孫的擴大家庭。在這理想模式裡，家人是不應離開祖先所居的地方而另建家庭的；好幾代的子孫同居一舍，不僅是家庭的福氣，也是社會安寧的表徵。史料上對這類家庭頗多記述。如，唐代張公藝的九世同堂，《紅樓夢》裡的賈府。不過最近學者開始懷疑這種擴大家庭的實際普遍流傳，他們認為絕大多數的家庭都只能算是一種包括祖父母的**折衷家庭** (stem family) 而已。許倬雲 (1967) 分析我國史上戶口資料，發現從西漢至明代，每戶人口均未超過 7 人；民初李景漢的北平郊外鄉村調查也發現平均每家人口是 4.06 人；北京

京華義賑總會在直隸、山東、江蘇及浙江四省 240 個農村調查所得，平均每戶 5.24 人（賴澤涵，1982: 385）。因此，擴大家庭只是一種理想模式，實際上的家庭型態還是以折衷家庭為主要型態。

傳統中國家庭的最大特色也許應該是其父權式的權力結構。男性家長是家庭裡的掌權者。父親（或祖父）掌有生殺大權。所謂「父叫子死，焉敢不死」，而子女受懲時「雖至流血，不敢疾怨」都是父權的表現。父權也常涉及經濟權、法律權、宗教權以及子女的婚姻大權（蔡文輝，1981: 78–79）。

此種嚴格的父權制度建立在孝道的基礎上。為人子者，生則養，死則祭，「冬溫而夏清，昏定而晨省」以及「出必告，反必面，所遊必有常，所習必有業」。而「父母在，不遠遊」更說明了人子盡孝，無微不至的大道理。

傳統的中國孝道強調子女對父母的絕對服從。父母可以叫子女去死；子女不孝，處罰相當的嚴峻，不只家人不容，社會國家亦有所不容，甚至繩之於法。正是所謂：「父雖不慈，子不可不孝」，而「五刑屬三千，而罪莫大於不孝。」不孝在傳統中國社會是一種最不可饒恕的罪惡。國法人情皆惡不孝，為人子者亦戰戰兢兢，如臨深淵，如履薄冰，唯恐冒上不孝之名。父權之所以能實行，就是有孝道在支持。因為父權是由上而下的單方向的權力支配，父親是支配者也是發號施令者，子女則是在下的聽命者。

有人認為孝道是中國家庭階級的象徵，也是父權專制的象徵。然而如果沒有孝道，中國傳統的大家庭制度不可能存在。凡家庭中的一切衝突，一言及孝，都可無形消弭。許烺光說：「在孝道的名義下，沒有一種行為是太苛刻地或困難地。」人人視家庭為整個單位，視孝友為行為標準。家庭內的分子由於孝友的聯繫而互視為一體，並擴及家族，守望相助，貧病互濟。

總之，中國的大家庭制度是建立在父權的基礎上，而父權的維持則依賴在孝道的觀念上。中國家庭裡的人際關係同樣建立在這觀念上，茲將家庭分子間的人際關係略述於下。

㈠父子關係

　　中國家庭裡最重要的成員關係是父與子的關係。一切的家庭關係皆以父子關係為基本。許烺光說:「所有在家庭團體內的關係都被認為是父子關係的擴展，或者是附屬著，輔助著父子關係」。同時他又認為，雖然在地位上相差很大，父與子兩者是合為一體的。通常在家庭中，父是一家之主，指揮者和命令者，具有很大的權威;不僅掌握著家庭內一切的事務而且掌管著家庭經濟大權;他代表著祖先的權威，因此甚至於可以殺掉他的子女。而為人子者在家庭是服從者，即使父親是殘暴不仁的，他也只有服從的義務。「父親的態度是威嚴的，甚至是疏遠的;他的權威是毫無疑問地，並且他希望他的兒子服從他」。兒子被期待做兩件事:對父母尊敬和服從，及為家庭團體的財富而工作。在中國做兒子的應該保存他祖先的財產和房屋，這是他的職責。

　　父子關係在家庭裡是相當重要的，卻非親近的。他們很少談話，即使談話也是板著面孔，一本正經談正事。楊懋春教授描述此二者的關係時說:「在田裡父子共同工作，共同散步，但是兒子時常感覺到和他父親在一起工作比跟別人還不快樂。在公共場所，他們甚至於避免碰面。」在許多事情上，尤其是關於私人的事情，他寧願跟母親談而不跟父親談。他覺得母親比父親更瞭解他，更能同情他。由上所述，可以說明父與子的關係，社會意義重於私人意義。

　　父親與女兒的關係，在中國家庭裡是不重要的。為父者不能時常與女兒接近，雖然他愛女兒，卻應克制。男女授受不親的觀念，束縛著父女之間的關係。通常大部分有關女兒的事，都經由母親傳達，父親很少直接與女兒接觸。

(二)母子關係

　　在家庭裡，母子關係是相當親密的。社會不允許年輕的男孩與其他女人來往或遊戲，因此他們喜歡和母親說話，尤其是當父親不在場時，更可自由地談心，內容不拘;母親可能利用這機會探聽他的意見，給他安排婚事。但是娶媳婦後母子關係就不同了。如果母親是自私和胸襟狹窄的人，

她可能會嫉妒年輕的媳婦；但一個有理性的母親通常會與媳婦相處得很好。

在理論上，當父親過世，長子成為一家之主，即母親也在他的統理下，但就整個家庭而言，她的地位已因此而提高了一些。

母親與女兒的關係是十分密切的。從開始懂事後，女兒就與母親發生親密關係。她必須幫助母親照顧年輕的弟妹，學習家務事。父親與女兒很少有直接地接觸，尤其在有其他人的場合下，更是盡量避免。母親教給女兒一些必須的常識，以便將來能做一個好媳婦，因為女兒嫁後夫家滿意與否，關係做母親的面子。如果這個女兒在夫家不受歡迎，那麼村裡的人都會責怪做母親的沒有好好的管教。事實上，女兒代表著母親的行為和家教，女兒的人格常是母親的反映，同時做母親的也分擔任何對女兒的責難過錯。

㈢兄弟姐妹關係

在中國傳統家庭中，年齡與性別是決定一個人地位的兩個重要因素。年紀大的哥哥有權支配年紀輕的弟妹，但是年紀大的姐姐對弟弟只有愛護而無支配權；女孩子在年輕時通常受兄弟的支配，而一個男孩子則會有一種保護姐妹的責任。未結婚的兄弟姐妹之間有一種自由和親密的關係，什麼事都可以談。

兄弟們在結婚前的關係是很親近的，在一起工作，一起遊玩。但是成婚後，他們的關係就漸漸地疏遠了，受了妻子和孩子的怨言後，他們甚至於不合。如果父母不能做適當的調解，這個家庭就很容易破碎。兄弟間的和諧是保持父子關係的要素。兄弟「本是同根生」應該互助友愛，是傳統的倫理觀念，不過兄弟人數較多時，通常難以永遠保持。

㈣夫婦關係

在中國的社會裡，夫婦關係是不被重視的。社會強調父子關係而壓抑夫婦關係。事實上，夫婦關係僅僅只是父子關係的附屬品。夫婦間的感情是不能表現出來的。而且丈夫必須與他的家人保持比妻子更密切的關係。他不能夠在大眾面前與妻子談笑，也不能當面誇獎恭維她。夫婦間接觸的

時間只有在晚上，當妻子侍候公婆入寢後，她才能和丈夫單獨相處。夫婦間的瞭解和愛情是有限的。他們彼此相敬如賓，互相諒解、忍耐與協助。

在家庭內，妻的地位是卑屈的，她只是丈夫的附從體，夫是至尊的。楊慶曾說：「年輕的妻子不僅是附屬於這個家庭中的男人而且附屬於婆婆，並且在某種程度上也附屬於年長一輩的婦女」。不過當她生了兒子之後，她的地位就稍為提高，因為她的兒子將承繼整個家庭的香火。

有些時候，雖然夫婦間的感情非常恩愛，但是如果不得公婆的歡喜，或者她不能夠生個兒子，這個婚姻可能被拆散。

㈤婆媳關係

婆媳關係是大家庭裡最緊張的關係之一。一個媳婦對於婆婆所盡的義務和對丈夫是一樣的，但是許多摩擦發生在婆媳之間。兒子婚後將他對母親的感情轉移到妻子身上，製造了二者間的緊張。妻子對丈夫的服侍和恩愛都使婆婆看不順眼，因嫉妒而故意為難媳婦。

婆婆對待媳婦的態度是因為她在年輕時曾遭受相同的待遇，現在既已熬成婆就借機加以報復，而在全家中只有媳婦是她管得著的。這種報復心理造成媳婦與婆婆間的不和。由於大家庭人口眾多，年輕的媳婦要完全妥當地協調跟每個家庭分子間的關係是十分困難的。婆婆嚴厲的臉色，公公偽裝的尊嚴，跟小姑及妯娌間的衝突，再加以繁重的家事，都使她感覺到完全生活在這些人之下。

但是有些好心腸的和有遠見的婆婆，仍然圖謀家庭分子的合作與相處的和諧。她瞭解一個媳婦的心理並給予同情和幫助，原諒她的過錯，並設法補救。因此媳婦也會同樣地表示她對這個家庭的忠誠和愛護，自然婆媳的衝突也就不會發生。

總之，中國大家庭內的分子關係是十分複雜的，要想維持這個家庭就必須先協調這些關係，否則家庭一定難以維持下去。不可否認這是相當困難的。

中國傳統的婚姻是一種父母之命，媒妁之言的婚姻。結婚是整個家庭

的事而非個人的事，因此很少顧及個人的幸福。婚姻只是為舊家庭的擴大和延續而非為個人的快樂與幸福。奧格朗 (Olag Lang) 說：「在古老的中國社會裡，人們沒有被教導著期盼從婚姻中得到愛和快樂，婚姻不是為個人的滿足而是為了家庭的延續。」

事實上，婚姻是家庭的大事，它關係著家庭未來的發展與生存。為人父母的總是很謹慎地為兒子選擇媳婦，卻很少顧及他的幸福；愛情和個人主義的婚姻是很難在舊式的社會中找到的。換言之，中國舊式的婚姻和男女間的愛情是各自獨立的兩件事。男女雙方在婚前甚至沒有見過面，當然更談不到愛情與瞭解；婚姻只是為父母家庭找一個媳婦，而非為兒子找一個妻子。大部分的家庭是沒有愛情基礎的，不過有些人在婚後才漸漸發展出夫妻間的愛情。

離婚是相當少的。離婚權操之父母手中而非丈夫。「子甚宜其妻，父母不悅，出。」舊式社會中在下列七種情況下可以離其妻，即所謂「七出」：「不順父母，為其逆德也。無子，為其絕世也。淫，為其亂族也。妬，為其亂家也。有惡疾，為其不可與共粢盛也。口多言，為其離親也。竊盜，為其反義也。」

唐律對離婚的規定相當明確。「受聘財」或「已報婚書及有私約者」，便不許再悔，但「男家自悔者不坐，不追聘財」。離婚限於七出及義絕。七出已如前述；義絕係以下列舉事項為限：「毆妻之祖父母父母；及殺妻外祖父母伯叔父母兄弟姑姊妹；若夫妻祖父母伯叔父母兄弟姑姊妹自相殺；及妻毆詈夫之祖父母父母；殺傷夫外祖父母伯叔父母兄弟姑姊妹；及與夫之緦麻以上親，若妻母姦；乃欲害夫者；雖會赦，皆為義絕」。但雖有七出而有三不去者不得離婚。三不去，謂一經持舅姑之喪，二娶時賤後時貴，三有所取無所歸也。離婚之權在於夫家，妻無權要求離婚：「妻妾擅去者，徒二年，因而改嫁者加二等」。但唐律允許「和離」，即雙方同意而離婚者。

我們很難肯定地說中國舊式婚姻是快樂美滿，還是痛苦。不可否認這種僅憑媒妁之言，父母之命的婚姻是非常不合理的，但是當這種婚姻變成一種社會規範或文化模式時，也就無所謂合理與否了。換言之，社會價值

觀念的評價，決定了社會的態度對婚姻美滿與否的標準。

我們曾經再三地強調中國的家庭和社會是整合成為一體的。家庭是社會的中心，它擔負了大部分的社會功能，如經濟、教育、宗教、娛樂等，分別詳加敘述如下。

(一)經濟的功能

舊式的中國社會是以農業為主的。大部分的人也都居住在農村社區中，其經濟體系則是屬於家庭經濟。家庭經濟的特徵是以家為中心的經濟體系。家是經濟的中心單位，此種經濟制度只求自足自給，不願多事生產，年歲收成好，則藏之於倉，以待他年之需。當時的傳統觀念認為只要夠吃夠穿就行了，不必增加生產去和商人打交道，人民過著與世無爭的優閒生活，外界的事情只要不危及自家的安全也就可以袖手旁觀，人人都抱著一種「自掃自家門前雪，哪管他人瓦上霜」的人生哲學，所謂知足常樂就是農村社會和經濟的理想。

男耕女織是自足自給的農業經濟的另一特色，它變成一種社會規範，好吃懶做是無法立足於家庭的，亦為社會所恥。在生產工作的範疇內，各人都有責任，除了讀書準備參加科舉，爭取功名外，每一個成員在家庭經濟體系裡都擔負了一個角色。

(二)宗教的功能

中國社會與家庭中的祖先崇拜，在家庭中是具有相當重要的功能。它代表著一種人類對祖先的眷念，是一種孝道的表現和延續，是一種慎終追遠的信仰；為人子孫者，生不能敬事父母，死自當致祭其哀。此種祖先崇拜是人類永生的信仰，上追祖宗，下續後世，使家族得以永懷祖宗創業之艱，也使家族得以永存而不滅。

此種社會規範使得家族或家庭中的每一分子戰戰兢兢地為整個家庭或家族的綿延而奮鬥。人們相信祖宗在天之靈時時在監視著他們，希望他們為善揚德，光宗耀祖。同樣地，如果一個人做壞事，躲過這一生，死後還

是會受到先祖的懲罰，更得不到子孫的敬畏。

藉著祖宗的威嚴，家長得以控制全家，因為他就代表著祖宗的權威，對於後代子孫的行為嚴格地加以控制。如果有過錯，家長或家族中的長老必須在祖宗的面前，也就是祖廟內，審判犯錯的人。

(三)教育的功能

中國的家庭本身負擔大部分的教育責任,公共的教育可以說幾乎沒有。「言教不如身教」，換言之，孩子的教育最有效的方式是從日常生活中模仿學習，而孩子的模範自然是父母兄姊以及其他長輩的言行。他們不僅影響一個孩子的人格，同時也影響整個家庭的聲望和延續；他們不僅教給孩子普通常識、生活技能，也教以道德標準。尤其在貧民的家庭，父親將其技藝傳授給兒子，使其將來承繼行業。中國舊式教育特色是偏重於倫理道德，而倫理道德的標準是以家庭倫理為本，因此家庭教育在傳統社會中自然負著相當重的職務。

(四)娛樂的功能

在傳統農業社會裡，娛樂被視為懶惰奢侈。因此除了少數的祭神祭祖節目外，在公共場所中很少有娛樂活動舉行。家庭擔當娛樂的功能，人們從談天說笑中得到心理的休閒，尤其在農村社區的家庭裡，大部分的家人在晚飯後聚集在庭院裡，在瓜棚下談談一天的生活情趣，講講故事，由此而得到休息及大家子的互動機會，人們感覺這是最大的娛樂。

二、臺灣的家庭

以今日臺灣的家庭組織來探討，無庸置疑地可發現其結構型態與傳統家庭已大有不同。臺大社會系朱岑樓教授 (1981) 曾以問卷調查 152 位專業人員,包括國內 15 所大專院校講授有關家庭課程之教師與臺北市 7 家日晚報家庭欄主編及專欄作家等，請他們列舉我國近六十年來發生的家庭特質的重大變遷，以十項為原則。在收回 96 份問卷中發現，從事家庭研究或教

學之專業者幾乎每一個人（96 人中有 94 人）認為我國家庭變遷的最大項目是：「以夫妻及未婚子女組成之家庭增多，傳統式大家庭相對減少」。雖然有些學者對我國傳統的大家庭置疑，但是臺灣的家庭人口數之逐漸減少的趨勢是很明顯的。

根據政府之統計報告，1940 年時，臺灣當時每戶平均人口為 5.85 人，2008 年時則已降至 3.0 人。詳細資料可見於表 12-1。

※表 12-1　臺灣地區平均家庭人口數，1940–2008

年　度	戶　數	每戶平均人口
1940	1,039	5.85
1951	1,440	5.46
1961	1,695	5.54
1971	2,716	5.6
1981	3,906	4.7
1991	5,227	3.9
2001	6,802	3.3
2008	7,656	3.0

資料來源：《中華民國臺灣地區社會指標統計》，1995、1990、2009。

以每戶平均人口數來推測，臺灣家庭並不是一個人數眾多的大家庭組織，它可能是一種核心家庭，但也可能是折衷家庭。前者係指一種由父母與未婚子女所組成的家庭；後者則指由父母及已婚子女之一所組成的家庭。陳寬政和賴澤涵先生認為臺灣的家庭屬於折衷家庭的說法，大致上來說是可信的。

臺灣家庭人口數的減少，其導因可包括：(1)人口的都市化；(2)教育程度的提高；(3)價值觀念的改變；(4)家庭計畫之推行；(5)醫藥衛生之普及；(6)工業化職業結構的改變；(7)西方文化之影響。人口的都市化造成都市的擁擠，狹小的居住空間實無法維持一個兼容數代的大家庭或子女眾多的「多子多孫」的家庭。這是很現實的現象，也是導致家庭人口數字不多的主因之一。另外一個值得強調的原因應該是工業化所帶來的職業結構之改變：

由需要大量人工勞力的農業進展到機械化的工業，由沒有固定工時的農業傳統工作方式進展到相當規則的工業體系，使得人們在時間的分配上規律化；因此能花在撫養眾多子女的時間就相對減少。何況，臺灣都市生活程度高，勞工的工資低，一個家庭往往需要夫婦兩人同時工作才能維持一家生計，更無法兼顧眾多的家庭人口。這也可能就是在朱岑樓先生的調查表中有 77 人（約 80%）聲稱「職業婦女增多，妻之經濟依賴減輕，家庭趨向於共同負擔」的原因。

婚姻對象選擇之權力由父執輩手中轉移到子女本人身上是臺灣家庭變遷的一大特徵。雖然到目前為止，這方面的研究都偏重於態度的測量，幾乎沒有對已婚者本身做分析，但是仍然可以肯定的說，這種傾向將是必然的。郝繼隆的一次大學生調查裡有 87% 回答希望能自己挑選對象，蔡文輝的中學生研究亦有 86% 希望如此；楊懋春和黃俊傑分別訪問家長探求其對安排子女婚姻的態度亦發現只有很少數目的父母堅持要全權為子女安排婚姻。雖然如此，一個比較合理的說法應該是子女的婚姻現在絕大多數是在父母子女多方面同意之下的結合，完全由父母全權安排的婚姻已逐漸減少，而完全由年輕人自己選擇的比例亦不高。

根據《聯合報》2005 年 6 月訪問 1,042 位 30 至 45 歲未婚男女擇偶條件的調查發現，男性不太接受「外表不理想」或「年齡大很多」的女性，而女性雖然也在意這兩項，卻更拒絕「不幫忙做家事」或「婚後不想工作」的男人。詳細情形可見下表 12-2。

婚前男女兩性的聚會或約會已逐漸成為年輕人擇偶過程中必經的途徑，其約會的地點與方式有著較濃厚的西方色彩和情調：看電影、逛街、進西餐廳、喝咖啡等是很普遍的青年次文化 (youth subculture)。婚前的性行為亦有增多的趨勢，雖然在這方面的研究還不很完整和系統化。一項由臺北市立聯合醫院在 2005 年針對 5,966 位高中生的問卷調查指出，約 8% 有過性行為，有一半以上不反對婚前性行為。至於初婚年齡的提高也是很明顯的，由 1971 年男 26.8、女 22.0 提高到 2008 年男 30.5、女 28.0。

離婚的情形也有逐年增加的趨勢，根據政府的統計資料，1966 年時之

※表 12-2　未婚男女擇偶條件

男　性		女　性	
女性之條件	接受程度	男性之條件	接受程度
外表不理想	26%	外表不理想	36%
年齡大很多	26%	年齡大很多或小很多	34%
學歷高	76%	學歷低	55%
賺錢多	72%	賺錢少	55%
離過婚	51%	離過婚	58%
政治立場不同	63%	政治立場不同	52%
不會做菜、做家事	56%	不幫忙做家事	18%
婚後不想工作	71%	婚後不想工作	22%

資料來源:《聯合報》民意調查中心，2005 年 6 月。

離婚率為每一千人當中有 0.38 對，1986 年增到 1.16 對，1991 年更增加到每千人 1.4 對及 2003 年的 2.9 對。如依 2008 年的比率來看，52.9% 是已婚有配偶者，離婚者占 6.6%，喪偶者 5.9%，未婚者 34.5%。表 12–3 包含幾項臺灣家庭的主要指標。司法院 2001 年離婚案件的分析發現離婚原因以遭遺棄最多 (47.4%)，虐待次之 (21.7%)；由女方提出申訴者 65%；有半數以上 (60%) 的申訴者婚齡超過九年以上，其中未滿五年者占 37.55%，五至九年婚齡者占 22.46%（《中華民國統計年鑑》，2002）。

※表 12-3　臺灣 15 歲以上人口婚姻狀態，1966–2008

年　度	未婚 (%)	有婚 (%)	離婚 (%)	喪偶 (%)	初婚年齡		離婚	
					男	女	對數	對／千人
1966	31.5	61.9	0.8	5.8	–	–	4,951	0.4
1971	37.2	57.1	0.7	5.0	26.8	22.0	5,310	0.4
1981	35.8	58.6	1.2	4.5	27.1	23.6	14,636	0.8
1991	33.9	59.0	2.4	4.7	28.4	25.7	28,324	1.4
2001	34.0	56.1	4.5	5.5	29.5	25.9	56,628	2.5
2008	34.5	52.9	6.6	5.9	30.5	28.0	56,103	2.4

資料來源:《中華民國臺灣地區社會指標統計》，1995、2009、1990。

從上表資料來看有配偶已婚人口逐年減少，初婚年齡逐漸增長。2005年《聯合報》的調查發現，未婚者堅持單身者只有17%，有44%想結婚但苦無對象。衛生署國民健康局2004年底的另外一項調查指出，36%未婚男性是因為「沒有經濟基礎」，40%的未婚女性是尚未找到適當對象。一個新發展是異國配偶的增加，近年來異國聯姻增加很多，約占總結婚數的四分之一（2003年的比例是25.16%），其中以來自東南亞者居多，其次為中國大陸。

三、中國大陸的家庭

當中共在中國大陸建立政權以後，在打倒傳統，破四舊的口號下，代表傳統的中國家庭制度首當其衝，成為改革的最大目標。馬列主義所主張的消滅私有財產和提高階級鬥爭實際上與中國傳統家庭制度相對立。因此，毛澤東說：「家庭是原始共產主義後期產生的，將來要消滅，有始有終。」中共思想認為「家庭是社會的細胞，它從來就和社會的經濟基礎，上層建築緊密地聯繫著，不同階級對立有不同的要求，社會上的兩個階級、兩條道路、兩條路線的鬥爭，無時無刻不在家庭中反映出來……。舊式家庭遺留下來的封建家長制的殘餘以及舊思想、舊風俗、舊習慣的影響，並不是短期內可以消除的。有的家庭甚至成了私自的防空洞、修字的避風港、四舊的溫床。因此，要求每一個家庭要用毛澤東思想沖刷舊式的家庭遺留下來的意識型態。」

中共對舊式傳統家庭與婚姻的改革大致上是依據其在1950年4月頒布的《中華人民共和國婚姻法》。這《婚姻法》開宗明義第一章就聲明：「廢除包辦強迫、男尊女卑、漠視子女利益的封建主義婚姻制度、實行男女婚姻自由、一夫一妻、男女權利平等、保護婦女和子女合法利益的新民主主義婚姻制度」（第1條）。「禁止重婚、納妾、禁止童養媳。禁止干涉寡婦舊婚姻自由。禁止任何人借婚姻關係問題索取財物」（第2條）。《婚姻法》規定法定婚姻年齡為男20歲，女18歲，並禁止直系親屬通婚、也不允許有嚴重生理或心理殘障者結婚；強調夫妻平等、父母對子女有養育的義務、

子女對父母也負扶養的責任，保護非婚生子女權利、離婚的自由與財產的分配方法等；這《婚姻法》並允許少數民族聚居地區變通實行之。

中共中央委員會在 1952 年的「關於保證執行《婚姻法》給全黨的通知」上說：「我全體黨員應一致擁護與遵守這一《婚姻法》。正確地實行《婚姻法》，不僅將使中國男女群眾——尤其是婦女群眾，從幾千年野蠻落後的舊婚姻制度下解放出來，而且可以建立新的婚姻制度、新的家庭關係、新的社會生活和新的社會道德。」

從《婚姻法》的法律條文來看，中共領導者思想開明前進，解放傳統男尊女卑的舊家庭。但是其實不然。中共是要把中國社會由家庭中心移交到中國共產黨手上。家庭雖然仍受法律上的保護，但實際上已逐漸被貶為單純的經濟生產單位。1954 年以後的農業生產合作社、1958 年的大躍進運動和人民公社的組成以及 1965 年到 1975 年間的「十年文革」對中國家庭組織和制度都產生了相當嚴重的負面影響。

大躍進運動帶來了嚴重的飢荒和大數目的死亡人口，而人民公社則要求「組織軍隊化、生活集體化、行動戰鬥化、家務勞動社會化。」王章陵描述：「一個家庭，有勞動力的人進生產隊、小孩進托兒所、年老的進敬老院；大家不在一起工作、不在一起吃飯、不在一起住宿；個人生活不在家庭而在集體，個人行動不是聽令於家長，而是聽命於黨組織及黨所領導的行政幹部，即官僚階級。很明顯，這就是對中國傳統家庭制度的破壞。」一群中國大陸學者批評公社制度時說：「社、隊普遍建立公共食堂、托兒所、敬老院、縫紉組等，以為這樣就解放了婦女、節約了勞力，可以使家務勞動化，還可以培養集體主義、共產主義精神。實際上，在沒有雄厚經濟力量和管理水平落後的條件下，這種社會化必然造成生產『大呼隆』、幹活磨洋工、吃飯一窩蜂的混亂局面，導致人力、物力、財力的巨大浪費，給群眾生活帶來更多的不便，因而遭到群眾的普遍反對。」

餓死的、硬被逼死的、工作疲勞過度死亡的、老幼無人照顧而死的，到處可見。「一些地區規定人死後『四不准』：一不准淺埋，要深埋三尺，上面種上莊稼；二不准哭；三不准埋在路旁；四不准戴孝。更惡劣的是黃

灣公社張灣小隊規定死了人不准戴白布，叫人披紅。」有的公社還規定，埋人要交稅，每埋一個人要交二斤酒、一隻老母雞。幹部還把死人的棉被和衣服剝光拿回家。

大躍進的錯誤政策造成了中國大陸的飢荒，人口死亡超過千萬。1965年開始的文化大革命雖然死亡人口數字不能跟之前的運動比，但是中國社會傳統結構所受到的破壞與知識分子所受的折磨，卻是空前的大浩劫。文化大革命主角紅衛兵的「破舊立新一百例」就列出要使家庭婦女革命化；不准雇用媬姆；家長一律不准用資產階級思想教育孩子；廢除封建家長制、不許打罵孩子，一律用毛澤東思想教育孩子；結婚不許要彩禮、不得鋪張浪費，要提倡新風俗、新習慣等等都是針對傳統中國家庭習俗的規定。汪學文在其所著的《中共文化大革命史論》裡引述莫斯科電臺說：「他們（紅衛兵）無惡不作，甚至能在孩子面前打死父母、在父母面前打死孩子，根本失去了人性，不僅男青年如此，有些女青年也變得非常殘忍。」對於民眾的婚喪喜慶，紅衛兵亦嚴加限制。廣州市的紅衛兵在其「大字報」上規定，人死之後要做到三不：不許哭、不許祭、不許買棺材。當天死，當天燒。紅衛兵任意闖進民宅，搶劫財物，姦淫良家婦女，霸占民房等等事件更是層出不窮。據紅衛兵宣布的戰果，到 1966 年底前，就有 1 萬 6,623 人被捕，由城市被放逐的人數高達 40 餘萬。

紅衛兵的胡鬧摧毀了不少傳統中國的文化，把數千年來的文化遺產嚴重破壞；但是紅衛兵只是被利用的工具而已，中共中央的政策才是始作俑者。中共把成千上萬的知識青年下放，把夫妻強迫分散；而扣帽子的手段更使得家庭裡的每一個人都人人自危，親情喪失。鄭念 (Cheng Nien) 在她寫的英文版回憶錄《上海之生與死》(*The Life and Death in Shanghai*) 裡有這樣的一段描述：「中國的無數年輕人都遠離家門到全國各地工作。他們離家數千里，夫妻之間一年之間也只能有短期的婚假。孩子們在無父的環境裡成長，而婦女們則面對著工作與養家的雙重困難。」北大的一位葉姓女教員的回憶錄裡也提到夫妻分離的痛苦，對女兒下放黑龍江九年的憂慮。中共時左時右搖擺不定的政策，搞得許多人家破人亡，分散四地，夫妻的感

情疏遠了，而兒女視父母為階級敵人。

　　中共統治大陸的五十年裡，夫妻分居的現象相當普遍。從 1950 年代的「反右鬥爭」到 1960 年代的「文化大革命」逼得不少人拋家棄子，上山下鄉，或甚至於流放邊疆。估計這五十年來，中國大陸超過 7 千萬人有過這種經驗。政治因素是造成中國大陸五十年來夫妻分居兩地的最大原因。由於對戶口的流動管制嚴格，有一部分人由鄉村調到城市，可是配偶的戶口卻報不進城市，而致夫妻分居。另外，城市裡住宅房屋不夠分配，有些夫妻婚後數年仍然配不到房子，只好分居等待機會。根據北京出版的《經濟參考》統計，中共每年要為這些分居兩地的夫妻支出人民幣 23 億元，「其中包括每對夫妻每年一次的探親，每次平均支出旅費 120 元；少創造產值 200 元，但仍要支出工資 70 元。」在 1980 年代上海市出現所謂「鴛鴦樓」以供「大齡青年」（即年近 30 或超過者）想結婚，又沒能力買房子的人的臨時住所，所以也稱「結婚周轉樓」。這種夫妻長期分居兩地的結果是中國大陸近年來離婚率增加的原因之一。

　　中共為了應付鄧小平的開放改革政策與配合四化運動的推動，在 1985 年頒布了新的《婚姻法》。原有的《婚姻法》共有八章 27 條，新《婚姻法》則有五章 37 條，增加了 10 條。其修改補充的主要內容包括：

1. 新法增加了保護老人的合法權益，實行計畫生育的規定。
2. 新法把結婚的法定年齡由原來的男 20 歲，女 18 歲提高到男 22 歲，女 20 歲；明確規定三代以內的旁系血親禁止結婚；增加了男方在結婚後也可成女方家庭成員的新規定。
3. 在第三章家庭關係部分，加強了對家庭關係的調整，對家庭成員的權利義務方面的規定更為具體。如對夫妻和父母子女關係中，規定夫妻「一方不履行扶養義務時，需要扶養的一方，有要求對方付給扶養費的權利」；「未成年子女有要求父母付給撫養費的權利」；「無勞動能力的或生活困難的父母，有要求子女給付贍養費的權利」；「父母有管教和保護未成年子女的權利和義務。」而且還規定「有負擔能力的兄、姊，對於父母已經死亡或父母無撫養能力的未成年的弟、妹，有撫養的義務。」

4. 在第四章的離婚部分中，詳細明確規定離婚的手續和程序。例如：關於現役軍人離婚的特殊保障；規定「女方在懷孕期間和分娩後一年內，男方不得提出離婚的要求」；並對包辦、買賣婚姻所引起的糾紛加以確定處理的原則；對因生女孩或第三者介入而引起的離婚糾紛也有所規定。至於離婚後財產和子女的處理也加以確定。

5. 新法對保證《婚姻法》的實施問題，也較舊法做了更詳盡的規定。違反者給予行政處分或法律制裁等的規定。按照中共學者朱華澤的看法：「經修改後的《婚姻法》，不僅把建國以來在婚姻家庭制度中所取得的偉大變革的成果，用法律形式肯定下來，而且正確反映了我國經濟、政治狀況的變化，並適應四化建設的需要，豐富和發展了我國婚姻立法的內容，使我們有了一部在新形勢下更為完善的調整婚姻家庭關係的法律，並成為我國在新的歷史時期中調整婚姻家庭關係的基本準則。」

中國大陸婦女地位的高低亦受到政治因素的影響。一胎化政策把生男不生女的傳統習俗問題明朗化。婦女在家的地位往往取決於是否生男而定。在財產的繼承上也是兒子比女兒多，就業和教育的機會也不是完全平等。

根據中共的新舊《婚姻法》，男女雙方都有要求離婚的自由。傳統社會裡，中國婦女要遵守在家從父、出嫁從夫的倫理要求；更要求「嫁雞隨雞，嫁狗隨狗」及「好女不嫁二夫」的行為規範。傳統中國的「七出」更是對婦女的壓榨和不平等待遇。中共認為資本主義社會雖然提倡男女平等及自由離婚的概念，由於婦女經濟上沒有保障，要離婚談何容易。相反地，在中國共產主義制度裡，「社會主義制度為實行離婚自由提供了物質條件，社會主義公有制的建立和社會經濟的發生，廣大婦女廣泛地參加社會生產勞動，已使婦女擺脫了過去家庭奴隸的地位。婦女在經濟上的平等地位帶來了家庭地位的平等，從而為婦女行使離婚自由的權利奠定了物質基礎，從根本上保障了離婚自由權利的實現。」雖然如此，在中共統治下的社會裡，要求離婚仍然不容易，尤其在 1975 年以前，父母之命，媒妁之言的婚姻仍然占絕大部分，結婚和離婚非當事人雙方可以自做主張的。再加上中共嚴格控制居民的遷移，一個離婚後的婦女仍然必須居留原地，受到鄉人的責

難和歧視是可以想像得到的；離婚可以說是少而又少。

　　自從 1975 年改革以後人民流動率增加，年輕人自擇配偶的比例也在提高。再加上，生育子女人數的減少，離婚案件在中國大陸有逐年增加的趨勢。雖然中共的統計資料並不很完整，一份 1988 年的社會統計資料上指出，1978 年大約有 17 萬對離婚者，但到 1988 年時則已高至 65 萬對；離婚的對數在這十年間增加了四倍以上。到 1997 年離婚對數已達 98 萬。由離婚率來看，每一千人當中的離婚者，在 1979 年大約是 0.66；1990 年為 1.4；到 2003 年已達 2.1。這個比率跟其他國家比較仍然不算高，但比率的增加則是一明顯的事實。離婚率可見表 12-4。

※表 12-4　中國大陸離婚率

年　度	離婚率 (%)
1979	0.66
1980	0.7
1985	0.84
1988	1.1
1990	1.4
1995	1.8
1997	1.9
2003	2.1

資料來源：《中國統計年鑑》, 1998、2003。

　　由於核心家庭的日漸普遍，家庭小孩人數的減少，都使夫妻雙方感到對離婚的決定比以往單純多了。根據資料，1982 年，全國平均每戶人數約 4.54 人，城市 4.24 人，鄉村稍高，4.62 人。1997 年，全國平均每戶約四個人，城市、鄉村分別為 3.19 人、4.35 人。照人口的分布眾數是平均每戶 4 人 (1982) 或 3 人 (1997)。2003 年以來每戶平均人口仍然維持小家庭趨勢。明顯的，中國大陸家庭組織往小家庭的方向轉變。尤其是一胎化運動使小家庭更普遍。

　　小家庭及核心家庭的普遍能造成另一個後果：老年人扶養的問題。據

資料顯示，2000 年的生命餘年已達男 69.63、女 73.33；而 2003 年 65 歲以上人口占總人口的 8.5%。老年人口的增加對社會是一大壓力。中國大陸以往常以「頂替」方式來安排子女的職業以保證老人的晚年由子女來奉養。開放以後，國營事業大量開放私有民營，由國家主導的離休制度將無法貫徹執行。新的社會安全制度仍待建立，老人的退休經濟生活將面臨困難。

　　中共自建立政權以後，一直把家庭視為傳統中國落後的最主要原因。在過去五十多年來，家庭經歷了不少的摧殘。大躍進、反右運動、文化大革命、一胎化政策等都改變了中國家庭的結構與精神。

關鍵名詞

- 父權制 (patriarchy)　一種由男性掌握權勢的家庭組織型態。
- 母權制 (matriarchy)　一種由女性掌握權勢的家庭組織型態。
- 均權制 (companionship)　一種由男女雙方分享權勢的家庭組織型態。
- 父宅 (patrilocal)　一種以夫家（或男方家庭）為居住地之家庭組織型態。
- 母宅 (matrilocal)　一種以妻家（或女方家庭）為居住地之家庭組織型態。
- 自宅 (neolocal)　一種在夫妻婚後自設家居地之家庭組織型態。
- 父系 (patrilineal)　一種由男性承襲香火系統的家庭組織型態。
- 母系 (matrilineal)　一種由女性承襲香火系統的家庭組織型態。
- 雙系 (bilateral)　一種由子女同時承襲父母雙方血統的家庭組織型態。
- 擴大家庭 (extended families)　一種包括三代以上同堂合居的家庭型態。
- 核心家庭 (nuclear families)　一種由二代或二代以內成員所組成的家庭組織。
- 一夫一妻制 (monogamy)　一種一夫一妻的婚姻方式。
- 多夫多妻制 (polygamy)　指一夫多妻及一妻多夫婚姻方式的通稱。
- 一夫多妻制 (polygyny)　一種一夫多妻的婚姻方式。
- 一妻多夫制 (polyandry)　一種一妻多夫的婚姻方式。
- 聯串一夫一妻制 (serial monogamy)　指今日西方社會雖以一夫一妻制為婚姻方式，但因離婚與再婚的原因，個人在一生中可能經歷數次一夫一妻婚姻

經驗。

- **內婚制 (endogamy)** 在同一團體或同一社會內挑選配偶的婚姻方式。
- **外婚制 (exogamy)** 指在本團體或社會以外之團體挑選配偶的婚姻方式。
- **姻親關係 (conjugal relationships)** 由婚姻所滋生之親屬關係，如夫妻關係。
- **血親關係 (consanguineal relationships)** 由生育關係所產生之親屬關係，如父母子女關係。
- **資源假設 (resource hypothesis)** 一種認為夫妻之間的權力來自其個人相對資源之多寡問題之理論。
- **離婚率 (divorce rate)** 指每千名 15 歲以上已婚婦女中離婚人數率。
- **折衷家庭 (stem family)** 一種一對夫妻的小家庭加上其一的父母所組成的家庭。

參考文獻

Benokraitis, Nijole V.

 1997 *Marriage and Families*. Englewood Cliffs, N.J.: Prentice-Hall.

Blood, Robert O. J., and Donald M. Wolfe

 1960 *Husbands and Wives: The Dynamics of Married Living*. New York: Free Press.

Bohannan, Paul

 1970 "The Six Stations of Divorce." pp. 29–55, in Paul Bohannan ed., *Divorce and After*. New York: Doubleday.

Clayton, Richard R.

 1979 *The Family, Marriage, and Social Change*. Lesington, Mass.: D.C. Heath.

Cuber, John, and Peggy Harroff

 1965 *The Significant Americans*. New York: Random House.

Hsu, Francis L. K.

 1948 *Under the Ancestor's Shadow*. New York: Columbia University Press.

Knox, David H., Jr.

    1975   *Marriage: Who? When? Why?* Englewood Cliffs, N.J.: Prentice-Hall.

Laumanna, Mary Ann, and Agnes Riedmann

    2003   *Marriages and Families: Making Choices and Facing Change.* 9 th ed. Belmont, CA: Wadsworth.

Lin, Phylis Lan, and Wen-hui Tsai, eds.

    1995   *Marriage and the Family: A Global Perspective.* Indianapolis: University of Indianapolis Press.

Schak, David

    1975   *Dating and Mate Selection in Modern Taiwan.* Taipei: Chinese Folklore Society.

Stanton, Glenn T.

    2004   *Marriage on Trial: the Case Against Same-sex Marriage and Parenting.* Downers Grove, IL: InterVarsity Press.

Wolf, Margery

    1972   *Women and Family in Rural Taiwan.* Stanford: Stanford University Press.

Waller, Willard

    1951   *The Family: A Dynamic Interpretation.* New York: Dryden.

王耕今

    1989   《農村三十年》。北京：農村讀物。

王章陵

    1978   《中國大陸的社會變遷》。臺北：黎明。

內政部統計處

    2005   《九十年單親家庭生活狀況調查報告》。臺北：內政部。

朱岑樓主編

    1981   《我國社會的變遷與發展》。臺北：三民。

行政院勞委會

2005　《臺灣地區婦女勞動統計》。臺北：勞委會。

許倬雲

1967　〈漢代家庭的大小〉。載於《慶祝李濟先生七十歲論文集》（下冊），
頁 789-806。臺北：清華。

翟作君、劉德軍、朱敏彥編

1989　《共和國四十年大事述評》。北京：檔案。

蔡文輝

1981　《社會學與中國研究》。臺北：東大。

2003　《家庭與婚姻》。臺北：五南。

拉曼納、雷德門著，蔡文輝、李紹嶸合譯

1984　《婚姻與家庭》。臺北：巨流。

賴澤涵、陳寬政

1980　〈我國家庭形式的歷史與人口探討〉，《中國社會學刊》，第五期，頁
25-40。

賴澤涵

1982　〈中國家庭的型式及結構〉。載於陳昭南等主編，《社會科學整合論
文集》。臺北：中央研究院三民主義研究所。

龍冠海

1966　《社會學》。臺北：三民。

簡春安

1994　〈社會變遷中臺灣地區的婚姻與家庭〉。《研考雙週刊》，第十八期，
頁 37-44。

藍采風

1996　《婚姻與家庭》。臺北：幼獅。

第十三章

教育制度

Sociology

第一節 教育的功能

從廣義來講，所有的人類社會都有其教育制度，有些社會有很正式的學校制度來負責教育的責任，而有些社會則只有非正式的口語傳授方式來達成教育的任務。無論如何，任何社會都不能沒有教育制度。這是因為，每個社會都必須設法訓練和培養其年輕的下一代，使其成為社會裡有用的一分子。第五章裡所提到的社會化過程，實際上可以說是教育的過程。雖然如此，當代社會科學家在比較社會化與教育時，常將社會化視為一種把小孩「帶大」的過程，由嬰兒逐漸長大成人；而教育則指那訓練和培養的工作。也就是說「帶大」一個小孩並不就等於教育一個小孩。

社會科學家和教育學家指出在當代社會裡，社會化的工作和教育工作是可以分開來的。社會化過程裡把小孩帶大是一種較非正式的活動，而經由學校負責的教育工作則是一種相當正式的活動。在社會化過程裡，小孩與父母及其他親人的關係是一種親密的初級關係，他們之間的互動並非刻意安排的。但是在學校裡，學生與老師之間的關係是次級關係，兩者之間的互動有明晰的界定範圍；同時學校的課程是經周詳的計畫而安排推展的。在家庭的社會化裡，一個小孩的地位常常是決定在他「可愛」或「乖巧」的程度；而在學校裡，他的地位則建立在課業的成績上。在家裡，孩子可以撒嬌或隨心所欲；在學校裡，他必須服從一個大眾化的標準規矩；其行為模式有很大的差別。

無論是在傳統中國或中古歐洲社會裡，早期的教育是上流社會的專利。在傳統中國，因為科舉制度的影響使人們重視接受教育。然而實際上，大多數的窮人家子女是不可能接受正規教育的。受教育在經濟上，在時間上的需求極大，這二者在傳統中國窮農家子弟是辦不到的。在中古歐洲社會，負責教育的主要社會團體是宗教團體，受教育的僅限於上流社會和貴族階級分子。今日我們所熟悉的大眾化普及教育還是二十世紀的事，目前強調

職業訓練的教育制度更是最近的發展。

　　社會學家在研究分析教育制度時，第一個注意的問題是教育到底擔負了哪些社會功能?教育的目的何在?這可由它的顯出功能 (manifest function)及潛在功能 (latent function) 分別來談。

一、顯出功能

　　顯出功能是指一種文化特質或制度的原定的、明顯的功能。例如汽車的顯出功能是交通工具，可將人或物由一地運往另一地。教育的顯出功能則包括：文化的傳遞與整合、學術和技藝的學習、創造發明，以及人才的挑選培養等。

㈠文化的傳遞

　　教育的最明顯的顯出功能就是把一個社會裡的知識及生存技藝由一代相傳到下一代。社會學家稱這個功能為**文化傳襲** (cultural transmission)。在一個單純同質的初級社會裡，人們的價值觀念、文化模式、規範，以及行為表現都比較一致。因此，不需要什麼特別訓練或教育就可一代一代的傳襲下去。但是在一個複雜異質的社會裡，特別是當代的工業社會裡，人們的行為模式、社會規範、價值觀念等都較複雜，必須由專門的機構或社會制度來加以負責才能達到傳遞的功能。同時，哪些文化特質有必要傳襲給下一代，哪些可免，都須由社會裡的專門機構來加以裁決。學校往往就負擔起這個任務：學校的課程和傳授內容因而反映著社會對文化項目傳襲的選擇。譬如，在 1960 年代以前，很少有美國的大學開授「黑人研究」(Black studies) 或「婦女研究」(women studies)。但是，目前這兩門研究課程相當普遍，就是因為當前社會認為學校是這兩類特殊文化傳襲的最佳場所。各級學校的課程表的安排難免牽涉到政治因素。例如，三民主義曾被列為臺灣地區中學及大學的共同必修課，而大陸學校規定傳授馬列主義及毛澤東思想，就有政治因素。又如安排某種外國語文的課程、或軍事訓練都是同樣的理由。

㈡文化的整合

教育不僅僅把文化從一代傳襲到下一代，同時也有把文化加以整合的功能。前曾提過學校的課程安排常常受政治因素的影響。學校在教育學生時灌輸學生以國家和文化為榮：唱國歌、讀中國地理、歷史以及中國古典文學等等都在培養學生們一種愛國家愛文化的情操。無論學生的家庭背景如何，學生們在學校裡學習相同的知識和接受相同的道德訓練，希望能教導出一群在文化上相當一致的新生一代。國語文字的訓練就是一個好例子；中國各省各地的方言儘管不同，在學校裡則用同樣的唸法與寫同樣的字體，這就是一種文化的整合。

㈢學術和技藝的學習

現代社會一方面結構複雜，另一方面則資訊發展相當迅速。家庭內的社會化無法完全提供年輕一代一切必需的知識和技藝。於是學校就成為年輕一代吸收知識和學習技藝的最好場所。一個小孩在學校裡學習到數學、語文、科學知識、普通常識和文學藝術等日後長大成人所必須具備的求生技巧。學校功課的好壞還可以指出一個小孩能否應付難題，或應選擇學術性方面的發展或應學一技之長。為了達到這些目的，學校的設備及師資都不是一般家庭所能提供的。二十一世紀的網路資訊的訓練與學習，就非家庭所能擔當，必須依賴學校和其他教育機構來執行。

㈣創造發明

教育的最主要功能是傳遞文化。而每一個文化裡都有某些足以啟發人們創造發明的思想方式和方法。學校因此也就成為一個頗具創造發明能力的社會制度；特別是在大專以上的高等教育制度裡。大專學校不僅是教學場所，也是發明研究的機構。而大學教授的考績也必須同時建立在教學上及研究上。事實上，在許多著名院校裡，研究比教學更受重視。在美國大學裡，教授的升等或待遇調整大多數是根據個人的研究成果的。

㈤人才的挑選培養

教育制度常常被用以培養和挑選社會領袖人才。事實上，學校的體系常常反映社會階層的特質：上流社會子弟進著名的貴族學校，主修文學藝術；而下層社會子弟則被送往技藝訓練的工科職業學校。同時，成績優秀且家庭環境能負擔的學生被鼓勵繼續升學；程度差、家庭貧窮的就被勸阻在中學畢業後即找工作維生。臺灣過去有些學校把學生分為「升學班」和「放牛班」就是這種現象的例子。

二、潛在功能

潛在功能係指不明顯的或原先未設定卻仍然提供的功能。汽車的顯出功能是交通工具，而它的潛在功能是代表駕駛人擁有者的社會地位。教育的潛在功能有：照顧小孩或未成年人、減少職業上競爭、建立未來的人際關係、文憑主義、改變成員的態度及觀點等。

㈠照顧小孩或未成年人

教育的潛在功能之一是提供學校作為照顧小孩或未成年人的場所。在今日的核心家庭裡，照顧小孩的人手自然不夠；尤其如果父母兩人白天都在外工作，更無暇照顧小孩。因此，幼稚園、小學、中學、甚至於高中都常被視為照顧孩子的場所，讓小孩有成年人看管：除了讓學校提供所有的顯出功能外，不僅讓老師指導約束學生的行為，還能注意到他們的物質生活上、精神上的問題。

㈡減少職業上競爭

由於小孩停留在學校的日子越來越長，由小學一直到大學，近來還有延伸到研究所研讀的趨勢，這些能緩衝一大批年輕人立刻加入職業市場的競爭，於是延緩了社會上失業的情況。

㈢建立未來的人際關係

同學常常是人們一輩子的好朋友；這些同學很可能在未來的成年社會圈裡扮演重要角色。跟同學一齊參加社團活動、一齊遊樂，甚至於幫忙尋找結婚的對象，或在職業工作上一同努力，彼此協助。

㈣文憑主義

學校所頒發的文憑和學位代表著一個學生接受並完成某種專業訓練。文憑也就變成一個人工作能力的有效證明，這會影響到個人職業或事業上的成就。今日很多職業都明文規定需要文憑證明的。

㈤改變成員的態度及觀點

教育常常對人們態度的改變有很大的作用。研究資料上示明，大學畢業生比較能容忍差異行為者，比較開放；只受過中學教育者容忍度較低。學校的體制、課程都能影響學生的觀點，改變個人的態度。

教育制度有其特有的功能，但如果教育制度沒有其他社會制度的配合及協助，是不容易單獨擔起上述各項功能。教育制度跟家庭制度、宗教制度、政治制度、經濟制度都有密切的關係，彼此相互影響。

㈠家庭與教育

一個小孩在學校成績的好壞跟其家庭環境有關。研究資料發現孩子多的家庭，其子女的學校成績比孩子少的家庭子女要差：家庭子女的多寡與學校成績成反比。研究結果也發現家庭裡老大的成績比其他小孩差，因為老大沒有人可以領著學習，老么成績會較好，因為早由哥哥姊姊處學得許多，起步較早，同時為了跟哥哥姐姐們爭風頭會比較用功。研究的結論是獨生子和老么的程度總是比較優秀 (Clignet, 1974)。

另外的研究則指出來自家庭重視子女成就的孩子遠比什麼都不管的父母的孩子在課業上強得多。因為注重成就的父母會鼓勵協助子女的課業，

並給予獎賞；而不重視成就的父母不僅不會花時間在子女的課業上，即使子女在課業上有所表現時也不會給予獎賞，因此減少了子女向上求進步的動機。除此之外，教育程度較高的父母常能適時給孩子許多指引，使他們事半功倍，不僅學業上，人生經驗上都得到很大的方便。

(二)宗教與教育

在西方社會裡，教會對學校課程的安排有相當大的影響力。達爾文(Charles R. Darwin) 的進化論一直到最近還有教會堅持不應該在學校裡講授，禱告是不是學校正規的活動也是爭論的主題。不可否認，教會學校的管教比公立學校嚴格，規矩也多。一般來講，教會對教育是相當支持的，教會常按其教義增排課程及建立各級學校以提供教育機會也是事實。

(三)政治與教育

一個社會的政治體系影響到該社會的教育制度是不能否認的事實。政府的政策常可左右教育的目標和方式。尤其近年來，公立學校逐漸代替私立學校；經費來自政府，自然能影響學校的體制，高等教育裡的研究經費大多數來自政府各部門的研究發展計畫，其受政府之控制更為明顯。早先，為了提高對國防教育的重視，美國國會曾在 1958 年通過《國防教育法案》，劃撥一筆龐大的經費以支持科學、數學，及某些外國語言的訓練，造成美國高等教育在這方面研究訓練的進步。近年來美國政府禁止種族歧視，學校裡如有任何違反《種族歧視法案》的情況都會遭受到聯邦政府在經濟上的裁減。不僅如此，政治領袖也常利用學校來宣導其個人或政黨的教條，或利用學生運動來達成個人政治野心。中國大陸 1960 年代的文化大革命是最好的例子；毛澤東為了鞏固其個人政治生命，為了打擊其政敵，發動全國各地中小學生搞文化大革命。臺灣過去在國民黨執政時期，教育是朝著大中國的政策走，民進黨執政後的教育則朝本土化方向教改。可見政治對教育的影響很明顯。

㈣經濟與教育

一般來講，教育程度越高，個人的平均收入就越高。學校的成績表現影響到個人求職的機會，職位以及收入的高低。家庭收入中等以上者，其子女完成中學的比率要比低收入家庭子女高得多。雖然臺灣目前實行九年國民義務教育，但是高中和大學仍然是自費的教育，低收入家庭在籌備子女學費的困難仍是很明顯的社會事實。從整個社會來看，經濟繁榮時，社會對教育的支持較積極，經濟不景氣時，教育經費必受影響和裁減。

第二節　教育的組織

當代社會的複雜性使教育的組織及形式已有所改變；傳統一個老師對一個學生的方式已完全不可能，甚至於近代初期所實施的一班制學校也幾乎不可能。學校已變成了一個很複雜的現代官僚組織。學校裡有行政主管人員、教師、輔導員、職員、學生等各類人員；而社會裡的教育體系則更包括了各級學校，如：研究所、大學、高中、國中、小學、幼稚園等；同時也包括了各類學校，如：師範學校、職業學校、普通學校、補習學校等。教育體系裡或學校組織等的人事、行政以及經費運用都已不能由一簡單的組織來處理，而需由一講求效率成果的官僚組織來負責。

目前大多數的社會裡，教育組織是由政府統一的教育機構專業管理負責。以目前中華民國的教育體系來看，中央政府有一管理負責教育的教育部，各縣市各有教育局。以學制來分析，最高等的有攻讀博士和碩士學位的研究所，其下有大學獨立學院、高級中學、國民中學、國民小學以及幼稚園；還有專科技術學院、三年制、二年制、五年制專科學校，高級職業學校；特殊教育包括高職部、初職部以及小學部；再加上非正規的補習教育又包括專科進修補校、高級進修補校、國中補校、國小補校等。其複雜程度可以想像。這種複雜的官僚組織不僅存在於教育行政體系上，在各級

學校組織裡亦然。學校裡有校長、教務處、訓導處、主計室、人事處、教員等各級階層官僚組織及人員。

官僚組織的一個最大的特點是權責層次分配清楚，地位階層體系井然有序。正像其他工廠，企業或政府等機構一樣，學校的官僚組織也相當明顯。它包括行政主管單位，教師以及學生。

一、行政主管單位

這階層包括兩部分。一部分是校外間接指揮校務的主管機構（如教育部、縣市教育局等）和董事會（如私立學校的董事會）；這些人不負責日常校務，但具有擬定教學方針及校務運用原則的權力。另外一部分則是校內各級主管，如校長、各學院院長、系主任等單位負有行政責任的主管；這些主管賦有指揮日常校務的操作及對工作人員的選拔升遷的權力。

二、教　師

這階層包括所有不擔負行政工作的專業教員。他們的責任是教學與監督學生課業與活動；權力不大，卻對學生的課業成敗影響最大。有些學校給予教師相當程度的自由，可選擇教學方式、課本、課外讀物等等，有些學校則不。教師雖能對學校行政提供意見，但無決定權。李遠哲先生當年由美返臺擔任中央研究院院長時極力倡導的「教授治校」，是對美國大學行政職權的巨大誤解。因為美國大學裡由教授們組成的各種委員會 (committee)，只扮演諮詢的角色提供意見，以供行政主管執行的參考而已，並無實權。臺灣卻由此演變成教授堅持實權的現象。正因「教授治校」的誤導，臺灣高等教育淪為教授與行政主管的鬥爭。

三、學　生

在學校的階層體系裡，學生位置最低。學生通常只有聽命的分，沒有參與決定政策的權力。但是學生的數目是整個學校組織裡最大者。中國古訓：「一日為師，終生為父」，就是把老師當長輩看待，學生與老師的權力

關係是不均等的。最近的趨勢是學校把學生當成顧客 (consumers) 看待，對學生的訴求也因而較前略為重視。

第三節　教育與社會變遷

在許多國家社會，教育是決定一個人在社會流動過程裡上升流動的最好因素。在美國社會裡，只要願意，只要能付得起學費，通常學生可以往上一級的學校繼續求學；成績優秀者能攻讀有名的學校，成績平平的至少可以找到一個普通學校就讀。學生只要在校保持最低畢業要求標準就可申請較上一級學校的入學許可，不必經過統一入學考試。但是在亞洲和歐洲一些國家裡，學生則需經過入學考試才能進入各級學校，成績優良的學生才可進入普通大學攻讀學位，或進入特別的專業學校（如醫科和法科）；成績較差的可能進入以職業訓練為主的職業學校。這兩類學校的學生很少能夠獲得轉學的機會。日本東京帝國大學的校友在政治界勢力宏大就是經由這種途徑挑選出來的，他們以培養社會領袖人才為目標。

美國的教育機會是開發國家裡最普遍的，因為美國人大都對教育有一個信念，相信教育能帶來個人事業的成功以及財富。「年輕人，先去讀書吧！」這句話是用來勸告年輕人求上進的常用語。做父母的也盡量送子女到學校接受教育，希望教育可以改變下一代的命運。事實上，美國社會裡的教育機會相當平等和普遍。因此，只要努力，一個年輕人可以接受到好教育，出人頭地，或者至少也可以學到一技之長，以維生計。

這種信念反映在美國社會的教育普及。一個世紀前，許多美國人連小學教育都沒有；隨後，就學的年數就慢慢增加：到第一次世界大戰時，每州都已訂小學為義務教育；到二次大戰時，中學也成為義務教育。今天絕大多數美國人，至少完成中學教育。2003 年，高於 84.6% 的美國成年人至少完成中學（高中）教育。這項學校教育的進步不僅只在美國，幾乎所有的國家都推動義務教育。部分貧窮國家正在推廣，而大多數的工業化國家，

這種大眾的教育已成事實。茲將世界上 68 國的義務教育年限，以地區別，列於表 13-1，以供參考。

※表 13-1　世界 68 國及地區義務教育年限

地　區	計	年　限					
		5～6	8	9	10	11～12	未規定
歐　美	30	0	4	15	7	4	0
中南美	15	2	3	6	3	1	0
亞太非	23	5	4	6	1	1	6
計	68	7	11	27	11	6	6

　　雖然一般美國人都相信教育是提高一個人或一個家庭社會地位的最好途徑，但是最近已有學者提出不同的看法。他們指出上流社會家庭的子女仍比中下等人家子女要占很多優勢：他們可以運用其家勢關係，進入貴族學校、獲取較優職業；並在職業上獲得更多機會成功。目前一個令人擔憂的問題是學生人數擴展太快，而職業市場小，無法容納每一個大學畢業生。以往大學文憑可換取理想的職業，現在大學畢業生失業的不少。中下等人家子弟因缺少家勢關係，其就業機會及藉由教育而上升流動的機會往往受到限制。

　　二十世紀一個明顯的教育變遷是課程的重點由文法科目轉為理工科。這種轉變一方面是因為近代科技發達、社會工業化所致，另一方面則是因為理工科重實用，在經濟不景氣時期比較容易找到工作。主張這種重理工科者聲稱文法科不符實際，不僅不能為學生找到工作，而且為社會培養了一群學無專長的庸才。但是反對這種論調的學者則指出：教育本應包括道德訓練、人才培養以及藝術哲學欣賞等，不應該把教育縮小到只是職業訓練。理工技藝方面的訓練雖然培養了一批可以操縱機器的專才，卻不能教育出一批有眼光、有修養以及有道德的社會領袖；如果只重視技藝的傳授則會動搖整個社會的根基。

　　這種現象在目前臺灣的教育政策上也是非常明顯的。政府再三地強調

今後教育規劃應以職業教育為主，而且在擴充大學科系研究所時也以理工科系研究所為優先。凡是對國家建設無重大關聯之科系所，均予以調整，包括歸併、更名、撤銷及停止招生等。

在許多教育變遷裡，另一個很值得注意的變遷是師生關係的改變。以往，為師者有至上的權威，對學生也可以實施體罰或其他方式的處罰；近年來，教師的權威大為低落，校園裡學生攻擊教師的暴力犯罪行為在美國已成為一個相當嚴重的問題。在臺灣，學生攻擊教師的暴力犯罪行為也時有所聞。在我國社會裡，師生關係是有一定規範的，儒家對老師有教無類的要求是提倡普及教育的先聲，而對老師的言教與以身作則的要求更是嚴格。「為人師表」代表著一種完美的人格模範。學生在老師的身教言教當中學習做人的道理。但是在目前臺灣急速的社會變遷裡，學校的教育方針已由道德教育逐漸轉向職業教育。老師所傳授的只是知識與工藝技術。因此，老師不再是學生的人格模範，而學生也無需向老師學習做人的道理；加上班級學生人數眾多，老師無法照顧每一個學生，師生之間的關係由傳統社會裡的初級關係轉而為工業社會裡的次級關係，兩者來往並不親密。

影響師生關係改變的另一原因是目前學生所接受的知識來源並非全由老師傳授：網路、電視、報章雜誌、電影、收音機等等大眾傳播工具不僅傳授學生很多新知識，而且可能比老師所知之學問有過之處。學生對老師的依賴性減少了，相對的，老師的權威性也減少了。

最近，在西方國家，特別是美國，教育與社會變遷兩者之間的關係導致了一個嚴重的問題：學生課業成績的普遍下降。美國全國性中等學校課業評試裡發現公立學校的一般學生成績皆有下降的趨勢，而且公立學校比私立學校成績要低很多。學生父母開始批評學校對學生管教不嚴與教法不當。有些家長指出一般公立學校過分強調課外活動，忽視了最基本的英文與數學方面的訓練。有些學生（尤其是著名的籃球或足球名將）高中畢業後竟然還不能閱讀報章雜誌、填寫表格，甚至於有少數球員大學畢業後，其英文還只有小學程度。

在這種批判的聲浪裡，有不少的學校已開始加強英文、數學、自然科

學等基礎學科的訓練，對學生的管教亦趨於嚴格。不僅如此，對老師本身知識的資格要求亦日漸趨向嚴格。希望能提高學生課業的程度。有些家長主張自己教育小孩，稱之為家庭學校 (home school)，把小孩留在家裡自己教。有些州政府允許這種家教方式，並提供教材及參加課外活動的機會。只要小孩能通過一般性考試，州政府可承認其資格及學位。

社會變遷給學校帶來了一些社會問題：學校不可能跟外界隔離，因此社會發生的問題，也直接間接地帶進了學校裡，例如，傷害犯罪、吸毒問題。在臺灣地區，近年來社會上常見的暴力行為逐漸的影響了學校裡的學生行為。學校教員受學生恐嚇或暴力攻擊之事已時有所聞；社會上民主運動的思想，也影響並引進大專校園。受社會變遷的影響後，教育制度在體制上、教學上都有所改變。然而由另一個角度來看，教育原本就是社會變遷的原動力，兩者是相互彼此影響的。

第四節　臺灣的教育制度

我國自清末光緒 28 年頒布《欽定學堂章程》之後，始有正式明文規定之學制。其後歷經修改演變而成現行之學制。學生在學期間，自幼稚園至研究所共計二十二年以上，其中包括：幼稚園二年；國民小學六年；國民中學三年；高級中等學校分別為高中三年或職校三年；專科學校依入學資格之不同，分別為招收國民中學畢業生入學之五年制專科，及招收高級中等學校畢業生之三年專科與招收高級職業學校畢業生為主之二年制專科；大學及獨立學院修業期限以四年為原則，但視學系性質，延長一年或二年，並依學系實際需要另增加實習半年至二年。民國七十一學年度起增設學士學位後的醫學系，中醫學系，招收大學畢業生修業五年；研究所碩士班修業年限一至四年；博士班為二至七年；特殊學校及補習學校之修業年限分別比照同等級之正規學校。國小學生學業成績優異者可跳級一次，國中、高中學生學業成績優異者可提前一年報考高一級學校，大專院校學生成績

優異者則可提前畢業。

至於學齡之規定：幼稚園之保育年齡為 4 至 6 歲；國民小學在學年齡為 6 至 12 歲；國民中學之在學年齡為 12 至 15 歲；高級中學之在學年齡為 15 至 18 歲；高級職業學校之在學年齡為 15 至 22 歲；專科以上學校之在學年齡無明文規定。

專設的特殊學校分為收盲生的啟明、收聾生的啟聰、收智能不足學生的啟智，及收肢體殘障學生的仁愛等四類。依學業程度分幼稚園、國小、國中、高中及高職等。中、小學附設之特殊班有啟明、啟聰、啟學（學習有障礙的）、啟聲（語言障礙），啟健（身體病弱）、啟仁（肢體障礙及多重障礙），以及輔導資賦優異之資優、數學、音樂、美術、體育等班。

補習學校分為國民補校及進修補校。自民國五十七學年度實施九年國民義務教育，國民補校包括國小及國中的補校；進修補校包括超過國民義務教育的高中，高職及專科的補校。民國七十二學年度開辦有「延長以職業教育為主之國民教育」，招收 18 歲以下自願不升學之國中畢業生入學，採取彈性式進修，自 1995 年元月起，正式更名為「實用技能班」。1986 年 7 月設立空中大學，提供大學程度進修之機會。

自 1949 年中央政府遷臺以來，經濟迅速成長、人口不斷增加。基於事實上的需要，政府及民間共同致力於教育之擴展，由幼兒的保育到大學研究所的教育都有顯著的改變。教育經費的總額逐年增加，由 2 億新臺幣 (1950) 到 7,485 億（九十七學年度）；其所占國民生產的毛額，在同期裡，也由 1.78% 增到 5.91%；在八十一～八十二學年度，其比率曾高達 7.06%。

在這半世紀裡 (1950-2008)，各級學校，學生人數，專任教師人數，每班平均學生數，每教師平均學生數等也都表明臺灣地區對教育的重視及改進（詳細數字可見表 13-2，並特列出中期的 1975 及 2008 年資料以為比較）。學生人數由剛超過 100 萬增加到 516 餘萬，約有五倍的增長；專任教員則由 2 萬 9 千增加到 27 萬 5 千，增長幾乎九倍有餘；這明顯的表示教師與學生的比率改進了。的確每位教師的學生平均數由 36.4 人減到 19.6 人；這些都顯示出臺灣社會對教育的重視，只有這樣才能提高教學的效果。除

※表 13-2　臺灣地區教育資料簡介

	1950 年	1975 年	2000 年	2008 年
教育經費（億元）	2.13	253.77	5,487.6	7,485.7
教育經費占國民生產毛額 (%)	1.78	3.95	5.37	5.91
各級學校（所）	1,504	4,540	8.71	8,091
就學人數（千人）	1,055	4,449	5,303	5,165
專任教師（千人）	29	144	268	275
幼稚教育校數（所）	28	762	3,150	3,195
國民學校校數（所）	1,231	2,376	2,600	2,657
國民中學校數 *（所）	128**	605	709	740
高級中學校數（所）	62	195	277	321
職業學校校數 ***（所）	85	177	188	156
大專院校校數（所）	7	101	151	109

* 國民教育於民國五十七學年度起延伸為九年，初級中學三年改為國民中學三年。
** 在此之前中學指初級中學及高級中學。
***1971 年以前，師範學校包括在職業學校中。1971 年以前包括初職。
資料來源：歷年《中華民國教育統計》。

此之外，6 歲到未滿 12 歲的學齡兒童就學率由 80% 增長到幾近 100% 的 99.94%，真正的達到了全民的普及教育。

中等教育原本包括中學（初中及高中）、師範學校、職業學校（初等及高等職業學校）三類。實施九年國民教育後，初中改成國中，劃歸國民教育；初等職業學校停止招生，逐年結束；師範學校早自民國四十九學年度已開始分年改制為師範專科學校，到 1971 年，已無師範學校；為再提高國小教學素質，師範專科學校於七十六學年度改制為四年制師範學院。

職業學校是為培養健全的基層技術人員。三十九學年度時計有 85 所，其中初職 44 所，高職 1 所，高初職合設的 32 所，師範學校 8 所。學生共 4 萬餘名。實施九年國民教育後，初職停招，所有職校均為高職；同時若干高級中學也附設高職類科。到 2003 年(九十二學年度)，高職計有 164 所，高職學生達 32 萬 6 千名。

高等教育包括專科學校，獨立學院，大學及研究所。專科學校為培養技術人才，包括工業、商業、農業、海事、家政、藥學、醫技、體育、語

文、音樂、戲劇等等。獨立學院、大學及研究所則以培育研究高深學術的專門人才為其宗旨。三十九學年度時，有大專院校 7 所及研究所 3 所。7 所中，大學 1 所，獨立學院 3 所，專科學校 3 所。學生人數 6,665 名。其後由於經濟建設的發展，各類專門人才的需求，政府乃極力籌設大專院校，並開放私立大專院校之設立。自 1974 年起，增設的公私立大學及專科學校數目大增。到九十二學年度，總校數已增加到 158 所，學生人數 127 萬人；附設的研究所更高達 2,215 所，學生人數 14 萬 3 千餘人。在新的大學考試制度下，2004 年的錄取率高達 87.05% (*Taiwan Yearbook*, 2004)。

在過去約半個世紀裡，臺灣地區的教育水準，教育制度等都有顯著的進步。在二十一世紀初，大專聯考的存廢問題成為討論的焦點，主張廢除大專聯考制度者認為聯考制度造成追求升學率的教育。在這所謂「應試教育」體制下，教育以填鴨式為主，學生學習方法簡單機械，死記硬背。為了達到升學目的，教師猜題，學生就成了考試的機器；學生學到的是應試的知識，應試的能力，實在埋沒許多人才；更不必提在應試教育下所設計的課程內容：偏於狹隘，增加難度，脫離實際。然而支持聯考制度的則強調：中華民族的悠久教育史，就包括最重要的自隋唐延續的傳統科舉考試制度。不論是布衣庶民，還是名門望族，人人在科舉考試下都一視同仁。隨時代的進步，科舉制度雖被淘汰，選拔人才的考試方式卻保留下來了。在考試前人人平等的現象，使得人人都有望子成龍、望女成鳳的希望。透過高等教育，社會提供了「上升社會流動」的機會，人人都能提升其社會地位。大專聯考制度在 2001 年終被廢除，以多元入學制取代之。

行政院教改會提出完整的二十一世紀教育發展藍圖：國民教育在學率將由目前的 98.38% 更趨近 100%；中輟生也由 8,000 人降至 2,000 人以下；幼兒教育也將全面推動，5 歲幼兒入園率達 80% 以上。高中、高職容量將由 3.6 比 6.4，調整為 5 比 5，提供國中畢業生更多就讀高中的機會。另外，高中、高職、五專畢業生的升學進修機會，將由 18 至 21 歲人口淨在學率還不及三成的比例，提升至 37%；高等教育人口占總人口百分比也從 3% 提升到 3.35%。2001 年以來，不僅教育機會將大幅擴充，各級學校在學人口

數增加，班級人數、師資、設備等學習環境也會大幅改善，從幼稚園到高中，從大學到終身教育體系，教育品質將全面升級。

有學者指出以往臺灣教育制度下的課程太過於泛政治化。過分強調領袖的崇拜、反共復國及國家主義。三民主義、國父思想的課程是泛政治化的代表，而各校配置的軍訓課程和教官，更是政治控制學校學生的主要工具。因此，近年來各級學校學生已提出抗拒這些課程的行動。而且在民主運動的影響下，大專院校教授授課自由度亦大為提高。

學術研究的本土化是另一環繞著臺灣教育界的實質問題。以往過分強調中國大陸的中原文化的主導地位，壓抑本土文化的成分，國語的推行造成閩南語系臺語的不振。因此，有識之士乃提出鄉土文化的研究，鄉土文學，臺灣諺語的研究以及臺灣史的研究也成為大學研究和課程的一部分。在民進黨執政後，教材已變為以臺灣本土文化與社會為重點。陳伯璋 (1992)說：「臺灣四十年來教育的發展，在量的方面可以說是一個奇蹟，與經濟方面的成就幾可相提並論。然而在此發展過程中，卻由於政策、制度、課程與教學以及師資培育背後的種種迷思，也付出了不少代價。」臺灣的教育在經濟成長後的民主思潮的衝擊下，就必然跟著調整適應。

在此稍提一點中國大陸的教育制度，其標明是為培養為四化運動建設服務的人才，以及守紀律有社會主義覺悟的文化的勞動者。目前所面臨的問題主要包括：如何減少退學率。大陸中小學入學率雖高，但中途退學者人數相當多；校舍和教師住房嚴重不足；儀器與設備陳舊和嚴重缺乏；經費不足與分配不均問題嚴重；師資欠缺、生活清苦、社會地位低、工作情緒低落；馬列毛澤東思想受到年輕人的排拒，學生民主運動逐漸萌芽。

近年來中共教育改革的目的放在「多出人才、快出人才、出好人才」上，以「面向現代、面向世界、面向未來」為目標。一方面鼓勵知識分子在政治上一視同仁、在工作上放手使用，另一方面則開放留學政策，允許大陸學生至國外留學進修，以吸收西方科技，加快現代化的腳步。

不過，由於六四天安門慘案的發生，大多數留學生學成後不願返回大陸，留學生在海外成立民運組織，抗拒中共政策。因此，中共採取留學緊

縮政策,並嚴格管制公費留學人員期滿必須回國的「出國協議書」。中共以往的學生入學遴選標準一直是黨性重於資質,目前因四化的需要已逐漸注意到公平競爭的資質挑選,這是好現象。

表 13-3 列載大陸 1980 年至 2006 年教育基本資料供參考。其中以高等教育發展最快,這似乎吻合中國近年經濟改革的要求。

※表 13-3　大陸近年來教育資料簡介

		1980	1990	2000	2006
小　學	學校數	917,316	766,072	553,622	341,639
	老　師	549.9	558.2	586.0	558.8
中　學	學校數	118,377	87,631	77,268	76,703
	老　師	302.0	349.2	400.5	485.1
高等學校	學校數	675	1,075	1,041	1,867
	老　師	24.7	39.5	46.3	107.6

資料來源:《中國統計年鑑》,2007。

第五節　近代我國留學教育發展及其影響

任何討論近代我國教育制度者,不能忽略留學教育在我國教育史上的特殊意義及其對近代中國社會變遷的影響力與貢獻。林子勛 (1976: 1–2) 稱:「我國近代文明,以留學教育開其端倪。留學生的派遣,與西洋文化直接接觸,耳濡目染,吸取新知,歸而貢獻其所學,以打破國人故步自封,夜郎自大的舊習。因此有民國的革命,政治的革新,教育的改革,經濟的開發,社會的進步,軍事的強化,使我國成為民主自由、富強康樂的國家。在各項過程之中,雖曾發生若干新舊衝突的問題,或尊傳統,或標西化,或主中學為體,西學為用之說,議論紛紜,入主為奴,造成思想之分歧,

行動之龐雜，然究其終極，則仍能達到融合中西，貫通今古的和平大道，因此留學教育之功，實不可沒。」留學教育對我國近代社會之貢獻深宏遠大。

一、清末留學政策

清道光 25 年 (1846)，美人勃朗牧師 (Rev. S. R. Brown) 表示願意攜三、五學生赴美學習。1847 年容閎、黃寬、黃勝等三人由黃埔搭船赴美，入麻省 (Massachusetts) 的孟松學院 (Monson Academy) 就讀，此為升入大學前之預備學校。後黃勝因病先回國，黃寬轉赴英國習醫，僅容閎留美，轉入耶魯大學，於咸豐 4 年 (1854) 畢業，並於該年年底返國。為我國在美國大學畢業之第一人。

滿清末年積弱，內憂外患年年不息，有識之士乃思欲仿效西方，特別是西洋的軍事技藝。同治 5 年 (1866) 清廷派知縣斌椿率領官生赴外國遊歷，次年復派志剛、孫家穀等赴各國考察。渠等歸來後奏稱：「凡西人遊學他國得有長技者，歸即延入書院，分科傳授，其於軍政、船政，直視為身心性命之學。」後曾國藩與李鴻章合奏請挑選子弟出洋學藝。

容閎於 1865 年建議江蘇巡撫丁日昌選派優秀青年出洋留學，以為國家儲蓄人才。清廷因 1866 年斌椿等人出國考察報告及曾李兩人合奏請派學生出國，乃於同治 10 年 (1871) 派陳蘭彬與容閎赴美辦理留美幼童學生事宜，第一批學生 30 人於同治 11 年 (1872)7 月由上海赴美。第二批學生 30 人與自費學生 7 人於 1873 年赴美。第三批 30 人於 1874 年出國。第四批學生 30 人與自費生 3 人於 1875 年出國。這些學生於光緒 7 年 (1881) 分三批返國，分發各地服務。

光緒 16 年 (1890) 總理衙門奏准出使英、俄、德、法、美各國大臣，每屆帶兩名學生出國。光緒 21 年 (1895) 每屆再增帶學生 2 名，共 4 名出國。光緒 29 年 (1903) 於京師大學堂選派學生 15 人分赴西洋各國留學。光緒 33 年 (1907) 又派 8 人出國。

光緒 34 年 (1908) 美國退還庚子賠款，規定其應用項目：

1. 遣派中國學生赴美各大學深造。

2. 設清華學堂，作為留美學生預科。

3. 在華盛頓設遊美學生監督處，負責管理中國留學生生活。

遊美學務處於宣統元年 (1909) 成立，於該年 7 月、1910 年 7 月、1911 年 7 月分別舉行三次甄別考試，第一次錄取 47 人，第二次 70 人，第三次 63 人。

同時，各省選送官費學生赴美進修。例如，1903 年湖北選出 10 人，1905 年兩廣選派 15 人，1906 年直隸派 26 人赴美。同時，自費留美學生人數亦增加。根據估計在宣統 3 年 (1911) 時，中國全部在美留學生約有男女 650 人。

中國留歐學生為時甚早，在同治以前就已有 114 人留歐。光緒年間船政學生留歐數目相當多。陸軍留洋學生亦以歐洲為主。清廷並於光緒 33 年 (1907) 設立留歐學生監督，學生數目不詳。

中國留日之開始為中日甲午戰後，朝野深知日本明治維新之成功，思以模仿，再加以中日相鄰，旅途費用較為經濟，引發留日動機。1896 年派學生 13 名赴日留學，1898 年再派 26 名學生赴日。至 1906 年時留日學生已達萬人以上。

二、民國元年至自大陸撤退前之留學政策

民國成立以後，中國官費留學生學費雖有中斷，但情形並不嚴重。1913 年教育部頒布《經理歐洲留學生事務暫行規程》，將從前分駐各國管理遊學生監督取消，另派一經理員經理歐洲各國留學生學費及其他有關事項。1915 年教育部改經理員為監督，1924 年再改為管理學務專員，分設三處於倫敦、巴黎、柏林，由各地駐外祕書或領事官兼任。

留日方面，教育部於 1913 年頒布《管理留學日本自費生暫行規程》，對學生資格與學費皆有明文規定。1917 年又訂《留日學生監督處簡章》加以實施。

留美方面，教育部於 1914 年公布《經理美洲留學生事務暫行規程》共 23 條。此外，清華留美學生之管理，則由該校另設駐美遊學監督負責處理。

留學生畢業回國後，清光緒年間曾考試授官者，20 餘人。1914 年，總統頒布命令對留學畢業生考試。1915 年由政事堂擬定考試辦法，參加預試者 192 人，取 151 人，成績分超等、甲、乙、丙等四級。

1917 年，教育部通告各省舉辦公費留學生考試，錄取者分派各國留學，1918 年再選派大學、高等專校之男女教授，赴歐美留學。該年又考選 5 名赴美留學。

留學各國學生數目統計資料不全。據 1925 年的估計，在美學生約 1,600 餘人，留歐學生 1,189 人，留日學生於 1917 年時已達 1,250 人。至於各國自費留學生資料更不詳，其數目必可觀。

1933 年教育部根據全國第二次教育會議之決議案訂頒《國外留學規程》共 46 條，規定公自費留學生之資格、考送、管理、服務等項細則。根據教育部統計出國留學人數，1932 年 576 人，1933 年 621 人，1934 年 859 人，1935 年 1,033 人，1936 年 1,002 人，1937 年 266 人，1938 年 92 人，1939 年 65 人，1940 年 86 人，1941 年 57 人。第一屆自費留學考試舉行於 1943 年，錄取 327 名。1944 年之英美獎學金考試錄取 209 名。

抗戰勝利後，於 1946 年全國分九區舉辦公費留學考試，包括教育部公費生 120 名，法國政府交換生 50 名，中英文教基金會公費生 20 名，共計 190 名。報考者有 4,463 人，實際錄取者 148 名。第二屆自費留學考試舉辦於 1946 年，報考者 3,817 人，錄取 1,216 人，另加公費未及格但合於自費標準學生 718 名。

三、政府遷臺以來的留學教育

政府遷臺之初，對於留學教育的各項措施仍依大陸時期所訂之《國外留學規程》辦理。最初教育部核准出國留學僅限於在國內大專院校畢業的學生。1947 年美國天主教欲贈予我國高中畢業生全額獎學金，由於事實需要，自 1950 年起，教育部決定凡高中畢業、獲得國外大學四年全部獎學金，並經留學考試及格者，得以出國留學。自此到 1955 年，每年舉辦高中畢業生留學考試，共錄取 655 人。後因政策改變而停辦。1989 年《國外留學規

程》修正，資格放寬，高中畢業生亦可出國留學。

對於大專院校畢業學生，政府在 1953 至 1975 年間曾舉辦大專畢業生自費留學考試，前後共錄取 2 萬 5,000 餘名。在 1969 至 1976 年間，大專畢業生自費留學可透過兩種方式：一為根據《國外留學甄試辦法》得以免試出國；二為參加教育部舉辦的自費留學考試。由於此二方式可能造成機會之不均等，政府於 1976 年修正發布《國外留學規程》廢止自費留學考試及《國外留學甄試辦法》，此後凡合乎《國外留學規程》所訂各項資格者，都可申請出國留學，不必經過統一考試，自費留學人數因此逐年增加。2004年以留學簽證出國人數定 32,523，其中半數到美國。

除了自費出國留學外，政府也為培植建國人才，於 1955 年起，每年選送公費留學生出國進修。1976 年起更擴大辦理已取得碩士或博士學位者的公費進修。2000 年公費留學生有 134 人，2001 年 142 人，2002 年 132 人，2003 年 108 人。

據教育部的統計，出國留學的人數日增，自 1950 年的每年數百人，到 1979 年後每年有超過 5,000 名學生出國進修。此項包括自費、公費，及領有獎學金的學生；1989 年 7 月，自費留學生不再需要教育部的核准，故只有國家公費出國留學的數字。經年來，出國留學的，以男性為多，早期以理工科為多；後社會科學及人文科學，由於女生人數增加，就超過理工科。以人數為準，留學生中以國立臺灣大學畢業生最多；以出國學生與該校畢業生人數比例做比較，則清華大學比例最高。出國留學地區以美洲最多，其中美國又占最大多數。政府並擬訂一項菁英留學計畫，提供每人每年三萬美金獎學金，回國後可至重要產業任職。

歷年返國服務留學生人數及近年來返國服務的人數都逐年增加，其數字可見表 13-4。

四、留學生對我國社會之影響

滿清末年，清政府為了積極模仿學習西洋各國的船堅砲利，而開始選派幼童與學生出國留學。一百年來，中國留學生對近代中國的命運扮演了

※表 13-4　臺灣歷年出國留學生與回國服務人數

年　度	出國人數	回國人數
1950	340	17
1956	519	67
1961	978	52
1966	2,189	136
1971	2,558	362
1976	3,641	722
1981	5,363	937
1986	7,015	1,583
1989	3,900（半年）	2,462
1991	103（公費）	3,264
1993	148（公費）	6,172
1995	108（公費）	6,272

註：自 1989 年 7 月起，自費留學不需教育部核准，故無統計數字。
資料來源：《中華民國教育統計》，1996。

一個相當活躍的重要角色。清末的西化運動、孫中山領導的辛亥國民革命等都有留學生的積極參與，而民初的政局更直接與留學生有關。不僅如此，近代中國的教育、經濟與社會發展，留學生貢獻極大：主要因為留學生回國後在各行各業扮演著舉足輕重的領袖角色，特別是在政治方面，留學生更是如此。

　　蔡文輝 (1983) 對民國以來至自大陸撤退前之政治領袖做了一個分析，發現在國民政府內閣部長以上政治領袖中，受外國教育者占 60%，其中包括國外大學者 47%，國外軍校者 13%。這些國外留學生在政治任命上比國內受教育者較早進入政界，也較早升入政治領袖圈。前者受任部長級以上官員平均年齡為 44 歲，後者則為 46.5 歲。不僅如此，國外留學生停留在政治領袖圈內之期間亦較國內教育者久，前者為 9.5 年，後者 6.6 年。這些國外留學生當中，又以留美掌權平均年數最長，留歐次之，再其次為留日學生。民國初年期間，留日學生在政治領袖圈頗有勢力；但對日抗戰開始，其勢力遂減；近年來在臺灣，留美學生勢力最盛。中華民國近年來各方面

的進展，此批留外學生貢獻頗鉅。中國大陸在四化運動下也大量選派學生出國留學，1990 年以後，在美國的外國學生中以來自中國大陸的最多。根據中國大陸官方的資料，1978 年出國留學生只有 860 人，2003 年已高達117,307 人，而回國者亦有 20,152 人。增加數字在八九民運以降極為顯著。這批留學生對中國的未來發展必然要扮演一個相當重要的角色。

※表 13-5　中國大陸歷年出國留學生與回國服務人數

年　度	出國人數	回國人數
1978	860	248
1985	4,888	1,424
1990	2,950	1,593
1995	20,381	5,750
2000	38,989	9,121
2003	117,307	20,152
2005	118,515	34,987
2006	134,000	42,000

資料來源:《中國統計年鑑》，2007。

關鍵名詞

- **文化傳襲 (cultural transmission)**　社會裡的知識技藝由一代相傳到下一代的過程。
- **特殊教育**　在我國教育制度裡，特殊教育包括啟明（收盲生）、啟聰（收聾生）、啟智（收智能不足者）、仁愛（收傷殘生）等四類。
- **學前教育**　在我國教育制度裡，學前教育係指幼稚園教育。
- **國民教育**　在我國教育制度裡，國民教育包括國民小學與國民中學教育。
- **中等教育**　在我國教育制度裡，中等教育包括高級中學與高級職業學校兩種。
- **高等教育**　在我國教育制度裡，高等教育包括專科學校、獨立學院、大學及研究所等。

 **參考文獻**

Anyon, Jean

　　1997　*Ghetto Schooling: A Political Economy of Urban Educational Reform.*
　　　　　New York: Teacher College Press.

Ballantine, Jeanne H.

　　1997　*The Sociology of Education: A Systematic Analysis.* 4th ed. Englewood
　　　　　Cliffs, NJ: Prentice-Hall.

Clignet, Remi

　　1974　*Liberty and Equality in the Education.* New York: Wiley.

Collins, Rondall

　　1979　*The Credential Society.* New York: Academic Press.

Moore, Rob

　　2004　*Education and Society.* Cambridge, UK: Polity.

Noll, James W. ed.

　　1997　*Taking Sides: Clashing Views on Controversial Educational Issues.* 9th
　　　　　ed. Guilford, CT: Dushkin.

Parelius, Ann P., and Robert J. Parenlius

　　1978　*The Sociology of Education.* Englewood Cliffs, N.J.: Prentice-Hall.

林子勛

　　1976　《中國留學教育史》。臺北：華岡。

周策縱、周陽山

　　1981　《五四與中國》。臺北：時報。

金耀基

　　1981　《中國現代化與知識分子》。臺北：時報。

張承烈

　　2003　〈民進黨執政前後的教改進程〉。載於蔡文輝、陳博中合編，《社會
　　　　　科學的應用：臺灣的困境與未來》，頁 179–218。臺北：五南。

陳奎憙

　　1998　　《現代教育社會學》。臺北：師大書苑。

教育部

　　歷年　　《中華民國教育統計》（簡版本）。臺北：教育部。

楊國樞、葉啟政主編

　　1978　　《當前臺灣社會問題》。臺北：巨流。

蔡文輝

　　1983　　《我國政治領袖移動型態》（英文本：*Patterns of Political Elite Mobility in Modern China, 1912–1949*）。臺北：成文。

謝高橋

　　2004　　《教育社會學》。臺北：五南。

第十四章

宗教制度

Sociology

第一節　宗教的特質、功能與類型

一、宗教的特質

　　宗教很早就在人類社會裡出現。而且由古至今一直是人類社會裡一個相當重要的社會制度；我們可以說幾乎沒有一個社會是缺少宗教的存在。宗教是一群人運用超自然的和神聖的信仰概念和儀式來解釋與操作現世的生活。社會學家對宗教最早的解釋是來自法國社會學家涂爾幹 (Emile Durkheim)。在他的《宗教生活的基本形式》(*The Elementary Forms of the Religious Life*, 1912) 裡，涂爾幹把宗教視為一套神聖的信仰和儀式的體系。他指出所有社會裡的宗教都具有下列的特質：

1. **一套信仰和儀式**：信仰指心靈的崇拜，而儀式則代表行動；是宗教裡的文化成分，跟社會裡的價值體系和規範相互配合。

2. **一個社區或教會**：涂爾幹聲稱所有的宗教都有社區或教會。有些教會是全國性的，有些則由一群教士指揮，有些雖然沒有一群明顯的負責人，但基層會眾還是有的。他認為社區或教會是宗教的社會組織成分。

3. **神器或神物**：涂爾幹認為每一種宗教都把事物、東西分成神聖與凡俗兩類，**神聖** (sacred) 係指那些平常不易見或不常發生的事或物；人們對神聖之神器神物有懼怕敬畏的心理，而且只能在非常狀況下才能領會神聖之經驗與意義。**凡俗** (profane) 係指日常可見或可經驗的事或物，沒有什麼特別的意義。例如，人們日常吃的食物、穿的衣服、住的房子等皆是凡俗之物。不過涂爾幹也指出任何事物或東西（包括凡俗的）都可能成為神聖的，只要人們給予並相信那件事物或東西具有不平常的可敬畏的意義就可以。換句話說，一個東西或事物之神聖與否，並不在於它本身，而是在於人們的心靈。中國人所謂的「信則靈」實際上正是如此。一個很平常的器物本身並沒有超人或超自然的意義或能力，可是當人們相信

408

它是神聖的，那麼它就被認為是靈的，有神明力量的。例如，人們崇拜一棵大榕樹、一塊木頭，就是這個道理。

雖然當代的社會學家已不完全接受涂爾幹對宗教的定義，但是他們也同意涂爾幹定義的某些部分。他們認為宗教具有下列特質：

1. 神聖的器、物、人以及思想。例如：神、上帝、主、十字架等。
2. 一群信仰者。他們信仰該宗教裡所認定的價值、規範與教條。
3. 一套宗教行為或典禮儀式，用來溝通人與神之間的關係。基督徒的飲用葡萄酒被用來代表上帝的血，是神聖的。中國人的燒香也是用以與神溝通的一種方式。
4. 一套信仰思想。這套信仰思想揭示信仰者對神、對其他信徒、對非信徒、對社會等的來往互動關係；它也對來世或死後世界加以描述。基督教的《聖經》、回教的《可蘭經》、道教的《道德經》，以及佛教的《大藏經》等皆是。
5. 教會組織。用以推廣信仰思想和舉行儀式典禮，藉此聯合信徒之間的關係，以及吸收新信徒。

二、宗教的功能

涂爾幹研究早期初民社會宗教時認定人們對神聖的敬畏實際上是代表對社會的畏懼，宗教與社會是一體的兩面。近年來當代社會學家則更進一步的指出，宗教至少具有下列幾種功能：

㈠滿足個人的需求

宗教提供人們一種可用來解脫恐懼與緊張的方式，並增進個人心理的平衡。神明的指示常常是社會道德規範的代言者，它可增加個人對團體或社會的信心，並減除個人反社會的心理傾向。同時當一個人面臨任何危機時，他可以向神明請示指導或援助，把處理危機的成敗歸諸神明意思上。如果度過危機而無重大傷害，那就表示神明協助了他，解救了他；即使危機帶來了嚴重的後果，也可解釋為是神明的旨意，是一種磨練的機會，是

神明對人的懲罰。

　　一生當中人們總會經歷一些危機，這些危機可能來自自然的災害，如水旱災、地震、颱風等天災地變；也可能來自社會人際關係的改變如離婚、親友的死亡等。有些危機，人們可以成功的處理，有些則無可避免；在無法避免時，人們就把它交給神明，希望經由神明之處理，讓由危機所帶來的心理精神壓力能相對減輕。基督徒的禱告，中國人的燒香求神和拜拜求願都是好例子。

(二)社會的融洽

　　正如涂爾幹所發現的，宗教的信仰與儀式對一個團體或社會有增加其融洽和諧的功能。每一個團體或社會皆有其特別要求人們遵守的規範和價值；宗教可提高人們對規範與價值的敬畏心理而盡力遵守。中國人常講作奸犯科的人會受神明的懲罰，就是用來鼓勵人們遵守社會規範。「上天有好生之德」因此不可以相互殘殺以及有殺生之舉；美國今日反對墮胎者也再三堅持墮胎是違反上帝意旨：以宗教的權威來加強人們對社會規範的遵守。

　　宗教也常常用來增強政府的權勢。中國傳統政府的天子每年都親率百官祭天，昭告天下秉承天意治理國事。中古歐洲社會裡，政治與宗教兩者就混為一體。在許多非洲部落裡，宗教領袖根本就是政治領袖。即使今日在工業最發達的美國，總統就任典禮時仍需手按《聖經》宣誓。政治領袖在歷史上或現代史上更常以「異教徒」的罪名來懲處反對者。

(三)建立世界觀

　　宗教給人們提供了一種解釋現世的世界觀。人們一生中總會遭遇痛苦或悲傷的經驗：有些人疾病纏身，有些人終身貧苦，還有些人苦無子嗣繼承家脈。宗教給人們一種永生的世界觀和來世觀。宗教對來世的解釋與永生的觀念，給人們一種對比的解脫：跟永生來比，今生的痛苦是微小不足道的，或者今生的折磨是為永生鋪路等。韋伯在研究西方資本主義的興起時發現基督新教鼓勵人們經勤勞與節儉以求取永生的教義，導致了資本主

義在西歐首先出現。中國人也相信今生雖如牛馬，來世必可入富貴人家。宗教對未來的描述減輕了人們對現世社會與生活的不滿。

　　雖然，宗教對社會有上述的功能，但是宗教也可能有反功能。首先，宗教可能造成社會的過分迷信，相信命運操諸於上天，於是個人失去了進取心。迷信也可能浪費社會的經濟資源，人們常把大筆金錢浪費在宗教儀式上。臺灣廟宇的大拜拜就是一例。

　　宗教也可能阻礙了社會的進步。宗教通常是比較保守的，因此在急速變遷的社會裡，宗教教義常會跟社會發生脫節的現象，導致社會的停滯不前。美國有些教會禁止其信徒求取現代醫藥的治療，認為疾病是上帝的懲罰或旨意，聽任病人受折磨死亡，或出現神蹟不醫而癒。另外，天主教反對節育，因此在人口眾多的一些天主教國家裡，造成家庭計畫推行的困難。宗教組織有時也會向政府挑戰，或帶動暴動，導致社會的糾紛。

　　另外一個值得注意的是宗教與宗教之間或教派與教派之間的衝突糾紛常常擴大成社會的糾紛，造成不可收拾的局面。中古時代歐洲的十字軍東征和後來的宗教戰爭都帶來了長期的混亂。以近代來講，北愛爾蘭人基督教徒與天主教徒紛爭數十年仍未止息；中東黎巴嫩境內回教徒與基督教徒之內戰，使一個原本遊樂觀光之地的黎巴嫩，飽受內戰之苦。跟西方來比，中國歷史上的宗教戰爭要少得多了。

　　總而言之，宗教對個人與社會是有其功能的；雖然反功能也存在，但在聯繫個人與社會功能上，宗教的影響力很大，圖14-1試圖把個人、社會、及宗教間的關係用圖表顯示出來。

　　上面這種討論宗教正反功能的說法是功能學派所強調的，但是基本上還是認定宗教對社會整合有功能。衝突論學者根據馬克斯 (Karl Marx) 的看法，認為宗教是統治階級用來控制並疏離無產階級的一種工具；而教會的意識則被用來維護統治階級的利益。馬克斯把宗教看作是一種將勞動人民麻醉的藥品，以天堂的快樂來掩飾現世的不平等。不過，衝突論到目前為止並未能提出驗證資料來支持其觀點。

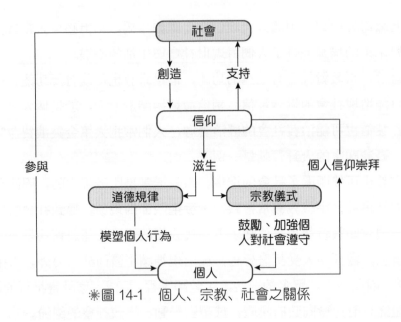

※圖 14-1　個人、宗教、社會之關係

三、宗教的類型

　　既然幾乎每一個人類社會都有宗教制度的存在，它又跟社會、個人關係十分密切，自然可以想像世界從古到今，宗教的派別是多得無法算計的。有些宗教有明顯的組織結構，容易指認，有些則難辨認；有些宗教對其教徒的組織十分有系統，容易點算其成員，有些則無信徒的登記制度，難以知曉其信徒人數；有些宗教是公開的，有些則是隱藏的。這些差異都造成學者在分類宗教上的困難。

　　一種較常用的分法是把宗教分為五類型：

㈠普及教會 (the universal church)

　　當一個社會裡所有的人都信奉一種宗教時，該宗教被稱為**普及教會**。例如，佛教在泰國。這種教會通常跟該社會的政治、經濟、文化等有密切不可分隔的關係；它會支持並接受世俗文化。在未開化的原始社會裡，宗教與其他社會制度尚未分化；因此，所有出生在該社會的人，自然而然地就成為其宗教的成員。在較複雜的社會裡，普及教會則超越社會裡的種族

和階級界限，全民皆信仰。

㈡上層教會 (the ecclesia)

上層教會是指一種以上層統治階級價值體系為主幹的宗教組織。雖然它的成員分布社會裡各個角落，基本上，它只代表並極力維護上層社會的利益。帝俄時代的俄羅斯東正教 (the Russian Orthodox Church) 即為一例。它代表著帝俄沙皇與其貴族之既得利益。因此，在革命以後，此教派就被壓制。

㈢教派 (the denomination)

教派通常是針對某一個種族、地區或階級成員招募信徒。它與政治沒有正式的關聯。教派成員不僅積極參與世俗的活動，而且也以世俗的生活為其傳教重點。教派與教派之間雖有競爭，但彼此間仍有某種程度的合作。例如，美國社會裡的長老會、路德教會、美以美教會等等皆是。

㈣宗派 (the sect)

宗派是指一小群信奉非傳統或異常的信仰教義的人所組成。它常從社會活動裡撤出，而且堅拒世俗社會的一切。他們可能因反對其原屬教會或教派對教義的世俗化解釋，而脫離獨立組成。在美國的統一教會 (the Unification Church) 即為一例。

㈤異教 (the cult)

宗派可能因反對某教派對教義的解釋而產生，而異教則更進一步提出一套新的教義與儀式，完全代替原有的規範。通常，異教徒常以一個「神格性領袖」為依歸，牽涉到深刻的情緒，或解脫的狂熱。此種異教與世俗社會格格不入，因此常為世俗社會所排斥。但是許多大教派或宗派，也都曾經歷被排斥的過程，而發展成今日流行或接受的現象。

在當代的社會裡，普及教會及上層教會越來越少，異教數目雖不少，

但很零散。最常見的還是教派及宗派兩種。此兩者的特質比較可見表 14–1。

※表 14-1　教派與宗派特質之比較

宗派之特質	教派之特質
1. 小型志願團體，由一群有個人感受者所組成	1. 較大且為社會所接受的團體
2. 主要重點是個人的宗教經驗感受	2. 複雜的宗教儀式與信仰體系
3. 領導者並無專業訓練	3. 宗教官僚制度的運用
4. 從現實社會裡隔離	4. 與現實社會相互協調
5. 會員少且精	5. 會員多，常遍於各地

這種對宗教的分類是比較學院式的，過分生硬。按普通一般教義的分法來討論各類宗教團體則如下：

(一)基督教 (Christianity)

基督教徒嚴格上來分是包括基督新教 (Protestant)、羅馬天主教 (Roman Catholic) 以及東方正教 (Eastern Orthodox) 等三分支。另外，猶太人信奉的猶太教 (Judaism) 也跟基督教息息相關。基督教徒信仰《聖經新約》(*New Testament*) 裡耶穌基督的教訓，而猶太教則以《聖經舊約》(*Old Testament*) 為依據，《舊約》亦稱為《希伯萊聖經》(*the Hebrew Bible*)。猶太教可說是西方社會最原始的一神論宗教信仰。根據最近的估計，若把上述三大分支及其他信仰基督教的人數加總，總人數大約是 19 億人，約占世界三分之一的人口 (33.3%, 2008)。（見表 14–2）

(二)回教 (Muslim)

亦稱伊斯蘭教 (Islam)。他們的真主是阿拉 (Allah)。伊斯蘭原義係指服從、降服、辭退。信徒須全心全力信奉真主並服從其旨意。穆罕默德 (Muhammad) 在 570–630 年間創立，其經典為《可蘭經》(*the Koran*)。回教徒的崇拜日子是星期五。其教義包括倫理、法律及其他日常生活規範。據

估計，1995 年超過 10 億回教徒分布於中東、東南亞及非洲。2008 年估計回教徒大約占全世界 21% 的人口。

㈢印度教 (Hinduism)

印度教徒大約占印度的 80% 人口，約 7 億 8 千萬。印度教迄今大約有四千年歷史。其宗教組織結構不如基督教嚴謹。印度社會的世襲階級制度跟印度教不可分隔；強調個人應安分在各自的階級內生活，並服從上層階級成員。印度教徒分布在印度，及其鄰近的巴基斯坦、錫蘭等地。印度教對社會階層的影響可參考本書第八章社會階層。2008 年約占 13.3% 的世界人口。

㈣佛教 (Buddhism)

佛教徒大約有 3 億 2 千萬左右。主要分布於中國、日本、泰國、越南、緬甸等國家。釋迦牟尼領悟人一生當中的生老病死的痛苦皆來自人永無休止的慾念，因此強調修身與節慾。佛教初始於大約西元前第五世紀左右。佛教常能與其他地域性宗教共存是其特點之一。2008 年約占 5.8% 的世界人口。

西方學者常把儒家學說看作是一種宗教教義，而四書五經也成為他們所稱的儒教經典。不過，我國學者大多數反對此種觀點，不同意儒家是儒教。其中最大的理由是儒家學說裡並沒談到人死後的世界和來生的問題，而且孔子本人也不贊成祭拜鬼神。儒家沒有其他宗教所具有的教會組織，也沒有宗教色彩的典禮儀式；即使有些祭典被使用，也可能是借諸佛教或道教，它實在不能算是一種宗教。事實上，中國人信仰的是綜合儒、道、釋三家的一種民間信仰。在第三節中詳細討論。至於中國民間信仰崇拜者並無信徒會眾 (membership) 的登記，因此表 14–2 的數字不可能完全正確。

※表 14-2　世界各大宗教信徒數分布，2003（百萬人）

宗　教	非　洲	亞　洲	歐　洲	拉丁美洲	北美洲	大洋洲	總　計
基督教*	394.6	325.0	554.2	501.3	269.4	25.3	2,069.9
天主教	140.0	117.7	276.5	473.0	78.3	8.4	1,092.9
基督新教	105.7	54.7	74.0	51.3	70.8	8.0	364.5
東方正教	37.0	14.0	158.5	0.5	6.4	0.7	27.0
回　教	344.9	869.9	32.1	1.7	4.8	0.7	1,254.2
印度教	2.5	830.5	1.5	0.8	1.4	0.5	837.3
佛　教	0.2	366.8	1.6	0.7	3.1	0.7	373.0
中國民間信仰**	0.0	405.7	0.3	0.2	0.7	0.3	407.2

* 除所列，尚有其他獨立教派。

** 除民間信仰外還包括儒教、道教等。

資料來源：*2004 Encyclopedia Britannica*。

●

第二節　現代社會裡的宗教

　　按照韋伯 (Max Weber) 的現代化理論，宗教代表著一種非科學、非驗證的世界觀。因此在現代化的過程中，宗教的意義會逐漸失去其絕對的優勢。不過他也同意，宗教不會從一個現代化社會完全消失。馬克斯的階級鬥爭論更把宗教看成窮人和無產階級的鴉片煙，足以麻醉毒害無產階級應有的階級意識。他認為在無產階級專政時代來臨後，宗教必然會消失。

　　然而，在這二十一世紀初期宗教並未消失。在共產主義的中國宗教仍然存在；在資本主義的西方現代社會裡宗教仍然扮演一個重要的角色，自有其功能。二項蓋洛普的調查發現在西方社會裡，仍有相當多的人們認為自己具有宗教信仰。這在義大利高達 83%，在美國亦有 81%。英國、愛爾蘭、西班牙、德國、法國、匈牙利等國亦過半數的人自認是有宗教信仰的。

相當數目的人認為上帝的存在對個人生命是相當重要的。如果以最重要是10分滿分的話，美國人的給分是8.2，愛爾蘭是8.0。至少每星期都去教堂做禮拜的百分比也不少。

如果民意調查的資料可信的話，美國人的宗教性最高。蓋洛普的調查發現有三分之二的美國人曾是教會的會友或目前仍屬於某一個教會。只有11%的人認為宗教不重要，也不上教堂做禮拜。歷次的各種民意調查也發現大約10個美國人當中有9個相信上帝的存在；有8個人認為上帝是天父，是可經由禱告溝通的；有三分之二美國人相信人死後會進入另一個世界，78%相信天堂的存在；有60%相信地獄的存在。

《美國新聞與世界報導》(*U.S. News and World Report*) 刊載一項民意調查報告：大部分的美國民眾相信世界末日將來臨，或世界將被摧毀。三分之二的美國人相信耶穌基督會再降臨，而數以百萬計的美國人深信避免世界末日來臨的密碼在《聖經》中。據《華爾街日報》(*The Wall Street Journal*) 1999年3月26日報導，電腦網路上，關於「神」的網址共計60萬個。這些都顯示對宗教的信念程度相當高。但是另一些調查則發現各種教會的會員人數有減少的趨勢；年輕人對教會的活動也不如年長者來得熱忱。

蓋洛普調查，在其1999年有關年齡與宗教的統計資料，包括兩個問題：在日常生活中，宗教是不是重要？經常上教堂做禮拜與否？很明顯地，年齡越長者，越認為宗教重要。75歲以上年長者高達77%說非常重要，只有8%說不太重要；而年輕的18至29歲組只有45%說非常重要，卻有高達16%說不太重要。類似的年齡相關也可以由赴教堂禮拜的次數看出，年齡越長，越較常上教堂，年齡在50歲以下的有45%左右很少或從未去教堂。可見年輕人對宗教信仰不如年長者。

蓋洛普研究者分析其在過去幾十年來的調查資料歸納成下列幾項宗教在美國的特徵：

1. 宗教仍然為美國人所接受和歡迎。
2. 大多數的美國人仍然信奉正統的基督教教義。
3. 但是有日漸增多的美國人並不太明瞭《聖經》的信息和教義。

4. 宗教信仰混雜各教派之教義。

5. 膚淺的宗教信仰；許多人不知道為什麼要信或信哪一個神。

　　另外一項 2001 年的巴那調查 (Barna Poll) 亦有類似的發現：68% 的美國人相信宗教信仰的重要性，69% 相信耶穌是創世主，41% 相信《聖經》的真實性，82% 做禱告，43% 上教堂 (www.adherents.com)。

　　同時，美國人卻相信對上帝禱告的必要性，希望今世會有奇蹟的出現；美國人以宗教來找尋個人的生命意義。雖然，宗教在美國是否消退的問題是學者與教會人士爭論的焦點。但無可否認地，今日美國宗教的性質跟早期移民時期顯然有所差別。正如其他的西方國家一樣，基督教裡的天主教或基督新教都面臨著一些社會潮流的挑戰而有所改變。這些改變包括：

1. **宗教由神聖而趨世俗化**：宗教和其他社會制度的功能因社會分化而減少。傳統的宗教對西方國家政治曾有輝煌的控制歷史；但目前，政教分離已成民主社會的一大特徵。同時，宗教對個人行為的控制力和制裁力亦今非昔比。

2. **宗教更接近現實社會環境**：傳統社會時代的宗教強調靈魂的拯救，對社會現實的問題不屑於參與。今日的教會則大多數已認清教會對社會的責任，應包括解決所有人們日常所面臨的問題。社會上的問題需要教會的關注與協助。

3. **異教的興起**：雖然大多數的美國人仍然屬於正統教派教會，但是近年來另立門戶的異教教會數目日多，而參加之信徒數目亦在擴張。有些是反耶穌基督的，但絕大多數的異教仍然接受耶穌為真主；它們對《聖經》的解釋與奉行方法卻跟正統教會不同。

4. **電子教會的產生**：由於電視和大眾媒體的增加，藉此種媒介的電子教會乃出現在美國社會。這種電子化的教會也日益增多。行動不方便的老年人，無需外出就可以收視節目來達到崇拜的目的。他們吸收的會員數目遠比傳統教會還多，在宗教組織上電子教會自成一格。

5. **專屬性的減低**：由於工業社會中，人口流動頻繁，人們屬於單一教會的情況日漸減少；不受單一教會拘束的基督徒比較能適合工業社會的現實

情況。

6. **對其他宗教信仰的容忍增加**：很多教會仍然有強烈和保守的本我中心主義；但是在工業社會多元化的衝擊之下，對不同意見和不同信仰者漸能容忍。在已開發的西方國家裡，宗教糾紛並不多見。

總而言之，宗教仍然是現代社會裡的一種社會制度。它與其他社會制度相輔相成，給現代社會裡的人們一種精神上的寄託。宗教並不能主宰人們的生活，它是人們生活的一部分而已。

第三節　中國社會與宗教

一、主要宗教的流傳

如果按照前面所提的理由，不把儒家看作是一種宗教信仰，那麼在傳統中國社會歷史發展過程中，最具宗教影響力的應是佛教和道教。十九世紀以來，由西方傳入的基督教和天主教亦形成一部分中國人的信仰。在本節裡，將討論介紹這幾種主要宗教在中國流傳的情形。

㈠道　教

道家的初創，始於春秋戰國時代的老子。他和他的弟子們強調人性的自由解放與生活的無拘無束。《道德經》是道家思想的基礎；無為是道家思想中心。道家思想轉變成一種宗教思想大約是在東漢順帝時期，張陵創建五斗米道。他曾客居蜀土，學道鵠鳴山中，造作符書，為人治病降魔；入道者須納米五斗，故稱為五斗米道。漢代一些求仙採藥的方士常藉老子之名以自抬身價，因而神化老子。張陵之五斗米道，尊封老子為神，光大老子之無為說，尋求長生不老。

東漢末年，由於社會動盪不安，道家學說的無為與道教道士的方術遂成為知識分子與廣大農民群眾的避世途徑。漢桓帝為老子立祠，宮中亦立

黃老祠。道教長生不老仙丹方術之尋求所帶來的神祕氣氛在下層社會裡尤受歡迎。道教派枝很多。但大致上分屬於南北二派。北派即全真派，以老子的「清淨無為」為宗旨。其開山祖師為宋末道士王嘉。北派道士重靈修，盛行於中國北方。南派即天師教，亦稱正一教，以符籙咒語為要旨，驅邪押煞為祕訣。其開山祖師為張陵，又尊稱為張天師。南派稱其道士為「司」，不常居於道觀內，遊行四方，為民眾作法施術，較偏向於「巫師」一類。北派道士重自我靈修，故無嚴謹之教會組織；南派在中國南部各省設有類似官府之道錄司、道紀司、道令司等以統督道士。臺灣的道教均屬南派。

　　臺灣道教重視現世實利，以現世的平安、幸福為祈求的主要目標。道士的星相、算命、擇日、風水等深受民間的信賴。因此民間的度生（如安胎、起工、堅符、補運等）與超亡（如葬儀做功德和歲時祭祀等）乃成為道士主要的工作。不過，有人認為「一般道士大都不明教義、缺乏篤實的信仰，故多不住道觀，而在私宅設壇，或應民間邀請，執司祭葬和符咒等事，實際上無異於街市的職業藝人。」（飛雲居士，1993，頁 78）

　　雖然道教流於迷信，卻是臺灣民間百姓生活的一個不可分割的環節。即使在上流官賈人家，風水之說仍相當流行；街頭商店的祭神燒香拜拜到處可見。今日臺灣各地的寺廟大多帶有道教色彩。

㈡佛　教

　　道教是中國人的本土宗教信仰，佛教則是外來宗教成功地融入中國社會文化的一個例子。佛家思想已成中國哲學思想的一部分，已與中國文化無內外之分。而且歷代佛道兩家能相容並存，易為百姓接受。

　　佛教創立於西元前六世紀至前五世紀間的古印度。它的創始人姓喬達摩、名悉達多；成佛後被尊稱為「釋迦牟尼」（意謂釋迦族的聖者）。佛教在演化發展過程中，由小乘到大乘，而至密宗。佛教何時傳入中國，其說不一，大約是在兩漢之際。漢代佛教，處於初傳，故工作以譯經為主。漢桓帝期間之安世高曾譯出佛經三十多部。另外一位月支人支讖在漢靈帝年間亦先後譯出佛經十幾部。洛陽的白馬寺建於後漢時期，是中國最早寺院。

佛教初流傳於上層社會，後漢之楚王劉英是中國歷史上第一位信奉佛教的貴族。第一位信奉佛教的皇帝是後漢桓帝劉志。第一位出家僧人是嚴佛調。

佛教到了魏晉時代開始有了中國化的風格。這一時期不僅佛教寺院修建數目相當多，而且僧尼人數亦迅速增加。史料記載，西晉兩京 180 所寺院、3,700 餘名僧尼。東晉時迅速擴張到 1,700 多所寺院、24,000 餘名僧尼。由於時局動亂，佛教發展迅速。南北朝時代南朝的統治者大多是佛教信徒。其中梁武帝（蕭衍）更是佛痴。在北朝諸帝中，大多不反對信佛，但魏太武帝和北周武帝則曾兩度滅佛。不過，其時期頗短。

佛教在中國最鼎盛時期是隋唐兩朝。隋文帝之世，修建寺院 4、5,000 所，佛塔 100 多座；所度僧尼 2、30 萬人。隋煬帝亦熱心佛教事業。至於有唐一朝，除了唐武宗李炎曾反佛以外，大多是扶植佛教的；特別是太宗和玄宗，以及武后時期。佛家思想在此時期真正地中國化了。各種中國化了的佛家宗派相繼出現，如天台宗、華嚴宗以及禪宗，尤其以禪宗影響最大且深遠。另外，律宗、淨土宗與密宗亦相繼出現（郭朋，1993）。

佛教在宋、元、明、清四朝大致上未曾受到干擾，宋太祖經常拜佛，且派遣僧人遊西域。元朝的忽必烈非常崇佛，並予寺院田產免稅。明清兩代諸皇帝皆為信佛者。清末估計僧尼 80 多萬人，寺院經濟鼎盛。

佛教傳入臺灣始自於明鄭時期的移民，日據時代亦未遭受干擾，較古老的寺院，如臺南市的開元寺、彰化縣的南山寺等皆得以保留。近年來，佛教在臺灣流行更廣，大規模的佛教組織如臺東的慈濟、高雄的佛光山、中和的圓通寺相當著名，對臺灣社會的影響甚鉅。

㈢基督教

基督教傳入中國，大約是始於唐太宗貞觀 9 年的景教。唐高宗並在各州建立景教寺。不過，基督教在中國流傳不廣。明末清初，耶穌會徒到中國傳教，並將西洋思想與工藝技巧科學介紹到中國。

中國人往往把佛教視為中國文化的一部分，佛家思想、道家思想以及儒家思想有三教合一的融洽之境界。雖然佛教也是外來的宗教，但已成功

地被漢化了。中國人對基督教一直是視其為外來宗教,最主要的原因是基督教義的一神論,排斥其他宗教,以至於無法與中國文化融為一體。1706 年清康熙年間曾因其跟祭祖拜孔之爭執而頒禁教令。

基督教在中國未能本土化的另外一個原因,是民間把基督教看作是西方資本主義侵華的幫兇。滿清末年,基督教會憑藉著西方船堅砲利的優勢而深入內地。鴉片戰爭後,清政府與西方各國所訂的不平等條約,常被迫附加自由傳教條例;各地教案衝突更是時有所聞,於是造成士大夫與民間的仇洋教心理,義和團之變是此心理的具體表現。在中國,基督教是對信奉基督耶穌的西洋教會的通稱,包括羅馬天主教及馬丁路德 (Martin Luther) 宗教革新後的基督新教兩大支派。

基督教傳入臺灣大約是在十七世紀荷蘭人和西班牙人經營臺灣時代。最早期的傳教對象是原住民部落。根據史料,在 1643 年時已有 6,000 名原住民信奉基督教,這期間是以天主教為主。鄭成功驅逐荷蘭人離開臺灣後,天主教的流傳受到停滯。滿清中葉和末年,西方基督新教和天主教在不平等條約庇護之下,再度傳入臺灣。第一座天主教堂蓋於 1859 年高雄。在臺灣割讓日本前,臺灣大約有 97 座基督新教教堂,將近 5,000 名教徒,19 位神職人員,及 13 位洋傳教士。日據時代,教會活動嚴受控制。日人在 1945 年撤臺時,臺灣大約有基督新教教堂 230 餘座,信徒 6,000 人,天主教堂 52 所,神職人員 20 位,信徒有 10,000 人。

基督教在 1945 年國民政府入臺,1949 年中央政府遷臺後,大致上未受干預而能在臺重新推展其教會。臺灣天主教總主教由羅馬教廷任命,主教公署設於臺北,其下轄七個教區,各教區主教亦是由梵蒂岡任命。基督新教的教派很多,由於宗教的自由,基督新教在臺灣的教派能指出的就有 70 餘個之多,其對《聖經》的解釋不盡相同,崇拜禮儀也有差異。基督教在臺灣除了宣教之外,參與不少社會事業;早先,由於臺灣人民生活水準較低,多以救濟貧苦為主,現今生活情況轉好,其社會工作包括在教育方面、醫療服務以及傳播事業。例如輔仁大學、東海大學、中原大學等,耕莘醫院、馬偕醫院、惠華醫院、臺安醫院等,以及光啟社、校園團契等。

㈣回　教

　　回教是中東地區的最大宗教信仰。穆罕默德是其創教者，回教徒稱為「阿拉、真主」。東南亞地區的信徒數目亦相當多。回教也是外來宗教之一，在中國它不僅未能中國化，而且似乎跟世界上大多數的回教世界隔絕。在唐朝時，回教就已傳入我國，至今已有千年，但回教在我國仍侷限於西北和西南地區的少數民族，漢人信奉回教的不多。鄭成功入臺時曾有一些回教徒跟著遷臺定居，分散在鹿港及淡水一帶；目前，大多數已漢化，未保持其回教之禮儀。1949 年國民政府遷臺時，大約有 2 萬名回教徒跟隨中央政府遷臺，大部分是軍人和公務人員，組織成中國回教協會和中國回教青年會。目前信徒大約有 5 萬人左右，臺北、高雄、臺中、龍崗等地都建有回教清真寺以供信徒膜拜之用。

　　臺灣地區的人民，據內政部 2003 年的資料，全臺灣各種宗教信徒有 1,278 萬人。其中以道教徒 454 萬 6 千人、佛教徒 548 萬 6 千人為最多；其次為基督新教徒 60 萬 5 千人，天主教徒 29 萬 8 千人。不過這項資料是以登記有案者統計，很可能偏低。尤其在道、佛兩家信徒的統計誤差可能最大。道教、佛教、回教及基督教等是我國社會裡的主要正式教派，其他尚有一貫道、天帝教、天德教、理教、軒轅教等；然而，一般中國人在信仰上並不把教派分得那麼精確。特別是佛教徒與道教徒兩者，在宗教信仰上和宗教儀式上亦有許多相互混異的現象，一般寺廟所奉祭的神祇亦包括儒、佛、道三家。再加上許多教派，如佛教、道教等，並無嚴謹正式的入會手續或儀式，實常難辨別是佛、是道。在過去十年間，信徒人數呈穩定成長的趨勢。寺廟教堂數成長至 1993 年後已稍現減退；而神職人員則在 1990 年達最高峰。另外，從宗教所做的社會服務上來看，以辦理學校最多，特別是天主教；基督新教則似偏重出版業。臺灣地區宗教的分布情況，根據政府資料所列 5 萬名信徒以上宗教之寺廟教堂數和信徒人數列於表 14–3 以供參考比較。

※表 14-3　臺灣地區各宗教教務概況，2002

宗　教	寺廟、教堂（所）	信徒人數（千人）
道　教	8,604	4,546
佛　教	4,038	5,486
一貫道	3,218	845
基督教	3,609	605
天主教	1,135	298
天帝教	53	260
天德教	5	200
理　教	131	169
軒轅教	21	150
彌勒大道	2,000	100
回　教	6	53
所有宗教	23,201	12,778

資料來源：*Taiwan Yearbook*, 2004。

二、民間信仰

　　陳榮捷 (1987) 主張把中國宗教生活分為兩個層次來談：一個是知識已開者的層次；另一個是尋常百姓的層次。前者指知識分子及有相當智慧的不識字的卑微人士；後者指的是在中國人裡占 85% 的那些虔誠可是無知的信徒。尋常百姓崇拜的對象包括幾千種古代自然物以及源自佛教，道教與其他宗教的神祇。另外，對於他們認為會影響他們生活的任何神祇，都會給予特別的供奉。對於那些知識已開者來說，他們只祭天、拜祖先，有時候也拜孔子、佛陀、老子以及某些偉大的歷史人物，此外無他。

　　尋常百姓所信奉的綜合性神祇，通常稱之為民間信仰或民俗宗教 (folk religion)。蔡文輝提出這種民間宗教信仰有其特有的特徵，茲列五項如下：

㈠教派界限不清楚

在中國傳統民間信仰裡所崇拜的神明與所使用的祭祀禮儀，常常跨越儒、佛、道三家。在神明崇拜裡，有孔子、歷代帝王將相，也有佛道兩家神話裡的神明鬼怪。這種大雜燴式的宗教信仰減少了教派與教派間發生嚴重衝突的可能性。在一般人心目中，只要神明有靈就信，至於那神明來自何處並不重要。

㈡神明功能的分化

在中國傳統民間信仰裡，神明的功能分工得相當細；民間信仰的神明數量多，每一個神明都負有其特定的功能。例如，註生娘娘是給希望生育的婦女拜拜的，保生大帝專管疾病，城隍爺則負責人間糾紛，而關帝則是武聖。

㈢政教衝突不顯著

在我國歷史上曾發生過幾次政教衝突，特別是在魏晉南北朝時代；但自唐宋以後，宗教對政治的威脅幾乎已不存在了。宗教在傳統中國社會裡可以說是附屬在政治體系之內，宗教的組織常是以政治組織為藍圖：民間信仰裡各神明的地位官階都採自政治組織階層官僚體系；而且傳統中國，皇帝還可下詔奉祀忠臣名將，還有把地方上名紳入祠奉祀的權力。

㈣地方色彩濃厚

中國傳統民間信仰的另一個特色是神明的地方色彩相當濃厚。有很大一部分的神明是地方知名人士死後被升任奉祀的，以保護地方安寧。即使那些全國性通用的神明亦具有地方特性。例如，城隍廟到處可見，但是兩個各具不同特性的地區的城隍廟所奉祀的城隍，在超自然的神界裡地位就有高低之不同；省城的城隍要比小鎮的城隍地位高。

㈤缺乏嚴謹的教會組織

　　傳統中國民間信仰沒有一種介於人與神之間的宗教團體或教會。因此，人與神的溝通不需假手於第三者。雖然民間信仰裡有乩童的角色，但是乩童只是在特殊情況下才發揮功能。更何況，乩童並不構成一種團體性的宗教組織或教會。缺少了這種教會組織，就減少了宗教對人們的直接控制，而更重要的是使宗教無法以龐大的組織力量來對抗政治組織。

　　目前臺灣信仰民間宗教的人數有多少，難以估計。研究者大多著重在廟宇類別與神祇分類的討論和研究。董芳苑列舉臺灣民間宗教的特徵包括：

1. 沒有明顯的創教人，它是當地居民傳統的信仰依循。
2. 沒有特定的經典、傳統禮俗是它的權威。
3. 沒有清楚的宗旨或教條，以供善男信女遵循。
4. 沒有特定的入教儀式，它是民間代代相傳的傳統宗教。
5. 沒有宣教推動力，它是一種民族性的宗教，始終流傳於本地。
6. 是一種文化現象，也是信徒認同自己文化的對象。

　　正因為上述民間宗教的模糊的特色，臺灣供奉的神祇類別相當複雜。依出身來源可分成下列四類：

1. **天神**：天上自然物之神化者，如天公、玉皇大帝、五顯大帝、三官大帝、太陽星君等。
2. **地祇**：地面上自然物之神化者，如土地公、五岳神、五祀神、三山國王等。
3. **人鬼**：歷史上人物死後神化者，如鄭成功廟、太子廟、天壇元帥府、關帝廟、五妃廟等。
4. **器物**：人工器物附有神靈而加以崇拜，如牛稠公、豬稠公、石敢當等（林美容，1991）。

　　依寺廟名稱來區別，則有宮、殿、廟、堂、祠、家廟、觀、廳、壇、寺、庵、巖、蓮社、亭、院等之區別（飛雲居士，1993）。

　　李亦園對臺灣民間宗教的宗教行為研究多年，特別是對扶乩與童乩的

研究。他發現扶乩的作法是比較團體性的，而童乩作法則是個別性的。扶乩以抽籤或托夢的方式在集體團體中運作；童乩則是由神靈附體者代宣神意。臺灣的童乩大多為年輕人擔任，以男性為多，女性甚少。童乩作法有時是應私人之邀請，代為治病驅鬼；有時是在廟會代眾求平安、風調雨順。臺灣的童乩大致上屬於某一座寺廟或私人神壇，絕少有全無歸屬或獨立作法的童乩（李亦園，1978；劉還月，1994）。

童乩在臺灣的民間宗教裡所扮演的中間媒介角色相當重要；然而，絕大多數的信徒並不依賴童乩或其他神職人員來與神溝通；他們直接到廟裡燒香、拜神、抽籤、卜卦問神。文崇一 (1975) 的一項研究發現臺北市郊一社區內，大約 93% 的人都曾經到過廟裡燒香、問神。其中，92% 左右的人認為相當靈驗。蔡文輝 (1968) 在臺南市做的調查發現去廟裡問神者，以問命運、事業及發財居多，合計有 57.6%。若再加上疾病，則四項總和高達75% 左右。近年來的工業化和急速的社會變遷似乎並未改變民間宗教裡抽籤占卦的求神方式。蔡文輝 (1996) 在臺南市的追蹤研究中發現此項宗教行為仍然流行，且大部分抽籤者皆滿意其靈驗結果。可見工業化並未減低臺灣人求神問卜的宗教行為。

近年來臺灣的宗教信仰還是有些新的發展，包括：

第一，民間宗教的蓬勃發展，廟宇增加速度相當快。人們日常生活中，依賴神祇指引的事項相當多。即使在政府機構或高科技事業組織裡，也講究風水，拜神問神的宗教行為相當普遍。

第二，民間宗教與中國大陸民間神祇的互動頻繁。尤其是媽祖信徒赴大陸福建祭拜湄州媽祖更是臺灣宗教界的一大盛舉。

第三，臺灣宗教與政治的互動相當直接。正面的互動包括執政黨的操縱地方廟會，以輔助地方選舉；反面的互動則是政府對新興教會的取締。基督教長老會的反對黨色彩，一貫道的異端形象都曾是政府取締的對象。

第四，臺灣宗教有趨向商業化經營的跡象。高雄佛光山的觀光事業、花蓮慈濟法師的教育和醫院事業都具關係大企業的組織管理型態。由於臺灣經濟的繁榮，寺廟教會的收入皆相當可觀。

第五，在民進黨執政下，道教的崇拜儀式與廟宇成為臺灣本土文化的主流及臺灣認知 (Taiwan identity) 的代表。

總而言之，中國宗教制度由古迄今，其世俗化程度比西方社會裡的宗教派別來得較澈底。宗教組織在中國歷史上並不壯大，因此未見激烈的政教衝突。中國宗教兼容各教派，教徒之間的鬥爭亦相對地減少。本土宗教講究現實生活，鼓勵在世做善事。我國傳統宗教制度對整個社會整合有正功能。臺灣最流行的民間宗教承襲了我國傳統的宗教精神，融合於現實生活中，對臺灣的經濟發展並無阻撓，對整個臺灣社會有正面貢獻。

就整個人類來講，現代化的結果改變了宗教的信仰方式和宗教的崇拜儀式；然而，宗教並未在現代化的浪潮裡消失。人們對今世的生老病死經驗及未知的恐懼而深深感受到宗教慰藉的重要性。無神論者雖不少，卻不能忽視世上絕大多數的人仍相信神祇的存在，及對宗教信仰的需要之事實。

關鍵名詞

- **神聖 (sacred)** 指一些平常不易見或不常發生的事物或東西。人們懷有敬畏心。

- **凡俗 (profane)** 指日常可見或可經驗之東西或事物。人們不存有敬畏心。

- **普及教會 (the universal church)** 指一種包括社會裡每一分子的宗教組織。

- **上層教會 (the ecclesia)** 指一種以上層統治階級價值體系為主幹的宗教組織。

- **教派 (the denomination)** 指一種由社會內一部分人所組成的，具有種族、階級或區域成分特色之宗教組織。

- **宗派 (the sect)** 指一小群信奉非傳統或異常的信仰教義者所組成之宗教組織。

- **異教 (the cult)** 指一小群主張一套新教義與儀式之非正統教徒所組成之宗教組織。

 參考文獻

Coleman, Simon

 2004 *Religion, Identity and Change*. Burlington, VT: Ashgate.

Durkheim, Emile

 1947 *The Elementary Forms of the Religious Life*. Glencoe, Ill.: Free Press (originally published in 1912).

Ehmann, Christa

 1999 "The Age Factor in Religious Attitude and Behavior," *The Gallup Poll*, July 14.

Glock, Charles, and Robert N. Bellah

 1980 *The New Religious Consciousness*. Berkeley: University of California Press.

Hadden, Jeffrey K., and Charles E. Swann

 1981 *Prime Time Preachers: The Rising Power of Televangelism*. Reading, Pa.: Addison Wesley.

Kurtz, Lester

 1995 *Gods in the Global Village: The World's Religions in Sociological Perspective*. Thousand Oaks, CA: Pine Forge.

Roberts, Keith A.

 1995 *Religion in Sociological Perspective*. Belmont, CA: Wadsworth.

Sharot, Stephen

 2001 *A Comparative Sociology of World Religion*. New York: New York University Press.

Wuthnow, R.

 1993 *Christianity in the 21st Century: Reflection on the Challenges Ahead*. New York: Oxford University Press.

宋光宇

 1995 《宗教與社會》。臺北：三民。

李亦園

1978　《信仰與文化》。臺北：巨流。

林治平

　　1979　《基督教與中國》。臺北：宇宙光。

林美容編

　　1991　《臺灣民間信仰研究書目》。南港：中研院臺灣史田野研究室。

飛雲居士編

　　1993　《細說臺灣民間信仰》。臺北：益群。

郭　朋

　　1993　《中國佛教史》。臺北：文津。

陳榮捷

　　1987　《現代中國的宗教趨勢》。臺北：文殊。

蒲恭州主編

　　2000　《臺灣宗教研究》。臺北：臺灣宗教學會。

黃麗馨等

　　2004　《宗教論述專輯第六輯：民間信仰與神壇》。臺北：內政部。

傅樂成

　　1977　《中國通史》（上、下兩冊）。臺北：大中國。

董芳苑

　　1975　《臺灣民間宗教信仰》。臺北：長青。

　　1994　《臺灣民間信仰小百科：臺灣人的宗教文化》。臺北：臺原。

鄭華志編譯

　　1964　《基督教史略》。臺北：證道。

劉還月

　　1994　《臺灣民間信仰小百科：靈媒卷》。臺北：臺原。

劉枝萬

　　1974　《中國民間信仰論集》。臺北：中央研究院民族學研究所。

蔡文輝

　　1968　〈臺灣廟宇占卜的一個研究〉。《思與言》，6 (2): 19–22。

瞿海源

1981 〈我國宗教變遷的社會學分析〉。載於朱岑樓主編,《我國社會的變
遷與發展》。臺北:三民。

1997 《臺灣宗教變遷的社會政治分析》。臺北:桂冠。

第十五章

經濟制度

Sociology

第一節　經濟制度之功能與類型

　　人們如果想要生存下去的話，就必須要有食物、居室以及衛生保健等基本的條件。在初民社會裡，人的生活比較單純，很多必需品皆可採自自然，而且也夠社會裡每一個人取用；但是在當代複雜的社會裡，人們所需要的東西相當繁多，已遠超過基本的食衣住行必需品，這些東西都必須有一個制度來生產與分配。這個制度就是經濟制度。換句話說，經濟制度是一種執行生產、分配以及銷售商品與服務的制度。一個人由出生到死亡為止，無時無刻不受經濟制度的影響。

　　社會學家研究經濟制度的原因正是因為它是社會制度裡很重要的一環，它與其他社會制度有相當密切的關聯。但是社會學家的觀點與經濟學家並不完全相同。經濟學家研究的主題主要的是經濟制度的內部體系操作：生產數量問題、生產過程的成本問題、供需分配問題、銷售量與價格問題等；而社會學家則重視經濟制度與其他社會制度之間的互動狀況，同時也研究經濟制度的類型、功能以及產業和工作對人們社會生活的影響等問題。經濟學和社會學兩者是息息相關的，經濟學家不能只研究經濟內部體系而不顧及社會其他部門的影響，而社會學家也不能研究整個社會而不包括經濟制度。

　　經濟制度的功能可分顯出功能及潛在功能：

一、顯出功能

　　經濟制度的顯出功能自然是在生產、分配與銷售三項。

㈠生產 (production)

　　從社會學的觀點來看，生產是經濟過程的第一步，這牽涉到如何去鼓勵社會裡的個人從事經濟活動與扮演分工的經濟角色。經由這一群分工合

作的經濟角色帶給社會所需求的物質與服務。沒有一套規範式的經濟制度，生產就不能持續，也不會有高度的效率和品質。

㈡分配 (distribution)

經濟過程的第二步是如何去把生產出來的物質與服務加以合理分配。分配的方式、分配的數量、分配的程序等問題都必須有一套制度化的規範才能解決。一個社會裡的經濟制度擔負起這個分配的責任和功能。

㈢銷售 (consumption)

經濟過程的第三步是物質與服務的銷售。人們對物質與服務的需求各有不同。因此，如何去鼓勵或刺激人們購買也就成為經濟制度的一項任務。有些物質供給量充裕，有些則嫌不足，如果將多的充分銷售，則可以其所得轉用來鼓勵生產數量不足者。廣告、減價、信用卡、贈品等等都是用來增加銷售量的幾種常見方法。

二、潛在功能

經濟制度除了上述三種基本顯出功能以外，還有幾項潛在功能，常被忽略。

㈠製造了社會階級

馬克斯 (Karl Marx) 指出生產工具的擁有與否決定了人們的社會地位階級。資產階級是擁有生產工具者，無產階級不擁有生產工具，只有靠勞力換取生活。在傳統經濟裡，土地是生產工具；地主是統治者。但是在工業化以後的資本社會裡，資本是生產工具；因此，資本家就變成統治者。不僅如此，一個人在生產過程中所擔任的角色或職位，常決定了這個人的社會地位。譬如，在所有生產勞動工人當中，有技術的工人和無技術的工人兩者之社會地位相差很遠；白領階級工作者的社會地位比藍領階級工作者高，雖然前者的收入並不一定比後者高。

㈡加強社會分化

經濟制度在社會的分化現象中總是偏向於維持現狀。經濟制度極力維護男女分工，在資本主義社會裡，男的收入總比女的多，而且男性的職位亦比女性要重要得多。同工不同酬的制度是資本家用來增加其利潤的有效方式。因此，資本主義經濟不贊成男女平等的改革運動。

㈢社會控制

經濟制度的另一潛在功能是其被用來當做社會控制的一種工具。社會給成員獎賞，用以鼓勵遵守社會規範；在今日工業社會裡經濟物質與服務常是很有效的獎賞。社會組織團體以加薪或獎金來提高成員的工作效率或團隊精神，而以扣薪或罰金來懲罰不遵守規範者。

三、經濟制度的類型

馬克斯認為經濟制度是其他社會制度的基礎；而藍斯基夫婦 (Gerhard & Jean Lenski, 1982) 雖然並不完全同意馬克斯的經濟決定論，卻也認為經濟制度裡的經濟互動方式及工藝技術的發展過程可用來作為人類社會分類的標準，人類社會可分為五類：

㈠狩獵與蒐集社會 (hunting & gathering society)

這種社會主要是由狩獵動物或蒐集自然界植物為食物來源，僅具有最基本的工藝技術。由於自然環境中所能獵取的食物有限，這種社會通常較小，當可獵取的食物缺乏殆盡時，整個團體會遷移到新的地區，這是個流動的社會。所有成員都集中精力以狩獵或蒐集食物，以滿足最基本的需要。在這種社會裡的「社會分化」是來自所謂的「與生特質」，例如性別、年齡等。

㈡園藝社會 (horticultural society)

這種社會的經濟制度大約始於九千年前，主要是以人力耕種土地為資

源；人們耕地、播種、收成，不再完全依賴現成的食物，不再像前期的游
牧民族社會。其工藝技術仍然非常有限，只靠人力及少許的工具來種植。
這類社會停留在一塊土地上耕種，當土壤不再肥沃，收成不足時，會轉移
以尋求較豐沃的土地。一旦土地能生產多於所需，足以維持較多的人口，
大型的社會就有出現的可能。園藝在漸漸增進後，「社會盈餘」(social
surplus) 就隨之產生。社會盈餘是指一個社會在生產足夠的需求之外尚有盈
餘，能維持一些社會成員從事最基本的農事生產以外的工作。由於社會盈
餘現象的出現，園藝社會中的一些成員就可從事一些專門的任務，例如主
持宗教的教士、保障安全的鬥士、研習草藥的藥師，甚至會有專做玩具的、
專做工具的。

㈢農業社會 (agraian society)

對種植的有限經驗及知識，簡單的工具加上動物勞力的運用，是農業
社會經濟的特色。其生產量比以往的社會為多，使人們能在一塊土地上連
續數代的耕作，允許社會團體的成員數目增大。其分工較明顯，增加一些
以往沒有的特殊任務，如漁村裡補魚網的，農地裡專做農具的。

由於能長居一地，人口增加，都市漸漸形成，政治官僚體制就跟著產
生，人們興起了對產權的新觀念。由於農產品的長期盈餘，社會團體就漸
漸將其精力投向藝術方面，例如雕刻、繪畫、紀念偉大功業的紀念像、紀
念建築等等，由一代傳往下一代。古代的羅馬帝國、中國都屬於農業社會。

㈣工業化中社會 (industrializing society)

這是一種轉變型的社會，生產特質逐漸由人力，動物勞力轉變為機械
生產，由以農為主的社會逐漸走向工業化。生產量增加，人口也隨之增加。
目前世界上許多開發中國家都是這種社會。

㈤工業社會 (industrial society)

這是指在工業革命以後所發展的一種人類團體社會。工業革命主要發

生在英國，在 1760 年到 1830 年間，它是一個以非動物的機械力來代替勞力的科學性革命；它包含了工作場所社會組織的改變，人們離開其居住處往工作場所工作，例如工廠。

在工業革命進行中，社會依賴新的科技發明以推廣工業及農業生產，最早的新能源是蒸汽。許多社會團體由以農業為主改變成靠工業為主：於是團體不再靠一個人或一個家庭來製造一項成品，分工變成社會團體主要的運作原則，也越變越複雜。家庭及社區不再自給自足；個人及社區團體相互交換其製造的成品或提供的服務；彼此互相依賴；家庭失去其擁有權威的特殊地位。更由於特殊技能知識的需要，正式專業教育制度因而產生。「工業社會」一詞，一般係指一個主要依賴機械來生產其經濟的物品及服務的社會。

藍斯基夫婦把上面這五種社會放在一個演化的過程上。他們認為經濟因素，特別是工藝技術，是最具影響力的因素。不過他們並不像馬克斯，認為經濟是唯一的因素。社會學家貝爾 (Daniel Bell) 提出一個「後工業社會」(post-industrial society) 的概念，用以區別工業社會。在後工業社會裡的經濟結構最主要的特色是服務業的重要性。所謂服務業是包括金融、貿易、運輸、醫療、法律、教育以及娛樂等方面的服務。工業化把經濟生產過程由原料的生產與直接使用轉移到原料的加工改造，而今天的後工業社會裡，則是把原料的加工重點轉移到資源的服務上。在美國，目前大約有四分之三的職業從業員是在服務業上工作。在後工業社會裡，生產的自動化和電腦化是必然的結果，其工業因此亦必傾向精密工業 (high-technology industry)。後工業社會的另一個特點是資訊 (information) 控制的重要性，能控制資訊者就能在人之上。

最近，更有研究將對人類社會團體的研究引入超出後工業社會，而提出一個新的理想概念──「後現代社會」(post-modern society)。後現代社會是指在工藝技術上非常繁雜的社會，它強調的是「消費物品」(consumer goods) 及「媒體形象」(media image)。這樣的社會，物品及資訊的供求數目都很大，並講求滿足大眾的品味及需求。在這超現代的觀念下，任何事

物、觀點都採世界國際觀，遠超過國家政治文化的地理範圍。例如臺北市的居民喝哥倫比亞的咖啡、聽美國的爵士音樂、用巴黎的香水、穿義大利的皮鞋，或欣賞南非的藝術品。同時，世界各地正觀賞中國電影，品嘗臺灣的凍頂烏龍茶，更使用臺灣的電腦。這表示著經濟互動的全球化，超越了國家的界限。

　　另一種比較常用來分類經濟制度的方法則著重於經濟與社會階級兩者之間的關聯。按這種觀點來分，則有資本主義 (capitalism) 和社會主義 (socialism) 兩類經濟制度。

　　資本主義經濟的主要原則是私人對生產工具、土地或工廠等的擁有。所謂私人，可能是一個人或一群人。資本主義的小企業通常是由一個人或一個家庭所擁有，但是大企業常是由一群股東所共同擁有。資本主義的經濟指導原則是市場的需求與供銷。產品質量、數量與價值由生產者與消費者來決定。沒有消費者的產品即使再多的價值或利潤也不應該生產。同樣的道理，一個產品不論其成本多少，只要消費者有意願購買而且負擔得起，價格再高也不是問題。在自由市場的經濟裡，每一個人都可以自由買、賣、並賺取利潤。

　　社會主義經濟與資本主義經濟最大的不同點是在社會主義經濟裡，政府代表全體人民控制並擁有生產工具。社會主義的目標是保證社會裡的每一個人都能分享社會裡的部分財富。財產屬社會所擁有而非私人的。另外一個不同點是社會主義經濟結構並非由市場所決定，而是由政府的計畫所控制。政府決定哪些東西應該生產，如何生產、生產量多少，如何銷售、價格多少，這些決定可能跟市場的需求毫無關係。在社會主義裡自由市場交易、私人財產擁有權以及私人利潤的獲取都是不被允許的。政府（尤其是政府決策機構裡的最高領導者）的眼光、目標以及態度決定了該社會經濟的政策與運作方向。

　　資本主義經濟的優點是利潤的獲取，鼓勵人們認真從事經濟活動，對經濟的運作亦比較是理性的並具有高度的彈性。但其缺點則是經濟波動大，而且造成較明顯的貧富階級的差別。社會主義經濟的優點是一切經濟活動

由政府做全盤的統籌規劃，以社會全體人民的利益為前提，貧富差距不明顯；其缺點則是缺乏鼓勵人們努力工作的因素，使經濟發展停滯不前，而且政策決定者的計畫經濟有時方向偏差，只顧在上者的利益（美其名為國家利益）而忽略全民利益。以往蘇聯以軍事工業為經濟計畫之重心，雖然在軍事武力上直逼美國，但是在民生經濟水準上則遠遜於美國，就是一例。

美國通常代表著資本主義經濟，古巴、以往的蘇聯、中國大陸則代表著社會主義經濟。但是很多其他國家都混合著某種程度的資本主義與社會主義經濟。最明顯的例子莫過於西歐國家的所謂「**民主社會主義**」(democratic socialism)。這種經濟制度亦稱為「福利資本主義」(welfare capitalism)。在英國與瑞典，有些經濟組織裡的工業是由政府控制，有些則是由私人擁有。通常，較重要的工業由政府來辦，例如鐵路運輸業、傳播、教育、醫療等；同時，政府負責處理、提供人們的基本生活需求，例如住居、醫療保健、教育、老年安養等方面。這些方面的支出是向人民徵收賦稅而得，因此，稅額相當的高，很少人能成鉅富，貧富差距不大。

在亞洲國家裡，新加坡是這種「民主社會主義」經濟的最好例子。新加坡的社會主義植基於黨的信念，它認為政府的主要職責是使每個人都有同樣的機會生活、學習、接受訓練、工作、並且盡其所能謀生，人民根據自己對社會的貢獻獲得報償。政府本身是國家最大的地主，也是最重要的企業機構，擁有成千的大樓、商店、工廠以及船塢，同時也掌握了許多種不同的工業，如造船、旅遊、石油加工業、水泥製造業、電腦公司以及超級市場。

新加坡政府大規模進入企業界以達到兩個目標：在經濟上，重新組織一種由原本以貨物集散地為中心轉變成更依賴工業和工作的經營體系；同時藉積極參加來供應實質的資本，並且保護國家利益，使外國公司不致控制本國的經濟。政府領袖相信私人企業與社會主義並非不能相容。因為社會主義的目標是將社會不平等現象減至最低，以追求經濟成長；而私人企業是達成此一目標的有力工具。

在這種資本主義與社會主義綜合的發展政策裡，新加坡的平均國民所

得大為提高，經濟發展迅速成長。而更重要的是新加坡的社會比其他亞洲社會都顯得公平及公正。政府有計畫地幫助那些極需救助的人，希望情況較差者，能有機會上進，來改善自己，並為他們自己的福祉作更多的貢獻。

第二節　現代經濟：工作與休閒

社會學家對現代經濟制度討論之興趣不在於其生產、分配以及銷售過程，而是經濟活動與其他社會結構的相互關聯。現代經濟制度裡，人們社會活動的特質，及工作與休閒的分配運用等常是社會學家關注的問題。

資本主義的工作倫理要求時間即金錢的指導原則。它強調生產和利潤的最高度發揮，而努力積極工作正是達到這精神的必要手段。韋伯 (Max Weber) 在他的《基督新教倫理與資本主義的精神》(*The Protestant Ethic and the Spirit of Capitalism*) 一書裡就曾分析這種勤奮工作的新倫理。他指出喀爾文教派所代表的基督新教相信侍奉上帝的方式不在於參加週日崇拜或其他宗教儀式，而是把世上的事務做好；每個人的心靈都可直接與上帝交通，而侍奉上帝最好的方式正是要把個人在世上的事務做得盡善盡美：不奢侈、不浪費、不懶惰等。此種新的宗教倫理號召每一個人認真勤奮、盡心做自己本分的工作，資本主義由此而產生。在資本主義倫理強調努力工作的思想下，人們日常的活動是以工作為中心，其他的活動都是為了輔助工作效率而已。

工業革命的來臨使人們對工作的專精要求增加了，也在時間的安排上有了很重大的改變。在農業社會裡，人們日出而作，日入而息；人們的生活習俗與活動常隨季節的變化而有所改變。但是，在工業社會裡，越來越多的人受雇於他人。這些人不僅是指馬克斯所稱的無產階級勞工，而且也包括在辦公室裡的祕書、職員以及經理人員。這種雇用關係乃造成了工作時間 (working hours) 與非工作時間 (non-working hours) 的二分法。工作時間是為資產階級或雇主而工作；非工作時間則是屬於私人的活動。在工業

社會裡，無論是資本主義或社會主義經濟，這種二分法是相當明顯的。

　　早期資本主義所含有的清教徒勤奮刻苦精神，在機器自動化發展後開始有了改變。一方面在工作上產生一種無助的疏離感，對個人崗位上的工作無法得到滿足感。同時，在工作時間的計算也有了改變：所謂工作時間已不僅只是指實際參與工作的時數，還包括了上下班所需的交通時間、午餐時間、定期假日等被認為與工作有關的時間和休閒娛樂活動時間。休閒活動已不再被認為是浪費時間或懶惰，而被看成是可以提高生產效率的活動，與工作相輔相成。

一、工 作

　　在工業革命以前的工作是指一個工人或製造者從原料的蒐集、加工、製成成品交給顧客的整個過程。因此，製造者對其所造出的成品有全盤性的知識，賦予某種特性，表現個人技巧。但是在工業革命以後的工廠制度裡，工作被分工得很細，工人往往只負責整個生產過程中的一小部分而已，工作顯得枯燥無味，而且對造出的成品沒有太大的依附感，更不提成就感了。馬克斯用**疏離感** (alienation) 來說明這種心理現象。

　　美國社會學家布勞爾 (Robert Blauner, 1964) 更進一步指出疏離含有四種不同的層面：無權感 (powerlessness)：工人對生產過程毫無控制的權力；無意義感 (meaninglessness)：工人只不過是生產過程中的一小部分而已；孤立感 (isolation)：工人與管理部門的隔離，無參加意見的機會；自我疏離感 (self-estrangement)：工作只是為了生活，而非自我表現或追求成就。布勞爾指出不同工業裡的工人所發生的疏離感並不完全一樣，有些工業裡可以發現上述四種疏離層面，一些工業裡則只有其中二、三層面而已，不可一概而論。

　　最近的一些研究裡發現從 1970 年代以來的美國工人對工作的滿意程度逐年下降，其中尤以藍領階級工人最為明顯。上述的疏離感在工人當中最容易發現。近年來，由於服務業人口的增加，以前發生在工人身上的疏離感也開始在那些坐辦公桌的白領階級或專門技術人員身上感受到。因為：

現代的辦公室越來越自動化，職員所做的事情常由電腦操作，枯燥無聊；白領階級職員工作分工越來越細，而且強調高度效率，因此與其他人員互動的機會大為減少；官僚組織化的要求，減少了工作上原有的人情味；白領階級職員教育程度高，對工作滿意程度的要求也比較高，容易失望；工作環境、薪資、聲望等方面無法滿足白領階級職業之期待要求。

行為科學家們已發現，對工作的不滿意與疏離感會影響到人們心理的健康，例如：自卑感、憤怒、緊張、難與人相處等；也可能產生身體上的病症，例如：頭痛、心臟病、關節炎等。

二、休　閒

有些學者發現工人對工作的不滿意與疏離會影響到工人對非工作性的休閒活動之安排。因此，如何提倡有意義的休閒活動也就成為研究者的問題中心。所謂**休閒活動** (leisure activity) 是指人們不必工作而能放鬆自己，發展個人身心平衡的一切活動。這個定義包括兩個主要層次：一指可以自由支配使用的時間，另一則指娛樂性的活動。卡普連 (Max Kaplan, 1960) 提出凡具備下列特徵的活動都可算是休閒活動：

1. 非經濟性或酬賞的活動。
2. 少量的社會角色義務。
3. 心理感覺上的自由。
4. 自願性的活動。
5. 低度的「重要性」的活動。

換句話說，按照卡普連的說法，休閒活動係指那些不是為了經濟酬賞的活動，沒有太多的社會角色義務上的負擔，是自願的，為自己而做的，而非社會上所謂「重要的」活動，能使個人心理上有自由感受的活動。

休閒活動之種類包羅萬象，每一個社會對休閒活動的喜好往往不同。例如，足球 (soccer) 在歐洲與南美洲很盛行；美式足球 (football) 和棒球則令美國人狂愛；中國人則喜歡以桌球和麻將當消遣。人們對休閒活動之喜好常因社會變遷而有所改變，在電視尚未普及的 1930 年代以前，收音機是

受到美國家庭的喜愛，現在平均一天大約看 6 小時的電視。汽車長途旅行也是近些年的事。

休閒活動的增加與工業社會裡所要求的工作時間的減縮是有關聯的。以臺灣為例，非農業部門受雇員工平均每月工時，1976 年是 219.2 小時，2003 年已減少至 181.2 小時；工業部門由 219.8 小時減為 186.2 小時；服務部門由 217.9 小時減至 176.4 小時。於是，臺灣居民近年花在休閒活動的時間相對增長、休閒的方式也增加，每逢休假日高速公路大量塞車，已是司空見慣。另外，出國觀光旅遊也已蔚為風氣。

第三節　工業化與經濟發展

所謂「工業化」(industrialization) 係指：工藝技術的發明改進，例如水力發電和引擎發動機的發明等；由農業轉到製造業的勞動人口；整個生產過程的標準化，以求增加產量。

英國是最早進入工業化的國家，它在十八世紀晚期從農業和商業型社會進入工業社會。這種以工業為主的經濟結構由英國傳到西歐（特別是德、法兩國），再傳到美國、東歐及北歐各國。日本是亞洲地區最早進入工業化的國家。中國雖然在十九世紀中葉與日本同時嘗試工業化，可是並沒成功。一直到 1960 年代以後的臺灣經驗，我們才有了一個工業化的中國社會。

西方國家早期的工業化有幾項必要的經濟和工藝技術要件。第一，其經濟基礎需要是以貨幣經濟為主，而非像農業社會裡以物易物的交換式貿易；貨幣可自由交換，容易計算，而且可用來當做土地、原料、勞工等的中間交換媒介；第二，工業化需要大的銷售市場。也就是說，一個能購買大量工廠製造出來的成品的市場；第三，工業化需要一種可靠的動力資源。利用水力發電是工業化過程中一個很重要的發明，因為有了它，才有蒸汽機的出現；第四，工業化需要一個有移動性的和有基礎教育的勞工。因為，受教育的勞工可以一方面改善生產技術，另一方面也促成了文字法律、契

約、行政管理、大型工業組織等的出現；第五，工業化的產生需要一種獨特的意識來推動人們在工作和經濟活動上的倫理。韋伯所稱的基督新教倫理正是這種意識。

工業化的結果很明顯的是生產量的大幅提高。社會裡的人口的職業由農業轉向工業製造業。社會的財富也隨著有所增加。換句話說，經濟發展常是工業化的成果之一。經濟發展的最佳指標是全國生產總額與平均個人生產額，這些的增加所帶來的是**經濟成長** (economic growth)。

經濟學家指出經濟成長必須要具備至少六項要素：

1. 一個國家或社會自然資源的質與量。
2. 人力資源的質與量。
3. 成本物資的供應與儲存。
4. 工藝技術。
5. 對成長的需求。
6. 充分的生產因素。

前四個要素是經濟成長的「供給因素」(supply factors)，當一個國家有較佳和足夠的「供給因素」時，其經濟成長才能起飛。後兩個要素則是「需求因素」(demand factors)，一個國家的經濟若要成長就必須充分利用其資源，造成大數量的需求以鼓勵更多的生產。經濟成長在西方國家和日本帶來了國家的財富，也提高了人民的生活水準；但是在非西方國家裡，特別是亞洲和非洲的一些低度開發國家的經濟成長有些很慢，有些更有衰退的現象。最近的研究發現開發國家與未開發國家之間財富的差距越拉越遠：富者更富，窮者更窮。此種差距的擴大在低度開發國家裡造成社會的動亂。經濟學家用下列公式來代表社會動亂的可能出現性：

（人們的期望）-（生活水準）＝（社會動亂的可能性）

這公式表示：當人們的期望與生活水準的差距越大，社會動亂的可能性就越大。在低度開發國家裡，生活水準本來就低，人們的期望卻受開發國家富裕的影響而提升，以致兩者之差距越來越大，社會動亂屢見。許多

低度開發國家在二次大戰後成為獨立的國家，它們由殖民地附庸地位到獲取自主的過程中，滋養了國家民族意識的覺醒；這些新興國家不僅要政治獨立，而且要經濟獨立。它們聲稱西方開發國家的經濟財富是建立在對它們低度開發國家的壓榨上。低度開發國家與開發國家之平均國民生產毛額相去甚遠。世界上最富及最窮國家之間的差距詳細資料已在本書第八章討論過，讀者可參考。

　　不可否認地低度開發國家的問題並不完全在外來的干擾，其本身的缺陷亦相當明顯。這些包括：人口太多、嚴重的失業率、低品質的勞動人口、生產物質的缺乏及資金的不足等。如欲求經濟、工業及社會發展，低度開發國家必須打破這些缺陷所造成的貧窮惡性循環。這循環始於人口增長率，影響到國民所得、國民儲蓄率、投資率、生產率，再影響到國民所得，如此造成一循環圈，如係負面的，則成一個惡性循環，參考圖15-1，低度開發國家的惡性循環。

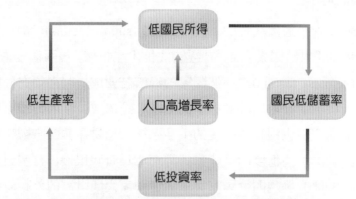

資料來源：Campbell R. McConnell, *Economics*. 6th ed. N.Y.: McGraw-Hill, 1975, p.434。

※圖 15-1　低度開發國家的惡性循環

　　很多經濟學家主張在經濟成長初期，政府的角色是很重要的；尤其是在打破上述的惡性循環的努力過程中，政府角色更是重要，其理由包括：

1. 這些低度開發國家中有不少的政府並未完全統一，內戰頻繁，無法利用資源或全心全力的去開發。唯有穩定的政府才能統一全民並安定社會，

才能導引經濟及社會之發展。

2. 這些低度開發國家裡的工商業人口尚不多，由於政治的不穩，不敢大量投資。政府可以制訂法律鼓勵工商業的擴大。

3. 政府可以提供改善人民的醫療保健、教育、水土保養、交通運輸及資訊設備等；這些都是經濟成長的前序，如果只靠私人投資，這些改善是辦不到的。

4. 政府可大量鼓勵生產並保證解決產銷問題。

5. 政府可以代表工商界在國外尋求資金與資源，以利國內的經濟成長。

　　總而言之，低度開發國家的經濟成長必須依賴國家經濟結構之改變，政府的積極參與配合，並得到開發國家的資本及工藝技術之支援，如是才能有所成就；這步驟並非易事，卻非不可能。

第四節　臺灣之經濟發展

　　中華民國中央政府自 1949 年遷臺以後，數十年間在臺灣創造了一個「經濟奇蹟」，不僅國人自豪，而且也是許多西方學者專家們所再三稱道的。俞國華 (1980) 稱：「在將近三十年間，經濟蓬勃發展，生活水準提高，成為開發中國家經濟建設的典範。」經濟學家王作榮 (1978) 亦認為臺灣是一個落後國家發展的範例，而且也最合於正統經濟理論的模型。他說：「我們是以一個貧窮落後國家的出身躋向富裕進步國家，我們有一個尊重私有財產，尊重個人企業精神的自由經濟制度。」費景漢等人 (John C. H. Fei, et al., 1979) 亦稱：「在低度開發國家裡，臺灣的成功是很少有的。1953 年以後，臺灣有兩種成就是值得特別注意的：緊跟著急速的經濟成長之後，國民所得之分配大為改進；而在 1960 年代結尾時，失業問題幾乎全消失了。」肯恩 (Herman Kahn, 1979) 亦讚揚臺灣（和南韓）的成就是開發中國家的英雄。

　　在本節裡，我們將討論分析臺灣過去五十年來的經濟發展過程及成果，並分析其所以成功的因素。

雖然有些學者主張把臺灣經濟發展的源始追溯到日據時代與政府遷臺後所得之大量美援。無可否認這兩個因素是重要的刺激動力，不過這裡把重點放在近五十年來政府及民間有關經濟措施方面來討論。

臺灣經濟發展的第一指導原則是「以農業來發展工業」，早期的農業政策自然必須首先加以介紹。這個原則實施的第一措施是始於 1949 年的土地改革計畫。這計畫包括三個主要步驟：

1. **1949 年的三七五減租**：規定每等則耕地地租不得超過主作物正產品年總產量的 37.5%，租期至少六年，所有耕地租約必須依照這項規定向政府登記。其目的在改善和保障佃農收益並激發承耕者努力增產之意願。

2. **1951 年的公地放領**：允許農民在十年內分二十期向政府攤還地價以換取耕地所有權。在此期間總共放領公地 96,000 甲，承領農民計有 156,000 餘戶。

3. **1953 年的耕者有其田的辦法**：由政府向地主徵購超額之出租耕地，再交由現耕佃農承購，地主則獲得實物補償及公營事業股票。此階段，政府共徵收了 143,568 公頃的土地，放領給 194,823 農戶。私有耕地徵收前後的比較非常明顯，自耕地百分率由 62.7% 增至 83.8%，而出租耕地則由 37.3% 減至 16.2%。

在這一段農業改革推進時期，中國農村復興委員會擔負了一個相當重要的角色。農復會輔助政府推行土地改革政策及農業增產措施，並協助政府推動農村社會制度的現代化，改革農民與農會組織，培植訓練農村基本幹部領導人才。1950 年代政府遷臺初期，農業一直是最主要的一種產業，不僅農業人口占全省總人口之大多數，而且農業生產類別亦占全國總生產額之大部分。因此，早期的經濟計畫第二措施是「以農業培養工業，以工業發展農業」。農業一方面提供工業發展所需之資金與原料，一方面農村亦構成了工業產品的重要市場。同時，農產品的輸出亦占總出口值的大部分，這些賺取的外匯就換回了許多工業所需的原料及機器。

在**經濟計畫** (economic planning) 方面，政府於 1954 年實施了第一期四年經濟計畫。這計畫的目標是繼續增加生產，逐漸達到自給自足。其所需

之資本則由美援支付。此期計畫實為一申請美援的計畫，其整個計畫內容均著重外匯之節省與賺取，以爭取國際收支平衡。

第二期經濟計畫自 1957 年起實施，以國民所得與就業問題為中心，更注意到現代化大規模工業與國防工業之建立，技術改進及區域合作等問題。此計畫預定至 1960 年執行完成，但 1958 年 8 月發生的臺海砲戰及 1959 年八七水災等未預料的事件，使政府採取一些應變措施：一方面試圖解除當時的困局，同時另圖發展為未來鋪路。當時國內農工方面的發展受到嚴重阻礙，而人口仍然大量增加，使得經濟發展的些許成果大部分被人口增加所抵銷。當時經濟成長的速度尚無法提供足夠的就業機會，使失業現象日益嚴重，政府乃向外求發展，打開國際市場。

第三期經濟計畫是 1961 年至 1964 年，政府致力於發展外銷工業、能源工業和重化工業，並創辦技術重於資本的新興工業。此外，對於企業經營方式，政府在推動經濟發展中的地位及企業合理化與現代化的需要，均有合理的策劃。

第四期經濟計畫是由 1965 年至 1968 年，其範圍已逐漸推廣至工業經營企管人員之訓練，並著重長期性的經濟發展；開始著眼於社會建設，如策劃教育、公共衛生、社會安全等社會建設措施。

第五期四年計畫是由 1969 年至 1972 年止。此一計畫在目標、政策與設計方法等方面，大致沿襲第四期計畫；惟因臺灣經濟結構已有顯著變遷，故在計畫中特別著重農業現代化問題，並將電子工業列入發展計畫中。

1970 年代開始，國際政治與國際貨幣情勢開始不穩定，許多開發國家開始採取經濟保護政策；而日益增多的開發中國家亦成為我國國際貿易的對手，影響我國經濟。同時，國內大量的農業人口移向都市，導致了農村人手不足，工資不斷上漲，農業生產成本增加，農業成長呈停滯的狀態。由 1973 年至 1976 年間的第六期的四年計畫實施要點，在農業方面仍以增產為發展重點，在工業方面則明定其優先發展次序為石油化學、電子、機械電機、基本金屬、運輸工具工業等，幾乎全部屬於重化工業的範圍。

但在這段期間國際經濟發生劇變。先是國際市場上各種消費產品出現

供不應求的現象，導致搶購與價格暴漲。繼之，中東戰事掀起了世界性石油危機，造成了國際經濟嚴重的「停滯膨脹」。由於我國前幾期之經濟發展皆以「輸出導向」為原則，一旦國際貿易發生波折，臺灣本身經濟就受影響。原定的第六期經建四年計畫自難實行，政府乃在 1975 年初，決定中止第六期經建計畫，而另訂六年計畫自 1975 年至 1980 年。不過其後三年曾因適應當時情勢有所修正。從穩定中求成長，由爭取出超轉變為利用國外資源，增列科技發展，並採取有效的配合措施以改善國民生活實現均富理想為目標。這期間完成了十項重要建設，並展開十二項新建設計畫。

1981 年以後，政府又恢復四年經建計畫以應付國際經濟動盪不安的局面，並有效地促進臺灣經濟穩定和發展。在 1983 年曾做局部修正，以 1984、1985 兩個年度合併為兩年短期發展經濟計畫。不過為了應付世界經濟的波動，1990 年代以來硬性的經濟計畫已不是政策的主導。

在這一連串的幾期經濟計畫裡，政府由保護關稅和管制外匯始而發展勞動密集工業、平衡政府預算、鼓勵投資及出口、增加就業人口、穩定物價、改善所得分配，並推及教育、文化及社會等方面的建設，終於造成了人所皆知的一個「經濟奇蹟」。

政府遷臺初期農業生產總值占所有經濟生產的三分之一強，工業還不到六分之一。在經濟發展過程中農業逐漸被工業所替代；以農為主的經濟結構已明顯的在改變。到了 1970 年代上半期，這農工生產值百分比跟 1950 年代初期倒轉過來；1980 年代以後農業所占百分比已只有個位數，2003 年已只有 1.8%。臺灣今日的經濟結構已很明顯地是不以農業為主。這個變遷過程在表 15–1 清楚看出。

歷年來的經濟計畫都十分重視拓展出口工業，以出口來代替進口。早期，臺灣出口貿易絕大多數是農業性產品，1952 年臺灣農產品占總出口值之 91.9%。而工業產品出口值只占 8.1%。經過幾期的經濟計畫與經濟結構的改變，臺灣地區出口物資已以工業產品為主。依表 15–1 統計數字來看，2007 年工業產品占出口值之 99%，相對的，農產品降至 0.2%，農業加工品亦只剩 0.8%。以出口為重點的國際貿易不僅替臺灣所生產之工業產品打開

了一個龐大的銷售市場，同時更吸引了國外的資金和技術，提高了國內工業技術的水準和商業管理的新觀念。我們似乎可以斷言直說：沒有出口貿易的大幅增加，就沒有臺灣今日的經濟發展。從南韓、香港、新加坡等地區的經濟發展來看，事實也都如此。

※表 15-1　臺灣生產總值及出口總值之變遷，1952–2007

年　　別	生產總值 (%)			出口品總值 (%)		
	農　　業	工　　業	服務業	農產品	農產加工品	工業品
1952	32.2	19.7	48.1	22.1	69.8	8.1
1960	28.5	26.9	44.6	12.0	55.7	32.3
1970	15.5	36.8	47.7	8.6	12.8	78.6
1980	7.7	45.7	46.6	3.6	5.6	90.8
1990	4.2	41.2	54.6	0.7	3.8	95.5
2000	2.1	32.4	65.5	0.2	1.2	98.6
2007	1.5	27.8	70.7	0.2	0.8	99.0

資料來源：*Taiwan Statistical Data Book*。

臺灣經濟由農業轉向工業，由進口轉而為出口貿易的結果，使國民生產毛額大幅增加。工業的成長及外貿的增加帶來了國家經濟的繁榮，也增加了人民的財富。平均國民所得由 1955 年的 3,000 元新臺幣，到 1970 年代中期已超過 30,000 元，1995 年已近 300,000 萬元，2007 年平均國民所得已達新臺幣 496,595 元。詳細數字見表 15–2。

總之，臺灣地區過去五十年來的經濟發展是成功的，是值得驕傲的事實。以臺灣一海島，在中共軍事威脅之下能達到目前的成長是相當難能可貴的。至於成功的原因何在，各家學說相當分歧。其中經濟學的解釋方式尤多，有人認為是財政改革成功所致，也有人認為鼓勵出口是最大原因，更有人認為是出口加工區的貢獻。這些理論在此不多加介紹，坊間文獻可供參考者數量頗多。

我們認定臺灣經濟發展之所以成功，除了經濟因素之外，下面這幾項因素，值得注意：

※表 15-2　臺灣經濟成長，1955-2007

年　別	國內生產毛額 (GDP)		平均國民所得	
	百萬元	年增率 (%)	元	年增率 (%)
1951	12,374	–	1,412	–
1961	70,746	12.0	5,707	8.7
1971	266,884	16.26	16,559	13.8
1981	1,813,290	19.12	91,470	16.1
1986	2,911,773	15.20	121,225	4.2
1991	4,942,042	11.72	223,697	10.1
1996	7,944,595	9.54	340,990	8.5
2001	9,862,183	–1.69	395,319	–3.4
2006	11,917,597	4.04	470,224	3.8
2007	12,635,768	6.03	496,595	5.6

資料來源：國民所得統計年報，行政院主計處，2007。

1. **穩定的政治**：臺灣經濟發展之成功，穩定的政治是一個相當重要的原因。臺灣的經濟發展是一種由政府策劃的計畫性經濟措施，其成功與否端賴計畫之持續性與一貫性。穩定的政治予長期性經濟計畫提供了必要的時間保證。同時，穩定的政治也是吸收外資的一個重要因素。

2. **有遠見的政治領袖**：穩定政治雖然重要，但是並不能保證經濟必能起飛。相反地，它可能帶來新的保守主義，守舊不前。臺灣之成功乃是因為在這穩定的政治裡有一群有才能、有作為、有眼光的政治領袖統籌計畫。雖然學者對國民黨時代兩蔣專制多給予負面的評價，但臺灣經濟在其領導下走向繁榮卻是無可否認的事實。

3. **教育的普及**：臺灣教育的高度普及使工人階級容易接受新的工藝技術訓練，進而降低工人訓練所需的成本與時間。教育的普及也使中上層的工商業企業領導人物有高等知識接受新觀念與新工商管理技術。在經濟發展過程中，這是很重要的推動力。

4. **和諧的社會結構**：面對傳統社會階層的阻礙與反抗是未開發的非西方國家所常面臨的一個嚴重問題，在臺灣的社會，根深蒂固的傳統分子不多，

對經濟改革之反抗相當微弱。

5. **開放的階級流動**：經濟發展的一個條件是資源的動員，這不僅指經濟資源還包括人力資源的動員。在一個開放的階級制度裡，人們可以自由在職業界流動，一方面尋求發展自我的才能，另方面則在經濟變動過程中，解決人員補充的問題。臺灣在這方面的流動限制很少。

6. **勤奮努力的人民**：上述這些因素雖然重要，歸根究底還是要有一群勤奮努力和刻苦耐勞的人民去執行經濟發展計畫。不論我們怎麼樣來分析臺灣成功的原因，決不能忽略那一群腳踏實地努力工作的一般人民。沒有這樣的一群人，再有多好的計畫或多能幹的領袖人物，也只是紙上談兵，不會有多大用途的。

7. 世界自由貿易經濟提供了廣大的外銷市場。

　　總而言之，今日臺灣經濟之所以能有高度成長，其原因不止一端。政府按部就班的經濟計畫雖然功不可沒，其他非經濟的社會與政治因素之貢獻是不能否認的。

　　討論臺灣經濟不能忽略海峽對岸近年來的經濟。自從 1987 年開放大陸往來後，中國大陸逐漸成為左右臺灣經濟成長的一個舉足輕重的角色。中國大陸在 1990 年代以來經濟突飛猛進。表 15–3 和 15–4 列舉其主要經濟指標。

※表 15-3　中國大陸城鄉收入與消費水平，1990–2006

年　別	平均收入		消費性支出	
	城　市	鄉　村	城　市	鄉　村
1990	1,510	686	1,279	585
2000	6,280	2,253	4,998	1,670
2005	10,493	3,255	7,943	2,555
2006	11,760	3,587	8,697	2,829

資料來源：《中國統計年鑑》，2007。

※表 15-4　中國對外貿易，1999–2006

年　別	總貿易額（億美元）	年　別	總貿易額（億美元）
1999	3,606.3	2003	8,509.9
2000	4,742.9	2004	11,545.5
2001	5,096.5	2005	14,219.1
2002	6,207.7	2006	17,604.1

資料來源:《中國統計年鑑》，2007。

　　中國大陸開放以來的經濟成長有目共睹。1978 年前產業結構農業雖已非最重要，但其角色近年來更大為遞減。鄉村平均收入也大為提高，2006 年增加到人民幣 3,587 元，城市更增至 11,760 元。對外貿易在 2006 年高達美金 17,604.1 億元，且有順差。經濟掛帥在人民生活中已成形。海峽兩岸的經貿關係相當活躍。這方面資料會在第二十一章詳加介紹。

關鍵名詞

- **資本主義 (capitalism)**　係指一種經濟體系。在這體系內，個人或公司擁有投資的決定權、生產工具以及運用市場狀況來決定價格、生產及利潤。

- **社會主義 (socialism)**　是一種經濟體系。在這體系內，政府擁有生產所需之資源，並以中央控制的統一方式來決定生產量與分配量。

- **民主社會主義 (democratic socialism)**　亦稱福利資本主義 (welfare capitalism)。在這體系內，重要工業通常由政府控制。政府亦負責處理人民的基本生活需求，其支出則由高賦稅負擔。

- **疏離感 (alienation)**　係指在資本主義經濟體系內勞工對工作所生的無權感，無意義感，孤立感或自我疏隔感。

- **休閒活動 (leisure activity)**　係指人們不必工作而能利用此段時間放鬆自己，發展個人身心的一切體能或精神上的活動。

- **工業化 (industrialization)**　係指一個經濟體系由使用人力或動物體力為動力資源轉至以機械為動力資源的過程。

- 經濟成長 (economic growth)　係指一個國家的全國生產實質總額與平均個人生產額的增加所帶來的經濟成長。
- 經濟計畫 (economic planning)　政府為策劃並推動國家經濟發展所做的短期或長期的全盤性計畫。

參考文獻

Bagdikian, Ben H.

　　1997　*The Media Monopoly.* 5th ed. Boston: Beacon Press.

Fei, John C., et al.

　　1979　*Growth with Equity: The Taiwan Case.* New York: Oxford University Press.

Kahn, Herman

　　1979　*World Economic Development, 1979 and Beyond.* Boulder, Colorado: Westview.

Kalb, Don

　　2004　*Globalization and Development.* Boston: Kluwer Academic Publisher.

McConnell, Campbell R.

　　1975　*Economics.* 6th ed. New York: McGraw-Hill.

Rifkin, Jeremy

　　1995　*The End of Work: The Decline of the Global Labor Force and the Dawn of the Post-Market Era.* New York: Putnam.

Wallerstein, Immanuel

　　1974　*The Modern World System.* New York: Academic Press.

Weber, Max

　　1958　*The Protestant Ethic and the Spirit of Capitalism.* New York: Charles Scribner's Sons.

Weiner, M., ed.

　　1966　*Modernization.* New York: Basic Books.

江丙坤

    2004   《臺灣經濟發展的省思與遠景》。臺北：聯經。

李庸三

    1997   《臺灣地下經濟論文集》。臺北：聯經。

吳光華、焦維城合編

    1978   《農復會三十年紀實》。臺北：農復會。

杜文田編

    1976   《臺灣工業發展論文集》。臺北：聯經。

俞國華

    1980   《我國經濟建設》。臺北：國建會。

陸委會

    1997   《兩岸經濟情勢分析》。臺北：陸委會。

經建會

    歷年   《臺灣統計資料冊》。臺北：經建會。

蔡文輝

    1995   《社會變遷》。臺北：三民。

    1982   〈臺灣地區休閒活動之研究〉。臺北：明德基金會生活素質中心。

蔡學儀

    2004   《臺灣經濟論》。臺北：新文京。

歐陽正宅

    1989   《中國現代經濟發展史》。臺北：時報。

第十六章

政治制度

Sociology

第一節　政治、權力與權勢

一、政治與權力

政治 (politics) 在一般人的眼光中是指政府官員與政策的操作，而且人們也常以反對角度來衡量它。常聽人們說：「政治是黑暗的」或「這個人又在玩弄政治手腕」就是把政治看作是一種不正當的或奸詐的手段。其實，並不盡然。從社會學的角度來看，政治是一種制度化的過程，其所做的決策會影響到整個社會、國家或者社區。換句話說，政治是一個制作並運作影響社區、社會或國家的決策的過程。

政治運作的中心概念是**權力** (power)。最廣泛的權力定義是指一種能使他人順從的力量。政治學上，權力通常是指在決策制訂過程中具有直接影響的一種能力。社會學家烏倫 (Anthony M. Orum) 根據韋伯 (Max Weber)、馬克斯 (Karl Marx) 及派深思 (Talcott Parsons) 的觀念，給權力下的定義是：一種在制訂那些對社會或社區有深遠影響的決策的社會能力。他指出此一定義包含下面幾個重要的成分：

㈠權力在這裡被認為是一種社會能力

個人本身並沒有什麼權力，在團體中個人成為團體一分子時才能有這項社會能力。換言之，權力必須附在一個社會組織裡的社會地位或社會角色上。

㈡權力使用在做決策上

也就是說權力是有分量的，有權力者在做決策時，要求他人遵守它，而且自己也要對它負責。

㈢權力所做的決策對社會有深遠的影響

這個成分強調對權力的研究，不僅應該注意決策的過程，而且也應該注意決策對社會所產生的後果。

烏倫繼而指出，權力除了上述三種主要成分以外，尚有下列四種特質不能被忽略：

㈠權力的範圍問題

有些社會成員的權力相當廣泛，可能牽涉到許多方面，另外一些成員的權力則比較狹小。例如，市長的權力範圍廣，市政府的社會福利科長的權力範圍則較小。

㈡權力的來源問題

權力可來自個人的特質，財富或聲望，也可來自個人在社會上的地位和角色。例如，選票就是權力的一種來源，財富也常常是權力的主要來源之一。權力高的人通常是掌握較多權力資源的人。

㈢權力的擴張問題

權力不是固定的。個人的權力可以隨著權力來源的改變而擴張或縮小，例如，個人擁有更多的財富或爬升至更高的地位，其權力自然會擴張；相反地，財富減少或地位降級，則其權力會縮小。有時也因組織內部的改變而影響權力的大小。例如，市政府一個小單位主管，可能因單位組織的增員，而使其權力增加；單位的裁員使權力減少，雖然這小主管的職位並沒有改變。

㈣權力的分配問題

這是指在一個社區或社會內有多少人擁有權力。權力分配事實上就是權力分散問題。有些社區或社會裡，權力集中在少數的一群人手中；而另

外一些社區或社會裡，權力分散廣泛，有一大群人擁有權力。

另外有一個需要澄清的概念是**影響力** (influence)。常常有人把影響力與權力混為一談，其實影響力僅指一個人對決策未直接參與的影響能力。也就是說，這個人可能對決策有影響力，但卻沒有直接參與決定政策的權力。雖然，有影響力的人常就是具有權力的人，但這兩者並不完全相等。例如，一個有錢的財閥可能對當地的一切決策都有影響力，甚至於左右當地政府政策的決定，但是他卻不擁有直接做決定的權力。

社會學家所談論的權力問題的重點並不在於個人與個人之間的權力，而是在社會層次上的權力。前者如，夫妻間的權力、老師與學生之間的權力、父子之間的權力雖然也是權力的幾種表現，但是它們影響所及之範圍僅涉及於當事人，缺乏對大眾、社會或社區的深遠的影響力。但是一個企業組織裡的政策通常不僅會影響到該組織的本身體系運作，也能影響到其他社會組織。因此，組織裡的權力是社會性的。政府的決策更是此種權力運用的最佳例子，因為它對社會上幾乎每一個人都有影響。社會學家對政治的研究正是針對這種影響深遠的權力運作。

很明顯地，權力不僅牽涉到權力的使用者，而且也必牽涉到權力的遵從者。權力不是單方面的，它是一種相互關係，一方是權力使用者，另一方則是遵從權力的人，兩者缺一不可。因此，社會學家研究權力時，不僅想探求哪些人是權力使用者與其使用權力的過程，而且也想知道哪些人是受權力支配的遵從者與其遵從（或破壞）權力的過程及其所產生的結果。社會學家相信權力是有結構的，它決定了人與人之間或團體與團體之間的權力關係。

權力表現的主要方式有兩種。第一種是用武力 (force)。這是運用懲罰為威嚇手段的權力表現方式。威脅或實際使用武力可以強迫他人服從而使個人獲得權力。例如：監獄裡管理員的權力是武力式的，以武力強迫犯人服從聽命。不過在社會層次上的權力大多數不是靠武力來表示的，它們通常是經社會接受認可的合法權力表達方式。後者的表達方式也就是社會學家所稱的**權勢** (authority)。事實上權勢就是社會所接受認可的權力。它是由

一些占有某些社會地位的人所擁有的。

二、政治與權勢

權勢至少有兩項特質。第一，權勢是社會可接受的權力運作，是合法的 (legitimate)。權勢的合法性來自社會分子的認可與接受，人們接受權勢並順從它。在權勢運作下所做的決定被認為是對的或合適的，因此人們也自願服從它。人們服從政府官員的權力，因為相信他們代表人民管理社會。不僅如此，人們對這種權勢的服從常常是自動和潛意識的。在社會化的過程裡人們就養成一種接受合法權勢的習慣，不必有人在背後監督。

第二，權勢大部分是非私人的 (impersonal)。權勢雖然是由個人所運用的，但是權勢擁有者之所以有這能力，主要的不在於這些人的個人特質或人格，而是他們占有某些社會角色或職位。換句話說，權勢是附在社會角色或職位上的。政府官員、老師、雇主之所以有權勢，不是因為他們有特別的人格特質，而是他們的職位或扮演的社會角色所賦與的。

社會上許多組織都有權勢，可以要求人們遵從，但是只有政府有合法使用暴力的權勢。因此，政府常代表一個社會裡最高的權勢。在傳統社會裡，社會制度如家庭和宗教都可以發揮強制人們遵守社會規範的功能，但是在現代社會裡，就由政府來擔負這主要的功能。政府的權勢是人們所認可的合法權勢，因此，它可以暴力來強制人們遵守其所頒布的政策和決定。人們對政府政策的遵從一方面是由社會化過程裡所發展出來的自動反應，另一方面則是由於對政府可能使用武力或暴力的畏懼所致。

韋伯在研究官僚制度時曾提出權勢的來源主要有三種：

㈠傳統權勢 (traditional authority)

權勢可能是傳統的產品。人們因對傳統的尊敬而服從某一個人或某一個家庭的特有權勢。在這種情況下，領袖人物是經由繼承而獲得權勢。在較單純的社會裡，由傳統而取得權勢的領袖比較常見，權勢由父傳子、或代代相傳的方式幾乎是現代社會出現以前最常見的權勢基礎來源。但是在

今日現代社會裡，這種傳統性的權勢已式微。

㈡理性權勢 (legal-rational authority)

權勢是經由法律或理性的安排而獲得的。在這種制度裡，領袖之權勢是來自其所擔任的職務角色，而這些職務角色人物的選舉皆有一定的理性標準和法律依據。也就是說權勢是依附在職位上，而非個人本身。人們對權勢的服從是對職位的服從，而非對占有該職位的個人；如此，人們的服從才具有長期的持續性，不論在上者是誰。以美國總統為例，總統的職位是相當有權勢的，至於誰當總統並不重要。美國人服從總統這職位，而非當總統的那個人，因此只有現任總統才有權勢。這種理性權勢在當代經濟企業裡亦相當普遍。

㈢神格權勢 (charismatic authority)

韋伯指出另一權勢的來源是領袖人物的特有人格。這常發生在社會危機的短暫時期，人們需要英明的領導人物來破除當前的危機；人們相信這人是非凡的英雄、具有超人的能力，而服從他。領袖人物是不是真有這些非凡的人格特質並不重要，只要他的群眾相信他具有這些特質就可讓他因其人格而得權勢。德國的希特勒 (Adolf Hitler)、伊朗的柯梅尼 (Ayatollah Ali Khamenei) 等都是神格權勢的代表人物。韋伯認為這種權勢而建立的政治最危險，因為國家前途操在一個人手上，尤其是當領袖人物的眼光手腕有偏差時，整個國家會遭受苦難。

綜上所述，政治、權力及權勢皆與社會其他制度息息相關。它們是社會的產品，而社會又受它們影響。政治社會學家布蘭卡特 (Richard G. Braungart) 把政治與社會視為一交換系統。這兩者的關係如圖 16–1。社會文化的需求、人民對政治的支持程度，以及經濟資源皆影響到政治的體制及其運作，而政治領袖的作風，政府的政綱及其所制訂的法律轉而影響社會。因此，政治和社會是互為因果的。

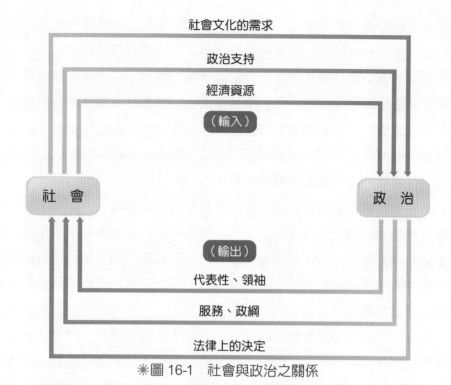

社會文化的需求

政治支持

經濟資源

（輸入）

社 會

政 治

（輸出）

代表性、領袖

服務、政綱

法律上的決定

※圖 16-1 社會與政治之關係

第二節 政治體系

　　在人類最早期的歷史裡，有些最單純的小型社會是沒有統治者與被統治者之分的。但是當社會逐漸擴大，人口逐漸增加，所能利用的資源亦增加時，貧與富、權力高低之分就逐漸出現。這一點，在討論社會階層時曾提及（見第八章）。富者或有權力者就組成了一個統治團體，而貧者或無權力者也就變成了被統治者。中國從秦一統天下之後，就已建立了一個相當複雜的政治帝國，希臘、羅馬及當代的西方國家組織亦都複雜龐大；但是在幾個非洲國家裡正式的政府組織則是晚近才發展出來的。

　　為什麼一個社會需要政府組織呢？前面曾提及政治與社會是相互關聯的。代表政治的政府組織在社會上必有其存在的原因。功能學理論認為政

府維護了社會裡的主要價值，並解決糾紛與衝突。政府是用來決定社會裡哪些價值應該保存維護，哪些應該受限制，以此來保持社會的秩序。尤其當兩個價值衝突時，則政府可用來解決爭端。例如，講求個人自由以及一夫一妻制的婚姻都是美國社會裡的重要價值。如果某一個美國公民重視個人自由而忽視一夫一妻的婚姻制度，娶了幾個太太。在這種情況下，政府及政府所制訂的法律就被用來決定，上述兩種價值的輕重問題：犧牲個人自由，而維護一夫一妻制的婚姻價值。

功能學理論相信社會是建立在一套共享的價值體系上。這些價值觀在社會化的過程中由上一代傳至下一代，繼承下去；社會的價值觀念能影響社會的法律與政策。例如人們對「個人自由」有較高的評價，那麼法律會設法促使人們獲得它並保護它。法律由政府所制訂，用以維護社會的價值以達成社會的整合。

衝突理論並不認為社會是建立在一套共享的價值體系上。衝突理論相信社會之存在乃是由於人們對資源的爭奪。有些人或團體獲得較多的資源（如食物、土地或其他生活必需資源），而以此換取支配他人的權力。換句話說，資源的分配不平等造成了統治者與被統治者分歧，政府就是這樣形成的。有財有勢的統治者又運用其權力來鞏固其既有的資源，並灌輸不平等的既定觀念給下一代，用以保持現狀。富者更富，貧者更貧是天經地義的事。衝突理論認為價值並不影響政治體系，因為政治體系被社會上的菁英分子所控制，價值則是菁英分子所製造出來的，並不一定是全民共享的。

如果綜合上述功能學理論與衝突理論對政府的觀點，我們可以發現政府擔負著至少下列幾種功能：

1. 法律規範的制訂：政府的主要功能是把社會裡的規範加以制度化而集諸法律內。經由法律，人們知道社會所允許的與所不許可的行為界限，並預知違反者所受的懲罰類別與程度。

2. 提供社會控制手段：政府不僅制訂法律規範，而且亦可使用權力來執行它們。警察、法庭，甚至於軍隊，都是政府用來控制社會的工具。政府是唯一合法的暴力使用者。

3. **目標的釐定：** 政府給社會釐定一個共同追求的目標。政府可以使用各種手段或工具來促成這個目標的實施完成。政府的集權力量能有效地運用資源來達成目標追求。

4. **防禦外侮：** 政府是可以動員人力與資源來對抗外來的侵略戰爭，以維護國家的安全與整體性。

5. **資源的分配：** 一個社會裡的資源並不一定能夠滿足每一個人。因此，政府的另一個功能是把資源按照一定的方式分配到人們手中。即使有糾紛，政府也可加以排解和處理。

　　每一個國家對上述幾項功能的安排並不完全一致。因此，國家裡的政府組織和政治制度，也不全相同。以目前實行於世界上主要國家的政治制度來看，大致可分為極權政府 (totalitarian government)、獨裁政府 (authoritarian government)、民主政府 (democratic government)，以及綜合上述幾種體系部分特質而成立的民主社會主義政府 (democratic socialist government) 等類型。

一、極權政府

　　極權政府的最大特色是社會裡的一個團體控制了社會裡所有的社會制度，其他的團體完全被排拒於權力之外。因此，宗教、經濟、教育等社會制度皆受制於政治制度之下。在一個極權政治體系裡，可以發現下列幾項特質：

1. **一黨獨大：** 執政黨是唯一的合法政黨，它控制所有政治機構。而政黨則由一人或一小群統治團體所加以控制和操縱。

2. **暴力的使用：** 建立祕密警察或安全情報網，用來威嚇人們，逼使人們服從。所有異議分子都被視為敵人或叛國者。

3. **大眾傳播資訊的控制：** 政府控制電視、電臺、新聞報紙，用以宣傳政府命令。反對者沒有表示異議的機會與工具。

4. **軍隊的控制：** 政府指揮並統領軍隊及其武力。軍隊成為黨的軍隊，被用來壓抑反對者。

5. **經濟的控制：** 全國的經濟策劃完全由國家來計畫與支配，生產方式與價格亦由國家政府統一決定。

6. **一套政治意識：** 這套政治意識不僅被用來支持政黨的掌權，而且也用來指導人們的每一部分生活。

　　極權政府的最大問題是無法清楚人們的遵從法律是基於對政策的信心支持，還是對執政者的恐懼。執政者對人們產生一種不信任的信念，誤認為只有武力與威嚇才能使人們順從。這種政府之存在主要是建立在軍事力量與情報安全網上，一旦兩者失去其高度效率，政權會立即產生危機。

二、獨裁政府

　　在**獨裁政府**裡，統治權勢是由一個人單獨掌握。統治者一身兼數職，他不僅制訂法律，也是執行者與監督者。在獨裁政府裡，人們對領袖一個人完全效忠。因此，任何反對該領袖的人就成為反對政府者，而這領袖常常是軍人出身。在極權政府裡，政黨掌握一切；而在獨裁政府裡，最高級軍人成為獨裁者，掌握一切。不過在極權政府裡，人民的一切皆受國家控制；而在獨裁政府裡，人們的私生活則通常不受干涉，個人因此有較多的自由。

三、民主政府

　　民主政府最理想的形式是一種全民直接參與的均權制度。在這制度裡，社會、政治、經濟及軍隊菁英分子平均分享權力，而且沒有任何人可以獨占權力控制他人。但是實際上，在現代社會裡已找不到這種純型民主政治體系。大多數的民主政府是由一群人民所選出的代表所組成。政府的合法性權勢是人們委託於民選代表而表達的。政府官員必須有選民的支持才能代表人們行使權力。權力雖然沒有完全均等，掌握權力者是代表人們行使權力，因此比較開放，能包容不同的意見。社會經濟價值與全民意識影響這制度的實行。

　　讓我們用下列三簡單程式來表達上述三種政治體系的差異處：

$$\text{極權政府} = \frac{\text{社會} + \text{經濟} + \text{軍事}}{\text{唯一政黨的菁英分子}}$$

$$\text{獨裁政府} = \frac{\text{社會} + \text{政治} + \text{軍事}}{\text{軍隊菁英分子}}$$

$$\text{民主政府} = \frac{\text{社會} + \text{政治} + \text{軍事}}{\text{社會經濟價值與意識信仰}}$$

四、民主社會主義政府

政治社會學家李普塞 (Seymour Martin Lipset) 用另外一個方式來討論現代政治體系之類型：他指出**合法性** (legitimacy) 和效率 (effectiveness) 是政府的兩個必要條件。合法性是指一個政府是否獲得人們的認可，而效率則是指政府推行政策之順利與否。以這兩個條件，他把現代政治體系分為四種基本型態，用圖來表達，如圖 16–2：

		合法性	
		高	低
效率	高	A	B
	低	C	D

※圖 16-2　李普塞政府型態

上圖裡的 A 型政府具有高度的合法性與高度的效率。也就是說人們贊同現有政府型態，而政府也有高度推行政策的效率，例如美國、日本、英國；B 型政府的合法性低，但效率高。人們並不支持認可現有政府型態，但是政府經由武力或暴力來推行其政策，效率高，例如中共、古巴、北韓、伊拉克等國；C 型政府的合法性高，但效率低。人們支持並認可現有政府型態，但政府執行政策效率低。印度、墨西哥及馬來西亞等國皆屬此型；D 型政府的合法性與效率皆低。即一方面政府不受人們擁護，一方面亦無

法展開政策之推行。一些第三世界內亂不止的國家皆是，例如菲律賓、黎巴嫩、剛果民主共和國等國。

　　李普塞繼而指出，A型國家政府若變成C型效率低的政府，則局部型的內部改組必然發生，例如改換內閣。但B型國家政府若轉變成D型國家政府，則可能爆發革命，因為它喪失了唯一支持其政府的力量──軍隊或祕密警察的高度效率。

　　當然，有許多國家政府的特質兼有李普塞四種型態中兩種以上的特質，正如前面提到的民主社會主義政府，也是綜合兩種或兩種以上特質而產生的。這種分法仍有其價值，可作參考。

第三節　權力分配理論

　　政府既然那麼有權力，又影響人們的日常生活，那麼政府是怎麼做決策的呢？是由一小群人來做決定，還是由一個階級的人來做決定，或者是由社會裡的各類成員一起做決定？權力掌握在誰手上？前面曾提到極權政府、獨裁政府及民主政府之差異點，多少已表明了權力分配的不同。在這裡，舉出三種主要解釋理論來比較探討。

一、多元論 (pluralism)

　　多元論的基本中心論點是權力分散與分享，而權力的來源是多元性的。一個多元的政治體系是指社會裡各種不同的團體或個人都能直接或間接影響政策的決定，而且沒有一個人或一個團體能單獨控制政策的決定。換句話說，社會裡的所有利益團體 (interest group) 都能分享某種程度的影響力。這些利益團體利用金錢、競選、說服、組織或選票等方式來影響政府的政策。這些利益團體可能代表不同種族、宗教、社團、職業等不同性質的成員。

　　在多元政治裡，利益團體為了達到其本身的目的而試圖影響政治決策

而彼此相互競爭。在競爭過程中，利益團體決定如何使用權力；當所有利益團體都有相等力量時，權力均等就可達成。持多元論者相信政治行為並不發生在個人互動裡，而是發生在團體與團體之間的互動。他們指出只有經由團體的行動，個人的利益才能獲得保障或擴張。政治因此是利益團體之間的爭鬥。當一個社會越趨複雜，利益團體的數目就會越多，其種類亦必越繁雜。

多元政治體系的最大困難是利益團體的實力不相等，有些利益團體成員多、財源多；而另外一些則成員較少、財源稀薄。因此，前者的政策影響力自然比後者要大；其所爭取到的利益不僅比後者多，而且常常是犧牲了後者的利益才得到的。

多元政治體系的另外一個缺點是政策效率會受影響。一個政策的決定需要顧慮到所有的利益團體，這不僅浪費時間；同時，因折衝各方利益而改變原來政策的重要特徵與功能。其最終所訂的政策通常會失去原意。不僅如此，由於利益團體彼此間的激烈競爭，還可能造成社會內部的不和及衝突。

多元政治體系的第三個缺點是利益團體成員並不代表社會所有的成員，它只代表利益團體的參與者。社會上，參加利益團體的人數並不占多數；因此，大多數的人都沒能參與政策決定的過程。即使以美國社會來看，參加利益團體的仍未達到全民的程度。

二、菁英論 (elite theory)

菁英論實際上就是領袖集團論。所謂菁英分子是指社會各部門裡有高成就者，他們可能分布在政治、藝術、商業、教育、宗教等各方面。早期的柏烈圖 (Vilfredo Pareto) 就已注意到菁英分子的角色問題，他把這類人分為兩種：一種是統治菁英 (the governing elite)，指在政治上活躍的菁英分子；另外一種是非統治菁英 (the non-governing elite)，指政治以外各行各業的領袖人物。而在這兩者下面，則有一大群的民眾或大眾 (the masses)。

古典菁英論者如柏烈圖等認為政治菁英分子代大眾而治，因為後者本

身無能力管理自己；但是當代菁英論者卻認為政治菁英是在壓制剝削大眾，只為謀求本身的利益，不以社會為前提。當代菁英論者不同意菁英統治是必要的，是不可避免的。他們指出在大多數的工業社會裡，菁英統治是事實，但決非不可避免。尤其這些菁英分子只為本身利益著想，因此對社會有不良的影響及後果，這些必須改善。

當代菁英論者強調菁英對社會重要資源的控制。他們控制大商業企業、政府部門、社會資訊、大眾傳播工具。大眾是無知的，他們的資訊輾轉得自菁英，因而，常被菁英分子所利用。當代菁英論者又指出在美國等工業國家裡，菁英分子是一個很鞏固的內團體。主要成員是社會上的上層階級分子，外人很難打入這個小圈子。即使有少數中下層階級分子爬升入菁英團體圈內，很容易被訓練成跟其他上流階層一樣的人物。

當代菁英論者當中，最著名的是密爾斯 (C. Wright Mills)。密爾斯認為美國社會是由一群強有力的權勢菁英 (power elite) 集團所控制的。他們主宰政治、經濟、軍事以及大眾傳播資訊工具，不僅有權決定一切重要的政策，還可迫使平常一般大眾接受他們的政策。這是一個很團結的團體，其分子間之社會背景、教育、經濟職業環境，以及價值觀念皆甚相近類似；他們時常彼此間交換所占有的地位以維護本身權力利益之不外流。

在這權勢菁英集團之下，有一個中層階級，其成員包括國會議員、工會領袖、地方名流、政治掮客、電影電視明星等。他們是為上層菁英奔走的人，希冀有朝一日也能加入上層團體。他們代表著上層菁英分子的利益，並非一般大眾的。

密爾斯理論裡最下一層者是大眾。他們是最可憐的無權無勢的普通老百姓。因為受上層菁英團體的控制，這些人對決策毫無影響力，總成為上層者之犧牲品。更可悲的是這群大眾缺乏組織，缺乏共同主張，沒有代表人物，無法對抗上層者，只好任其擺布壓榨。

三、階級論 (class theory)

馬克斯很早就提出統治階級控制了生產工具，能影響政策與政治行動。

社會分為兩種階級：資產階級與無產階級。資產階級是統治階級，而無產
階級是被統治階級。經濟是主要因素。

當代的**階級論**者則認為馬克斯的看法太單純。他們並不認為資產階級
就是統治階級，或為當權者。資產階級對政治的控制是經由對政治制度與
官員的影響和操縱而來的。國家政府是被政治家和資本家（或資產階級）
兩者所聯合的團體所控制的。政府成為資產階級的工具，同時更導引一種
觀念：經濟利益與政治利益是不可分的。因此資產階級透過政府取得利益
是很難避免的。

從階級論觀點來看，資本主義國家的政府並非真能獨立自主的來協調
各利益團體間的衝突，更不太可能達到利益團體資源的平均分配；政府的
運作亦不在於尋求社會全體成員的共同目標。政府只是代表社會裡經濟利
益持有者的一種制度。

上述這三種權力與分配理論的比較，簡單摘要於表 16-1：

※表 16-1　權力分配三理論之比較

理　　論	權力來源	主要權力團體	大眾之角色	政府的功能
階級論	對社會生產資源（財富）之控制	統治階級（資本體系內之資本家）	受統治階級之壓榨與操縱	保護資本階級的利益，維持既有階級制度
菁英論	對社會主要制度之控制，特別是對中央政府之行政部門以及大企業組織之控制	由大企業與政府高級領袖聯合組成，團體性強	被權力菁英分子操縱與壓榨	保護有勢力之菁英及其團體之利益
多元論	多元性的政治資源（包括財富、政治權勢及選票）	透過選舉當選的政府官吏與利益團體領袖	經由選舉與利益團體之壓力而間接控制政治菁英	監督利益團體之間的競爭；創造政治上的贊同

資料來源：引自 Martin N. Marger, *Elites and Masses*. N.Y.: D. Van Nostrand, 1981, p. 112。

有些學者認為美國政治是多元政治的代表，因為美國境內各種各樣的
利益團體多得不可勝數。它們彼此互相競爭，對政策的制訂都有某種程度

的影響力。另外一些學者則指出美國其實還是菁英政治，一小群經濟、政治、軍事、大眾傳播界的領袖為彼此間利益而制訂政策。有人認為美國的政治，歸根究底，仍是由資本階級所影響與操縱的。這三種理論雖然不能真正單獨用來描述美國社會複雜的政治體系，但其觀點仍都有可取之處。

第四節　政黨與政治參與

　　無論是在工業化國家或開發中國家都有其政黨 (political party)。有些國家只有一個政黨，另外一些國家則可能多至二、三十個。政黨在極端政府裡的功用是以黨控制社會，來推動、實行國家政策。在民主政治體系內，政黨的重要性更是顯著。政治學家張伯斯 (William Nisbet Chambers) 在分析美國政黨後發現現代的政黨有下列幾種特質：

1. 現代的政黨領袖非常積極推動政黨的活動，較不追求個人的利益。
2. 現代的政黨組織已發展出一套在法規之內推行其政黨目標的策略。例如，提名競選、競選策略手段，以及與友黨的配合等。
3. 政黨成員的背景成分已相當複雜，通常會包含數種以上的利益團體。這些利益團體的目標相互影響了政黨的大目標。
4. 政黨通常都已發展出其獨特的政治意識與一致的政治綱領。
5. 政黨的權勢是建立在大眾支持的基礎上。因此，相當重視大眾的意見。

　　由上述這些特質可以看出：現代政黨和以往的政閥 (cliques) 是不一樣的。政閥通常是一個暫時性的私人或小團體的聯合，既無固定的目標，也無獨特的政治意識，更缺少群眾或大眾的支持。在現代政治體系裡，政閥與政黨併存，但政閥所扮演的角色顯然沒有政黨來得重要。

　　民主國家的政治體系裡，政黨在理論上是代表人民或大眾的利益的。但是到底有多少人是真正積極地參加政黨活動？幫助政黨建立政綱？或推廣政黨目標？又有多少人是真正對政黨忠誠的？有兩種方式可以間接回答上述問題。第一種是政黨黨員登記數目。以美國為例，大約 10 個美國人當

中有 8 個人是屬於某一個政黨的；民主黨或共和黨的黨員，前者數目較多。另外一種方式是分析人們對不同政黨所提出政綱的意見與態度。以美國為例，到底有多少人同意民主黨的政綱？有多少人同意共和黨的政綱？根據以往美國總統的選舉分析，政治學者發現第二種方式比第一種更能看出人們的政黨投票傾向與態度。1980 年美國總統選舉投票時，就有相當大數目的民主黨員跨越黨籍界限轉投給共和黨的候選人：雷根 (Ronald W. Reagan)。不過近年來，民主黨和共和黨的黨員人數都逐年減少，其各自的政綱亦難服人心；自稱獨立無黨無派的人數有增加的現象。

　　社會學家最注意的主要還是人們參與政治活動的程度。投票與入黨只不過是廣泛政治參與的兩種方式而已。美爾布雷斯 (Lester Milbrath) 就列舉了十四種政治參與的方式。按其參與程度高低深淺之不同，把這十四種政治參與方式順序安排於圖 16-3。大致上這十四種可歸類成三類：

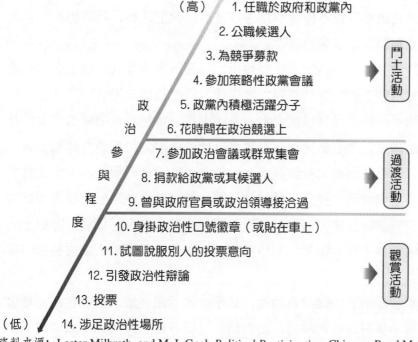

資料來源：Lester Milbrath, and M. I. Goel, *Political Participation*. Chicago: Rand McNally, p.18。

☀圖 16-3　政治參與程度之層次

1.觀賞活動 (spectator activities)：不真正參與，只是個旁觀者。

2.過渡活動 (transitional activities)：介於觀賞及鬥士活動之間。

3.鬥士活動 (gladiatorial activities)：參與程度最高。

　　政治學家佛巴和奈伊 (Sidney Verba & Norman Nie) 根據一項政治參與的抽樣調查資料，把樣本的政治參與分為下面幾類：

1.完全不參與者：22% 完全沒有參與任何有關政治的活動。

2.投票者：21% 只參加投票。

3.狹窄參與者：4% 曾為私人問題或困難向地方與省級官員接洽。

4.社區參與者：20% 曾為地方性問題參與政治行動。

5.競選活動者：15% 曾參加競選人的助選活動工作。

6.完全活動者：11% 參與數種上述政治活動。

　　從上面這項資料來看，人們參與政治的程度與方式各有不同，合計起來約有將近 80% 的人多多少少參與了政治活動。從這個研究裡，我們更清楚地認識，政治參與並不僅僅單指做官或參與競選活動，同時也指一些為地方爭取福利建設等活動的參與。

　　研究政治參與的一個很重要問題是：社會階級的差異對政治參與有沒有影響？有兩種不同的理論觀點：第一種看法是相信政治參與反映出社會和經濟上的不平等，尤其是在資本主義國家裡。持這看法的學者認為：社會經濟地位越高，政治參與程度亦越高；社會經濟地位低者之政治參與程度低。第二種看法則認為社會經濟地位低者之政治參與程度，不會比社會經濟地位高者來得低。持這一種看法的學者指出，這種現象之發生乃是因為政治參與提供給社會經濟地位低者改變其現狀之機會。那麼，階級之間政治參與的差異不會太顯著。到目前為止，驗證資料似乎比較支持第一種看法。

　　社會學和政治學的驗證資料裡，幾乎一致發現一個人的社會經濟地位越高，其政治參與程度也越高。這個結論可以發現在以收入、教育或職業聲望三者同時來衡量政治參與時的研究中。社會經濟地位與政治參與兩者之間的關聯以美國社會最顯著，至於在英國、印度、德國等國的比較研究

裡發現兩者雖也有相關，但比美國要淡些。

種族因素與政治參與的關聯亦很類似社會經濟地位的因素。在美國，白人的政治參與要比黑人來得高；亞裔的政治參與一直不踴躍。不過近年來，少數民族的政治參與有升高的跡象。

除了上述階級與種族差異影響到政治參與現象以外，社會心理學家也試圖去發掘個人社會心理因素與政治參與之間的關聯。他們發現政治參與者有三種共同的特質：第一，相信自己的參與能影響政治家的做法與政策的執行效率；第二，對政治制度與政治領袖具有某種程度的信心；第三，對一切政治事件發展的關心與注意。具有上述三種心理特質者通常在政治參與的程度比其他人要高。

持傳統的政治學觀點的學者相信政治參與對社會裡的團體和個人都是有益處的。持這種觀點的學者相信政治參與一方面提供參與者實際的政治經驗與訓練；同時，經由參與把本身的困境向上傳達，以引起政治領袖的注意而能加速得到改善。持這種觀點者也相信，政治參與讓社會裡的異議分子有機會表達其不滿的情緒和不同的意見，因此對維護社會整體的秩序是有利的。

在政治學裡，另外的一種觀點則強調政治參與和政治權力兩者應該分開來談。他們不同意前述傳統觀點，認為政治參與必然會帶來政治權力。他們指出下層階級與工人階級分子的政治參與並沒有給他們帶來權力；而上層階級的政治權力並不是只因政治參與而取得。政治參與並不一定就能保證會擁有政治權力；而相反地，政治權力也不一定非建立在政治參與的基礎上不可。

上述這兩種政治學的觀點分別顯示政治學者對政治參與效果的不同看法。目前持傳統觀點看法者仍占多數，但持第二種看法的學者已漸受重視。

第五節　政治發展

　　派深思在分析西方社會的現代化過程時，把英國看作是現代西方社會的啟端，因為英國在十七世紀時就開始把公民權與國王權力分得很清楚；而且在政治上，議員也有其權力，是社區裡最具影響力的人。上述這兩個特質是現代國家出現的原因。

　　歷史學家布雷克 (C. E. Black) 在綜合分析許多有關現代國家特質的理論之後，他指出現代國家的主要特徵包括：

1. 政治權勢的集中，也就是政策決定權力的統一。現代國家必須增加資源的生產與運用效率，集中的政治權勢比其他方式更能高度發揮人力資源。
2. 政治功能的擴張。現代國家的功能比傳統時期要多，不僅包括徵募稅收和軍事武力，而且也包括社會福利等事業的舉辦。
3. 法律準則的增加以及政府機構的龐大。
4. 人民政治參與的擴大。

　　政治學家白魯恂 (Lucian Pye) 亦有類似的看法，他提出政治發達的現代國家裡可以發現：(1)其政治功能的遞增；(2)政治體系結構的分化；與(3)政治文化的世俗化。

　　艾爾蒙與鮑威爾 (Gabriel A. Almond & G. B. Powell) 認為政治系統的發展是在利用政治經濟與其他社會發展等策略來解決內在和外在的緊張和衝突。他們將此策略分為四個項目：

1. **政府的能力**：包括制定和執行政策的能力，以及維持公共秩序和合法性的能力。
2. **政治的參與**：包括形成政治結構來動員和匯集民眾的需求，以形成公共政策。
3. **經濟的成長**：包括經濟計畫以增加國家財富。
4. **經濟成長利益的平均分配**：包括福利事業的推廣以減少貧富差距和減輕

社會衝突。

他們按照上述四個項目的交互配合運用來評估政治經濟的發展，再分成五種發展類型。這裡我們借用彭懷恩 (1983: 456) 的譯名，它們分別是：

1. 民主的人民參與型 (democratic populist pattern)。
2. 權威－專家政治型 (authoritarian-technocratic pattern)。
3. 權威－專家政治－平等主義型 (authoritarian-technocratic-equalitarian pattern)。
4. 權威－專家政治－動員型 (authoritarian-technocratic-mobilizational pattern)。
5. 新傳統型 (neo-traditional pattern)。

艾爾蒙和鮑威爾認為這五種發展的策略，在政府能力、參與、成長和分配四項目上的能力，都有不同（見表 16–2）。

※表 16-2　發展策略之比較

政治經濟的發展面	發展策略				
	民主的人民參與型	權威－專家政治型	權威－專家政治－平等主義型	權威－專家政治－動員型	新傳統型
政府能力	低	中～高	中～高	高	低
參　與	中	低	低	高 (?)	低
成　長	中～高	中～高	中～高	高	低
分　配	中	低	中～高	高	低

資料來源：Gabriel A. Almond, and G. B. Powell, *Comparative Politics: A Development Approach*, 1978.

很明顯地，他們兩人相信第四類的「權威－專家政治－動員型」發展策略最能製造出高度的政府能力；在政治參與、經濟成長與分配上都高於其他類型。因此，這一類型應該是一個成功的類型。最差的則是「新傳統型」，政府不僅無能，而且也無法達到經濟成長、提高人民政治參與或平均的經濟分配等。通常，開發中國家所採的策略多以二、三、四等三種為方

針，已開發國家較傾向於第一種策略，而未開發國家則多採新傳統型。以目前的經驗來看，開發中國家所採的策略裡，則以第四類最是成功，如臺灣、南韓及新加坡等都採「權威－專家政治－動員型」。

政治學家韓廷頓 (Samuel P. Huntington) 也提出政治安定為政治發展的重要因素。而最能提供政治安定的制度則需一個強有力的政黨組織的存在：一個高度制度化、強而有力的政黨能迅速地動員社會之人力與資源，有效率地推動社會發展。

在開發中國家裡，無可否認的政治因素對其經濟成長與政治發展有很重要的影響。但是，其他社會因素也多少有其影響力，尤其是知識分子與軍隊所扮演的角色，更值得注意。

希爾斯 (Edward Shils) 指出在非洲和亞洲的開發過程裡，知識分子曾經扮演了一個相當重要的角色。在初期，除了知識分子外，沒有其他團體積極參與獨立鬥爭；由於，知識分子大都有在國外的經驗，對本國情況不表滿意。經由課堂或大眾傳播工具，知識分子影響年輕學子反對既有狀況與社會不平等，使他們自然而然地成為反抗運動中的領袖。

軍隊在開發中國家也有舉足輕重的角色是無可否認的事實。在開發中國家裡，軍隊常常是唯一有組織的大規模團體；結構嚴密，領導系統層次分明，動員起來容易、效果亦大。由於懂得應用新式武器使軍隊成為這些國家中最懂得現代工藝技術的一群人，有意願改善國內技術水平。正因為軍隊擁有組織與武器，他們常成為政治領袖們在遭受群眾壓力時為鞏固政權所尋求的伙伴，終至以軍隊取代政權。這種例子在拉丁美洲及非洲國家常見。

一個國家的政治發展除了本身的因素與條件之外，它跟其他國家的關係地位也是很重要的。華勒斯坦 (Immanuel Wallerstein) 所提出的**世界體系論** (world systems theory) 正是討論國際間的這種關係。他指出世界體系是由一群核心國家 (the core states)、邊陲地區 (the peripheral territories) 和半邊陲地區 (the semi-peripheral territories) 所組成的。核心國家對整個體系的生存與發展有較多的貢獻，所以能獲得較多的資源與報酬，並由此而控制支

配邊陲與半邊陲地區的政治經濟發展。國家與國家之間的關聯（及其依賴性）是經由經濟貿易、政治連繫以及社會來往而取得。邊陲地區和半邊陲地區的領袖（包括國王或貴族等），雖然名為政治領袖，實際上，只是核心國家的傀儡。根據這理論，一些低度開發國家及開發中國家所經歷的剝削，乃是因為它們在世界體系內只不過是附庸的低等地位而已，聽命並受壓榨於核心國家。

第六節　中華民國政治體系

　　中華民國創建於 1912 年。政治組織在基本上是遵照國父孫中山先生所倡的三民主義和五權憲法所釐訂。中央政府組織為五權分立制，包括行政、立法、司法、考試、監察等五院。國民大會則代表全國國民行使政權。《中華民國憲法》制定於 1946 年，但由於國共內戰頻繁，政府在 1948 年第一屆國民大會第一次會議時，制定了《動員戡亂時期臨時條款》。此條款此後曾經四次修訂。1991 年 5 月 1 日政府為因應臺灣地區社會和經濟的改變廢除了此條款。同時，國民大會增修《中華民國憲法》條文 10 條。1992 年又通過增修條文 8 條。1994 年再度修憲，把原先的 18 條文簡化為 10 條。2005 年夏天任務型國代在臺北開會討論再次修憲。

　　國民大會，依《憲法》規定，代表全國國民行使政權。其權責包括選舉總統和副總統、罷免總統副總統、修改《憲法》以及複決立法院所提之《憲法》修正案。1947 年選出第一屆國大代表 2,961 人；第一次會議實際報到者為 2,841 人。1991 年修憲後選出的第二屆國大代表為 325 人。1996 年選出的第三屆國大代表有 334 人。國大代表人數的遞減反映臺灣地區的實際情況。而且，由於中華民國總統已直接由民選選出，國民大會存廢的問題受社會大眾的關心和注目。2000 年時常設型國代在臺灣已廢除，若有需要則以任務型國代來執行。2005 年的修憲會議即為一例。

　　總統和副總統以往是由國民大會代選，但 1996 年第九屆總統由人民直

接選舉，任期四年。李登輝為第一位由全國人民直接選出的總統，連戰則當選為副總統。在此次直接民選中，國民黨的李登輝、連戰組得票率是54.00%；民進黨的彭明敏、謝長廷組得21.13%；新黨雖未提名，但支持林洋港和郝伯村組，其得票率是 14.90%；無黨籍的陳履安、王清峰組則得9.98% 的票。由於是中華民國第一次總統直接民選，投票率高達76.04%。此次選舉的一個插曲是中共對臺灣的「文攻武嚇」，在投票前接連三波軍事演習，並以飛彈射擊臺灣附近海域，試圖影響選情。不過，很多專家認為中共的行動是李登輝高票當選的原因之一。

　　2000 年的總統選舉是臺灣政治發展的一項重大突破。民主進步黨的陳水扁在國民黨內訌下出人意外地當選。在該次選舉中，陳水扁的得票率為39.30%，由國民黨脫黨的宋楚瑜為36.84%，連戰為23.10%。2004 年陳水扁競選獲連任，不過由於選前發生了槍擊案，而陳水扁又以極小差額獲勝（陳水扁得票率50.11%，連戰49.89%），造成選後連續數週國民黨的抗爭。

　　臺灣政治環境在 1987 年開放黨禁前一直是國民黨一黨獨大的專制政治制度。黨禁開放以後，雖然非國民黨的其他黨派尚無實力執政，在臺灣政治環境裡已起了民主的作用。根據內政部 2004 年的統計，登記有案的政黨共有 108 個及 44 個類似政黨的政治團體。其中以民進黨和新黨較具反對黨的實力。民進黨創立於開放黨禁前夕的 1986 年 9 月 28 日，其成員主要是本省籍的「黨外」人士組成。新黨成立於 1993 年 3 月 5 日，主要成員是新國民黨連線時期，批判國民黨李登輝主席的一群退出國民黨人士。民進黨黨員大多數是本省籍人士，新黨黨員幹部以外省籍人士為多。民進黨給人的一般印象是「獨臺」和「臺獨」的訴求；而新黨則有「急統」的色彩。這兩種印象似乎操縱了兩黨在各項選舉之得票率。不過，由於臺灣絕大多數的人民反對急統，也不願意冒臺獨的危險。因此，民進黨和新黨近年來有採取較溫和的中間路線跡象。

　　從黨禁開放以來的各項主要選舉結果來分析可以看出：國民黨的得票率下降的趨勢；民進黨得票率有時高時低的不穩定現象；新黨雖有一定的得票率，但 1998 年 12 月的臺北市長和高雄市長的選舉，卻敗得讓很多人

認為新黨已成泡沫政黨。2000 年由宋楚瑜籌組的親民黨已成臺灣第三大黨，但在宋楚瑜 2005 年率團訪問大陸後已呈名存實亡的型態。2001 年以李登輝為精神領袖組成的台灣團結聯盟（簡稱台聯）亦受注目。2008 年國民黨馬英九在總統選舉中獲勝，國民黨重新回到政治權力中心，新黨和親民黨主要政治人物紛紛回歸國民黨懷抱，民進黨則在前總統貪汙案陰影下掙扎。不過 2009 年的「三合一」地方選舉民進黨稍有斬獲。

　　表 16-3 把近年來臺灣地區重要選舉三黨得票率列出比較。民進黨在 1993 年的縣市長選舉、1994 年的臺北市長選舉斬獲最多。新黨則在 1994 年的臺北市長和市議員選舉中有較佳的表現。1994 年民進黨的陳水扁入主臺北市政府和 1998 年謝長廷贏得高雄市長席位是民進黨的兩大重要成就。1997 年縣市長選舉民進黨得票率比國民黨高 1.2%，席捲了臺灣主要縣市。1998 年謝長廷在高雄市勝選後，南臺灣的臺南市、臺南縣、高雄縣、屏東縣以及高雄市已為民進黨所控制。事實上，到 1998 年底時，國民黨主政的縣市僅剩臺北市、彰化縣、雲林縣、嘉義縣、花蓮縣、臺東縣及澎湖縣。民進黨成臺灣第二大政黨已無庸置疑，且在 2000 年後一躍為執政黨。

　　臺灣政治發展的另一項轉變是國民大會於 1997 年 7 月通過的「精簡省級組織」修憲案，亦即「凍省」案。到 1997 年中，臺灣省政府共有基本員工約 12 萬人，另有臨時職雇人員約 18,000 人，總共約 14 萬人。1994 年民選的首任省長宋楚瑜乃成末代省長。1999 年行政院在臺中設立中部辦事處，辦理精簡後的省政府業務。

※表 16-3　近年來重要選舉主要政黨得票率

年　別	選舉項目	黨別及得票率				
		中國國民黨	民主進步黨	新　黨	親民黨	台灣團結聯盟
1986	立法委員	68.87	22.17	–	–	–
	國大代表	68.31	18.90	–	–	–
1989	立法委員	60.10	28.20	–	–	–
	縣市長	53.50	38.34	–	–	–
	省議員	62.10	25.60	–	–	–
	臺北市議員	69.21	23.40	–	–	–

年	選舉	國民黨	民進黨	新黨	親民黨	台聯
	高雄市議員	62.59	20.40	–	–	–
1991	國大代表	69.11	23.24	–	–	–
1992	立法委員	61.67	36.09	–	–	–
1993	縣市長	47.47	41.03	41.03	–	–
1994	臺灣省長	56.22	38.72	4.31	–	–
	臺灣省議員	51.03	32.54	3.74	–	–
	臺北市長	25.89	43.67	30.17	–	–
	臺北市議員	39.48	30.41	20.83	–	–
	高雄市長	54.46	39.29	3.45	–	–
	高雄市議員	45.28	24.85	4.82	–	–
1995	立法委員	46.06	33.17	12.95	–	–
1996	國大代表	49.68	29.85	13.67	–	–
	總　統	54.00	21.13	14.90*	–	–
1997	縣市長	42.12	43.32	1.42	–	–
1998	立法委員	46.43	29.56	7.06	–	–
	臺北市長	51.13	45.91	2.96	–	–
	高雄市長	48.13	48.71	0.81	–	–
2000	總　統**	23.10	39.30	0.13	–	–
2001	立法委員	28.34	33.87	2.66	18.48	7.80
	縣市長	45.25	33.15	0.17	0.36	
2004	總　統	49.89	50.11	–	–	–
	立法委員***	32.71	36.12	0.13	13.84	7.79
2005	國大代表	38.92	42.52	0.88	6.11	–
2006	臺北市長	53.81	40.89	–	–	–
	高雄市長	49.27	49.41	–	–	–
2008	立法委員****	53.48	38.65		0.02	0.96
	總　統	58.45	41.55	–	–	–
2009	縣市長	47.88	45.32			

註：新黨成立於 1993 年，親民黨成立於 2000 年，台灣團結聯盟成立於 2001 年。

* 新黨未提名總統候選人，而全力支持林郝配。

** 獨立候選人宋楚瑜、張昭雄組得票率 36.84%，另一獨立候選人許信良、朱惠良組得
0.63%。

*** 成立於 2004 年的無黨團結聯盟得 3.63%。

**** 為區域立委的得票率。

　　臺灣政黨政治的一大問題是各個主要政黨內爭不停。國民黨有主流派

與非主流派之爭，擁李與反李之爭，以及宋楚瑜的出走。在民進黨有福利國連線和美麗島派系間的爭論，以及許信良的脫黨競選總統。1997 年間，主張臺獨者另建門戶而組建國黨也是一個例子。新黨人數雖然不多，但幹部之爭仍時有所聞；朱高正和姚立明之間的衝突導致朱高正的開除黨籍。親民黨 2005 年亦有數位知名幹部脫黨回歸國民黨。

值得一提的是，在臺灣目前的中華民國五權憲法政體已名存實亡。監察院功能減低，監察委員也已由民選而改為由總統任命。國民大會喪失其選舉總統副總統之權，已成空頭機構。實際上，政治的運作只操之於行政院及立法院之手。

地方派系和財團金主的介入政治更是臺灣今日政治運作的特色。每次選舉，國民黨提名大量財團金主、甚至道上兄弟參選。雖然政府一再宣傳反賄選、反金權、反暴力，實際上這些問題並未消失。軍方的「黃復興黨部」在歷次選舉中亦積極參與，為執政黨助選。

談臺灣今日的政治環境就不能不談到臺灣與大陸的兩岸關係。候選人的「統獨」之爭往往影響選情。兩岸交流從 1987 年以來的主要大事包括：

1987 年 11 月	開放民眾赴大陸探親
1989 年 5 月	制訂《大陸同胞來臺探病及奔喪辦法》
1990 年 9 月	兩岸紅十字會簽署《金門協議》
1991 年 1 月	行政院大陸委員會成立
1991 年 2 月	海峽交流基金會成立
1991 年 3 月	行政院通過《國家統一綱領》
1991 年 12 月	大陸成立海峽兩岸關係協會
1992 年 7 月	頒布《臺灣地區與大陸地區人民關係條例》
1993 年 4 月	第一次「辜汪會談」在新加坡舉行
1994 年 3 月	浙江千島湖事件
1995 年 1 月	江澤民發表「江八點」

1995 年 4 月	李登輝發表兩岸關係的六點主張
1995 年 6 月	李登輝訪問康乃爾大學
1995 年 7 月	中共在東海軍事演習，展開對臺灣的「文攻武嚇」
1996 年 3 月	中共進行飛彈演習，企圖影響臺灣即將舉辦之總統選舉
1996 年 9 月	李登輝提出「戒急用忍」大陸經貿政策
1997 年 9 月	江澤民重申「一個中國」原則
1999 年 6 月	李登輝宣布臺灣與中國的「國與國」間對等關係原則，放棄一個中國的迷思
1999 年 7 月	中共黨部軍方領導批判李登輝之國與國平等論
2000 年 5 月	陳水扁提「四不一沒有」的大陸政策
2001 年 5 月	陳水扁提「新五不政策」
2002 年 8 月	陳水扁提「一邊一國論」
2003 年 3 月	胡錦濤提「對臺工作四點意見」
2003 年 8 月	陳水扁提「兩岸直航三階段論」
2004 年 5 月	中共提「五個決不」及「七項主張」對臺講話
2005 年 2 月	臺商春節包機
2005 年 4 月	國民黨主席連戰率團訪問大陸
2005 年 5 月	親民黨主席宋楚瑜訪問大陸
2008 年 5 月	馬英九總統提「不統、不獨、不武」理念與大陸協商
2008 年 6 月	兩岸週末包機與陸客來臺正式啟動
2008 年 12 月	平日包機、海運直航（正式三通）

　　根據民意調查，大多數的臺灣人民贊成李登輝的國與國平等論，不願為中共統一。從 1987 年迄今，臺海兩岸由完全隔離到目前的經貿文教交流，兩岸的關係是有緩和的跡象。只不過，大陸仍不願放棄以武力統一臺灣為手段造成兩岸關係的不順。

　　中共對臺灣的政治壓力是迫使臺灣接受一國兩制的模式。但是這種模式不為臺灣人民所認同。根據歷次民意調查資料來看，有大約四分之三的

民眾不贊成一國兩制是解決兩岸問題的辦法。臺灣民眾不贊成一國兩制的百分比在 1994 年 3 月千島湖事件發生後曾高達 84.5%，1999 年的調查仍有 72.9% 不贊成。同類的民意調查也發現有相當多的臺灣民眾認為中共對臺灣的政府存有敵意。在中共「文攻武嚇」時期，持此種意見的民眾曾高達 82.3%。1999 年的調查仍有 63.6% 認為對臺灣政府有敵意，同時也有 47.5% 認為大陸當局對臺灣人民有敵意。

　　根據中正大學政治學系在 1999 年 4 月所做的一項民眾對自我認同問題的調查，有 45.4% 的民眾認為自己「既是臺灣人也是中國人」，36.9% 認為是「臺灣人」，12.7% 認為是中國人。對統一、獨立或維持現狀的看法，2005 年的民意是：盡快統一的占 1.2%，盡快宣布獨立的占 5.2%，維持現狀的為 85.9%。在贊成維持現狀的民眾中，想要以後獨立者占 14.1%，以後統一者占 11.9%，永遠保持現狀者占 22.6%，最多的是主張以後看情況再做決定，占 37.3%。由行政院大陸委員會所蒐集自 1995 年以來的民意調查中發現，對獨、統或維持現狀的態度並無明顯的改變，民眾以維持現狀以後再做決定的最多，永遠保持現狀的次之，兩項之和幾乎都超過五成；甚或超過六成。持盡快統一或宣布獨立兩極端觀點的常不足一成，維持現狀實符合民意。歷次民調統計可參考行政院陸委會公布的資料。

　　中華民國在臺灣的政治結構在 1990 年代事實上已拋棄大中國的包袱。政府的領導人物已由本省籍人士取代；政治組織在凍省後亦已表明臺灣為一主權國家的精神；政府裡的公務人員絕大多數是在臺灣出生的第一代菁英。政府在國民身分證上已不明載祖籍，依據出生地為籍貫等都是一種以臺灣為本，不分本省外省的最佳證明。

　　解嚴和開放黨禁是臺灣由兩蔣專制時代走向民主政體時代的轉捩點。臺灣省長及總統與副總統的直接民選更是臺灣民主政治的表現。民進黨和新黨的成長在政府的政策制訂過程中發揮了監督與均衡的作用。現今，臺灣確是個多元的社會，也具有一多元的政治體系。民進黨提名的陳水扁擊敗對手贏得第十任的總統大選，更為中華民國民主化的進展提供了一個重要的證明與指標。

關鍵名詞

- **政治 (politics)** 指一個制作影響社區、社會或國家的決策的過程。
- **權力 (power)** 指一種能使他人順從的能力或力量。
- **影響力 (influence)** 指一個人對決策的未直接參與的影響能力。
- **權勢 (authority)** 指社會所接受認可的權力。
- **極權政府 (totalitarian government)** 一個由單一團體或政黨所組成的政府。它控制其他一切社會制度。
- **獨裁政府 (authoritarian government)** 由一個政治領袖單獨控制統治的政府。
- **民主政府 (democratic government)** 一種重視人民政治參與及均權分配的政治體系。
- **合法性 (legitimacy)** 指社會分子對政權的接受認可。
- **多元論 (pluralism)** 一個多元的政治體系是指社會裡各種不同的團體和個人都能直接或間接影響政策的決定。多元論強調權力的分散與分享。
- **菁英論 (elite theory)** 這種理論相信政治是由一群社會上的少數菁英分子所把持。大眾的影響力不被重視，甚至不被允許。
- **階級論 (class theory)** 這種理論相信政治是由資本家與政治家兩者所組成的統治階級所控制。政府是經濟利益持有者的代表與保護者。
- **世界體系論 (world system theory)** 由一群核心國家、邊陲地區及半邊陲地區所組成的以經濟依賴為重心的依賴性體系。核心國家在這體系內支配控制其他兩類型國家。

參考文獻

Almond, Gabriel A., and G. B. Powell

    1978   *Comparative Politics: A Developmental Approach.* Boston: Alyn and Bacon.

Black, C. E.

1966 *The Dynamics of Modernization*. New York: Harper & Row.

Braungart, Richard G.

1976 *Society & Politics: Readings in Political Sociology*. Englewood, N.J.: Prentice-Hall.

Chambers, William Nisbet

1963 *Political Parties in a New Nation: The American Experience, 1776−1809*. New York: Oxford University Press.

Dobratz, Betty A.

2003 *Political Sociology in the 21ˢᵗ Century*. Amsterdam, Boston: JAI.

Epstein, Leon D.

1967 *Political Parties in Western Democracies*. New York: Frederick A. Praeger.

Government Information Office

2004 *The Republic of China Yearbook*. Taipei: Government Information Office.

Huntington, Samuel P.

1968 *Political Order in Changing Societies*. New Heaven, Conn.: Yale University Press.

Lipset, Seymour Martin

1964 *The First New Nation*. Garden City, N.J.: Doubleday.

Marger, Martin N.

1981 *Elites and Masses: An Introduction to Political Sociology*. N.Y.: D. Van Nostrand.

Milbrath, Lester W., and M. I. Goel

1977 *Political Participation*. Chicago: Rand McNally.

Mills, C. Wright

1959 *The Power Elite*. New York: Oxford University Press.

Moore, Barrington, Jr.

1966   *Social Origins of Dictatorship and Democracy: Lord and Peasant in the Making of the Modern World.* Boston: Beacon.

Orum, Anthony M.

1978   *Introduction to Political Sociology.* Englewood Cliffs, N.J.: Prentice-Hall.

Pye, Lucian W.

1966   *Aspects of Political Development.* Boston: Little, Brown.

Shils, Edward

1978   "The Intellectuals in the Political Development of the New States," in Finkle, Jason L. and Richard W. Gable, eds. *Political Development and Social Change.* N.Y.: John Wiley. pp. 249–276.

Verba, Sidney, and Norman H. Nie

1972   *Participation in America.* New York: Harper & Row.

Wallerstein, Immanuel

1974   *The Modern World System: Capitalist Agriculture and the Origins of the European World Economy in the Sixteen Century.* New York: Academic Press.

Zuckerman, Alan S.

2005   *The Social Logic of Politics: Personal Networks as Contexts for Political Behavior.* Philadelphia: Temple University Press.

朱雲漢、丁庭宇譯

1981   《中國兒童眼中的政治》（Richard W. Wilson 原著）。臺北：桂冠。

李偉欽

2003   〈2000 年總統大選後臺灣政治的探討與展望〉。載於蔡文輝、陳博中合編，《社會科學的應用：臺灣的困境與展望》，頁 19–70。臺北：五南。

吳乃德

1993   〈國家認同和政黨支持〉。《中央研究院民族學研究所集刊》，第十四

期，頁 33–61。

胡鴻仁、陳國祥

1982　〈新一代的政治領袖〉。《聯合月刊》，第六期。

黃嘉樹、程瑞

2001　《臺灣政治與選舉文化》。臺北：博場。

陳文俊主編

1996　《臺灣的民主化：回歸、檢討及展望》。高雄：中山大學。

陳秉璋

1984　《政治社會學》。臺北：三民。

彭懷恩

2004　《選舉無效》。臺北：風雲論壇。

趙心樹

2004　《走出選舉的困境》。臺北：亞太。

楊宏山

2004　《當代中國政治關係》。臺北：五南。

蔡明憲

1998　《臺灣鄉鎮派系與政治變遷》。臺北：洪葉。

盧建榮

1999　《分裂的國土認同，1975–1997》。臺北：麥田。

聯合月刊編輯部

1982　〈評選績優立法委員〉。《聯合月刊》，第七期。

第十七章

人口與區位學

本章可以學習到

1. 影響人口的基本因素——生育、死亡、遷移
2. 世界人口成長
3. 人文區位學與人口控制
4. 我國的人口概況
5. 人口與健康的相關議題

Sociology

第一節 人口的基本因素

人口 (population) 是指一個社會裡的人口數字。人口學 (demography) 則是一門專門研究分析人口數目及其特質、變遷的科學。人口學所研究的各個課題範圍都能直接影響到社會成員日常生活的每個層面。例如在人口快速增長的情況下，如果社會未能即時採取任何對策，就會影響到食物供應、工作機會、求學機會、社會服務、交通工具、住所等的短缺。又如人口特質中的年齡組成及性別組成都能影響到社會成員的結婚成家或求職就業的機會。人口學家相信，對社會人口數字及其組成特質的認知，能促進對社會生活的瞭解及對社會變遷發生前的預測及對策。

人口學家以科學方法研究人口的數目、組成、遷移等來瞭解其對社會之影響外，也重視其歷史經驗，地域差異等等以作為對未來人口特質的推測。

雖然人口學研究的對象人類已有長遠的歷史，但依科學方法研究的人口學卻只有二百年的歷史。最早對人口做整體研究的是英國的馬爾薩斯 (Thomas Robert Malthus)。基本上，馬爾薩斯在其 1798 年出版的《論人口》 (*Essays on the Principle of Population*) 中建議：世界人口增長速度遠比食物的供應來得快。他認為食物供應的增加是根據所謂的「算術級數」(arithmetic progression) （即「等差級數」，由 1 到 2、3、4 ……），而人口增長則依據「幾何級數」(geometric progression) （即「等比級數」由 1 到 2、4、8 ……）。照馬爾薩斯的分析，時間一長，食物的供應跟人口數字的差距會越來越大：食物供應是會增加的，但其增加的速度卻遠跟不上世界人口的增長。

馬爾薩斯認為解決上述差距的方法是控制人口數目。而控制人口的方法有二：「積極檢視」(positive checks)，此指由於戰爭、疾病、流行病、飢荒等天災造成大數目的死亡而控制人口；「消極檢視」(negative checks)，亦就是「預防抑制」，此指限制生產的節育、墮胎、禁慾、晚婚等方式防止人

口增長。對馬爾薩斯而言，最合適的控制人口方式是晚婚，他反對所有不被教會認可的人工節育方式。同時他認為夫妻要對其所生的子女負起養育責任，不然，世界將會面臨飢荒、窮困及悲慘不幸。

馬克斯 (Karl Marx) 基於其對資本主義思想的批判，認為社會的毛病 (social ills) 不在於人口的眾多或食物的短缺，而是糧食的分配不均。即使在二十世紀末期仍有一些低度開發國家經歷著困苦及飢餓，這些國家裡有 15% 的兒童不能活過 5 歲；再加上戰爭及大量的移民更增加了人口數字及糧食供應的問題。為了抗拒世界的飢荒，人類就必須減少生育，並快速的增加世界糧食的供應；這二個層面要同時進行才能解決當前的難題。

當代的人口學家，或稱之為「新馬爾薩斯學派」(neo-Malthusism)：贊同馬爾薩斯的人口增長較食物供應為快；但堅持節育，家庭計畫是控制人口成長最基本的方式；除此之外，也贊同馬克斯的觀點：應解決糧食分配的問題，人們一定要賢明的善用自然界的一切資源。

目前，世界上最普遍的蒐集人口資料的方式是人口「普查」(census)。人口普查就是算計人口數目。美國的《憲法》規定每十年舉行一次人口普查，其主要目的在於計算各個地區的國會議員代表的人數及聯邦稅收的分配。除了普查的方式以外，有些國家採用戶口登記或其他方法。我國一向採以戶口登記制度。美國則採取所謂「生命統計」(vital statistics)，居民必須向政府機構登記有關出生、死亡、結婚、離婚等事件，以取得政府的證明文件。人口學家更利用一些社會學方法論裡的問卷法、調查法及抽樣技巧來蒐集人口資料，以估計預測未來人口的發展趨向。雖然使用完整周全的統計方法及可信賴的電腦資料分析，人口學家卻永不能做決定性的預測：人口結構的主要元素，如生育、死亡、移民各都受到許多社會因素的影響，學者雖能指引社會因素影響的方向，卻不能完全有把握的估計推測未來的發展。

人口學研究人口的三個基本的因素：生育、死亡及遷移。人口的成長、結構都受這三個因素的交互影響。

一、生育 (births)

通常以「出生率」、「粗出生率」，更詳細的有「年齡別出生率」、「總出生率」來表明生育的資料。

出生率或稱**粗出生率** (crude birth rate) 是人口學家用以算計嬰兒出生比率數字最簡單的方法：在某一年度裡，每千人數中對嬰兒出生的比率。通常以年中人口總數為計算的分母。

$$粗出生率 = \frac{一年中出生嬰兒數}{該年年中人口總數} \times 1000$$

年齡別出生率 (age-specific birth rate) 係指出生比率按女性各年齡組計算之。女性的生育能力因其年齡，健康狀況而有所不同。大體來說，女性的生育能力通常起自 15 歲，止於 45 歲；年齡別出生率依婦女年齡由 15 至 44 歲，以每 5 歲為一年齡組計算之。例如 15 到 19 歲年齡的生育率、20 到 24 歲年齡的生育率等等，如此可計算出六組年齡別出生率，婦女 15～19 年齡別出生率的算法如下：

$$年齡別出生率_{15\sim19} = \frac{一年中婦女_{15\sim19}出生嬰兒數}{該年中婦女_{15\sim19}總數} \times 1000$$

將六組年齡別的出生率加起來乘上五（年）就是所謂的「總出生率」(total fertility rate)：如依當年的出生率，一個婦女（如比率是千分比則是 1,000 個婦女）經由 15 到 44 歲的三十年生育時期可生育幾個子女數。

依人口學家的算計，一個婦女一生有三十年所謂的「生育年齡」(childbearing ages)。依人類生理上「生殖力」的潛能來推算，較保守的估計，每一年半到二年能生育一胎，那麼三十年間應可有十五到二十胎嬰兒。事實上，婦女的生育數字遠不及這生理上的生殖潛能，這自然是受到社會、文化、環境等因素的影響。在現代社會裡，除了深受文化價值觀等的影響外，又因家庭計畫的推廣、避孕方法的普及，使得人類的生育率已開始下

降。當前有些社會的生育已達到低於「替代率」(replacement rate)，即一個婦女平均生育不到一個女兒來代替她本身生育的地位。

在東方社會裡，某些特殊社會文化因素能影響到出生率的偏高：例如我國文化裡的十二生肖。做父母的都望子成龍，於是「龍年」的出生率偏高；不生龍子，生個龍女也是好的，這個文化價值觀念千年不變。

經濟地位及教育程度都能影響到出生率的高低：其相關成反比。經濟情況越好，教育程度越高，出生率就越低。這項相關也可引用到不同程度的現代化社會裡，生活富裕及高等教育是現代化社會的特徵；那麼現代化程度越高的社會，出生率越低，遠低於開發中及未開發的國家。

二、死亡 (deaths)

人口學裡的第二個主要因素是死亡。一個社會人口的增減及其結構，除了跟出生率之高低有關外，跟死亡人數的多寡也有不可分的關係。死亡通常以「死亡率」、「粗死亡率」、「年齡別死亡率」以及「生命餘年」來表明之。

死亡率或稱**粗死亡率** (crude death rate) 是指：在某一年度，每千人中有多少死亡人數的比率，常以年中人口數為基數。

$$粗死亡率 = \frac{一年中死亡人數}{該年年中人口總數} \times 1000$$

年齡別死亡率 (age specific death rate) 則將人口分成年齡組別，來計算該年齡組的死亡率。年齡組別通常以五年為間隔，由 0 到 4 足歲、5 到 9 歲，以此類推。老人人口較多的社會裡，可向上推至 75 到 79、80 以上；不然以 60 到 64、65 以上亦可。人口學家有用一年為年齡組別以推算當年的活存機會，是謂「生命表」(life table)；再將由 0 歲往上的各單年年齡別的活存機率累加起來，就是所謂的「**生命餘年**」(life expectancy)。生命餘年是一種假設的計算方法：依當年各年齡別的死亡率模式，該年所出生的嬰兒平均能活存多少年歲；換言之，它是一種期望的壽命。按生命表不僅能計算

嬰兒的生命餘年，也可推算出 50 歲或 80 歲的人平均還有多少年的日子可
期盼。

　　一般認為死亡率代表著一個社會的進步情況，代表著醫療服務是否普
及、醫療衛生設備是否健全等。這些社會條件越高，死亡率會越低。基本
上這是正確的。然而，由於「粗死亡率」只以各個年齡人口的總和為基數
來計算，它受到人口年齡組合的影響，因此並不是一個代表實際社會條件
的理想指標。例如開發中國家的粗死亡率大約在 8‰ 左右，而已開發工業
國家的死亡率卻超過 10‰，實因後者的老年人口較多，比率較高。「生命
餘年」及「**嬰兒死亡率**」(infant mortality rate) 等已將年齡組合標準化，是
較理想的指標，它們才能真正表明一個社會的醫療衛生環境。生活條件越
好的社會，生命餘年越高，嬰兒死亡率就越低。所謂嬰兒死亡率是指某年
每一千名出生嬰兒在未滿週歲之前死亡的數字。世界各洲 2009 年的簡單人
口資料列於表 17-1 以為參考。

※表 17-1　世界人口統計資料，2009

國　家	年中人口（百萬）	粗出生率 (‰)	粗死亡率 (‰)	嬰兒死亡率 (‰)	生命餘年			人口年齡分布	
					平均	男	女	15 歲以下	65 歲以上
全世界	6,810	20	8	46	69	69	71	27	8
北　美*	341	14	8	6	78	75	80	20	13
拉丁、中美	580	20	6	23	73	70	76	30	6
南　美	386	19	6	23	73	70	76	29	6
歐　洲	738	11	11	6	76	72	80	15	16
大洋洲**	36	18	7	22	76	74	78	24	10
亞　洲	4,117	19	7	43	69	68	71	27	7
亞洲（不包括中國）	2,786	22	7	48	68	66	69	30	6
非　洲	999	36	12	74	55	53	56	41	3

* 包括美國、加拿大。

** 包括澳洲、紐西蘭、太平洋島嶼。

資料來源：Population Reference Bureau 估計 (2009)。

三、遷移 (migration)

人口學裡的第三個主要因素是遷移。對任何一個開放性的社會，遷移對其人口組合結構都會有影響，影響的輕重則視遷移的方向及數目而定。但對全世界來說，遷移對其人口的增長或特質卻無影響。遷移所影響的是區域間的。

遷移是指人由一個地點轉往另一地點定居的現象。對移出地區而言，這是「遷出」(emigration) 及「遷出人口」(emigrant)；對移入地區，則是「遷入」(immigration) 及「遷入人口」(immigrant)，通稱「移民」(migrants)。

人口遷移的因素包括「推」(push) 及「拉」(pull) 兩種。推係指那些促使人們遷出某一地區的原因。例如：政治迫害、宗教壓抑、種族歧視、戰爭、飢荒、天災地變、人口過剩、工作機會不足或其他個人的原因。英國清教徒在十七、十八世紀移民美洲就是因宗教的壓抑及迫害；二十世紀1970 年代，大批越南難民移往歐洲、美洲、澳洲及東南亞地區就是因為戰爭及政治上、經濟上的迫害。拉則指那些吸引人們遷入一地區的因素。例如：宗教及政治自由、環境理想、經濟就業機會多、高生活水準，更或親友由該地區來的鼓動，以及其他個人因素。美國的政治自由，經濟發展機會大，在 1970 年代以後，吸引了大批來自亞洲及中美洲的移民。更由於某些地區天氣合宜，生活安定，吸引了大批已有子女在該地居留的退休亞洲居民遷入定居。

推的遷移因素是將人民從較差，較不理想的地區推出去，而拉的因素則是把人們拉進一個較理想的地區。近年來，由於世界人口的增長，各個地區都漸對移民的數額加以限制。例如，美國一直被認為是個「移民之國」，自十七世紀開始吸引歐洲人口遷入，先是西歐及北歐，後以東歐及南歐為主；二十世紀中期，其移入人口漸變成以中南美洲為主，後期更以亞洲移民為主。美國目前人口已超過 2 億 9 千萬，目前對移民數字限制較前嚴格。

除了上述所舉之國際移民多，遷移自然也發生在國內的移民。目前一般國內的移民都因都市發展的趨勢，人們由鄉下移往都市，由小都市往大

都會遷移，這跟經濟就業機會有密切關係。更有由天氣較差，寒冬較長的地區遷往天氣較暖和，較乾燥的地區。近些年來，臺灣地區的遷移現象大致上是由南向北，由東向西遷移的現象。所以北部人口多於南部，北部大都會的人口也多於南部。西海岸人口稠密度也遠高於東海岸。

第二節　世界人口成長

人口成長可分兩類來說，由於出生人數多於死亡人數的人口增長通常稱為「自然增長」(natural growth)；而因移入人口多於遷出人口而導致的人口增長則稱之為「社會增長」(social growth)。凡是並非絕對封閉的社會，其人口成長都受自然增長及社會增長二者的影響，換言之，一個社會的人口成長是自然增長及社會增長的總和。

一般來說，人口成長是指人口增加，但有些情況下人口是在減少，人口學家稱之為「負成長」，成長的數字是負數。一樣的，人口自然增長如成負值，那是指死亡人數超過出生人數；社會增長成負值，則指遷出人口多於遷入人口，導致人口數目減少。

就整個人類歷史觀之，今天世界上已超過 60 億的人口，但增長到這個數字也只是最近二、三百年的事。在人類數百萬年的歷史中，人口有增有減，在西元初年大約是幾億人；直到十九世紀初地球人口才達到第一個 10 億 (此即西方人通用的 billion)。目前整個世界能在僅僅十年左右就增加一個 10 億人口。世界人口的增長可見於圖 17-1，由此圖中可明顯看出所謂的「J 型曲線」，由人類開始到現在人口成長成 J 字型。以更詳細的估計數目來看人類在過去幾個世紀所經歷的人口快速增長：十七世紀中期，地球人口大約是 5 億人，一個世紀後人口增加到 7 億；十九世紀中葉超過 11 億人口；二十世紀中已達 25 億。這兩百年間 (1750–1950)，前個百年增加 4 億，而後個百年增加 14 億。二十世紀的後半期則再增 35 億人口，據聯合國人口基金會及美國人口普查局的估計，地球人口已在 1999 年下半年度突破

60 億的紀錄。2009 年的人口是 68 億以上。歷年的世界人口數字見表 17–2。

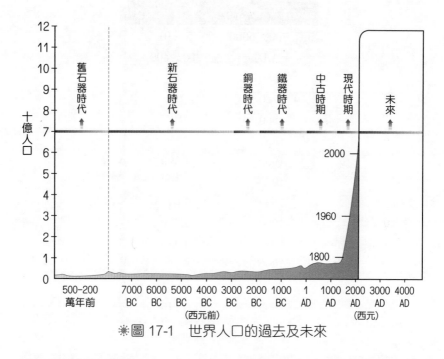

※圖 17-1　世界人口的過去及未來

　　地球上的人口不斷的增加，似乎是太擁擠了，就當前的資料，世界上每秒鐘就增加 2.8 個人；一小時就超過 10,000 人，一年就增加將近 9,000 萬人口。目前人口增長已稍緩，但是 2009 年仍增加 7,600 餘萬：每秒鐘就有 4.4 個嬰兒出生，1.7 人死亡，淨增 2.6 人。每分鐘淨增 158 人，一小時約 9,460 人，一天能增加 227,030 人。一年淨增 82,866,000 人。這個數字是臺灣現今 2,300 餘萬人口的三倍以上。此數字可見表 17–3。

※表 17-2　世界人口之成長

年　代	人口數（百萬）
B.C. 7000–6000	5～10
1 A.D.	200～400
1650	507
1750	711
1800	912
1850	1,131
1900	1,590
1950	2,557
1960	3,041
1970	3,709
1980	4,453
1990	5,283
2000	6,081
2009	6,810

資料來源：U.S. Census Bureau, 2009。

※表 17-3　2009 年全球人口成長

時　期	出　生	死　亡	淨增加
秒	4.4	1.7	2.6
分	264	107	158
時	15,862	6,402	9,460
日	380,682	155,652	227,030
星期	2,672,096	1,078,519	1,593,577
月	11,579,083	4,673,583	6,905,500
年	138,949,000	56,083,000	82,866,000

資料來源：Population Reference Bureau 估計 (2009)。

　　如以 10 億人口數為一個單位，讓我們來看看人類增長的速度。從有人
類開始直到十九世紀初（大約在 1804 年前後）人口才達 10 億。而第二個

10 億人口只需 123 年。第三個 10 億在 1960 年代初期達到，只花了 30 餘年的時間。而到 1974 年，世界人口已達 40 億人；13 年後的世界人口高達 50 億。據聯合國人口基金會的預計 1999 年 10 月 12 日是地球人口達到 60 億的日子。據人口學家的估計，此種速度的增長會再維持一段時期。雖然人口的增長率已有緩慢的現象，但人口基本數字太大，其增長的實際人口數字，據推測要到下個世紀才會漸漸緩和下來。歷史的資料及對未來以十億為單位的估測可見表 17–4。

※表 17-4　世界人口每增十億所需年數

人口數	多少年達此人口數	大約年代
第一個十億	人類歷史到 1800	大約 1804
第二個十億	123	1927
第三個十億	33	1960
第四個十億	15	1974
第五個十億	13	1987
第六個十億	12	1999
第七個十億	12	2011

註：由於使用不同的計算人口增長數字，美國人口普查局表示地球人口在 1999 年 7 月 26 日突破 60 億的紀錄；聯合國人口基金會估計的日子是同年 10 月 12 日。

　　人口學家常用「倍增時間」(doubling time) 來估計一個社會需要多少年來增長一倍的人口。其方法跟存款的複利息一樣。如果一個社會維持 10‰ 的增長率，其人口倍增時間是 69.7 年；20‰ 則是 35 年；30‰ 則是 23.4 年；若增長率達 40‰，僅僅在 17.7 年間，人口就能增加一倍。

　　這人口快速增長的現象可歸功於出生及死亡模式的改變。過去人類的出生率及死亡率都高，人口增長緩慢；直到十八世紀末期繼續到二十世紀中期，北歐、西歐等社會逐漸在能提供較多的食物生產，較優良改進的衛生設備、醫藥治療，較豐富的營養知識等的情況下，死亡率漸漸下降，人們的生命變長許多。當死亡率剛經歷下降時，高出生率仍被保持著，於是歐洲就經歷到前所未有的人口增長。直到十九世紀末期，許多歐洲國家的出生率開始下降，於是人口的成長跟著降低了。

十九世紀歐洲的出生及死亡率的改變模式就變成了人口成長轉變的一個標準例子。人口學家用「**人口轉型**」(demographic transition) 來形容所觀察的生命統計改變的模式；由高出生率和高死亡率改變成相對較低的出生率及死亡率。

　　人口轉型可分為三個階段（見圖 17-2），它們是：
1. 第一階段：高出生率，高死亡率；人口成長不多。
2. 第二階段：由於死亡率，特別是嬰兒死亡率的下降，導致粗死亡率的降低，再加上稍高的出生率，造成人口大量顯著的成長。
3. 第三階段：低出生率，低死亡率；人口增長緩和，增長數字不大。

　　人口轉型模式三個階段的經驗在各個國家都不一樣，其發生的時代、速度及原因情況各有不同。一個較有意義的相對比較是：發生在開發中國家當前的經驗正像已開發工業國家在大約一百年前所經歷的。

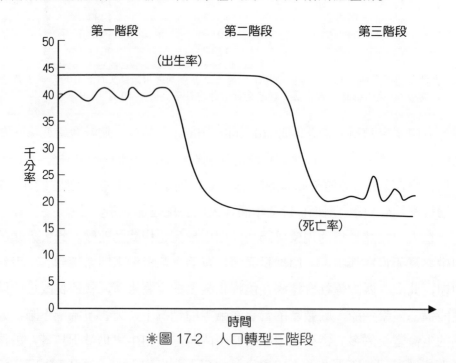

※圖 17-2　人口轉型三階段

　　開發中國家，目前包括了世界三分之二的人口，正經歷著「人口轉型」的第二個階段：死亡率的快速降低而出生率並無任何調整，仍然居高。在

二次世界大戰末期，主要由於水的供應及公共衛生設備的改進，促使死亡率開始漸漸下降，但這些國家的出生率仍高，在 1940 年代大約是 30‰（同年代，美國出生率是 19‰）。在二次世界大戰以後，開發中國家的死亡率開始急遽下降。這完全是由於一些對死亡能產生控制的特殊發展，例如：抗生素、免疫苗、殺蟲劑等的發明，以及對一些致死疾病如天花等的預防及控制。許多醫藥、公共衛生的知識技術能由開發工業國家借用過來。於是，歐洲國家經歷一百年才達到的低死亡率，在開發中國家只需一、二十年就達成了。在這急速的變化下，生育率幾乎沒有機會來調適；文化上所認為的理想子女數目沒有法子跟得上死亡率的快速下降。以往，夫妻生育八個或更多的孩子，只有二、三個能長大成人。在歐洲的經驗是：有好幾代的時間讓生育率慢慢下降，以跟進配合死亡率的降低。如果在開發中國家要有相同的人口緩慢成長效果，死亡率在二十年間降下來了，那麼生育率也該在一代之間就跟著降低下來；這自然是不可能的。於是，這驚人的「人口爆炸」(population bomb) 就在二十世紀中期產生了。

世界上大約三分之二的國家尚未完全通過「人口轉型」的第二階段，其中包括許多回教社會。很明顯的，人們都願意接受那能延長生命的科學技藝，卻較難捨去幾百年在傳統及宗教影響下的「多子多福」及不採用節育方法的觀念。於是在這第二階段中，世界就經歷了爆炸性的人口增長。

在二次世界大戰結束後的三十年間，國際間最大的社會問題可能就算這急遽的人口增長。然而，如依過去二百年的經驗，二十世紀後半期的人口爆炸並不出乎預料：由十九世紀初的第一個 10 億，到 1920 年代的第二個 10 億，及 1999 年的第六個 10 億。

自 1970 年代後，人口學家發現有些開發中國家的人口成長率有下降的情況，然而其人口數字仍然繼續在增加，只是稍稍緩和些。死亡率降低到某個程度就不能再下降；而出生率，由於國家政府或私人機構的推展節育、家庭計畫，有下降的傾向。生育率的下降，並不表示人口炸彈的導火線就消除了；即使生育率下降的趨勢繼續，世界人口的增長仍會維持一段時期才會穩定下來。這是因為在開發中國家的人口結構較年輕，仍有大數量的

婦女在生育年齡，她們將繼續使其人口不斷的增加。

人口學家所謂的「人口金字塔」(population pyramid)，是以特殊的「長條圖」(bar graph) 來表明人口結構中的性別及年齡特徵。它的直軸代表年齡組，通常以五年為一組；橫軸左右分別代表男女人口。特別選用兩個不同人口組合的社會來表現不同的人口金字塔圖形，圖 17-3 以墨西哥及美國為代表，前者的出生率高，年輕人口較多；後者人口年齡已漸老化，老年人口生命餘年較長，活存人數較多；美國人口金字塔中間年齡人口有突出的現象，這代表著那始於 1946 年，終於 1964 年間的「嬰兒潮」人口。

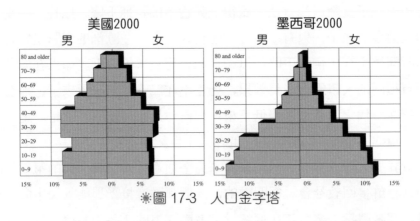

※圖 17-3　人口金字塔

15 歲以下的人口能影響到未來二、三十年的人口增長。在開發中國家，15 歲以下的人口占約 38%，他們的生育年齡就在眼前。在已開發工業國家，只占 23%。相比之下，開發中國家未來人口增長的趨勢仍會相當驚人，而且會持續幾十年。基於人口年齡結構，因其人口較年輕，即使生育率已降低，但其人口數的增長仍將維持。

在一些已開發的工業國家中，人口增長似乎已不是一個問題。事實上有幾個國家已開始採取鼓勵生育的人口政策，例如日本、法國。然而就整個世界觀之，我們仍不能忽視人口繼續成長所能帶來的整體後果。

世界上人口最多的國家一直是面積廣大的中國、印度及美國；接著是印尼、巴西、巴基斯坦、俄羅斯、孟加拉、奈及利亞及日本。如依目前的速度成長，在 2050 年，印度將成為人口第一大國，中國降為第二，美國及

印尼保持第三、四位，奈及利亞升為第六，巴西降至第八，俄羅斯及日本則降至十名以外，非洲的剛果共和國及菲律賓則加入為第九、第十。世界前十大人口國在 2004 年、2009 年及預測 2050 年的人口數列於表 17–5 以供參考。

※表 17-5　世界十大人口國，2004、2009 及 2050

排　名	國　　別	2004 人口（百萬）	2009 人口（百萬）	排　名	國　　別	2050 人口（百萬）
1	中　　國	1,300	1,331	1	印　　度	1,748
2	印　　度	1,087	1,171	2	中　　國	1,437
3	美　　國	294	307	3	美　　國	439
4	印　　尼	219	243	4	印　　尼	343
5	巴　　西	179	191	5	巴基斯坦	335
6	巴基斯坦	159	181	6	奈及利亞	285
7	孟加拉	141	162	7	孟加拉	222
8	奈及利亞	137	153	8	巴　　西	215
9	俄羅斯	144	142	9	剛　　果	189
10	日　　本	128	128	10	菲律賓	150

資料來源：Population Reference Bureau, 2009。

目前，某些國家之人口成長已達到，或已接近「零人口增長」(zero population growth, ZPG)。這些國家包括歐洲、美國、加拿大、澳洲、紐西蘭，以及亞洲的日本、南韓、臺灣、新加坡等。它們大約包括世界總人口的四分之一。「零人口增長」是指人口之出生人數加移入人口數等於死亡人數及移出人口數，其淨增長為零。

如果一個社會保持穩定的人口成長，會具有什麼樣的特徵？自然它不會像目前的人口結構。如果一個社會穩定的人口成長維持一段時日後，則人口組合裡的每個年齡組合會有同等的人數，人口金字塔會變成個長方形，

而不再是個上尖下寬的金字塔形了，其人口年齡會老化。美國人口就是個好例子，在 1990 年，美國人口的「**年齡中數**」(median age，即人口中，一半人數年長於此年齡，另一半則小於此年齡) 是 32.9 歲，2000 年升到 35.3；如果成長穩定，預測到 2050 年將會升高到 36.2 歲。

當社會人口的成長達到零人口增長時，它對社會的影響遠超過人口的統計數字。人們的日常生活也會受到影響。例如：老年人所占的百分比會較多，不僅是 65 歲以上的老人越來越多，老年人也越來越老。整個社會在社會服務、社會保健等方面，以及經濟上、心理上的負擔都越來越重。由於子女的人數少，人們的壽命長，會使 5、60 歲的人仍要負擔孝敬已高壽的雙親。同時，由於人口各年齡組人數已穩定，彼此相差不大；因此每年加入勞動力的人數會較固定，社會經濟的變動性自然不可能大。

第三節　人文區位學與人口控制

「**人文區位學**」(human ecology) 是研究人與自然環境之間關係的一門知識，常簡稱為區位學。前面曾經提過世界上人口在工業革命以後增長速度太快。是不是世界上人口太多了？是不是世界上的自然資源會不夠這大數量的人口使用？有些學者相信從自然資源的供應角度來看，地球上的人口是太多了，必須加以控制；而另外一些學者則相信人口過多只是短暫性的問題，人類的聰明才智在未來必可克服環境問題，用以維持這眾多的人口。工藝技術可用來改進自然界，以增加生產，養活大量人口；但是工藝技術也同時給自然環境製造了許多難以解決的問題。例如：空氣和水質的汙染、土壤的破壞等。水、空氣、土地、能源，以及糧食的供應是這個大自然的區位體系 (ecosystem) 的主要成分，都會影響到人口的質量。

水是人類生存的基本資源之一。水不僅是供飲用，水裡的水草、魚類更是目前許多社會的基本重要食物，也會是將來人類食物的主要來為源之一。然而近年來，這方面給人類帶來許多問題，例如，(1)由於濫捕魚類的

結果，魚量越來越少，許多魚類還得由人工繁殖來補充供應所需；(2)水質汙染，人工造渠和築壩等都妨礙了魚類生存的自然環境；(3)因為有不少的淡水被用來灌溉農作物，減少了人類飲食與養殖魚類之用；(4)由於土壤的沖失，使淡水很快的流入海內，或消失在鬆散的沙土裡，失去使用的功能。這些問題當中，水質的工業汙染可能影響最大。最近的研究報告指出，在二十一世紀，人們可能會因為爭水源而發生國與國之間的戰爭。

　　空氣和水一樣也是人類生存的基本資源。近年來的工業廢氣排洩進入大氣層影響到人們的健康。而且這些廢氣阻擋了陽光直接照射地球的能量，改變了地球的大氣層氣溫。最近世界各地氣候的改變，似乎和大氣受汙染有關。另外一個跟空氣汙染有關的問題是噪音的增加。工廠機器的聲音、汽車、飛機、火車、音響器具等製造出來的噪音，都影響了人們的健康：血壓升高、暴躁、易衝動，以及學生在校的學習成績等。

　　人們對土地的運用也發生了變遷。人與自然爭地的結果，常常破壞了土地的自然特質。原來一片寬闊的曠野，近年來卻被開闢成市鎮，蓋滿了房屋，或規劃成工業區，工廠林立。森林綠地越來越少，同時土地也因化學肥料的使用被汙染，土質越來越差。研究報告指出地球上沙漠地區有越來越擴大的跡象，可耕之地會逐漸變小。

　　能源的使用，目前也到了一個危機的時刻。石油的儲存量已越來越低，煤礦與天然氣的使用也是有極限的。核子能源的使用雖然大有可為，但是核能的廢料處理卻是相當頭痛的問題。太陽的熱能是可大大使用的，然而，如何把太陽熱能有效地轉為可儲存的能源仍是尚未完全解決的問題；未來的能源，有待更多的研究，如太陽能、地熱、風能等。

　　食物的供應是支持一個社會人口的主要原因之一。一個社會人口是否過多，人口的數目自然是基本的決定因素，然而更重要的是在於該社會有無足夠的物資來供養這些人口。有些社會的人口數目大，糧食也足，其人口眾多就不成為問題；然而，一旦糧食物資不夠分配，不論人口數目是多是少，都造成了人口過剩問題。二十世紀中期，在 1960 年代的綠色革命改良了稻米和小麥的品種，使世界糧食生產量在 1965 至 1980 年間增加了

50%。即使如此，有不少學者擔心糧食供應的增加仍不能趕上人口的膨脹。

工藝技術的發展雖然提高了人們適應自然的能力,增加了糧食的生產；但是不幸的是，它同時也帶來了不良的後果，大大地影響了整個人類生存的情境。爾立基夫婦 (Paul R. and Anne H. Ehrlich) 對環境生態、社會及經濟三者交互發展影響下所導引的變遷以及人們得付出的代價列於表 17–6；所列項目之多，值得我們深思。

※表 17-6　生態環境之變遷及代價

	生態部門	變遷性質	被破壞項目
環境資源的濫用	土地、空氣、水	竭　盡	1. 能源
			2. 土質與農作物
			3. 農地
			4. 遊覽娛樂用地
			5. 生物
			6. 水的供應
			7. 災害地區
		汙　染	8. 空氣品質
			9. 水質
	結　構	損　壞	10. 交通
			11. 垃圾排洩
			12. 視界破壞
			13. 噪音
		缺　乏	14. 房屋
			15. 社區公共設施
人力資源的濫用	人　們	人力浪費	16. 就業
			17. 教育
		社會失策	18. 社會秩序
			19. 犯罪
			20. 健康
			21. 營養
			22. 吸毒和酗酒

幾乎每一個社會裡，都可以發現鼓勵人們結婚成家的文化模式。有些社會當一個人有了小孩以後才能正式被授與成人地位。社會學家稱這種價值觀為「家庭主義」(familism)。中國人傳統的多子多孫觀點正是這種文化價值的表現。因此，要鼓勵人們少生小孩或者不生育並不是一件簡單的事；減少人口出生率的措施常需要政府的大力推行。如果只從理論上來看，增加死亡率也是一種減少人口增長的方式，正如前述馬爾薩斯所提的「積極檢視」方式。但是，任何社會都存有尊重人類生命的價值觀念，自然不會贊同採用這種方式來控制或減少人口數目。

為減少人口出生率而最常推展的措施是**家庭計畫** (family planning)。這是指結婚夫婦依自己意願而計畫生育。家庭計畫的目標是為減少不想要或沒有預計在內的生育。家庭計畫鼓勵人們在結婚時就依自己的經濟能力、感情需求、年齡體能等等因素，計畫生育子女的時間與數目。

推展家庭計畫的困難，依文化之不同而異。尤其在仍保有鼓勵「多子多孫」文化價值的社會中。每對結婚夫婦的理想子女數目仍然多於社會的理想，及社會所能負擔的數目。雖然是有計畫的生育，仍無法減低整個社會的出生率，仍無法減緩人口的增長率。在重男輕女的價值觀念下，對推展家庭計畫也有所阻礙。夫婦可能盡量生育，直到有足夠的男嬰數，才開始節育；如果還未生足男嬰數目，再多的女兒都不算數。因此，在擁有這種觀念的社會裡，其推行家庭計畫以減低出生率的效果不大。

家庭計畫裡的一種主要方式是避孕 (birth control)。在往昔，一些文化裡的禁忌會使女性的生育遠低於其生理上允許的可能性，例如：帶孝期間、女性經期、懷孕時期及生產後等性禁忌及晚婚等。近年來，避孕藥物與避孕器具的有效使用，結紮手術較被接受，墮胎亦成為避孕的一種方式，這些都大大地影響了生育率。

然而避孕方法的有效與否，仍受社會價值、個人意願以及避孕器具和避孕藥物的供應等的影響。社會的反應不同，有些會反對墮胎，有些反對使用避孕方式，推行家庭計畫時都必須加以考慮在內，政府的配合也常決定其有效程度。中國大陸實行只准生育一個小孩的一胎政策，對人口增長

的控制已發生了顯著的效果，但其實行方式未免違反人性，太霸道了些。

　　人口學家認為最有效的降低生育率方式是按部就班的措施，而不是政府以一紙命令來強迫執行。教育就是一種策略：以教育的方式告訴人們生太多小孩對家庭負擔太重，小家庭則可提高生活水準。法律的規條也是一種策略：如提高結婚年齡、減少婦女產假、提高稅收等皆是可行的方式。

　　醫療衛生的進步可以增加小孩的生存率。免除怕小孩夭折的恐懼心理，保證不需多生孩子就會為有成年子女；如果醫療衛生夠進步、夠普遍，那麼每一個小孩都有長大成人的機會，則就不必多生了。

第四節　我國的人口概況

一、中國大陸人口

　　由歷史的角度來探討，中國歷代的人口自秦漢到明末一直都維持在5、6千萬左右。根據東漢期間，西元2年的初次人口統計，當時中國人口大約是6千萬；唐朝中葉，742年，大約是5千餘萬；明朝初年又回升到6千萬左右；滿清初年大約也維持在6千萬的人口。中國人口真正有顯著增長是在乾隆年間，依1741年的人口資料，當時有1億4千餘萬人口；到乾隆晚年的1793年，則已達3億1千餘萬人口；換言之，在五十年間，中國人口增加了一倍有餘。到十九世紀中葉，約有4億；到二十世紀中期，當中共政權建立時的中國人口約5億4千餘萬。在往後的五十餘年間，中國大陸人口增加一倍以上，突破12億人口，2006年已達13億人口的龐大數字。中國歷代人口成長數字見圖17-4。

　　如同任何社會，中國人口的增長或減退都反映著社會的繁榮、政治的安定，或社會之戰亂與飢荒。當社會政治安和繁榮，人口就隨之增長；但當國家戰亂天災頻繁，民不聊生，人口就會急減。例如滿清初期，政經安定富裕，人口大增。而在五代十國時期，人民生活困苦，不僅人口減少，

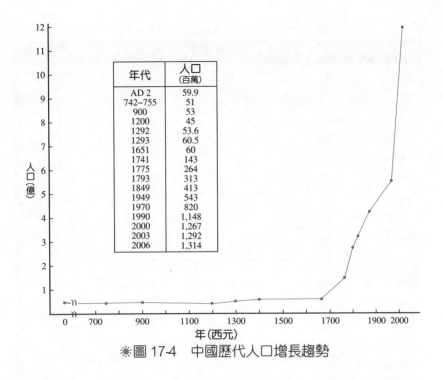

年代	人口 (百萬)
AD 2	59.9
742–755	51
900	53
1200	45
1292	53.6
1293	60.5
1651	60
1741	143
1775	264
1793	313
1849	413
1949	543
1970	820
1990	1,148
2000	1,267
2003	1,292
2006	1,314

※圖 17-4　中國歷代人口增長趨勢

還造成中國人口的大遷徙。中國歷史上的第一次大遷徙是在三國時期，由北而南；第二次的南移發生在五代十國時期；第三次則是南北朝交替之間；第四次是明末清初。國民政府時期，由於日本侵華造成了漢人西遷到內地，然而在八年抗戰勝利後，大多數的人口又東遷回歸舊居，所以這戰時的遷移只能算是短暫的，而非永久性的。至於國民政府遷居臺灣，來臺的人口總數就全國人數來說所占比率不大。

　　中國人口原本就相當龐大，1949 年，中國人口約 5 億，在中共統治的五十餘年間已增加了一倍有餘。根據其國家統計局的資料，在 2000 年，中國大陸人口已達 12.67 億；2006 年，增加到 13.14 億。自 1951 年到 2006 年的人口資料，詳見表 17–7。

※表 17-7　中國大陸人口，1949–2006

年　別	總人口（百萬）	粗出生率 (‰)	粗死亡率 (‰)	自然增長率 (‰)
1949	542	36.0	20.0	16.0
1951	563	37.8	17.8	20.0
1956	628	31.9	11.4	20.5
1959	672	24.8	14.6	10.2
1960	662	20.9	25.4	−4.5
1961	659	18.0	14.2	3.8
1963	692	43.4	10.0	33.3
1966	745	35.1	8.8	26.3
1971	852	33.4	7.6	25.8
1976	937	19.9	7.3	12.6
1981	1,001	20.9	6.4	14.5
1986	1,065	20.8	6.7	14.1
1990	1,143	21.1	6.7	14.4
1995	1,211	17.1	6.6	10.6
2000	1,267	14.0	6.5	7.6
2005	1,308	12.4	6.5	5.9
2006	1,314	12.1	6.8	5.3

資料來源：《中國統計摘要》，《中國統計年鑑》，歷年。

　　中國大陸由 1949 年中共統治至今的人口增長趨勢，大體上來說，可以劃分成四個主要的時期。

㈠由 1949 到 1957 年間人口急遽增長的第一期

　　此時期粗出生率曾高達 37‰ 左右。八年間，人口增加到 6 億 4 千餘萬人，即增加了 1 億人口。中共在建立政權初期，在經濟上、政治上都有顯著的成就：生活水準提高，保健衛生進步，死亡率大為下降；同時，國家的反家庭計畫政策相當明確。毛澤東的「人多好辦事」之思想原則導引了中共初期的人口政策；一些主張節制人口及家庭計畫的人口學者專家都被批判為反動分子。在這兩種情況下：生育率居高不下，死亡率卻快速減低；

中國大陸人口乃急遽增長。其平均自然增長率大體上保持 20‰ 以上。

㈡由 1958 到 1961 年間人口減少的第二期

這時期中國大陸經歷了天災與人禍，造成了超高的死亡率，其人口數目，非但沒有增加，還減少了。由 1959 到 1960 年間人口減少了 1 千萬。由於此時期沒有社會增加（移民），人口的減少自然是以死亡為主。這時期的天災包括 1959 年廣東省百年未見的暴風雨、大水災，以及 1960 年西北各省的乾旱等，這些都嚴重的影響了農產品的耕作。人禍則是指由 1958 年2 月 1 日開始的所謂「大躍進運動」。此運動原為提高農業生產及大煉鋼鐵，結果卻造成了勞動力減少，土地荒蕪，耕畜死亡，農具殘缺，產量下降，費用上升；人口的餓、病、荒、逃以及死亡都成為極平常的現象。死亡率在 1960 年曾高達 25.4‰，當年的**自然增長率** (rate of natural growth) 是負值：−4.5‰。

㈢由 1962 到 1973 年間人口再次急速增長的第三期

在這十二年間，平均每年增加 2 千萬人口。由 6 億 7 千萬人口增加到8 億 9 千餘萬人。出生率回升到 1950 年代的高峰，超過 30‰；1963 年曾高達 43.37‰。同時，死亡率不僅由前一期的高死亡率降下來，更下降到前所未曾有過的經驗：低於 10‰ 的比率。1963 年的自然增長率高達 33.33‰。

這時期的後段是中共文化大革命的風暴時期。根據經濟學家的估計，文革時期中共的農業及工業生產活動大致上沒有受到太大的影響，經濟成長率十分平穩。因此，這政治、社會、文化上的風暴時期，在糧食供應上沒有像前期大躍進運動時的飢荒情形。文化大革命對中國大陸人口的影響大體上可分兩點來說明：第一，由於文化大革命所造成的政治危機，無法帶動人口節育的措施，在這無控制的情況下，生育率大增；第二，文化大革命帶給人們危機感，在事業上、政治上所得到的挫折，轉而引向由家庭中尋求依靠及慰藉，人們將希望放在下一代身上，以求解脫。因此，中國大陸人口在文革期間不僅未減，反而急速大量增長。

㈣由 1974 年迄今人口成長緩慢穩定的第四期

依據資料，明顯地表明了出生率及死亡率都在節節下降，自然增長率到 2000 年以後已低到 8‰ 以下。

1970 年代初期，中共為了應付人口的壓力，曾提倡過「晚、稀、少」的人口政策。「晚」是指晚婚，規定結婚年齡，農村婦女要 23 歲、男性 25 歲，城鎮的結婚年齡要較農村略高。「稀」是指兩胎之間的間隔要稀，大約應間隔四年以上。「少」是指要生得少，一對夫婦最好只生一個孩子，但以不超過兩個為標準。在這種並不十分積極的「晚、稀、少」的人口政策下，雖然出生率及增長率減緩了，但仍以一年 1 千多萬的數目在增加。於是，中共在 1980 年代開始推行「一胎化」政策。此即一對夫妻只生育一個孩子，並杜絕多胎。在特殊情況下可獲准生第二胎，但絕不能有第三個孩子。

中共希望藉「一胎化」這劑猛藥來控制人口的增長。按其「七五」計畫（指 1986–1990 年），在 1990 年尾，人口自然增長率控制在 12‰ 左右。實際上，據統計資料，1990 年尾的人口比原計畫多了 3 千萬，自然增長率只降到 14.4‰。人口增長雖然緩和下來，卻未達到預期的計畫。1990 年代中期人口已超過 12 億；2003 年已接近 13 億。

這龐大的 13 億人口，對任何一個國家都是無比沉重的負擔；中國大陸地大物博，資源豐富；但可耕農地面積比例太少。再加上人為因素的干擾，自滿清中葉，糧食的供應，飢荒的防範一直是社會上最緊要的問題。中共建立政權以來，天災、人禍又在中國人的日子中重演。中共一直把中國的落後歸罪於人口的壓力，事實上並不完全沒有道理。然而，中共人口政策的不當似乎應是真正的禍首：早期的放縱造成人口的遽增，給社會帶來更大的負荷；而近期一胎化的緊縮政策卻造就出無數的家庭悲劇。

中國傳統的觀念：「不孝有三，無後為大」，宗族香火的延續是男性的責任。在一胎化的制度下，沒有兒子的傳統觀念就造成了殺女嬰的悲慘後果。在一胎化之前，男女出生嬰兒的**性比例** (sex ratio) 接近正常比例：正常的男女新生嬰兒的比例是 105 左右，大約 105 個男嬰對 100 個女嬰。但在

一胎化之後，1982 年出生嬰兒性比例達 107.5，1987 年達 110.5，1990 年 111.3，1994 年 116.3。據 2000 年的資料，0 到 5 歲年齡組的性比例仍高達 114.09。

這男嬰偏多的不正常現象，可能是女嬰未登記出生，但更可能的是以棄嬰或溺嬰的方式處理。有學者估計自 1982 年起，被殺、被棄的女嬰數目應在百萬以上。根據四川省計畫生育委員會 2004 年最新統計，四川省出生嬰兒性比例為 113；四川省部分農村和鄉鎮男女性別比失衡情況更為嚴重，性比例高達 140。這種情況如果不加以處理，將會出現嚴重的婚姻擠壓現象，使部分適婚男子找不到配偶而不得不打光棍。專家學者更擔心偏遠窮困地區的男性，未來將越來越難找到配偶，甚至可能出現「光棍村」和「光棍鄉」。此外，由於男多女少，單身男子增多，必然會導致婚外性需求的增加，其結果將導致男性性犯罪比例上升，以及買賣婦女、一妻多夫、獨身、混居等社會問題。

當前一胎化還帶來了其他的社會問題，例如：獨生子女，特別是男孩，被過分溺愛放縱所造成的心理問題和漸增卻無人扶養的老人問題。在人口壓力下，除了衣食問題外，住房的缺乏、教育的負擔，再加上目前農村人口大量外流，造成都市和東南各省嚴重的「盲流」人口，這些都是中國大陸所面臨急待解決的大問題。

近些年來，由於女嬰被棄而導引出一項新興的事業——領養女嬰，讓外國人，尤其是美國家庭領養被棄的女嬰。這造成了一種特殊的現象：中國解決了棄嬰問題，外國家庭付錢收養一個孩子。然而這樣讓中華子孫流於外國家庭實不是正當的最終解決辦法。

二、臺灣地區人口

臺灣地區土地小人口多是有目共睹的事實，在將近 3 萬 6,000 平方公里的島嶼土地上，45% 是山區，卻居住了 2,300 萬以上的人口。在國民政府遷臺初期，臺灣人口約 760、770 萬。到 1990 年代中期已超過 2,100 萬，2008 年已達 2,300 餘萬。在這五十多年間，其人口增加率已顯著地緩慢下

來：由 1951 年的粗出生率高達近乎 50‰，粗死亡率 11.6‰，自然增長率達 38‰；到 2008 年已分別降至 8.6‰ 及 6.3‰，及遠低於 10‰ 的增長率——2.4‰。由於死亡率的降低，臺灣人生命餘年也有顯著的改進：由 1961 年的 62.30（男）及 66.76（女）延長到 2008 年的 75.49（男）及 82.01（女）。詳細的人口資料數字請見表 17–8。

※表 17-8　臺灣地區之人口，1951–2008

年　別	總人口（千人）	粗出生率（‰）	粗死亡率（‰）	自然增長率（‰）	人口密度*（平方公里）
1951	7,689	50.0	11.6	38.4	214
1956	9,390	44.8	8.0	36.8	261
1961	11,149	38.3	6.7	31.6	310
1966	12,993	32.4	5.4	26.9	361
1971	14,995	25.6	4.8	20.9	417
1976	16,508	25.9	4.7	21.2	459
1981	18,135	23.0	4.8	18.1	504
1986	19,455	15.9	4.9	11.0	540
1990	20,353	16.5	5.2	11.3	564
1996	21,525	15.2	5.7	9.5	595
2000	22,277	13.8	5.7	8.1	615
2006	22,877	9.0	6.0	3.0	636
2008	23,037	8.6	6.3	2.4	640

* 臺灣地區土地共 35,963 平方公里。

資料來源：《中華民國臺灣地區社會指標統計》，行政院主計處，歷年。

臺灣地區人口自然增長率緩慢的原因很多，主要包括下面幾項：

1. **教育水準的提高**：人們不再有「多子多孫就是福」的傳統觀念，情願重質不重量。

2. **婦女就業率的提高**：生活水準的改進，使得職業婦女晚婚；即使結婚，也覺得養育子女是一種負擔，因此一般婦女的生育意願都不高。《聯合報》在 2005 年的一項調查指出，如果人生可以重來，有 29% 的已婚女性不會選擇生小孩。

3. 經濟上的富裕：人們不必再依賴子女來養老；同時，生活品質提升，休閒活動的時間項目增加，人們不願被子女拖累。

4. 家庭計畫的成功：臺灣的全面推廣節育避孕的家庭計畫是全世界少有的經驗，而且做得相當徹底，據近來的估計，臺灣已達到幾乎人人都避孕的地步。

　　雖然臺灣地區的人口增長率已緩和下來，但人口仍在增長；由於地小，人口密度跟著人口的增加而更擁擠。在 1951 年，每平方公里大約是 214 餘人；到 1990 年代後期已超過 600 人。如依耕地面積來比，則其擁擠情況及耕地之負擔更是顯著：目前每平方公里的耕地要負擔 2,500 餘人。

　　由於地小人多，負荷太重，已有學者專家提議以鼓勵人們移居海外的計畫。同時由於快速的人口老齡化，政府已開始鼓勵人們多生育：二個恰恰好，三個不算多。臺灣近年來移民外國人數日增，主要原因是對海峽兩岸局勢不穩定的憂慮以及國內治安敗壞的反應。根據政府的統計 1993 年移民國外的人口有 22,081，1994 年有 18,778，1995 年有 19,384。1996 年有 22,747。以移往美國，加拿大及紐西蘭三國最多，不過政府的數字比實際移民人數要偏低。有相當大數目的外移者並未撤消國籍或遷出國內戶口，同時在遷入國亦設有戶籍。即使如此，自 1983 年以後，社會增長是負值的年數較多，1996 年曾高達 −1.63。

　　至於人口老齡化的問題所產生的勞力短缺的問題，近年來政府開放外勞入境以彌補空缺。政府統計資料顯示，1996 年底臺灣的外勞人數超過 23 萬，有 236,555 人；2000 年底高達 30 萬人，而後人數都超過 30 萬。外勞來自泰國的最多，其次是菲律賓；越南籍外勞自 2000 年以後增加得很快，據 2005 年的資料顯示，越南籍外勞已超過菲律賓籍。外勞以女性為多，大約占 60%；只有泰國籍外勞男性較多，占 80% 以上。

　　移居國外或引進外勞都是臺灣目前的人口特殊現象，目前對整個人口結構影響還不大；如果人數繼續增長則應立法以應對，尤其是對外勞及外籍新娘人數增加的問題。

第五節　人口與健康

一、影響疾病的因素

　　衡量社會裡的生活品質的一個方法是測量該社會裡成員的健康程度。當社會成員擁有生理及心理的健康時，這個社會的生活品質毫無疑問地是優良的。相反地，如果他們常遭受生理與心理的病痛時，這個社會的生活品質就較差劣。社會學是在探討社會裡的人際關係，社會裡的疾病或健康狀況也是社會學研究的對象。「社會流行病學」(social epidemiology) 就是研究社會中疾病的分布、病情及社會裡一般健康狀況的一門學問。流行病學最初專注於流行病的研究，怎麼發生的、怎麼傳染流傳的；現今的社會流行病學研究範圍較廣，不僅研究流行病，也包括非流行的疾病，如受傷、酗酒、嗑藥、自殺、心理疾病等。它注意到疾病跟社會和物理環境之間的關聯；「醫療社會學」(medical sociology) 則更進一步地來觀察病人與醫生之間的互動。

　　社會學的研究指出疾病的型態、保健的方式，以及醫療的過程往往跟人的性別、年齡、種族、居住環境甚或社會文化有密切的關聯。社會成員生理與心理的健康不僅只是當事人身心的失調，也能導致社會的失調；它是社會的產物。因此，疾病的種類與診治方法往往因社會的不同而有所差別。例如，美國人一有頭痛就吃阿斯匹靈等止痛藥，而中國人卻習慣擦萬金油或綠油精之類的東西。美國人有病治病，而中國人喜歡吃補藥。有些疾病社會可接受，例如：高血壓、糖尿病等；另外一些疾病卻受社會的排斥，例如：愛滋病、性病等。某些社會，男孩子生病會就醫，女孩子則不。這些現象皆是社會學所試圖探討和詮釋的。

　　社會流行病學注意到患病人的年齡、性別、族群以及社會階級等四大社會因素對疾病的類別與處理方法的影響。它注意觀察和分析：某一種疾

病在一段時期內所發生的次數及比率；某一種疾病自其出現後迄今的總出現次數及比率。年齡、性別、族群以及社會階級的不同，對此二種指數都會有所影響。

㈠年　齡

近代工業社會最明顯的巨大影響之一是人們生命的延長。俗語說：人生七十古來稀。目前大多數的高度開發國家裡，生命餘年都已超過 70，踏入 80。生命餘年的增長並不真正表示人們的健康情況，它只表示某些疾病已能被控制，而使死亡延後。例如肺病、糖尿病、心臟病、中風、腸胃病、氣管病等，已很少致病人於死；而不少患病者因醫療及藥物而延長其生命，卻長期承受病痛，其生活的品質減低。現今，中風或腦溢血當場的死亡率並不高，其生命保存了，但所造成的行動不便、神智不清，這些都會增加社會的負擔。患病率及死亡率深受年齡的影響，2002 年，臺灣地區的粗死亡率是 5.7‰，65 歲以上人口的死亡率是 41.8‰。

㈡性　別

男女有別，在所患的疾病、生命餘年、年齡別的死亡率、患病率都有所不同。男嬰兒死亡率比女嬰兒死亡率稍高。青少年，男孩的意外事件較女孩多。女性生育年齡的疾病跟懷孕生孩子有關。男性的心臟病、高血壓的病症在 40、50 歲開始增加，而女性在年齡上則晚約十年。女性的生命餘年較男性為長，例如臺灣地區 2008 年，男性是 75.5，女性是 82.0。雖然有些人認為男人在外賺錢養家，工作壓力大，容易得病；但資料證明女性體質較能抗拒病痛。醫生對男女病人的醫療態度方式也稍有不同：較會送男性病人做更進一步的檢查，而對女病人則較馬虎。

學者們對男女壽命不等的結論主要包括下列數點：

1. 女人較男人容易因病而休養，較注重保養並維持體能。
2. 女人較男人願意去看醫生接受診斷，於是較早查出問題根源所在，盡速避免病情的惡化。

3.女人比男人會注意身體，較用心於健康。

4.女人較少酗酒、吸菸或超速開車。

(三)族 群

社會成員的種族背景也會影響其生活品質，可反映在其活存的機會上，生命餘年是個正確的指標。在美國，白人經濟社會地位高，生命餘年長；黑人和印第安人經濟社會地位低，生命餘年較短。不同族群的人也往往有不同的疾病；白人的皮膚癌，黑人的心臟病、糖尿病，印第安人患腹疾等。在美國的日裔僑民患心臟病的比率高於在日本的日本人。

(四)階 級

社會經濟地位反映了豐富的醫藥常識，以及接受最新的醫療的機會；高階級的就醫診治機會高，死亡率相對的低於階級地位低的。階級地位低的，由於生活上的壓力，心理上的壓力，健康情況自然受影響。

二、美國的醫療制度

在疾病的診治上，現代社會都依賴醫院診所來提供。在美國的醫院大致上可以分為三種：

(一)營利性醫院

這種以利潤為目標的醫院將醫院當企業來管理，對病人的診治以利潤為指導方針。營利性醫院在近年來有逐漸增多的趨勢，也逐漸發展成連鎖式企業經營的方式。社會對營利性醫院最大的指責是它們不願意診治不能賺錢的長期性病人。尤其對那些沒有醫療保險的病人，除非取得政府社會福利的補助，常有被拒或轉往其他機構的情況。由於這種醫院付給醫生的薪水佣金和工作的保障要比社區非營利的醫院高得多，因此較易吸引到優秀的醫生。

㈡非營利性醫院

這種醫院通常是在教會、基金會或社區的監督下以慈善機構的方式經營。由於是非營利，這種醫院可享受免稅或減稅的優惠，而且經營大權經由醫生和醫院行政部門共同負責，以病人為重。此種醫院對低收入病人或無醫療保險病患並不拒絕。但是為了醫院收支的平衡，這些費用就轉嫁在付費病人賬目上。雖然這種醫院得到民間基金會和政府部門的補助，但由於目前醫療器材費用的高昂和優秀醫生的難找，醫院遂有多收病人的趨勢；病人越多，經費收入才會多，因此造成醫療品質的下降。社區醫院在美國有逐漸減少的趨勢。

㈢大眾醫院

這種是由地方政府或聯邦政府負責管理經營的公立醫院。例如，以稅收為基礎的市立醫院或由聯邦政府經營的退伍軍人醫院。但是近年來，由於都市人口的急速增加和失業人口的居高不下，都市各地政府的稅收大為減少，影響到以稅收為主要財源的公立醫院的操作。再加上此類醫院所收容的重病者及長期病人較前述二種醫院為多，醫院收入和支出無法平衡，往往就造成醫務人員的不足，影響到醫療的品質。

總而言之，美國的醫療制度是建立在病人付費能力上。有錢的人得到較優良的醫療服務，無錢者則明顯受到忽視。雖然美國聯邦政府近年來試圖改革此種劣象，代之以全民保險，但是並無進展。事實上，美國是高度工業化國家中唯一沒有全民保險的一個國家。全民保險制度就阻擋住以營利為主的私人保險公司存在的必要性，醫療的費用及付費的標準是由全國醫療保險基金統一決定，而非由營利的私人醫療保險公司來把持。

三、臺灣的醫療相關議題

臺灣實施全民健康保險是在 1995 年 3 月 1 日。由中央衛生主管機構設立全民健康保險監理委員會監理保險業務之推行。保險對象包括參加健保

人員及其家屬。《全民健康保險法》第 10 條認定凡「具有中華民國國籍者」且在臺閩地區設有戶籍滿四個月者或在臺閩地區出生嬰兒者皆可參加全民健保。

全民健保的醫事服務機構包括：⑴特約醫院及診所；⑵特約藥局；⑶保險指定醫事檢驗機構；及⑷其他經主管機關指定之特約醫事服務機構。根據行政院衛生署的統計至 2003 年，被保險者有 21,899,056 人，約 96% 的納保率。在這期間，平均每人保險費約 16,331 元。健保特約醫院診所 17,259 所，藥局 3,559 間占全國所有醫院診所的 90%。

雖然民意調查顯示有 60% 以上的民眾對全民健保表示滿意，但全民健保目前仍有多項爭議與問題，包括：

1. 投保規定欠周延，作業繁複。
2. 投保金額公平性的爭議。
3. 山地地區醫療資源的不足。
4. 費用申報與審查尚時有爭議。
5. 系統架構複雜、維護不易。
6. 民眾及醫療單位的虛報費用問題。
7. 民眾濫用健保資源。
8. 健保支出繁重。

為了支援全民健保及發展臺灣醫事技術，政府在 1996 年 1 月成立財團法人國家衛生研究院。

臺灣社會的國民衛生體制尚稱良好。在近年來經濟發展的情況下，國民衛生的各項指標都有改善。醫療機構在 2008 年超過 1 萬 8,000 所；平均服務的面積是 2.0 平方公里，每一機構平均服務 1,142 人；病床數超過 13 萬 3,000，每萬人的病床數為 66.4。每萬人中有 97.1 位從事醫務行業。這些數字跟鄰近的香港、新加坡、南韓等比較，臺灣地區的醫療概況要優良些。近三十年的資料，詳見表 17–9。

※表 17-9　臺灣地區醫療概況，1966–2008

項目＼年別	1966	1976	1986	1996	2006	2008
平均每機構服務人口	11,866	1,767	1,608	1,293	1,162	1,142
平均每萬人病床數	3.4	19.7	41.6	53.4	65.1	66.4
平均每萬人醫事人員數	10.9	19.4	35.6	57.5	90.5	97.1

資料來源：《中華民國臺灣地區社會指標統計》，行政院主計處，歷年。

　　據臺灣地區最新的資料，2002 年的十大死亡原因以惡性腫瘤（癌症）為首，腦血管疾病次之，三為心臟疾病，四為糖尿病，五為意外事故，六為慢性肝病及肝硬化，七為肺炎，八為腎炎、腎徵候群及腎性變病，九為自殺，第十是高血壓。自殺死亡在 1997 年首次列入十大死因。2008 年仍以惡性腫瘤居首，腦血管疾病次之，心臟疾病居第三。各項死亡率詳見表17–10。

※表 17-10　臺灣地區十大死因死亡率，1966–2008（人／十萬人）

年別	惡性腫瘤	心臟疾病	腦血管疾病	肺炎	事故傷害	糖尿病	慢性肝病及肝硬化	自殺	腎炎等	高血壓性疾病
1966	51.2	33.6	64.5	38.4	39.8	–	12.3	15.4	16.8	9.1
1976	64.0	43.5	74.4	24.5	53.5	–	16.5	8.8	9.4	14.4
1986	85.6	51.4	76.8	12.3	63.0	15.3	16.6	11.7	11.0	17.3
1991	96.0	58.8	69.1	12.9	66.7	20.6	17.6	7.2	12.4	12.2
1996	130.4	52.6	65.0	14.9	57.9	35.1	21.5	8.6	16.5	12.4
2000	142.2	47.6	60.1	14.9	47.4	42.6	23.3	11.1	17.5	7.2
2006	139.3	43.8	44.7	18.9	31.9	34.9	18.6	16.8	16.8	6.4
2008	133.7	51.7	35.0	27.5	27.0	26.9	17.1	15.2	13.2	–

說明：　1.標準化死亡率係以 2000 年 WHO 之世界標準人口數為準。
　　　　2.死亡順位係依粗死亡率高低排列。
　　　　3.本表資料自 2008 年起死因分類為 ICD–10。
資料來源：《中華民國社會指標統計》，行政院主計處，歷年。

癌症死亡人數占總死亡人數約四分之一，自 1982 年開始，已連續二十年，惡性腫瘤年年位居十大死亡原因之首位；其中，以肝癌、肺癌及結腸直腸癌為首，合占所有癌症死亡人數之半。2003 年，肝癌死亡率每十萬人中有 31.07 人，超過 7,000 人；肺癌 30.63 人；結腸直腸癌 16.45 人。女性乳癌死亡率每十萬人中有 12.48 人；子宮頸癌也有 8.42 人；男性的攝護腺癌達十萬分之 6.45。胃癌、口腔癌等增長幅度都很快，這些惡性腫瘤跟嗜菸、飲酒及嚼檳榔等生活型態息息相關。菸酒檳榔的消費額在近幾年來未見增加，但仍居高。

近年來，全球各地受愛滋病感染，臺灣地區也有增加的趨勢，HIV 感染者 1990 年 41 人，1995 年 264 人，2000 年 570 人，2003 年達 917 人；AIDS 後天免疫缺乏症候群 1990 年 7 人，1995 年 100 人，2000 年 182 人，2003 年達 230 人。對於此類病症的防治及研究，臺灣公共衛生界、醫學界都已開始重視。

關鍵名詞

- **人口學 (demography)** 人口學是一門專門分析人口特質結構與變遷的學科。
- **積極檢視 (positive checks)** 馬爾薩斯理論裡以戰爭、飢荒、傳染病等方式而減少人口。
- **消極檢視 (negative checks)** 馬爾薩斯理論裡以晚婚、節育、禁慾、墮胎、避孕等方式而減少人口。
- **粗出生率 (crude birth rate)** 指某一年中每 1,000 人口中有多少嬰兒出生之比率。
- **粗死亡率 (crude death rate)** 指某一年中每 1,000 人口中死亡人數的比率。
- **生命餘年 (life expectancy)** 亦稱平均餘命，或生命餘歲；是指在當年的社會環境條件影響下可預期的壽命。通常分男女性，也可有年齡別的生命餘年。
- **嬰兒死亡率 (infant mortality rate)** 指某一年中每 1,000 個出生嬰兒在 0～1 歲之間的死亡數比。

· 遷移 (migration)　指人口由一個地區轉移到另一個地區居住的現象。

· 自然增長 (natural growth)　指人口出生數與死亡數兩者差距所帶來的人口增加。

· 社會增長 (social growth)　指遷入人口多於遷出人口所帶來的增加數。

· 人口轉型 (demographic transition)　社會人口由未開發前的均衡，轉變成人口膨脹，而終至開發後新平衡的過程。

· 人口金字塔 (population pyramid)　形容人口的年齡與性別組合成金字塔型，上窄下寬。

· 零人口增長 (zero population growth)　指一個人口的增長率等於零。

· 年齡中數 (median age)　係指以該年齡為中間數，把社會裡的人口分成各半。

· 人文區位學 (human ecology)　一門研究人與自然環境之間的關係的學問。

· 家庭主義 (familism)　文化價值裡鼓勵人們結婚生兒育女的觀念與模式。

· 家庭計畫 (family planning)　係指結婚夫婦依自己意願而計畫生育小孩數目。

· 自然增長率 (rate of natural growth)　指粗出生率與粗死亡率之間的差距。

· 性比例 (sex ratio)　指人口中每 100 個女性與男性數目之比例。

參考文獻

Ehrlich, Paul R.

　　1968　*The Population Bomb*. New York: Ballantive.

Ehrlich, Paul R., and Ann H. Ehrlich

　　1972　*Population, Resources, Environment: Issues in Human Ecology*. San Francisco: Freeman.

Huggins, Laura E.

　　2004　*Population Pullze: Boom or Bust*. Stanford, CA: Hoover Institution.

McKinney, Michael L., and Robert M. Schoch

　　2003　*Environmental Science*. 3rd ed. Sudbury, MA: Jones and Bartlett.

Overbeek, Johannes, ed.

    1977   *The Evolution of Population Theory*. Westport, Conn.: Greenwood.

Weeks, John R.

    1994   *Population: An Introduction to Concepts and Issues*. 5th ed. Belmont, CA: Wadsworth.

World Bank, The

    1998   *World Development Report*. New York: World Bank.

王俊秀

    1992   〈環境問題〉。載於楊國樞、葉啟政主編,《臺灣的社會問題》,頁187–222。臺北:巨流。

中共國家統計局

    歷年   《中國統計年鑑》。香港:經濟報導社。

行政院內政部

    歷年   《內政部統計提要》。臺北:行政院內政部。

何博傳

    1988   《中國的危機》。香港:廣角鏡。

李文朗

    1984   〈中共之人口與社會變遷〉。論文宣讀於第十三屆中美大陸問題研討會,臺北,6 月 12 日～ 15 日。

李易駿、許雅惠

    2003   《全民健保法解讀》。臺北:元照。

孫敬之編

    1988   《中國人口》。北京:中國財政經濟。

孫得雄

    1985   《人口教育》。臺北:三民。

蔡宏進

    2004   《臺灣人口與人力研究》。臺北:唐山。

廖正宏

1985　　《人口遷移》。臺北：三民。

藍采風、廖榮利

1984　　《醫療社會學》。臺北：三民。

第十八章

鄉村與都市社區

Sociology

第一節　鄉村社區

　　人們的日常生活方式、行為模式、態度觀點及社會關係都跟所居住的環境有關聯。個人自我的成長，除了家庭環境以外，在所居住的地區中，地區的組織、空間、人數多寡、擁擠程度，甚至其地理的自然環境都能直接或間接影響我們社會生活的一切。例如，居住社區的人口不多，成員間彼此來往頻繁，人們幾乎能認識社區裡的每一個居民；如果住在大都會裡，人人都忙著討生活，不能彼此交往，所認得的人可能不會多，使自己侷限在一個小生活範圍中。

　　社會學家稱這種人們居住的地方為「社區」(community)。所謂社區是指人們能常相互動，並能參與活動，有認同感，有附屬感的一個社會組織的空間地域單位。社區並不僅指一群有類似興趣的人聚集一處而已，在同一社區裡的人們彼此依賴，擔負一些生活上必須的功能，並有心認同是該社區的一分子。在社會學家口中的「社區」，跟一般人平常的某些用法是不同的；例如，美國常有「黑人社區」(the black community) 一詞，這實際是指黑人社會的通稱；或「商業社區」(the business community) 是指商業界，而非商人居住或聚集的地方。

　　某些社區的地理範圍界限很清楚；例如，具有法定區域邊界的社區，或具有明顯文化特質的社區，或因地理位置特殊的山地社區或沿海漁區等。但是，有許多社區的範圍界限並不容易看出，法定的區域邊界有時也不能符合實際狀況。臺北市在政治上有一定的界限，可當成一個社區，但是附近臺北縣的永和、板橋、淡水算不算臺北社區呢？這些地區裡居民之社會生活跟臺北息息相關。美國是一個多種族的大熔爐社會，各個種族本身常有其獨特的「次文化」；例如「黑人社區」、「猶太人社區」、「小義大利」、「愛爾蘭人社區」等等，好些大城市就有「中國城」或稱之為「唐人街」，這是指中國人聚居之處，其文化特質異於其他非中國人的美國文化。然而，

中國城、小義大利的範圍到底有多大？卻不能一目了然。

　　所以，一個社區並不單指一群具有相同特質的人聚居之處，也指一種文化認同的意識存在。社區裡的成員在擔負社會功能時互相依賴，並以類似的文化行為方式相互往來及溝通。

　　任何社區的形成及成長都不是偶然的，地理環境及位置等特質，以及時代歷史背景等因素都能影響到一個社區的出現成長。因此，在研究社區成長時，時間因素及空間因素都是必須顧及到的條件。以臺灣的臺南市及臺北市來比較，就可看出來空間與時間因素的影響性。在臺灣開發初期，明鄭與清初時期，臺南是全臺首府，所謂「一府、二鹿、三艋舺」即然。主要是因為臺南的地理位置在當時容易跟中國大陸來往，又位於嘉南平原，地廣人稀，適於漢人之聚集，這是空間因素。而鄭成功與其部眾以臺南為基地反清復明，提高了臺南的重要性，是歷史因素，也是時間因素。臺北市原本就為臺灣三大地區之一，所謂「三艋舺」，即指臺北市而言。臺北市與臺南市在早期有類似的地理環境，兩者同為河口地區，對外通商方便。但自清朝中葉始，臺灣的政治中心，由南北移，臺北日益重要，尤其在 1949 年政府遷臺以後，其政治地位更顯突出，導致臺北的成長速度遠勝於臺南地區。鹿港的沒落與其缺乏政治背景有很大的關係，而今日交通工具轉變由海而陸而空，亦導致鹿港之衰微。中國歷史上幾個著名的大城，如西安、北京、南京、武漢三鎮之成長亦深受其各自地理空間與歷史時間的影響。事實上，每一個社區之存在與成長皆受這兩因素之影響。由於地理因素而造成的許多有獨特風格的都市，都是同樣的道理，如布袋的漁村風光、嘉義的山景等。

　　每個社區的形成，都必有其特殊的原因。人們願意聚居一處，組成社區，共同來負擔整個社會重要職責或功能。社會學家華倫 (Roland L. Warren) 指出，任何社區都具有下列五種主要的功能：

1. 社區含有一套生產、分配以及銷售的體系，以提供解決社區內成員日常所需之食、衣、住、行等問題。
2. 社區含有一套社會化的體系，將社區內最重要的知識訊息、價值觀以及

行為模式，由一代相傳到下一代。社區裡的學校、教堂以及其他社會機構都負有社會化的功能。

3. 社區擁有一套社會控制的功能，用以鼓勵人們遵守社會規範，以維護社會秩序；同時，也用以懲罰違反社會規範的成員。社區裡的治安機構以及宗教組織都負有此項功能。

4. 社區是一套社會參與的體系，促進社區裡成員間的互動行為，並提高社區之價值與整合。

5. 社區是一套互助的體系，協助社區裡一群有需求的成員。社區內所提供的救助比來自社區外的更為有效。

由上述五種功能觀之，在研究社區時就能從幾個不同的角度來觀察：可以把社區視為一個區域或領域的單位，也可視之為一個社會團體、一個社會體系，甚或是一系列的互動網絡。事實上，社區是一個牽涉很廣的概念，不同的社區自然有不同的社區特質。

社會學家及人類學家在研究分析社區時，常發現各種不同的社區，並賦與名稱，例如「民俗社區」(folk community)、「鄉村社區」(rural community)、「都市社區」(urban community) 等。民俗社區是指具相同特質、跟外人隔離、文化較未高度發展的一群人所聚集的一個具有較高「連帶關係」的小社區。在人類發展的歷史裡，有很長一段時期都屬民俗社區；當今在世界上仍可發現類似的民俗社區。在這高度連帶關係的社區裡，人際關係較親密，互動較頻繁，其成員間常有血親關係；該社區常是能自給自足的狩獵或農業社區，成員能尋獵或種植食物、製造器皿、建造住屋等，並對外界環境不甚關心。

社會學家在分析社區時常把民俗社區及都市社區看成兩個極端，並認定大多數的社區居中，都含有此兩極端的某些特色。例如前述：民俗社區是隔離自足的同質性血親式社區；而都市社區則正好相反，它是個龐大、複雜、異質性的社區，人際關係較淡薄。鄉村社區則居於兩者之間，顯示較多的民俗社區特質，但並非全無都市社區的各項特點。

藍斯基夫婦 (Gerhard & Jean Lenski) 依人類的社會的工藝技術之發展

及經濟活動體系對人類社會社區之發展依進化程度分成下列幾種：狩獵與蒐集、園藝、農業、工業化中社會以及工業社會（參考第十五章經濟制度）。在藍斯基夫婦的分類中可以發現：在人類社區的發展史中，絕大多數的時代是以民俗社區為主，而後轉變成鄉村社區；自工業革命以後，都市才漸增加。在今日工業化的社會裡，都市社區成了多數社會成員所居住、所認同的社區。

龍冠海引用《美國社會學詞典》之定義，指出鄉村社區是「面對面之結合的一個地區，比鄉里為大，在此地區內，多數的居民利用他們集體生活所需要的社會的、經濟的、教育的、宗教的及其他的多數勞務，並對於基本的態度和行為有一般的投合，通常是以村或鎮為中心」。鄉村社區的結構並非一致，小可幾十人，大則可至數千。依美國的分類，在 250 人以下者，稱之為小村落 (hamlet)，從 250 人至 1,000 人者稱之為村 (village)，1,000 人至 2,500 人者稱之為鎮 (town)。

根據龍冠海的看法，我國鄉村人口各地懸殊亦大。華南與華北的鄉村比較大，華中地區之鄉村較小。以鄉村社區形式而言，可分為兩個基本類型，即集村與散村。歐洲、東亞、南美、非洲等地區之鄉村社區形式主要是集村型；而美國鄉村則以散村為多。以臺灣地區來看，似乎南部為集村，北部為散村。在集村類型中，可分為三類：(1)農場村 (farm village)，農家與其田園結合而成者；(2)線形村 (line village)，鄉民沿一般路線之兩旁而聚居者；(3)圓形村 (round village)，農家鄉民的分布組成一圓圈。根據其功能或生活方式而言，又可分為：農村、漁村、礦業村、林業村、製造業村、遊客村、住宅村等七種。

我國社會自古以農立國，絕大多數的人口居住在以農為主的鄉村社區裡；今日臺灣地區的急速都市化成長，造成多數人口居住在都市社區；而中國大陸，農村型的鄉村社區仍然遠比都市社區為多，這是今日中國大陸社會結構的特色。然而在二十世紀的最後十年間，大陸的都市發展極快，鄉村人口大量擁入都市求生，但以整個中國大陸來看，鄉村人口雖有顯著的下降，但仍居多數：1950 年鄉村人口占 86%，1990 年仍占 73%，2006 年

占 56.10%。依目前的趨勢，都市人口正快速地增加，而且將不斷地再增長。

我國社會學家中不少一直盡力於中國農村的研究。嚴復在 1924 年曾說：「吾國工商業尚不發達，資本主義亦甚幼稚。五千年來，以農立國，主張保守，性好和平，但求自給，不喜競爭。政治制度，文化禮俗，莫不以此為根本。社會問題不如歐美之都市的工商的，而為鄉村的農村的，其情勢大為相異，此農村社會之宜研究一也。」楊開道在 1929 年的農村社會學裡亦力陳農村研究在中國的必要性，他說：「近幾十年來，我們在國內常常聽到許多的聲浪，『鄉村自治』、『農民運動』、『鄉村生活運動』，振蕩我們的耳鼓，而尤以農運的聲浪為最大。這許多不同的運動裡，卻有一個相同的目的，就是改良農人生活。但是我們不充分瞭解農村生活的自身，和農村社會的基本原理，我們一定不能夠達到我們增進農人生活的目的……所以農村社會學的研究，實為我國目前改進農村生活必要的步驟。」楊開道 1930 年的農村問題，李景漢 1937 年的中國農村問題，以及陶孟和、陳達、李景漢等人在民國初年所做的一些農村和鄉村調查都是基此原因出發的。較著名的有北京郊外之鄉村家庭、雲南呈貢縣戶口普查、定縣調查等。1949 年以後，臺灣的農村和鄉村研究主要還是來自人類學家的田野調查。代表人物有李亦園、凌純聲、王崧興、莊英章、許嘉明、陳其南、廖正宏、蔡宏進、楊懋春、劉枝萬等。此外，美國人類學家，亦有一些曾在臺灣做過鄉村研究。

雖然鄉村人口漸減，鄉間生活仍然是中上層社會人士的一種理想生活方式。廣闊的視野、清新的空氣、優閒的日子、青山和白水仍然吸引人們嚮往鄉間生活。可惜的是，在急速工業化的臺灣，這種烏托邦式的鄉間生活已呈可望不可及的一種美麗的幻想。在中國大陸，大部分的人仍然聚居於廣大的農村，但農村的敗落、生活的困苦、經濟的蕭條，以及惡劣的居住環境等，都驅使農村人口爭先恐後的進城謀生。近年來，大量的盲流正反映著都市的誘惑吸引力。此種現象正是鄉村社區與都市社區消長的見證。

第二節　都市社區

　　根據考古學家，人類在這地球上已有幾百萬年的歷史。在這時期裡，絕大多數的時代，人類並不住在城市裡。即使目前，人們認為都市是人類生活的基本層面，然而在人類進化中，都市大約在西元前 7000 多年才開始出現。

　　在過去那以小村落為主的鄉村時代裡，都市是非常特殊的。社會學家們相信，城市出現的主要原因有二：

1. 食物和其他生活必需品的生產有剩餘現象，即所謂的「社會盈餘」(social surplus)，足以供應一群不從事農業生產的成員。

2. 為了分配及運送這些剩餘物，一種超越家族的社會組織就待建立，以應付日增的分配需求。

　　上述兩種因素都反映在古代都市成長的發展史中；古今中外的都市，有軍事型的、政治型的、文化型的、商業型的；這些都市裡的成員大多不直接從事糧食生產，而依賴農村的農作物的盈餘。農產品，不論是穀類、蔬菜、肉類或其製成的食品，在其生產過程中，在其儲藏時期都須有武力或軍隊來保護，要靠政治組織來做合理的分配，要有經濟商業組織來推展行銷，更要靠教育組織來訓練專門人才。於是，這些人集居於一地，一種超越家族的社會組織就自然產生，此即所謂的「都市」或「城市」。

　　都市已由早期的少數人口和簡單的社會組織發展到今日人口高達千萬以上的複雜的「大都會」。早期人類的都市大約只有數千人的居民。都市的範圍不大，因為都市人口必須仰賴廣大的農村生產人口的支援。進化論者認為沒有農村的剩餘物資就沒有都市的出現，因為都市居民並不從事口糧的生產；戴維斯 (Kingsley Davis) 曾估計，早期都市發展時期，一個都市居民需要 50 至 90 個農民的支持才能供應其口糧之所需。

　　在 1800 年左右，世界上 97% 的人口居住在 5,000 人以下的鄉村地區。

到了 1900 年仍有 86% 的世界人口居住在鄉村地區。世界上第一個經歷都市轉型的國家應是英國，在二十世紀初期，英國是世界上唯一可稱為都市國家者。美國則一直到 1920 年代才享有此種地位。

據估計，1950 年代約有 30% 的世界人口居住在都市社區，2000 年代約 47.4%。預測在 2030 年，都市人口將達 61%。不過，並非所有地區的都市發展都具相同的速度。例如，北美洲或歐洲等工業化國家因都市化早已成形，其再繼續發展的幅度自然較小，且速度亦較緩慢；美國在 1900 年約有 40% 人口住在都市地區，1950 年增至 64%，1970 年代 73%，1990 年代 77%，2000 年增至 80%，由快而慢的跡象相當明顯。

自二次大戰以後，都市發展最快的是正在工業化的開發中國家，例如，拉丁美洲、中東、亞洲及少數非洲地區。目前發展速度最快的十個都市，都在此類國家中，而發展最慢的十個國家當中有九個是在西歐。根據聯合國的數字，在低度開發國家裡 1975 年已有 110 個都市在 100 萬人口以上；二十年後增至 250 個；到 2015 年則可能增至 400 個以上。

這種急速的由鄉村改變到都市化的情況，以及隨著這項改變所帶引出來的新的都市生活方式，對世界人口的分布、社會結構組織、人際關係，以及經濟交易型態皆必逼使個人、家庭、社會以及國家重新調整適應。如果說二十一世紀是都市世紀並不過分誇張；而鄉村的式微已是不可否認的事實。

一、早期的都市

都市的產生需有二個先決條件，一是社會盈餘；二是由社會盈餘導引出的都市社會組織，本節前都已詳提。

世界上最早完全發展的都市源於中東，大多數都在今伊拉克境內，即「蘇馬利文明」的所在地。這塊土地由底格里斯河及幼發拉底河兩河的河水灌流的肥沃土地，提供豐富的食物盈餘，再加上這地區（美索不達米亞）在六千年前就已是東方與西方交易網絡的交會處，不僅是物品在此交易，各方的工藝技術，社會革新觀念都經此轉往其他區域。因此該地區具有都

市發展的基本條件，不僅水源充足、農產豐富，而且非物質方面的文明、工藝，及社會、政治等組織都相當進步。在此地區早期的都市以廟宇為中心，宗教氣氛濃厚，軍事組織完整；教士統理經濟活動的各個層面；其人口大約介於 7 千至 2 萬之間；有一城市（名 Uruk），占地 1,100 畝，人口達 5 萬人。

大約在西元前 2400 年前，都市在歐洲才建立起來，在中國大約於西元前 1850 年都市亦已成形。一千五百年後，約在西元前 300 年到西元後 300 年間都市才漸漸出現在美洲。至於非洲的活躍交易卻是第十、第十一世紀才開始的。

二、工業前都市

所謂工業前都市 (pre-industrial city) 係指在工業革命之前已發展了的都市，它常是一個城堡，以城牆及護城河來維護安全；在其城堡之內，人口密度極高，其居民的職業、宗教信仰及社會階級明顯的可由其衣著、言談及其圖誌來確定。依傳統，權力由封建諸侯及宗教領袖所分享。全國大約只有 5%～10% 的人口居住在這工業前都市，其人口數字大致都在 1 萬人之內。

工業前都市常是商業、宗教、和教育的中心，更是政治權力的所在地。其社會階層的組成就像個金字塔：在上的是極少數的統治菁英，其下為少數的企業家、承包商；底層則是為數眾多的貧窮勞動階級——工人或佃農。其宗教制度發展完整，更擁有權力，常能跟政治制度相互呼應。

工業前都市發展的三個條件是：

1. 有優良的地理環境。
2. 不論農業工藝或非農業工藝都較進步，才能提供及模塑改進其地理環境。
3. 已發展出完整的社會結構體系，以應付社會裡較複雜的需求：此即需要一套經濟體系、社會控制體系，以及政治體系，以備應付社會中的特殊需求。

三、工業都市

工業都市 (industrial city) 在工業革命時期及其後所發展出來的城市，其特徵主要是人口眾多，以工業性及服務性的工作為主。

工業革命是指利用科學方法來生產及分配，以機器來代替以往的人類或動物勞力。食衣住行各方面的需求都能更快速、更有效的生產、分配及供應；使一些人，如社會菁英，能從事其他的活動。

始於 1750 年發生在英國的工業革命將整個世界改變了。它創造了新的工作方式、新的制度及社會階級，使人類更快速便利的使用其資源。工作機會增加，工業發展；工業都市隨之興起，其人口數字遠比工業前都市多得多。

現代的工業都市人口大幅增加，其與郊區的地理界限已不明顯，並成為銀貨與生產製造的中心、街道的設計不僅為行人，也以車輛為重，並有捷運系統；社會階層仍然存在，但已不像以往那般清楚。

工業都市由正式的政治官僚制度及民選的政府官員來管轄，宗教制度已不再跟政治體系密切相聯，教育是世俗性的以傳授技藝術為重；大眾傳播不僅傳遞新聞還包括分享消費方式及經驗等。

工業前都市及工業都市之比較列於表 18–1。

四、都市化

由於工業都市的增長、擴展，「都市化」(urbanization) 的現象就跟著產生了。「都市化」是指由於移民的趨勢，人們集中於某一特殊地區的過程，換言之，是指人口由鄉村遷移到都市，而後更指由小城鎮遷移到大都市的過程。工業革命導引的工業化造成工廠集中於資源所在地，使群眾移往工廠所在地謀求生活；於是，新工廠建立，工作機會增加，隨之人口的增多；都市就如是漸漸形成；隨後工廠、人口之再增長。社會學家指出，人們集中於都市的主要原因有：

1. 都市裡公共設施較齊全，生活條件較優：醫療設備、交通設施、社會服

※表 18-1 工業前都市與工業都市之比較

特　徵	工業前都市	工業都市
物質特質	一個小城堡，人口密集的居處，只包括整個國家的一小部分人口	一個大而擴展的居處，無明顯的界限，包括國家裡的大部分人口
交　通	街道只供人行及馬車	街道較寬，可供機動車輛行駛
功　能	政治權勢之地；商業、宗教及教育中心	工業社會之製造業、商業中心
政治結構	由一小群政治菁英統治	由一群人數較多的財經與專業領袖所組成之菁英統治
社會結構	嚴謹的階級結構	階級結構較鬆散，但仍存在
宗教組織	發展完整，力量強大，且跟政治、經濟制度有密切關係	力量較弱，跟其他社會制度關係較少
資　訊	以口頭傳訊為主，記錄以手抄為主	以筆錄為主，記錄完整，大眾傳播工具廣泛使用
教　育	以上流社會男士為對象，宗教色彩濃	世俗式的教育，以社會大眾為對象，但各階級間仍有差異

務、學校教育、娛樂場所、資訊條件等，都比鄉村社區來得高明方便。

2. 由於交通工具及資訊設備等都較先進，都市居民對外界的互動聯絡要比鄉村社區來得便捷頻繁。

3. 在工業社會裡，大規模的工廠建立於市區或市郊，金融服務業都集中於都市，造成都市地區職業機會較多，又有選擇的機會。

4. 在許多開發中，或未開發中國家裡，居住在都市常是一種社會地位的表徵。都市人的社會地位要比鄉下人來得高些。

　　在上述這些因素影響下，人口集中都市的現象就日漸明顯；這種現象不僅在已開發國家裡顯而易見，就是在開發中國家也是一樣。尤其是最近二、三十年來，由於工業起飛，再加上人口的暴增（許多國家正經歷「人口轉型」的第二期，參考第十七章），鄉村人口大量移往都市。

　　就整個世界來看，都市人口在二十世紀初期只占約全人口的 13%，到本世紀中期則增加到 29%，2000 年已增加到 47%，2008 年約有 49%，據預測在 2030 年，這個百分比會增加到 60% 以上。換言之，到時世界上每 10

個人中，將有 6 個以上住在都市地區。詳細分配列於表 18–2。目前美洲約有 78% 人口住都市，歐洲、大洋洲分別有 71% 及 70% 次之，亞洲為 42%。

※表 18-2　世界都市、鄉村人口趨勢

年　別	都市 (%)	鄉村 (%)	世界人口（億）
1900	13.6	86.4	16
1950	28.9	71.1	25
2000	47.4	52.6	64
2030	61.1	38.9	80

依法律條文，「城市」一詞只是律法上、政治上的一個地理界限，它的範圍常常是很勉強的；因為城市未能包括許多跟它有密切關係的人口、工商業。如欲真正有意義地研究一個大都市的特徵及特質，就有必要考慮到把該城範圍裡及其周圍郊區的人口及商業、工業等視為一個整體。就臺灣地區傳統的「省縣市鄉鎮」分類，臺灣地區除了臺北市及高雄市外，臺灣省有十六個縣及五個省轄市：即基隆、新竹、臺中、嘉義及臺南。新近加上「都會區」及「非都會區」的分類，有意將鄰近有關聯的社區聯合一起。2009 年新規劃臺灣五都十七縣市是政治多於人口分配的考量，並不能充分表現臺灣城鄉人口的分配現況。這新五都包括臺北市、新北市、臺中市（臺中縣市合併）、臺南市（臺南縣市合併）、高雄市（高雄縣市合併）。

「都會區」(metropolitan area) 是指由一個或一個以上的「中心都市」(central city) 為核心，連同跟這中心都市在社會上，在經濟上有密切關聯的市，鎮，鄉稱之為「衛星市鎮」(satellite city) 所共同組成，合而為一的社區。區內人口總數在 30 萬以上。不包括在都會區裡的則是「非都會區」(non-metropolitan area)。

因人口數字，都會區再分成「大都會區」(primary metropolitan) 及「次都會區」(general metropolitan) 兩類。前者指總人口數超過 100 萬的都會區。據 2004 年的資料，臺灣地區五個大都會區：臺北基隆（人口超過 660 萬）、高雄（超過 270 萬）、臺中彰化（接近 220 萬）、中壢桃園（180 餘萬）、臺

南（120 餘萬）。次都會區指人口總數在 30 萬以上、100 萬以下的都會區。臺灣有二：新竹及嘉義。不過臺灣的城鄉差異不大，生活型態互賴，勉強談城鄉人口似有畫蛇添足之感。

　　臺灣地區都會區人口占總人口的 69.3%，即將近七成的人口居於都會區。都會區人口的密度遠較非都會區為高：每平方公里在都會區為 2,570 餘人，而非都會區則只有 232 餘人，相差十倍以上。其中以臺北基隆大都會區為最密，超過 2,900 人，高雄大都會也接近 2,750 餘人。中心都市自然更高，高雄市及臺北市都高達 9,000 人以上（9,850 人及 9,650 人），桃園市密度最高，每平方公里超過 10,600 人。人口密度最高的是幾個衛星市鎮，以永和市為最，超過 4 萬人；其他如三重市、板橋市、蘆洲市都超過 2 萬人；密度超過 1 萬人的還有中和市、新莊市及鳳山市。

　　臺灣地區，非都會區人口僅占總人口的三成，而其土地則占 83%。非都會地區人口減少是工業化社會的一個明顯象徵。

　　臺灣這些年來的都市化現象與其急速經濟發展是息息相關的。都市化的原因主要是：

1. 人口自然增長：臺灣人口由 1961 年的 1,100 餘萬人，到 1989 年超過 2,000 萬，1997 年 2,174 萬餘人，2004 年更增加到超過 2,269 萬。在有限的地理空間裡，人口密度增高，都市人口增加。

2. 工業化影響：臺灣近三十年來的工業化是以發展外銷輕工業、高科技為主，這類工業集中於都市內，便於運輸、貿易與外銷。因此導致勞工人口集中都市。

3. 經濟結構改變：原以農業為主的臺灣經濟結構近年來已被工業和服務業所取代。而後者集中於都市，提供較多的就業機會，人口集中於都市。

4. 生活水準提高：人們的收入增加，生活較前富裕，人們願意住進都市裡，享受較多的生活情趣，尤其是娛樂方面的享受。不僅如此，都市裡的學校往往比鄉下的程度高，父母為子女升學機會而遷入都市。

　　美國的城市鄉村的變遷在二十世紀裡相當的明顯。都市化的現象在美國淵源已久，在 1860 年南北戰爭時代就有約四分之一的美國人居住在都市

地區；1920 年，第一次世界大戰後約有半數；到 1990 年代這個比率已增至四分之三。據 2000 年的人口普查，都市地區人口已有八成。相對的是鄉村人口的減少。參與跟農業有關的勞工也日漸減少，目前這個比率已減到低於 3%。美國都市化的歷史轉變列於表 18-3 以為參考。

※表 18-3　美國都市化，1790～2000

年　別	都市地區* 人口百分比	鄉村地區* 人口百分比	非農業勞工 人口百分比
1790	5.1	94.9	–
1800	6.1	93.9	18.5
1820	7.2	92.8	21.2
1840	10.8	89.2	37.0
1860	19.8	80.2	47.1
1880	28.2	71.8	48.3
1900	39.6	60.4	64.3
1920	51.2	48.8	74.4
1940	56.5	43.5	81.3
1950	64.0	36.0	87.8
1960	69.9	30.1	91.7
1970	73.6	26.4	95.6
1980	73.7	26.3	96.6
1990	77.5	22.5	97.7
2000	80.3	19.7	–

*均依當前的定義。

　　美國人口普查局於是增加了對城市鄉村的分類，它的分類包括：

　　「都市地區」(urbanized area)：都市地區包括一中心城市及其周圍密集人口區域，人口超過 5 萬。此名詞是指一個地區的實際人口，跟政治上的州界或縣界無關；換言之，一個都市地區可跨越縣界，甚或州界。

　　「都會區」(metropolitan area)：都會社區包括一個人口中心及其在經濟上、社會關係上合為一體的鄰近社區。工業城市向外經由公路、捷運、工商業等之發展而併入鄰近的城鎮。

「都會統計區」(metropolitan statistical area, MSA)：包括一個或一個以上至少 5 萬人口的中心城市，同時是在一個至少有 10 萬人的都會區的領域內。每個都會統計區至少有一個縣郡 (county)。鄰近的縣郡雖可能較鄉村化，卻跟中心縣郡或中心城市有密切的經濟、文化、政治及通勤等關聯。

「大都會統計區」(primary metropolitan statistical area, PMSA)：包括一個都市化的縣郡，或一組縣郡，所組成超過 100 萬人口的都會統計區。

「聯合都會統計區」(consolidated metropolitan statistical area, CMSA)：指一個都會地區至少包括兩個或兩個以上的都會統計區連接一起，其人口在一百萬以上。有時 CMSA 常包括數個都會區，此即所謂的**特大都會**(megalopolis)。

上述這些定義常被修改。例如 2000 年新增一項項目：「小都會統計區」(micropolitan statistical area)，指至少有 1 萬人到 5 萬人居住的都會區。另外一項修改是所謂的「都會區分化」(metropolitan sivisions)，指將一些超過 250 萬人口的都會區分成一些小區。由 2003 年 6 月 6 日起，全美分成 362 個都會統計區。根據這項修改，2000 年普查人口資料顯示，當年 100 萬以上人口的都會統計區有 49 個。這 49 個地區共有 149.2 百萬人口，占當年人口的 53%。居住在所有的 362 個都會統計區人口有 236.2 百萬，占當年美國總人口的 83.9%。

都會地區的擴展，常常引入周圍的勞工及其他資源，因此在其都市計畫中必須顧慮到整個大區域；如土地的使用、公路、鐵路、捷運的計畫、電力飲水的供應、運動休閒場所的發展、機場的建造等。這種都會統計區的擴大表現了所謂的**郊區化** (suburbanization)，使都會區越來越多、越來越大；一個個社區都連接成一串，成了特大都會。在美國，這種特大都會的例子有：五百哩長的東北走廊、南加州洛杉磯大都會、北加州舊金山灣區、德州達拉斯大都會、芝加哥大都會等。東北走廊係指由北部的波士頓，南下經紐約市，接上費城，直到南邊的華盛頓都會區，這被稱之為「波士華」(Boswash)。它擁有全美六分之一的人口，不僅包括了美國的文化、政治中心，還有世界最大的財經金融中心。無疑的，波士華是地球上最大、最具

影響力的特大都會。

　　在二十世紀裡，美國人有移往郊區的趨勢，聚集在大都市的周圍，1990
到 2000 年至少有七個都會統計區增加 30% 以上的人口。其中增長最多的
是內華達州的賭城拉斯維加斯 (85.5%)；其次是德州首府奧斯汀、南卡洛來
那州的 Raleigh、阿里桑那州的鳳凰城都超過 45%，再其次是喬治亞州的亞
特蘭大、佛羅里達州的奧蘭度及科羅拉多州的旦後佛城。另外南卡洛來那
州的 Charlotte 及德州達拉斯也都超過 29% 的增加。美國近年最大二十個
都會地區列於表 18-4 作為參考。地名均列英文，以免誤譯。

※表 18-4　美國前二十名都會地區，1990、2000 及 2008

排　名	都會區 (MSA)	人口（千人）			2000-2008 增長 (%)
		1990	2000	2008	
1	New York-Northern New Jersey-Long Island, NY-NJ-PA MSA	16,846	18,323	19,007	3.7
2	Los Angeles-Long Beach-Santa Ana, CA MSA	11,274	12,366	12,873	4.1
3	Chicago-Naperville-Joliet, IL-IN-WI MSA	8,182	9,098	9,570	5.2
4	Dallas-Fort Worth-Arlington, TX MSA	3,989	5,162	6,300	22.1
5	Philadephia-Camden-Wilmington, PA-NJ-DE-MD MSA	5,435	5,687	5,838	27
6	Houston-Sugar Land-Baytown, TX MSA	3,767	4,715	5,728	21.5
7	Miami-Fort Lauderdale-Pompano Beach, FL MSA	4,056	5,008	5,415	8.1
8	Atlanta-Sandy Springs-Marietta, GA MSA	3,069	4,248	5,376	26.6
9	Washington-Arlington-Alexandria, DC-VA-MD-WV MSA	4,123	4,796	5,358	11.7
10	Boston-Cambridge-Quincy, MA-NH MSA	4,134	4,391	4,523	3.0
11	Detroit-Warren-Livonia, MI MSA	4,249	4,453	4,425	−0.6

12	Phoenix-Mesa-Scottsdale, AZ MSA	2,238	3,252	4,282	31.7
13	San Francisco-Oakland-Fremont, CA MSA	3,687	4,124	4,275	3.7
14	Riverside-San Bernardino-Ontario, CA MSA	2,589	3,255	4,116	26.5
15	Seattle-Tacoma-Bellevue, WA MSA	2,559	3,044	3,345	9.9
16	Minneapolis-St. Paul-Bloomington, MN-WI MSA	2,539	2,969	3,230	8.9
17	San Diego-Carlsbad-San Marcos, CA MSA	2,498	2,814	3,001	6.7
18	St. Louis, MO-IL MSA	2,581	2,699	2,817	4.4
19	Tampa-St. Petersburg-Clearwater, FL MSA	–	2,396	2,734	14.1
20	Baltimore-Towson, MD MSA	2,382	2,553	2,667	4.5

資料來源：Bureau of the Census, U.S., 2003, 2008；2008 年排行是依 July 1, 2008 估計人口。

　　都市化的現象不僅出現在上述的臺灣地區,美國地區或工業化的地區；自二次世界大戰結束後，都市化現象更在開發中國家快速的發展。這現象不僅見於百萬人口的城市，更見於千萬人口的都市。根據 2000 年聯合國提供的資料，全世界前十五大都會區，其中兩個在美國，兩個在日本；其餘都在開發中國家：中美洲一個，南美洲三個，亞洲六個（印度三個，中國兩個，印尼一個），以及非洲一個。世界上最大的都會是東京，其人口接近 3,400 萬；依次是墨西哥市、紐約市、聖保羅市（巴西），此三都會人口都超過 1,700 萬。第五、第六及第十都在印度，是孟買、加爾各答及德里，第七是上海，第八是阿根廷的布宜諾斯艾利斯，這些都會人口都在 1,200 萬以上。這個人口數字比許多中型的國家人口還多。如依各城市跟其全國的人口來比，這比例很令人驚奇，例如：阿根廷的首府布宜諾斯艾利斯的人口占全國人口的 34%，換言之，每三位阿根廷人就有一位居於此都會區域；東京人口占日本的 27%；墨西哥市也占 18%；15% 的埃及人居於開羅大都會區。2000 年世界最大的十五個都市，所占全國人口的百分比，自 1995 到 2000 的年增長率，及預估其 2009 年的人口數字列於表 18–5 以供參考。

※表 18-5　世界十五大都會，2000 年及 2009 年人口

排　名	都　會	2000 年人口（千人）	1995~2000 增長率 (%)	占全國人口 (%)	2009 人口（千人）／排名
1	東京（日本）	34,450	0.51	27.1	34,670 (1)
2	墨西哥市（墨西哥）	18,066	1.47	18.3	18,585 (9)
3	紐約（美國）	17,846	1.04	6.3	21,295 (3)
4	聖保羅（巴西）	17,099	1.39	10.0	19,505 (8)
5	孟買（印度）	16,086	2.62	1.6	20,400 (4)
6	加爾各答（印度）	13,058	1.82	1.3	15,250 (12)
7	上海（中國）	12,887	−0.35	1.0	14,655 (14)
8	布宜諾斯艾利斯（阿根廷）	12,583	1.18	33.9	12,925 (17)
9	德里（印度）	12,441	4.18	1.2	19,830 (6)
10	洛杉磯（美國）	11,814	0.82	4.1	14,940 (13)
11	大阪（日本）	11,165	0.20	8.8	17,310 (10)
12	雅加達（印尼）	11,018	3.69	5.2	23,345 (2)
13	北京（中國）	10,839	0.02	0.8	12,780 (18)
14	里約熱內盧（巴西）	10,803	1.20	6.3	11,400 (20)
15	開羅（埃及）	10,398	1.38	15.3	17,035 (11)

註：本表聯合國提供的資料係指人口密度高的都會地區，並非行政地界，即所謂的 "urban agglomeration"。

2009 年的估計取自網路 Demographia.com，新進入前十五名的大都會有：馬尼拉 (5) 20,075 千人、首爾 (7) 19,660 千人、深圳 (15) 14,230 千人。廣州也列入第 19 名，11,850 千人。

資料來源：聯合國經濟、社會資料及政策分析部，2003。

五、郊區化

　　緊跟著急速的都市化現象，許多已開發國家已產生人口由市中心區遷移到市郊或都市邊緣之外的郊區，這種變化過程常稱之為「郊區化」。目前

546

許多都市與郊區的界限已難清楚分開，而市區及郊區兩者也互相依賴、互相關聯。因此單以都市的行政區域來討論都市生活而不將郊區包括在內就失去了它的真實性。社會學家把這彼此息息相關的都市及其周圍的所謂衛星都市及小社區，合併稱之為「都會區」。就如前所提的都會區，實可見於世界各地。在都會區內有共同的交通系統、水電供輸系統、消防警衛系統、區域計畫，以及其他的公共設施，再加上行政體系常採取共通的運作，使得都會區實為一體。

　　人口由都市中心地區向外圍地區擴展的原因，主要有下列幾項：

1. 市中心地區交通擁擠，空氣汙染，噪音嚴重，不宜家居；而郊區空曠地大，空氣清新，沒有噪音問題，人們遷往郊區作為住家。

2. 市中心地區犯罪率較高，娛樂業，甚或色情活動集中於市中心；不適合居住，人們移往較安全的郊區。

3. 市中心地區由於商業需要，土地昂貴，將原有住屋讓出做商業或辦公之用；移居郊區，較為實惠。

4. 市中心建築較老，修建不易；屋內設備不如郊區新建的住宅公寓為舒適。

5. 近年來，由於私家車的增加及捷運系統和公車的擴展服務，從市郊到市區上班已相當方便，因此，居住郊區的一大不方便之處就不是問題了。

6. 人們所得增加，購屋能力提升，對生活品質要求較多，同時新建住屋大多位於市郊；因此，遷往市郊的人越來越多。

　　雖然如此，近年來有少數人由郊區遷回市區居住，於是某些學者聲稱美國都市有復蘇的跡象；並將此回歸市區的過程稱之為「**仕紳化**」(**gentrification**)，因為多數回歸者是較富裕，且有心重建都市的人士。這種仕紳化最早出現在英國倫敦，而後在美國一些大城市裡發生。有些都市的重建是成功的，但是仍有無數的大都市，由於郊區的欣欣向榮，更顯出其敗壞和衰退。

第三節　都市發展的理論

在都市的成長過程中，地理環境，人文環境都有巨大的影響力。各個都市的型態與結構總不完全相同。有些都市靠海，有些沿湖或依山；有些都市人口多，土地範圍廣；有些以輕工業為重，有些依賴高科技；有些是文化、娛樂的中心；有些是水路的交會點，或陸運系統的重鎮；有些都市是軍事要地，有些則是政治、經濟，甚或宗教的中心。

都市社會學家對都市的結構有不同的解釋。最早的一項對都市結構解釋的理論是早期芝加哥大學的蒲濟時 (Ernest W. Burgess) 教授所提出的「同心圓論」(concentric zone theory)，蒲濟時根據當時芝加哥市的發展結構，依其觀察探討後提出這項理論。

蒲濟時提出一理論架構來描述工業都市的土地使用。在圓圈的中心地區即所謂的「商業中心地區」(central business district)。大型商業、財經機構，以及百貨公司、旅館、劇院等占有了這有高價值的土地。環繞在這都會中心外圍的地域，其使用之性質各有不同。這土地使用的不同方式正表現了長期都會地區的發展歷史情況。

緊接著「商業中心地區」的外圍是所謂的「過渡地帶」(zone of transition)。此地域內包括許多工廠，例如製造業、批發業等，以及一些半下流階級的居民。由於在此商業及工業同時發展的地區裡，居住者都具有暫時性的特徵，故謂過渡地帶。在這地帶的房屋一般來說不很受歡迎，人們都不願住在工廠附近；因此，「過渡地帶」的居民是社會階層裡最低下的，包括窮人及剛入境的新移民。這些人，一旦有了發展，就盡可能的移往外圈的住宅區。

第三個同心圓是「勞工住宅區」(zone of working men's homes)，大部分住宅房屋是廉價的，鄰居混雜，其距過渡地帶的工廠不遠。再外的第四個同心圓是「住宅區」(residential zone)，此係中產階級住宅區，已近郊區，

房屋整齊，庭院綠茵。在此之外圍的是真正的郊區，最外圍的第五個同心圓是「通勤者區」(commuter zone)，居住者為中上等的人家，環境優裕。

　　這種圈圈式的發展是一社會發展而非僅是自然環境所造成的，家庭及商業機構在土地的運用上彼此競爭，擁有財富必然是贏家。蒲濟時所提的是一都市發展的動態模式，當都會發展延續下去，每一地帶或區域將更遠離其中心，就是遠離商業中心地區；可以用居住處跟一商業中心的距離來衡量一個人的成功。成功的人住得離商業中心越遠越好。

　　許多都市的發展不盡像芝加哥那般一波波地向外圍推展，而且，在同一個同心圓地帶可以發現一些其他同心圓地帶的特質及居民類型。霍伊特(Homer Hoyt)，在 1930 年代，根據一項對美國 142 個都市所做的研究提出一個修正蒲濟時同心圓模式的理論。在這新理論裡，他同意蒲濟時所提之中心地帶的存在，以及都市的發展係由此中心地帶向外延伸。然而霍伊特指出：都市向外發展的過程中，向外發展的速度並不一致，有些發展成扇形，有些發展成半圓形或長方形，其範圍大小亦不一致。形狀的成長跟都市的地理環境及人為的交通網絡密切相關。所以，除了早期的市中心同心圓發展模式之外，其他較晚期的發展已不再是同心圓式的發展了。霍伊特的理論被稱之為「**扇形論**」(sector model)。

　　在二十世紀中期，都會人口的發展已遠超過傳統的城市地限。由於大多數的都會居住人口放棄了都市中心而移往郊區，於是都市發展的研究就不再專注於一個中心都市了。哈利斯 (Chauney D. Harris) 及烏爾門 (Edward L. Ullman) 對此提出了第三個都市結構的理論：「**多核心論**」(multiple-nuclei model)。他們認為，都市的發展並不是由中心商業區向外散開發展；一個都會區能有好些個發展中心，每個中心都反映著都會的特殊需要及活動。同樣的社會活動往往需要特殊的設施而聚集在同一區域內，不同的活動則分散在不同的區域。在這種情況下，許多不同的都市核心就產生了。例如，一個都市有一個商業地區、一個製造業地區、一個港口水域區、一個娛樂區等。某種型式的商業機構及某種式樣的居住房舍在各個核心的周圍興起。

　　美國郊區的「室內購物中心」(shopping mall) 就是多核心論的明顯例

子。最早，所有的零售商店都集中於都市中心，住宅區附近有其市場，雜貨店等，人們仍往市中心的百貨商店購買主要的日常需要。今天，在美國各地大都會的擴展及郊區人口的增加，再加上私人汽車變成主要的交通工具，郊區的大購物中心不僅成為重要的零售商業地區，更成為各社區的社會活動中心了。

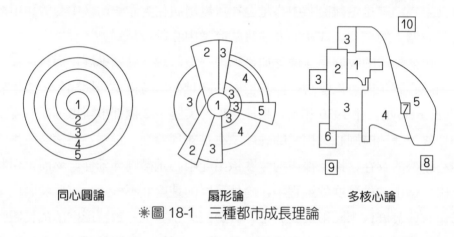

同心圓論　　　　　扇形論　　　　　多核心論

*圖 18-1　三種都市成長理論

最近，為了再修正「多核心論」，一個新的名詞興起了：「**邊緣城市**」(edge city)。這係指在主要大都會地區外緣新興起的社區，它有其本身的經濟中心，社會中心；有高樓大廈，有許多辦公室的空間，有其醫療設備，有其娛樂的設施，其人口數目也不在少數，在在都有條件成為一個都會社區而非只是個大都會地區的附屬郊區而已。目前在各個大都會的郊區都能看到一個個邊緣城市的興起。而且也有學者注意到興建高速公路對都市發展的影響；他們指出高速公路出口地區及兩條大公路交會處的發展往往比其他地區快。由於交通便捷，不但商業、工廠、辦公大樓，連醫院、診所、娛樂場所都往那裡發展

第四節　都市問題

一、都市的特質

一般人們都嚮往都市生活，聳巍的高樓大廈，富麗堂皇的商店，豪華的娛樂場所，打扮入時的男男女女行走於閃耀的霓虹燈下，再加上眾多的就業機會及社會福利；同時，人們又憎厭都市生活，埋怨都市的吵雜和擁擠，都市人的缺乏人情味，更受不了都市生活緊逼的壓力。都市生活到底有哪些特徵，有哪些問題，使得人們又愛又憎。首先，談談都市的特質。

㈠都市人口

在已開發的工業國家裡，由於職業分配及結構不同，其都市人口的性比例 (sex ratio) 較低：即男性人口較女性為少。在已開發國家裡，服務業及其他適合於女性的工作職業都集中於都市，使得就業的女性都湧往都市；一般開發中國家或未開發國家裡，都市的男性人口則較多。

除了性別比例的不同外，都市人口跟鄉村人口比較下的其他特徵還有：人口密度高、年齡組合偏年長、成婚成家年齡較晚、生育子女數較少、教育程度較高等。

㈡社會階級

一般來說，都市的階級差異要比鄉村較明顯，其等級也較多。其原因有：⑴都市人口組成較複雜；⑵都市裡的職業分化較細，類別繁多；⑶專業人才較集中於都市；⑷都市裡個人生活的方式與機會有較多的選擇，不像鄉村多受限制；⑸都市人較重視人與人之間的差異，尊重他人的特有特質；⑹都市裡階級分等的標準，如教育程度，收入高低較為明顯；⑺都市裡擁有大量新遷入的移民。因此，由於階級差異的特質，都市裡生活富有

較強的競爭性與創造性；同時，也能富有濃厚的階級疏離感。

　　都市裡人際關係較偏重於所謂的「次級關係」(secondary relation)；換言之，其人際關係較表面化，較商業性化，並缺少深厚情感基礎。在鄉村裡，正相反；人際關係較具「初級關係」(primary relation) 色彩，富感情，關係較深遠。鄉村鄰居穩定，關係建立持久，不像都市裡流動性大。同時都市家庭以核心家庭為主，人口較少，較單純；一般鄉村家庭仍以大家庭為主，人口較多，人際互動較頻繁。

㈢政治參與

　　大體上，都市居民跟政府各機構的接觸互動要比鄉村來得多。都市所提供的服務遠比鄉村要廣要多：例如，職業介紹、職業訓練、勞資補償、失業救濟、公共救濟、醫療服務、退休津貼、老人服務等。同時都市政府較重視居民的政治參與，由於都市成員的組成較複雜，政府在制訂規章，修改條例時都會徵求各方的民意，以求公平；都市居民的教育程度較高，對一般事務要求也較高，較能瞭解政治參與的影響力，自然參與政治的意願也較高，實際的參與也較頻繁。

㈣都市的夜生活

　　近代工業化都市的最大特色是其夜生活的燦麗；娛樂場所多彩多姿。就以臺北市為例，夜晚商店人潮仍擁擠，無論是百貨商店、電影院、劇院、舞廳、餐館，以及其各式各樣的消遣娛樂場所總是燈光輝煌有如白晝。目前資訊的高度發展，收音機、電視等都已延伸到鄉村，增長了人們活動的時間，然而鄉村的夜生活仍不能跟都市較量，差得遠了。

　　都市夜生活的多彩多姿，主要的原因有二：都市居民擁擠在一個有限的空間裡，活動範圍受限制，空間既不能改善；是將活動的時間延長，由白天延伸到夜晚，以為補償。同時也由於都市職業之特質：都市人大都受雇，有固定的上下班時間，通常是白天上班，夜晚就成為私人可以利用的時段，於是購物、休閒娛樂等私人活動都集中於夜晚。

㈤都市的疏離感

生活在都市裡的人常有疏離感。都市人常埋怨在都市生活上時間短促迫人，心情緊張；同時人們間無感情，人際關係較險惡。這種疏離感產生的主要原因是都市居民成分背景較複雜，並趨向異質性；都市居民的流動性大，彼此不易建立深厚穩定的關係。即使稍有機會能有較久，較穩的關係，卻又擔心一旦對方要搬往他處，彼此關係不能維持，會使自己陷入更深的孤單情況。在鄉村社區裡，人們流動性少，背景單純，較具同質性；人際關係較親密，較少疏離感。因此，在都市社區裡，常能看到較多的酗酒者、吸毒者、精神失常者、以及犯罪者等行為差異者。

二、都市問題

正如上面所提之都市特質，人們一方面羨慕都市生活，另一方面又厭惡都市生活中所造成的種種問題，這種矛盾心理就導引到人們對都市問題的敏感。都市社會問題的原因很多，各個都市有不同的社會問題，大體上，較重要的，較一致的包括：

㈠都市人口的組合

都市人口組合異質性較高，流動性亦較高，再加上擁擠的人口密度，促成一種社會解組，因而減弱了成員的凝聚力，及社會對其的控制能力。

㈡都市職業的結構

近代工業化發展，工廠都集中於大都市裡或鄰近的都市區域境內；工廠所造成的空氣汙染、噪音干擾，以及其他環境汙染都是都市問題的特質；加上工業集中更造成這些問題的嚴重性。龐大而複雜的職業結構組織吸引了大量的外來勞工，造成了在都市居住、交通方面的供給需求問題。

㈢都市人口的經濟

都市居民絕大多數是受雇於他人，沒有工作，就沒有收入；鄉村社區裡則較多自雇者，較能自給自足。在都市裡，沒有收入就無法養活自己及家人，無法過日子的貧窮問題隨著產生，並且不斷的增長擴散，都市貧窮問題日益嚴重。

根據美國都市社會問題的發展，蔡勇美及郭文雄在 1983 年提出了一個模型構想，特錄於圖 18–2 供讀者做參考。不過，該模型的「未來之都市」欄中的第 4 與第 5 項仍言之過早。

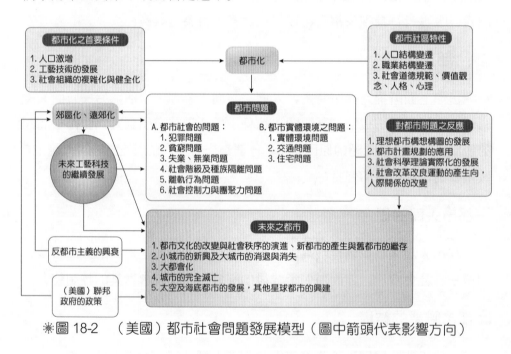

※圖 18-2　（美國）都市社會問題發展模型（圖中箭頭代表影響方向）

第五節　臺灣的都市問題

臺灣近年來人口大量集中於都市社區,其社會問題逐漸為人們所注目。由於臺灣都市人口、職業及經濟的組成有其特質，都市問題也具其特色。

例如都市的犯罪問題、交通問題、娼妓色情問題、環境汙染問題、違章建築問題、無殼族問題，以及休閒活動與空間問題都值得研究討論。下面討論三項較嚴重的問題。

一、犯罪問題

都市的犯罪率一直要比鄉村高。一份美國的報告發現都市裡的暴力型犯罪要高於鄉村 74%，也高於郊區 37%。臺灣近年來，犯罪問題的嚴重性已大幅增加，特別是在都市社區裡。例如，全臺灣地區的刑案發生率，在 1995 年是每萬人中有 76.27 次，每萬人口中有 73.35 個犯罪人口。以臺北市的都會地區的刑案發生率及犯罪人口率則分別是：106.23 及 102.19；高雄市則是：96.16 及 75.27；臺中市、嘉義市的刑案發生率比臺北市、高雄市還高；臺中市的刑案發生率最高；嘉義市的犯罪人口率則是全省之最。臺南市是市級中犯罪情況較佳者。在縣級地區，較未都市化的雲林縣、澎湖縣、屏東縣的刑案發生率較低；雲林縣、臺南縣、臺中縣、彰化縣則犯罪人口率較低。不過，警政署也指出都市內的犯案者不全是都市居民，有不少是鄰近外縣市來的跨區犯案者。

二、娼妓色情問題

關於娼妓色情問題的統計資料不常見，即使能蒐集到的資料也不可盡信；尤其政府雖禁止公娼制度及一切色情交易，但「地下色情」卻是人所眾知的社會現象，特別是在都市社區裡。暗娼、酒家、舞廳、俱樂部、茶室、咖啡廳、酒廊，以及賓館、旅社等的色情交易是都市生活的一面，再加上黃色影片的放演、租借，那麼，「色情氾濫」一辭並不為過。色情行業的參與者有山地少女被迫賣春的，有大學女生兼業的，還有家庭主婦、職業婦女，以及影視歌唱界的明星。近幾年來，還開始有男性應召站及同性戀者的俱樂部，不勝枚舉。有學者認為臺灣地區都市色情問題之存在跟都市新移民、人口集中、都市經濟結構、觀光事業、性觀念之改變，以及政府的形式主義等都有密切的關係。

三、環境汙染問題

臺灣地區地較小，人口多，都市化較高，因此環境公害問題不論是發生在何地都跟都市有關。鄉村的河川汙染影響到都市人口的飲水問題，而都市裡的垃圾問題亦牽涉到鄉村社區，工業性的汙染自然鄉村及都市都受到影響。因此，必以城鄉連帶的觀點來討論臺灣地區的環境汙染問題。

臺灣在工業化衝擊下，環境問題的惡化已是不可否認的事實，根據行政院主計處所發表的社會指標統計中指出：1983 年，臺灣地區主要河川72.7% 未受汙染；但到 2003 年，只剩 59.5% 未受汙染或稍受汙染；其中嚴重汙染的部分達 15.8%。非自來水部分的飲用水檢驗有 51.8% 不合格。都市裡，由於汽車、機車數量的不斷快速增長，再加上都市區域工廠的排放黑煙、廢氣，都市空氣汙染更是嚴重。高雄市區居民因廢氣而集體中毒事件時有所聞。垃圾平均每日清運由 1981 年的 9,761 公噸到 2003 年的16,819 公噸。另外，都市環境噪音問題也值得注意。

總而言之，臺灣地區近年來的高度急速都市化引起了許多值得注意的社會問題。目前有系統的學術分析尚不多見，然而這些問題仍急需提出對策，以改善都市生活的品質。

第六節　中國大陸的城鄉差異

中國大陸在 1949 年以前是以農為主的社會，鄉村人口因此占絕大多數。中共統治下的五十多年來，由於工業的落後，封閉政治嚴禁人民自由遷移。因此，鄉村人口仍然占大多數。1950 年的鄉村人口約占總人口的86.5%，以後逐年減少，到 1986 年降到 75.5%，1997 年 70.1%；然而，在2003 年仍有 59.45% 的人口居住在農村，換言之，仍有六成的大陸人口居住在非都市化地區。

中共當年以農民革命造反起家，1949 年以後更屬行農村土改。鄉村的

生活應該是中共政權的重點工作之一，無庸置疑。但是在過去二十年的經濟改革發展中卻只把開發重點放在都市，使得鄉村的生活品質遠遠落後於城市。根據 2003 年的資料，農村的平均每人年收入（人民幣 3,146 元）只是城鎮平均每人年收入（人民幣 8,177 元）的 38.5%。這差距比 1996 年的 58% 更大。

如果我們換一個角度，從消費購買力來看，農村遠不如城市。在 1996 年，城鎮人們擁有的消費品從照相機、自行車、彩色電視機、洗衣機、電冰箱，等無一不比農村為高。在城鎮裡，洗衣機或彩色電視機都已有九成以上的人家擁有，而農村在近些年來已有顯著的改善，但仍只有二成的人家擁有這些；電冰箱只有 7%，照相機不到 2%。在 2006 年的資料裡，農村人家擁有彩色電視機、洗衣機、電冰箱等都增加許多；然而，城鎮的資料中增加了電腦、微波爐、行動電話及家用汽車等項目；而農村資料中連數字都未提。城鄉的經濟程度實在相去太遠。1990 及 2006 年資料見表 18-6。

※表 18-6　中國大陸城鄉比較, 1990-2006

	城／鄉	1990	1996	2000	2006
彩色電視 （每百戶擁有量）	城	59.0	93.5	116.6	137.4
	鄉	4.7	22.9	48.7	89.4
電腦 （每百戶擁有量）	城	–	–	9.7	47.2
	鄉	–	–	0.5	2.7
平均旅遊花費 （元）	城	–	–	679	766
	鄉	–	–	227	222

資料來源：《中國統計年鑑》。

在醫療設備方面農村也不能跟都市比。根據 1990 年縣市統計資料，城鎮的醫院病床每萬人有 45.9，縣區裡是 14.7；每萬人的醫生數分別是 32.4 及 9.3；護理人員的數字相差更大，分別是 21.0 及 4.1。

城市的生活水平雖然高些，但是近十年來則遭受通貨膨脹之苦。如果以 1950 年為基準 100，則零售物價指數在 1990 年城市指數為 360.5，鄉村

則只有 240.2；如果單以食品類的零售物價指數來看，則城市為 460.2；鄉村為 346.8。中共自建立政權以來，一直以壓抑都市的成長來提高農村的生活水準。因此，中國大陸都市成長緩慢。這幾年來在經濟開放的口號下，都市由於貿易成長速度快，生活品質改善提高很多，但是城鄉之間的差距也因而再度明顯化。這由各地盲流之湧向城市的現象可見一斑。中國大陸這種局部地區性的現代化所造成的城鄉矛盾將是未來之亂源。

 關鍵名詞

- 民俗社區 (folk community)　指一群同質、隔離及文化尚未高度發展的人群所聚集的一個有高度連帶關係的小社區。
- 鄉村社區 (rural community)　指一個有面對面結合的人群所聚集之地區。多數居民的基本態度和行為相當一致，通常以村或鎮為中心。
- 都市社區 (urban community)　指一個人口異質，缺乏自給自足，以商業、服務業及製造業為主的地區。區域內階級界限較明顯。
- 都市化 (urbanization)　指一種人口由鄉村遷移到都市或由小城鎮集中到大都市的過程。
- 都會區 (metropolitan area)　指一個包括一個或數個主要都市及其周圍衛星都市及郊區的地區。
- 特大都會 (megalopolis)　指數個大都會區，由於發展擴伸而連結成一大都市社區地帶。
- 郊區化 (suburbanization)　指一種人口由市區遷移到市郊區的過程。
- 仕紳化 (gentrification)　指美國中上層仕紳搬回市區並設法重新建設市區的過程。
- 同心圓論 (concentric zone theory)　一種認定都市的發展是由一中心點向外等速發展的理論。
- 扇形論 (sector model)　一種認定都市的發展雖由一中心點向外發展，但並不等速的理論。
- 多核心論 (multiple-nuclei model)　認定都市區域的發展由不同核心同時發

展，各區有其獨特之特色。

· 邊緣城市 (edge city)　指在主要大都會地區的外緣所興起的新社區，它有其本身的經濟，文化，社會資源，設備，不只是附屬於大都會的郊區而已。

參考文獻

Flanagan, William G.

　　1995　*Urban Sociology: Images and Structure*. 2nd ed. Boston: Allyn & Bacon.

Gallin, B.

　　1966　*Hsin Hsing, Taiwan: A Chinese Village in Change*. Berkeley: University of California Press.

Gugler, Josel

　　1997　*Cities in the Developing World: Issues, Theory and Policy*. New York: Oxford University Press

Montgomery, Mark

　　2004　*Cities Transformed*. Washington, D.C.: National Academies Press.

Palen, John J.

　　1995　*The Suburbs*. New York: McGraw-Hill.

Tobin, Gary, ed.

　　1979　*The Changing Structure of the City*. Beverly Hills, Cal.: Sage.

Warren, R. I.

　　1972　*The Community in America*. New York: Rand MeNally.

Weber, Max

　　1958　*The City*. New York: Collier.

王維林

　　1981　〈自人口學觀點看我國都市社會〉。載於朱岑樓主編，《我國社會的變遷與發展》，頁 397–428。臺北：三民。

中國統計局

2004　《中國統計年鑑》。北京：中國統計局。

李錦地

1981　〈環境保護〉。《臺灣經濟》，49 期，頁 1–10。

林永鴻

1982　〈臺灣地區當前社會犯罪情勢參考文獻〉。未發表論文。

孫本文

1982　《當代中國社會學》。臺北：里仁。

陳寬政

1981　〈臺灣的都市化與都市問題〉。《中國論壇》，136 期，頁 18–22。

黃光國

1984　〈環境汙染與保護〉。載於楊國樞、葉啟政主編，《臺灣的社會問題》，
　　　頁 185–216。臺北：巨流。

蔡勇美、郭文雄

1978　《都市社會發展之研究》。臺北：巨流。

1984　《都市社會學》。臺北：巨流。

蔡文輝

1995　《社會變遷》。臺北：三民。

龍冠海

1966　《社會學》。臺北：三民。

第十九章

集體行為與社會運動

本章可以學習到

1. 集體行為的理論、類型
2. 群眾、大眾與公眾之差別
3. 社會運動的特質、理論
4. 集體行為的實例

Sociology

第一節　集體行為之先決條件

社會學家大多認為社會的穩定是建立在人們對社會規範的遵守上。當人們遵守社會規範時，人與人的社會互動就可平穩運作。個人為了獲得他人的接納和社會的認可總是希望能不標新立異。在此種情況下，同一社會裡人們的行為會呈類同一致性。如果一個社會缺少這種類同一致性，那麼社會會呈混亂、充滿衝突；整個社會可能難以繼續存在。

在人類悠長的歷史進化過程裡，常有無數的社會動亂；更常見無數違反社會規範的行為產生。歷史上的家族之間的械鬥、農民與地主之間的抗爭、天災地變下人心惶惶的混亂現象、暴動、革命等等都是社會規範失效的結果。這種由於某種自然或人為因素刺激而產生的不合社會規範的群眾行為是社會學上所稱的「**集體行為**」(collective behavior)。這裡必須指出：集體行為並不就是偏差行為。偏差行為通常是指個人在行為上的違犯規範，是個人已內涵化的行為；集體行為則是一群人集體一致所表現的行為，是因某一外來因素刺激而發的團體行為。大多數的集體行為在時間上是短暫的，偶爾，可能拖上一段時間，延續數個月或幾年之久。

集體行為通常具備有兩個相當顯著的特徵。第一，它常常是現場突發的群眾行為。由於某一因素的刺激，群眾彼此相互在情緒上受到感染，而爆發類似的行為或行動。譬如，在籃球場上，由於觀眾同時感覺到裁判的不公平或由於本隊輸球的刺激而發生觀眾攻擊裁判或對方球員的行為，是一種現場突發的集體行為。又如湧向百貨公司或超級市場搶購物品食物亦是此類行為的表現──一種無組織及突發的集體行為。

第二，集體行為的怪異性及非慣常性。平常人的行為因為受社會規範的節制，可預期規矩的行為；但是在集體行為刺激因素的影響下，人們常會做出異於慣常或意想不到的行為。例如，一位受過高等教育的文雅人士，在觀賞球賽時受到群眾感染而做出一些異於常規的行為，跟著群眾大呼大

喊；在暴動中，從不做壞事的人也跟著群眾對付警察，打劫商店；眼看他人手持大哥大，不論對自己是否有用，或是否真需要，是否負擔得起，就跟著搶購；這些都是集體行為的表現。

一、集體行為的理論

為什麼會有集體行為出現呢？社會科學對這問題的理論解釋，主要有三種：感染論 (contagion theory)、聚合論 (convergence theory) 及新規範論 (emergent norm theory)。

(一)感染論

「感染論」者認為情緒與感覺是集體行為產生的二個最重要的因素。因為它們導致人們對集體行為的參與，而且快速的由一個人傳遞到另外一個人，就像傳染病一樣的感染擴散出去；由一而十，由十而百，不停地擴散。尤其是在群眾集體行為和謠言裡，人們會像是失去抵抗力地接受感染，再將感染傳去。感染論者指出模仿 (imitation) 是感染的主要方式。人們因觀察或感受而模仿，並去感染他人。這種模仿常常是即時即興的。

(二)聚合論

「聚合論」者並不認為每一個人都會受感染而表現出集體行為，這理論認為只有那種容易受感染的人才會受感染；也就是說，集體行為裡的群眾或參與者都因具有類似的性格特徵才受到感染。俗語說有那樣的人，才有那樣的行為，正是聚合論的中心論點。集體行為使這些人真正表露其潛在意圖。按照這種理論，參加暴動者常常是一群早已有違規紀錄的偏差行為者：如流氓、遊民或暴力分子。

(三)新規範論

「新規範論」者認為集體行為之所以異於一般行為，乃是因為在某種情況裡，正常的行為規範已無法適用，而需一套新的規範。一個正常的人

在加入群眾時會由一種行為而轉換成一種完全不同的行為，並不是這個人被群眾所感染，也不是這個人本來就有群眾行為潛在成因，而是當這個人一旦加入群眾時，他感覺到需要一套完全與平常不一樣的新行為規範。

上面這三種理論解釋裡，感染論與聚合論都是比較偏向於心理解釋的。感染論認為人們像受疾病傳染一樣而表現異於慣常的行為；聚合論則認為只有不正常的人才會有這類行為。但是這二種理論皆有缺陷。感染論者無法解釋為什麼在群眾裡，人們受感染的程度不一，有些比較狂熱，有些則較平淡？而聚合論更無驗證資料支持，研究者發現在許多暴動裡死亡或遭逮捕者常都未曾有犯罪紀錄，而是很平常的人。

新規範論是從社會結構角度來看，它可用來解釋一群很平常的群眾，也可用來分析極端的偏差行為。這理論指出人們無法在正常的社會規範裡找出適合的規範以應用在某一特殊情況，才發展出一套新規範以應付該情況。上述三種理論以圖簡述以為比較，見圖 19-1。

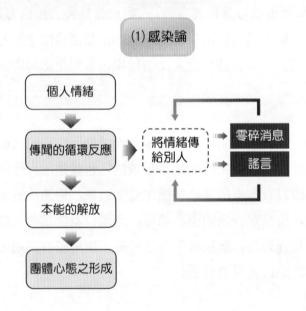

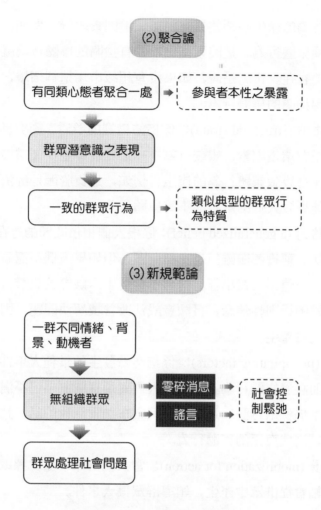

（2）聚合論

有同類心態者聚合一處 ➡ 參與者本性之暴露

群眾潛意識之表現

一致的群眾行為 ➡ 類似典型的群眾行為特質

（3）新規範論

一群不同情緒、背景、動機者

無組織群眾 ➡ 零碎消息 ➡ 社會控制鬆弛

➡ 謠言 ➡

群眾處理社會問題

✸圖 19-1　集體行為三理論

㈣價值增加論

　　除了上述三種解釋集體行為理論之外，斯美舍 (Neil J. Smelser) 的「**價值增加論**」(value-added theory) 亦是常被提到的理論，特別是用來解釋集體行為的成長過程與社會結構間之關係。斯美舍認為一種集體行為之出現與否，其型態以及其影響之大小常受下列六種因素的影響：

1. **結構上的助因** (structural conduciveness)：這是指集體行為的環境因素，

一種集體行為的產生必須要具有這類環境因素才行。例如，超級市場的搶購是一種集體行為。這因素指出：要有搶購的集體行為就必定要先有超級市場的存在。也就是說，如果沒有超級市場這個環境，決不可能發生超級市場搶購的集體行為。

2. 結構裡的歪曲 (structural strain)：係指結構裡的矛盾、衝突及缺陷。也就是說，光是有環境因素，集體行為不一定就會發生；而環境的結構裡有了問題，才會導致集體行為的產生。例如，通貨膨脹是經濟結構上的問題，它可能導致人們的示威罷工等集體行為。

3. 通則性的信念 (a generalized belief)：係指人們相信問題的存在，並願意共同設法解決。通貨膨脹雖然是一個問題，但如果人們不認為這算什麼大不了的事，不值得大驚小怪，自然不會發生示威等的集體行為。一旦人們產生共同的通則性信念，且願意設法改善或解決問題，則類似示威的集體行為就會產生。

4. 催促因素 (precipitating factors)：係指突然發生的某種大事件促使人們更加憤怒，而觸發集體行為。例如，人們對通貨膨脹早已不滿，又有意設法改善，準備採取行動；這時政府又宣布加重課稅的話，這就成為一種催促因素，造成真正的集體行為。

5. 行動的動員 (mobilization for action)：當人們群集一處，採取集體共同行動時，領袖會從群眾中產生，領導群眾擴大事件。

6. 社會控制 (social control)：集體行為達到第五個因素時已到十分嚴重的地步。社會本身會採取行動來設法控制此集體行為的擴大；例如以軍隊、警察、律法等為控制工具。如果社會控制得當，則集體行為可能消散；如果社會控制失效，則集體行為可能發展到不可收拾的局面，甚至於導致革命。

斯美舍這個價值增加論的六個因素，事實上也可以說是六個階段，每一個階段的發生就成為下一個階段的必備條件。換句話說，有了第一階段才可能導引第二階段；第一、二階段發生了，才會有第三階段；沒有前五階段，不會進入第六階段。每一階段為下一階段增值、鋪路。此即價值增

加論。此理論的簡單結構如圖 19-2。

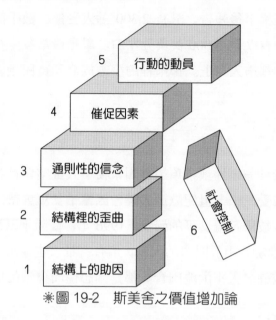

※圖 19-2　斯美舍之價值增加論

　　斯美舍之理論特別適合於用來解釋大規模的集體行為，如暴動、社會運動或革命。臺灣以前曾發生的「美麗島事件」，中國大陸的「八九學運」皆未成功，這是兩岸當局在最後一階段「控制」運作成功的最佳例子。印尼在 1998 年的暴動導致蘇哈托政府的解組，則是「控制」失效的例子。斯美舍理論對大型集體行為的發展相當有解說力。

二、集體行為的類型

　　集體行為因為是人們對特殊刺激因素所反應出來的團體行動，社會學家大致上將其分為下列幾類主要類型：

㈠暴動 (riot)

　　暴動係指一種對身體或財產攻擊的暴力群眾行為。選舉後群眾圍困選票開票中心、搗損財產的行為即為暴動之例。美麗島事件中發生警民衝突流血的現象也是暴動。在美國 1992 年黑人群眾在白人警察毆打黑人卻獲判

無罪後集體在洛杉磯市區放火、搶劫、任意毆打白人的動亂更是暴動例子；根據美國治安機構事後報告，計有 2,300 餘人受傷、數千商店遭燒毀；總共損失的財產約有 7 億 5,000 萬美元左右。暴動最常發生在受挫折而憤憤不平以求發洩的都市人身上。都市裡的少數族裔和貧民地區最易引發此類集體行為。

(二)恐慌 (panic)

恐慌是由於某一事件或某項道德因素使個人或整個社會受到威脅而產生的一種心理感受。十七世紀歐洲大陸曾因懼怕女巫會帶來世界的末日，而大肆捕殺一些被標名為女巫的婦女；1996 年，臺灣地區選舉，中共發動對臺的「文攻武嚇」，引發股市的大跌，還有一批人走避國外；臺灣地區曾發生豬瘟，造成許多人不敢吃肉食等都是因恐慌而導致的集體行為。

(三)謠言 (rumor)

謠言是指人們相信一件未經證實，透過非正規方式所獲得的消息，而以此來解釋某一不明的情況。臺灣就曾謠傳某一教派教徒裸體聚會拜神的謠言，因而被視為邪教。並非所有的謠言都令人震驚，卻能讓人愛聽，並傳一訛十。許多謠言是短暫的；但對當事人或團體，損失很大；要洗脫謠言所加諸的「罪名」是很費時的。

(四)風靡 (fad)

風靡是指一種突然風行大眾的短暫行為。例如 1960 年代時在臺灣風靡呼拉圈運動，造成大街小巷人人搖擺呼拉圈的景況；1980 年代的彩券玩家的尋求明牌行為；穿喇叭褲、留龐克頭等。

(五)流行 (fashion)

風靡和流行很類似，不過流行的時間可能要長些。服飾的流行就是一種，甚至在口語使用也會有流行的現象，如「新新人類」喜歡用的一些辭

句就在目前流行，而且很「酷」。

㈥群眾行為 (crowd behavior)

群眾行為係指一群聚集一處相互感染影響而發出的行為。如百貨商場的搶購風潮、球賽中的觀眾行為、暴動中的暴力行為等。群眾行為常具有突發性，並伴隨著暴力行為，也常到不可收拾的地步；是集體行為中最常被注目的。本節後段會詳談其類型。

㈦災難 (disaster)

人們在天災地變後往往有不知所措的違反常規的行為，此即災難行為。有時它是正面的，如協助救災、集體重建社區等；有時可能是負面的，如趁火打劫，暴力犯罪等。臺灣經常有颱風和地震往往帶來社會巨大的震撼。1999 年的「九二一大地震」後曾經造成一部分民眾害怕住高樓；2009 年發生的「八八水災」也帶來了相當大的震撼。

㈧社會運動 (social movement)

社會運動是指一群人欲對某社會現象加以阻擋或推動而發出的集體行為。例如，臺灣 1990 年代的「反雛妓運動」、「反暴動運動」、「反賄選運動」等等。社會運動在集體行為中歷時最長久，2004 年的「護憲反公投運動」亦牽涉極廣。

如果把這幾種集體行為按其組織性、集體行為的參與程度來比，由最鬆散的組織、較少的參與者到最嚴謹，參與者最多的則依序為謠言、恐慌、暴動、風靡、流行、群眾行為、災難，及社會運動。集體行為的組織性，行動參與者以及可能用以解釋的理論觀點併於一圖以為比較，見圖 19-3。

三、群眾、大眾與公眾

集體行為的主要成分是一群「**群眾**」(crowd)。所謂群眾是指一群聚集一處而相互感染情緒與相互影響彼此行為的人。這些人通常並無嚴密的組

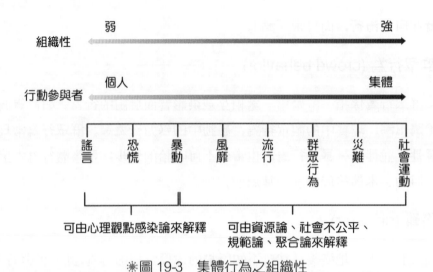

可由心理觀點感染論來解釋　　可由資源論、社會不公平、
　　　　　　　　　　　　　　　　規範論、聚合論來解釋

※圖 19-3　集體行為之組織性

織，其成員不都具非同質性。社會心理學家布魯默 (Herbert Blumer) 指出群
眾的四種不同類型。

1. 偶發型群眾 (casual crowd)：是指一群毫無共同目的、共同組織的偶然聚
   集一處的群眾。例如百貨公司裡的人潮。

2. 聚會型群眾 (conventional crowd)：是指一群比較有組織及有規範的群眾。
   例如，球場上的觀眾，他們有一共同的規範就是可以呼喊加油；而音樂
   會裡，聽眾必須要安靜。

3. 情緒型群眾 (expressive crowd)：是指一群情緒高漲，而又彼此相互感染
   的群眾。示威裡的群眾就是要表達自己不滿的情緒，並希望眾人也受感
   染。宗教聚會崇拜場合裡的群眾也是這一類型。

4. 動作型群眾 (acting crowd)：是指一群暴動型的群眾。暴動、騷動、大屠
   殺、搶掠等的群眾皆是動作型群眾。前述三種群眾都可能受刺激而轉變
   成動作型群眾；這是群眾類型中最危險的一種。

　　上述類型的群眾並非一成不變，某一群眾可能由一類型，因情況的改
變，而轉為另一類型。例如 1999 年 7 月 23 日在紐約州舉辦為期三天的胡
士托音樂會 (Woodstock, 1999) 吸引了幾十萬聚會型群眾，由於情緒的高
漲，變成情緒型群眾，最後導引暴動行為，如縱火、強姦、搗毀財產、暴

亂而變成動作型群眾。

　　集體行為裡的人群除了群眾以外，還有一種是社會學上所稱的「**大眾**」(masses)。群眾是一群聚集一處彼此能感覺到身體上鄰近的人們。換言之，群眾的要件是一群人在同一時間出現在同一地點場合。大眾則指分散在各地卻對某一刺激因素發出類似的反應的一群人。大眾行為則是指這群人在未經彼此溝通聯絡的情況下，對同一刺激因素所產生的類似反應行為。例如，一群分布全省各地的人，因為受到某一電視節目的感染，而發出相同或類似行為。前些年，臺灣各地民眾聚集在自家電視前觀看世界少棒比賽；這一群並未相互溝通聯絡，亦未謀面的人，雖分散各地，卻同時觀看電視轉播，這就是一群大眾；在少棒奪得冠軍後，大家同一心態的瘋狂慶祝，這就是大眾型的集體行為。各地少女流行同一種髮型或服飾，也是大眾型的集體行為。2005 年臺灣旅美棒球投手王建民在美國洋基 (New York Yankees) 的球賽，亦燃起臺灣的職棒熱和一群崇拜他的「粉絲」(fans)。

　　「**公眾**」(public) 跟大眾類似，但是公眾的成員因對某一因素或問題特別關心，而由分散、無信息交換的情況下，進而相互聯絡、溝通，來一同推動某種行動以對付這個問題或因素。換言之，公眾是由一群成員異質、組織鬆散的人們，為謀求某一特定問題的解決或政策的討論而形成的。平常所謂的「公眾意見」(public opinion) 正代表一群公眾對某一政策或問題的共同看法和意見。譬如，臺灣地區由於近年來詐騙問題的嚴重，人們一致向政府要求設法解決。這一群人就形成公眾，他們的意見也就是公眾意見。大眾可轉變成公眾，也可演變成群眾，或甚至導致較長期性的社會運動或革命，它們的型態並非一成不變。

第二節　社會運動

　　在社會學的研究領域裡，社會運動之分析與討論並非是最近幾年才開始受到注意的。早期十九世紀英法兩國之社會學論述裡，皆可找到有關社

會運動的學說與觀念。事實上，十九世紀歐洲社會的動盪與群眾之集體抗爭，乃是法國哲學家孔德 (Auguste Comte) 另創社會學這門新學問的主要原因之一。翻開人類文明發展史，可以查到數目相當多的社會運動，不僅參與群眾多，而且持續期間亦長。

在當代的世界史裡，二十世紀上半期亦有不少的大型社會運動，蘇聯的革命、中國的五四運動就是其中兩個最著名的例子。1960 年代的世界更是社會運動蓬勃的時期，美國的嬉皮運動、婦女解放運動、日本和德國的學生運動，以及中國大陸的文化大革命等都對社會有深遠的影響。1970 年代至 1990 年代，世界各地的社會運動包括韓國的學生運動、臺灣的街頭自救運動、中國大陸的八九學運，以及涉及世界大多數國家的反核運動與環保運動等等都相當引人注目，而且所影響的地區不少是跨越國界而成世界性的運動。

一、社會運動的特質

社會運動是集體行為的一種型態。它與其他集體行為的最主要不同點在於它的持續性與組織性。所有的社會運動基本上具有三種主要特質：

㈠社會運動是有目的和目標的

斯美舍把社會運動的目的分成兩類：一類是針對社會規範的維護和改變，他稱之為「規範取向的社會運動」(norm-oriented social movements)；另一類是針對社會價值的，他稱之為「價值取向社會運動」(value-oriented social movements)。勞工聯盟和工會的勞工運動是屬於前者，因其目的是改變工業規範，如提高工資或改善工作環境。道德重整運動則屬於後者，因其目的是改善人們的道德心，也提高社會價值體系。社會運動亦可據其目的而細分成：(1)革命運動 (revolutionary movement)：目的在推翻現有制度，創建新制度；(2)改革運動 (reform movement)：目的在改變社會的某一部分，是局部性的；(3)保守運動 (conservative movement)：目的在維護既有社會制度和價值體系；(4)反動運動 (reactionary movement)：目的在復古，不僅不

願意前進，而且提倡復古。無論如何，社會運動是有目的和有目標的。

(二)社會運動是有組織的

不像群眾、大眾或公眾式集體行為，社會運動的參與者有其共同目的和目標，於是會有組織型態。參與者積極推動運動工作，並有效地使用組織的力量，以達成目的。以始於 1960 年代的美國婦女平等解放運動為例，其組織包括全國性的總部、各州、各地區皆有專人負責的分部。而且組織內職責分明，分工合作，協調業務。近年來，臺灣消費者保護運動之內部組織也很嚴謹分明。

(三)社會運動是有其意識型態的

保守運動者主張維持不變的意識型態；婦女平等解放運動以婦女之受壓抑為意識改變的目標。意識型態使參與者有共同的體認，在同一理念下推動社會運動。早年國父成立興中會和同盟會的「反清」訴求，就是一種意識型態。臺灣地區的環保運動也是意識型態，用以團結參與者。

二、社會運動的理論

社會運動到底是如何開始的？一般來說，是始於人們對現狀有所不滿，聚眾設法加以改善。因此，貧窮、不公平、欺詐等等都可能激發人們參加社會運動。社會學家戴維士 (James Davis) 在分析法國大革命、美國獨立運動、美國內戰、以及其他較大規模的暴動後，發現有一個共同的特點：它們都發生在一段經濟成長以後，而非在經濟危機當時產生。戴維士因此推論，大型社會運動，特別是革命，最容易發生在經濟發展與生活期望提升後突然經歷一段短期卻明顯的下降的情況裡。他指出，當人們的生活環境素質有所改善之後，人們的生活期望就跟著升高；生活越好，人們期望就越高。如果這時候突然發生稍微挫折，人們就會有失去一切的恐懼。即使今日的生活比以往已經好得多，人們卻總跟未來可能得到的來比較；而不跟以往做比較。因此，人們的期望與實際社會所能提供的事實之間有了差

距，而這個差距又被認為不可忍受，於是滋事暴動。

根據這理論，戴維士相信社會運動的產生受人們心態的影響遠大於當時社會的實況。長期生活在極端貧苦日子裡的人，不會反抗或聚眾暴動；因為他們已習慣了苦日子，而且終日忙於謀生糊口，無暇顧及他事。但是如果人們認為沒能獲得應得的東西或生活程度時，這一群人就可能聚眾滋事。換句話說，當人們習慣了好日子後，一旦日子稍微轉壞，這些人就會鬧事。如果以戴維士的理論來解釋，那麼近年來臺灣所發生的幾件大規模社會運動和暴動可能正是上述因素導引。圖 19–4 是戴維士理論的描繪，供讀者參考。其理論通常稱之為 J 曲線論 (J-curve theory)。

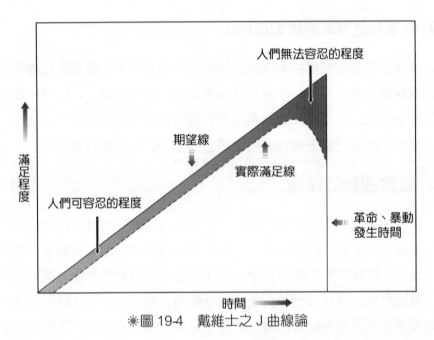

※圖 19-4　戴維士之 J 曲線論

戴維士理論雖然言之有理，也可以在歷史上找到證明；但是有些社會學家則認為戴維士理論裡所指稱的期望與實際滿足程度兩者之間所存在的差距，每個社會每個時代都可能存在；那麼為什麼有些社會產生暴動革命，而其他社會則沒有。不僅如此，這理論亦無法說明為什麼有不同類型的社會運動，有些運動過程和平，有些則爆發流血衝突，這些社會學家認為除

了戴維士所提出的因素之外，資源之有無及其運用得當與否應該是相當重要的。持此論點者稱其為「**資源動員論**」(resource mobilization theory)。

「資源動員論」認為每一個社會裡的資源都是有限的，常常由一小群人所掌握。因此，社會運動參與者必須以其既有的有限資源，有效運用以爭取當權者所掌握的資源。「動員」(mobilization) 是指運動參與者運用其資源以爭取目標。「社會控制」則是指當權者為保護其既有利益而施用之手段策略。按照這理論，社會運動的最緊要問題是到底有哪些資源可以動員？

㈠時　間

社會運動的參與需要時間。因此社會運動的參與者常常是可以抽出空閒時間的人，例如，公務人員、學生、教員。他們或有足夠的空閒（如：學生）；或可把工作交給別人暫時處理（如：教員、公務人員）而抽空參加示威、抗議或遊行。農人和窮人常常不是社會運動的參與者，他們忙著工作養家、抽不出空來；即使是農民運動，其主要參與分子常常不是農民，而是中上層階級人士和學生。美國在 1960 年代的學生運動和婦女運動，正是這類有空有閒者之運動。

㈡數　目

社會運動的有效資源之一是參與的人數要多；美國早期同性戀者運動成效不大的一個原因是只有少數的同性戀者願意拋頭露面，公開參加運動。如果數目大而又有組織的話，社會運動成功的希望就大。德國希特勒納粹黨之所以在二次大戰前能迅速的控制德國就是因為其群眾人數多，而且有嚴密組織。

㈢財　源

社會運動必須要有足夠的財源才能有效宣傳、吸收新會員、並影響非參與者，爭取同情與支持。當社會經濟繁榮時，可投入社會運動的財源就多；但當經濟衰退時，財源自然減少，社會運動的發生可能性就降低。1960

年代美國各種社會運動蓬勃，1970年代因經濟景氣消退，於是社會運動就跟著不成氣候。臺灣在1980年代，自救運動十分蓬勃，跟當時的經濟繁榮有關。

㈣友黨支持

任何一個成功的社會運動都具有外界強有力的友黨支持。大眾傳播常常成為社會運動參與者與社會群眾同情者之間的橋樑，單打獨鬥難以成功，必須要有外界的支持才行。中國共產黨在抗戰勝利後能有效地運作暴動的原因之一就是有學術界知識分子在外響應的緣故。

㈤意識理念

社會運動必須要有理想；一種意識理念代表並團結參與者。意識理念把一群原本毫不相干的人集合一起，共同為理想奮鬥。妥善運用意識理念是社會運動不可或缺的。

㈥領導分子

社會運動必須要有一個優秀的領導者或領導團體。領導分子應有才能及遠見以吸收新會員，以制訂運動目標、工作綱要以及推動策略。1960年代美國學生運動最後失敗的原因之一就是因為缺少了一個眾望所歸的領導分子或領袖。印度在二次世界大戰後能由英國手中獨立，主要是有位有領導才能的甘地。

㈦溝通系統

社會運動必須要能提供一個參與者之間彼此溝通的系統。這溝通系統不僅使參與者互通聲息，而且也使外界可與參與者聯絡溝通。1989年大陸學運失敗的一個主要原因是欠缺溝通系統，使北京的學運，無法得到外地的支援，而只局限於大城市地區而已。

上述這七種資源有些是社會運動參與者本身可發展出的，但是大多數

需靠外界提供，像會員數目、財源、友黨支持等。因此，當外界撤退時，社會運動就會失去其效率，甚至於解體。內在與外來資源的有效運用，對社會運動之成敗有相當大的決定性。

　　社會運動發生的主要原因常是對社會某種現象的不滿，並知曉無法以個人的力量來改變現況，只得求諸於社會群眾，爭取社會群眾的參與及支持。所以社會運動的成敗往往跟運動參與者、群眾以及社會人士的支持有直接的關聯。這些因素的關聯可見於圖 19–5。

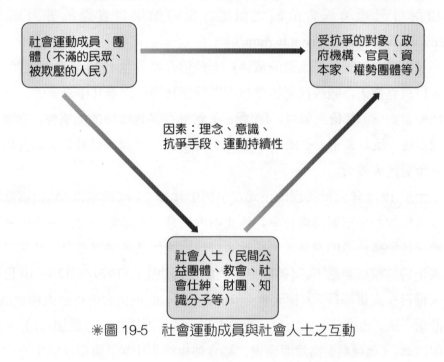

　※圖 19-5　社會運動成員與社會人士之互動

第三節　集體行為的幾個實例

　　要瞭解集體行為的實際特質，最好的辦法是以實際例子來說明。前面介紹了理論，這一節裡，談談群眾、暴動、恐慌、謠言等的實際例子做參考比較。

一、群眾與暴動

臺灣近代史上，1979 年在高雄發生的「美麗島事件」是一個影響鉅遠的群眾與暴動的例子。李慕慧認為「這個事件，為七○年代寫下了悲愴的句點，也為八○年代開啟了激動的序幕。它不但是臺灣民主運動史的一個重要分水嶺，也是臺灣知識分子思想蛻變一次沉痛的洗禮。它使關心這塊土地的知識分子，不論身處島上或異邦，都迫切地必須重新調整焦距，開始檢討自己理論探索的歷史航道，也開始反省實踐的著力點。」(http://www.chinatimes.com.tw/htm/)

《美麗島》雜誌是由當時黨外人士黃信介等人在 1979 年夏天創辦。9 月 8 日成立當天，親國民黨群眾包圍舉行創刊酒會之臺北中泰賓館，幾乎釀成嚴重衝突。其後三個月，《美麗島》雜誌在各地舉辦的演講會，常遭親國民黨的「反共義士」干擾，《美麗島》雜誌的一些辦事處被砸毀，黃信介的住所更遭人縱火。

由於 1979 年元月美國的正式宣布與中共建交，國民黨以《動員戡亂時期臨時條款》發布緊急處分令，停止中央民意代表增額補選之一切活動。事後又逮捕高雄縣的黨外人士領袖余登發。國民黨的強制壓力以及來自右翼人士的挑釁與刺激下，《美麗島》雜誌社乃決定在 1979 年 12 月 10 日國際人權日在高雄舉行「人權大會」和示威遊行，此項集會的申請未獲批准。在此前一天，政府宣布由次日起實施冬防，任何群眾集會將嚴加取締。9 日下午四時，《美麗島》高雄服務處二輛宣傳車準備出發，廣播次日紀念會消息時被軍警阻擋，於是雙方起了衝突。晚上六時，施明德、姚嘉文等帶領二、三百名群眾在中山一路大圓環進行演說，受到憲兵、保警層層包圍。至晚十一時活動結束時，軍警民眾至少發生四次衝突，雙方都有負傷者。

美麗島事件爆發後，黨政以此為藉口逮捕黨外領袖。黨外反對運動雖然受阻，卻引出了由受難家屬與辯護律師所組成的另一反對主軸。這些人在 1987 年開放黨禁以後都活躍於新成立的「民主進步黨」。從集體行為的群眾與暴動論立場來看，短暫的衝突流血卻對 1980 年代以後的臺灣政治和

社會產生具有歷史意義的長遠效果，當年的運動也促成了 2000 年民進黨的執政。

二、恐慌與謠言

臺灣地區在 1999 年 7 月 29 日深夜發生大停電，除了高屏部分地區未受影響外，全臺有 900 餘萬戶受到停電或限電的影響，經過二十三小時的搶修，次日晚間九時五十分，全臺恢復正常供電。事後發現，實因南部連日豪雨，位於臺南縣左鎮鄉的超高壓鐵塔因地層滑動而傾倒，貫穿全臺的超高壓電線跳脫，以致南北電力失衡。當晚停電期間，人心惶惶，謠言紛起，甚至有謠言流傳「大陸發射飛彈攻擊」或「核電廠爆炸」；由於大規模的停電來得太突然，一度引起民眾的恐慌；眾多市民外出以期瞭解情況，使得市區交通陷入混亂；有些市民驚慌得還穿著睡衣，在街市上交頭接耳，議論紛紛；有些更擔心時間拖長了會缺少民生用品而趕緊添購堆積，超級市場內一片人潮。

由於李總統不久前提出的兩國論，民眾害怕「北京攻擊」；臺南甚至發出了空襲警報，更讓敏感的居民信以為真。事後臺電及政府報導實際發生的原因；為了安撫民心，行政院長蕭萬長出面呼籲民眾不必驚慌，要有信心。雖然如此，仍有民眾還是認為政府將其解釋為「天然災害」理由太牽強。停電造成恐慌的集體行為，滋長了謠言的傳播；而謠言轉而加深群眾的恐慌，在此次停電事件中表露得很澈底。

同年 5 月間，民間流傳「紅標米酒」要漲價：這謠言指出，臺灣在加入世界貿易組織以後，公賣制度將被取消，每瓶米酒要漲價 60 元。於是，大家一窩蜂搶購屯積米酒。菸酒公賣局各配銷處供應米酒，限每天一百位名額，每位二瓶；因此各配銷處一早便出現排隊人潮，使得二百瓶紅標米酒在短短幾分鐘內被搶購一空，雖然當局加倍供貨，卻仍有許多民眾抱怨買不到米酒。不少民眾早上八點多就排隊等中午十二點五十分發號碼牌買酒；在發牌過程中，還發生插隊現象，引起騷亂。甚至有民眾已屯積了五打米酒，還去排隊再買。

恐慌和謠言的集體行為，前者是因事出突然造成短時間的不知所措的行為，謠言則是無中生有，未經證實的傳一訛十的消息，人們因聽信傳言而產生的行為。這種停電的不安心理和民間的搶購米酒皆非常規的社會行為，亦非社會規範之常態行為。

三、社會運動

在中國近代史上，五四運動扮演了一個相當震撼的角色，這個運動改寫了中國近代史並對其後中國社會政治之發展影響鉅大。五四運動的整個風暴中心是 1919 年的「五四事件」，「五四事件」的近因是巴黎和會對山東問題的處理。中國在第一次世界大戰結束後，許多知識分子與政治領袖都假定：自 1898 年以來，德國所占有的中國領土和特權都將因戰敗而歸還中國。在 1919 年 1 月 27 日的巴黎和會裡，日本宣布：英法義三國曾在 1917 年和日本簽訂密約，保證在戰後協助日本取得德國戰前在山東及各島嶼之領土權。此外，日本更透露：北京政府曾答應日本有關處理山東問題的七項建議以換取貸款。因此在巴黎和會決議時將德國在山東利益全數撥交給日本。

消息傳來，震驚全國，民眾、政治團體、商界人士、學生、軍人的情緒達到激昂的熱度，北京政府卻採取高壓手段。北大學生 5 月 3 日召開緊急會議，決定次日，星期日正午十二時半召集所有北京的大專學生舉行群眾大會，遊街示威，抗議政府的外交政策。當天上午十時學生在法政專校前開會準備遊行；有十三所大專學校學生代表，陸軍學校也派學生代表參加。在一個半小時的會議裡，通過了示威遊行路線、通電國內外各團體，抗議山東決議案。下午一時左右，三千多名學生齊集天安門前廣場，參加遊行。

遊行初期，秩序良好；到東交民巷時，警察阻止隊伍入內；轉進至離外交部不遠的曹汝霖住宅前，此時大門已緊閉，有四五十名軍警守衛。學生要求曹出面解釋，許多學生此時開始向窗口和牆頭拋擲石頭。五個學生跳進曹宅圍牆，打開大門；大批學生乃湧進曹宅，破壞傢俱，搜索文件，

並放火燒屋，後又毆傷章宗祥。數十名學生被捕，風潮擴及上海以及全國各地。

正如周策縱 (1981: 82) 所說的：「1919 年的五四事件是風暴中心，是整個五四運動的漩渦。在這事件以後的活動裡，知識分子和新興經濟勢力集團基於愛國心而形成的互相聯合，很強烈地表達出來。同時，新文學和新思想變得非常流行；救國的熱情集中，而且整個運動的力量和影響達到高峰。直到最後改革者漸漸分裂，或分別演化成各種派別，產生了以後在社會、政治和文化發展上社會勢力集團的重新組合。」從社會學集體行為理論來看，五四運動是一個很典型的例子，而且也最適合斯美舍的價值增加論。五四運動是一長期性的社會運動，它對近代中國社會的影響迄今不減。

四、天安門事變

在 1989 年中國大陸北京所發生的天安門事變是中國近代史上最激烈的一次大規模社會運動的悲慘下場。所謂「北京學運」大致上是指始於 1989年 4 月 15 日中共中央政治局委員，前中共中央總書記胡耀邦病逝；而止於該年 6 月 4 日中共中央以武力鎮壓和血洗天安門廣場。前後約有五十天的時間。重要事件如下：

4 月 16 日	大批北京的學生對胡耀邦的去世表示哀悼，貼大字報讚揚胡的改革，要求為胡平反
4 月 17 日	2 萬名北京大學、人民大學、清華大學與其他院校學生在街頭遊行。上海亦有學生示威遊行
4 月 18 日	3 萬名學生聚集在天安門廣場抗議、演說、並示威遊行
4 月 19 日	中共武警強力驅散聚集在中南海新華門前的數千名學生
4 月 20 日	數千名學生與 1 萬人以上的群眾與武警發生衝突
4 月 21 日	超過 15 萬名學生和群眾聚集天安門廣場追悼胡耀邦
4 月 23 日	北京大學學生開始罷課
4 月 26 日	中共調派解放軍第 38 軍部隊入駐北京地區，保護北京
4 月 27 日	超過 10 萬名學生在街頭遊行

4月29日	中共官方首次與學生領袖會談
5月2日	北京學生向中共發出最後通牒，上海學生亦在上海市委會前靜坐示威
5月4日	超過15萬名學生和群眾在北京示威遊行
5月6日	「高校學聯」宣布大多數學校將復課
5月8日	中共拒絕與學生「對話代表團」立即對話的要求
5月9日	北京上千名記者推派兩名代表要求與政府對話。北大學生提出復課條件
5月14日	在天安門廣場聚集了5萬5,000名群眾；2,000名學生絕食抗議。蘇共戈巴契夫於5月14日訪中國大陸
5月16日	打著工人旗號的團體首次參加遊行。解放軍第38軍拒絕入城，天安門廣場群眾增至40萬人以上
5月17日	天安門廣場群眾再增至100萬人以上
5月19日	中共宣布北京市戒嚴；軍隊入駐北京。總書記趙紫陽辭職
5月20日	群眾與解放軍、武警發生衝突。至少50名群眾受傷
5月21日	中共政府正式發出最後通牒，限定示威學生與群眾在凌晨五時前解散，否則軍隊全面鎮壓
5月23日	在北京有百萬名學生群眾遊行要求總理李鵬下臺
5月29日	「北高校學聯」將民主女神塑像樹立在天安門廣場中央，宣揚「民主、自由」
6月1日	學生領袖提出四點對話的前提條件：解除戒嚴令、撤回軍隊、保證不打擊民運分子、取消新聞封鎖等
6月3日	軍人群眾發生嚴重衝突
6月4日	武力鎮壓、血洗天安門廣場

　　這次的學生民主運動和天安門血腥鎮壓在中國近代史上都是一個很極端的社會運動。中國大陸在四十年的高壓統治下，人民以此運動來發洩其挫折感、社會的權力分配的不平等、官僚體系的腐敗、1980年代經改造成的物價波動、開放政策後西方民主思潮的引進等等都是這次學運的主因。用斯美舍的理論來分析，這個政權以武力鎮壓是社會控制手段的有效運用；否則，後果將是中共政權的崩潰。以中共領導人的說法，以少數人的血來保證中共政權的鞏固，是值得的。這件天安門事件是典型的集體行為，屬

於群眾型的集體行為，也是屬於改革型的社會運動。

五、法輪功事件

自八九民運以後，中共對大規模的集會相當敏感，嚴禁民眾聚集，尤其在中南海、天安門一帶。1999 年 4 月 25 日，在當局不知情的情況下，竟有 1 萬 3 千名法輪功信徒，來自七個省區，突然聚集於北京中南海靜坐抗議中共對法輪功的打壓，將其定為邪教。參加者包括離退休職工、共產黨員、退伍解放軍、國家機構幹部、民主黨派人士等。這些人由全國各地進入北京，帶著乾糧、飲水及過夜用物參加靜坐示威。

法輪功由李洪志創立於 1992 年，宣揚修身養性，強身健體；崇尚「真、善、忍」。創立迄今，據說已擁有上千萬的徒眾，廣及海內外。此次大陸法輪功的抗議是針對中共當局壓抑法輪功信徒的一種反應。早先，天津曾有聚眾抗議中國科學院院士何祚麻所發表〈我不贊成青少年練氣功〉一文對法輪功的批判。然而，該作者及中共當局都相應不理；才引發徒眾上京抗議的事件。

李洪志一再聲明法輪功信徒不會反抗中國共產黨，對中國政府毫無威脅。但是，信徒在 4 月間能有如此龐大的群眾聚集而未被中共嚴密控制示威系統所察覺，此種聚眾的能力確讓中共不能掉以輕心。7 月中旬，當局下令逮捕在美的李洪志，並在全國大肆逮捕法輪功各地區主要聯絡人，不允許在公共場所練功。中共此舉引起西方媒體的大幅報導，認為這是迫害基本人權及宗教信仰的自由。

按照斯美舍的「價值增加論」的解釋，中共當局對法輪功壓抑，就像對八九民運的撲殺都是一種社會控制的手段，而且都是成功的運作。所以，此二事件對中國大陸內部的影響不算很大。如果，此項控制手段失效，也許八九學運及法輪功在當時都可能引發大陸社會一些巨大的變遷。

六、臺灣 2004 年大選後國親抗爭行動

2004 年 3 月 20 日的總統選舉，在 319 槍擊疑雲下由民進黨陳水扁以

3 萬票險勝。選後國民黨、親民黨兩黨擁護者所發動的一連串群眾抗爭運動，給臺灣社會帶來相當大的震撼。其發展流程如下：

3月21日	國親提「選舉無效」訴訟 連戰、宋楚瑜及王金平清晨率國親支持者往總統府前靜坐抗議 臺中市國親支持者包圍地方法院並與警察發生衝突 高雄市400多名國親支持者與警察發生衝突
3月22日	國親支持者總統府前繼續靜坐 臺北市調派15,000名警力管制總統府博愛特區
3月23日	國親支持者總統府前繼續靜坐
3月26日	數百名國親支持者與警察發生流血衝突
3月27日	50萬名國親支持者與警察發生衝突
3月28日	國親支持者撤離，部分轉至中正紀念堂靜坐抗議
4月3～4日	國親支持者與警察發生衝突。多人受傷，約150人遭逮捕

此次的抗爭活動乃因國親兩黨選舉失敗造成的情緒發洩。國親支持者在其領導人鼓動下示威抗爭雖與警察發生衝突，但並無過度失控。政府亦無運用血腥武力強制驅散群眾。雖然如此，此次抗爭在臺灣史上將有其一定地位。近年來的大型抗爭已稍減，但小型抗爭仍時有發生，例如2009年的反美國牛肉銷臺和國營事業爭取年終獎金的示威等。

由於集體行為的不合規範性特質，它常常連帶引動了社會變遷，有些變遷因暴動而瞬間爆發；有些變遷則經由社會運動而具持久性。社會學對集體行為分析的重點就在其帶動社會變遷的可能性。值得再次指出：集體行動並非全是破壞性的，它仍有其建設性的功能，上述集體行動都曾經對中國大陸或臺灣社會產生了某種程度的影響。

關鍵名詞

· **集體行為 (collective behavior)**　係指一群組織不嚴謹的人們在受到某一因素之刺激或影響，所表現出的團體行動。

- **感染論 (contagion theory)**　認定情緒與感覺的相互感染在人群裡是集體行為成長的主要原因。

- **聚合論 (convergence theory)**　認定參加集體行為的人都是那些本已具有集體行為性質的人，而非後來受感染所致。集體行為是這些人潛在意識的表現。

- **新規範論 (emergent norm theory)**　認為在特殊情況裡，正常的行為規範無法適用，集體行為是新規範出現的前兆和表徵。

- **價值增加論 (value-added theory)**　斯美舍提出解釋集體行為的理論，認定集體行為的成長過程受六個主要因素的影響，並且前一因素的出現是後一因素產生的必要條件。

- **社會運動 (social movement)**　係指一種較長期性與有目標的集體行為，其主要目的在於抗拒或推動社會變遷。

- **群眾 (crowd)**　係指一群聚集一處而相互感染情緒與行為的人們。

- **大眾 (masses)**　係指一群人們在不同地點且無相互交通影響下，對某一刺激因素，不約而同的反應出共同的行為。

- **公眾 (public)**　係指一群組織鬆散且不同特質的人們，為謀求某一特定問題的解決或政策的討論而形成的群體。

- **J 曲線論 (J-curve theory)**　這理論相信當人們對生活的期望以及實際所獲得之滿足兩者之間的差距達到無法容忍程度時，革命就會發生。

- **資源動員論 (resource mobilization theory)**　這理論認為社會運動之成敗決定在資源之有無及運用得當與否。

參考文獻

Blumer, Herbert

　　1951　　"Collective Behavior," pp. 165–220, in Alfred McLung Lee, ed., *New Outline of the Principles of Sociology*. New York: Barness & Noble.

Davis, James

　　1963　　"Toward A Theory of Revolution," *American Sociological Review*, vol. 27 (February), pp. 1–10.

Lofland, John

    1996   *Social Movement Organizations: Guide to Research on Insurgent Realities*. New York: Aldine de Gruyter.

McAdam, Doug, John D. McCarthy, & Mayer N. Zald

    1996   *Comparative Perspectives on Social Movements*. New York: Harper & Collins.

Smelser, Neil J.

    1963   *Theory of Collective Behavior*. New York: Free Press.

Skocpol, Theda

    1994   *Social Revolutions in the Modern World*. Cambridge, England: Cambridge University Press.

Zald, Mayer N., and John D. McCarthy, eds.

    1979   *The Dynamics of Social Movements*. Cambridge, Mass.: Winthrop.

中國時報

    1989   《北京學生運動 50 日》。臺北：時報。

何明修

    2003   《兩岸社會運動的分析》。臺北：新自然主義。

金耀基等

    1989   《神州悲劇的沉思》。臺北：正中。

范文瀾

    1957   《捻軍》（六冊）。上海：人民。

周策縱

    1981   《五四與中國》。臺北：時報。

徐正光、宋文里編

    1989   《臺灣新興社會運動》。臺北：巨流。

陳郁秀

    2002   《用心愛臺灣——臺灣社會運動發展史》。臺北：時報。

張朋園

1969　《立憲派與辛亥革命》。臺北：中華學術著作獎助委員會。

彭懷恩

2004　《選舉無效》。臺北：風雲論壇。

蔡文輝

1996　《不悔集：簡吉與日據時代農民運動》。臺北：簡吉陳何基金會。

賴澤涵編

1994　《二二八事件研究報告》。臺北：時報。

蕭新煌

1984　〈消費者問題與運動〉。載於楊國樞、葉啟政主編，《臺灣社會問題》，頁 217–248。臺北：巨流。

社會變遷

Sociology

第一節　社會變遷的範疇

在每個人的日常生活圈子裡，都會常聽到類似這樣的感嘆：「這幾年實在變得太多了！」「才幾年不見，真認不出這些地方了！」「這年頭，世風日下，人心不古！」「人們只向『錢』看，日子真是不一樣了！」「年輕人，怎麼會有這些奇怪的想法，穿這樣的服裝，著這樣的打扮，不專心求長進，真是一代不如一代！」等。這些感嘆說明了一個事實：社會在改變，人也跟著在改變。

翻開報章雜誌，打開收音機、電視機，幾乎每天讀到的、聽到的、看到的都是新的事物、新的消息。不僅是政治上的、經濟上的、社會裡的，更包括文化上的。不僅是地方上的、國內的、國外的，更包括國際間的。近來更常見關於人們觀念，價值、態度等的調查報告。在臺灣近些年來，中華民國國民平均所得增長了許多，國民生命餘年歲數延長了，都市人口更加擁擠，竊盜犯罪問題日益嚴重，保護消費者運動較前為重視，宗教信仰漸被投入，交通量日漸增加，不僅都市裡交通問題嚴重，高速公路也漸不敷使用。這些都證實了不僅個人的社會生活圈、臺灣的社會結構、國際間的交往，甚至整個世界無時無刻都有新的發展，社會不斷地在變動已是不能否認的事實。

社會學家相信，社會必須要穩定，有秩序才能繼續存在並延續下去。但是社會也必須變遷才能應付、適應新的環境及新的需求。因此，社會秩序和社會變遷一直是社會學研究範疇裡二個不可分隔的部門。事實上，十九世紀社會學之所以產生，就是因為當時的思想哲學家對秩序及變遷現象的爭論而開始的。今天社會學家對變遷之研究興趣更有增無減。

全世界正經歷巨大的變遷：東西方社會的衝突、共產主義之互解、東歐各國種族的戰爭、第三世界國家現代化之努力及其跟傳統的協調、石油國家的團結等發展，都明顯地表示一種全球性的變遷正在進行中。社會裡，

人口結構的老化現象、青少年問題的嚴重、家庭組織與結構的改變、都市化等都提供了社會變遷研究的好資料；在我們的社會裡，也可發現同樣的社會變遷現象。

　　社會變遷 (social change) 的定義，廣狹不一，列舉四項以為比較：

1. 默爾 (Wilbert E. Moore) 認為社會變遷是指社會結構裡的重要改變；這些改變包括在社會規範、價值體系、符號指標、文化產物等方面的改變。默爾的定義指出，社會變遷不僅包括一般人所指的行為方面的變遷，同時還涉及徵象和意識方面的改變。

2. 史萬生 (Guy E. Swanson) 認為社會變遷應該是指一個結構上的差異。這種差異是該結構之外的因素所導引的，並經歷一段時期才產生的。換言之，短時期內，暫時的改變不應算是社會變遷的項目。史萬生的定義相當廣而泛。

3. 藍迪斯 (Judson R. Landis) 把社會變遷看成是一個社會裡的社會關係在結構上及在功能上的改變。

4. 勞爾 (Robert H. Lauer) 把社會變遷看作是各個人，甚或全球人類生活裡各個層次上的社會現象的改變。勞爾特別指出，社會變遷可能只發生在個人的生活裡，也可能牽涉到全球性的人類生活；它可能是小規模的，也可能是大型的改變。

　　由上述四種定義觀之，社會變遷可能指較窄狹的社會改變，也可指較廣泛的改變。綜合之，其中心的主題是：社會變遷是社會成員之社會互動及社會關係所構成的社會結構在組織上及功能上的變遷；此等變遷可能只發生在各個人的生活裡，也可能見諸於團體、社會，甚或全人類的生活裡；它可能是個人行為模式方面的改變，更可能是文化和價值體系方面的重大改變。

　　茲將社會變遷所涉及的分析層次、研究範疇，以及其研究單位等列於表 20–1 以便對社會變遷更有系統，及整體的瞭解。

※表 20-1　社會變遷之各種分析層次

分析層次	研究範疇	研究單位
1.全球性	國際性組織、國際間的不平等	國民生產額、國際貿易、政治、經貿聯盟
2.文明	文明生命史、文明進化史，或其他類似的變遷	藝術上與科學上的革新、社會制度
3.文化	物質文化、非物質文化	工藝技術、意識、價值
4.社會、社區	階層體系、結構、人口、犯罪	權力、聲望、財富、收入、人口成長與變遷、犯罪
5.制度	經濟、政治、宗教、婚姻家庭、教育	家庭收入、投票率、宗教參與、結婚與離婚、婚姻狀況、普及教育、具大學程度的人口
6.組織	結構、互動模式、權威結構、生產力	角色、黨派、管理／工人比率、個人生產量
7.互動	互動類型、溝通	衝突、競爭、友誼、互動之參與者
8.個人	態度、行為模式	信仰、渴望、行為標準

　　除上述以外，還可以依斯美舍 (Neil J. Smelser) 所提出的幾個必須探討的問題來言明社會變遷。斯美舍認為，在研究社會變遷時，下列各個問題是研究者不可忽視的。

一、哪些部門變了？

　　首先，把變遷的主角點出來，如果不能確定哪些或什麼正在變或已經變了，研究工作就無法展開。除非先知道什麼正在變、什麼已經變了，這才能集中注意力去分析它。譬如想要研究臺灣近年來的社會變遷，第一個該問的是：到底臺灣在哪些方面改變了？不然就如盲人摸象，不僅費時費力，同時更覺無處著手。

二、變遷是什麼時候開始的？

　　這不是個容易回答的問題。通常當人們注意到某種變遷時，它已是很

明顯的事實了。真正始於何時往往不容易確定，常得花許多功夫精力才摸得出個頭緒。譬如說，想研究臺灣的經濟發展，就該慎重的決定「臺灣經濟起飛的起點始於何時？」有人主張該從日據時代算起，有人主張從 1949 年自大陸撤退時算起，有人則堅持應該由 1960 年代以後才能算臺灣經濟起飛。事實上，這些錯綜複雜的意見都是有根據的，也都有其各自的理由；但是作為一個研究者，必須確定一個合理的起點或起訖點，尤其更該有資料根據以支持所提的論點。

三、變遷什麼時候終止了？

變遷何時終止，也不容易確定。有些變遷有明確的結局；例如我國的辛亥革命，成立了中華民國，結束了數千年的帝王政治。有些則長期延續，根本無法確定何時真正終了：例如美國「工業化」(industrialization) 是不是已經結束了？而進入了所謂的「後工業」社會？甚或，進入了所謂的「後現代化」社會？這些一直是爭執不停的問題。某些人認為美國早已超越「工業化時期」(industrial stage) 的各個特徵，而進入「後工業化時期」，以「資訊」(information) 及「服務」(service) 為其特徵，最近更有學者提出「後現代時期」(post industrial stage) 的觀點。某些變遷在表面上消失結束許多年後又再次重現其影響力。派深思 (Talcott Parsons) 指出：猶太人文化對人類社會之影響就是一個例子。各家說法不一，其理由也都有其說服力。

四、變遷的原因何在？

為什麼會變，是第四個問題。有些變遷的原因明顯，容易指認；有些則是潛在間接複雜的，必須下番功夫才能找出。無論如何，社會學家都應找出變遷的真正原因，其研究才有意義。舉例來說，近幾十年來，臺灣的犯罪率一直在增高，社會學家研究犯罪等的社會問題時就必須找出犯罪率為什麼會提高，是工業化的影響？是經濟發展的影響？是家庭結構改變的影響？還是其他的原因？前述三個問題是描述性的問題，社會學不只是對變遷的描述，更要能提供解釋變遷的前因後果。

五、哪些理論可用來說明解釋變遷的過程？

對變遷的解釋不能憑空臆測，必須要有學理上的根據；這樣才能不僅指出變遷的原因，同時把整個變遷過程提出一個合理的解說。目前社會變遷方面的理論體系有數種，可用以參考。觀察角度不同，可採用的理論就不同；例如臺灣現代化過程可用「聚合理論」來分析，也可用「依賴理論」，甚或「世界體系論」來研究。

社會變遷的範疇大多數是不清晰的，所牽涉到的部門亦相當複雜，難以釐清。斯美舍所提出的這五個問題要在一個研究裡全數解答是相當難的；並不需要樣樣顧全可退而求其次，縮小研究範圍以求其精，這是可以被學術界接受的。

第二節　社會變遷的來源及型態

一、變遷的來源

社會變遷的因素很多，如按其性質來源大體上可分成六大項：工藝技術、意識價值、競爭與衝突、政治體系、經濟體系及社會結構。茲分項述說之。

㈠工藝技術

社會變遷常是由於工藝技術的發明推展而引發的。如果沒有電話、電報、電傳，人與人之間的互動要比目前直接得多，會較依賴面對面的互動；如果沒有汽車等的交通工具，可能就不會有靠右走的行為規範；如果沒有電視、錄影機，人們就會有較多的戶外活動。至於飛機、電腦、衛星、化學製品、醫藥科技等工藝技術，對人類社會的影響及其所帶來的變遷更是有目共睹的事實。

　　人類歷史上重要的發明都是在最近二個世紀，在工業革命以後。佛立門 (David M. Freeman) 把工藝技術發展的次序和速度跟地球的歷史做了個時間上的比較：如果把地球五億年的全部歷史假想成為八十天，那麼：

六十天前，生命首次出現於地球；

一個小時前，才開始有人類；

六分鐘前，石器時代開始；

一分鐘前，現代人類才出現；

農業革命發生在十五秒以前；

十秒以前，金屬才開始被採用；

工業革命發生在十分之三秒前。

　　特將歷史上主要工藝技術之發明使用依年代先後列於表 20-2，以便瞭解這些技藝項目依次對人類之影響。

※表 20-2　人類主要工藝技術發展史

時間（西元）	工藝技術
7500000 B.C.	火的取用
10000	畜養狗
8000	生產食物
7000	畜養牛
4350	畜養馬
3500	輪子的利用
3500	熔解金屬
3000	畜養駱駝
2600	航海船隻
2500	畜養水牛和犛牛
1200	鑄鐵技術
300	滑輪、水平儀、螺旋、唧筒、水車的發明
650 A.D.	風車（回教徒）
850	火藥（中國）
852	以煤取熱（英國）

900	大量使用水車碾農作物（北歐）
1250	鐵匠以煤為燃料
1386	機器鐘（英國）
1448	活字版印刷《聖經》（德國）
1606	實驗用蒸汽機（義大利）
1709	鋼鐵業開始使用煤
1712	商用蒸汽機（英國）
1765	現代蒸汽機（英國）
1787	汽船（美國）
1790	縫衣機（英國）
1800	電池（義大利）
1812	蒸汽式火車頭（英國）
1831	電流之培殖生產（英國）
1852	載人用電梯（美國）
1859	石油井（美國）
1862	炸藥（瑞典）
1874	腳踏車（英國） 電話（美國）；四汽缸汽油引擎，汽化器（德國）
1880	電燈泡（美國）
1882	商用水力發電（美國）
1887	以汽油為動力之汽車（德國）
1892	柴油引擎（德國）；以汽油為動力之卡車（美國）
1900	硬式飛船（德國）
1903	萊特兄弟飛行成功（美國）
1909	發明塑膠
1923	曳引車和壓路機（美國）
1926	液體引擎的火箭（美國） 電視機（蘇格蘭，美國）
1937	噴射引擎（美國）
1945	原子彈（美國）
1946	電腦（美國）
1948	電晶體（美國）
1951	氫彈（美國）
1953	發現 DNA

1954	原子能廠（蘇聯）
1957	人造衛星（蘇聯）
1958	雷射（美國）
1969	太空人登陸月球（美國）
1978	試管嬰兒（英國）
1989	電腦網路（美國）
1997	複製羊（英國） 「探索者」所載「漫遊者」登陸火星（美國）

這些工藝技術是怎麼改變我們人類社會的呢？

第一，工藝技術的改進發展增加了人類生活的範圍，它使原本不能獲取到的事物理想更接近事實。不僅以往做不到、得不到的，現在都可以了；更使社會的價值觀念以及人與人之間的關係受到影響而有所變遷。

工藝技術的發展擴大了人類的生活圈，使人的日常生活簡化方便，也給人們帶來更多的選擇機會，一種新的社會秩序隨之產生。事實上，當人們接受了工業化所帶來的經濟成長及富裕民生時，人們也同時接受了工業社會裡所持有的政治、經濟、教育、思想，及價值觀念等新的社會結構。

第二，工藝技術的發展可能帶來新的社會問題，工業化帶來了社會的進步：譬如，醫藥科技的進步、衛生常識的增長、疾病疼痛的控制、生命的延長；生老病死不再是靠老天爺安排。不僅老年人能活得長些，嬰兒的死亡率也減低了，這是進步的好現象，但是也給社會帶來了人口問題以及老年問題。又如，在工業化過程中所產生的環境汙染問題，資源匱乏問題都是有目共睹的事實。這些都是目前全人類所要應付的大難題。

第三，工藝技術的發展影響了人們互動的方式。新的技藝常帶來新的要求、新的組織及制度，這都會改變原有的社會互動方式。新的工廠講求效率，唯才是用；這在老式的家庭企業裡是看不到的，因此新的人際關係就隨之產生。同時，工廠的分工制度也影響了工人彼此間，以及工人與廠方的互動方式。由於新的組織結構使初級團體減少，成員間的關係因次級團體的繁多而有所改變。新近的通訊網路使人類的互動方式更有巨大的改

變，一項對美國人的民意調查中就發現，對人們生活改變最多的新工藝技術是「電腦」、「大哥大」及「資訊網路」。

(二)意識價值

此處所指的意識，是指思想觀念，價值則指人類社會追求的目標。在社會學裡，意識價值兩者常聯合一起使用的。在社會變遷過程中，意識價值可能是其變動的推動力。韋伯 (Max Weber) 的資本主義崛起論就是強調：資本主義是基督新教倫理的意識價值所引起的。黑格爾 (George Hegel) 也主張人類歷史就是由人們的意識價值的發展而創造的。

勞爾指出意識價值對社會變遷的影響可能有下列五種：

1. 意識價值可用來指明變遷的新方向，使舊有的秩序破產，使新的秩序被接受。
2. 意識價值可使那未預料到的變遷合法化。為了使人們接受那常突發的，未預料到的變遷，一種相關的意識價值，可用以支持這些變遷，讓人們覺得它們的產生並非全無道理。
3. 意識價值可用以團結社會。特別在社會混亂不安的時候，人們不知所措，無所是從；意識價值可用以減少衝突，集中社會力量共同朝一個目標前進。國家民族主義就是一個例子。
4. 意識價值可用以鼓勵個人。在社會運動過程中，意識價值可給參與者一種使命感和責任感，相信各個人的努力對全社會或全人類都將有所貢獻。
5. 意識價值可能指引出社會裡的矛盾狀況，進而促進社會的新變遷。

當代人類社會中有一些意識價值具有相當大的影響力：例如國家主義、新生活運動、民主主義、社會主義、共產主義、三民主義等皆是。

自然，意識價值也可能變成變遷的阻礙；防止變遷發生，或使已發生了的變遷緩慢或停頓下來。「蕭規曹隨」的意識價值，基本上就是強調不變的原則。「與世無爭」的價值觀也是一種保守的意識，常能阻礙人們應有的進取心。近年來，一些保守團體組織就強調家庭價值，鼓吹婦女回到家庭，以及反對墮胎等，都是一種盡力抵禦社會變遷的意識。

㈢競爭與衝突

　　每個社會都為維持其均衡，而設有某些社會行為規範以減少或避免競爭、衝突。但是無論如何，競爭衝突還是會產生的，只是多少或輕重的程度不同而已。這些競爭衝突自然就帶來了變遷。競爭雖不一定造成衝突，例如在政黨政治的選舉中，時可見之；競爭可帶來新的成分，更能具創造性及革命性，尤其是激烈競爭結果就能推動衝突。這裡必須強調的是：競爭或衝突並不全然是破壞性的，有時會具有建設性，有時還能推動社會的變遷。

　　根據豪爾 (John Howard) 的觀點，衝突大體上可歸類為下列四種：(1)物質上的衝突：指為了對具有高價值的物質及資源之分配所引起的衝突；(2)形象上的衝突：指對社會文化所公認的形象的衝突；例如，偶像崇拜、方言使用等；(3)意識上的衝突：指文化中不同的思想價值所引起的衝突；(4)文化上的衝突：指生活方式、習俗之不同而引起的衝突。各類的衝突都能導引社會變遷。

　　社會學家馬丁戴爾 (Don Martindale) 曾指出，人類歷史上最富創造性的時代，不是和平穩定的時代，而是動亂不安的時代；也就是說，衝突帶來了變遷及進步。

㈣政治體系

　　在社會裡，政治體系具有促進及阻礙變遷的雙重功能。在第三世界的經濟發展中，政治體系及政府更具其領導的功能。霍達克 (Szymon Chodak) 認為政府大體上有下列三種層面：

1. 政府可製造出一個有利於經濟發展的環境，而不必直接介入參與。
2. 政府可以管制協調經濟各方面的發展。
3. 政府可直接介入參與經濟計畫及經濟發展。

　　政府對社會變遷的影響並不侷限於經濟發展，它也可能影響社會對自然生態的保護、對種族關係的改善、社會分配之不均、宗教信仰的改變、

人口結構的修正等方面。雖然如是，政治及其執行機構也能是社會變遷的阻力；某些變遷由於對當政者不利，當局能採用軍警力量來加以干涉阻止。

㈤經濟體系

許多學者相信經濟體系是社會變遷的主要因素，因為經濟體系總是想辦法以有限的資源來供應人們無止境的需求；如何分配人力、資源、土地、服務等是經濟體系的主要課題。它必須解決四個主要的問題：生產什麼及生產多少；如何生產；如何分配；如何獲取及利用盈利。如何解決這些問題會在社會結構上產生不同的影響。馬克斯 (Karl Max) 的經濟決定論就強調經濟因素對社會變遷的重要性及決定性。他假定：經濟組織決定社會裡所有其他的組織；每個經濟組織都含有階級鬥爭的成分；無產階級會因受壓迫而產生共同的階級意識，並以此意識來抗拒資產階級的剝削及不平等待遇；急遽的改變，甚至全面性的革命因而產生。

㈥社會結構

社會常因內在或外在因素而產生失調的現象。這些失調就能導致社會變遷。失調的原因包括下列幾種：

1. 人口因素：出生率、死亡率、遷移型態、兩性人口比例分配、人口增長趨勢等的變動，都能導致社會失調及社會變遷。

2. 社會迷亂：此指社會指引人們的生活目標以及為爭取此目標所需要的方式兩者之間的矛盾或差距。社會常訂立了某種目標，鼓勵人們去追求；然而社會所提供的合理，合法的爭取方式常不能或不夠達到上述目標，那麼人們只有鋌而走險，社會變遷隨之引發。

3. 資源的不足：社會裡的資源常不能滿足每一個成員的需求，因而造成分配的不均、社會之不平等。於是總有人向現有的分配規範制度挑戰，終致社會變遷。

4. 社會角色的衝突：個人在社會裡所擔任的角色都有一定的範疇及行為準則；一旦角色的定義混亂不清，變遷就可能產生。今日社會裡的婦女新

　　角色就提供了許多社會變遷：一方面增加了婦女就業人口，使就業婦女
的經濟較獨立；另一方面改變了夫妻之間的傳統婚姻關係。

5.**社會職務的衝突**：社會裡，職務地位間常有不平等的現象，新興的職務、
　　邊際人等都能造成社會之變遷以期達成平衡的狀況。

　　總而言之，造成社會變遷的原因很多，上述各種因素都能導致社會之
變遷。造成社會變遷的因素通常也非偶發事件，而是存在已久的問題。

二、變遷的型態

　　社會變遷的因素來源既然那麼複雜，自然不難想像社會變遷的種類亦
必複雜。社會變遷，不僅方向不一、層次大小不一，其速度快慢亦不一致。
同時，發生在某一社會，某一地區的社會變遷並不一定就會發生在另一個
社會或地區；有時即使發生了，其性質與效果亦不盡相同。

　　人類社會到底是朝哪個方向改變，一直是各學家所爭論的主題之一。
社會學家默爾把各家學說綜合成下列十種，分別說明如下，並以圖來表示
之，見圖 20-1。

1.**模式一──單線演化論**：一條線向上延伸，這是最常被採用的一種變遷
　　方向。持此觀點者相信人類社會是一直向前進步的，而且每一個社會都
　　要經過同樣的演變步驟。

2.**模式二──階段式演化論**：這是傳統性的一種看法，認為變遷並非持續
　　不斷的向上進步，而是需要某種突破才能由一階段演化到另一階段。

3.**模式三──不等速的演化論**：認為人類歷史文明的發展是不規則的，漸
　　進的；不一定要有明顯的階段。工業的成長應屬於這一類型，一項重要
　　的新產品發明製造出來後更能推動一些類似發明，當時工業成長可能相
　　當的快速，一段時期以後就會緩慢下來。

4.**模式四──循環式演化論**：強調社會之進展可能受到暫時性的倒退；商
　　業循環就是這類型的變遷，經常有高低、快慢不等的變遷。

5.**模式五──枝節型演化論**：指出人類社會的進化並非只是單一方向的發
　　展，不同的社會有不同的途徑和方向。有些社會可能經歷向上伸展的進

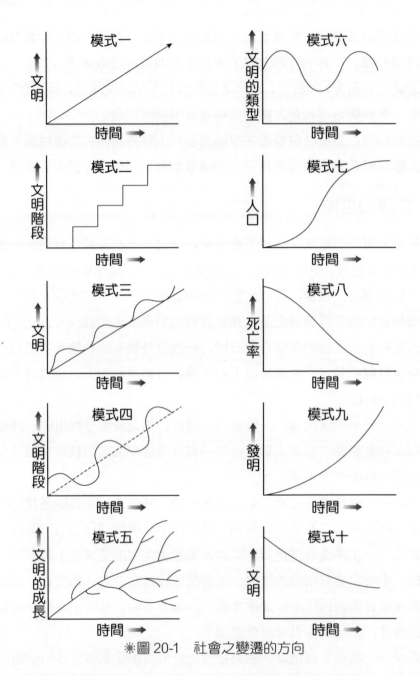

※圖 20-1　社會之變遷的方向

　步，有些則可能停滯於原有的程度，有些甚至會退化落後。

6.模式六——無固定方向的循環論：認為人類文明經歷無數的高低變動，

但卻沒有一定的變動方向。

7. **模式七——代表人口的成長：** 人口成長一旦開始時常是相當急速的，當成長達到最高極限時，其成長就會緩慢下來。

8. **模式八——代表人口的死亡率：** 當死亡率開始下降時，其下降的速度相當急速，然而降到某一極限就不會再往下降，而停頓在某一程度上。

9. **模式九——視變遷為一種複利式的成長：** 認為社會現象的成長變遷就像銀行存款的複利利息。工藝技術的發明就有此特質，發明越多就越能啟發更多的發明，像滾雪球一般，越滾越大。

10. **模式十——視變遷為一種倒退式的運動：** 認為人類文明的黃金時代已過去，目前正慢慢倒退到初民社會的型態。

　　除了默爾上述的分類以外，另外一種是常被人類學家所採用的，其分類是把重點放在文化傳播上。認為文化特質由一個社會傳播到另一個社會，或由社會裡的一個團體傳播到另一個團體。關於文化傳播論基本上有兩種說法：一種是所謂「**中心－外圍論**」(center-periphery model) 把文化由一個中心發展出來而向外傳播；一種是所謂「**中心－蔓延論**」(proliferation-center model)，文化由一個中心向外蔓延而受傳播的外圍單位再另成一個中心向外圍傳播（見圖 20–2）。不過這兩種文化傳播論並不試圖解釋社會文化裡所有一切的變遷，只在於解釋文化的起源和型態，是局部性的理論。

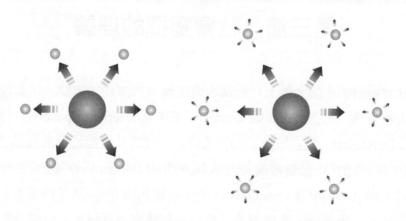

　　Ｉ 中心-外圍論　　　　　　　Ⅱ 中心-蔓延論

※圖 20-2　文化傳播論

社會變遷的類型，除了可由方向的不同而有所差異外，尚可以由其速度目的來分。威果 (Steven Vago) 把它分為：演化、革命、傳播、涵化、現代化、工業化、都市化，以及官僚化。演化是指社會由單純而複雜的進步；革命是指對社會結構的全盤激烈改變；傳播是指文化成分向外傳遞其影響力；**涵化 (acculturation)** 是指在兩個文化長期交往後，一個文化將另一個文化引用過來並加以融合使用；現代化是指一個社會由傳統改變到一種以西方開發社會型態為主的過程，它牽涉到社會文化裡的每一個層次；工業化則指工廠制度的興起，由以農為主轉而以工業為主，人工勞力的減少；都市化指一個社會裡人口遷出農村而集中於都市地區的過程，它亦同時代表一種新的社會生活方式；**官僚化 (bureaucratization)** 係指社會裡的組織傾向於理性的決策、生產效率的提高，及更有效地獲取其所追求的目標。

社會變遷，除了上述各種的分類法外，還有一些簡單卻具有意義的分法，如把社會變遷分為有計畫的和無計畫的變遷；或結構裡的和結構間的變遷(前者如家庭裡夫妻關係的改變，後者如生產結構由農轉為工的變遷)；或全面性的革命性變遷和局部性的改革式變遷。另外，尚有學者把社會變遷及文化變遷分開來談，社會變遷看作是社會組織的變動，而文化變遷則指價值體系、風俗習慣、工藝技術、信仰、態度等方面的改變。

第三節　社會變遷的理論

社會變遷的理論大體上可分成古典的及當代的理論來談。古典理論的代表人物包括：孔德 (Auguste Comte)、斯本塞 (Herbert Spencer)、涂爾幹 (Emile Durkheim)、馬克斯及韋伯等大師，當代的社會變遷理論包括了：派深思功能學派的「行動體系論」、達倫多夫 (Ralf Dahrendorf) 等的「衝突論」、藍斯基夫婦 (Gerhard & Jean Lenski) 的「新演化論」，以及「循環論」等。

當代社會學創始人孔德認為社會學的範疇應包括靜態社會學及動態社會學。前者係指社會體系內部各部門的相互關係，其重點在於社會和睦運

作的一面；後者則指社會的發展及演化，著重點在於社會變遷的分析。

一、古典社會變遷理論

孔德把人類社會變遷看成是一個三階段演化的過程：神學時期 (theological stage)、哲學時期 (metaphysical stage)，及實證時期 (positive stage)。孔德相信，這三階段後一時期必定建立在前一時期的貢獻績效裡；換言之，如果沒有神學時期奠定的基礎就不會導引出哲學時期；沒有哲學時期的累積成果，也不會有現今科學當道的實證時期。孔德社會變遷三個演化時期的特點法則列於表 20-3 以為參考比較。

※表 20-3　孔德社會變遷三階段法則

階段 體系		神學時期	哲學時期 (1300 A.D.)	實證時期 (1800 A.D.)
文化（道德）體系	意識觀念之本質	意識觀念的重點在於超自然界裡非經驗性的力量，神靈及個體	意識觀念之重點在於反抗超自然之主宰	意識觀念得自科學方法之觀察和應用。抗拒所有非透過經驗科學而得的觀察
	精神上的領袖	教士	哲學家	科學家
結構（現世）體系	最重要之單位	親族	政治	工業
	整合基礎	附屬於神靈及小圈體上	受控於政府、軍事及律法	相互依賴，由政府及民俗來協調各部門之基本功能

斯本塞的社會學著重在社會制度及社會結構的演化過程。他認為宇宙的進步是由一種模糊、不和諧、同質的境界轉變到一種相當明確的、和睦的、異質的境界之過程。斯本塞的**演化論** (evolutionary theory) 指出，在單純的初等社會裡，各部門的結構與功能都極類似，於是，彼此間可相互替代職責。但在大而複雜的社會裡，各部門必須相互配合；一種協調制衡的體制因而發展出來，用以維護社會之生存。前者的初等社會是一種「軍事

社會」(militant society)，後者則是複雜的「工業社會」(industrial society)。斯本塞對這兩種社會的特質，有詳細的說明；簡單的列於表 20-4，以見其差異。

※表 20-4　斯本塞軍事社會及工業社會特質之比較

	軍事社會	工業社會
主要功能或主要活動	以共同的防禦及攻擊活動來保護並擴展社會	以和平的，相互交換的個人服務為主
社會聯繫的原則	強制性的合作：以命令來執行編制；積極及消極地節制活動	自願性的合作：以契約及公平原則來節制；消極地節制活動
國家與個人間的關係	個人為國家利益而生存；對個人自由，財產及社會流動具約束力	國家為個人利益而存在；講求自由；對個人財產，流動約束少
國家與社會組織之關係	所有的社會組織是公家的；無私人組織	鼓勵私人組織
國家結構	中央集權	分權組織
社會階級結構	固定的階級,職業及居住地；世襲地位	具彈性的階級，職業及居住地，社會地位可有升降
經濟活動型態	經濟自主、自足；對外貿易少；保護主義	自治經濟消失；和平交易促長互賴；自由貿易
社會與個人之價值	愛國主義；勇氣；尊崇；忠誠服從；對當政者之權勢有信心；講紀律	獨立；尊重他人；反對暴力，個人自動自發；講求誠懇及慈善

　　類似此種演化觀點在涂爾幹的著作裡也可見之。他的《分工論》(*The Division of Labor in Society*) 裡所提及社會的演化是由「機械性連帶責任」(mechanical solidarity) 發展到「有機性連帶責任」(organic solidarity)。前者建立在社會各分子間的同質性上，社會裡的價值及行為融洽一致，成員重視傳統及親屬關係；後者則淵源於個人的異質性，彼此相互依賴的性質很高，就如同有機體之生物，各個部門必須互相依賴合作以得生存一般。

　　涂爾幹認為社會之演化是由於自然環境、社會遷移、都市化、人口成長，以及工藝技術的發展增加了人與人之間的互動；由此而導致彼此間的

競爭，進而產生了一種新的連帶責任。嚴格的來說，涂爾幹的變遷理論較為模糊，沒有斯本塞詳盡，也不如孔德理論之清楚。

在古典理論中，馬克斯對變遷的觀點是相當有影響力的。馬克斯強調物質文化在人類歷史演變中的重要性，他相信決定人類社會的基本因素是物質，而非意識觀念。這物質因素決定了人與人之間的互動關係、社會的型態、人類的歷史以及人類社會的前途。因此，生產方式如果改變，社會變遷就隨之而來。

馬克斯指出，由於資本主義的推行，產生了所謂的「資產階級」及「無產階級」；因為這兩個階級是永遠敵對的，其間的競爭及衝突就無法避免，馬克斯對人類歷史的解釋包括下列幾個重點。

1. 意志並不決定人與人之間的關係。人與人之所以發生關係是因為物質上的需求。因此，社會中生產方式的改變是社會變遷的主要推動力。

2. 一個社會的物質基礎是所有其他社會結構的真正基石。因此，物質生產方式的改變必帶來其成員社會關係的改變。

3. 生產方式本身就常存有矛盾，生產方式及分配方式間亦有矛盾。這些矛盾就導引了新的生產方式及新的人際關係。

4. 矛盾是所有社會過程的基本因素。矛盾並非來自外在的因素，它是社會內部必有的現象。資本主義提高了社會之物質環境，但同時也帶來了其本身最終的毀滅。

5. 矛盾可見諸於階級衝突。人類的歷史實際上就是一部階級鬥爭史；資產階級享受，而無產階級受苦，兩者對立。

6. 矛盾的後果必是革命。它不僅是政治的，更是社會的革命。因此，它必須是一個確切實際的運動。

7. 革命成功之後的社會是一個無階級的社會。其生產工具及物質全屬於社會裡的每一個成員，沒有多寡、有無之分。

上述七點馬克斯指出他所認為的社會變遷之方向及其原因。

基本上，馬克斯認為人與人之間的關係在工業化的過程中逐漸被金錢所主宰。他認為在工業化以前，人們的交換關係是以物易物為主，金錢只

不過是一種交換的媒介；但在工業化的影響下，金錢變成了交換的目的，商品物質反成了交換的工具。因此，資本家極力剝削工人勞力，以換取更多的金錢；而工人則日益貧苦疏離。最終，革命出現、創立建造共產社會。

韋伯的社會學理論也是針對社會變遷的，韋伯理論的一個主要中心論題是：「哪種社會因素把西方文明帶上『合理化』(rationalization) 的過程中?」他認為：西方歷史的發展過程是由「傳統權勢」發展到「理性權勢」，在其過程中，偶爾會有「神格權勢」出現。傳統權勢是指政權經由傳統習俗而獲得的，理性權勢則由理性及法律規範的安排而獲取權力；神格權勢則是因個人特殊之人格及吸引力而取得權勢。

韋伯的社會變遷理論最主要的還是建立在對西方社會工業化過程的分析上。他把宗教思想看成是一種社會變遷過程中的主要原動力。工業革命發生在宗教改革之後，韋伯以為：宗教改革就可能是工業革命的催生劑。韋伯不相信馬克斯所主張的「經濟決定論」(economic determinism)；他認為，經濟受思想意識的影響，特別是宗教思想。西方的工業化就是一個好證明；因為在宗教改革運動下的「基督新教倫理」(protestant ethic) 刺激了資本主義的崛起。韋伯的基督新教倫理及工業化兩者間的關聯列於圖 20-3 以示其基本理論的要點。

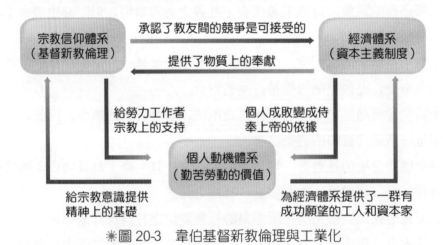

※圖 20-3　韋伯基督新教倫理與工業化

二、當代社會變遷理論

　　當代社會學對社會變遷的研究有著相當濃厚的興趣。功能學派雖以社會整合為其理論中心，但仍提供對社會變遷的解釋，尤其是近些年來的明顯趨勢。派深思的 AGIL 範例可視為社會變遷的四個階段，亦可看作是社會變遷對這四種功能的不同適應。派深思晚年更把這行動理論 (action theory) 再跟演化論綜合而發展出一套可用以說明社會文化變遷的理論。

　　派深思指出對社會體系的分析，甚或對整個行動體系的分析都可以 AGIL 四類功能為原則。所謂 A 是指「適應」(adaptation)，G 是指「目的之獲取」(goal attainment)，I 是指「整合」(integration)，L 則指「模式之維護」(pattern maintenance)。他指出這四者所代表的是社會生存的四個基本問題。他認為社會總是朝向「整合」(integration)，「均衡」(equilibrium) 的方向邁進；在社會體系運行中，需要適當的調整及控制其體系內部的變遷，以期維持均衡；派深思把變遷視為一種緩慢漸進的調整過程。

　　派深思認為人類社會的演化包括四個演化過程。

1. **分化 (differentiation)**：指一個體系分解成二個或二個以上的單位。
2. **適應力升等 (adaptive upgrading)**：分化過程的結果使得社會單位的資源增加、束縛減少，並增高其適應能力。
3. **容納 (inclusion)**：擴展接納社會成員的範圍，以穩定社會之基礎。
4. **價值通則化 (value generalization)**：將新分化出來的單位予以承認，並合法化，更發展出一套普遍性的價值適用於社會裡每一個成員。

　　這四個人類社會演化的過程或階段指出人類克服環境之適應能力的增加是社會演化最顯著特徵：由分化而適應力之升等，再而容納新成員，終至價值通則化以達成社會之整合及穩定。這跟他早期所提的 AGIL 範例息息相關。

　　派深思指出人類社會演化史上，依次有下列三種類型：

1. **初民社會 (primitive society)**：在其中，社會、文化、人格等三體系均無明顯的分化。

2. 中等社會 (intermediate society)：在文字使用以後，提高了文化體系及社會體系間的分化程度而進入了中等社會。由於文字的使用，促使社會文化的傳播超越了時間及空間的限制，而延續擴展。社會階級開始出現。

3. 現代社會 (modern society)：由於工業革命、工業化、民主革命以及社會社區的出現而產生了現代社會。美國社會是現代社會的主要代表。

　　除了派深思以外，其他在社會變遷上有貢獻的功能學派學者有默爾、斯美舍、艾森斯達特 (S. N. Eisenstadt) 等。

　　跟功能學派對立的是衝突論。衝突論把社會變遷的分析解釋當成是其理論的主要任務。持此論的除了達倫多夫以外，還有考舍 (Lewis Coser)、郭齡時 (Randall Collins) 等；他們認為每個社會隨時隨地都經歷著變遷，因此，社會變遷是不可能避免的。社會成員間的關係是建立在支配及受支配的權力分配關係上，社會變遷就是這權力分配導引的衝突紛歧所造成的。考舍認為衝突的起因是由於社會裡報酬的不均衡分配以及成員們對此不平等分配所表現出的失望。報酬的不均是社會結構本身的問題，人們對此所表現的失望則是心理因素的反應。社會變遷就是因這心理反應衝突現象而導致的。

　　互動論的符號互動論及交換論對社會變遷的解釋都較簡單。就互動論者而言，人與人的互動是具有彈性的，是動態的；因此，互動過程時時在調整改變中。社會變遷的發生是因為互動中的個人對形象運用及解釋的改變，或是因為在交換關係裡報酬及成本的改變。

　　新演化論的代表是藍斯基夫婦。他們以演化論、區位學、結構、功能等概念來討論人類歷史的發展演化。他們從基本的工藝技術、人口模式、經濟、政治、社會階層、宗教、思想，以及家族等方面來分析人類歷史上的五種主要的社會類型：狩獵與蒐集社會、園藝社會、農業社會、工業化中的社會，以及工業社會。藍斯基的演化基本模式可見於圖 20-4。很明顯的，藍斯基夫婦的理論較重視工藝技術之發展在人類社會發展演化過程中所扮演的角色。然而上述其他重要因素也能見於藍斯基夫婦的新演化論中。

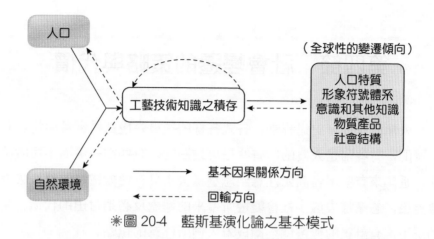

（全球性的變遷傾向）

人口

人口特質
形象符號體系
意識和其他知識
物質產品
社會結構

工藝技術知識之積存

自然環境

→ 基本因果關係方向

- - → 回輸方向

☀圖 20-4　藍斯基演化論之基本模式

　　最後要提的當代理論是由湯恩比 (Arnold Toynbee) 和梭羅孔 (Prifirim A. Sorokin) 兩位所代表的「**循環論**」(cyclical theory)。湯恩比認為社會發展史基本上是一連串的循環過程，每一個循環的起點是當人類面對自然界的挑戰而在社會結構上需要加以調整之際，以應付上述挑戰而推展出的一套策略。如果這套策略有效的對付了挑戰，那麼社會能繼續生存，並享有繁榮；反之，社會會衰退，甚或滅亡。在這過程中，文明可能會成長，可能會融合；同樣，也可能遭破壞而衰退。這些現象繼續不停的在人類文明裡循環運行。

　　梭羅孔更指出人類文化有三個明顯的體系不斷的在升降循環。(1)理想型體系 (ideational system)：其成分是建立在神聖的信仰上；(2)意識型體系 (sensate system)：其成分是建立在經驗科學及理性上；(3)理念型體系 (idealistic system)：此係上述二體系之綜合，其特質是強調人類心靈的創造力，表現於藝術、文學或思想上。

　　上述這幾種社會變遷的理論各有其長處，亦各有其缺點。大致上來講，歐洲與中國歷史學者由於歷史長遠，因此比較傾向於循環論。共產國家或左翼激進學者則一向崇拜馬克斯的階級鬥爭論，因此持衝突論看法的較多。至於演化論仍有相當的支持者，只不過目前學者們不再堅持社會變遷永遠是向上進步發展的了。

第四節　社會變遷的策略與代價

在人類的悠長歷史過程裡，各式各樣的社會變遷都曾經發生過；有些是自發的，有些則是人為的；有些是可控制的，有些卻一發而不可收拾。因此，近年來有些學者開始注意到怎麼樣去引發社會變遷，怎麼樣去導引社會變遷，怎麼樣去減少社會變遷所帶來的難處及必須付出的代價。在這種情況下，有計畫的變遷就逐漸成為人們所注意的焦點。

在計畫社會變遷時，首先要研究的是哪些問題需要解決，需要處理？第二個必須要注意的是變遷應該從哪一種對象著手？是個人，還是團體，或者是社會結構？

社會變遷依時間的長短及變遷的對象，據查得曼 (Gerald Zaltman) 和鄧根 (Robert Duncan) 的分類有六種：時間的長短，及個人、團體、社會等三種對象。以個人為對象的變遷，在短期內可導致個人在態度與行為方面的改變；長時期就能影響到一個人整個生命圈的改變。以團體為對象的變遷，在短期內可在規範上及其行政管理上有所改變；經歷長時期，就能改變整個團體組織。以社會整體為對象的變遷，在短期內可見於發明及革新；長時期則能見證於整個社會文化的進步。這二位學者對變遷時期長短和影響對象之間的關聯可見於表 20–5。

※表 20-5　變遷對象與時期長度之關聯

時間長度	對象		
	個　人	團　體	社　會
短　期	1.態度的改變 2.行為的改變	1.規範變遷 2.行政變遷	革新、發明
長　期	生命圈的變遷	組織變遷	社會文化進化

社會變遷的策略，根據社會心理學家陳郁立 (Robert Chin) 和邊尼

(Kenneth D. Benne)，主要可歸類成下列三大類：

1. 經驗—理性的策略 (empirical-rational)：認定人是理性的，只要把變遷可能帶來的利益告訴大家，人們就會願意改變。以經驗所證明變遷的好處來喚醒人們的理性而引發變遷。這策略主要對象是個人。

2. 規範—再教育策略 (normative-reeducative)：認為只有當人們放棄舊有的規範而接受新的規範後，變遷才可能發生。這些變遷包括態度上的、價值上的、技巧上的，以及人與人之間的關係上。

3. 權勢—強迫策略 (power-coercive)：主要是用來改變政治、經濟、道德等體系。這策略利用政治或宗教機構來強制推行與執行變遷，特別是當變遷遭遇到挫折或阻礙時。

　　通常，變遷可經由勸導、教育，或以利誘達到目標，還能以法律政令強制執行而達到；有時更常見以暴力及威脅作為變遷的手段和策略。於是有些政治學家提出，人類歷史上的主要變遷大多數是經由暴力而達成的。社會變遷所付出的代價常因策略的不同有所異。

　　現代社會在經歷了社會變遷後常會有下列五種重要的傾向：

1. 親族制度的消失，個人在社會關係裡具有孤獨性傾向。

2. 傳統社會規範消失，世俗性與理性式的社會規範起而代之，人們感到無所適從。

3. 由同質社會轉為異質社會，群眾集體行為爆發。

4. 由社會穩定轉向社會移動，造成疏離感。

5. 社會組織體積擴大，造成自困與心理失常。

　　社會變遷的後果可能產生社會解組。不少社會學家認為在變遷過程中，由於某些現存的規範變得不切實際，使得人們無所適從；同時，人們為了應付新規範而跟舊規範發生衝突，造成社會的紛爭與解組。因此，他們認為社會問題之產生是社會解組的後果，而社會解組則是社會變遷所導引的。

　　總而言之，社會變遷的方向、類型及策略錯綜複雜，無論是有計畫或無計畫的，社會的某些部門多少是要付出某些代價的。變遷而不帶來傷痛，幾乎是不可能的。因此，重點應該是如何減少破壞性的代價與減輕傷痛。

近年來臺灣工業化與經濟發展所帶來的破壞與傷痛，如犯罪率的提高、環境汙染等，皆是有目共睹的。

有關臺灣的社會變遷，在本書各章節裡皆曾提及並以資料引證，下表僅將二次大戰以來，對社會結構有重大影響的主要歷史事件列出以供參考。

※表 20-6　臺灣歷年大事記，1945-2008

1945	二次世界大戰結束，日本投降，接收部隊及公署人員抵臺
1947	二二八事件
1948	《動員戡亂時期臨時條款》實施
1949	「三七五減租」土地改革開始；實施《戒嚴令》
1953	經濟計畫第一期展開；「耕者有其田」土地改革實施
1956	首屆大專聯考正式施行；臺閩地區戶口普查首度實施
1958	金門八二三炮戰爆發
1959	中南部「八七水災」
1965	高雄加工出口區成立
1971	退出聯合國
1977	中壢事件（選舉糾紛）
1978	南北高速公路全線通車
1979	中（臺灣）美斷交；美麗島事件
1980	「新竹科學工業園區」開始運作
1986	民主進步黨成立
1987	《戒嚴令》解除
1988	報禁解除；五二〇農民示威遊行
1989	臺灣人口達 2,000 萬
1990	第一位臺籍總統李登輝就任
1991	動員戡亂時期終了；《動員戡亂時期臨時條款》廢止
1994	民進黨陳水扁當選臺北市市長

1996	首次民選總統、副總統
1999	九二一大地震
2000	民進黨首度成為執政黨，陳水扁、呂秀蓮當選總統、副總統
2004	陳水扁、呂秀蓮連任總統、副總統
2008	第二次政黨輪替，馬英九、蕭萬長當選總統、副總統

關鍵名詞

- 社會變遷 (social change)　社會互動和社會關係等所構成之社會結構的組織與功能上的變遷。
- 中心─外圍論 (center-periphery model)　一種相信文化是由一中心發展出來再向外傳播的理論。
- 中心─蔓延論 (proliferation-center model)　一種把文化看作是由一中心向外蔓延，而受傳播的外圍單位再成一新中心向外再蔓延傳播之理論。
- 涵化 (acculturation)　指兩個文化長期交往後，一個文化將另一個文化引用過來並加以融化使用的過程。
- 官僚化 (bureaucratization)　係指社會裡的組織傾向於理性的決策、生產效率的提高以及更有效地獲取其所追求的目標的一種過程。
- 演化論 (evolutionary theory)　一種認定社會文化的改變是往上層進步的理論，強調後一階段比前一階段要進步高等。
- 循環論 (cyclical theory)　一種認定社會發展史基本上是一種循環的過程。

參考文獻

Chin, Robert, and Kenneth D. Benne, eds.

　　1976　*The Planning of Change*. New York: Holt, Rinehardt & Winston.

Chodak, Szymon

　　1973　*Societal Development*. New York: Oxford University Press.

Heath, A. F.

　2004　*Understanding Social Change*. Oxford, U.K.: Oxford University Press.

Lauer, Robert H.

　1977　*Perspectives on Social Change*. Boston: Allyn and Bacon.

Lenski, Gerhard E., and Jean Lenski

　1978　*Human Societies: An Introduction to Macrosociology*. New York: McGraw-Hill.

Moore, Wilbert E.

　1974　*Social Change*. Englewood Cliffs, N.J.: Prentice-Hall.

Parsons, Talcott

　1966　*Societies: Evolutionary and Comparative Perspectives*. Englewood Cliffs, N.J.: Prentice-Hall.

Sanderson, Stephen K., and Arthur S. Alderson

　2005　*World Societies: The Evolution of Human Social Life*. Boston: Pearson.

Vago, Steven

　1996　*Social Change*. 3rd ed. New York: Holt, Rinehart & Winston.

Zaltman, Gerald, and Robert Duncan

　1977　*Strategies of Social Change*. New York: John Wiley.

文崇一

　1995　《歷史社會學》。臺北：三民。

金觀濤、劉青峰

　1994　《開放中的變遷》。臺北：風雲。

周谷城

　1986　《中國社會之變遷》。臺北：古楓。

葉至誠

　1997　《蛻變的社會》。臺北：洪葉。

蔡文輝

　　1995　　《社會變遷》。臺北：三民。

蔡文輝、陳博中合編

　　2003　　《社會科學的應用：臺灣的困境與展望》。臺北：五南。

第二十一章

現代化

Sociology

第一節　現代化之意義

社會學家目前特別感到興趣的一個問題，是現代化的意義與過程，特別是宏觀社會學裡對第三世界現代化過程的分析與解釋，更是社會變遷研究者的重點。工業革命給人類社會帶來了鉅大的變遷，從西歐源始，擴散到全球各地。這種變遷給人們帶來了新希望。對已開發社會裡的人們來講，**現代化** (modernization) 代表著一個富裕安寧的新社會秩序；而對未開發社會裡的人們來講，現代化代表著一種理想與一個應該追求的目標。換句話說，「現代」(modern) 雖然只是一個歷史時間上的名詞，但是對無數人們來說，這名詞代表一種進步、活躍、平等、富裕、民主、理性，以及國家的獨立與自主。

對中國人來說，現代化的過程包括多少辛酸、多少挫折，以及多少慘劇。但是，作為一個經歷臺灣數十年發展過程的人來說，它又代表著一份驕傲、一份滿足。在過去一個世紀裡，有多少國家，有多少人民，追求現代化，希冀改善生活；臺灣社會能逐步向前邁進，而有成果是相當難能可貴的。現代化的經驗是全球人們的共同經驗，它牽涉到個人、社會、國家，以及全人類的理性變遷。

現代化可以說是一種全球性的經驗現象。無論是西方社會或東方社會都朝這方向邁進，雖然進行的速度可能不一致；方式可能不一樣。換句話說，已現代化了的社會更增進其現代化的程度；正在現代化的社會則繼續往這方面推進；而尚未現代化的社會則試圖往這方面起步與努力。正如烈威 (Marion J. Levy) 說的：我們可能不喜歡現代化，我們也可能喜歡現代化，我們也可能持中立的態度，不去理會它；但是現代化無疑是對我們相當重要的。

在討論現代化之前，一個必須加以界定的重要觀念是「現代」一詞到底是指什麼？它有哪些特質？「現代性」(modernity) 到底跟傳統 (tradition) 有

什麼不同？回答這問題可由兩方面著手：⑴現代社會在結構上的特質；⑵現代人的特別人格。

從社會結構的角度來看，現代社會具有某些十分顯著的特質。這些特殊的結構徵象包括：

1. **社會單位的特殊化**：有了特殊的運作功能與單位，社會才能更有效的操作，能更適應環境的挑戰。

2. **社會單位的互賴性**：傳統的社會是比較自給自足的，無需求助於他人；現代社會裡，每一個單位的自給自足能力因分化而減低，因此需要依賴其他單位的輔助，互助合作變成是必需的。

3. **一種普遍性的倫理觀念**：在傳統社會裡，倫理觀念較狹窄與特殊；而且家庭關係總是首先被考慮，人們在做任何事之前總要先問，這會不會影響到家人或親友？現代的社會裡，人與人的互動是超越家族之界限，建立在一個比較普遍的原則上。理性的考慮是人們辦事的原則；思考問題的中心在於這樣做合不合理？而不是會不會影響家人親友？

4. **中央集權和民主化的綜合**：在傳統社會裡，政權屬地方，很少中央集權，並較缺乏效率。但在現代社會裡，政府總較傾向於中央集權，工作推展效率較高；以協調社會裡的各部門單位。但是中央集權並不就等於獨裁；因為現代社會裡民主化運動緩衝了獨裁的可能性，因此一個現代社會是中央集權與民主化兩體系的綜合。

由心理學上的觀點來看，現代人是具有一種成就導向的人格 (the achievement-orientation)。英克禮和史密斯 (Alex Inkeles and David H. Smith) 更進一步指出現代人具有下列幾種特質：

1. 願意接受新經驗。

2. 承認並接受社會之變遷。

3. 提供個人意見並尊重他人意見。

4. 蒐集資訊以作為意見的根據。

5. 具有目前和未來導向的人格。

6. 有效率，並具有支配環境的信心。

7. 有計畫，相信公私生活皆可計畫的。

8. 是可靠的，信任自己與周圍環境。

9. 注重工藝技術的價值，並願意以才能作為分配報酬的準則。重視科學的貢獻。

10. 重視教育。

11. 認清並尊重他人的尊嚴。

12. 瞭解現代生產過程，樂觀進取。

　　但也有學者指出這種現代人的人格特質含有太多西方人的人格特質，是一種文化中心主義者的論點。

一、現代化過程的特質

　　在一般的用語上，現代化常與工業化、經濟成長、西方化等相提並論，交換使用。其實這些名詞還是有其差別的。**工業化 (industrialization)** 是指一個社會的生產結構由農業轉為工業，以及工廠制度的興起。**經濟成長 (economic growth)** 指經濟因生產結構的改進而帶來的成長，特別是指經濟生產總值與國民平均所得的增加。**西方化 (westernization)** 則指一個社會逐漸邁向西方式社會型態的過程，例如採用西方的教育制度，模仿西方的婚姻制度等。現代化不僅是指產業方面的工業化、經濟生產之增長，或模仿西方制度，而且還包括社會中的政治、文化、教育、娛樂、價值觀念等各方面的改革或變遷。現代化一詞比上述的三個名詞都廣泛，所牽涉的範圍亦大得多。

　　現代化過程的兩個最重要的特質應該是社會結構的分化過程與社會關係的理性化。**分化 (differentiation)** 係指社會組織裡的角色或單位由一變為二的過程，而且這二個新分化出來的單位在功能上要比原有的獨一單位更有效率。按派深思的說法，分化牽連到兩個相關的過程：第一是特殊化過程 (specialization)，使新的每一個單位更專更精；第二個過程是功能調整適應能力的升高 (adaptive upgrading)，使新分化出來的單位具有更強的適應能力。

　　現代化也牽涉到**理性化** (rationalization)。大多數研究社會變遷的學者都認為理性化的出現是現代化起步過程裡最重要的特質。貝拉 (Robert N. Bellah) 認為：現代化牽涉到人類對理性目標尋求能力的增高。因為它提供給社會、人格、團體組織等體系一個較複雜的交通網，用以評定體系內各部門之所需與潛力。默爾 (Wilbert E. Moore) 給現代化所下的定義也強調理性化的重要特質。理性 (rationality) 係指選擇使用具有較高效率，較能達到目的之工具或手段；是一種以理性來選擇的標準，而非以私人恩怨情感為抉擇的原則。

　　分化與理性化過程在各種不同的社會組織裡都可以被發現。在經濟分化過程裡，我們可以看到許多類經濟活動由家庭制度裡分化出來。在傳統社會裡，經濟生產與家族組織是分不開的。但在工業化以後，生產功能已不再由家族所負擔，而由工廠制度所取代；因此，生產變成理性化的制度，更有效率。教育功能亦逐漸由家庭中分隔出來，由學校取代之。醫療功能亦由醫院或公共衛生單位來負責。宗教組織和社會階層亦都經驗了分化過程而顯出理性化的特質；宗教的社會控制力量消失，社會階層則由以家庭背景為依據轉而以成就為標準。

　　基本上，現代化過程所顯示的分化和理性化是為新的社會提供一套均衡和有效率的體系。然而，事實上分化和理性化同時也會給社會帶來某些新的問題，特別是有關整合與穩定的問題上。其原因是：⑴現代化牽涉到原有制度解組的問題；新分化而產生的單位時常與舊有的單位相互衝突。尤其舊有的單位常常操縱在傳統士大夫、政治和宗教領袖的手中；因此新舊社會單位的衝突就常變成是社會階級間的衝突；⑵現代化過程中各部門結構的變遷速度往往不一致，有些變遷速度驚人，有些則緩慢；有些變遷程度深重，有些則膚淺；有些變遷方向明顯而一致，有些則不清而紊亂。這些不一致的變遷會給社會的整合帶來困擾；⑶現代化過程中新分出來的單位可能不容易被人們立即接受，因而造成團體與團體間的衝突。

　　總而言之，現代化過程中雖能帶來一個較合理的、較有效率的新社會體系，但是，其同時所牽引出的某些調適問題仍不應被忽視。

二、現代化理論

有關現代化的理論大致上可分為兩類：**聚合理論** (convergence theory) 和**依賴理論** (dependency theory)。按照「聚合理論」的看法，現代化的結果會使社會與社會之間的距離縮短，使彼此擁有類似的特質。現代社會是以西方社會組織為骨幹；因此，無論任何社會只要往現代化的路上邁進，就必定是朝西方社會的路上走。英克禮的「現代人」理論和默爾的「理性化」概念都是聚合理論的代表，派深思的西方現代社會體系論，及顧德 (William J. Goode) 對現代家庭朝向核心家庭之變遷論都是明顯的聚合論。基本上，聚合理論是建立在兩個主要的構想上：(1)不論社會的現代化起點為何，所採取的途徑為何，每個社會必朝同一終點變遷；(2)不論社會在其社會化過程中遭遇什麼樣的挫折或衝突，其最終的成功幾乎是可以保證的。

聚合理論的最大缺點是把西方社會文化視為全世界人類社會所模仿的型態，它相信只要人類欲達到現代化，則其終點目標必然是西方式的社會文化；派深思把美國社會視為新領導社會就是這種偏見的結果。

聚合理論的另一個缺點是忽略了各個社會獨有特質的存在。即使我們承認現代化的結果必然會發展出一套類似西方社會文化的規範與生活方式。但是，類似並不就等於相同，全盤西化是不可能的。

聚合理論的第三個缺點是過分強調西方社會的同質性。事實上，西方社會裡，美國、英國、法國、瑞典、德國等都各有其獨特的生活方式與文化。所謂「西方社會」只不過是一個籠統含糊的名稱而已。

很明顯地，聚合理論者堅持西方現代化社會有助於非西方社會的現代化，因為它提供了一個理想的榜樣。然而近年來有些學者認為事實正好相反：把西方現代化社會看作是非西方社會現代化發展的阻力與障礙。此即所謂的「依賴理論」。持此論點的學者把西方現代化的社會比喻為一群都會中心 (metropolis)，而那些未現代化的非西方社會為一群失去其本身控制能力的衛星 (satelites)，完全依賴都會中心。依賴理論者指出今日世界正被一個由美國和歐洲所組成的大都會中心所控制：該中心利用資本的榨取，與

經濟原料的剝奪等方式來控制尚未現代化的社會。此種控制嚴重的影響了當地工業之發展，逼使未現代化社會更加依賴都會中心。

一個類似聚合論的新概念則著重在**全球化** (globalization) 的效果。全球化原係指經濟生產方式的改變，從福特汽車公司的大規模裝配集中生產的工廠建立方式 (亦稱福特主義 Fordism) 改變到生產分散與勞力分散的高科技世界性經濟體系 (亦稱後福特主義 post-Fordism)，進而擴展到全球政治、經濟、社會、文化的整合。

贊成全球化者認為它可以將人與人之間的距離拉近，減少國家之間的誤會衝突，於是創造出一個無國界的全球村 (global village)。反對全球化者則認為西方霸權國家利用跨國公司 (multinational corporations) 做經濟和文化的侵略，導致弱國喪失其國家認同 (national identity)。功能學者積極推廣全球化的觀念。他們相信全球化的功能會把人與人之間的距離縮短，並把全世界各地區串聯成一個互相依賴度 (mutual interdependency) 高的整合體系。但是衝突論者則持相反的看法。他們提醒人們注意到各地文化特殊性的消失及經濟強國的文化侵略性。例如，世界上的許多語言會消失，而為英語所取代；國家認同也會變得模糊。

全球化的出現雖然在 1980 年代就已受到政治領袖和學者們的注意，但是真正給全球帶來衝擊的還是 1990 年代以後的現象。傳統的溝通工具如電話、電報、郵件等雖然也具文化傳播 (cultural diffusion) 的功能，畢竟受影響的人數有限、地區又僅及鄰近，而且傳播的速度緩慢。這些限制在網路 (internet) 的急速發展下大多被克服了。學者 (Liu, et. al., 2002) 指出在虛擬世界 (cyberworld) 裡，沒有國界和地域疆界，世界任何角落的人們皆可經由網路相互溝通或交換信息。網路的最大優點是可讓幾十萬或幾百萬的人同時互動，同時受到影響。因此，在這個知識主宰的後現代化 (post-modernization) 社會時代，哪一個國家能掌握網路科技和積極參與使用網路就必能領導世界。全球化與網路是息息相關的。根據蒲雷斯、佛斯特、顧得門 (Press, Foster and Goodman, 2001) 的報告，在 1997 年底時已有 186 個國家使用網路。目前網路的發展更是神速，網路已對人類的生活造成了深

遠的影響。

　　經濟體系的重新分配，固然是全球化最重要的目標，它所牽引出的政治轉變卻也影響至遠。美式的民主政治制度 (democracy) 已為其他國家所仿效。從 1980 年代中期以來，蘇俄及其東歐附庸國皆傾向民主政體。學者（如 Markoff, 1996; Huntington, 1991）稱之為「民主浪潮」(waves of democracy)。美國與其他西方經濟霸權常常以經濟制裁的手段將民主政治思想和制度強施於開發中國家。全球化的文化衝擊還可以在其他日常生活中感受到：在臺灣，體育頻道有 ESPN、新聞頻道有 BBC 和 CNN，西方流行音樂為青年人的最愛，「哈日族」和「哈韓族」電視連續劇相繼出現，在在都把臺灣人推向全球村，成為全球社區的一環。

　　根據依賴理論，一個現代化未成功的國家或社會之所以失敗，主要原因並不在於其本身的落伍或無能，而是因為大都會中心對它們的剝削。這種剝削可見於外國資本對當地經濟的控制，進出口外銷的高度依賴性等。換言之，已開發社會或已現代化的西方社會就成為其他未開發或未現代化社會之阻力和障礙。世界體系論 (world systems theory) 雖然並不完全與依賴理論一致，但其基本精神是類似的。依賴理論者似乎把世界分為貧、富二陣營。按照其理論：貧者更貧，富者更富。不僅如此，它亦暗示未開發者若能不依賴開發國家，則其成功性可能較高；來自已現代化富國的援助對窮國的損傷要比利益嚴重得多。

　　如果我們將聚合理論和依賴理論做個比較：聚合理論是建立在已開發的西方社會歷史經驗上，而依賴理論則是根據非西方社會的現代化經驗。這兩個理論自有其長處，也各有其缺點。將來某種綜合性理論之出現將是必然的發展。其實，仔細分析，聚合理論與依賴理論應是相輔相成的。

第二節　開發中國家現代化所面臨的問題

　　不論採用聚合理論或依賴理論來解釋，開發中國家在邁向現代化的努

力並不平坦，問題重重。這問題包括下列幾種：

第一，在許多未開發社會裡的現代化運動是一種外來的力量。十九世紀西歐和北美的現代化是一種內部的分化過程，是由十七世紀以來累積下來的經驗，同時社會內部亦能及時發展出緩衝的制度來處理所產生的問題，因此社會衝突較少。但是在二十世紀才開始推行現代化的非西方社會的推動力是來自外界；許多現代化所要求的改變都與傳統社會格格不入，舊傳統的拋棄與新行為規範的導入常是相互矛盾與衝突的。中國人傳統文化裡的孝道就跟新興的核心家庭格格不入。

第二，現代化過程中常常牽涉到許多不平衡、不均勻的分化過程。某些社會結構變得快，某些則變得較慢，因此，這快慢之間的差距就常導致衝突。工藝技術與經濟結構常較文化價值體系容易改變，速度也快捷，其間的衝突自易產生。這就是「文化差距」(cultural lag) 現象。

第三，現代化的進展往往是緩慢的，絕不可能隔夜即成。在未開發社會裡，人們常不耐於久等。在這種情況下，政治領袖往往求近利而採取激烈速成的手段以滿足人民之要求。不幸的是，這種方式常加深階級間的衝突；富者更富，貧者更貧。中共鄧小平在 1980 年代提出的「讓一部分人先富起來」的論調就是一例。

第四，現代化牽涉到許多西方的特質。在非西方社會裡，這常給反對者一個好藉口以阻撓改革計畫和運動。在民族主義與國家主義的呼聲下，閉門造車，自創格局，不僅未能帶來社會的進步，反而往往使社會開倒車。中共在 1980 年代開放初期的「反精神汙染運動」是一例。

第五，推行現代化的方式和策略很多，未開發社會之領袖和計畫執行者常朝令夕改，未能做長遠的計畫，人力和資力都難以集中運用，同時亦因方式和策略的改變而擴大社會內部派系間的爭鬥。

第六，西方資本主義國家在資源上和管理策略操作上都較優於開發中的社會；因此前者常控制後者的開發計畫，影響後者現代化之前途。西方共產主義國家對未開發或開發中國家的控制雖然手段不同，但其目的與資本主義國家是一致的。

在上述這些困難下,非西方社會要想達到現代化的目標是相當困難的。十九世紀以來,唯一可稱完全成功的是日本。近幾年來的臺灣、南韓、新加坡,以及少數幾個南美洲社會都有進步,卻是尚未完成的例子。在下面將把非西方開發中國家或社會,在經濟、政治、教育等各方面所面臨的問題再詳細的討論,以供參考,並再強調現代化之困難重重。

一、經濟現代化

一個最常被用來判斷現代化是否成功的指標是經濟成長率。事實上,經濟成長問題原本就是非西方開發中國家所必須加以解決的第一個大問題。經濟現代化 (economic modernization) 包括工業化和持續性的經濟成長。按照斯美舍 (Neil J. Smelser) 的說法,經濟現代化可牽涉到下列四方面的轉變:

1. **工藝技術方面**:由簡單和傳統的技藝轉變到科學知識的應用。
2. **農業方面**:由基礎農耕進化到企業式的農業經營。
3. **工業方面**:動力的來源由人和動物轉變到機器的操作。
4. **區位環境的安排方面**:由鄉村城鎮轉移到都會中心區。

上述四種改變在初期西方社會的經濟現代化過程裡是漸進的,但是在當今非西方社會的經濟發展過程裡,對這四個問題的處理就成為計畫執行者相當頭痛的問題。因為無論他們採用的步驟和方式為何,答案卻只要求一個——馬上要有成果。

經濟現代化的成敗往往依賴於工藝技術發展之速度與方式。當今非西方社會的工藝技術發展的基本策略有二種:第一種是借用最新,最有效的工藝技術;第二種則是採用漸進方式,逐步發展社會目前所需的工藝技術。這二種方式各有其利弊。

在當今非西方社會裡,第一種方式的工藝技術發展似乎較受歡迎。它有下列幾項益處:(1)此種最新,最有效的技術早已由西方已開發現代化社會試驗與應用證實其效果,換言之,非西方社會借用此工藝技術時,不必再經歷試驗的實習與初步過程;(2)應用最新、最有效的工藝技術也有心理

上的效果。維立斯 (S. H. Wellisz) 聲稱：此種最新最有效的工藝技術代表著一種新的秩序，同時也代表著擊敗老舊的經濟劣勢 (Wellisz, 1966: 237)。在非西方開發中的社會裡，常因應用最新，最有效的工藝技術而產生一種超越某些已開發現代化社會之優越感。因為，它們不再差人一等；(3)最新及最有效的工藝技術常能產生立即的明顯效果，以收服並打擊傳統分子及其勢力對現代化的抗拒。

　　但是，引用最先進的工藝技術也可能帶來種種問題，它能阻礙現代化的努力。最明顯的後果之一是這工藝技術通常只需極少數人的操作，因此無法應付社會急速增長的大量就業人口；很明顯地，此種直接採用方式無法造福所有的社會成員。不僅如此，直接受到此種現成工藝技術影響的往往只是一小群專業人口，而對廣大民眾的生活方式毫無影響。階級與階級間的隔閡因而越來越深，終至造成社會內部的矛盾與衝突。更有一點值得注意的，那些在先進國家裡證明有效用的工藝技術，並不一定就能在落伍未開發的社會裡同樣有效。換言之，同一種工藝技術可能在某一社會裡有效，在另一社會裡卻不能發揮其功效。因為工藝技術的操作及運用所牽涉到的不僅是機械本身的問題，同時也包涵了社會各方面協調的問題。例如，高速公路的收費站如果採用最先進的電子自動收費，雖然快速，卻造成一大群收費員的失業。

　　第二種策略是採用漸進的方式，逐步發展社會所需的工藝技術，此種策略的優點是：它是漸進的，對整個社會文化的破壞力較輕，而且即使失敗，所付出的代價也不鉅大。此種策略通常考慮到社會當時的進化水平，按其本身能力，以漸進的方式發展，因此依賴國外力量的程度也不嚴重，受國外力量干涉的機會自然較少。

　　此種策略採用的初期，因顧及當時狀況之所需，往往以發展及改進農業為優先，使社會裡的大量農業人口受益，增加就業機會，減少階級的衝突。因為它是漸進的，計畫執行者常能顧及社會各部門間的協調問題，減輕傳統分子的抗拒。

　　但是此種漸進方式也有其缺點：以農業發展為始的發展重點，無法產

生立即和顯著的效果，拖長現代化成功的時間，無法滿足人們眼前的需求，社會的不安因而產生。採用漸進的方式將無法在短時間迎頭趕上西方已開發的現代化國家，可能因此永遠落後，無法滿足民族主義和國家主義者的要求。漸進方式的採用需要長期的計畫與執行，但在非西方社會裡，政治的不穩定及社會的不安常中斷經濟計畫與發展；朝令夕改，一事無成。

對非西方社會來講，如何由上述二種策略挑選其一來發展其經濟是一件非常棘手的問題，做決策時必須考慮到社會本身的歷史文化背景及當前的所需。一個錯誤的決策，不僅無法造成經濟的發展，而且也必阻礙其他社會，政治以及文化等方面的現代化。

非西方社會在經濟發展的過程中，除了工藝技術發展的問題必須解決外，土地的分配問題往往也嚴重的影響到經濟發展的成敗。因為在經濟發展的初期，農業人口占整個社會人口的絕大部分。農業問題就等於是土地分配問題；改革經濟必先改革農業；改革農業則必先妥善解決土地的分配問題。

一般來說，土地分配問題的解決方式有二：第一是採取稅收方式，第二則是採用強迫徵收方式。前者的主要手段是對地主抽取重稅，以迫使地主轉售其土地，並以其所得投資於工業發展；而後者則是由政府強迫徵收私有土地，收歸國有。

在大多數非西方社會裡，由於農業人口的眾多，對土地的控制就等於是財富的控制，因此，任何土地改革，無論採用稅收方式或強迫徵收方式，必然都會遭遇抗拒而造成社會的不安。尤其在這些社會裡，地主往往就代表著權勢集團，因此土地改革不僅是技術上的問題，同時也包含了政治上的問題。如果土地改革能夠成功，該社會的其他改革運動及現代化的努力就有了一個好的開始。相反的，土地改革一旦失敗，它必造成該社會現代化的停滯。

總而言之，包括工藝技術發展及土地分配問題的經濟現代化是非西方社會全盤現代化連鎖圈裡最重要的一環，事實上，在一般人的眼光裡，經濟發展就是現代化。

二、政治現代化

如果說經濟現代化是當今非西方社會的終極目的，那麼政治現代化就是經濟現代化的策劃者及經濟現代化成果的維護者。由非西方社會現代化努力的歷史來檢討：如果沒有一個有高度效率的政治和政府來協調各部門的計畫與發展，經濟成長及工業化是無法成功的。十九世紀末期的日本和二十世紀中期的南韓、臺灣、新加坡的成功，其穩定的政治及高效能的政府領導是最重要的原因之一。

我們必須瞭解西方社會的現代化是出自社會內部分化的結果，而非西方社會之現代化必須是一種有次序的長期發展計畫。換句話說，在非西方社會裡，必須要有一個特定的機構來策劃及執行這些計畫。因此，這機構必定會是政府決策單位的一部分。

政治現代化所牽涉到的問題不僅包括國內的，也包涵國際間的問題。大多數非西方社會都曾受過西方殖民地主義的控制；所以政治的獨立是任何一個非西方社會邁向現代化的一個必需面臨解決的重要問題。這種控制可能是完全的統治：例如印度、非洲地區等國家，也可能是間接的統治：例如西方列強在清末民初對中國在財政上及在政治上的控制。一個非西方社會要想從事政治現代化的第一步必定要脫離此種殖民地主義的控制，以達到政治獨立。在現代化的初期，革命運動及民族主義運動是二個常見的現象。

當一個社會獲得政治上的獨立和自治，民族主義運動者代替了殖民地政府。人們對政府的期望，就由狹義的愛國主義轉而為政治、社會、文化等的參與及改進。除非社會的經濟狀況有驚人的擴展與成長，政府無法應付上述的要求。革命的成功，並不能保證急速的工業化及經濟的發展。國家在政治獨立後，將會有人才供應方面的問題產生：政府必須有足夠的專門人才來頂替那些殖民地政府官員的職務。由於殖民地勢力的撤出，大多數經濟發展上所需的資本及財政體系也都告破產。一般人民所企求的經濟現代化、社會福利和公眾服務等就無法即時實現。在此種情況下，人民對

政府的不滿必然產生；再加上傳統分子的抗拒，獨立後初期現代化過程中常呈現了矛盾與衝突的現象，政治上的危機更是時有所聞。

在當今非西方社會的政治現代化過程中，政治領袖的角色問題是一個重要因素。這批領袖的才幹、眼光及作為所能影響到的不僅是政治結構的型態，同時也包括整個社會的經濟和社會發展的速度及成果。摩斯 (C. Morse) 曾表示：現代化是一個超級問題；只有在朝者能認清、並且願意解決這個問題，這超級問題才有被解決的希望。換言之，一個政治新獨立的社會，其權勢結構如果操諸一群熱心於現代化的領袖人物手中，現代化的推展才較容易成功。

現代化領袖包括下列三種人物：⑴傳統領袖裡分裂出來的不滿分子；⑵法律、醫學、商業和知識分子的領袖；⑶軍隊的領袖。這三種現代化領袖必須具有一致的眼光和抱負，現代化運動的推展才能平穩並有所收穫。可惜的是，在不少非西方社會裡，新領袖們彼此相互攻擊，爭奪權勢，這不僅未能有助於現代化的推展，反而阻礙和破壞了現代化的努力。

在非西方社會裡，政治領袖的素質和抱負常常會影響該社會現代化的成敗。在現代化初期，社會的改革和變遷計畫是由上而下；由領袖階級發動，再轉達到一般民眾。在上者負責計畫，在下者擔當執行的任務。但是到了現代化努力有了顯著成果之後，策略的決定不能再只由上層階級單獨做決定；必須擴大民眾的參與，爭取民眾對現代化計畫的支持，以期達到最有效的成果。

民主政府似乎是最能有效地爭取民眾參與政治的制度。無論是美國的兩黨政治或歐洲的多黨政治，其特點都在於代表並表達大多數民眾的意願。不過從非西方社會的經驗來看，一黨政治似乎是最常見的政府組織。雖然一黨政治往往不能代表全民的意願，但是一黨政治卻因政治權力的集中而能更有效的策劃和執行現代化計畫裡所需的資源開發及分配工作。一黨政治並不一定就是反民主的；因為政治領袖與民眾之間仍然有機會相互交換意見，彼此鞭策，為政府既訂的目標共同努力。換言之，民主政治雖然是西方現代化社會裡最常見的政治方式，但它不一定就能適合非西方社會現

代化的需要；尤其在現代化過程的初期，一黨政治往往比民主政治更有效率。新加坡的現代化就是一個好例子。

三、教育現代化

在現代化過程中，社會的變遷使家庭舊時所擔負的教育功能逐漸為學校制度所代替，這種改變的主要原因大致是：

1. 現代化的社會變遷使社會結構越變越複雜，並多元化；家庭無法充分提供子女所需的知識以適應新的社會結構。
2. 工藝技術的高度發展，創造了不少分工精細的專門職業。這些職業必須由專門機構及專門器具來訓練，家庭無法擔當這份任務。
3. 工業化和經濟發展過程中需要大批受過教育的勞工，學校能同時訓練大量人員以提供工業所需的勞工。
4. 在傳統社會裡，家庭和生產單位往往聚集一處，因此家庭成員可以一面照顧子女，一面又給子女職業訓練。但是在工業化社會裡，工廠已遠離家庭，父母無法直接照顧子女，學校成為大型的托兒所，集中管理子女並給予一致的教育。

現代化需要普及的教育早已是無可爭議的事實。大多數的學者都同意：教育是現代化的大前提，社會必須提高普及教育才能促使經濟起飛。因此，教育現代化就成為非西方社會的重要課題之一。在其過程中，必須注意許多的問題及現實情況，例如：

1. 教育是一種需要長時期的訓練，因此往往無法立即供應工業化和經濟起飛所急需的專業人員及勞工。
2. 教育需要大量的資金，許多開發中國家正短缺這必需的資金。大量投資在教育上，的確會影響經濟發展中國家資金供應的難題及其他社會部門的發展。
3. 許多開發中國家往往過分重視人文社會科學的教育，忽略工業化和經濟發展所需要的理工科教育和職業訓練。
4. 知識分子往往成為政府的主要反對者，造成社會的分歧與衝突。保守的

知識分子反對改革，而激進的知識分子則批評政府做得不夠。

現代化過程中的領導人物必須對整個社會的教育做一全盤性的檢討：教育的對象、教育的方針、教育與社會經濟的配合等問題必須要有妥善的計畫，以使教育成為經濟發展的推動力。

四、其他方面的現代化

經濟、政治、教育只不過是開發中國家現代化的三個最主要的課題，其他尚有資訊交通的現代化、生活素質的現代化、價值觀念的現代化等都需要加以同時注意。

不可小看資訊交通的改善對一個社會的現代化影響。資訊交通工具如電信電報網、鐵路、公路、大眾傳播工具等一方面可以暢通國內及國際的資源及市場供應，同時更可增長人們的知識範圍和眼界。

生活素質的改善本來就是整個現代化運動的最終目標。經濟發展的成果給社會帶來了財富，但是這些財富可能被某些人濫用，並不一定提高普遍的生活素質；食衣住行育樂的平均享受才是高素質的生活方式。

在現代化的過程中，價值觀念的改變也將是必然的，工藝技術的高度變遷往往要比價值觀念的變遷快得多，兩者之間常產生某種程度的差距，終會導致社會問題的產生。因此，價值觀念的現代化也是值得特別注意的。

現代化的終極目標在於創造出一個富裕康樂的新社會。但是現代化亦有其附帶的不良後果，例如：資源枯竭問題，環境受損破壞問題，犯罪趨勢升高的問題，明顯突出的老人問題，急劇膨脹的都市人口問題，受困擾的家庭夫妻、父母子女間重新界定關係的問題等。當然上述這些問題並非全無解決辦法；只是，在現代化過程中，這些問題會減低了現代化成果應有的功效。

現代社會跟傳統的社會有許多的不同，就其幾項特徵做一比較，列於表 21-1 以為參考。

☀表 21-1　傳統社會與現代社會之比較

特　徵		傳統社會	現代社會
一般特徵	社會變遷	慢	快
	團體組織	小	大
	宗教信仰	強	弱
	正式教育	無	有
	居住地	鄉村	都市
	人口轉型	高出生，死亡率	低出生，死亡率
	每戶人口	多	少
	嬰兒死亡率	高	低
	生命餘年	短	長
	醫療保健	以家庭為中心	以醫院為中心
	時序	重視傳統	強調未來
物質關係	工業化	無	有
	工藝技術	簡陋	複雜
	分工	單純	精密
	經濟	農	工
	所得收入	低	高
	物質享受	寡	多
社會關係	家庭	擴大家庭	核心家庭
	社會階層	嚴謹封閉	開放
	社會地位	先賦地位為中心	自致地位
	性別地位平等	明顯不平等	較平等
社會規範	道德倫理	絕對	相對
	社會控制	非正式	正式
	異類容忍度	低	高

資料來源：James M. Henslin, *Sociology*. 3rd ed. Boston: Allyn and Bacon, 1997. 9, p. 612。

第三節　我國現代化運動史

一、清朝以降的現代化

　　中國傳統社會的變遷大體上是緩慢漸進的，這種特質乃是中國社會千年歷史能持續不斷的最大因素。歷史上的中國傳統社會與其他外來文化雖

然有接觸，但是這些外來文化常被漢化而成為中國文化的一部分。中國文化在十九世紀明顯地發生問題。在西方新文化陰影下，中國現代化運動乃在鴉片戰爭之後開始。本節將中國現代化運動史分為四個階段，分別敘述如下：

(一)第一階段：兵工洋務時期

中國近代現代化過程的一個不可忽視的特徵是它的被動性。在本章前段曾指出在西方社會裡，現代化是一種內部分化的進化過程，但是在非西方社會的現代化則是一種外來力量的促成；是一種對外來壓力所做的巨大的被動式的反應。我國十九世紀滿清末年的現代化運動實際上也是具有此種被動的特質。當時的動機是被動的，其所欲改革的原因也只是局部性的。這一階段大致上是始於 1840 年的鴉片戰爭，迄至 1894 年中日甲午戰爭前一年。

1840 年至 1842 年的中英鴉片戰爭可說是我國現代化過程的起點。如果沒有這個戰爭的慘敗經驗，當時的士大夫決不會明白中國的積弱情況，更不會呼籲變革效法西方文明，特別是仿習西方的機器軍械。李劍農在其所著的《中國近百年來政治史》(1968: 695) 一書中指出：

中國需要模仿西法的動機，最早起於鴉片戰爭結局時。魏源在此時所成的《海國圖志》序文內說：「是書何以作？曰：為以夷攻夷而作；為以夷款夷而作；師夷之長技以制夷而作。」師夷之長技以制夷，便是模仿西洋的動機。因為受鴉片戰爭的挫敗，知道夷人也有夷人的長技，非中國人所能及，非師其長技不足以制之。

鴉片遠在唐朝中葉即已由中東國家輸入中國，當時土耳其人和阿拉伯人將鴉片的原料罌粟輸入中國，作為口服的藥材。明朝末年，藥用的口服鴉片始由南洋人民調以菸草，改為吸食；這種吸食鴉片菸的習俗於明末清初傳至福建和廣東沿海地區，而於滿清中葉遍傳中國各地，終釀成禍害。

鑑於鴉片的大量輸入中國，滿清官吏乃訂定徵收稅銀之準則。清朝康

熙皇帝期間，在海禁弛解後亦徵收鴉片稅銀。1729 年，雍正年間因鴉片菸傳播日廣，乃下令嚴禁。乾隆年間，藥用鴉片仍准進口並定稅率徵收。1796年，嘉慶年間再度嚴禁鴉片進口，並懲吸食、栽種與販賣者。道光年間禁菸政令尤嚴。

然而官方的嚴禁並未能減少鴉片的進口，走私偷運進口的鴉片大量增加。1729 年雍正首次禁菸時之鴉片每年進口不過 200 箱左右，而在 1820 年則已達到 4,600 箱左右；這些還只是官方記錄的英國鴉片，若再以由其他各國公開輸入及偷運來的鴉片數目併入計算，則當時中國吸食鴉片之普遍是相當嚴重的社會問題。

鴉片的大量輸入造成了當時中國財政上銀幣的外流，影響全國財政的收支。清御史朱成烈曾奏稱：「洋菸一物，貽害尤多，廣東海口出銀至三千餘萬，福建、浙江、江蘇各海口出銀不下千萬，天津海口出銀亦二千餘萬。」（林崇墉，1967: 202）

不僅如此，鴉片菸更造成「官兵無有不吸之者」影響國家武備。道光年間進勦僮民時，「軍營戰兵多有吸食鴉片菸者，兵數雖多，難於得力。」當時，類似此等奏摺報告相當多。例如：湖廣道監察御史王明的奏摺就有：「行間以鳩形鵠面之徒，為執銳披堅之旅」等語。給事中陶士霖的奏摺上更有：「軍民毫不知悛，始而沿海地方沾染此習，今則素稱敦樸之奉天、山西、陝、甘等省，吞吸者在在皆然，凡各署書史，各營弁兵，沉溺其中，十有八九」等語。御史金應麟亦奏陳：「甚且剋扣兵餉，吸食鴉片。」（林崇墉，1967: 205）

滿清末年的鴉片菸進口大都是經由英人所掌握的東印度公司經手，獲利甚豐。滿清政府的禁菸政策與措施直接影響到東印度公司對華貿易的鉅額盈利，同時更進一步影響了大英帝國的財源。禁菸於是成為對時威正旺的大英帝國的一大挑戰，於是，以武力護菸乃成其必須採取的手段。

鴉片只不過是中英武力衝突的近因，中國對西洋各國的漠視與不平等來往才是鴉片戰爭的遠因。鴉片戰爭前，中國與西洋各國之間的關係可用「無知自大」四個字來形容。在政治外交上，滿清政府從未對外國使節予

以平等待遇，總要求外商使節依慣例成規朝貢；對於互派公使駐京平等來往的請求也一概嚴詞拒絕。在通商制度上總是持著一種懷柔遠人的政策，認為通商只是優惠於夷人。這種態度在乾隆皇帝與英王的敕諭中表現得最露骨：「天朝物產豐盈，無所不有，原不藉外夷貨物以通有無。」因此，通商制度甚為不合理。不僅通商口岸地方官員以外商為索賄對象，外國人亦遭受種種不平等與無理的限制。例如：不准外國婦女偕來商館，不准任意乘船出外冶遊，不准自由向官廳進稟，如有陳訴須由公行代呈等。鴉片戰爭雖然起因於禁菸問題，實際上卻是西洋外商以武力改變中西貿易方式的藉口。

鴉片戰爭敗於英人之手，滿清政府被迫訂下喪土賠款的《南京條約》。這個戰爭的失敗是事實，而西洋人的船堅砲利也是事實。接著滿清政府又連受太平天國十五年之亂，捻匪與回亂相繼而起，禍延十餘省。對外則又有 1857 年及 1860 年兩次英法聯軍之役，逼使咸豐皇帝避難於熱河。其後，安南、緬甸、琉球等地藩屬亦相繼喪失，國勢大弱。蕭一山 (1963: 832) 稱：「鴉片戰爭以後，朝野士大夫，迷夢初醒，吾國由天朝大邦之地位，降而與各國平等，乃始知有世界，有列強。」

依曾國藩、李鴻章以及其他多數的滿清官吏的看法：「中國但有開花大砲輪船兩樣，西人即可斂手。」因此，船堅砲利乃成為中國求自強的主要目標，「製船必求其堅，造砲必求其利」，以師夷之長技以制夷。從 1860 年到 1890 年間，曾李兩人所創設的洋務，主要的有下列幾項：

1865 年	設江南機器製造局於上海
1866 年	設輪船製造局於福州馬尾
1870 年	設機器製造局於天津
1872 年	選派留學生赴美 設輪船招商局
1875 年	籌辦鐵甲兵船
1876 年	派武弁往德國學習水陸軍械技藝；派福建船政學生出洋學習

1880 年	購買鐵甲兵船；設水師學堂於天津，設南北洋電報局
1881 年	設開平礦務商局
1882 年	築旅順港，設商辦織布局於上海
1885 年	設武備學堂於天津
1888 年	設北洋艦隊

從上面曾李兩人所主持的洋務來看，中國在這一時期的西化僅侷限於軍事方面的改革。造船、製械、築港、設電報局、選派留學生出洋等皆是針對「轉弱為強之道，全由於仿習機器」之目的而發。所謂自強運動、同治中興亦只不過是仿習西洋機器以衛國土而已。

在這一段時期裡，所認識輸入的西洋文化是兵工文化，仍然以為中國一切皆優於西方，所不如者，兵而已。這兵工文化的仿習是被動的，是為禦侮圖存的措施。而更重要的是這兵工文化連帶帶動了中國產業上的改革。西法紡紗織布代替舊式手工；交通運輸也逐漸用機器代替人力畜力；新式鐵甲船代替了篷帆木筏；新式礦業之創興亦代替了以舊式開採之小規模礦業。中國的產業結構開始有了初步的變革景觀。

然而仿習西方的洋務運動亦遭受許多困擾。李方晨在其所著的《中國近代史》(1970: 407) 一書中指出下列幾點：

1. 舊勢力的梗阻。保守的士大夫鄙視洋務，主張唯古是尚，非古不談。
   例如：滿籍大臣倭仁堅決反對「師夷」。他說：「如以天文算學，必須講習，博採旁求，必有精其術者，何必夷人？何必師事夷人？」
2. 列強掠奪之加緊使清廷無法全力從事洋務。
3. 新政人物的偏狹，過分重視軍事兵工文化的仿習，而忽略其他必須連帶的發展。
4. 黑暗勢力腐蝕洋務。創辦洋務經費不能運用自如，多為皇室挪用。
   主持新政的地方官吏更是乘機中飽，貪汙風氣盛行。

㈡第二階段：政經西化時期

　　1895 年中日甲午之戰是中國由局部西化運動轉向急遽全盤西化試探的轉捩點。曾國藩和李鴻章等人所經營三十年的洋務至此已證明失敗。即使那些原本極力反對洋務的士大夫們至此亦不得不承認敗於日本小國是一奇恥大辱。有識之士至此明白局部革新和軍械西化已不足以圖存，唯有廣泛的全盤性的維新，才是自救之道；船堅砲利不足以抗禦外侮，只有做更廣泛的社會政治改革才是根本解決之方策。

　　早在曾李洋務運動正盛之時，駐英公使郭嵩燾就已於 1887 年致書李鴻章勸李仿效日人西化之法，把洋務擴大至非軍事事務。中日甲午一戰更證明郭看法之正確，日本的做法徹底且成功。《馬關條約》的城下之盟帶出了兩個提倡革命性的劇變人物：康有為及孫中山。康有為在 1896 年在北京發起「公車上書」痛陳改革救亡的辦法；孫中山則於同年在香港成立興中會，以謀求推翻滿清政權之策略。

　　康有為維新運動的主要對象在於一方面爭取光緒皇帝的支持，另一方面則針對一部分士大夫求變心切的心理擴大其運動成員。康有為主張取法俄日維新的策略，以定國是。提拔有志改革維新之士大夫，並廣泛允許各地疆臣就地按情變法。康有為於光緒 23 年上書變法，至次年 4 月，康所推行的新政包括下列幾項重要措施：

1. **選舉及教育方面**：廢八股文，考試經義策論，設大學堂於京師，各省府州縣的書院分別改為高等、中等及小學堂並令中西兼習，改《上海時務報》為官報，並在京師籌設報館等。
2. **政治方面**：包括撤銷閒散衙門，裁汰冗官，澄清吏治，引用新人，廣開言論等。
3. **軍事方面**：武科考試槍砲，軍隊改習洋槍，裁減冗兵，力行保甲等。
4. **實業方面**：籌辦鐵路開礦，促進農工商業及獎勵製造發明。

　　雖然康有為的新政措施處處考慮到避免過分偏激，但是守舊大臣如榮祿、剛毅等依恃太后，竭力反對。至該年八月間，當康派人士接洽袁世凱

以兵力保護德宗光緒皇帝，慈禧太后乃捕殺新政人物，幽禁光緒，太后再度臨朝聽政。新政全被取消，革新運動至此完全失敗，是為百日維新。

康有為維新運動失敗之結果使許多有志之士更認清滿清政府已到不可救藥的地步；局部性的維新已無法拯救中國，唯一的途徑只有全盤革命、根本推翻君主制度，重建一個新的中國。在這種情況下，孫中山所領導的革命運動乃轉變成有識之士期望的寄託。以往將孫中山革命思想視為大逆不道、無法無天的一些士大夫，至此亦給予同情和支持。戊戌政變後，緊接著的是北京拳匪和八國聯軍之役，中國的危機更為明顯，孫之革命思想亦逐漸擴散。各地革命志士不斷舉事，乃至 1911 年武昌起義終至推翻滿清政府，同時給中國的現代化努力帶來一個新的希望。

孫中山的革命思想早在興中會成立時所定宗旨裡明白宣示於眾。其宣言裡稱：「堂堂華國，不齒於列強，濟濟衣冠，被輕於異族，有心人不禁大聲疾呼，亟拯斯民於水火，切扶華夏之將傾，庶我子子孫孫或免奴役於他族。」又稱：「夫以四百兆人民之眾，數萬里土地之饒，本可發奮為雄，無敵於天下，乃以政治不修，綱紀敗壞，朝廷則鬻爵賣官，公行賄賂，官府則剝民刮地，暴過虎狼。盜賊橫行，飢饉交集，哀鴻遍野，民不聊生。」（李方晨，1970: 655）

1905 年中國革命同盟會成立時，更以「創立民國，平均地權」為孫的新中國主要建設目標。他更明白地指出君主立憲不合用於中國，必須建立共和政治；中國要由四萬萬國民興起。

總而言之，在這第二個階段裡，中國現代化運動已由原先以洋務運動為中心的局部防禦性軍事改革，轉進至較廣泛的社會政治改革運動。在這一階段裡，初期有康有為的百日維新，後期則逐漸轉成孫中山的革命運動。比較康有為和孫中山的改革計畫和手段，不難發現康的變革是由內部著手的變革，總希望在現有制度裡著手改革而不影響大體；孫的革命思想則較激烈，以攻擊滿清異族為藉口來達成全盤改革的意願。

由 1895 年到 1911 年之間第二階段之成就仍然是相當可觀的。康有為的維新革新措施在戊戌政變後受到全部的摧折，但是在政變後的一段時期

裡，其變法的影響與精神仍然存在。尤其是當 1905 年詔令停辦科舉，動搖整個數千年來的國本，它不僅是教育上的一大改革，也是中國政治上的重要革命。甚至可以說，廢科舉與孫中山的辛亥革命有著相等的震撼。新式的西方學制代替了傳統的教育方式，而選派出洋的留學生更是後來中國向前邁進的一群頗具影響力的新知識分子和領導階級。

滿清末年，在產業方面亦有顯著的成就。在 1903 年，全國大大小小的工廠總數是 6,066 所，以後逐年增加。在 1911 年，全國工廠數目已達 9,917 所了。

在交通方面，中日甲午之戰以前，中國只有一條京奉鐵路，戰後列強借地築路紛起，如俄築東清鐵路、德築膠濟鐵路、英築滬杭甬鐵路、法築滇越鐵路、比築隴海鐵路。清政府開始籌辦的計有京漢、汴洛、株萍、道清、滬寧、正太、潮汕、京張、新寧、南潯、漳廈、廣九、津浦鐵路等路線。除此之外，新式郵政局和電報局也在這段時期裡相繼成立。

簡而言之，第一與第二階段的最大差異在於前期的洋務重心在於兵工軍事，而後者則已推及非軍事的政經改革。西化運動在第二階段已變成是面的變革，而非再是點的檢修。政經產業各方面的西化已有相當的程度。

㈢第三階段：權威危機時期

這第三階段始自 1912 年滿清政府正式遜位，國民政府成立於南京，至 1949 年共產黨占據大陸及國民政府遷居臺灣為止。這一階段最大的特色是：一、現代化學說百家爭鳴；二、政治領導階級權威危機。在這階段裡，首先看到民國初年政治的極端不穩定，軍閥橫行，新政推行缺乏一貫持續性。短命的內閣根本無能力擬定一長遠的現代化計畫。知識界裡則充滿各式各樣的學說：全盤西化、資本主義、社會主義、共產主義、無政府主義、君主立憲、民主共和等學說爭鳴一時。當政者無所適從，朝令夕改。現代化不僅無法全力展開，更嚴重的是造成新舊士大夫知識分子之間激烈的衝突；即使主張現代化的人士之間，也因思想主義之紛歧而彼此攻訐。社會裡各階層之間的差距越來越大。

　　在前面討論現代化的要件時再三強調：非西方社會的現代化是一種外來的變革，且必須在短時間內有成效；因此政府的效率權威往往決定其現代化成功與否之命運。

　　在前二個階段裡，滿清政府雖然無能，但是到底還有一個可以統籌全局安定人心的中央政府。到了 1911 年，中央政治領導權威完全瓦解，從 1912 年到 1928 年之間的十六年裡，上臺任總統或元首的計 12 位：孫中山、袁世凱、黎元洪、溥儀、馮國璋、岑春煊、徐世昌、曹錕、段祺瑞、張作霖、汪兆銘、譚延闓等人。在這十六年間，內閣換了三十三次，內閣總理曾有 29 人擔任過。雖然在 1928 年北伐成功後全國統一，蔣中正領導中央政府。其後，林森任國府主席十一年，算是比較穩定的一段時期。但是在蔣中正和林森兩位主席之下的行政院長，在 1928 年到 1949 年之間，仍然頻頻換人，無法有長期性的政策執行計畫。政治權威的危機在此時期仍十分明顯。

　　雖然如此，自北伐成功到中日戰爭爆發前的十年 (1927–1937)，由於國家的暫時統一而能在現代化的努力上稍有成績。不幸的是，1937 年七七事變使整個中國陷入另一次的浩劫；在這之前十多年間，現代化所獲得的成績都被歷時八年的中日戰爭所中斷，現代化運動全盤停頓。中日戰後緊跟著中國共產黨之叛亂，政治權威再次受到嚴重的挑戰，不僅政令無法推行，全國財政金融整個破產；最後終至大陸失陷，政府遷居臺灣。現代化運動的努力再度被中斷。

　　然而，在這整個第三階段的三十餘年裡，中國所經歷的震撼仍然是相當可觀的。在這階段裡，中國社會經歷了一些重要的社會變遷，它們包括：

1. **國民民族意識的覺醒**：辛亥革命將統治中國三百餘年的滿族推翻了，國家的命運正如國父孫中山所說的要由全國四萬萬國民來擔當。1919 年的五四運動更激進了國民的民族意識；就是這種民族意識成為後來中國奮發向上的重要精神力量。

2. **新式教育的出現**：早在洋務運動時期，西式教育已開始出現於中國，1905 年廢除科舉後，新式學堂代替了傳統教育。民國成立後，新式教育學制

更成定規，全國一致。

3. **新領導階級的出現**：在這階段裡的政治領導階級主要包括兩種人物：軍事領袖與留學生。傳統士大夫已喪失其領導的地位。這兩種新領導人物都受外國文物的影響，都較積極推行現代化運動。

4. **青年學生漸具影響力**：五四運動抬高了青年學生在文化上和在政治上的地位。自此以後，特別在國共對抗時期，青年學生組織更成為國共雙方爭取的對象。

5. **婦女地位的提高**：新工廠的新制度雇用女工，賦予婦女經濟上自主的能力，連帶提高了她們在家庭中的地位；婦女參加革命運動與其他政治活動的人數也日漸增加。

6. **以都市為中心的經濟**：洋務運動以來，都市成為我國經濟的中心，都市人口急增，工廠投資也都集中於都市，特別是沿海沿江的都市；農村經濟逐漸破產，失業人口增加。

　　第三階段可以說是中國現代化的一個真正過渡時期，前二期的洋務西化運動是有其目標的——雖然是些短視而偏激的目標。在第三階段裡，中國社會東自沿海各省，西至內陸各地；從都市地區到鄉鎮村莊；從青年學生到婦女群眾都經歷劇烈的變遷。然而這些變遷卻欠缺計畫性與系統性。政治權威的危機造成這時期裡現代化運動群龍無首的現象，缺乏一個能統一指導並提供原則和計畫的有效率的政府。

(四)第四階段：工業躍進時期

　　1949 年以後的中國在現代化過程裡出現了兩個很明顯的差別經驗。分裂後的中國在政治上形成了中國大陸的中華人民共和國和在臺灣由國民黨繼續執政的中華民國；在經濟上中國大陸實行社會主義的計畫經濟，在臺灣則是資本主義思想導引的外貿出口經濟。

　　這一時期的主要特點是臺灣的經濟突飛猛進，由入口農業經濟一躍而為出口工業經濟；由 1949 年的貧窮轉變成為一個經濟強勢的社會。中共統治下的中國大陸在毛澤東的控制下，國困民窮了有四分之一世紀的日子；

從 1975 年以後，尤其在 1980 年代，在鄧小平領導的「對外開放、對內搞活」的經濟策略下，中國大陸的經濟也已大有起色。進入二十一世紀後中國大陸正在世界經濟舞臺上扮演著重要角色。

二、臺灣的現代化

中國大陸和臺灣兩地在經濟開發和現代化的歷史經驗上有其不同的特點，由於兩地人口和面積之差異可能影響到兩地的發展，這不同的經驗是值得討論的。

中華民國在臺灣的經濟努力可追溯至 1949 年遷臺後之土地改革計畫。由 1949 年的三七五減租，而至 1951 年的公地放領，再至 1953 年的耕者有其田：改革農村社會，改善農民生活。此時期成立的中國農村復興委員會協助政府培植訓練農村基本幹部領導人才，在「以農業培養工業，以工業發展農業」政策指導原則下，農業一方面提供工業發展所需的資金與原料，另一方面，農村也構成了工業產品的主要市場。政府在 1953 年開始實施第一期的經建計畫，有系統的發展臺灣工業；從 1953 年至 1974 年，連續實行了五期的四年經建計畫；1976 年開始一項新的六年經建計畫，以適應能源危機後的世界經濟蕭條，並配合十項建設計畫，大大改善了臺灣的公共設施。1982 年擬訂了一個七年經建計畫，推行十二項建設，以加速工業、交通及電力的進展，同時還為促進農業、社會及文化的發達。其後的「六年國建」計畫更具野心，包含內容及牽涉國民生計之廣，在中國現代化史上史無前例。

臺灣在這段期間由於經濟的高度成長，造成了一個「經濟奇蹟」。經濟成長率在 1950 年代平均每年大約有 8%，1960 年代約為 9%，1970 年代雖因能源危機，仍有 10% 左右，1980 年代也維持在 9.5% 上下，1990 年代平均也超過 6%。

工業化在臺灣大致上是 1960 年代正式開始，經濟成長的成果則是在 1970 年代最為明顯，但是到了 1980 年代臺灣被非經濟方面的改變所主宰；尤其是 1987 年解嚴後的臺灣政治局面更是千變萬化，由強人政治而逐漸走

向民主化的途徑；雖然執政黨仍然有不少地方待改革，但是在民進黨的挑戰和刺激下，早期的專制政治已難重現。國民大會代表的重選、增額立監委數目的增加、臺灣本地籍人士之積極參與政治、《憲法》之修訂，以及《國統綱領》之宣布、新黨的成立、總統民選等對中華民國政治之民主化具有深遠的影響。

同時，一方面，臺灣在教育上、休閒活動項目上、社會流動頻率上已都跟舊傳統社會不同；另一方面，在經濟成長的衝擊下，臺灣社會也日益走向國際化的途徑。臺灣居民出國觀光、旅遊、出差、談生意的機會日益增加。於是，人民的世界觀的價值觀念逐漸成形；臺灣在政治上雖然是「國際孤兒」，但是臺灣民眾已成世界各地的常客。

如果說，臺灣最近的四十年是中國歷史上有史以來最富裕的一代並未言過其實。就單以政治自由來看，1980年以後的日子也該是值得稱許的。黨禁的解除、報紙雜誌的開放、言論的自由等都已有一定的正面效果。表面上看起來有點亂，但卻是社會現代化的跡象。

總之，中華民國在臺灣地區的改革不僅是經濟上國富民豐物質生活的改善，而且也是政治社會文化等方面生活品質的升高，是廣層面與深程度的改變。

三、中國大陸的現代化

中共在中國大陸建立政權後的經濟策略發展是劇烈的搖擺不定，有人稱之為海浪式的波動，時高時低，缺乏一貫持續性的成長。中共從1953年起開始實行第一個五年計畫到1985年9月間宣布的第七個五年計畫，表面上看來，有條有理，也包羅萬象；但是由於計畫設計上的缺失和政權的不穩定，一直未能達到預期的效果。經濟學家鄭竹園 (1986) 將中共過去的經濟發展策略演變分成八個階段：1953至1957第一個五年計畫（史達林模式），1958至1960大躍進（毛澤東模式），1961至1965調整（赫魯曉夫型的修正主義），1966至1970文化大革命（毛澤東模式），1971至1975調整（三、四兩種模式的結合），1975至1976四人幫時期（極左模式），1977至

1978 新大躍進（二、三兩種模式的結合），1979 至 1986 調整（一、三兩種模式的結合）。

　　鄭竹園的階段式討論與西方學者的分期很接近，雖然重點不完全一致，但是他們都同意中共過去經濟策略起伏不定的特點。例如第一個五年計畫裡高度經濟成長，集中大量資源發展工業，產生了 1950 年代西方經濟學家對中共模式的驚訝與敬佩，紛紛以其為第三世界發展的模範。但是 1958 至 1960 年的大躍進破壞了農業和工業，造成了大飢荒。1961 年至 1965 年的調整才剛把經濟危機舒解，卻又緊接著十年文化大革命的動亂，元氣大傷。1975 年周恩來向第四屆人大提出了一個新的發展國民經濟新綱領，提倡農業、工業、國防和科學技術的現代化。這個綱領在四人幫倒臺後，由鄧小平積極推行「四個現代化運動」，中共的經濟在「對外開放，對內搞活」的原則下，調整改革農村與城市體制，建立經濟特區與開放沿海城市以吸收外資與技術。1980 年代的經濟改革成效最顯著的是農村經濟的復活；農業總產值平均增長率比 1950 和 1960 年代要提高很多，農村的購買力提高，農民生活有了初步改善，在工業方面，輕工業有相當顯著的增長。

　　中國大陸自從 1978 年開放以來，經濟成長相當迅速。根據中共的統計報告，由 1978 到 1997 的二十年間，每年的平均國民生產毛額增長率是 9.8%。經濟學家認為這成就是建立在經濟改革、對外開放、國家計畫等三項因素上。從經濟改革的角度來看，這二十年間大約可以分為四個時期：

㈠起飛時期（1978–1984 年）

　　文革十年浩劫在 1976 年正式結束。中共於 1978 年 12 月召開十一人大，宣布把政治焦點由階級鬥爭轉向全面經濟發展。改革與開放成為兩大策略。在農村經濟，放鬆對生產的控制、提高農民生產的意願；並允許農民擁有剩餘的農產品。

㈡全面改革時期（1984–1992 年）

　　改革的範圍由農村經濟推廣到城市經濟。中共在 1987 年召開的十三人

大中強調社會主義的計畫經濟必須是全民經濟；它與市場經濟並無衝突。因此，經濟計畫必須配合市場的需要，隨時修正；私資經濟與外資企業應同時受到鼓勵。此時期的重點是國營企業與銀行體系的改革。

㈢改革加深加快時期（1993-2002 年）

中共在 1992 年 10 月召開的十四全大會宣稱建立一個中國特色的「社會主義市場經濟」，以國營企業為中心，輔以私人企業；兩種企業應同時併行發展。1994 年以後，中共在稅務、銀行、對外貿易以及價格等方面皆做了重大的改革。

㈣進入世界經濟時期（2003 年迄今）

中共經濟正式進入世界經濟系統是其獲准加入世界貿易組織 (World Trade Organization, WTO) 成為會員國。中共經濟近年來發展神速，對外貿易量大增，但世界各國也競相攻擊中國人民幣匯率的保護政策、仿冒的猖獗、低價傾銷等問題。如何以合法身分參與世界經濟活動將是中共這時期的主要考題。

如果把中共在鄧小平當政時期的經濟政策做一歷史性的觀察，可以發現下列幾項重大改革：

1979 年	特定廣東和福建為經濟改革重點區，允許地方較大的經濟空間
1980 年	建立四個經濟特區（深圳、惠海、汕頭、廈門）
1984 年	開放沿海 14 城鎮對外貿易
1985 年	沿海開放地區增至 253 處
1988 年	海南經濟特區成立
1990 年	上海浦東新經濟特區成立
1991 年	內陸及邊境 13 城鎮、沿江 5 城鎮，以及全國各省會城市對外開放

從上面這時間表可以看出來，鄧小平「先讓一部分人富起來」的策略，

由點而面的經濟開放，到目前為止，它的成效是相當顯著的。這些年的經濟改革並非毫無流弊，最明顯的是在財政上所出現的巨額赤字及物價的持續上漲，致使人民幣的大幅貶值。鄧小平積極推行其開放式經濟，鼓勵私人企業和引進外資。近年來，由於臺灣資本的湧入，中國大陸的經濟相當活躍。但是中共高層領導者仍有一部分人，如陳雲、鄧力群、袁木等主張回歸舊日的計畫式社會主義經濟。中國大陸的知識分子推行「新權威主義」，即主張強權政治，由一個強有力的領袖來領導經濟，求穩定。但是在1989年春天的學生民主運動帶來的六四天安門血腥鎮壓以後，一大群的知識分子外逃海外，「新權威主義」在大陸已逐漸失去其主導角色能力。雖然如此，中共經濟目前是呈大好時光。

四、兩岸的比較

中國大陸最近的經濟開放，改善了人民的生活是不可否認的事實，但是由表21-2的統計數字來看，不論在經濟或非經濟層面的成長，兩岸間仍有顯著的差距。在現代化過程中，臺灣在前，大陸還待努力，這是事實。那麼有一個必須要加以討論的題目是：為什麼在1949年以後，當國共雙方都發展現代化時，會產生這麼大的差距呢？首先讓我們看看海峽兩岸在這五十年來的發展過程中相同的特點：

1. 海峽兩岸在1949年以後的經濟發展都是一種計畫式的發展方式，一種由國家擬定的發展步驟；雖然在計畫的目標和實行的方式上有所差別，「經濟計畫」一直是雙方的策略。

2. 經濟計畫都始於1950年代初期。中共的第一期五年計畫和臺灣的第一期四年計畫皆始於1953年，所以說海峽兩岸的起跑時間是一樣的。

3. 雙方的發展計畫都由農業著手，由土地改革開始，以農業培養工業是初期的重點。只不過大陸的方式較激進，很快就放棄農業轉而注重工業。

4. 雙方的發展計畫在初期完全是一種由上而下的計畫方式。也就是說，上面要怎麼做，計畫就怎麼訂，毫無人民的參與；在上者決定計畫內容和發展方式。

5. 發展初期，兩岸都有外來的經濟和技術性援助。中共有蘇俄的援助，臺灣則有美援的協助。

海峽兩岸的社會經濟現況的比較列於表 21-2 以資參考。

※表 21-2　海峽兩岸現代化部分指標之比較，2006

項　目		中國大陸	臺　灣
人　口	總人口數（萬）	131,448	2,279
	性比例（每百女性）	106.3	102.7
	都市人口比例 (%)	43.90	69.3
	65 歲以上人口 (%)	8.3	10.0
	生命餘年	男 71.62，女 75.52	男 74.75，女 80.81
	粗出生率 (‰)	12.09	8.96
	粗死亡率 (‰)	6.81	5.95
	自然增長率 (‰)	5.28	3.01
衛　生	每萬人口醫生數（人）	15.4	90.5
	每萬人口醫院床位（張）	25.3	65.1
經　濟	**就業人口產業分配 (%)**		
	農業（第一級產業）	43.6	5.5
	工業（第二級產業）	25.2	36.6
	服務業（第三級產業）	32.2	57.9
	進出口額（美元）		
	出口總額	9,691	2,240
	進口總額	7,916	2,027
	平均國內生產毛額	2,010	16,471
	平均國民所得	城市 1,475，鄉村 450	14,347
政　治		一黨專政	多元化民主政體

海峽兩岸在現代化過程的重點不在於相同特徵，不同點才導致了雙方不同的現代化效果。這些不同點包括下面幾項：

㈠政治因素

臺灣與大陸最大的一個不同點是政治穩定與否。臺灣的政治領導權力沒有遭遇嚴重的挑戰，而且權力的轉移亦未發生困擾，因此政治穩定。相反地，中共在大陸的政治領導權力及其轉移問題，高潮時起，由毛澤東而

劉少奇、鄧小平而江澤民，無一不經過大風大浪。政治權力的不穩定，導致大陸經濟發展計畫之缺乏一貫性，是大陸經濟社會落後臺灣的最大因素。

㈡管理人員素質的不同

這裡所指的管理人員是指地方單位基層幹部的素質問題：中央擬訂的計畫必須由地方幹部執行才能推展；因此基層幹部對政策之成敗有直接的影響。中共在 1950 年代時期，解放軍扮演了基層幹部的角色；他們給大陸很快地帶來了穩定的政治局面，但是解放軍很多教育素質差；安定地方秩序有餘，但推行地方建設則不足。臺灣在被日本占領期間，已建立了一個良好的地方行政官僚組織體系；不但效率高，而且幹部大多具有良好的教育；在瞭解與執行政策上，相當成功。在大躍進時，中共地方幹部常以少報多；在四化運動下，幹部則流行以多報少以爭取上面支援。任何矇瞞在上者的做法，都可能導致決策者的政策方針誤差。

㈢地理環境問題

大陸地方大、人口多，以極少的資源難以完全滿足各地平均發展的需要，有顧了東就顧不了西的困境；重點城市發展了，而其他城市及絕大多數的地區都仍待改進。即使在 1990 年代，這問題仍存在。有限的資源限制了全面性的發展。臺灣的資源不能跟大陸比，但地方小、人口也較少，資源較能集中運用，由中央控制統一指揮和建設，較有效率。

㈣發展計畫的連貫性

大致上來講，五十年來大陸的發展是一種波浪型的；一下子搞大躍進，一下子又是農業學大寨、工業學大慶，沒有一定的方向。而臺灣倒是能按部就班地有一套長期性的發展方向，較能有成果。在策略上，海峽兩岸方向不同：中國大陸在解放後，先搞社會革命，剷除舊勢力，忽略經濟的重要性；而臺灣則自始即以經濟改革為目標，社會改革則是後來的事，經濟掛帥的政治系統在臺灣是很明顯的。

㈤人民工作意願

中國大陸的社會主義政策要求資源與報酬全由國家統一支配。因此，在經濟改革前，人民無機會多獲報酬，更無機會因財富而提高自己或家庭的社會地位，導致工作意願低落，有大鍋飯吃就好了。但是在臺灣，一個人只要努力就可以有改善本人和家庭生活環境的可能；同時，經由財富的累積和教育機會的取得，可提高個人和家庭的社會地位，於是工作意願較高。中國大陸的階級是由權力所支配，是一種由上而下的階級分配；臺灣則有財富決定社會階級的傾向，財富可由個人爭取，因此提供人們求上進的機會。大陸與臺灣人民工作意願的差別，是海峽兩岸發展速度不同的主要原因之一。

㈥外援的不同運用

雖然中共和臺灣在初期都有外援，但蘇俄對中共的外援時間較短，而且蘇俄實際上並沒有提供中共在發展期間所需要的市場。相反地，美援在臺灣具有兩種意義；一方面提供資金和技術，另一方面則提供一個相當大的外銷市場。1950 和 1960 年代的世界貿易對輕工業產品需求量大且少限制，臺灣的發展趕上了這個國際貿易的時機；中共當時的發展是以重工業為主，失去了這良機。1970 年代晚期和 1980 年代，中共開始發展輕工業並強調外銷，雖頗有獲利，但仍不如當年。

㈦社會穩定因素

中國大陸在 1960 年代至 1970 年代發生的文化大革命，所造成的社會動盪與人力折磨無法估計。這十年的文化大革命的動亂不僅把中共早期所努力的一些小成果悉數摧毀，而且製造了一群怕做事、怕負責的中層幹部人員，成為經濟開放的阻力。臺灣安定的社會秩序為經濟成長和政治民主化提供了良好的基礎。

總而言之，由 1840 年鴉片戰爭開始到二十世紀末，中國現代化的努力

是一條漫長且挫折頻頻的旅程；由早期的兵工洋務運動為始，政經西化的嘗試，而權威危機的出現，終至今日臺灣工業的躍進與富裕的國民生活。這一切，中國人所付出的代價實在相當大，但是可喜的是臺灣的成功給整個中國未來的發展提供了寶貴的工作經驗和信念，一個半世紀多的痛苦掙扎，總算有了個交代。

現代化是一個沒有休止的社會變遷過程，中國還會往前再變。上面所提出的四個階段是根據過去的歷史經驗而劃分出來的。為了提供較方便的檢視，特將四個階段用簡表列於後，以供參考。

※表 21-3　中國現代化之主要階段及其特徵

第一階段（1840–1894 年）兵工洋務時期
特徵：中西屢次交戰，中國屢戰屢敗，乃激起西化運動，冀以夷制夷；西化運動之重心在做製兵器及與軍事有關之洋務
第二階段（1895–1911 年）政經西化時期
特徵：西化運動已擴及政治與經濟制度上，康有為維新運動為高峰；革命思想的擴散及革命行動之實施。孫中山和黃興為領袖人物
第三階段（1912–1949 年）權威危機時期
特徵：現代化運動缺乏一強有力之協調計畫與指揮機構，雜亂無章；在政治方面，先有軍閥橫行，後有共匪叛亂；社會制度解組
第四階段（1950 年至今）工業躍進時期
特徵：大陸實行共產主義，臺灣實行以三民主義為基幹的計畫經濟，結果是大陸政策之失敗，而臺灣則達到工業化與經濟發展；政治領袖在此時期扮演相當重要的角色；中共政權內爭不已與臺灣的穩定政治形成了一個尖銳的對比。自 1990 年代，雙方的差別已有減弱的跡象

中國現代化運動，由 1840 年鴉片戰爭開始到今日中國大陸和臺灣兩地的對峙局面，中國人經歷了許多挫折，付出了許多血汗代價。研究中國的現代化必須同時兼顧內在因素的存在和外來因素的衝擊。內在因素是指中國社會結構對現代化反應之遲鈍，特別是政治體系與現代化之要求兩者間的配合問題；外來因素則指西方社會文化思想對中國傳統社會的衝擊，特別是工藝技術方面。

仔細檢討中國過去的現代化運動，不難發現下面幾個主要的特徵值得特別注意：

㈠中國的現代化運動是一種被動式的西化運動

　　中國現代化運動始於十九世紀中葉中國屢敗於西方列強之手，有識之士為了維護中國社會文化免於遭受全面之破壞，淪亡於西人之手，而提倡仿西法以保護中國文化。換言之，中國現代化之開始是一種自衛的，不得已的被動形式，其原先的目的是習夷之長以制夷。

㈡中國現代化是一種由上而下的社會運動

　　中國必須現代化的呼籲來自中上流社會的知識分子，而整個運動之推行亦操之於這群知識分子之手中。早期的洋務西化運動是如此，晚期的臺灣與中國大陸的現代化推行也是如此。普通一般人民對現代化認識不深，對於是否應該推行現代化這問題也不感興趣。

㈢中國現代化運動是一種計畫式的社會改革運動

　　早期的西化洋務運動重點在於改進中國社會的工藝技術以趕上西方的水準；而晚期的現代化運動亦是有計畫的謀求經濟及政治上的改革以發展工業和經濟為重心。中國大陸的四化運動和臺灣的經濟計畫都是計畫性的經濟社會改革運動，一方面試圖提高人民生活水準，另一方面也試圖改進人民的生活素質。

㈣政治領袖在中國現代化過程中占了一個十分重要的角色

　　這一百多年期間，政治制度之穩定與政治領袖之領導能力常決定現代化計畫之成敗。清末民初政治紊亂，政治領袖缺乏統一指揮領導之權力，以致政令不施、百事不興。1950 年代以後的臺灣經驗則顯示一個有權勢的政治體系，在一個有決心現代化的領袖指揮下，達到成功的途徑。既然中國現代化運動是由上而下的運動，那麼這個代表「上」的政治領袖便成為

現代化成敗之重要因素之一。中國大陸知識分子在 1980 年代鼓吹的「新權威主義」實際上就是強調強權政治領袖的重要性。

㈤中國現代化過程中外來因素不僅激起國人西化的努力，同時也影響了中國現代化的方向和目標

十九世紀中葉，中國之所以試圖西化是受外來因素的刺激；然而，在清末民初這外來因素曾阻礙了中國現代化的努力；在 1949 年後，這外來因素卻促進了臺灣工業化的成功和高度的經濟發展；這些因素中特別是外國資金的投資與新工藝技術的知識等。中國現代化本來就是一種對外來因素的反應，因此絕不能忽視其重要性。

中國在這一個半世紀的現代化努力到今日總算得到一個有收穫的成果，臺灣的成功經驗給未來的中國指出了一條可行之道，也給未來的中國帶來了希望。中國大陸自 1975 年以後的「對外開放，對內搞活」的經濟政策，在大陸沿海已經有了初步的成果，若能持續下去，並推廣到政治改革，則全中國的現代化指日可待。

中國的經改正如美國《時代雜誌》(*Time*) 在 2005 年 6 月的中國專題裡所稱的：天安門事件後十六年來，中國享有一百五十年來最穩定的領導和繁榮，所得增長，人民生活改善，比過去的內憂外患，算是好時光。但《時代雜誌》也同時指出中國大陸最大的危險將來自內部。政治現代化必須進行，只有它才能延續中國大陸的穩定和繁榮。

關鍵名詞

- **現代化 (modernization)**　指一種社會、政治、經濟、文化以及人格等各方面朝向理性成長的變遷過程。
- **工業化 (industrialization)**　指一個社會的生產結構由農業轉為工業型態，以及工廠制度的興起過程。
- **經濟成長 (economic growth)**　指經濟因生產結構的改進而帶來的成長，特別是指經濟生產總值與國民所得的增加。

- **西方化 (westernization)**　指一個社會逐漸邁向西方式社會型態的過程。
- **分化 (differentiation)**　指社會組織裡的角色或單位由一變為二或二以上之過程，使得更特殊化與效率化的過程。
- **理性化 (rationalization)**　指社會朝向理性效率與目標的一種變遷過程。
- **聚合理論 (convergence theory)**　此理論認定現代化的結果必使社會與社會之間的距離縮短，而更類似。
- **依賴理論 (dependency theory)**　此理論認為今日世界正受一個由美國和歐洲所組成的大都會中心控制，第三世界國家的現代化受都會中心之控制並依賴此中心。
- **全球化 (globalization)**　全球化原指經濟生產方式的改變，從福特汽車公司的大規模裝配集中生產的工廠建立方式（亦稱福特主義 Fordism），改變到生產分散與勞力分散的高科技世界性經濟體系（亦稱後福特主義 post-Fordism），進而擴展到全球政治、經濟、社會、文化的整合。

參考文獻

Eisenstadt, S. N.

　　1973　*Tradition, Change, and Modernity.* New York: John Wiley.

Goode, William J.

　　1963　*World Population and Family Patterns.* New York: Free Press.

Inkeles, Alex, and David H. Smith

　　1974　*Becoming Modern.* Cambridge, Mass.: Harvard University Press.

Lewellen, Ted C.

　　2002　*The Anthropology of Globalization: Cultural Anthropology Enters the 21st Century.* Westport, Conn.: Bergin & Garvey.

Levy, Marion J., Jr.

　　1970　*Modernization and the Structure of Societies.* Princeton, N.J.: Princeton University Press.

Mehmet, Ozay

2002　*Westernizing the Third World*. London: Routledge.

Moore, Wilbert E.

1979　*World Modernization: The Limits of Convergence*. New York: Elserier.

Morse, C., ed.

1969　*Modernization by Design*. Ithaca, N.Y.: Cornell University Press.

Time

2005　"China's New Revolution," June 20, 2005.

Tsai, Wen-hui

1996　*In Making China Modernized*. Baltimore: University of Maryland School of Law.

Wallerstein, Immanuel

1974　*The Modern World System*. New York: Academic Press.

World Bank, The

1998　*Global Economic Prospects and the Developing Countries*. New York: World Bank.

李方晨

1970　《中國近代史》。臺北：自印。

李劍農

1968　《中國近百年來政治史》。臺北：大中國。

林崇墉

1967　《林則徐傳》。臺北：中央。

金耀基

1980　《中國現代化的歷程》。臺北：時報。

1981　《中國現代化與知識分子》。臺北：時報。

許慶復編

1996　《地球中的臺灣》。臺北：正中。

高　長

2005　《大陸經改與兩岸經貿關係》。臺北：五南。

張笠雲、呂玉瑕、王甫昌編

1997　《九〇年代的臺灣社會》（上、下）。南港：中央研究院社會研究所。

蔡文輝

1995　《社會變遷》。臺北：三民。

1995　《發展的陣痛》。臺北：三民。

2003　《社會科學的應用：臺灣的困境與未來》。臺北：五南。

鄭竹園

1986　《臺灣模式與大陸現代化》。臺北：聯經。

蕭一山

1963　《清代通史》。臺北：商務。

1.名詞中英對照表

A

acceptance　接受，順應

acculturation　涵化

achieved status　自致地位

activity theory　活躍論

adaptation　適應

adaptive upgrading　適應力升等

adult socialization　成年社會化

age　年齡

age grading　年齡規劃

age norms　年齡規範

age stratification theory　年齡階層理論

aged subcultural theory　老年次文化論

agrarian society　農業社會

alienation　疏離感

amalgamation　混併

anger　憤怒

anomie theory　迷亂論

anthropology　人類學

anticipatory socialization　預期社會化

apparatus　高級領導（共產黨）

applied sociology　應用社會學

archival data　檔案資料

arithmetic progression　算數級數

armored　衝動型

A

ascribed status　先賦地位

assimilation　.同化

authoritraian government　獨裁政府

authoritraianism　獨裁主義

authority　權勢

B

bargaining　討價還價

behavioral theory　行為論

bilateral　雙系的

biological aging　生理老化

birth　出生

birth-control　避孕

Bogardus scale　鮑格達量表

bourgeoisie　資產階級

Buddhism　佛教

bureaucracy　官僚組織

bureaucratization　官僚制度化

C

capitalism　資本主義

career choice　職業選擇

career mobility　事業流動

case study method　個案研究法

caste system　世襲階級制度，或卡斯
特制度

category　同類

causal analysis　因果關係分析

causality　因果關係

census　普查

center-periphery model　中心外圍論

charismatic authority　神格權勢

child bearing age　生育年齡

child mortality rate　孩童死亡率

chronological aging　年歲老化

class consciousness　階級意識

class system　階級制度

class theory　階級論

classical approach　古典觀點

classless society　無階級社會

clergy　教士

clique　政閥

closed group　封閉團體

closed system　封閉式制度

cluster sampling　集體抽樣法

coding　編碼

coercive group　強迫式團體

coercive power　強迫式權力

cognitive culture　認知文化

collective behavior　集體行為

collective consciousness　集體意識

collective orientation　公益性

collectivity　群集

comformity　遵從

commoner　普通百姓

communication channels　溝通管道

communism　共產主義

communist system　共產制度

community　社區

commuter family　通勤家庭

companionship　均權制（伴侶）

comsumer goods　消費物品

comsumption　銷售

concentric zone theory　同心圓論

conflict labeling　衝突標籤論

conflict theory　衝突理論

conflict-habituated marriage　衝突成
　　性婚姻

conformist　遵從者

conjugal relationships　姻親關係

consanguineal relationship　血親關係

conscience　良知

contact hypothesis　接觸假設

contagion theory　感染論

content analysis　內容分析法

control group　控制組

convergence theory　聚合論

core state　核心國家

correlation　相關

counterculture　反抗文化，對立文化

crime rate　犯罪率

crowd　群眾

crude birth rate　粗出生率

crude death rate　粗死亡率

cult　異教

cultural integration　文化整合

cultural lag　文化差距

cultural relativism　文化相對論

cultural shock　文化震撼

cultural transmission theory　文化傳遞理論

cultural transmission　文化傳遞，文化傳襲

cultural universals　文化的普遍性

culture base　文化基礎

culture complex　文化結叢

culture pattern　文化模式

culture trait　文化特質

culture　文化

cyclical theory　循環論

D

death　死亡

definition of situation　情境的定義

democratic government　民主政府

democratic socialism　民主社會主義

demographic transition　人口轉移

demography　人口學

denial　否認

denomination　教派

dependency ratio　依賴比例

dependency theory　依賴理論

dependency　依賴性

dependent variable　依變項，受變數

depression　消沉

deviant acts　偏差行動

deviant behavior　偏差行為

deviant culture　偏差文化

deviant habits　偏差習性

deviant psychology　偏差心理

devitalized marriage　無生命的婚姻

diaster　災難

differentiation　分化

diffuseness　擴散性

diffusion　傳播

discover　發現

discrimination　歧視

disengagement theory　隔離論

distribution　分配

divorce rate　離婚率

doubling time　倍增時間

downward mobility　下降流動

dramaturgical approach　戲劇論

dual career family　雙職家庭

dyad　二人團體

dysfunction　反功能

E

ecclesia　上層教會

eco-system　區位體系

economic determinism　經濟決定論

economic growth　經濟成長

economically dependent　經濟依賴

economics　經濟學

edge city　邊緣城市

effectiveness　效率

ego　自我

elite deviance　菁英偏差

elite theory　菁英論

emergent norm theory　新規範論

emigration　遷出

empirical data　經驗資料

empirical validity　經驗確實性

endogamy　內婚制

environmental　環境類型

equilibrium　均衡

estate system　地權制度

ethnic minority　弱勢族群

ethnic stratification　族群階層

ethnicity　族群

ethnocentrism　文化中心主義，種族中心主義

ethnomethodology　俗民論

evolution　演化

evolutionary theory　演化論

exchange theory　交換理論

exclusion　排拒

exogamy　外婚制

experimental group　實驗組

experimental method　實驗法

expressive role　情感角色

expulsion　驅逐

extended families　擴大家庭

extermination　撲殺

F

fad　風靡

familism　家庭主義

family planning　家庭計畫

fashion　流行

feminist movement　女權運動

folk community　民俗社區

folk religion　民俗宗教或民間信仰

folkways　民俗

force　武力

form　型態

formal control　正式控制

formal organization　正式組織

formal sociology　形式社會學

frustration-aggression　挫折與攻擊

function　功能

functional aging　功能老化

functionalism　功能學理論

funnel effect　蕈狀雲效果

G

gender identity　性別認知

gender roles　兩性角色

generalized others　普通他人

genocide　滅種

gentrification　仕紳化

geometric progression　幾何級數

gerontology　老年學

goal attainment　目的獲取

governing elite　政治菁英

grand theory　鉅型理論

green card holder　擁有綠卡者

group worker　團體工作員

group　團體

high technology industry　精密工業

H

Hinduism　印度教

historical method　歷史法

historicim　歷史評論

history　歷史學

homosexual family　同性戀家庭

horizontal group　平行團體

horizontal mobility　平行流動

horticultural society　園藝社會

hospital insurance　住院保險

human ecology　人文區位學

human relations approach　人際關係
　觀點

hunting and gatheringsociety　狩獵與
　蒐集社會

hypothesis　假設

I

id　本我

ideal type　理想類型

idealistic system　理念型體系

ideational　理想型體系

ideology　意識

imitation　模仿

immigrant　入境移民

immigration　移民（移入）

impression management　印象操作

in-group　內團體

inclusion　容納

independent variable　自變項，自變數

index of aging　老化指數

indicator　指標

industrial city　工業都市

industrial society　工業社會

industrialization　工業化

industrializing society　工業化中社會

infant mortality rate　嬰兒死亡率

influence　影響力

informal control　非正式控制

informal norm　非正式規範

informal organization　非正式組織

information　資訊

innovation　創新

instincts　本能

institution　制度

institutional discrimination　制度化
　歧視

instrumental role　工具角色

integration　整合

integrative organization　整合組織

intelligentsia　知識分子

interaction　互動

intergenerational mobility　異代流動

internalization　內涵化

intervening variable　中介變項，中間
　變數

interviewing　訪問法

intrageneration mobility　同代流動

invention　發明

involuntary group　非志願團體

isolation　隔離

J

J-curve theory　　J 曲線論

Judaism　猶太教

L

labeling theory　標籤理論

laissez-faire leader　　無為領袖

language　語言

latency　維護功能

latent function　潛在功能

legal alien　合法居留之外國人

legal-rational authority　理性權勢

legitimacy　合法性

leisure activity　休閒活動

level　層次

life expectancy　生命餘年

logical relational　邏輯關係

looking-glass self　鏡中之我

lower class　下層階級

M

macrosociology　宏觀社會學

maintenance organization　維護組織

majority group　強勢團體

mandatory retirement　強迫性退休

manifest function　顯出功能

masses　大眾

material culture　物質文化

matriarchy　母權制

matrilineal　母系制

matrilocal　母宅制

mean　平均數

mechanical solidarity　機械性連帶責任

media image　媒體形象

median age　年齡中數

median　中數

medicaid　醫療救助

medical insurance　醫療保險

medicare　老人醫療保險

meglopolis　特大都會

metaphysical stage　哲學時期

metropolitan area　都會區

microsociology　微觀社會學

middle class　中層階級

middle knowledge　半知半覺

middle range theory　中型理論

migration　遷移

militant society　軍事社會

minority group　少數團體, 弱勢團體

mobility opportunity　流動機會

mobility rate　流動頻率

mobilization　動員

mode　眾數

model　模式

modernization　現代化

modification　修訂

monogamy　一夫一妻制

moral development　道德成長論

mores　民德

multiple-nuclei model　多核心論

muslim　回教

mutual dependency　互賴

polyandry 一妻多夫制

polygamy 多夫多妻制

polygyny 一夫多妻制

population bomb 人口爆炸

population pyramid 人口金字塔

population 人口，母體

positive checks 正面檢視

positive function 正功能

positive stage 實證時期

power 權力

pre-industrial city 工業前都市

prejudice 偏見

prejudiced discriminator 偏見的歧視者

prejudiced nondiscriminator 偏見的無歧視者

prest 修道者

primary deviance 初級偏差

primary group 初級團體

primary metropolitan 大都會區

principle of least interest 低興致原則

production 生產

profane 凡俗

professional crime 職業性犯罪

proletariat 無產階級

proliferation-of-center model 中心—蔓延論

property crime 財產犯罪

prophet 預言家

proposition 命題

protestant ethic 基督新教倫理

Protestant 基督新教

psychoanalytic theory 心理分析論

psychological aging 心理老化

psychology 心理學

public assistance 公共扶助

public health welfare service 公共健康服務

publics 公眾

Q

quality 品質性

questionnaire survey 問卷調查

quid pro quo 交換類型

R

race 種族

racism 種族主義

random sample 隨機抽樣

rate of natural growth 自然增長率

rational authority 理性權勢

rationality 理性

rationalization 理性化

re-socialization 再社會化

real norm 實際規範

rebellion 反叛

reference group 參考團體

replacement rate 替代率

research cycle 研究圈

resource hypothesis 資源假設

resource mobilization theory 資源動員論

retreatism　退縮

reverse socialization　反向社會化

riot　暴動

ritualism　形式主義

role expectation　角色期待

role taking　角色取得

role　角色

Roman Catholic　羅馬天主教

rumor　謠言

rural community　鄉村社區

rural peasantry　農民

S

sacred　神聖

sample　樣本

scapegoat　代罪羔羊

scientific management　科學管理

secondary deviance　次級偏差

secondary group　次級團體

sect　宗派

sector model　扇形論

segregation　隔離

self　自我

self-control　自我控制

self-estrangement　自我離感

self-fulfilling prophecy　自證預言

self-identity　自我認同

self-orientation　私利性

semi-peripheral territory　半邊陲地區

sensate system　意識型體系

series monogamy　聯串一夫一妻制

service　服務

sex identity　性別認知

sex ratio　性別比率

sex roles　性別角色

sexism　性別主義

sexual harassment　性騷擾

significant others　重要他人

single parent family　單親家庭

sisterhood　姐妹情

slavery system　奴隸制度

small group　小團體

social action　社會行動

social aging　社會老化

social approval　社會贊同

social change　社會變遷

social class　社會階級

social control　社會控制

social distance scale　社會距離量表

social evolutionism　社會演化論

social fact　社會事實

social group　社會團體

social growth　社會增長

social ills　社會毛病

social inequality　社會不平等

social institution　社會制度

social insurance　社會保險

social interaction　社會互動

social mobility　社會流動

social movement　社會運動

social norm　社會規範

social order　社會秩序

social organization　社會組織
social reality　社會實情
social role　社會角色
social solidarity　社會連帶責任
social status　社會職位，社會地位
social stratification　社會階層
social structure　社會結構
social surplus　社會盈餘
social survey research method　社會
　調查法
social work　社會工作
socialism　社會主義
socialization　社會化
society　社會
socio-environment theory　社會環境論
sociobiology　社會生物學
socioeconomic score(SES)　社會經濟
　測量表
sociogram　社會測量圖
sociological imagination　社會學的
　想像
sociological realism　社會唯實論
sociology of aging　老年社會學
sociology　社會學
solidarity　連帶關係
specialization　特殊化過程
specificity　狹窄性，特殊性
status inconsistency　地位不一致性
status　地位
stem family　折衷家庭
step family　養親家庭

stereotype　特殊塑型
stratified sampling　分層抽樣法
structural functionalism　結構功能理論
structuralist approach　結構觀點
structured interview　結構的訪問，封
　閉式訪問
sub-system　副屬體系
subculture theory　次文化論，副屬文
　化論
subculture　次文化，副屬文化
subjective method　主觀方法
suburbanization　郊區化
suicide　自殺
superego　超自我
symbol　符號，形象
symbolic interactionism　符號（或形
　象）互動理論
systematic sampling　系統抽樣法

T

theologtical stage　神學時期
theoretical validity　理論確實性
theory　理論
theory Z　Z理論
third world　第三世界
total institution　總體組織，完全機構
total marriage　全盤性的婚姻
totalitarian government　極權政府
totalitarianism　極權主義
traditional authority　傳統權勢
triad　三人團體

U

unconscious　潛意識

unemployment　失業

unintegrated　散亂型

universal church　普及教會

universalism　普遍性

unprejudiced discriminator　無偏見
　的歧視者

unprejudiced nondiscriminator　無偏
　見亦無歧視者

upper class　上層階級

upward mobility　上升流動

urban community　都市社區

urbanization　都市化

utilitarian group　實利式團體

utilitarian power　實利權力

V

validity　確實性

value generalization　價值通則化

value-added theory　價值增加論

variable　變項，變數

vertical group　垂直團體

vertical mobility　垂直流動

victimless crime　無被害者的犯罪

violent crime　暴力型犯罪

vital marriage　有生命的婚姻

vital statistics　生命統計

voluntary association　志願結社

voluntary group　志願團體

voluntary retirement　自願性退休

W

Weberians　韋伯學派

welfare capitalism　福利資本主義

welfare service　福利服務

we-ness　自家人

westernization　西方化

white-collar crime　白領階級犯罪

women's liberation movement　婦女
　解放運動

world system theory　世界體系論

Y

youth subculture　青年次文化

Z

zero population growth　零人口增長

2.人名中英對照表

A

Abel, Theodore　艾比

Almond, Gabriel A.　艾爾蒙

Anthony, Susan B.　安東妮

Atchley, Robert　艾契禮

B

Babbie, Earl R.　貝比

Bell, Daniel　貝爾

Bellah, Robert N.　貝拉

Bendix, Reinhard　邊迪克

Benne, Kenneth D.　邊尼

Black, C. E.　布雷克

Blau, Peter　布腦

Blauner, Robert　布勞爾

Blumer, Herbert　布魯默

Bogardus, Emory　鮑格達

Braungart, Richard G.　布蘭卡特

Brown, S. R.　勃朗

Burgess, Ernest W.　蒲濟時

C

Cashion, Barbara G.　凱信

Chambers, William N.　張伯斯

Charon, Joel H.　加農

Cheng, Nien　鄭念

Chin, Robert　陳郁立

Chodak, Szymon　霍達克

Cole, Stephen　考爾

Cole, William E.　寇爾

Collins, Randall　郭齡時

Comte, Auguste　孔德

Cooley, Charles Horton　顧里

Coser, Lewis D.　考舍

Crandall, Richard C.　葛南德

Cuber, John　古柏

Cumming, Elaine　崑明

D

Dahrendorf, Ralf　達倫多夫

Davis, James　戴維士

Davis, Kingsley　戴維斯

Duncan, Otis　鄧肯

Duncan, Robert　鄧根

Durkheim, Emile　涂爾幹

E

Eberhard, Wolfram　艾伯華

Ehrlich, Anne H.　爾立基夫人

Ehrlich, Paul R.　爾立基

Eisenstadt, S. N.　艾森斯達特

Erikson, Erik　艾瑞克森

Eshleman, J. Ross　艾斯李門

Etzioni, Amitai　伊茲尼

F

Freeman, David M.　佛立門

Freud, S.　佛洛伊德

G

Garfinkel, Harold　高分柯

Goffman, Ervin　郭伏門

Goode, William J.　顧德

Greer, Ann & Scott　葛立爾夫婦

Gubrium, Jaber　葛布倫

Guttman, Louis　高特門

H

Harris, Chancy D.　哈利斯

Harris, Diana Q.　哈雷斯

Harroff, Peggy　瑞弗

Hauser, Robert M.　豪舍

Havighurst, Robert　海佛何斯特

Hegel, George　黑格爾

Henry, William　亨利

Hill, Anita　奚爾

Homans, George C.　何門史

Horton, John　霍頓

Howard, John　豪爾

Hoyt, Homer　霍伊特

Huntington, Samuel P.　韓廷頓

Husserl, Edmund　胡捨

Hyman, Herbert　黑門

I

Inkeles, Alex　英克禮

K

Kahn, Herman　肯恩

Kaplan, Max　卡普連

Kart, Cary S.　卡特

Kinloch, Graham　金拉克

Knox, David H., Jr.　納克

Kubler-Ross, Elizabeth　古伯樂羅絲

L

Landis, Judson R.　藍迪斯

Lauer, Robert H.　勞爾

Lenski, Gerhard　藍斯基

Lenski, Jean　藍斯基夫人

Levy, Marion J.　烈威

Lippitt, Ronald D.　利比特

Lipset, Seymour M.　李普塞

Lombroso, Cesare　龍布羅索

M

Malthus, Thomas　馬爾薩斯

Marsh, Robert　馬許

Martindale, Don　馬丁戴爾

Marx, Karl　馬克斯

Mayo, Elton　梅葉

Mead, George Herbert　米德

Mead, Magaret　蜜德

Merton, Robert K.　墨頓

Meyers, Barton　梅耶爾

Micklin, Michael　麥克林

Milbrath, Lester D.　美爾布雷斯

Miley, James D.　麥力

Mills, C. Wright　密爾斯

Warren, Roland L.　華倫

Weber, Max　韋伯

Weisman, Avery D.　韋士曼

Wellisz, S. H.　維立斯

White, R.　懷特

Whyte, Martin K.　懷德

Z

Zaltman, Gerald　查得曼

Zimmerman, Carle C.　齊爾曼

3.名詞索引

7 劃

11 劃

社會學概論　　蔡文輝、李紹嶸／編著

　　誰說社會學是一門高深、難懂的枯燥學科？本書由社會學大師蔡文輝與李紹嶸聯合編著，透過簡明生動的文字，搭配豐富有趣的例子，帶領讀者進入社會學的知識殿堂。本書特色在於：採取社會學理論最新的發展趨勢，以綜合性理論的途徑，精闢分析國外與臺灣的社會現象與社會問題；此外，每章結尾並附有選擇題和問答題供讀者複習與反思之用，是一本值得您一讀再讀的社會學入門書籍。

社會學理論　　蔡文輝／著

　　本書以簡潔易讀的文字，有系統地介紹當代西方社會學主要理論學派之概念和理論架構。對於功能論、衝突論、符號互動論及交換論等四大學派及其代表人物等，皆有詳盡的介紹說明。其他次要理論如標籤論、演化論、俗民方法論、現象論、女性主義理論、後現代理論等亦有介紹。本書不僅是社會系學生學習之指引，也是其他社會相關科系學生不可或缺之參考書。

批判社會學　　黃瑞祺／著

　　本書從定位批判社會學開始，在社會學的三大傳統之間，來釐清批判社會學的地位和意義。繼則試圖站在批判理論的立場上來評述主流社會學。再則從容有度地探究批判理論的興起、義蘊以及進展。最後則是從批判社會學的立場來拓展知識社會學的關注和架構。本書的導言和跋語則是從現代性的脈絡來理解批判社會學。現代性／社會學／批判社會學乃本書的論述主軸。

全球化與臺灣社會：人權、法律與社會學的觀照

朱柔若／著

　　無法自外於世界體系之外的臺灣，在全球化動力的推促下，似乎正朝向某種單一、多元又共通的整體發展。在這個背景下，本書首先以全球化與勞工、人權與法律開場，依序檢視全球化與民主法治、全球化與跨國流動、全球化與性別平權，以及全球化與醫療人權等面向下的多重議題，平實檢討臺灣社會在全球化的衝擊之下，所展現的多元面貌與所面對的多元議題。

健康、疾病與醫療：醫療社會學新論　　葉肅科／著

　　本書重新定義健康、疾病與醫療等概念，最大特點在於將其範圍擴展到醫療以外、整體醫療保健體系，甚至一切和健康與疾病問題有關的領域。本書的撰寫力求兼顧國際性與本土性、理論性與應用性、科學性與通俗性，適用於大專院校相關課程的教學，可讓學生對於健康、疾病與醫療研究領域有更深入的瞭解，對於研究社會科學的醫療專業人員而言，本書亦具實用性。

邁向修養社會學　　葉啟政／著

　　本書彰顯隱藏於西方社會學理論論述背後的基本「哲學人類學存有預設」，以此為基礎，檢討當代西方社會學論述中常見的兩個重要概念——「結構」與「人民」，並敘述形構當代社會的基本結構樣態與其衍生的現象。作者特別強調「日常生活」在當代西方社會學論述中所具有的特殊意義，透過此概念，作者回到人作為具自我意識狀態之「行動主體」的立場，重新檢視「修養」對於理解現代人可能具有的社會學意涵。

政治社會學：政治學的宏觀視野　　王晧昱／著

　　「政治社會學」之學術基本理念，在於從宏觀的層面解釋政治現象。本書並重中國傳統思想和西方政治理論的解析，思索人性與不完美的社會，析論國家與政治權力之緣起、運作及其發展，解釋政治社會中利益的矛盾和權威的不等分配所造成的社會衝突和權力鬥爭現象，並檢視世界的「現代化」發展及其政治走向，以及反思當今的「後工業社會」，和資本主義宰制的「全球化」發展走勢。

社會運動概論　　何明修／著

　　從 1979 年的美麗島事件，到 2005 年的醫療改革大遊行，當我們將這些集會遊行視為稀鬆平常時，你是否真的理解所謂的社會運動？社會運動本身即是一種複雜的現象，因此作者不預設社會運動的本質，從各種經驗現象出發，除了導入諸多理論觀點，容納更豐富的議題討論外，更以本土經驗與外國理論對話，援引臺灣社會運動的研究成果，讓抽象的概念與理論，也能融入本土的參照點。

調查研究方法　　瞿海源／主編

　　本書集結了中央研究院調查研究專題中心、社會學和統計學研究所的學者，對調查研究的過程和基本學理進行詳盡的探討，從擬訂調查主題、抽取受訪樣本、研擬問卷題目、進行焦點討論和認知訪談、施行訪員訓練、進行預試、正式訪談，一直到資料整理、資料檔建立、資料分析。由於利用調查資料庫進行研究是愈來愈重要的趨勢，本書也特別針對調查資料庫及資料分析闢了專章來引介。

都市社會學　　王佳煌／著

　　現代都市不斷地興起和蔓延。尤其在人口極度密集的臺灣，幾乎所有人都曾經在都市中生活過，都市生活的問題、議題與各種驚人的統計數字，在在引發都市社會學的想像。作者生長在臺灣，也棲身於都市之中，因此除了理論的介紹外，還著重解讀臺灣的各種都市社會現象，並以不同的「城市」觀點（如資本城市、權力城市、數位城市等），剖析都市社會學的種種面貌。

休閒社會學　　蔡宏進／著

　　隨著週休二日制的實施，休閒不僅成為生活最重要的部分，更演變成一種全民文化。本書作者以多年的學術涵養與超然於各學派的獨特眼光，搭配淺白的筆法，描述分析各個休閒社群的特徵與性質，並就古今中外的休閒型態作介紹與敘述，是第一本描述臺灣休閒社會與現象的著作。作者在結尾更大膽對未來社會的休閒型態與發展作預測，對休閒文化與社會學有興趣的讀者，絕對不能錯過。